커리어코칭의
이론과 실제

박윤희 지음

Σ 시그마프레스

커리어코칭의 이론과 실제

발행일 | 2015년 8월 10일 1쇄 발행

저자 | 박윤희
발행인 | 강학경
발행처 | (주)시그마프레스
디자인 | 김세아
편집 | 백주옥

등록번호 | 제10-2642호
주소 | 서울특별시 영등포구 양평로 22길 21 선유도코오롱디지털타워 A401~403호
전자우편 | sigma@spress.co.kr
홈페이지 | http://www.sigmapress.co.kr
전화 | (02)323-4845, (02)2062-5184~8
팩스 | (02)323-4197
ISBN | 978-89-6866-526-4

* 이 도서의 국립중앙도서관 출판시도서목록(CIP)은 서지정보유통지원시스템 홈페이지(http://seoji.nl.go.kr)와 국가자료공동목록시스템(http://www.nl.go.kr/kolisnet)에서 이용하실 수 있습니다.(CIP제어번호 : CIP2015020016)

머리말

뉴스의 헤드라인들이 특히나 자극적인 요즈음, 미취업, 취업준비생, 조기퇴직, 고용절벽, 소득절벽 듣기만 해도 숨이 막힐 것 같은 말들이 우리의 눈을 자극한다. 일자리에 대한 고민은 이제 너나 할 것 없이 모든 사람들이 평생 안고 가야 할 삶의 짐이 되어버렸다. 이러한 개인들의 커리어문제들이 대두되면서 커리어코칭의 중요성은 점차 증가하고 있다.

2000년대 초반 국내에 코칭이 소개되었으니, 코칭이 국내에 들어온 지도 벌써 10년이 훌쩍 넘었다. 코칭이 확산되면서 여러 전문 분야들과 통합이 이루어지고 있는데, 이를 통해 다양한 코칭 분야들이 새롭게 만들어지고 있다. 커리어코칭은 코칭과 커리어분야가 합쳐진 새로운 영역이다. 커리어코칭이 새롭게 만들어진 영역임에도 불구하고 현장에서 실질적인 확대적용을 기반으로 커리어코칭을 학문화하려는 시도들이 나타나고 있다. 일례로 대학에서는 커리어코칭을 전공으로 하는 대학원 과정이 개설되었다.

새로운 학문분야가 만들어진다는 것은 쉬운 일이 아니다. 특정 분야가 새로운 학문분야로 자리잡기 위해서는 현장에서의 경험과 노하우도 중요하지만 이를 뒷받침할 만한 학문적 근거가 절실하다. 즉 새로운 학문분야를 뒷받침해 줄 만한 기존의 다양한 이론들을 차용하고 이를 새로운 학문분야에 녹여내는 일련의 절차들을 통해 새로운 학문분야가 탄생하게 되는 것이다. 이 책은 바로 이러한 작업들을 위한 첫 시도라고 볼 수 있다. 따라서 커리어코칭 전반에 관한 내용은 물론 커리어코칭과 관련이 있는 다른 분야의 이론들을 함께 수록하였다. 이 책은 들어가는 글과 함께 총 10개 장으로 구성되었다.

먼저, 들어가는 글에서는 저자의 경험과 함께 커리어코칭이 학문으로 자리잡기 위해 기본적으로 갖추어야 할 용어정의에 대해 기술하였다.

제1장은 커리어코칭의 개념으로 커리어코칭의 정의, 철학과 패러다임에 대해 기술하였고 커리어코칭관련 학문분야와 성공적인 커리어코칭 과정을 포함해 커리어코칭에 대한 전반적인 내용을

기술하였다.

　제2장은 코칭의 개념과 연구의 역사에 관한 내용이다. 앞서 설명한 바와 같이 커리어코칭은 커리어분야와 코칭이 통합된 영역이기 때문에 커리어코칭에서 코칭에 대한 깊이 있는 이해는 필수적이다. 특히 커리어코칭을 학문화하려는 시도는 코칭을 학문화하려는 시도의 일환일 수 있기 때문에 이에 기반이 될 수 있는 코칭 연구의 역사에 대해 살펴보았다.

　제3장은 커리어관련 이론을 다루었다. 커리어관련 이론은 커리어코칭 방법론과 함께 이 책에서 가장 비중 있게 다루고 있는 분야이다. 그만큼 커리어코칭에서 커리어이론이 중요하다는 것을 보여 주는 것이다. 커리어코칭의 기반이 되는 다양한 커리어이론들에 대해 기술하였다.

　제4장은 커리어코칭 방법론에 대해 살펴보았다. 커리어코칭을 진행하는 데 필요한 다양한 스킬들과 코칭대화를 이끌어가기 위해 필요한 대화모델에 대해 구체적인 내용을 제시하였다.

　제5장은 삶의 균형과 자기관리에 대한 내용으로 구성하였다. 삶의 균형을 이루기 위해 필요한 여러 요소들과 자기관리를 위해 필요한 영역들에 대해 살펴보았다. 이 장은 특히 커리어코칭 현장에서 활용가능성이 높을 것으로 기대된다.

　제6장은 커리어코칭의 심리학적 기초에 관한 내용이다. 커리어코칭은 결국 사람에 대한 이해를 기본으로 하기 때문에 심리학과 불가분의 관계에 있다. 심리학분야의 여러 이론들 중에서도 특히 커리어코칭과 관련성이 높은 몇 가지 이론들을 제시하였다.

　제7장은 커리어코칭의 교육학적 기초에 관한 내용이다. 여러 연구들을 통해서도 입증된 바이지만 커리어코칭 과정은 결국 학습이 이루어지는 과정이다. 따라서 커리어코칭과 관련성이 높은 몇 가지 학습이론들을 제시하였다.

　제8장은 커리어코칭의 철학적 기초이다. 동양철학에서부터 서양철학에 이르기까지 사실 커리어코칭과 관련성이 높은 철학분야는 무수히 많다. 하지만 그 내용의 방대함과 관련성을 고려하여 이 책에서는 세 가지 철학분야만을 제시하였다.

　제9장은 커리어코칭의 통합적 적용이다. 이 장은 코치가 실제 커리어코칭 현장에서 유용하게 활용할 수 있는 다양한 검사도구들과 툴(tool)들을 중심으로 내용을 구성하였다.

　제10장은 커리어코치의 역량과 커리어코칭의 영향요인이다. 이 장은 성공적인 커리어코칭을 위해 필요한 커리어코치의 역량과 커리어코칭에 영향을 미치는 영향요인들에 대해 박윤희의 「성공적인 커리어코칭 과정에 관한 연구」의 내용을 중심으로 구성하였다.

　커리어코칭에 대한 관심이 점차 높아지고 있지만 교육용으로 사용할 만한 교재가 없는 관계로 대학원과정이나 커리어코치 양성과정 등의 교육 진행에 어려움을 겪고 있는 것이 현실이다. 이 책은 우리사회에서 중요한 역할을 하게 될 커리어코치들을 위해 쓰여졌다. 특히 커리어코칭에 관심을 가지고 커리어코치의 길을 가고자 하는 미래의 커리어코치들에게 도움을 줄 수 있을 것으로 기대한다. 아울러 이 책과 함께하는 커리어코치 양성과정 프로그램((사)한국코칭능력개발원, 커리어코치 1급, 2급, 3급)을 통해 유능한 미래의 커리어코치들을 만날 수 있게 되기를 희망한다.

　이 책이 나오기까지 사랑과 격려로 함께해 준 사랑하는 가족들에게 감사의 마음을 전한다. 또 출판에 도움을 주신 (주)시그마프레스의 강학경 대표님, 편집부와 영업부 직원분들께도 감사의 말씀을 드린다.

2015년 8월
상도동 연구실에서
박윤희

들어가는 글

지식전달자에서 촉진자인 코치로…

나는 교사란 학생들이 배워야 할 학습내용을 이해시키는 데 책임을 갖는 사람이라고 생각하였다. 교사들은 사전에 준비된 내용을 학생들에게 전달하고 학생들이 내용을 받아들이고 활용하는 방법을 통제하며 그것을 완전히 받아들였는지 평가하는 역할을 하는 것이라고 생각하였다. 그것이 내가 아는 유일한 교수 모델이었다. 내가 제2차 세계대전 직후 잠시 동안 시카고에 있는 조지윌리엄스대학에서 강의를 하게 되었을 때, 나도 역시 그런 방식으로 학생들을 가르쳤다. 나는 나의 교수방법에 대해 스스로 기쁨과 자부심을 느꼈다. 나는 나름대로 상당히 훌륭한 전달자였으며 내가 가르치는 내용은 논리적으로 잘 조직화된 것이었다.

그 무렵 나는 시카고대학교에서 성인교육학 석사과정을 시작하였고 처음 수업에서 나를 가르쳤던 교수들은 내가 대학에서 학생들을 가르칠 때의 방식과 거의 유사하게 수업을 진행하였다. 조지윌리엄스대학에서의 강의가 거의 끝나갈 즈음에, 나는 시카고대학교에 개설된 심리학 카운셀링 세미나 과정에 등록해 Rogers 교수의 조력자였던 Shedlin 교수의 지도를 받았다. 나는 첫 번째 세미나 과정에서 일어났던 일로 충격을 받았다. 세미나가 시작되기 전 15명 가량의 학생들은 20분 동안 세미나 장소의 탁자에 둘러앉아 가벼운 대화를 나누었다. 그렇게 한참 시간이 흘렀고 한 학생이 교수님이 어디 있는지 아는 사람이 있느냐고 물었다. 그중 한 사람이 자신의 이름이 Art이며 심리학과로부터 우리들과 세미나 과정을 함께하도록 선정됐다고 답변하였다. 그러자 또 다른 학생이 혹시 강의계획서가 있는지 물었다. Art는 "강의계획서를 원하세요?"라고 되물었다. 몇 분 동안 침묵이 흘렀다. 다른 학생이 침묵을 깨고 "저는 여러분 모두가 무엇 때문에 이 자리에 모였는지 그 이유를 알고 싶습니다. 여러분은 무엇을 배우러 이곳에 오셨습니까?"라고 물었다. 그래서 우리는 번갈아 가며 우리의 목표와 기대치를 말하였다. Art의 차례가 오자 그는 "제가 더 훌륭한 촉진자가 될 수 있도록 여러분들이 저를 도와 주시기 바랍니다."라고 하였다.

(중략)

나는 결코 내가 참여한 어떤 과정에서도 그렇게 많은 책과 논문을 읽고 열심히 공부했던 적이 없었다.

과거에 나는 내 자신의 학업에 대해 그런 정도의 책임 의식을 가져본 적이 없었다. 그것은 참으로 커다란 희열이었다. 나는 학습에 몰입한다는 것이 어떤 의미를 지니는지 새롭게 느끼기 시작하였다. 나는 단순한 교사가 아닌 학습촉진자가 된다는 것이 무슨 의미인지 생각해 보기로 하였다. 다행히 Houle과 함께 한 다음 세미나 과정에서 이런 일련의 탐구를 더욱더 강화시킬 수 있었다.

　　Houle의 세미나 과정을 마친 후 조지윌리엄스대학은 나에게 성인교육 방법론을 다시 강의해 줄 것을 요청하였다. 바로 이 날이 교사에서 학습촉진자가 되기로 결정한 때이다. 수업 첫 시간에 나는 학생들에게 학습에 대한 새로운 접근법을 실험적으로 시도하고 싶다는 점을 이야기하고 학습촉진자의 역할 모델로 삼은 Shedlin과 Houle 교수와 함께 했던 나 자신의 경험을 설명하였다. 나는 과거에 단 한 번도 이런 방법을 실시해 본 적이 없었기 때문에 이런 획기적인 방법을 이끌어 나갈 능력이 있는지에 대해 확신이 없다고 솔직히 고백하고 학생들이 자신의 학습에 대해 한 차원 높은 책임을 지기로 동의하는 경우에만 이 방법이 성과를 거둘 수 있을 것이라고 설명하였다. 또 만일 학생들이 이 방법이 위험하다고 느낀다면 굳이 이를 밀어붙일 의사가 없음을 분명히 하였다. 하지만 학생들은 만장일치로 나의 실험에 동의해 주었다.

　　그때 나에게 일어났던 일들을 분석해 보면서 나는 근본적인 변화들을 규명할 수 있었다. 나는 교사에서 학습촉진자로 완전히 바뀌었다. 내 역할은 내용 전달자에서 과정 관리자로 그리고 내용 자원(content resource) 제공자로 변화하였다. 나의 역할이 변화함에 따라 이전과는 다른 심리적 보상을 얻었다. 학생들을 통제함으로써 얻는 보상이 아니라 학생들에게 자율성을 줌으로써 보상을 얻었다. 그리고 후자의 방식이 훨씬 더 만족스럽다는 것을 깨달았다. 마침내 나는 다른 역할을 수행한다는 것은 다른 능력이 필요하다는 것을 알게 되었다. 나는 기본적으로 프레젠테이션 능력을 필요로 하는 학습내용 설계자나 전달자의 역할 대신에 관계구축, 요구 분석, 기획과정에 학생참여, 학생과 학습자원의 연계, 학생의 학습 주도성 권장 등의 과정 설계자와 관리자의 역할을 수행하였다. 그 이후, 나는 단 한 번도 교사 역할로 되돌아가고 싶은 유혹을 느껴본 적이 없다(Knowles et al., 2010).

위의 글은 성인교육학 분야의 대가인 **Knowles**가 어떻게 교사에서 학습촉진자로 거듭나고 성인교육학 분야의 학자로 성장하게 되었는지에 대한 자신의 경험을 들려준 것이다.

　　나는 그가 시카고대학교의 심리학 카운셀링 세미나 과정의 첫 수업에서 느꼈을 감정을 정확히 알 수 없다. 또 그는 내가 감히 우러러 보기에도 힘에 겨운 대(大) 학자이기에 그의 사례에 내 사례를 비유하고 싶은 마음도 전혀 없다. 하지만 적어도 2005년 어느 여름 날, 내가 내 생애 최초로 경험했던 코칭워크숍에서의 충격은 Knowles가 시카고대학교에 개설된 심리학 카운셀링 세미나 과정에서의 경험을 평생 잊을 수 없었던 것처럼, 또 그 과정을 통해 그가 교사에서 학습촉진자로 거듭나고 학문에 매진했던 것처럼, 나에게도 평생 잊을 수 없는 경험이었다. 그 과정을 통해 나는 코치로 거듭나게 되었고, 단순히 현장의 코칭 전문가를 넘어서서 코칭 연구에 매진하게 되었다.

나에게 과거 10년간의 고등학교 교사경험은 항상 학생들에게 옳은 답을 주는 것이 교사의 역할이라는 확신을 갖게 하였고 내가 코칭을 경험하기 전까지 내 안에 확고하게 자리하고 있었다. 문제가 있는 사람에게 답을 제시하는 것이 아니라 그 스스로 답을 찾게 한다는 코칭의 원리는 내가 10년간의 교사생활을 통해 경험했던 것과는 완전히 뿌리부터 다른 것이었다. 그렇게 동기부여자와 촉진자 역할에 충실해야 하는 코치의 역할은 내 인생의 그림을 완전히 바꾸어 놓았다.

인생을 살면서 가슴 뛰는 경험을 한 사람이 비단 Knowles뿐이겠는가? 하지만 그렇다고 해서 이 세상 모든 사람들이 그렇게 전율이 느껴지는 가슴 뛰는 경험을 하게 된다고는 생각하지 않는다. 그런 차원에서 본다면 나는 정말 운이 좋은 사람이다.

그 가슴 떨리는 나의 생애 첫 경험 이후 지난 10년 동안 내 삶에 많은 변화가 있었다. 하지만 무엇보다도 가장 큰 변화는 사람을 보는 나의 관점이 완전히 바뀌었다는 것이다. 사람에게는 무한한 가능성이 있다는 코칭의 철학은 내 가슴 깊이 뿌리내렸고 사람을 대할 때 그의 장점에 집중하려는 태도를 갖게 되었다. 물론 이 세상 모든 사람들과 다 잘 지내기는 어렵다. 때로는 함께 하는 것이 어려운 사람들도 여전히 많다. 하지만 먼저 그 사람의 장점을 보려고 노력하고 그 사람의 가능성을 발견하려고 노력하는 것은 이전과 달라진 점이라고 할 수 있을 것이다.

나는 내 생애 처음으로 진행했던 코칭워크숍의 가슴 벅찬 경험을 아직도 생생히 기억하고 있다. 그 대상자들은 국내 굴지의 대기업 부장들이었다. 나는 그 코칭워크숍을 진행하면서 개인적으로 중요한 목표를 하나 정했는데, 그것은 그들이 내가 완전 초보 코치라는 것을 모르도록 워크숍을 진행한다는 것이었다. 코칭경험이 많지 않은 초보 코치에게 코칭워크숍 진행이 얼마나 힘든 일인지를 잘 보여 주는 것이다. 이틀간의 코칭워크숍에서 이러한 나의 목표는 어느 정도 달성된 것 같았다. 그들은 내가 완전 초보 코치라는 것을 눈치 채지 못한 것 같았고 그 덕에 나의 첫 코칭워크숍은 잘 마무리되었다.

이렇게 첫 출발을 한 이후 나는 비교적 성공적인 코치로 성장할 수 있었다. 내가 코칭을 본격적으로 시작한 2006년, 나는 많은 대기업에서 코칭워크숍을 진행할 기회를 갖게 되었다. 계속해서 코칭워크숍을 진행하면서 나에게는 두려운 것이 하나 생겼다. 그것은 청중들의 질문이었다. 다른 질문들은 거의 막힘 없이 답할 수 있었는데, 유독 하나의 질문에 대해서만큼은 내 스스로 완벽하게 답할 수 없었다. 그 질문은 "우리 상사들은 우리에게 코칭을 하지 않는데, 왜 우리는 우리 부하직원들에게 코칭을 해야 하나요?"라는 것이었다. 그 당시 이 질문은 나를 가장 곤욕스럽게 하는 것이었다. 솔직하게 이야기하자면 나는 그 당시 이 질문에 대한 답을 모르고 있었다. 그 이유는 내가 코칭경험이 많지 않았기 때문이다. 코칭경험이 많지 않다 보니 코칭이 코치에게 얼마나 좋은 것인지를 설명할 수 없었다. 그저 코칭을 하면 성과가 많이 나고 기업에게 결국 유익하다는 말밖에는 할 수 없었다. 마치 앵무새처럼 떠들었던 것이다.

하지만 지금은 그때와는 상황이 다르다. 나는 여전히 커리어코칭 이외에 기업의 리더들을 대상으로 코칭워크숍을 진행하고 있다. 이제는 그 어떤 질문에 대해서도 두려움이 없다. 그리고 내가 가장 힘들어했던 그 질문에 대해서는 그들이 묻기 이전에 내가 먼저 설명한다. 코칭을 하면 코치가 얼마나 좋은지에 대해 잘 설명할 수 있게 된 것이다. 그것은 아마도 나의 코칭경험과 워크숍 경험에서 비롯된 것이라고 할 수 있을 것이다. 앞서 출간했던 『커리어코칭 입문』 책에서도 잠깐 언급하였지만 코칭을 하면 코칭을 하는 코치가 더 많이 배우고 더 많이 성장한다. 이것은 코칭을 직접 경험해 본 코치만이 할 수 있는 말이다.

내 박사학위논문은 「성공적인 커리어코칭 과정에 관한 연구」이다. 나는 운이 좋게도 박사학위논문을 쓰기 전부터 커리어코칭을 할 수 있는 많은 기회를 갖게 되었다. 이렇게 커리어코칭을 많이 경험하면서 앞으로 사람들에게 커리어코칭이 필요할 것이라는 확신도 갖게 되었다. 내 예상이 정확히 맞아떨어졌다고 나는 지금도 확신한다. 비즈니스코칭의 대상자들은 비즈니스 현장에 있는 리더들이라면 커리어코칭의 대상자들은 모든 사람들이 될 수 있다. 그러니 비즈니스 측면에서 본다면 커리어코칭 시장 규모가 훨씬 클 것이다. 또 많은 사람들이 자신의 커리어에 대해 만족한다면 작게는 개인이 행복하겠지만 크게는 국가가 행복해질 수 있다고 나는 판단했다.

하지만 이러한 나의 신념과는 다르게 내가 만났던 많은 사람들은 자신의 커리어 문제로 고민하고 있었다.

한 대학생은 자신의 미래에 대한 불안감을 토로하였다.

"이제 취업을 해야 하는데, 제가 무엇을 잘 하는지, 어떤 일을 해야 할지 잘 모르겠어요. 전공이 잘 맞는 것 같지도 않고요."

누가 봐도 부러워할 만한 직장에 다니는 한 회사원은 나에게 물었다.

"코치님, 코치님은 제가 너무 한심해 보이시지요? 30대 중반이 넘도록 자기가 무엇을 잘하는지, 무엇을 좋아하는지도 모르니 말이에요."

코칭워크숍에서 만났던 한 기업의 부장은 자신의 정년 이후의 삶을 걱정하고 있었다.

"58세면 정년인데, 이제 정말 얼마 남지 않았어요. 정년 이후에도 일을 계속해야 하는데, 어떤 일을 해야 할지 답을 찾을 수가 없습니다. 어떤 일을 해야 할지 모르니 무엇을, 어떻게 준비해야 할지도 막막합니다."

한 특성화 고등학교의 교장선생님은 젊은 세대의 미래를 걱정하며 안타까움을 토로하였다.

"나는 인생을 두 번 삽니다. 우리가 초등학교 다닐 때는 도시락을 싸 가지고 다닐 형편이 안 돼서 빈 그릇 하나만 가지고 학교에 갔습니다. 학교에서는 강냉이 가루로 죽을 쑤어서 학생들에게 한 그릇씩 나누어 주었죠. 그걸 먹으면서 공부를 했었습니다. 그랬던 우리가 이제는 먹을 것, 입을 것이 너무나 풍요로운 시대에 살고 있으니 인생을 두 번 사는 것이지요. 그런데 지금의 젊은 세대가 걱정입니다. 요즈음 젊은이들은 어려서는 풍요로운 삶을 살았지만 노년에는 아주 어려운 삶을 살 수도 있기 때문이에요. 이제는 수명이 길어져서 오랫동안 노년의 삶을 살아야 하는데, 제대로 준비하지 않으면 경제적으로 매우 힘든 삶을 살게 되겠죠. 걱정입니다."

ICF(International Coach Federation, 국제코치연맹)에서 1998년에 실시한 고객설문조사에 따르면 고객들이 다수선택을 통해 선정한 주요 코칭이슈는 시간관리(80.5%), 커리어(74.3%), 비즈니스(73.8%), 관계와 가족(58.6%), 건강관리(51.9%) 등의 순으로 나타났다.

위의 내용들은 커리어코칭의 필요성과 중요성을 잘 보여 주는 사례들이다.

실천에서 학문으로…

2000년대 초반 비즈니스코칭이 국내에 도입된 이후 10여 년이 지났다. 코칭이 지나가는 유행, 그 이상이 아니라는 우려도 있지만(Tobias, 1996), 이제 코칭은 개인을 성장시키고 발전시키는 가장 효과적인 방법 중 하나로 굳건히 자리 잡았고, 여러 분야에 폭넓게 적용되고 있다. 이러한 동향은 코칭이 하나의 학문으로 정립될 수 있는 가능성을 열었고, 실제로 코칭을 학문화하려는 많은 연구들(Stober & Grant, 2006; Law, Ireland & Hussain, 2007; International Journal of evidence based coaching and mentoring, 2003)이 이어지고 있다(박윤희, 2014a).

　어떤 분야가 새로운 학문분야로 정립되기 위해서 직면하게 되는 중요한 이슈는 여러 학문영역 간의 경계에 관한 것이다. 초기에 코칭과 훈련, 컨설팅, 멘토링과 같은 관련된 학문분야 간에는 분명한 구분이 있었다. 여전히 코칭과 심리치료 사이에는 비교적 분명한 차이가 존재하기는 하지만 시간이 지남에 따라 이러한 영역 간의 구분들은 점차 흐릿해지고 있다(Skiffington & Zeus, 2003). 따라서 코칭이 일시적 유행이라는 잠재적인 오명을 극복하려면, 굳건한 이론적 토대를 마련해야 한다. 이러한 이론적 토대는 경험적으로 확인된 지식, 엄격한 논문심사를 거친 출판물, 공통된 용어 사용 등을 포함하는 것이다(Grant, 2005).

　해외에서는 비교적 코칭에 관한 연구들이 활발하게 이루어지고 있다. 특히 코칭방법론을 적용한 연구 이외에도 다양한 학문영역과의 관계성을 고찰하는 이론 연구들이 많이 이루어지고 있다. 반면 국내에서는 경영학이나 교육학분야에서 방법론적인 측면으로 코칭이 적용된 연구들이 주를 이루고 있다. 향후 코칭이 더욱더 전문화되고 미래에 확실한 직업으로 자리매김하려면, 모두가 공유할 수 있는 이론적 토대를 마련하는 것뿐만 아니라 전문가에 의해 평가된 많은 코칭 연구들이 이루어져야 할 것이다. 이는 결국 코칭 분야의 발전을 위해 현장 전문가뿐만 아니라 연구가 가능한 과학적 실천가가 필요하다는 것을 의미하는 것이다.

　또 코칭의 이론적 토대형성을 위해서 공통된 용어 사용이 필요하다. 특히 국내에서는 코칭 현장에서 사용하고 있는 용어의 통일이 시급한 실정이다. 어떤 분야가 하나의 학문영역으로 자리잡기 위해서 반드시 기본적으로 갖추어야 할 것이 용어의 통일과 그 사용이다. 국내 코칭 현장에서는 아직도 명확한 용어정의가 되어있지 않아 연구를 하거나 워크숍 등을 진행할 때도 여전히 혼란스러운 상태이다. 이렇게 안타까운 현실을 직시할 때 향후 커리어코칭의 발전을 위해 명확한 용어정의가 선행될 필요가 있다. 이러한 필요성에 근거해 이 책에서 사용하는 주요 커리어코칭 용어를 다음과 같이 정의하였다.

커리어코칭

고객의 요청에 따라 커리어코치가 진행하는 코칭을 커리어코칭이라고 한다. 아울러 코치가 커리어코칭 장면에서 하는 모든 활동은 커리어코칭이라고 정의한다.

커리어코치

고객의 요청에 따라 커리어코칭을 진행하는 전문가이다.

피코치

코치에게 커리어코칭을 받는 사람이다. 피코치는 코칭 현장에서 코치이(coachee) 또는 피코치자 등의 용어로 사용되고 있지만 이에 대한 용어의 통일이 시급한 실정이다. '피(被)'라는 접두어는 한자어로, 보통 뒤에 오는 한자어와 결합되어 사용된다. 피코치의 경우 한자어 '피'와 '코치'라는 단어가 결합된 것이다. 그러나 피코치라는 단어 자체는 국어학적으로 볼 때 어법이 '맞다', '틀리다'의 개념은 아니다. 이는 오히려 '일반적이지 않다', 즉 '규범적이지 않다'의 개념으로 보아야 한다. 피코치가 일반적이지 않고 규범적이지 않다 하더라도 코칭 비즈니스 분야에서 많은 사람들이 사용하게 된다면 표준어로 인정될 수 있다.

따라서 피코치라는 단어는 어법상 틀리기 때문에 절대 사용할 수 없다고 단정지어 말할 수 없다. 저자가 피코치를 고집하는 이유는 그 단어의 간결함과 임팩트에 있다. 코치라는 단어가 간결하고 명확한 것처럼 피코치 역시 간결하고 그 의미에 있어서도 명확하고 쉽게 전달이 가능한 이점이 있다. 코칭에서 쉽게 활용할 수 있는 새로운 코칭 관련 단어를 만들고 그것을 확산시키는 것은 코치들만이 가질 수 있는 특권이다. 따라서 이 책에서는 커리어코칭을 받는 대상자를 피코치로 정의하고 사용하고자 한다.

코칭세션

코칭이 실시되는 회차를 코칭세션이라고 한다. 코칭세션은 고객의 요구와 상황에 따라 1회 또는 여러 회차로 나누어 실시될 수 있다. 1회 코칭의 경우는 단회 코칭으로 여러 회차로 진행되는 코칭을 다회 코칭으로 정의한다.

이 책 한 권이 커리어코칭과 관련된 모든 이론을 포괄할 수는 없을 것이다. 다만 이 책이 커리어코칭의 이론적 토대 형성과 더 나아가 커리어코칭이 하나의 학문분야로 뿌리내리는 데 기여할 수 있게 되기를 바란다.

이 책은 커리어코치로서 저자의 실제 현장경험과 연구경험이 녹아 든 결과물이다. 이 책이 커리어 문제로 고민하는 많은 사람들을 돕고자 하는 미래의 유능한 커리어코치들에게 커리어코칭에 대한 지식과 영감을 줄 수 있게 되기를 간절히 기원하는 바이다.

차례
Contents

Chapter 01

커리어코칭의
개념

이 장은 커리어코칭에 관한 기본적인 내용으로 구성되어 있다. 과거와 달라진 커리어의 의미와 커리어코칭의 정의, 철학, 패러다임 등에 대해 구체적으로 그 내용을 제시하였다. 또 최근 다양한 분야로 확산되고 있는 코칭의 주요 분야에 대해 검토하였고 이들 가운데 커리어코칭의 위치에 대해 살펴보았다. 다음으로 커리어코칭과 관련된 주요 학문분야에 대해 검토하였고, 성공적인 커리어코칭 과정에 관한 연구(박윤희, 2010)의 결과를 중심으로 그 내용을 정리하였다.

01 커리어의 의미 변화

커리어(career)를 사전에서 찾아보면 '직업, 경력, 이력, 활동, 성공, 출세, 전진, 빨리 달리다, 질주하다, 전속력으로 달리다'의 의미로 해석된다(DAUM 온라인 사전). 본래 커리어는 라틴어 명사형인 '달리는 마차'라는 뜻을 가진 '카로스(carrus)'에서 유래하였다. 이후 '마차들이 다니는 길'이라는 뜻인 카라리아(carraria)로 사용되었고, 중세 프랑스에서는 '경주로 혹은 다닐 수 있는 통로'라는 뜻인 카리에르(carriere)로 사용되었다(Webster 온라인 사전). 이러한 정의들을 통해 커리어의 의미는 목표를 가지고 앞으로 나아가는 길이라는 방향과 일정한 과정을 거친다는 경로의 뜻을 모두 함축하고 있다는 것을 알 수 있다(김기홍 외, 2008).

Flippo(1981)는 커리어는 개인 생활에서 계속성, 질서와 의미를 제공해 주는 개별적이면서 상호 관련된 직무활동이라고 정의하였다. Sears(1982)는 개인이 일생 동안 하는 일의 전체로, McDaniels(1989)는 일과 레저의 합으로 커리어를 정의하였다. Baruch와 Rosensten(1992)은 커리어를 개인이 일생을 살아가면서 일이나 직장을 통해서 경험하는 총체적인 과정이라고 정의하였고, Herr와 Cramer(1996)는 사람들이 어떤 한 가지를 선택하거나 선택하지 않도록 하는 독특성을 제공해 주는 것으로 단순히 직업만을 가리키는 것이 아니라 직업생활의 준비기간이나 은퇴 이후까지 포함하여 일과 관련된 자신의 역할 및 사회와의 상호작용, 여가 활동까지 포함하는 것으로 정의하였다.

Super(1980)는 개인이 일생 동안 달성한 일련의 역할 및 그 역할의 조합으로 커리어를 정의하였다. 여기서 역할이란 자녀와 학생, 여가인, 시민, 직업인, 배우자, 가정주부, 부모, 연금생활자 등과 같이 대부분의 사람들이 일생 동안 경험하게 되는 역할과 입장을 말한다. 또 Hansen(1997)은 그의 저서 『종합적 생애 계획』에서 가정 내 역할에서부터 사회구성원으로서 역할에 이르기까지 인생의 모든 역할들을 커리어의 개념 속에 폭넓게 포함시키고 커리어의 새로운 개념으로 라이프 커리어를 제안하였다. 이렇듯 커리어는 단순한 직업생활을 의미하는 것에서부터 삶 전체에서 개인이 경험하는 모든 역할들의 조합에 이르기까지 그 의미가 점차 확장되고 있다.

그러나 이러한 커리어의 의미 확장에도 불구하여 여전히 많은 사람들은 커리어 하면 먼저 직업을 생각할 것이다. 직업은 개인의 능력에 따라 특정한 업에 종사하며 정신적, 육체적 노동을 제공하고 그 대가로 경제적 급부를 받아 생활을 해 가는 활동양식이다.

이러한 직업은 산업구조와 긴밀한 관련성을 가지며 산업 및 경제구조의 변화에 따라서 시대별로 흥망성쇠를 거쳐왔다. 우리나라의 경우 1960년대부터 불과 40여 년 만에 기적적인 경제부흥을 일으킨 세계적으로 유래가 없는 나라이기 때문에 시대별 직업의 변화도 그 발전상이 뚜렷하다. 1960년대에는 섬유, 합판, 신발 등 경공업이 발달하여 공장근로자가 많았으며 은행원이 그 시대 최고의 선호직업이었다. 1970년대에는 수출이 국가의 주요 경제동력으로 자리 잡으면서 수출을 주도하는 민간대기업이 부상하였다. 우리나라 대기업들이 그 기틀을 잡은 데는 이러한 수출과 중동 개발 붐의 영향이 컸다. 1980년대에는 산업구조가 고도화되기 시작한 해로 직업환경도 많은 변화가 있었다. 이 시기에는 대학의 입학정원이 큰 폭으로 늘어나기 시작하였고, 이들 인력들이 대기업과 금융권에 대거 진출하면서 화이트 칼라라는 말이 생겨나기도 하였다. 1990년대에는 정보통신기술이 발달하기 시작하면서 직업세계가 변화하기 시작하였는데, 이를 바탕으로 한 벤처기업들이 등장하였다. 2000년대 들어서면서 정보통신(IT)뿐만 아니라 생명공학(BT), 나노공학(NT), 환경 및 문화산업 등 다양한 산업들이 성장하기 시작하였다. 이와 같은 산업과 직업변화를 정리해보면 〈표 1.1〉과 같다(이현림, 2009).

이렇게 산업 및 경제구조의 변화에 영향을 받는 직업은 개인에게 어떠한 의미를 갖는가? 첫째, 생계수단이다. 인간은 온전히 정신적인 존재가 아닌 이상 생계를 유지하기 위해 물질적인 재화를 필요로 한다. 인간은 바로 직업활동을 통해서 살아가는 데 필요한 경제적 소득을 얻는 것이다. 둘

표 1.1	한국의 직업 변천과정	
구분	중심산업	유망 및 신생직업
1960년대	경공업, 농업, 어업, 임업	- 은행원, 공무원 - 섬유 · 합판 · 신발공장 기능공과 기술자, 전자제품 조립원, 스튜어디스, 탤런트
1970년대	수출 · 중화학 공업	- 대기업(종합상사) 직원, 금융계 종사자 - 해외건설근로자, 중장비기술자, 토목 · 설계기술자, 기계 · 전자공학전문가
1980년대	중화학 공업, 산업고도화	- 증권사 직원, 컴퓨터프로그래머, 반도체기술자 - 금융계 종사자, 운동선수(프로), 광고전문가, 텔레마케터
1990년대	정보통신, 금융관련 산업	- 외환딜러, 펀드매니저, 프로그래머, 벤처기업가 - 선물거래사, 기업신용평가사, 연예인코디네이터, 웹마스터, 멀티미디어 PD
2000년대	정보통신, 인터넷 등 지식기반산업	- 항공 우주 등 하이테크 분야 종사자 - 통신네트워크전문가, 인터넷전문가

출처 : 이현림(2009). 진로상담. p. 223 수정.

째, 사회적 역할을 수행하고 공동체적 욕구를 해소한다. 인간은 사회적 동물로 아무리 뛰어난 사람이라 하더라도 모든 일을 혼자서 할 수는 없기 때문에 일을 서로 나누어 하고 그것을 교환한다. 직업은 이처럼 사회적으로 필요한 역할을 나누어 수행하는 것이다. 셋째, 자아실현의 욕구충족과 소질을 발휘하게 한다. 인간은 삶에서 궁극적으로 자아실현을 목표로 한다. 이를 위해 사회 속에서 자신이 가진 능력을 발휘함으로써 자신의 존재감에 대한 가치를 인식하게 되는데, 이것이 각자의 직업으로 표출될 수 있다. 이러한 직업생활은 결국 개인의 자아실현을 돕게 된다(박윤희, 2012).

직업은 개인적 의미 이외에도 사회적 요건을 충족해야 한다. 직업은 사회적으로 유용한 것이어야 하고 사회의 유지 및 발전에 도움이 되는 것이어야 한다. 따라서 도박, 밀수 등 반사회적인 경제활동은 직업으로 인정되지 않는다.

다음은 직업에 해당되지 않는 활동들을 나열한 것이다.

- 이자, 주식배당, 임대료 등과 같은 재산 수입이 있는 경우
- 연금법, 생활보호법, 국민연금법, 고용보험법 등의 사회보장에 의한 수입이 있는 경우
- 경마, 경륜 등에 의한 배당금 수입이 있는 경우
- 예금 · 적금의 인출, 보험금 수취, 차용 또는 토지나 금융자산 매각에 의한 수입이 있는 경우
- 자기 집에서 가사 활동을 하는 경우
- 정규 교육기관에 재학하고 있는 경우
- 시민봉사활동 등에 의한 무급 봉사를 하는 경우
- 법률위반 행위나 법률에 의한 강제 노동을 하는 경우

과거에는 평생직장의 풍토 속에서 개인들은 직업에 대해 상당히 안정적이고 변화를 기피하는 성향을 보여왔다. 하지만 기업을 위시한 다양한 조직들이 갖는 고용형태의 변화는 개인들의 조직 충성도에도 변화를 가져왔다. 지난 수 십 년 동안 기업들은 비정규직 채용과 아웃소싱(outsourcing) 등을 늘리는 대신 정규직 고용규모를 적정 수준으로 유지하려고 노력해 왔다. 이로 인해 근로자들은 평생직장이란 개념에서 벗어나 자신의 능력에 맞는 직장을 찾아 자리를 이동하거나, 자신의 능력을 지속적으로 개발할 수밖에 없는 상황에 직면하게 되었다(박윤희, 2012).

Hall(1976)은 이러한 특성들을 지닌 근로자들을 프로틴(protean)이라고 명명하였다. 프로틴이란 변덕스럽게 자신의 모습을 계속해서 변화시켰던 그리스 신화에 등장하는 신인 프로메테우스

(Prometheus)에서 따온 것으로 한 직장에 오랫동안 머물지 못하고 자신의 정체성을 확인하기 위해 끊임없이 커리어를 변화시키는 사람을 의미한다.

프로틴은 매우 강한 자기정체성을 가지고 있기 때문에 자신이 속한 조직에 도움이 되는 것과 상관없이 필요하다고 생각되는 능력이나 경력을 개발하고 발전시켜 나가는 행동양식을 보인다. 이들은 또한 이동 성향이 매우 높고, 자신이 속한 조직의 내부와 외부에서 기회를 찾기 위해 끊임없이 노력한다. 가끔 기업가로서 능력을 보이기도 하는데, 자신이 속한 조직과 동일한 산업 내에서 또는 자신만의 독자적인 영역을 개발해 새로운 기업을 설립하기도 한다.

프로틴의 또 다른 특징은 경제적인 안정보다는 개인적인 성취감이나 만족감을 통해 동기부여되는 성향이 높다는 것이다. 자신의 삶과 직업의 관계에서 균형을 유지하고자 하는 욕구로 인해 예전보다 근무시간을 줄이려는 성향도 보인다. 프로틴은 결코 어떤 특정한 조직에 의존하지 않으며, 스스로 자신이 설정한 계획에 따라 자신의 커리어를 관리한다. 그들 스스로가 자신의 커리어 관리자인 것이다. 바로 이러한 점들이 21세기 프로틴의 특징이다. 〈표 1.2〉는 프로틴과 프로틴 이전의 전통적 근로자들이 갖는 특징들을 비교하여 설명한 것이다.

프로틴 경력에서 궁극적 목적은 고소득, 지위, 명성과 같은 외적 성공이 아니라 자아실현, 가정의 행복, 마음의 평안과 같은 심리적 성공이며, 심리적 성공을 달성하기 위해 개인이 다양한 경력개발을 시도할 수 있다. 한 직장 내에서 수직 상승만을 가정했던 기존의 경력개발과 달리, 프로틴의 경력개발은 개인이 다양한 직장경험과 경력개발을 통해 자아를 실현하고 동시에 삶의 균형을 추구해 나가는 과정을 의미한다(박윤희, 2012).

이전과 다른 개인의 커리어 경향을 Arthur(1994)는 무경계 경력(boundaryless career)이라는 말로 설명하고 있다. 무경계 경력은 개인의 자유로운 조직 간의 이동을 의미하는 것으로 이전과 달

표 1.2	전통적 근로자와 프로틴의 비교
전통적 근로자	**프로틴**
고용주나 조직을 통해 자신의 정체성을 확인하려고 함	스스로 자신의 정체성을 확인하려고 함
타인이나 조직에 의해 커리어 관리	자신의 커리어를 스스로 관리
자신의 업무 분야에만 관심을 기울임	기업가적 사고방식(자신의 일 이외의 분야에도 관심이 많음)
급여수준이나 소득에 따라 동기부여됨	개인적 성취감에 의해 동기부여됨
이동성이 낮고 조직이나 고용주에게 높은 충성심을 보임	이동성이 높고 한 사람의 고용주에게 충성하지 않음

출처 : Dowd & Taguchi(2009). Getting the career you want, p. 68 수정.

리 개인들이 많은 이직이나 전직 경험을 갖게 되는 것을 뜻한다. 무경계 경력이 중요하게 대두된 이유에 대해 Arthur는 다음과 같이 제시하고 있다. 첫째, 종업원들의 평균 근속기간이 짧아지고 있다. 둘째, 대기업의 분권화 현상이 발생하고 있으며 무경계 경력은 규모와 상관없이 회사와 근로자 모두가 경제적 상황에 적응하기 위한 하나의 경력추구 형태이다. 셋째, 새로운 직무가 나타나면서 중소기업에서는 경력기회가 증가하고 대기업에서는 경력기회가 소멸되는 양상을 보이고 있다.

Sullivan(1999)은 이러한 무경계 경력과 전통적 경력의 차이를 〈표 1.3〉과 같이 비교하여 설명하고 있다.

위에서 언급한 프로틴 경력과 무경계 경력은 다음과 같은 공통점을 갖는다(박윤희, 2012).

첫째, 고용주와 근로자가 이전과 다른 고용관계를 갖는다는 점이다. 평생직장의 개념이 약화되면서 고용주와 근로자는 언제든지 필요하다면 퇴사, 구조조정과 해고를 통해 관계를 청산할 수 있다.

둘째, 직장과 직업의 자유로운 이동이다. 개인들은 단순히 직장을 바꾸는 것뿐만 아니라 자신에게 적합한 직업이나 직무를 찾아 떠나는 전직을 통해서도 자유로운 이동을 추구한다.

셋째, 개인들이 외적 성공이 아니라 자아실현, 의미 있는 일 추구 등 직업에서 심리적인 성공에 보다 집중한다는 것이다. 개인들은 승진이나 연봉 등의 외적 성공보다는 심리적으로 만족할 수 있는 내적 성공을 추구한다.

넷째, 경력관리의 책임이 조직이 아닌 개인들에게 있다는 것이다. 평생직장 체제하에서는 개인의 경력관리에 대한 책임을 조직이 부담하였다. 조직은 교육훈련과 직무를 통해 개인이 오랫동안

표 1.3	전통적 경력과 무경계 경력의 비교	
	전통적 경력	**무경계 경력**
고용관계	충성을 통한 직업안정성	성과를 통한 고용가능성과 유연성
경계	하나 또는 두 개의 회사	다양한 회사
기술	특정회사에 적합한 기술	이동할 수 있는 기술
성공 측정수단	임금, 승진, 지위	심리적으로 의미 있는 일
경력관리의 책임	조직	개인
교육훈련	형식적인 프로그램	현장직무
경력개발의 사건	나이	학습

출처 : Sullivan(1999). The changing nature of careers: A review and research agenda. p. 458.

조직에서 살아남을 수 있도록 경력을 관리해 주었다. 하지만 이제는 개인들 스스로 자신의 커리어에 대한 계획을 수립하고 관리하지 않으면 직업적 성공을 이루기 어려워졌다.

이러한 것들이 변화된 21세기 커리어의 경향이라면 개인들은 어떻게 자신들의 커리어를 관리해 나가야 할까? 직업세계의 불확실성이 더욱 심화될 미래에는 직장에서 제공하는 금전적 보상이나 승진에만 의존하는 수동적 경력개발이 아니라, 심리적 만족과 성공을 위해 개인이 주도하는 경력 개발이 요구된다. 이는 개인들의 노력 여하에 따라 직업적 성공은 물론 행복한 삶을 이룰 수 있기 때문이다. 따라서 21세기에는 그 어느 때보다 개인들의 커리어 관리 능력이 절실하게 필요하다(박윤희, 2012).

02   커리어코칭의 정의

진로지도 분야의 역사와 비교한다면 하나의 산업분야로써 코칭의 역사는 매우 짧다. 이 두 분야가 합쳐진 커리어코칭은 태동된 지 20년도 채 되지 않은 분야로 아직 명확하게 하나의 직업분야로 뿌리 내리지 못하고 있다. 하지만 그렇다고 해서 커리어코칭에 관련된 연구들이 전혀 없는 것은 아니다. 먼저 커리어코칭에 대한 정의들부터 살펴보자.

Jay(2001)는 커리어코칭은 개인의 커리어와 관련된 직업적인 문제에 초점이 맞춰져 있고, 그들의 직업적인 부분이 삶의 다른 부분들과 균형을 이룰 수 있도록 돕는 것이라고 정의하였다. Bench(2003)는 일과 관련된 이슈에 대해 개인과 조직의 발달과 변화를 촉진함으로써 효과적인 행동을 이끌어 내는 상호작용 과정으로 커리어코칭을 정의하였다. 박윤희(2010)는 고객이 자신의 커리어 이슈에 대해 문제해결자 역할을 수행하고 일과 삶 사이에 균형을 이룰 수 있도록 지원함으로써 고객의 자기주도적 학습과 성장을 촉진하는 코치와 피코치의 하나되어 나아가기의 과정으로 커리어코칭을 정의하였다.

Colombo와 Werther(2003)에 따르면, 커리어코치는 피코치가 미처 자신에 대해 알지 못하는 능력을 확인하게 하고, 피코치에게 내재되어 있는 스킬들을 연마하도록 돕는다. 이는 커리어코치들이 피코치가 자신을 보다 잘 인식하게 하고 성장할 수 있도록 돕는다는 것을 의미하는 것이다.

Colombo와 Werther는 커리어코칭의 목적에 대해 궁극적으로 코치가 피코치의 사고방식을 평생 고용의 개념으로부터 평생 동안 고용될 수 있는 사람, 즉 평생고용적격자로 전환시키는 것이라고 주장하였다.

커리어코칭의 핵심은 피코치의 커리어 관심사로 코치는 피코치의 커리어 선택을 위해 그의 능력을 이끌어 내기 위한 피드백을 사용한다(Jarvis, 2004). 코치의 이러한 활동을 통해 피코치는 자신의 현재 상태를 인식하게 되고, 자신의 적성과 능력을 발견할 수 있게 된다. Hube(1996)는 커리어코칭의 목적에 대해 커리어와 직업상황에서 고객들이 그들의 스킬을 보다 잘 인식하고, 더 나은 커리어 선택을 하게 하며 더 생산적이고 가치 있는 직업인이 될 수 있도록 고객 개인의 발전을 돕는 것이라고 보았다.

조직적인 측면에서 본다면, 커리어코칭은 조직의 목표달성과 문제해결에 기여하고 개인의 커리어 성공을 위해 조직구성원과 관리자들 사이에 행해지는 학습 파트너십이다. 조직에서 커리어코칭 역시 자기주도적 커리어개발 과정의 이해를 요구하는데, 이 과정은 조직구성원들이 자신이 현재 있는 곳을 확인하고, 가기 원하는 곳을 결정한 후, 목표를 이루기 위해 필요한 계획을 수립하고 실행하는 평생의 활동이다(Stevens, 1998).

또한 조직에서 커리어코칭은 조직구성원들이 그들의 커리어에 대한 의사결정과 대안을 고려하도록 돕는 것이다. 조직에서 관리자는 특정한 일에 적합한 인력을 배치하고, 특정한 일에 적합하지 않은 인력이 배치되는 것을 방지한다. 또 인력배치의 문제점을 확인하고, 이를 극복하기 위한 전략을 모색해 조직구성원이 발전가능성에 집중하도록 돕는다. 그러므로 조직의 관리자는 적합한 커리어코치이다. 그들은 조직구성원의 성과와 가장 밀접히 관련되어 있고 업무 성과에 대해 책임을 지며 조직구성원들의 동기부여를 도울 수 있는 적절한 관계 수립을 위해 노력해야 하기 때문이다(Giley & Boughton, 1996).

Bench(2001)는 전문코치 입장에서 코치의 역할에 대해 다음과 같이 설명하고 있다. 커리어코치는 고객들의 열정과 목표를 발견하고 장기 발전기회를 이끌어 낸다. 경청하고 관찰하는 등의 코칭 상호작용을 통해 효과적인 코칭을 진행하며, 고객의 커리어 발전에 장애물을 제거한다. 노동시장에서 고객의 가치를 높일 수 있게 능력을 신장시키고 커리어 성장과 미래 수익력에 대한 고객의 잠재가능성을 키워준다. 이를 통해 궁극적으로 고객의 커리어 자립과 고객이 자신의 직업에서 만족도를 높일 수 있도록 돕는다.

이러한 커리어코치의 역할을 보다 명확히 하기 위해 커리어코치를 다른 유사분야 종사자들과 비교해 볼 필요가 있다. 다음 〈표 1.4〉는 커리어코치와 커리어카운슬러, 컨설턴트, 관리자코치를 비교한 것이다.

커리어코치와 커리어카운슬러를 비교해보면, 커리어코치는 일반적으로 커리어카운슬러에 비해 더 결과지향적이고, 덜 구조적으로 고객의 문제에 집중한다. 다른 차이점은 커리어코치는 고객의 장점을 강화하고 발전 가능성에 초점을 두는 반면, 카운슬러는 종종 병리학적으로 고객을 회복시키는 역할을 한다는 것이다. 또 커리어카운슬러들은 심리적인 검사도구 사용에 더 많은 훈련을 받고, 카운슬링 시작 단계에서부터 검사도구를 사용한다. 반면 커리어코치들은 약간의 검사도구들을 사용하는데, 그것도 고객에게 꼭 필요한 경우에만 사용한다.

커리어코치와 컨설턴트, 이 둘을 구분하는 가장 확실한 기준은 코치는 올바른 질문을 하는 것에 집중하는 반면, 컨설턴트는 올바른 답을 주어 문제를 해결하는 것을 목표로 한다는 것이다. 컨설턴트는 특정분야 전문가이다. 그들은 조언하고, 분석하고, 보고서를 쓰고 그것을 통해 보수를 받는다. 컨설턴트는 특정사업 분야에 경험이 있거나 고객의 사업 분야에 대해 교육이나 훈련을 받은 사람이다. 그러나 코치는 고객의 사업 분야에 대한 경험을 필요로 하지 않는다. 코치에게 필요한 경험은 고객이 그가 원하는 결과를 얻을 수 있도록 이끌어 줄 수 있는 명확한 코칭대화모델을 사용한 코칭 실습이다.

커리어코치와 조직 내 관리자인 커리어코치의 차이점을 살펴보면, 관리자는 전문코치와 달리

표 1.4   커리어코치와 다른 역할들 비교

요소	커리어코치	커리어카운슬러	컨설턴트	관리자코치
핵심	질문	질문과 답변	답변	질문과 답변
주제선정	고객	공동	컨설턴트	회사
이해관계의 상충	없음	없음	없음	있음
지향성	과정, 가능성, 결과	과정, 다음 단계	결과, 문제해결	결과
교육	코칭교육	석사우대	특이사항 없음	특이사항 없음
자발성	있음	통상적	때때로	없음
시간관점	현재, 미래	과거, 현재	현재, 미래	현재, 가까운 미래
검사도구 사용	적절하게 사용	표준화된 검사도구 사용	때때로	360도 검사가 가장 일반적
결과까지 걸리는 시간	빨리	코칭보다 느림	때때로 결과 없음	가변적임
결과에 대한 책임	고객	카운슬러	컨설턴트	관리자와 조직구성원

출처 : Bench(2003). Career coaching. p. 15 수정.

조직 내 책임, 성과책임, 권한을 가진다. 따라서 조직구성원과 관리자가 가진 직위, 권한, 책임, 목표의 차이 때문에 코칭과정에서 솔직한 대화가 이루어지기 어려운 상황이 자주 발생한다. 이는 관리자가 커리어코칭을 진행하는 데 효과성을 저해하는 주요 요인이 될 수 있다(박윤희, 2010).

일반적으로 커리어코치들은 조직구성원의 커리어개발에 도움을 줄 뿐만 아니라 조직 외부의 개인이나 구직자들의 커리어 문제해결에도 도움을 제공한다. 특히 커리어코치들은 잡 서치(job search)와 직업경험을 가지고 있고, 조직의 채용이나 신규채용에서 역할을 담당하기 때문에 초보 구직자들을 위한 유용한 지식을 가지고 있다(Fulmer et al., 2006). 그뿐만 아니라 커리어코치들은 가정과 일의 균형, 인터뷰스킬 개발, 더 나은 경영기법의 개발, 경영진의 성장과 경력개발, 그리고 경영진들이 조직구성원들의 커리어코치가 되도록 돕는 일을 한다(Chung et al., 2003). 이것은 커리어코칭이 커리어뿐만 아니라 개인의 삶 전체와 관련될 수 있다는 것을 의미하는 것이다.

개인을 대상으로 코칭 서비스를 제공하는 전문 커리어코치의 역할에 대해 Bell(1996)은 고객이 사업성공, 재무적 독립, 학문적 수월성, 개인적 성공, 육체적 건강, 대인관계 또는 커리어 계획수립 등 삶에서 원하는 것을 더 많이 얻을 수 있도록 돕기 때문에 커리어코치를 '공명판(sounding board), 지원시스템, 치어리더'와 같은 존재라고 보았다.

또 Hudson(1999)은 현장에서 직접 커리어코칭을 진행하는 코치입장에서 커리어코치의 역할을 다섯 가지, 즉 고객의 커리어 연속성과 변화의 촉진, 핵심가치와 믿음의 명료화, 핵심적인 사회적 역할인식, 새로운 발전을 위한 도전의 타진, 지속적으로 학습할 주제의 개발로 언급하였다. 커리어코치들은 이러한 역할을 잘 수행하기 위해 다양한 스킬습득이 필요한데, 이는 반복적인 교육과 훈련을 통해서 가능하다.

Zeus와 Skiffington(2007)은 커리어코치는 피코치에게 조언하고 돕는 역할을 한다고 보고, 커리어코치의 역할을 다음과 같이 구체적으로 제시하였다.

첫째, 피코치의 상황을 진단하고 커리어 기회를 객관적으로 평가한다.

둘째, 피코치의 가치와 포부를 명확하게 할 수 있도록 함께 한다.

셋째, 특정한 일이나 커리어를 찾는 방법에 대한 유용하고 가치 있는 정보를 피코치에게 제공한다.

넷째, 피코치가 노동시장에서 경쟁력을 가질 수 있도록 지원한다.

다섯째, 성공적이고 행복한 커리어를 얻기 위해 방해요소를 극복하도록 돕는다.

여섯째, 피코치가 취업, 이직이나 전직 과정에서 실패를 극복하도록 돕는다.

일곱째, 피코치의 강점과 약점을 인식하게 하고 자신이 어떤 커리어와 업무 환경에 맞는지 이해하도록 돕는다.

여덟째, 피코치의 현재 일에서 생산성과 지위가 높아질 수 있도록 돕는다.

아홉째, 단기, 중기, 장기 커리어 목표를 개발하고 이를 달성할 수 있는 실행계획을 세우도록 격려한다.

열째, 지속적인 피드백, 지원과 격려를 제공한다.

위의 내용을 정리해 보면 커리어코치의 역할은 피코치가 자기인식 과정을 통해 현재 위치를 파악할 수 있게 하고, 유용한 정보제공을 통해 피코치가 원하는 커리어를 찾도록 돕는 것이다. 커리어에 대한 목표개발과 실행계획을 수립하게 하고, 이러한 실행계획이 잘 실천될 수 있도록 지속적으로 지원하고 격려하는 것이라고 볼 수 있다.

최근 조직 내 관리자들은 관리자의 역할뿐 아니라 조직구성원들을 커리어코칭하는 커리어코치의 역할을 수행해야 한다. 조직 내 관리자로서 커리어코치의 역할에 대한 연구에서 Stevens(1998)는 조직 내 관리자는 커리어코치로서 다음과 같은 활동을 수행해야 한다고 주장하였다.

첫째, 조직구성원과 그들의 커리어에 대해 공식적, 비공식적으로 토론한다.

둘째, 그들의 강점과 개발 필요성에 대해 조언을 제공하고 조직구성원의 성과를 평가한다.

셋째, 조직구성원들의 커리어 계획수립 과정을 안내한다.

넷째, 조직구성원들에게 어떤 선택이 유용한가를 이해시키기 위해 필요로 하는 정보를 수집하거나, 조직구성원들이 커리어 계획수립을 하도록 정보를 제공한다.

다섯째, 조직구성원들이 조직이 원하는 인적자원이 될 수 있도록 계획된 커리어 이동이 가능하도록 돕는다.

여섯째, 조직구성원들이 조직의 현재와 미래의 요구에 부합하도록 적절한 스킬들을 개발하도록 돕는다.

일곱째, 중요한 조언과 안내를 해 주기 위해 산업 동향과 조직구성원의 직업 분야 동향을 파악한다.

이러한 조직 내 관리자로서 커리어코치는 자신의 커리어 계획수립에 대해 먼저 학습할 필요가 있다. 자신의 커리어 계획을 제대로 수립하지 못한 관리자라면 조직구성원들을 코칭하기 어렵다. 커리어코칭 과정은 조직구성원들의 요구를 존중하고, 그들로부터 시작될 때 가장 성공적일 수 있다. 관리자가 조직구성원이 커리어에 대해 책임을 질 수 있도록 지원하고 육성하면 할수록, 조직 내 생산성은 더욱더 증가하고 작업 팀을 동기부여하게 된다(Stevens, 1998).

이상의 검토를 통해, 커리어코칭에 관련된 다양한 연구들을 살펴본 결과 커리어코칭은 고객이 자신의 커리어 이슈에 대해 문제해결자 역할을 수행하고 궁극적으로 자신이 원하는 삶을 살 수 있도록 지원하는 상호협력적인 과정이라고 정의할 수 있을 것이다. 여기서 중요한 점은 커리어코치가 고객이 원하는 삶을 살 수 있도록 코칭을 할 수 있는 역량을 갖추어야 한다는 것이다. 커리어코칭을 직업으로 하는 전문코치는 물론이고 조직 내에서 커리어코치의 역할을 수행해야 하는 관리자코치 역시 이 점에 대해 자유로울 수 없다. 관리자코치에게 고객은 내부고객, 즉 조직구성원이기 때문이다. 따라서 전문코치와 관리자코치는 코칭에 필요한 지식, 스킬 등의 역량 개발과 함께 지속적인 코칭실습을 통해 커리어코치로서 자격을 갖추어야 한다.

03 커리어코칭의 철학

철학(philosophy)의 어원은 그리스어의 *philia*(사랑)와 *sophia*(지혜)의 합성어로 '지혜에 대한 사랑'이다. 지혜를 사랑한다는 것은 매우 모호한 말일 수 있는데, 철학의 의미는 단지 지식을 축적하는 것이 아니라 참된 지식을 탐구하고 가려내며 지식의 진정한 의미를 삶 전체와 관련하여 파악하고 활용하려는 것이라고 말할 수 있다. 고대에 그리스인들이 원시적 신앙이나 미신에서 벗어나 우주, 자연, 인간 등의 본질과 그것들의 상호관련성을 인간의 능력으로 파악하고 그것을 삶에 연결시키려는 데서 철학은 시작되었다. 그러나 이러한 철학의 정의는 철학으로부터 아직 여러 학문들이 분화되기 이전에 만들어진 개념이므로 오늘날 많은 학문들이 이 개념의 범주에 들어갈 수 있을 것이다. 따라서 지혜에 대한 사랑이라는 철학의 정의는 철학이 무엇인지에 대해 엄밀하게 밝혀 주지는 못하고 있다(장찬익 외, 2007).

오늘날 철학자들은 철학을 방법론적으로 규정하려고 한다. 즉 철학은 특정한 탐구 대상을 가지는 학문이 아니라 과학처럼 하나의 탐구방식이라는 것이다. 철학이 하나의 탐구방식이므로 무엇을 대상으로 삼느냐에 따라 과학철학, 역사철학, 법철학, 경제철학, 교육철학 등 다양한 분야의 철학이 가능해지는 것이다. 이러한 방법론적 개념은 철학이 지식체계가 아니라 탐구활동임을 강조한다. 그러므로 과거 철학자들의 주장이나 저술을 읽거나 암기하는 것 자체가 철학이 아니라 삶의 여러 가지 문제들을 철학적인 방법으로 탐구하는 활동이 바로 철학인 것이다. 이런 점에서 현대에는 체계화된 사상으로써 철학보다 탐구하는 과정으로써 철학활동이 강조되고 있다(장찬익 외, 2007).

철학은 우리가 무엇을 하는지 그리고 왜 그것을 하는지에 대한 의문을 제기한다. 철학은 개별 사례나 개별 현상을 넘어서 그것들의 보편적 특성에 대한 문제들을 다룬다. 철학과 활동 사이의 상호관계를 고려해 볼 때 분명하게 드러나는 것은 철학이 인간의 활동에 영감을 불어넣어 주며 실천 방향을 제시한다는 사실이다. 철학의 힘은 그것이 인간으로 하여금 일상생활 속에서 일어나는 모든 활동을 보다 잘 이해하고 평가할 수 있게 해 주는 것이라고 볼 수 있다(Elias & Merriam, 2002).

위의 장찬익 및 Elias와 Merriam의 주장들을 검토해 볼 때, 철학은 우리 삶의 문제들을 탐구하는 활동이며, 우리 삶에서 실천 방향을 제시해 주는 것이라고 볼 수 있다. 그렇다면 커리어코칭에서 철학은 커리어코칭의 근본적인 물음에 대한 답이 될 수 있는 것이고, 커리어코칭의 실천 방향을 제시해 주는 것이라고 볼 수 있다. 이러한 논리에 기초해서 커리어코칭의 철학을 다음과 같이 네 가지로 정리해 볼 수 있다. 네 가지 커리어코칭의 철학은 커리어코칭이 무엇인지 그 의미와 함께 커리어코칭이 어떻게 실천되어야 하는지 방향성을 제시해 주는 것이다.

첫째, 피코치는 자신의 커리어 문제를 해결할 수 있는 능력과 가능성을 가지고 있다.

둘째, 피코치는 자신의 성장과 발전을 원한다.

셋째, 커리어 문제의 답은 그 문제를 가진 피코치에게 있다.

넷째, 커리어코치는 피코치가 스스로 답을 찾을 수 있도록 코칭한다.

'피코치는 자신의 커리어 문제를 해결할 수 있는 능력과 가능성을 가지고 있다'는 것은 인간의 가능성에 대한 믿음으로 긍정적인 인간관에 기초한다. McGregor(1960)는 Y이론 인간관을 통해 인간은 본래 근면하며 외부로부터의 간섭이나 통제 없이 스스로 일하는 것을 좋아한다는 이론을 제시하였다. 즉 개인의 가능성을 인정한 것으로 볼 수 있다.

이 세상에 지식이나 능력이 백지인 사람은 없다. 일반적으로 볼 때 그다지 대단한 능력을 가지고 있지 못한 사람이라 하더라도 그 사람의 능력이 제로인 경우는 거의 없다. 따라서 사람에게는 누구나 능력과 가능성이 있다. 또 사람들은 모든 능력이 다 뛰어나지는 않지만 자기 안에 다른 능력과 차별되는 뛰어난 능력을 가지고 있다. 따라서 코치에게는 피코치의 능력과 가능성에 대한 믿음이 필요하다(박윤희, 2012).

　'피코치는 자신의 성장과 발전을 원한다'는 것은 자아실현을 이루고자 하는 인간의 본성을 인정하는 것이다. Maslow(1970)는 욕구위계설을 통해 인간의 욕구를 단계별로 범주화하였다. 인간이 갖는 욕구 중 최상위 단계의 욕구는 자아실현의 욕구로 자신의 꿈, 바람 이상을 실현하려는 욕구이다. 꿈의 실현, 목표의 성취와 같은 것은 개인의 자아실현 욕구를 충족하려는 행동으로 이해할 수 있다. 즉 인간은 자아실현의 욕구를 가지고 이를 이루기 위해 성장과 발전을 지속하는 것이다(박윤희, 2012).

　'커리어 문제의 답은 그 문제를 가진 피코치에게 있다'는 것은 피코치의 의식구조와 코칭 질문에 근거한 것이다. 문제의 답은 피코치의 현재의식이 아니라 자신이 의식하지 못하는 잠재의식 속에 존재한다. 이렇듯 자신이 잘 볼 수 없는 잠재의식 속을 들여다 보면서 답을 찾으려면 거울에 해당하는 매개체가 필요하다. 거울에 해당하는 매개체가 바로 코칭에서 질문이다. 코치는 질문스킬을 사용해서 피코치의 잠재의식 속에 존재하는 문제의 답을 찾을 수 있도록 코칭하는 것이다(박윤희, 2012).

　'커리어코치는 피코치가 스스로 답을 찾을 수 있도록 코칭한다'는 것은 코치의 역할에 대한 명확한 정의이다. 코치는 답을 주는 사람이 아니라 피코치가 스스로 답을 찾을 수 있도록 돕는 사람이다. 이는 우리가 지금까지 쉽게 접할 수 있었던 교수자의 역할과는 상반되는 개념이다. 코치가 답을 주고자 한다면 그것은 코치 입장의 답이 된다. 그렇기 때문에 그것이 피코치 입장에서 답이 된다고는 볼 수 없다. 중요한 것은 피코치 입장에서 답이어야 한다. 그렇기 때문에 코치는 피코치에게 답을 주고자 하는 생각과 행동을 스스로 통제할 수 있는 능력을 갖추어야 한다. 이를 통해 코치는 피코치 스스로 답을 찾을 수 있도록 도울 수 있는 것이다.

04　커리어코칭 패러다임

커리어코칭에는 커리어코칭의 철학과 함께 코치에게 특별한 인식의 틀이 필요한데, 이것이 바로 커리어코칭 패러다임(paradigm)이다. 패러다임의 사전적 의미는 '어떤 한 시대 사람들의 견해나 사고를 근본적으로 규정하고 있는 인식의 체계'이다(DAUM 온라인 사전). 패러다임은 본래 Kuhn(1970)이 『과학혁명의 구조』에서 언급한 바와 같이 그것을 대신할 만한 다른 과학이론이 나타나기 전까지 과학연구의 확고한 모델을 제공하는 과학이론을 의미한다.

그리스 단어 *paradeigma*는 Aristoteles의 논증 이론, 특히 『수사학(Rhetoric)』에서 매우 중요한 역할을 하였다. 우리가 사용하는 패러다임의 고대어에 대한 영문 번역은 대개 사례(example)로 번역되는데, Aristoteles는 이보다는 가장 뛰어나고 가장 모범이 되는 사례라는 범례(exemplar)에 좀 더 가까운 뜻으로 이를 사용하였다(Kuhn, 2014. Ian Hacking의 서론).

이러한 어원을 갖는 패러다임은 Kuhn에 의해 과학철학 분야의 가장 중요한 용어로 재탄생되었다. Kuhn에 의하면 정상과학은 패러다임에 의해 설명되는데, 과학분야에서는 패러다임에 의해 정당화된 방법이 일군의 변칙현상을 해결할 수 없을 때까지는 잘 작동한다. 이러한 상황 속에서 위기가 발생하고 이 위기는 다양한 연구 결과들에 의해 새로운 패러다임이 등장할 때까지 계속된다. 바로 이러한 새로운 패러다임의 등장이 패러다임의 전환이다(Kuhn, 2014. Ian Hacking의 서론).

이후 패러다임은 Kuhn이 처음에 제시하였던 것과는 다른 의미로 사용되기 시작하였다. 이 때문에 Kuhn은 패러다임에 대한 통제권을 잃었다고 토로하였다. 최근에 패러다임 전환과 더불어 패러다임이라는 단어는 당혹스러울 정도로 모든 곳에 사용되고 있다. 패러다임이라는 말을 듣지 않고 사는 것이 거의 불가능할 정도인데, 이것이 Kunh이 이 단어에 대한 통제권을 잃었다고 한 이유이다. 이는 패러다임이라는 단어가 과학철학 분야에 한정되지 않고 일반화되었다는 증거이기도 하다.

커리어코칭 패러다임에서 패러다임은 Kuhn이 안타까워했던 것처럼 그가 처음 제시했던 패러다임의 의미는 아니다. 이는 과학계를 대표하는 정상과학의 의미보다는 개인적인 인식체계의 의미에 보다 가깝다. 그렇다고 해서 모든 개인이 가져야 하는 인식의 틀을 의미하지는 않는다. 커리어코칭 패러다임은 커리어코치들이 기본적으로 가져야 하는 인식의 틀을 의미한다.

커리어코칭 패러다임은 [그림 1.1]과 같이 Y이론 인간관, VIP효과, 협력적 성장으로 설명할 수 있다. 커리어코칭의 철학에서 살펴본 바와 같이 Y이론 인간관은 인간의 가능성에 대한 인정으로 McGregor는 조직에서 동기부여의 관점으로 X이론 인간관과 Y이론 인간관을 제시하였다.

X이론은 인간에 대한 동기부여의 두 가지 수단을 당근과 채찍, 곧 욕망과 두려움으로 보았다. X이론의 업무환경은 상사에 의한 업무 재촉, 작업에 대한 빡빡한 통제이다. 인간은 일하기 싫어한다는 인간 본성의 가정에 입각하여 금전적 보상, 복리후생 및 처벌의 위협에 의해서만 인간이

그림 1.1	커리어코칭 패러다임

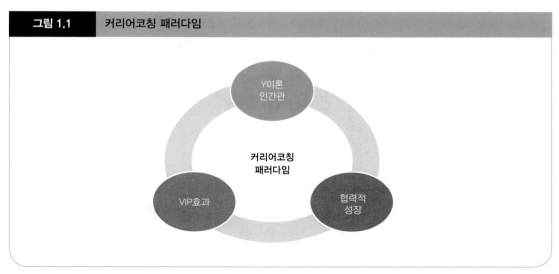

출처 : 박윤희(2012). 커리어코칭 입문. p. 43.

동기화될 수 있다고 본 것이다.

　반면 Y이론 인간관은 사람들이 선천적으로 게으르지 않고, 노동하고 싶어 하며, 책임을 지고 좋은 결과를 내고 싶어 한다고 가정하였다. Y이론은 긍정적인 인간 본성을 인정하며 인간을 동기부여하기 위해 조직목표와 개인욕구 간의 통합이 바람직하고 이를 위해서 참여와 코칭, 권한위임 등이 필요하다고 보았다. 따라서 코치는 X이론 인간관이 아닌 Y이론 인간관의 관점으로 코칭에 임해야 한다(박윤희, 2012).

　VIP효과란 인간은 누구나 가치 있고 중요한 존재로 타인에게 인식되기를 원한다는 가정에 근거한다. 이러한 VIP효과는 호손효과(Hawthorne effect)를 통해 설명할 수 있다. 하버드대학교 경영대학원 교수였던 Mayo와 그의 연구진은 1924년부터 1932년까지 미국 일리노이주 웨스턴 전기회사 호손공장에서 연구를 진행하였다. 이 연구의 본래 목적은 과학적 관리론에서 기본 전제로 삼고 있는 작업장의 물리적 환경과 생산성과의 상호 연관관계를 검증하여 공장의 노동분쟁을 해소하고 생산성 향상 방안을 마련하기 위한 것이었다. Mayo 교수와 연구진은 호손공장의 종업원 약 3만 명을 대상으로 네 차례에 걸쳐 조명실험, 계전기 조립실험, 면접조사, 배전기 권선실험의 연구를 진행하였으며 작업장의 조명수준, 휴식시간, 노동시간, 급여와 같은 물리적 요인과 작업성과의 관계를 규명하려고 하였다(김광수 외, 2011).

　이 중 조명실험은 작업장 내의 조명강도와 작업능률과의 관계를 고찰하는 실험이다. 실험은 비숫한 수준의 생산능률을 올리는 종업원들을 통제집단과 실험집단으로 구분하여 작업능률을 비교하는 것이었다. 즉 통제집단에는 조명의 밝기를 고정하고, 실험집단에는 조명의 밝기를 변화시켜 생산성 정도를 측정하였다. 연구진은 이 실험에서 "조명이 밝으면 작업능률이 상승할 것이다."라는 가설을 수립하였다. 그러나 이 실험의 결과 통제집단과 실험집단 모두 작업능률이 상승하였다. 이는 조명강도, 작업장의 온도 등의 물리적 작업환경 조건은 작업능률과 생산성에 영향을 미치는 주요 요인이 아니라는 것을 입증한 것이다(김광수 외, 2011).

이후 연구진은 종업원들을 대상으로 면접조사를 실시하였다. 이 면접조사에서 종업원들은 "조명의 강도는 우리들이 일을 하는 데 별로 문제가 되지 않았다. 우리들 자신이 회사 측과 연구자들로부터 선택되었다는 사실이 우리가 회사로부터 유능한 종업원이라고 인정받고 있다는 증거라고 생각하였다. 우리는 연구자들의 기분을 좋게 해 주려는 동기에서 조명 환경에 영향을 받지 않고 열심히 일하게 되었다."라고 하였다. 이는 상당히 충격적인 결과였고 조명강도와 같은 물리적 작업조건보다 인간의 직무동기와 같은 사회심리적 조건이 더 중요하다는 결론을 얻을 수 있었다(김원형 외, 2006). 즉 호손효과를 통해 물리적 환경이나 지원보다는 심리적 지원이 중요하며 특히 개인이 가치 있고 중요한 사람으로 인식된다는 것의 영향력을 확인할 수 있다. 인간은 자신이 쓸모없고 하찮은 존재가 아니라 가치 있고 귀중한 존재라는 인식을 가질 때 자신도 모르는 힘을 발휘할 수 있다. 이것이 코칭에서 코치가 피코치에게 가져야 하는 인식의 틀이다(박윤희, 2012).

코칭을 통해 피코치가 성장과 발전을 한다는 것은 누구나 다 아는 사실이다. 그렇다면 코치는 코칭을 통해 무엇을 얻을 수 있을까? 이 물음에 대한 답이 세 번째 패러다임인 협력적 성장이다. 피코치는 코칭을 통해 자신의 삶과 커리어에 대해 새롭게 인식하고 스스로 자신의 커리어를 설계하며 커리어 목표설정과 실행을 통해 성장과 발전의 발판을 마련하게 된다. 코치는 코칭을 통해 단순히 경제적인 이익만을 얻는 것은 아니다. 코치는 피코치와 함께하면서 자신을 성찰하고 반성하게 된다. 또 피코치의 변화를 지켜보면서 가능성에 대한 믿음을 더욱 확고히 하고 새로운 것을 학습하게 된다. 코치가 피코치의 변화를 지켜보면서 자신도 성장하게 되는 것이다(박윤희, 2012).

코치를 양성하는 교육과정에 참여해 보면 코칭을 하겠다는 사람은 많지만 코칭을 받겠다는 사람은 없다. 그 이유는 물론 코칭을 빨리 더 많이 연습해서 좋은 코치가 되어야겠다는 열정이 있어서도 그렇겠지만 코칭을 받는 피코치보다 코칭을 하는 코치가 더 많이 성장한다는 것을 그들은 이미 알고 있기 때문일 것이다. 따라서 커리어코치는 세 가지 커리어코칭 패러다임으로 인식의 틀을 갖추고 코칭에 임해야 한다(박윤희, 2012).

05 코칭에서 커리어코칭의 위치

최근 코칭의 개념과 방법론이 여러 분야와 결합되면서 다양한 코칭분야들이 등장하고 있다.

Jay(2001)는 코칭 실행영역을 개인코칭(personal/individual coaching), 비즈니스코칭(business coaching), 커리어코칭(career/HR development coaching), 조직코칭(organizational systems/corporate coaching), 임원코칭(executive coaching)으로 분류하여 설명하였다.

Jarvis(2004)는 코칭이 집중하고 있는 영역에 따라 그 형태를 임원코칭(executive coaching), 성과코칭(performance coaching), 스킬코칭(skill coaching), 커리어코칭(career coaching), 개인코칭(personal and life coaching), 비즈니스코칭(business coaching)으로 분류하여 제시하였다.

Stern(2004)은 코칭을 임원코칭(executive coaching), 개인코칭(personal or life coaching), 커리어코칭(career coaching), 성과코칭(performance coaching), 새로 임명된 리더코칭(newly assigned leader coaching), 관계코칭(relationship coaching), 고성장코칭(high potential or developmental coaching), 목표행동코칭(targeted behavioral coaching), 유산코칭(legacy coaching), 비디오코칭(video coaching)과 팀코칭(team coaching)으로 분류하였다.

Peterson과 Hicks(1998)는 코칭과 조직 HR시스템의 통합을 통해 코칭의 유형을 전환코칭(transition coaching), 목표코칭(target coaching), 성과코칭(performance coaching), 개발코칭(developmental coaching), 커리어코칭(career coaching), 임원코칭(executive coaching)으로 분류하여 제시하였다. 조직의 요구가 달라질 경우 조직의 HR시스템은 개발이 필요한 대상자와 목표를 선정하고 적합한 코칭을 실시할 수 있는데, 이를 정리하면 〈표 1.5〉와 같다.

박윤희와 기영화(2009)는 「코칭의 분류에 대한 이론적 고찰 및 한국적 분류 모색에 관한 연구」에서 코칭을 적용분야에 따라 비즈니스코칭(business coaching), 개인/라이프코칭(personal/life coaching), 스포츠코칭(sports coaching), 임원코칭(executive coaching), 커리어코칭(career coaching), 크리스천코칭(Christian coaching), 가족코칭(family coaching), 부모코칭(parents coaching), 청소년코칭(youth coaching), 학습코칭(learning coaching)으로 분류하였다. 이는 한국에서 실제로 코칭이 실시되고 있고 이를 뒷받침할 만한 연구가 진행된 것을 근거로 분류한 것이다. 다음 [그림 1.2]는 위에 열거한 코칭 분야를 그림으로 표시한 것이다.

표 1.5	코칭과 HR시스템의 통합

조직의 요구	HR시스템	코칭의 유형
현재 요구되는 역량 습득	직원	**전환코칭** 가능한 한 빨리 직원들이 새로운 역할에 익숙해질 수 있도록 역량 습득
새로운 스킬 학습	훈련	**목표코칭** 업무요구의 변화에 맞는 새로운 스킬 습득
업무요구 충족	성과관리	**성과코칭** 기준에 맞는 코칭을 통해 성과개선
미래 역량 개발	승계계획	**개발코칭** 미래 역할을 위해 필요한 능력 개발
역량 유지	커리어개발	**커리어코칭** 개인만족과 장기 커리어 기회 확대
효과적인 조직구성	조직개발	**임원코칭** 조직을 리드하고 구축하기 위한 임원들의 능력을 확실하게 하는 코칭

출처 : Peterson & Hicks(1998). Professional coaching: State of the art, state of the practice. p. 42.

그림 1.2	코칭의 분류

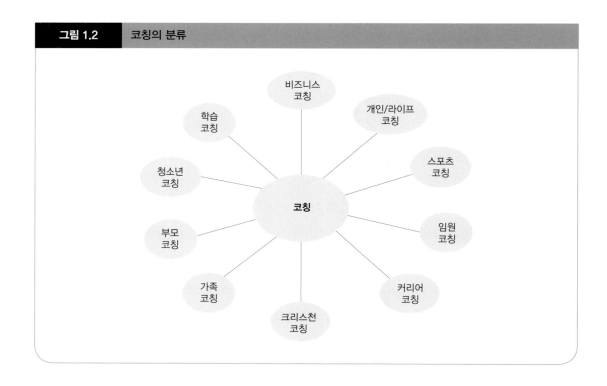

비즈니스코칭은 모든 비즈니스 영역에 적용될 수 있는 코칭으로 개인과 조직 모두에서 비즈니스 성과향상이나 발전을 돕는 것으로 때로는 공공기관도 비즈니스코칭의 대상이 될 수 있다(Jay, 2001; Davis, 2004; Zeus & Skiffington, 2007, Kessel, 2007). 또 비즈니스코칭은 조직 내에서 발생하는 비즈니스에 관한 내용을 다루는 것으로 목표관리, 동기부여, 문제해결, 조직문화와 리더십 등에 이르기까지 수많은 코칭 이슈가 존재할 수 있다(김현수 외, 2008).

개인/라이프코칭은 개인 삶의 균형과 보다 나은 삶을 영위하는 데 도움이 될 수 있는 코칭을 의미한다. 즉 개인/라이프코칭에서는 개인의 삶이 중심이 된다(Jay, 2001; The Executive Coaching Forum, 2004; Davis, 2004; Zeus & Skiffington, 2007, Kessel, 2007; (사)한국코치협회). 김구주(2008)에 따르면, 라이프코칭은 피코치가 삶의 전체 영역에서 원하는 것을 찾을 수 있도록 돕는 것으로, 개발되지 않은 고유한 탁월성을 개발하도록 헌신하는 것이다.

스포츠코칭은 일반인들에게도 널리 알려진 코칭 분야이다(Kessel, 2007). 구해모(2001)는 스포츠에서 코칭의 의미를 시합에서 좋은 결과를 내는 것을 목표로 선수들을 발굴, 선발, 훈련시켜 승리를 위해 팀을 이끄는 총체적 행위로 보았다. 또 김명철(2006)은 선수들에게 지도 활동뿐만 아니라 올바른 인격형성에 관여하고, 직접적으로 선수들의 운동능력 향상을 목적으로 하는 활동으로 스포츠코칭을 정의하였다. 스포츠코칭은 다른 코칭 분야에 비해 연구가 매우 활발한 분야이다.

한국에서 임원코칭은 학술연구가 활발하게 이루어지고 있는 코칭 분야는 아니다. 하지만 이미 그 중요성 때문에 독립적인 코칭의 한 분야로 자리잡고 있다(Jay, 2001; Junghahn, 2003; The Executive Coaching Forum, 2004; Kessel, 2007). 해외에서는 특히 임원코칭에 대한 연구가 활발히 이루어지고 있다(Levinson, 1996; Brotman et al., 1998; Wasylyshyn, 2003; Dagley, 2006; Passmore, 2007). 그만큼 조직 내에서 임원의 역할이 중요하다는 것을 입증하는 것이기도 하다.

커리어코칭은 개인의 커리어와 관련된 직업적인 문제에 초점이 맞춰져 있고, 그들의 직업적인 부분이 삶의 다른 부분과 균형을 이룰 수 있도록 돕는 것이다(Jay, 2001; The Executive Coaching Forum, 2004; (사)한국코치협회). 최근에는 잦은 경기불황과 침체로 인해 개인들이 커리어코칭에 대한 관심이 많아지고 있다. 커리어코칭 분야는 국내에서 코칭이 이루어지고 있는 것에 비하면 연구가 많이 부족한 편이다. 대학이나 조직을 중심으로 커리어코칭은 점차 확산되고 있는데, 특히 대학들이 경력개발센터를 통해 학생들의 취업을 지원하는 수단으로 커리어코칭을 활용하고 있다.

크리스천코칭은 일반인들에게 많이 알려져 있지는 않지만 교회를 중심으로 그 영향력이 점차 증가하고 있다. 크리스천코칭은 그들이 있는 곳에서부터 신이 그들이 있기를 원하는 곳까지 갈 수 있도록 돕는 중요한 목표를 가지고 있다(Collins, 2001). 또 크리스천코칭은 코치가 피코치에게 기독교적인 가치를 극대화시키고 그의 삶의 현장인 어느 곳에서든 성경적인 삶의 태도를 향상시키고 삶의 질을 높이는 데 도움을 주는 지속적인 파트너십이다. 그러므로 크리스천코치는 그의 사고와 삶의 방식이 성경적이어야 한다(김정규, 2006).

가족코칭은 현재 아동이나 상담과 연계되어 운영되고 있다. 김혜연 외(2008)는 「가족자원경영의 관점에서 본 코칭의 적용가능성에 관한 연구」에서 가족자원경영은 다른 분야와 달리 가정을 하나의 단위로 인식하고, 가정생활의 모든 문제를 자원의 경영이라는 통합적 관점에서 접근하며 문제해결을 가족구성원의 성장과 동참을 기본전제로 하고 있기 때문에 코칭과 가족자원경영의 이념과 철학, 궁극적인 목표가 일맥상통한다고 주장하고 있다. 따라서 가족자원경영 분야에 코칭을 적용한다면 경영의 궁극적 성과물, 즉 가정의 건강성을 극대화하는 데 유용할 것이라고 주장하였다. 이는 결국 가족코칭의 긍정적 측면을 강조한 것이라고 볼 수 있다.

부모코칭은 기존의 수직적인 부모의 역할에서 보다 수평적이고 촉진자의 자세를 갖춘 코치의 역할을 요구하는 것으로 볼 수 있다. 정진우와 우수명(2007)은 부모는 새로운 시대를 살아갈 자녀를 위해 기존의 사고방식을 과감히 버리고 코치가 되어야 한다고 주장하였다. 주의 깊게 인내심을 가지고 경청하고 관찰하며 끊임없이 대화함으로써 자녀 안에 숨어있는 재능을 끌어내 용기 있게 시도할 수 있도록 도와야 하고 이러한 코치의 역할을 하는 부모를 통해 아이들은 인생에서 만나는 문제들을 스스로 해결해 나가는 자립적인 인재가 된다고 보았다. 즉 새로운 시대에는 부모의 역할이 바로 코치라고 강조하였다.

청소년코칭은 실제 몇몇 기관을 통해 이루어지고 있기는 하지만 대부분 학습과 관련된 내용을 다루는 경향을 보이고 있다. 선우미란(2008)에 따르면 청소년코칭은 청소년들의 강점 및 잠재성을 스스로 발견할 수 있도록 도와주며 그들의 적성 및 학습능력 향상을 위해 동기부여할 수 있게 해 주고 긍정적인 기대감을 심어주는 과정이다.

학습코칭은 최근에 학부모들이 관심을 보이는 분야로 입시경쟁이 치열한 우리 교육의 현실을 반영하는 것이라고 볼 수 있다. 전도근(2009)에 따르면, 학습코칭은 학습과 코칭이 결합된 것으로 심리학을 바탕으로 하여 학생들에게 학습방법을 찾아주고 이를 습관으로 정착하게 하여 자기주도적 학습습관을 갖게 하는 것이다. 학습코칭은 학습습관을 통해 개인이 가지고 있는 학습에 대한 긴장과 불안을 해소할 수 있도록 돕는 것으로, 개인이 가진 학습문제를 극복하고 해결하는 데 도움을 주는 것이다.

앞에서 살펴본 바와 같이 코칭이 다양한 분야와 결합되면서 여러 코칭 분야들이 등장하고 있다는 것을 확인할 수 있다. 이 중에서도 커리어코칭은 커리어 분야에 코칭의 개념과 방법론이 결합된 것이다. 이제 커리어코칭은 일반적인 코칭의 개념을 뛰어넘어 특화된 코칭 분야의 하나로 자리 잡아가고 있다. 따라서 커리어코칭에 대한 이론 정립이 보다 활성화될 필요가 있다.

06 커리어코칭관련 학문분야

2005년까지 코칭관련 연구물들을 검토해보면, 경영자(임원, 관리자)코칭, 조직코칭과 라이프코칭의 진행과 연구에 직접적으로 관련된 네 개의 핵심 학문분야를 발견할 수 있다. 이는 행동과학(behavior science), 비즈니스(business), 조직학습과 개발을 포함하는 성인교육(adult education)과 철학(philosophy) 분야이다(Grant, 2005).

그렇기 때문에 경영자코칭, 조직코칭과 라이프코칭 분야에서 코치라는 역할을 잘 수행하기 위해서는 행동과학, 비즈니스, 성인교육과 철학 분야의 관련지식을 갖추고 적합한 전문 코칭교육을 이수해야 한다. 또 성공적인 코칭을 진행하기 위해서는 학술적 근거에 기반한 코칭을 진행해야 한다(Grant, 2005).

Grant가 제시한 네 개 핵심 학문분야와 코칭의 관련성에 대해 살펴보면 다음과 같다(박윤희, 2014a).

첫 번째 학문분야는 행동과학이다. 행동과학에는 스포츠심리학, 교육심리학, 상담과 임상심리학, 건강심리학과 조직심리학 분야 등이 포함되며, 이러한 각각의 학문분야는 코치들이 코칭에 직접 활용할 수 있는 중요한 지식기반을 제공한다(Grant, 2005).

두 번째 학문분야는 비즈니스이다. 비즈니스는 스포츠 이외에 가장 먼저 그리고 가장 활발하게 코칭 연구가 이루어진 분야이다. 특히 일찍부터 비즈니스 분야에는 많은 코칭 연구들이 이루어졌고(Banaka, 1967; Utgaard & Dawis, 1970; Kastens, 1971; Buzzotta, Lefton & Sherberg, 1977), 이는 코칭의 확산과 발전에 기여하였다. 따라서 비즈니스 환경에서 일하는 코치들은 비즈니스 상황에 대한 정확한 이해와 피코치의 요구에 부합하기 위해 비즈니스와 경제에 관한 기초지식을 갖추어야 한다(Brotman et al., 1998).

세 번째 학문분야는 성인교육이다. 코칭 고객의 대다수는 성인이라고 볼 수 있다. 그래서 코치에게 조직 내 학습과 발달에 관한 지식을 포함하는 성인교육은 매우 중요하다. 그러므로 코치들은 코칭에 정통하기 위해서 성인교육관련 지식을 습득할 필요가 있다(Grant, 2005).

네 번째 학문분야는 철학이다. 철학은 코칭에 가장 기본적인 원리를 제공하는 학문분야라고 볼 수 있다. 특히 서양철학에 근거한 인본주의는 코칭에 철학적 기초를 제공한다. 또 동양철학에 근거한 조화와 균형, 수용과 판단배제 등은 코칭의 근간을 이루는 것들이다(Brock, 2008). 그렇기 때문에 코치들은 고객에 대한 이해와 코치로서 내적 자질을 갖추기 위해서 철학에 대한 이해와 학습이 필요하다.

Grant가 제시한 네 개의 핵심 학문분야가 코칭에 미치는 영향력을 고려해 볼 때, 네 개의 핵심 학문분야가 경영자코칭, 조직코칭과 라이프코칭 이외의 다른 코칭 분야, 즉 커리어코칭 분야에 미치는 영향에 대해서도 이의를 제기하기는 어려울 것이다(박윤희, 2014a). 이러한 네 개 학문분야와 커리어코칭 직업, 커리어코치 역할 간의 관련성을 도식화한 것이 [그림 1.3]이다. 이는 현재 커리어코칭에 중요한 영향을 미치는 네 개의 학문분야를 명확하게 보여 주는 것이다.

커리어코칭은 커리어 이론을 비롯한 다양한 심리학 이론들에 기초한다. 그뿐만 아니라 커리어는 직업적인 부분을 주로 다루기 때문에 경제와 비즈니스 분야와는 불가분의 관계에 있다. 특히

그림 1.3	**커리어코칭관련 학문분야**

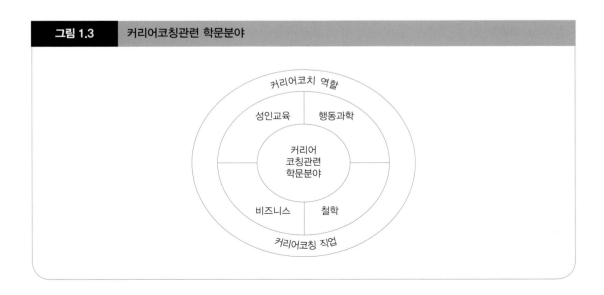

다양한 직업분야에 대한 지식과 이해는 커리어코치에게 반드시 필요한 것들이다. 또 성인교육과 철학이 코칭의 근간이 되듯이 커리어코칭에서도 성인교육과 철학은 예외가 될 수 없다. 그렇기 때문에 만약 개인이 커리어코칭 직업분야에서 유능한 코치로서 활동을 희망한다면 네 개의 학문분야에 대한 심도 있는 이해와 지식을 갖추어야 한다(박윤희, 2014a).

코칭 분야에 종사하는 사람들은 코칭이 점차 전문화되고 미래에 진정한 직업이 될 수 있도록 공유할 수 있는 지식기반을 마련해야 한다. 더 나아가 코칭 훈련과 교육 프로그램에 폭넓은 지식들을 연계하기 위해서 코칭 연구들이 보다 활성화될 필요가 있다(Grant, 2003b).

07 성공적인 커리어코칭 과정

이 절은 박윤희(2010)의 「성공적인 커리어코칭 과정에 관한 연구」의 내용 중에서 핵심적인 부분만을 발췌하여 정리한 것이다. 이 연구는 자신들이 참여한 커리어코칭이 성공적이었다고 동의했던 6명의 코치와 그 상대방인 6명의 피코치를 심층면접한 내용을 중심으로 구성한 것이다. 이 심층면접의 내용을 참고로 성공적인 커리어코칭의 경우 다음과 같은 과정을 통해 진행된다는 것을 확인할 수 있다.

1) 도움의 필요성 인식 단계

성공적인 커리어코칭 과정의 첫 단계는 피코치가 도움의 필요성을 인식하는 단계이다. 이 단계에서 피코치는 커리어와 관련해 자신만의 힘으로는 해결하기 어려운 상황에 직면하게 되고 누군가의 도움이 절실히 필요하게 된다. 이로써 성공적인 커리어코칭 과정이 시작된다.

갑작스러운 부서이동으로 심한 내적 갈등 상황에 놓이게 되고, 과중한 업무 스트레스로 인해 이직을 결심하거나, 이유 없이 몸이 아파 병원에 입원해서 갖은 검사를 다 받아보기도 하고, 정년을 앞두고 불안한 미래에 대비하기 위해 혹은 자신이 원하는 일, 원하는 회사로 이직을 하기 위해 피코치들은 커리어코칭을 접하게 된다. 이들은 대개 커리어코칭이라는 것이 있는지도 모르는 상황에서 인터넷을 검색하다가, 친구의 소개로, HR컨설팅 회사를 통해, 또는 자신이 속한 조직이

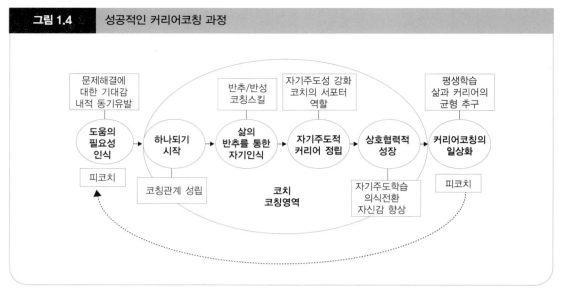

그림 1.4　성공적인 커리어코칭 과정

출처 : 박윤희(2010), 성공적인 커리어코칭 과정에 관한 연구. p. 156.

제공하는 프로그램을 통해 코치를 만났다.

　　도움의 필요성 인식 단계에서 피코치는 커리어코칭이라는 것을 접하게 되면서 자신이 가진 문제가 커리어코칭을 통해 해결될 것이라는 기대감을 갖게 되는데, 이러한 기대감은 피코치를 커리어코칭에 보다 적극적으로 참여하게 하고 몰입하게 하는 내적 동기유발의 기제로 작용하게 된다. 도움의 필요성 인식 단계에서는 피코치가 도움의 필요성을 강하게 인식하고 커리어코칭을 통해 문제가 해결될 것이라는 기대감이 클수록 커리어코칭이 빠르게 진행될 수 있다.

2) 하나되기 시작 단계

하나되기 시작 단계는 코치와 피코치 간의 코칭관계가 성립되는 단계로 본격적인 코칭활동이 시작되는 단계이기도 하다. 코치는 피코치의 성향이나 그가 처한 상황 등을 파악하기 위해 사전조사와 검사를 실시한다. 피코치에게 맞는 적절한 검사는 코칭과정에서 유용한 자료로 활용된다. 프로젝트 단위의 커리어코칭 프로그램의 경우 코칭회사들은 코칭이 본격적으로 진행되기에 앞서 코치와 피코치를 매치(match)시키는 절차를 진행한다. 이때 성격유형이나 사전조사 등을 통해 파악한 피코치의 특성이나 의견을 고려하여 이에 적합한 코치를 매치시키게 된다. 이렇게 하는 이유는 코치와 피코치의 매치가 코칭의 성과에 영향을 미치기 때문이다. 이러한 검사와 코치와 피코치 간의 매치가 완료되면 코치는 코칭을 진행한다. 이때 코치가 피코치의 상황에 대해 관심을 가지고 이를 유지함으로써 피코치의 코칭 이슈에 대한 분석이 가능하고 코치와 피코치의 하나되기는 더욱더 견고해진다.

커리어코칭 전체 과정에서 중심은 피코치이다. 따라서 코치는 피코치를 존중하고 배려하며 입장을 이해함으로써 서로 신뢰하는 마음을 형성하는 것이 필요하다. 또 하나되기는 코치 한 사람만의 노력으로 가능한 일은 아니다. 따라서 코치와 피코치가 함께 노력해야 하며 커리어코칭 전체 과정을 통해 하나되기를 유지해야 한다. 이 단계에서는 코치와 피코치가 하나되려는 적극적인 태도를 가질수록 성공적인 커리어코칭 과정은 빠르게 진행될 수 있다.

3) 삶의 반추를 통한 자기인식 단계

피코치의 삶의 반추를 통한 자기인식 단계는 피코치 스스로 자신이 살아온 삶을 돌아보며 반추하는 단계이다. 이 단계에서 코치는 피코치가 스스로 내적 탐구를 하고 이를 통한 자기인식을 하도록 돕는다. 특히 이 단계에서 코치는 피코치의 마음을 열게 하는 경청, 내면을 인식하게 하는 질문 등의 코칭스킬은 물론이고, 피코치의 내면을 끌어낼 수 있는 직관과 통찰력을 사용한다. 이를 통해 피코치는 자신을 새롭게 인식하고 보다 객관적인 시각에서 자신을 보게 된다.

성인학습에서 반추는 성인들의 학습을 촉진하고 의식전환을 이루게 하는 중요한 기제이다. 성공적인 커리어코칭 과정에서 반추는 피코치가 지난 삶을 돌아보고 자신에 대해 새롭게 인식하고 더 나아가 코칭에 몰입할 수 있도록 한다. 삶의 반추를 통한 자기인식 단계에서는 피코치의 자기인식 강도가 강할수록 성공적인 커리어코칭 과정이 빠르게 진행될 수 있다.

4) 자기주도적 커리어 정립 단계

삶의 반추를 통해 자신을 인식한 피코치는 이제 자신이 가진 문제를 해결하기 위해 스스로 발견하고, 대안을 탐색하는 활동을 하게 된다. 피코치들은 커리어 맵(career map)을 작성하면서 자신의 커리어에 대해 진지하게 고민하게 되고 이러한 가운데 커리어 목표를 찾게 되고 이를 달성하기 위한 구체적인 실행계획을 수립하게 된다. 또 단지 실행계획을 수립하는 데 그치는 것이 아니라 이를 직접 실천함으로써 스스로 실천 가능성을 타진하고 성공경험을 축적하게 된다.

이 단계에서는 특히 피코치의 자기주도성이 중요하게 작용한다. 코치는 지지스킬을 통해 피코치의 동기부여를 돕고 직접 자료를 제공하거나 취업을 돕는 등 피코치를 위해 다양한 지원을 한다. 이러한 코치의 서포터 역할은 궁극적으로 피코치가 자신의 커리어는 물론, 삶에서 주도성을 가지고 삶의 균형을 이루게 하는 데 기여한다. 자기주도적 커리어 정립 단계에서는 피코치의 커리어 방향성 정립이 명확할수록 또 코치의 서포터 역할과 피코치의 참여가 적극적일수록 성공적인 커리어코칭 과정이 빠르게 진행될 수 있다.

5) 상호협력적 성장 단계

성공적인 커리어코칭 과정을 통해 이룰 수 있는 바람직한 결과는 피코치에게만 국한되지 않는다. 코치와 피코치가 함께 협력하며 성장하는 것이 성공적인 커리어코칭 과정에서 얻을 수 있는 결과이다. 피코치의 경우 내적 변화를 통한 의식전환을 경험하게 된다. 코칭을 통해 스스로 자신의 생각을 정리하고 그동안 생각했던 것과는 다른 측면에서 생각을 하게 된다. 또 자존감이 낮았던 피코치들은 커리어코칭 과정을 통해 자존감이 향상되고 자신을 사랑하게 된다.

이러한 의식전환은 단지 의식적인 측면에만 그치지 않고 피코치의 삶과 커리어의 균형 추구로 이어진다. 피코치들은 자신이 원하는 일을 찾고 인생에서 직업, 일뿐만 아니라 삶과의 균형 및 조화가 중요하다는 것을 깨닫게 된다. 이를 통해 피코치들은 자기개발의 필요성을 인식하게 되고 학습을 지속하게 된다. 이는 피코치가 자기주도적 평생학습자로서 진정한 자기 삶의 주인이 되어감을 의미한다.

이 단계에서 코치들은 피코치와 마찬가지로 발전적 성장을 경험하게 된다. 코치들은 커리어코칭 과정을 통해 자아를 발견하게 되고 계속학습의 필요성을 인식하게 된다. 코치의 계속학습은 코치로서 전문성을 기르는 것은 물론, 자신의 역할인식과 내면의 성찰로 이어진다. 이러한 코치의 내적 성숙이 결국 코치를 더욱더 성장시키는 기제로 작용한다. 이 단계가 성공적일수록 코치의 성장, 피코치의 자기주도적 평생학습의 지속 가능성 그리고 피코치의 커리어코칭의 일상화 가능성은 높아진다. 상호협력적 성장 단계에서는 피코치의 의식전환이 강하게 일어나고 피코치가 삶과 커리어의 균형 추구에 적극적일수록 성공적인 커리어코칭 과정은 빠르게 진행된다.

6) 커리어코칭의 일상화 단계

다음 단계는 커리어코칭의 일상화 단계로 이는 피코치에게서 나타나는 단계이다. 연구에 참여한 피코치들은 코칭 종료 후에도 지속적으로 커리어코칭 과정에 있기를 희망했다. 이들은 코칭을 진행하면서 작성했거나 검사했던 결과물들을 파일을 만들어 커리어코칭 종료 후에도 계속해서 보관하고 있었다. 실제로 이 파일들 안에는 유용한 자료들이 많았고 피코치들은 이를 통해 자신의 커리어 맵과 목표에 집중하고 있었다.

　또 연구에 참여한 대부분의 피코치들은 코칭 종료 후에도 코치와 관계를 유지하고 있었다. 물론 코칭을 받을 때처럼 자주는 아니었지만 가끔 통화를 하거나 만나서 식사를 하는 등의 관계를 유지하고 있었다. 또 코치가 직접 멘토가 되어서 상당히 긴밀한 관계를 유지하고 있는 경우도 있었다. 이렇게 커리어코칭에 몰입한 피코치들은 다른 사람에게 커리어코칭을 추천하면서 커리어코칭의 유익한 점에 대해 설명하고 코칭받을 것을 권유하였다. 대부분의 피코치들은 향후 후속 코칭을 희망했는데, 짧게는 1년 후 길게는 수 년 후에 다시 코칭을 받고 싶어 하였다. 피코치들의 이러한 자세는 그들 삶에서 커리어코칭이 일상화되는 것을 의미한다.

　커리어코칭 과정은 커리어코칭의 일상화 단계를 끝으로 종료되지 않는다. 커리어코칭의 유익함을 경험한 피코치들은 이후 코치의 도움이 필요하게 되었을 때 커리어코치를 다시 찾게 될 것이다. 이때 커리어코칭 과정은 피코치가 처음 코칭을 받았던 것과 동일하게 순환됨으로써 피코치에게 커리어코칭의 일상화는 더욱더 견고해질 수 있다.

　앞에서 살펴본 바와 같이 성공적인 커리어코칭 과정은 피코치가 도움의 필요성을 인식하면서부터 시작되고, 피코치는 코치의 코칭영역으로 들어가게 된다. 이때부터 코치와 피코치의 하나되기는 시작된다. 성공적인 커리어코칭 과정을 통해 피코치는 코치와 상호협력적인 성장을 하게 되고 궁극적으로 커리어코칭의 일상화 단계에 이르게 된다. 또 코치는 반복적인 커리어코칭의 성공경험을 통해 자신의 코칭영역을 지속적으로 넓혀 나가게 된다.

연습 ●
문제

1. 커리어에 대한 자신만의 정의를 내려 봅니다.

2. 커리어코칭에 대한 자신만의 정의를 내려 봅니다.

3. Kuhn이 제시한 패러다임의 개념과 커리어코칭 패러다임의 개념을 비교하여 설명해 봅니다.

4. 커리어코칭과 다른 분야의 관련성을 다이어그램으로 표시해 봅니다.
   (커리어컨설팅, 진로상담, 진로코칭, 학습코칭, 취업컨설팅 등)

커리어코칭

Chapter
02

코칭의 개념과
코칭 연구의 역사

이 장은 코칭의 어원과 개념의 발달과정, 코칭 연구의 역사에 대한 내용으로 구성되어 있다. 먼저 코칭의 다양한 정의에 대해 살펴봄으로써 코칭의 개념을 보다 명확히 하고자 하였다. 코칭 연구의 역사를 통해서는 1900년대 이후 코칭이 어떠한 개념으로 사용되었는지 확인할 수 있도록 내용을 구성하였다. 상세하게 코칭 연구의 흐름에 대해 제시하고자 하였으나 오래된 연구물의 경우 기존에 요약본으로 제시된 내용을 중심으로 기술하였다. 2000년대 초반까지 진행된 코칭 연구의 경우 독자들이 비교적 접하기 어려울 것이라고 판단되는 연구들을 중심으로 그 내용을 구성하였다.

▶ 01 코칭의 개념
▶ 02 코칭 연구의 역사

01 코칭의 개념

1) 코칭 개념의 발달 과정

코칭이 현재와 같이 독립적인 비즈니스 분야로 자리잡기 시작한 것은 오래되지 않은 일이다. 하지만 코칭은 그 도입시기와 관계없이 비즈니스 분야에서 특화된 하나의 영역으로 자리잡고 있다. Edwards(2003)에 따르면, 이러한 코칭의 역사는 Socrates까지 거슬러 올라간다. Socrates는 사람들이 자신에게 주어진 상황에서 주인이 되고 개인적인 책임을 질 수 있을 때, 성공적인 학습이 이루어질 수 있다고 주장하였다. 이는 오늘날 코칭에서 피코치들에게 요구되는 바람직한 모습이라고 볼 수 있다(박윤희, 2010).

코치의 어원은 16세기 헝가리 Komorn의 남쪽지역에 위치한 Kocs에서 생산되던 네 바퀴가 달린 마차의 이름인 Kocsi에서 유래하였다. 이후 코치라는 단어는 유럽 전역으로 퍼져나가 사용되었다(Oxford 온라인 사전). 따라서 '코치하는 것'이라는 동사의 근본적인 의미는 '그가 있는 곳에서 그가 원하는 곳까지 소중한 사람을 실어 나르는 것'이라 할 수 있다(Evered & Selman, 1989).

코치라는 말이 현재와 같이 '도움을 주는 사람'이란 의미로 사용되기 시작한 유래에는 여러 의견들이 있다. 코치는 시험을 준비하도록 학생들을 가르치거나 다양한 연구 분야의 학식을 갖추고 학생들을 지도하는 개인 가정교사를 이르는 말로, 1840년대 옥스퍼드대학교에서부터 사용되었다는 것이다. 또 코치는 지방의 대지주들이 마차를 타고 긴 여행을 하면서 가정교사에게 아이들을 위해 책을 읽어 주도록 한 것에서 유래하였다는 의견이 있다. 개인 가정교사는 지주들의 아이들을 돕거나 큰소리로 책을 읽어 주기 위해 동행했는데, 그들은 마차를 타고 시골길을 따라 가면서 학습코치의 역할을 하였다. 'academic coach'라는 용어가 여기에서부터 유래되었다고 볼 수 있다. 또 다른 의견으로는 역마차를 끄는 한 팀의 말을 관리하는 데 필요한 여러 스킬들을 가리키는 용어로 사용되었다는 것이다(Kessel, 2007). 이와는 다소 상이하지만 코치는 19세기에 개인 가정교사, 운동선수들을 훈련시키는 사람을 가리키는 의미로 사용되었고, 호주에서는 야생 소나 말을 포획하는 데 미끼로 사용되는 길들여진 소나 말의 의미로 사용되기도 하였다(Oxford 온라인 사전).

이렇듯 다양한 의미로 사용되었던 코치라는 용어는 20세기 들어 조직 내 교육과 훈련의 의미로 사용되기 시작하였다. 이때 사용된 의미는 오늘날과 같은 코칭의 의미가 아니라 주로 조직원에게 새로운 기술을 가르치거나 조직의 효율적 관리 및 성과향상을 위한 교육훈련의 개념이었다고 볼 수 있다. Evered와 Selman(1989)에 따르면, 코칭은 일종의 도제관계(master-apprentice relationship)를 통해 부하직원의 성과개선에 책임을 지닌 관리자의 관점에서 사용되었다.

Mace(1950)는 직접적인 상사의 역할과 책임이 코칭이라고 주장하였고 부하직원을 코칭하는 것은 관리자가 사용하는 도구나 방법이 아니라 경영 그 자체라고 보았다. Mace는 특히 조직 내 행위학습의 중요성을 설명하면서, 조직 내 상사가 부하직원이 현장 업무책임을 완수할 수 있는 기회를 주는 것이 부하직원의 행위학습에 필수적이라고 강조하였다. Mace의 연구는 20세기 중반 코칭이 조직 내 현장훈련(on-the-job training)의 의미로 사용되었음을 확인할 수 있는 중요한 근거를 제공하고 있다.

이후 코칭은 업무 성과에 방해가 되는 조직원의 개인적인 문제들을 다루는 카운슬링과는 상이하게 업무스킬 개발과 동의어로 사용되었다. 1970년대 중반에는 스포츠코칭을 조직 관리에 적용하려는 연구들이 나타났고(Gallwey, 1974), 1980년대 이후 코칭은 조직개발의 여러 기법 중 교육훈련의 형태로 다양한 문헌에 등장하였다(Evered & Selman, 1989). 이러한 학문적 지원에 힘입어 코칭은 비즈니스 현장에서 확산일로를 걷고 있고 그 적용분야 또한 다양해지고 있다. Maher와 Pomerantz(2003)는 이러한 현상을 일컬어 코칭은 일시적 유행도 새로운 것도 아니라고 주장하고 있다.

이와 같은 코칭의 의미는 20세기 후반에 들어서면서 조직 내 개인의 교육과 훈련에 국한되지 않고 그 의미가 조직 밖의 개인으로 확장되기에 이른다. 이러한 의미의 확장은 코칭이 조직 내 구성원뿐만 아니라 조직 밖의 개인을 대상으로 하는 비즈니스 분야로 발전되었음을 의미하는 것이다.

그렇다면 20세기 후반 코칭이 조직 밖의 개인들에게 확대 적용되기 시작한 이유는 무엇인가? 어떠한 변화들이 이를 가능하게 한 것일까? 결론부터 이야기하자면, 코칭 비즈니스는 사회적, 문화적, 경제적 환경 변화의 산물이다. 특히 이 중에서도 경제적 환경 변화는 코칭 비즈니스 확산에 가장 중요한 역할을 한 요인이다. 초기에 코칭은 인간개발운동의 일환으로 시작되었는데, 이 운동은 경제발전으로 인해 확산될 수 있었다. 코칭이 출현했던 두 나라, 영국과 미국에서 총국가소득이 1975년부터 1985년까지 10년 동안 360%, 그리고 1975년부터 1995년까지 20년 동안 367% 증가하였다. 이로 인해 사람들은 더 많은 여가시간과 가처분 소득을 얻게 되었고, 자기개발을 위해 가처분 소득을 사용할 수 있도록 허용하고 격려하는 사회적 분위기가 조성되었다. 이와 함께 인간에 대해 더 낙관적 관점을 지닌 인본주의 심리학, 인간잠재능력 회복운동과 자기개발산업이 등장하였다. 다른 학문분야들도 이러한 변화와 함께 발전하였다. 바로 이러한 변화들이 조직 밖의 개인들을 대상으로 하는 코칭 비즈니스의 확대 적용을 가져왔다고 볼 수 있다(Brock, 2008).

이후 코칭은 대학의 정규과정으로 편성되었는데, 옥스퍼드브룩스대학교는 코칭과 멘토링 석사과정을 처음으로 개설하였다. 이러한 코칭의 확산은 유능한 전문코치들을 탄생시켰는데, 이들 중 일부는 스포츠 분야에서 탁월한 성과를 냈던 사람들이다. 코칭 비즈니스에 종사하는 코치 중 John Whitmore는 자동차경주 챔피언이었고, David Hemery는 올림픽 메달리스트, David Whitaker는 올림픽 하키 코치 출신이다(Parsloe & Leedham, 2009).

2) 코칭의 정의

코칭은 연구자에 따라 다양하게 정의되고 있다. 연구자들은 코칭을 코치와 피코치의 협력관계를 통한 파트너십, 개인의 학습과 성장, 그리고 조직의 리더가 조직원의 성장과 성과향상에 기여하는 과정 등으로 보고 있다. 코칭에 대한 다양한 정의들을 좀 더 구체적으로 살펴보면 다음과 같다.

먼저, 코칭을 코치와 피코치의 협력관계를 통한 파트너십으로 보는 경우이다. Cole(2000)은 코칭을 과거의 패턴을 깊이 탐구하는 심리치료와 달리 목표달성을 위한 행동지향적인 파트너십으로, Dean과 Meyer(2002)는 코치가 피코치의 대인관계와 조직의 효과성을 강화하고 인식의 촉진을 제공하는 협력적인 파트너십으로, Watt(2004)는 피코치가 아젠다(agenda)를 명시하고 코치는 변화의 매개자, 적극적인 질문자와 경청자로 서비스하는 협력관계로 보았다. McGuinness(2008)는 설정된 목표에 대해 대화를 지속하고 생각을 촉진시키며 발전 상태를 유지하고 건설적인 피드백을 하는 데 책임을 지닌 코치와 아이디어와 의견을 내고 목표달성을 위한 실행을 하며 경과를 보고하는 데 책임을 지닌 피코치가 함께하는 협력적인 과정으로 코칭을 정의하였다.

다음은 코칭을 개인의 학습과 성장의 관점에서 정의한 경우이다. Whitworth 외(1998)는 변화를 창조하기 위해 행동과 학습이 결합된 지속적 사이클로 코칭을 정의하였고, 코치의 역할 중에서 중요한 부분은 학습을 심화시키는 것이라고 주장하였다. Parsloe(1999)는 코칭을 학습과 성장을 가능하게 해서 성과를 개선하게 하는 과정으로 정의하였다. Haberleither 외(2001)는 개인의 능력개발 과정에서 가르치는 대신 자신의 능력을 스스로 발견하고 향상시켜 배울 수 있게 하는 것으로 코칭을 정의하였다. Edwards(2003)는 가능성과 잠재능력에 초점을 맞추며 가르치는 것보다 학습을 촉진하고 피코치가 그들의 성과를 최대화하고 잠재능력을 발휘할 수 있도록 하는 것으로 피코치에게 결과에 대한 주인의식과 완전한 책임감을 주는 것으로 코칭을 정의하였다.

Greene과 Grant(2003)는 개인의 성장, 자기주도학습, 삶의 경험, 업무 성과 향상을 촉진하는 협력적이며 문제해결에 초점을 둔 결과지향적이고 체계적인 과정으로, Pennington(2004)은 합의된 성과 달성을 위해 피코치의 발전을 목표로 하는 구조화된 학습과정으로 코칭을 정의하였다. Law 외(2007)는 코치와 피코치는 모두 학습자들이고 그렇기 때문에 코칭은 하나의 학습과정이라고 주장하였다. 또 코칭을 통한 긍정적인 학습경험은 피코치가 그들의 능력을 개발하도록 돕고 긍정적인 피드백을 형성한다고 보았다. Whitmore(2007)는 성과를 최대화하기 위해 개인의 잠재가능성을 발휘하게 하는 것으로 교육하기보다는 피코치가 학습할 수 있도록 돕는 것으로 코칭을 정의하였다. Rogers(2008)는 고객이 목적 있는 학습을 통해 삶과 커리어에서 빠르게 효과성을 높이고 그것이 지속될 수 있도록 코치가 함께 하는 것으로 코칭을 정의하였다.

조직 차원에서 코칭의 정의에 대해 살펴보면, Stowell(1987)은 토론과 대화에 근거한 리더의 개입으로 계획된 조직구성원의 행동변화를 촉진하고 영향을 미치는 것으로 코칭을 정의하였고, Hargrove(1995)는 조직구성원이 비즈니스에서 눈부신 결과를 생산하도록 그들을 가르치는 방법으로 그들과 상호작용하는 것으로, Krazmien과 Berger(1997)는 현재의 업무 성과를 개선하기 위해 조직구성원을 동기부여하고 성과기준을 명료화하기 위해 건설적인 피드백을 제공하고 조직구성원의 성과를 평가하는 지속적인 과정으로 코칭을 정의하였다.

Brounstein(2000)은 조직구성원이 성과를 낼 수 있도록 관리하는 일련의 스킬들로, Holliday (2001)는 조직구성원이 요구하는 변화를 위해 조직구성원이 경험하고 일하는 것을 도울 수 있도록 지혜를 사용하는 과정으로 보았으며, Luecke(2004)는 관리자와 감독자가 조직구성원의 가능성을 개발하거나 성과와 관련된 문제해결을 목표로 하는 상호작용 과정으로 코칭을 정의하였다.

다음은 코치를 양성하는 기관이나 전문코치들로 구성된 단체에서 제시한 코칭에 대한 정의이다. ICF는 고객들이 개인적, 직업적인 잠재가능성을 최대화할 수 있도록 격려하는 창조적이고 생각을 하게 하는 과정 안에 고객과 함께 하는 파트너관계로 코칭을 정의하였다. CCU(Corporate Coach University, 코치대학)는 발견의 과정, 목표설정, 의미 있는 행동을 통해 개인이 뛰어난 성과를 실현할 수 있도록 하는 개인과 코치 간의 강력하고 협력적인 관계로 코칭을 정의하였고, KCA(Korea Coach Association, 한국코치협회)는 고객이 삶의 문제를 해결하는 데 스스로 자신만의 방법을 찾아갈 수 있도록 도움을 주고 또한 실행력을 높여 주는 코치와 고객 간의 대화프로세스로 코칭을 정의하였다. 개인이나 조직을 상대로 비즈니스하거나, 코칭기관이나 개인코치들을 회원으로 둔 코칭 단체들은 주로 고객과의 비즈니스 측면에서 코칭에 대한 정의를 하고 있다. 따라서 이들은 조직적인 차원보다는 개인의 변화, 성장, 발전에 초점을 둔 전문적이고 협력적인 관계를 중시하여 코칭을 정의하고 있다. 앞에서 설명한 코칭에 대한 정의를 그 강조점에 따라 정리하면 〈표 2.1〉과 같다.

앞에서 언급한 코칭의 정의들은 몇 가지 공통점을 갖는다. 우선, 가장 많이 중복되는 개념이 코칭을 과정으로 보는 것이다. 코칭은 피코치의 발전가능성에 집중하고 목표달성을 위해 실행할 수 있도록 하는 것이므로 완성의 개념이 아니라 과정의 개념이다. 따라서 이런 경우 코칭은 과정, 프로세스 등으로 정의된다. 이외에도 코칭을 파트너십, 관계 등으로 정의하고 있는데, 이는 코치와 피코치의 관계형성에 의한 상호작용에 초점을 맞춘 경우로 볼 수 있다(박윤희, 2010).

또 코칭에 대한 정의들이 갖는 공통점은 성과이다. 코칭은 앞에서 언급한 바와 같이 과정중심적인 활동이며 동시에 목표지향적 활동이기도 하다. 목표를 달성하기 위해서는 직접 행동으로 실천하는 것이 필요하다. 이는 코칭의 행동지향성을 의미한다. 행동지향성에 기초해 코칭은 성과향상을 이루어 낼 수 있다. 이러한 코칭에 대한 정의들을 토대로, 코칭은 과정중심적이고 협력적이며 목표지향적이고 행동지향적인 활동임을 알 수 있다(박윤희, 2010).

이와 같이 코칭에 대한 개념을 살펴보는 과정에서 코칭은 개인과 조직의 성장에 도움을 주는 다

표 2.1	코칭의 정의에서 강조점과 연구자 분류
강조점	**연구자**
코치와 피코치의 협력관계를 통한 파트너십	Cole(2000), Dean & Meyer(2002), Watt(2004), McGuinness(2008)
코치와 피코치의 학습과 성장	Whitworth 외(1998), Parsloe(1999), Haberleither 외(2002), Edwards(2003), Greene & Grant(2003), Pennington(2004), Law 외(2007), Whitmore(2007), Rogers(2008)
조직의 성과향상과 조직원의 성장 촉진	Stowell(1987), Hargrove(1995), Krazmien & Berger(1997), Brounstein(2000), Holliday(2001), Luecke(2004)
대 고객 서비스 차원에서 피코치 개인의 성장과 발전	ICF(International Coach Federation, 국제코치연맹), CCU(Corporate Coach University, 코치대학), KCA(Korea Coach Association, 한국코치협회)

출처 : 박윤희(2010). 성공적인 커리어코칭 과정에 관한 연구. p. 11 수정.

른 분야와는 어떤 차별성을 갖는가에 대한 의문이 제기될 수 있다. 코칭은 종종 다른 유사분야와 혼동될 수 있는데, 이에 대한 구체적인 검토를 통해 코칭에 대한 개념을 좀 더 명확히 할 수 있다.

Williams(2005)는 코칭과 다른 훈련방법들과의 차이점에 대해 〈표 2.2〉와 같이 제시하였다. 코칭이 피코치에게 자신의 문제를 확인하게 하고 스스로 해결하게 함으로써 성공적인 미래로 안내하는 것이라면, 치료요법은 정신적인 치료법을 찾고자 하고, 멘토링은 성공한 멘토가 멘티를 대상으로 자신이 했던 일을 그대로 훈련시키는 것이라고 볼 수 있다. 또 컨설팅은 문제를 진단하고 해결하기 위해 직접적인 정보를 제공하는 것으로 이때 컨설턴트는 전문지식과 방법론을 숙지한 전문가여야 한다.

아래의 표에서 두 사람 사이의 관계는 분명한 차이점을 보인다. 치료요법에서 관계는 의사와 환자의 관계로 의사의 역할이 훨씬 더 중요하다. 이와 유사하게 컨설팅에 있어서도 답을 제시하는 사람은 컨설턴트이다. 멘토링 역시 경험이 많고 연장자인 멘토가 경험이 적은 멘티에게 자신이 가진 노하우를 제공한다. 반면 코치는 어떤 한 분야의 전문가가 아닌 다양한 분야의 지식을 가진 사람으로 피코치에게 답을 제시하기보다는 그 스스로 답을 찾을 수 있도록 돕는 역할을 한다.

이들은 각기 다른 프로세스로 진행되는데, 치료요법은 의사가 치료를 위한 전문지식과 안내를

표 2.2	코칭과 다른 훈련방법들과의 비교			
	치료요법	**멘토링**	**컨설팅**	**코칭**
업무	• 개인의 과거와 정신적 충격을 다룸 • 치료법을 찾음	• 승계훈련을 다룸 • 멘티가 멘토를 따라할 수 있도록 도움	• 문제해결을 위한 정보 제공(전문지식, 전략, 방법론)	• 고객의 현재를 다룸 • 더 바람직한 미래로 안내
관계	• 의사-환자 관계 (치료자가 답을 가짐)	• 연장자/현명한 자-젊고 경험이 적은 자의 관계(멘토가 답을 가짐)	• 전문가-문제를 가진 사람의 관계(컨설턴트가 답을 가짐)	• 공동의 창조적인 수평적 파트너십(코치는 고객이 답을 발견하도록 도움)
감정	• 감정이 잘못된 증상이라고 가정	• 멘토링의 범위 내로 감정적인 반응을 제한	• 대개 감정으로 대하지 않음(정보 위주)	• 감정은 자연적인 것으로 가정 • 정상상태로 봄
프로세스	• 진단과 치료를 위해 전문지식과 안내를 제공	• 멘티가 멘토의 행동과 전문지식을 관찰 • 멘토는 지식과 시범을 제공	• 컨설턴트는 상황을 평가하고 문제에 대한 해결책을 제시	• 고객이 목표를 확인하고 달성할 수 있게 코치가 함께 함 • 고객이 책임감을 가짐

출처 : Williams(2005). The profession of coaching: It's emergence and intersection with ethics and law. p. 11 수정.

제공하고, 멘토링은 멘토가 자신의 지식과 경험을 멘티와 공유한다. 컨설팅은 코칭과 같이 명확한 프로세스를 가지고 진행되며, 컨설턴트가 문제 상황을 객관적으로 관찰해서 평가하고 해결방법을 고객에게 제시한다. 코칭에서는 피코치와의 파트너십이 중요하며, 이를 토대로 코치는 문제를 확인하고 피코치 스스로 목표를 수립하고 이를 달성할 수 있도록 돕는다(박윤희, 2010).

　　Zeus와 Skiffington(2007)은 〈표 2.3〉과 같이 교육훈련, 컨설팅, 치료요법, 카운슬링, 멘토링의 대표적인 특징들을 코칭과 비교함으로써 코칭의 의미를 명확히 하고자 하였다.

　　코칭이 개인과 고객의 요구에 집중하고 파트너십 형성을 통해 지속적인 피드백을 제공하는 반면, 교육훈련은 정해진 지침에 따라 진행되고 코칭에 비해 상호작용이 적을 뿐만 아니라 피드백 자체도 적다. 또 코칭은 심도 있는 질문을 통해 피코치 스스로 답을 찾게 하는 반면, 컨설팅은 컨

표 2.3 　코칭과 유사분야 특징의 비교	
분야	**코칭**
교육훈련 • 교육자에 의해 정해진 지침대로 교육 • 매우 드물게 피드백이 이루어짐 • 사고와 행동의 중요한 변화를 가져오지 못하는 경향	• 고객이 아젠다를 정하는데, 이는 유동적이고 융통성이 있음 • 코칭과정은 지속적인 피드백과 학습을 포함 • 지속적인 행동 변화에 대한 것
컨설팅 • 정보에 기반한 서비스 제공 • 답을 제공 • 판에 박히거나 영리적인 해결책을 처방하는 경향 • 업무적인 면에 초점을 맞춤	• 관계에 초점을 맞춤 • 고객이 답을 찾음 • 개인의 요구, 가치, 목표에 관련된 보다 개인화된 것 • 개인 삶의 다양한 면을 고려하고 더 총체적임
치료요법 • 과거와 관련된 감정에 집중하는 경향 • 발달이나 진보에 관한 것 • 드물게 조언을 제공	• 목표설정과 미래 행동에 대한 것 • 성과에 관한 것 • 코치가 제안, 조언, 요청을 자유롭게 함
카운슬링(직장 내) • 문제나 성과부족의 원인을 찾음 • 민감한 문제나 행동을 찾는 데 초점을 둠 • 대개 일시적이고 요구에 기반을 둠	• 새로운 역량과 새로운 행동을 강조 • 문제가 일어나기 전에 인지하고 사전에 방지하기 위한 것으로 미래를 예측하고 행동 • 일반적으로 3~6개월의 계약을 수반
멘토링 • 멘토의 전문적 지식과 지혜에 기반 • 전략과 정책에 대한 의견과 조언을 자유롭게 함 • 조직의 기준, 규준 그리고 가치를 전달하고 서서히 주입시킴	• 고객 자신의 가능성에 기반 • 고객 스스로 문제의 답을 찾게 함 • 고객 개인의 가치, 비전 그리고 기준을 개발하고 발굴함

출처 : Zeus & Skiffington(2007). Coaching at work. pp. 10~19 수정.

설턴트가 솔루션과 정보를 제공한다. 치료요법의 경우 과거로부터 기인한 정신적 결함을 치료하는 데 반해, 코칭은 피코치의 감정이 아닌 행동에 집중하고 직접 실행에 옮길 수 있게 한다. 카운슬링이 주로 심리적 결함을 치료하기 위한 접근이라면 코칭은 정신적, 심리적으로 건강한 피코치의 성장과 발전을 목적으로 한다. 또 멘토링이 성공적인 멘토의 경력에 의존해 전문지식이나 기술의 전달에 집중하는 반면, 코칭은 코치의 과거 경력에 의존하지 않고 고객 스스로 자신의 가치와 비전을 찾도록 격려하고 촉진한다(박윤희, 2010).

Fairley(2003)는 질문을 하느냐 답을 주느냐의 기준, 고객과 전문가의 전문성 기준에 따라 여덟 개의 다른 역할들에 대한 정의를 다음 [그림 2.1]과 같이 제시하였다. 코칭의 경우 고객이 자신의 문제에 대한 전문가이고, 코치의 역할은 답을 주기보다는 질문을 하는 것에 집중하는 것으로 설명하였다. 카운셀러와 테라피스트는 코칭과 유사하게 많은 질문을 사용하지만 자신이 전문가로서 역할을 수행하는 것으로 제시하였다. 컨설턴트는 이들과 정반대의 위치에 표시하였는데, 컨설턴트 자신이 문제의 전문가이고 답을 주는 역할을 하는 것으로 설명하였다.

이제까지 살펴본 유사분야와의 비교를 통해 특정분야의 전문지식을 보유해야 하는 멘토나 컨설턴트와 달리 코치는 특정분야의 내용전문가일 필요는 없다는 것을 공통적으로 확인할 수 있다.

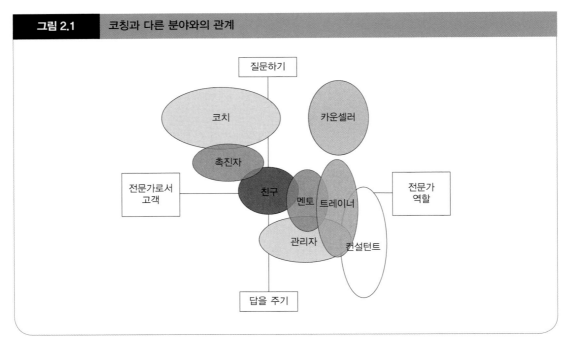

그림 2.1　　코칭과 다른 분야와의 관계

출처 : Fairley(2004), Decisions, decisions… personal coaching or business coaching?, p. 30.

일반적으로 코치는 코칭관련 지식을 습득하고 코칭진행 능력을 갖춘 코칭과정의 전문가여야 한다(박윤희, 2010).

이러한 전문코치들에 의해 진행되는 코칭의 핵심 구성개념에 대해 Grant(2005)는 다음과 같이 강조하고 있다.

첫째, 코치와 피코치 사이의 권위주의적인 관계보다는 오히려 도움, 협조와 평등주의를 지향한다.

둘째, 코치는 피코치의 문제점을 분석하기보다는 해결책을 찾는 데 초점을 둔다.

셋째, 피코치는 정신병리학적으로 문제가 없거나 감정적인 스트레스가 높지 않은 사람으로 가정한다.

넷째, 상호협력적인 목표설정을 강조한다.

다섯째, 코치에게 코칭을 통해 피코치의 학습을 촉진하는 전문지식을 필요로 하기는 하지만 고객이 선택한 학습영역에서 높은 수준의 개인적 경험을 반드시 필요로 하는 것은 아니다.

위의 내용 검토를 통해 코칭은 고객의 발전가능성에 집중하고 고객 스스로 답을 찾을 수 있도록 지원한다는 것을 알 수 있다. 앞서 코칭의 정의에서는 코칭이 과정중심적이고 협력적이며 목표지향적이고 행동지향적이라는 것을 살펴보았다. 이러한 연구들을 종합해 볼 때 코칭은 고객의 발전가능성에 집중해 고객 스스로 문제를 해결하고 성장할 수 있도록 고객의 학습을 지원하며 지속적인 피드백을 제공하는 과정중심적이고 목표지향적이며 행동지향적인 협력과정이라고 정의할 수 있을 것이다(박윤희, 2010).

02 코칭 연구의 역사

코칭 연구의 역사 부분은 Grant(2003a, 2008)의 연구에 제시된 내용들을 기반으로 하였고, 여기에 1950년대 이후에 출간된 연구논문과 저서들을 추가하여 내용을 구성하였다. 코칭 연구의 역사 부분에서 강조하고자 하는 것은 코칭이 1980년대 이후 갑자기 등장한 개념이 아니라는 것이다. 코칭은 이미 1900년대 초부터 스포츠 분야뿐 아니라 비즈니스 분야에서도 계속해서 존재해 온 개념이다. 이를 입증하기 위해 과거에 진행되었던 주요 코칭 연구들을 제시하였다. 1990년대 이후 연구 논문이나 저서들은 비교적 쉽게 찾아볼 수 있으므로 1990년대 이후의 연구물은 특징적인 것들만 간단히 소개하였다.

1900년대 초부터 시작된 스포츠 분야 이외에 코칭 연구의 경향에 대해 Grant(2008)는 다음과 같이 정리하여 설명하였다.

첫 번째 연구경향은 조직 내부 코칭에 대한 보고들로 부하직원과 조직구성원에게 코치 역할을 하는 관리자나 감독자에 관한 연구 경향이다. 이러한 경향은 현재까지 계속되고 있지만 1937년에서 1960년대 후반 사이에 가장 분명하게 드러났다고 볼 수 있다. 코칭관련 문헌 중 첫 번째 연구는 Gorby(1937)에 의해 이루어졌는데 고참 조직원이 이익 공유 프로그램을 통해 조직원들에게 보너스를 최대화하고 이익을 증가시키기 위해 신입사원들에게 낭비를 줄이도록 코칭하는 방법에 대해 기술하였다.

두 번째 연구경향은 조직 내부 코칭에 초점을 맞춘 박사학위논문의 등장이다. 첫 번째 박사학위 연구는 Gershman(1967)에 의해 진행되었는데, 효과적인 코치 역할을 하는 감독자들이 어떻게 직무성과와 부하직원의 태도를 개선시킬 수 있는지에 대한 평가를 다루었다.

세 번째 연구경향은 1990년대 초반에 확실히 드러났는데, 박사학위 연구들이 현저하게 증가하였고 경험적 코칭 연구들도 탄력이 붙기 시작하였다. Strayer와 Rossett(1994)는 21세기 부동산 판매원들을 위한 사내 코칭 프로그램의 기획, 실행과 평가에 관한 연구를 진행하였다. 1980년 이후 2008년까지 발표된 연구물들의 현황은 [그림 2.2]와 같다.

다음은 주요 연구들과 저서들에 대한 개략적인 내용을 발표 순서에 따라 정리한 것이다.

Gorby(1937)의 「Everyone gets a share of the profits」는 최초의 코칭관련 연구논문이다. 이 연구는 1923년 이후 디트로이트에 있는 Hosking 제조 회사의 이익 공유 계획에 대한 연구 보고서이다. 창출된 이익을 책임에 비례하여 직원들에게 균형 있게 배분하였다. 세 그룹이 이익을 공유하였는데, 첫 번째 그룹은 부서장, 두 번째 그룹은 부부서장 및 판매원, 마지막 그룹은 공장 직원과 사무원이다. 마지막 그룹은 서비스 기록에 따라 다시 세 부류로 분류되었는데, 5년 이상, 3~5년과 1~3년으로 각각 분류되었다. 각 그룹의 이익배분은 연봉 또는 임금이 그룹 전체에서 차지하는 비율에 따라 결정되었다. 결과적으로 비용이 감소되었고, 노동력 이동은 거의 없었으며 고참직원들은 불량품을 줄이는 데 부하직원을 코칭하는 것이 중요하다는 것을 인식하게 되었다.

Bigelow(1938)는 「Building an effective training program for field salesmen」 연구에서 판매교

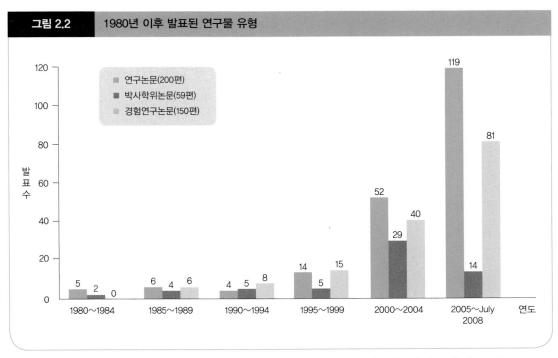

그림 2.2　1980년 이후 발표된 연구물 유형

출처 : Grant(2008). Workplace, executive and life coaching: An annotated bibliography from the behavioural science literature. p. 2.

육 프로그램의 개발 방법과 어려움에 관한 논의를 통해 가장 효과적인 방법으로 그룹 코칭 방법을 제시하였다.

Lewis(1947)는 「Supervisory training methods」 연구를 통해 DuPont사의 교육은 생산현장의 실제 사례를 통해 이루어진다고 보고, 직무현장에서 관리 감독의 좋은 방법으로 코칭을 강조하였다.

Mace(1950)의 저서 『The growth and development of executives』는 임원들이 역할에 충실하고 부하직원의 성장과 발전을 돕도록 하는 내용들로 구성되어 있다. 총 9개 장으로 구성된 이 책의 내용은 도입, 임원의 위치에서 요구되는 것들, 평가와 목록, 심리테스트, 성장과 발전을 위한 방법, 발전 프로그램의 운영, 요약과 결론이며 6장에는 코칭, 7장에는 코치들이 코칭하는 방법이 소개되었다. 이 책은 1950년에 처음 발간되었고, 1967년까지 무려 10회 재인쇄되었다.

6장 코칭부분은 다시 6개의 세부 제목으로 구성되어 있는데, 코칭과 관리, 실행 기회, 카운셀링, 신뢰 환경, 성과의 기준, 팀 창조이다. 7장의 코치들이 코칭하는 방법 부분에는 코칭 문제들이 세부 제목으로 제시되었다. 이 책은 인덱스를 제외하고 195페이지로 구성되어 있다. 그런데 6장과 7장은 107페이지에서부터 175페이지까지 무려 68페이지에 이른다. 이 책의 거의 3분의 1에 해당되는 분량이다. 총 9개 장 중에서 2개 장이 차지하는 비중이 전체 책 분량의 3분의 1에 해당된다는 것은 Mace가 코칭에 대해 얼마나 비중 있게 다루고 있는가를 잘 보여 주는 것이라고 할 수 있다.

다음은 책에 제시된 6장의 코칭과 7장의 코치들이 코칭하는 방법에 대한 보다 구체적인 내용들이다.

6장 코칭 부분은 연구결과들을 바탕으로 직속상사의 역할과 책임이 코칭이라고 강조하였다. 특히 제조업 조직에서 부하직원의 성장과 발전을 위해 제공되는 가장 효과적인 방법이 직속상사에 의해 진행되는 코칭이다. 유능한 상사는 부하직원의 능력을 효과적으로 이용하기 위해 부하직원들의 강점과 약점을 파악해야 한다. 부하직원들은 실행을 통해 학습한다. 그러나 그들이 학습하는 속도와 학습 범위는 그들이 약점을 극복할 수 있도록 업무를 할 수 있는 기회를 제공하는 상사의 노력에 의해 증가될 수 있다. 그러므로 학습과정은 부하직원이 성장하고 발전하기를 희망하는 확실한 업무환경과 관련된다.

인사팀 직원이나 외부 컨설턴트들은 그들의 역할이나 사내 지위 때문에 부하직원들을 성장시키는 데 한계에 봉착할 수 있다. 따라서 조직 내의 모든 관리자들은 직무에서 부하직원들의 발전에 대한 책임을 져야 한다. 임원 업무의 목표인 코칭은 부하직원들의 능력과 가능성을 활용하는 것으로, 효과적인 활용은 부하직원의 잠재 가능성을 개발하는 것을 의미한다. 코칭은 하나의 도구, 방법 또는 장치로써 관리자에 의해 사용되고 적용되는 방법들 중 하나가 아니다. 그것은 경영의 길이고 경영 그 자체이다.

부하직원들에게 실행기회를 제공하는 것은 코칭과정의 기본 요소이다. 부하직원들이 업무를 수행할 기회를 갖게 될 때, 상사에 의해 긍정적 카운셀링이 제공된다. 여기에는 커리어 카운셀링이 포함된다. 비록 코칭의 긍정적 요소로 카운셀링이 부하직원의 커리어 의사결정이나 내적 문제들을 논의하는 것을 포함한다 할지라도, 중요한 강조점은 부하직원이 관리 방법을 학습하도록 돕는 것이다. 이러한 학습은 업무지식, 관리스킬 또는 성격 적응을 포함할 수 있다. 그러나 업무 상황에서 벌어지는 업무관련 카운셀링은 상사가 부하직원의 성장에 효과적으로 공헌할 수 있다. 상사에 의한 카운셀링은 업무 현장에서 업무를 하는 것과 함께 시작하는 학습과정을 강화하고 노력을 증대시키는 것으로 구성된다.

상사와 부하직원 사이에 신뢰분위기를 유지하고 형성하는 것은 인위적이거나 기계적인 접근방법에 의해 이루어질 수 없다. 상사가 진정으로 자신의 부하직원을 믿고 말하고 행동하는 것에 믿음이 나타난다면, 그 결과로 신뢰 분위기가 형성될 것이다. 상사가 진정으로 부하직원들을 신뢰하게 된다면, 부하직원은 직무를 통해 응답할 것이다. 대기업의 한 대표는 부하직원에 대한 신뢰의 중요성을 다음과 같이 설명하였다. "조직 내에서 부하직원의 능력을 진정으로 신뢰하지 않는 사람은 임원이 아니다. 왜냐하면 그는 부하직원들과 함께 일하는 관리의 기본을 부정하기 때문이다. 부하직원과 만족스러운 신뢰수준을 형성하고 유지하는 것은 어려운 일이다. 그러나 그것이 훼손되기는 매우 쉽다. 경솔한 말, 의견 또는 제스처(gesture)는 상사가 그들의 능력을 진정으로 신뢰하는지에 대해 부하직원이 의심하는 마음을 갖게 할 수 있다."

코칭요소인 신뢰 분위기와 직접적으로 관련된 것은 성과기준의 수립이다. 성과기준은 업무기준과 개인적 수행기준들을 포함한다. 업무기준은 상사에 의해 수립된다. 왜냐하면 그가 관리자이며 그룹의 리더이기 때문이다. 이는 리더가 유능한 임원일 것을 필수적으로 요구한다. 하지만 이것이 상사가 부하직원의 모든 업무를 할 수 있어야 한다는 것을 의미하지는 않는다. 비록 이러한 능력이 유용하기는 하지만 상사는 어떠한 성과기준이 적절하고 바람직한 것인지 아는 것이 중요하다. 이는 임원이 그의 위치에서 유능해야 하고 자신의 조직 내 부하직원들의 성장과 발전을 고려하는 효과적인 코치가 되어야 한다는 것을 의미하는 것이다.

다음은 7장 코치들이 코칭하는 방법의 주요 내용이다. 부하직원들은 업무현장에서 배우기 때문에 상사에 의해 수행되는 코칭을 강조하는 것은 직무현장에서 최상의 학습과정을 만드는 것의 중요성을 강조하는 것이다. 사례문제 컨퍼런스는 코칭하는 방법을 학습하는 관리자들을 돕는 방법으로 실시된다. 코칭이나 관리는 관리자의 태도에 크게 의존한다. 관리자는 사례연구 컨퍼런스 프로그램에 참여함으로써 관리자로서 바람직한 태도가 재형성되는 결과를 얻을 수 있다. 그와 같은 프로그램에 참여하는 관리자들은 관리과정에서 진정한 통찰을 얻게 된다. 또 관리자의 다양한 노력에도 불구하고 부하직원의 발전이 부족한 이유는 코치로서 상사의 결점이라기보다는 부하직원의 발전 능력의 부족일 수도 있다.

Mace는 6장과 7장의 내용을 통해 비즈니스 조직 특히 제조업에서 임원의 역할은 결국 코치의 역할이며 이를 잘 수행하기 위해 부하직원과 신뢰를 쌓을 수 있어야 한다고 강조하였다. 또 오늘날 일반적으로 사용하고 있는 코칭의 개념과 상이하게 카운셀링을 코칭의 필수 요소로 보았다.

Mold(1951)의 「Developing top leaders-executive training」 연구는 펄프 및 제지 공장의 임원교육 프로그램의 사례 연구이다. 이 연구에서는 무엇보다도 모든 생산문제의 가장 중요한 부분은 인적 요소라고 가정하였다. 기본이 된 10가지 전제들이 간단히 논의되었고 프로그램이 약술되어 있다. 연구자는 임원육성의 문제는 (1) 카운셀링, (2) 임원코칭, (3) 인간 행동의 교육 문제라고 결론지었다. 이것은 결국 임원들이 두려움과 공격, 수용에 대한 자신의 욕구를 이해하는 문제라고 주장하였다.

Merrill과 Marting에 의해 1952년 편집되어 출간된 『Developing executive skills』는 여러 명의 저자들이 짧게 작성한 글을 모아 한 권의 책으로 출간한 것이다. 크게 두 부분으로 구성되어 있고 세부적으로는 결론을 포함해 38개의 짧은 글들로 구성되어 있다. 이 중에 "On-the-job coaching" 부분에는 약 12페이지에 걸쳐 Mace와 Mahler의 글이 각각 하나씩 포함되어 있다.

Mace의 글 "The superior's responsibility toward his subordinates"는 상사가 부하직원들이 성장할 수 있도록 돕는 것이 코치의 역할이라고 강조하였다. 특히 부하직원들은 실행을 통해 학습하기 때문에 관리자들은 부하직원들이 스킬을 실습하고 최종적으로 더 높은 수준의 지위를 획득할 수 있도록 자신의 능력을 연습할 기회를 주어야 한다고 주장하였다.

상사의 업무는 코칭으로 설명될 수 있다. 또한 이는 관리 과정의 기초이다. 달리 말하면, 코칭은 새로운 테크닉이 아니다. 그것은 언제나 진행 중인 것으로 업무 현장에서 매일 코칭, 교육과 관리가 이루어지고 있다.

평가를 위한 코칭과 관리의 다섯 가지 요소들은 다음과 같다.

첫째, 권한의 위임이다. 부하직원들이 실행을 통해 학습할 수 있도록 상사들은 권한을 위임해야 한다.

둘째, 카운셀링이다. 부하직원들이 업무에서 성과를 낼 수 있는 기회를 갖게 되면, 상사는 긍정적 카운셀링 기회를 제공해야 한다. 상사들이 업무상황에 카운셀링을 연관시킨다면 부하직원의 성장에 효과적으로 기여할 수 있다.

셋째, 좋은 팀의 창조이다. 좋은 팀은 상사가 조직원들의 강점과 약점을 파악하고 그것을 적합하게 사용할 수 있게 해 준다. 이를 통해 상사는 필요로 하는 곳에 코칭을 집중할 수 있게 된다. 또 좋은 팀은 상사가 부하직원들의 업무가 무엇이고, 조직 안에서 그들이 어디에 적합한지 그리고 조직 안에서 다른 사람들은 무엇을 하는지 알게 해 준다. 진정한 팀을 이룬다는 것은 상사가 그의 부하직원을 의사결정에 참여시키는 것이다. 참여는 더 현명하고 더 나은 의사결정의 기반이 된다. 좋은 팀은 공정한 대우를 기대한다. 부하직원들은 자신들이 공정하게 관리되고 평가받기를 원하기 때문에 실제로 그렇게 되고 있다는 것을 부하직원들이 알 수 있도록 해야 한다.

넷째, 상호신뢰이다. 상사와 부하직원 사이에 전체적인 관계의 기초는 상호 신뢰이다. 그리고 이 신뢰는 행동으로 드러나야 한다. 더 나아가 이러한 신뢰는 인위적이거나 피상적일 수 없다. 그것은 진실되고 진지한 것이어야 한다.

다섯째, 수행 기준이다. 마지막으로 상사는 그의 부하직원이 따를 수 있는 개인적인 비즈니스 기준을 수립해야 한다.

Mace는 상사에게 더 중요한 것은 코칭 지식을 습득하는 것보다 업무현장에서 일상의 행동으로 코칭 개념을 적용하는 것이라고 주장하였다. 그러므로 모든 상사는 미래의 임원이 될 그들 부하직원들의 성장과 발전을 위해 코칭을 업무 현장에 더 많이 적용할 수 있어야 한다고 강조하였다.

Mahler의 글 "Effecting a change in individual performance"는 공식적 코칭과 비공식적 코칭에 대한 연구 결과를 제시하고 있다. 연구를 위해 편의상 공식적 관리자와 비공식적 관리자 두 그룹으로 나누었다. 〈표 2.4〉는 가장 긍정적인 답을 선택한 각 그룹 안에서 응답자들의 비율(%)을 근거로 작성한 것이다. 코칭에서 공식적 인터뷰를 제공한 관리자들과 그렇게 하지 않은 관리자들 간에 상이한 설문결과가 도출되었다. 설문결과를 통해 평가와 인터뷰 같은 공식적 기법들이 불필요하다고 주장하는 관리자들에게 이러한 기법들의 중요성을 입증하였다.

Driver(1955)의 「Training supervisors in remote company units」 연구는 교육임원이 현장라인 종업원들의 교육을 위해 위원회를 구성할 수 있고, 대표 집단을 방문할 수 있으며 교육 요구 분석을 위해 일부 관리자들을 인터뷰할 수 있다고 제안하였다. 이러한 준비를 통해 이루어지는 교육은 상사에 의해 개별적인 코칭으로 진행될 수 있으며 잘 사용될 수만 있다면, 자료들을 이해하기 쉽게 사례 책자로 제작하여 사용할 수 있다고 주장하였다.

표 2.4	공식적 인터뷰 제공 여부에 따른 설문결과		
	질문	**응답(%)**	
		공식적 관리자와 함께 한 부하직원	**비공식적 관리자와 함께 한 부하지원**
1. 당신은 당신의 위치에서 당신에게 기대되는 것을 정확히 알고 있거나 좋은 아이디어를 가지고 있습니까?		85	59
2. 당신의 상사는 당신의 성과에 대해 좋은 생각을 가지고 있습니까?		60	24
3. 당신의 상사가 당신을 너무 멀지도 않고 너무 가깝지도 않게 적당히 관리합니까?		78	46
4. 당신의 상사는 당신의 성과에 대해 생각하는 것을 솔직하게 말합니까?		59	34
5. 당신의 상사는 당신에게 개선이 필요한 책임들을 제안합니까?		64	34

출처 : Merrill & Marting(1952). Developing executive skills, p.107.

Hayden(1955)은 「Getting better results from post-appraisal interviews」 연구를 통해 성과평가 이후에 진행되는 후속 인터뷰가 피평가자의 통찰을 촉진하게 하려면 코칭이 효과적인 방법일 수 있다고 주장하였다. 그러나 피평가자의 태도를 변화시키기 위해 설명, 충고, 안심, 주장, 명령은 금지되어야 하고, 더 바람직한 접근방법은 인터뷰하는 사람이 적극적인 경청자가 되는 것이라고 강조하였다. 또 관리자는 부하직원에게 자신을 설명할 수 있는 기회를 주어야 한다고 주장하였다.

Parkes(1955)는 「We use seven guides to help executives develop」 연구를 통해 125명의 직원을 고용한 기업에서 임원을 육성시키기 위해 사용한 7가지 가이드를 다음과 같이 제시하였다. (1) 현장감독을 포함해 그들을 훈련시키기에 적당한 직무가 무엇인지에 대한 심리를 평가한다. (2) 그들이 학습할 것을 제시한 직무기술서를 작성하고 사용한다. (3) 각 임원에 의해 작성된 연간 목표를 설정한다. (4) 상사는 자신의 부하직원을 훈련시키는 데 책임을 가지고 부하직원을 코칭한다. (5) 단지 금전적 요구가 아니라 그들의 욕구 충족을 도울 수 있도록 동기부여한다. (6) 1년에 1회 또는 2회 정도 실시한 업무평가를 중심으로 개별 중간보고서를 작성한다. (7) 회사 내에서 운영되는 개발프로그램을 확인한다.

Allen(1957)은 「Does management development develop managers?」 연구에서 기업이 관리자를 개발시키고자 할 경우 관리자가 하는 일에 초점을 맞추어야 하고, 관리자는 계획, 조직, 조정, 동기부여 및 통제에 집중해야 한다고 강조하였다. 연구자는 도제제도의 한 형태로 관리자에게 인턴십이 필요하다고 보고 이것은 코칭을 통해 수행 가능하다고 주장하였다.

Perley(1957)는 「How the personnel staff can serve line management」 연구를 통해 인사전문가는 현장직원들이 업무를 잘 수행할 수 있도록 현장 정책이나 절차를 효과적으로 개발해야 하고 현장직원들이 희망하는 목표를 달성할 수 있도록 교육훈련, 코칭, 조정 등을 통해 현장을 돕는 것이 인사전문가의 의무라고 주장하였다. 연구결과는 현장 직원의 관계 개선에 대한 것이다.

Bridgman 외(1958)는 「Salesmen helped by bringing out jobs' critical incidents」 연구에서 판매관리자들이 수집한 판매에서 실패와 성공의 원인이 되는 500가지 중요한 사건들을 제시하였다. 이들 중 11% 미만은 고객관계, 24% 미만은 준비에 관한 것, 그리고 64%는 설명에 관한 것으로 분류되었다. 판매에서 중요한 요구사항의 분류는 성과분석과 교육훈련에 사용될 수 있으며 판매관리자가 현장에서 영업사원을 코칭하는 데 25개의 체크리스트를 사용할 수 있다.

Mahler(1964)의 「Improving coaching skills」 연구에서는 좋은 코칭이 경영 생산성의 기본일 수

있지만, 대부분의 조직에서는 관리자들이 효과적인 코치가 되는 데 어려움을 겪고 있다고 주장하였다. 연구자는 이러한 문제에 대한 많은 통찰력을 제공하였다.

Banaka(1967)는 「Invention: A key to effective coaching. A program at Tektronix to make coaching work」 연구에서 관리자와 부하직원 간의 코칭과정은 목표관리(MBO, management by objectives)의 적용과정이라고 강조하였다. Tektronix는 Mahler와 Frazier에 의해 개발된 코칭 과정을 적용하였고, 과정 적용 3년 후에 그동안 Tektronix에서 수행된 명확한 목표들, 즉 성과지표들의 증거자료들이 확인되었다. 관리자들은 그들이 개발하는 데 방해가 되는 성과지표를 발견할 수 없었다. 따라서 관리자들은 성과지표가 중요하다는 증거들을 올바로 인식해야 하고 성과지표를 문서화하는 능력을 갖추어야 한다. 성과지표들을 문서화하는 임무는 어렵고 위험하다. 왜냐하면 성과지표들은 책임의 수행결과를 예측할 수 있기 때문이다.

코칭은 관리자와 부하직원이 정기적으로 성과 결과를 개선하기 위해 시도하는 과정으로 정의된다. 관리자와 부하직원이 공유된 성과 평가를 개발하기 원한다면 그들은 합의된 업무 체계를 개발해야 한다. 이는 하나의 직무에 대해 책임과 성과기준을 명확히 하는 것이다. 관리자와 부하직원이 성과결과의 개선을 원한다면 그들은 공유된 성과평가 방법을 개발해야 한다. 이는 정확한 성과분석과 합의내용의 문서화를 위한 성과인터뷰를 포함하는 것이다. 성과인터뷰는 부하직원 각 개인의 성과정보 확인, 평가토론, 높거나 낮은 성과의 원인분석, 현실성 있는 실행계획 수립, 공유한 실행계획의 동의로 진행된다. 이 과정에서 스킬개발은 논의되지 않는다. 성과인터뷰에서 합의된 요약 내용은 문서화된다. 본 연구는 코칭이 목표관리에 적용됨으로써 성과지표의 개발, 성과분석과 성과인터뷰를 통해 성과개선에 기여한다는 점을 강조하였다.

Utgaard와 Dawis(1970)의 「The most frequently-used training techniques」 연구는 산업분야에서 활용되는 가장 일반적인 교육훈련 기법들의 상대빈도를 알아보는 것이다. 63개 기업들이 연구 대상으로 선정되었는데, 연구에 참여한 기업들의 업종을 살펴보면, 운송(14개 기업), 금융(13개 기업), 유통(10개 기업), 기타(12개 기업)로 분류할 수 있다. 질문지는 잘 알려진 18개의 교육훈련 기법들을 얼마나 자주 사용하고 있는지 묻는 것으로 구성되었다. 보기는 '전혀 사용하지 않는다(1점)', '거의 사용하지 않는다(2점)', '보통 사용한다(3점)', '자주 사용한다(4점)', '항상 사용한다(5점)'로 구성되었다. 연구결과를 표로 정리하면 〈표 2.5〉와 같다.

Kastens(1971)는 자신의 연구 「A management coach concept for management development」에서 관리자는 신입사원에게 실제로 어떻게 일을 해야 하는지 보여 줄 수 있고 세심하게 기술을 수

| 표 2.5 | 기업형태에 따른 18개 교육훈련 기법들의 사용 빈도 순위 |

교육훈련 기법	기업형태	
	제조기업 순위	비제조기업 순위
1. 직업교육훈련(job instruction training)	1	1
2. 컨퍼런스 또는 토론(conference or discussion)	2	2
3. 도제훈련(apprentice training)	3	6.5
4. 직무순환(job rotation)	4	3
5. 코칭(coaching)	5	6.5
6. 강의(lecture)	6	5
7. 전공 학습(특별학습, special study)	7	4
8. 사례 연구(case study)	8	10
9. 영화(films)	9	8.5
10. 프로그램 수업(programmed instruction)	10	8.5
11. 인턴십과 조교(internships and assistantships)	11	11
12. 시뮬레이션(simulation)	12	12
13. 프로그램 그룹 훈련(programmed group exercises)	13	16.5
14. 역할연기(role playing)	14	13
15. 실험실 훈련(laboratory training)	15	16.5
16. 텔레비전(television)	16	14.5
17. 실습장 훈련(vestibule training)	17	14.5
18. 청년 중역회의(junior board)	18	18

출처 : Utgaard & Dawis(1970). The most frequently-used training techniques. p. 41.

정해 주고, 적당한 훈련을 통해 그의 반응행동을 파악할 수 있어야 한다고 강조하였다. 또 신입사원이 최대한의 가능성을 실현하고 경쟁력을 갖출 수 있도록 하기 위해 동기부여할 수 있도록 도와야 한다. 그와 같은 코치는 상투적인 현장교육 관리자, 교육훈련 담당자 또는 관리개발 전문가와는 다른 부류의 사람이 되는 것을 필요로 한다. 그는 부하직원에게 신뢰감을 불어넣어야 하고 적합한 현장교육을 실시해야 한다. 부하직원의 동기부여를 돕기 위해 관리자는 코치로서 개인의 카리스마와 스킬을 갖추어야 한다. 또한 관리자코치에게 적합한 방법과 관리원칙에 대한 해박한 이해는 필수적으로 갖추어야 하는 것들이다.

Kondrasuk(1974)은 「Conceptual foundations of job enrichment」 연구를 통해 직무확충 방법의 이론적 논의를 제시하였다. 직무확충 전략은 조직 내 변화를 이끌어 내는 특별한 방법으로 단계적인 절차는 실험, 관리 코칭, 직무식별, 실행, 피드백과 후속절차로 진행된다. 직무확충은 직원들에게 성취, 인정, 책임과 정신적 성장을 위한 기회를 제공할 수 있고, 직무확충의 성공적인 적용을 위해서는 지속적인 관리노력이 필요하다고 주장하였다.

Carroll(1975)은 「The joining-up process: Issues in effective human resource development」 연구에서 신입 관리자의 초기 관리 문제를 설명하고 해결 방법을 요약하였다. 특히 조직구성원의 창조성을 억제하는 것은 직무제약 조건을 확인하고 적절하게 조직원들을 코칭함으로써 해소할 수 있다고 주장하였다.

Ponzo(1980)는 「Management development roles: Coach, sponsor and mentor」 연구에서 효과적인 관리자는 코치, 스폰서와 멘토의 역할을 통해 부하 직원들을 훈련시킬 수 있다고 주장하였다. 상사는 코칭을 통해 부하직원의 성장 요구에 부합할 수 있도록 돕는다. 스폰서는 부하직원이 조직의 다른 부분으로 배치될 수 있도록 육성하고 발굴한다. 멘토와 멘티 관계는 스폰서와 제자의 관계보다 더 심도 있고 부하직원을 개발하고 지도하고 안내하는 책임을 포함한다고 주장하였다.

Buzzotta 외(1977)의 「Coaching and counseling: How you can improve the way it's done」 연구의 내용을 요약하면 다음과 같다. 코칭과 카운셀링은 최근 조직에서 사용하는 훈련의 가장 일반적인 형태로 거의 매일 진행된다. 경우에 따라서 하루에 여러 번 진행되기도 한다. 또 코칭과 카운셀링은 전문 트레이너들뿐만 아니라 관리자, 감독자 그리고 임원들에 의해서도 진행된다. 왜냐하면 대부분의 조직들이 코칭과 카운셀링을 하는 데 엄청난 돈과 시간을 소비하기 때문이다. 하지만 많은 경우에 코칭와 카운셀링은 정확하게 진행되지 못한다. 사실 많은 코치나 카운셀러들은 올바른 방법과 잘못된 방법이 있다는 사실조차도 인식하지 못한다. 그 결과로 그들의 부하직원, 그들 자신과 조직은 매우 심각한 결과를 경험한다. 따라서 전문 트레이너들은 관리자들의 코칭과 카운셀링 스킬들을 개선하기 위해 다음과 같은 사항들을 명심해야 한다.

코칭과 카운셀링은 (1) 관리자의 힘을 사용하는 것이다. (2) 부하직원에게 자기분석을 이끌어 낸다. (3) 관리자 자신의 통찰력과 지식을 결합시킨다. (4) 부하직원의 입장에서 자기이해, 상호 수용된 목표에 대한 약속과 목표를 달성하기 위한 실행계획을 수립한다.

엄격하게 말하면 코칭은 카운셀링과 구분된다. 코칭은 직무스킬과 직무지식을 개선하는 데 초점이 맞춰져 있다. 반면에 카운셀링은 태도와 동기의 문제 또는 대인관계, 심리적 장애에 초점이 맞춰져 있다. 세일즈맨이 제품의 이점을 설명하는 정확한 방법을 모른다면 코칭이 필요하다. 반면한 사람이 그가 방문판매 시스템이 심각하게 어리석은 것이라고 생각하기 때문에 지역 관리자에게 방문판매 보고서를 보내는 것을 거부한다면, 카운셀링이 필요하다. 그러나 통상적으로 두 단어는 하나의 단어로 결합된다.

관리자와 부하직원 간에 상호작용의 차원(지배와 복종, 적대감과 친밀감)에 근거하여 코칭과 카운셀링의 네 가지 기본 방법들을 구분할 수 있다. 이를 그림으로 표시하면 다음 [그림 2.3]과 같다. 그림에서 볼 수 있듯이 Q1, Q2, Q3는 진정한 코칭과 카운셀링이 아니다.

Q4는 진정한 코칭과 카운셀링으로 관리자와 부하직원 사이에 진정한 커뮤니케이션이 발생한다. 코칭세션은 의견교환, 토론, 솔직함, 쌍방향 교환으로 이루어진다. Q4에서 코칭의 목표는 주어진 상황에서 최상의 결과를 얻는 것이다.

Q4의 코칭과 카운셀링은 매우 신중하고 체계적인 형태가 뒤따르는 네 단계의 과정들로 이루어진다. 첫 번째 단계는 사전코칭(precoaching) 단계로 관리자는 심도 있는 사전코칭을 통해 사실, 데이터, 기록과 증거 등을 입수한다. 두 번째 단계는 코칭 A(coaching A) 단계로 개선영역과 범위

그림 2.3   **상호작용 차원에 근거한 네 가지 기본 방법들**

지배

Q1
강요나 위협을 통해 변화하도록 노력한다. 대부분의 부하직원들은 게으르고 의지가 없으며 강요나 압박이 없다면 개선하려는 노력을 하지 않는다고 가정한다.
기본적인 메시지는 : "내가 말하는 것을 해. 그렇지 않으면…"
대부분의 사람들은 위협이 기적을 만든다고 믿는다.

Q4
부하직원들이 그들이 벗어나야 한다는 것을 이해했을 때, 자신의 성과나 태도를 분석하고 미래를 위해 더 나은 방법을 고안하는 데 참여하는 기회를 가질 때, 개선하려는 노력을 한다고 믿는다.
생산적인 변화는 부하직원들이 그들 자신의 요구와 조직의 요구들 사이에 관련성을 이해할 때 발생한다고 믿는다.

적대감   친밀감

Q2
변화를 만들기 위해 전혀 노력하지 않는다. 부하직원들이 그렇게 할 준비가 되어 있을 때, 관리자가 그들에게 영향을 미칠 수 있는 것이 아무것도 없을 때, 부하직원들은 변화할 것이라고 가정한다.
사실상 관리자는 그의 부하직원에 의해 좌우된다. 왜냐하면 부하직원들이 개선할 때를 결정하기 때문이다.

Q3
부정적인 것을 제거하고 긍정적인 것을 강조하는 것을 통해 변화될 수 있도록 노력한다. 대부분의 부하직원들은 그들이 충분히 격려와 지원을 받는다면 개선하기 위해 노력한다고 가정한다.
관리자가 치어리더로서 자신을 인식한다. 관리자의 일은 부하직원들이 의욕을 잃거나 사기가 저하되지 않도록 지키는 것이다.

복종

출처 : Buzzotta, Lefton & Sherberg(1977). Coaching and counseling: How you can improve the way it's done. p. 51.

에 대해 확인한다. 즉 '부하직원이 어떻게 할지?' 그리고 '더 나아지려면 어떻게 할 수 있을지?' 등에 대해 확인한다. 세 번째 단계는 코칭 B(coaching B) 단계로 실행계획을 수립한다. 이 단계에서 부하직원은 자신이 가기를 희망하는 장소와 현재 장소를 보여 주는 지도를 가진 여행자와 같다. 문제는 길을 잃거나 우회하지 않고 가장 빠르고 가장 쉽게 두 지점 사이에 거리를 여행하는 가장 효과적인 길을 찾아야 한다는 것이다. 이 단계에서는 부하직원의 것과 관리자의 것, 즉 두 개의 실행계획이 제안된다. 관리자는 부하직원에게 그들을 비교하게 하고 더 생산적이고 실현 가능할지 설명하게 한다. 이러한 비교와 토론을 통해 구체적인 실행계획을 수립하게 된다. 마지막 단계는 검토(review) 단계로 부하직원에게 이전의 코칭세션에서 수립한 실행계획과 우선하는 것을 요약하게 한다. 관리자는 부하직원이 어떻게 하고 있는지 그리고 조사한 것에 대해 부하직원의 의견을 묻는다. 관리자는 발전에 대한 부하직원의 생각을 듣고 자신의 생각을 제공한다. 관리자는 부하직원에게 두 가지 분석들을 비교하게 하고 비교를 확인하게 할 수 있는 솔직한 질문을 한다. 마지막으로 두 사람은 새로운 검토 일정에 동의한다. 만약 잘 되지 않는다면 그것은 수정될 수 있다.

Hague에 의해 1978년 출간된 저서 『The organic organization and how to manage it』은 인덱스를 포함해 총 246페이지, 9개의 장으로 구성되어 있다. 이 중 4장 성장촉진은 7개의 세부 내용으로 구성되어 있는데, 세 번째가 코칭이다. 저자는 약 7페이지에 걸쳐 코칭에 대한 내용을 기술하였다. 다음은 내용을 요약한 것이다.

코칭이라는 단어는 조정종목의 코치를 떠올리게 한다. 코치는 강둑을 따라가며 선수들이 노를 젓는 것을 본다. 그리고 특별히 보트 안에 있는 어떤 사람보다도 더 분명하게 전체적인 조화를 볼 수 있다. 좋은 코치는 선수들이 범하는 실수를 볼 수 있고 그 실수들을 극복하는 것에 대해 조언을 할 수 있다.

업무상황에 이러한 개념을 적용하면, 코치는 훌륭한 전문지식을 갖추어야 할 필요가 없고 부하직원이 개선되고 있는지에 대해 공정한 관찰에 근거해 지속적인 피드백을 제공한다. 코칭이라고 불리는 활동의 범위는 대개 상상하는 것보다 훨씬 더 폭넓다. 좋은 코치는 부하직원에게 업무에 대한 통찰을 준다. 달리 말하면, 코치는 부하직원에게 더 큰 그림을 보여 준다. 전체 목적은 열린 마음이 되고 어떻게 일을 함께 맞추어 갈지를 보여 주는 것이다. 코칭을 하는 기회들은 중대한 사건들이다. 이것들은 부하직원이 1년 안에 중요한 결정을 내려야 하거나 중요한 실수가 나타났거나 하는 사건들일 수 있다. 작게는 특정 상황이지만 크게는 조직에서 모든 상황이 코칭가능성을 가지고 있다.

코칭을 위해 시간을 내는 것은 가장 중요한 포인트이다. 만약 일주일 동안 코칭을 위한 기회가 자연스럽게 발생하지 않는다면, 시간과 기회를 만들어야만 한다. 코칭 활동은 많은 시간을 요구하지 않지만 적어도 일주일에 한 번은 직접적으로 시간에 몰두해야 한다. 또 방어기제(defence mechanisms)를 경계하고 인식해야 한다. 모든 사람은 그들이 비판받는다고 느낄 때 종종 비논리적이고 장벽을 치고 감정을 세운다. 사람은 결코 완전히 억압되어서는 안 되는 존재이다. 항상 존중을 유지해야 한다. 코칭은 주변 조건들이 잘못되었는데도 그것 자체에 의존할 수 있는 도구는 아니다. 만약 이 책의 원리들을 따르게 된다면 코칭은 자연스럽게 이루어질 것이다. 도전과 성장의 지원적인 분위기 속에서 관리자는 부하직원을 도울 수 있을 것이다.

Deegan II에 의해 1979년 출간된 저서 『Coaching: A management skill for improving individual performance』는 본격적으로 코칭에 대한 내용을 다룬 책이다. 전체 212페이지로 구성되어 있고 코칭과 관련된 내용이 총 10개 장으로 구성되어 있다. 그중에서도 특히 2장 커뮤니케이션 스킬로써 코칭과 8장 일상의 코칭 기회는 코칭에 대한 내용을 직접적으로 다루고 있다.

2장 커뮤니케이션 스킬로써 코칭에서는 코칭을 기본적인 커뮤니케이션 스킬로 간주하고 커뮤니케이션 이론들, 과정으로써 커뮤니케이션과 인터뷰 기법들의 세 부분으로 나누어 설명하고 있다. 과정으로써 커뮤니케이션 부분에서는 커뮤니케이션 프로세스를 그림을 통해 보여 주고 있다. 인터뷰 기법들은 2장에서 가장 많은 내용을 담고 있는 부분으로 통제, 환경조건, 라포(rapport), 시작하는 말, 질문, 탐침질문, 경청, 예기치 못한 발언(대화 중단), 피드백으로 구성되어 있다.

8장 일상의 코칭 기회는 코치처럼 지시 및 명령하는 방법, 코치처럼 교정하는 방법, 코치처럼 위임하는 방법, 코치처럼 하나의 그룹으로 일하는 방법과 장점 극대화의 다섯 부분으로 구성되어 있다. 저자는 관리자가 부하직원들을 성장시키는 기회, 그들의 성장 가능성을 풀어 주는 경우, 일상의 업무 과정에서 발생하는 다수의 다른 상황들에 코칭을 적용할 수 있다고 주장한다. 일상의 코칭기회에서 재검토된 제안과 경고들은 부하직원들을 최대한 개발시키기 위해 격려하는 지속적인 태도를 육성하기 위한 의식적인 시도를 반영하고 있다.

Cohen과 Jaffee(1982)는 「Managing human performance for productivity」 연구를 통해 효과적인 성과 평가는 관리자와 부하직원 간의 건설적인 열린 정보 교환에 근거한다고 주장하였다. 평가는 직무관련 행동과 성과 기준에 근거해야 하고 관리자는 긍정적, 부정적 피드백을 균형 있게 제공해야 한다. 또 관리자는 부하직원의 약점을 개선하기 위한 구체적인 행동전략을 제공해야 하고, 현재 성과 평가와 미래의 업무 가능성을 구별해야 한다. 적시에 행해지는 성과코칭은 성과와 생산성의 개선을 이끌 수 있다고 주장하였다.

Holoviak(1982)은「The impact of training on company productivity levels」연구에서 기업의 생산성 수준의 변화를 보기 위해 여섯 개의 석탄기업의 교육훈련 프로그램을 검토하였다. 관리자들을 인터뷰한 결과 더 많은 관리, 감독과 훈련을 제공한 기업들의 생산성이 더 높게 나타났다. 기업이 후원하는 프로그램들은 상당히 다양한 학습방법들과 적용수준을 보여 주었다. 희망하는 목표에 교육훈련 내용을 연결시키는 다단계 과정을 다음과 같이 제안하였다: (1) 교육훈련 요구와 목표 그리고 명확하게 제시된 다양한 부서들간의 상호작용, (2) 현재 프로그램을 다른 대안적인 방법들과 비교, 분석, (3) 기업을 위해 검토된 교육훈련의 학습과업 목표와 프로그램을 통한 최적의 결과 제시, (4) 피드백 순환은 지속적인 경영지원과 노력을 보장, (5) 실행감독, 코칭, 카운셀링 그리고 평가를 통해 새롭게 교육된 스킬들의 후속 사용.

Tyson과 Birnbrauer(1983)는「Coaching: A tool for success」연구를 통해 민간 산업분야에서 코치가 새로운 직무나 지위에 있는 부하직원을 돕는 경우, 그 이익와 기능을 설명하였다. 코치는 부하직원의 동기를 개발하고 성과를 개선하고 설명과 토론에 공헌하는 환경을 제공하도록 돕는다. 산업분야에서 코칭을 위한 계획, 좋은 코칭을 위한 규칙 그리고 코칭의 어려움들이 제시되었다.

Kelly(1984)는 자신의 연구「Reasonable performance appraisals」에서 기업의 평가시스템 문제에 대해 논의하였다. 관리에서 완벽한 평가시스템은 없고 완벽에 대한 가정들은 관리의 신뢰성 감소를 가져온다는 것을 인식해야 한다고 주장하였다. 평가는 거의 부하직원에게 부정적인 방법으로 인식될 수 있다. 평가로 인해 그들의 자존심과 수입이 위태로워지며 코칭 또는 카운셀링 관계와 대조를 이루기 때문이다. 관리자와 부하직원 둘 다 평가가 목표가 아니라는 것을 인식해야 한다. 평가과정 개선을 위해 (1) 부하직원은 기업의 평가과정 절차에 어떻게 맞출 것인지 의견을 제시해야 한다. (2) 평가회의는 짧아야 하고 중요한 이슈들을 해결하려고 시도하지 않아야 한다. (3) 관리자는 평가시스템이 실패했다는 것을 인정해야 한다. (4) 성과 항목들을 분명하게 설명해야 한다.

Stowell(1987)의「Leadership and the coaching process in organizations」는 박사학위 연구논문으로 연구의 목적은 리더가 부하직원의 행동, 태도나 활동의 변화를 위해 주도하는 비공식 토론으로 정의되는 코칭과정의 이해를 제공하는 것이다. 이 연구는 저명한 중견 보험회사를 대상으로 실시되었다. 이 연구에서는 문헌 검토를 통해 확인된 4개의 주요 연구경향을 소개하였다: (1) 리더코칭 행동 영역에 직접적이고 구체적으로 초점을 맞춘 연구의 부족, (2) 대중적인 문헌에 제안된 모델을 지원하기 위한 연구의 부족, (3) 코칭과정에서 다른 변수들의 역할을 고찰하는 명료성의 부족, (4) 모의실험이나 인위적인 조직상황에 대해 과도하게 많은 연구. 이 연구에서는 덜 효과적인 코치로 추천된 리더들과 효과적인 코치로 추천된 리더들의 인터뷰에서 데이터를 수집하기 위해 질적인 연구 방법을 사용하였다. 테이프 녹음기의 도움으로, 리더와 부하직원들 사이에 실제 코칭 데이터를 수집하였다. 내용분석 과정을 통해 핵심리더의 행동이 도출되었고, 코칭행동의 주요 범주들을 확인하였다. 48개의 행동 범주들이 확인되었고 두 개의 주요 그룹들로 분류하였다. 하나의 그룹은 지원적/비지원적 리더 행동이고 다른 하나는 주도/직면 리더 행동이다. 이러한 두 개의 주요 행동 그룹은 지원/주도(Support/Initiate)라고 이름 붙여진 코칭과정의 모델을 구성하였다. 이 연구는 코칭과정에서 코칭 기간, 위치, 계획, 선호하는 간격, 목적과 다른 일반적인 인식을 고려한 발견들을 보고하고 있다.

Evered와 Selman(1989)은 「Coaching and the art of managemen」 연구를 통해 부하직원에게 권한을 위임하는 것에 근거한 행동지향적인 코칭기반 관리 문화는 부하직원을 통제하려는 의도에 기초한 최근 관리문화와 대비된다고 주장하였다. 코칭은 통제, 명령, 지시의 전통적인 패러다임으로부터 부하직원에게 동기를 부여하고 인정하는 패러다임으로 관리자의 생각을 전환하게 할 수 있는 스킬로 구성되어 있고, 이를 통해 관리자와 부하직원 사이에 파트너십은 강화된다고 주장하였다.

Kilburg(1996)는 「Toward a conceptual understanding and definition of executive coaching」 연구에서 코칭에 대한 문헌 검토를 통해 조직 내 관리자와 컨설턴트에 의해 진행되는 임원코칭에 초점을 맞춘 경험적 연구가 거의 없다는 것을 확인하였다. 17차원시스템 모형과 정신역학이론의 구조 안에서, 연구자는 부정적인 컨설팅 결과에서 목표설정, 개입방법과 가정된 요소의 강조점에 덧붙여 5개의 인식 가능한 요소들을 포함한 코칭활동들에 개념적 접근방법의 개요를 제공하였다.

Grant(2002)는 자신의 연구 「Towards a psychology of coaching: The impact of coaching on metacognition, mental health and goal attainment」에서 코칭을 정상적이고 비임상의 사람들에게 사용되는 상호협력적이고 문제해결에 초점을 맞춘 결과지향적인 체계적 과정으로 정의하였다. 코치는 피코치가 목표를 달성하고, 개인적 성장을 이루고 자기주도학습을 할 수 있도록 촉진한다. Grant는 발표된 심리학 문헌의 검토를 통해 효과적인 코칭을 위한 지원 방법을 발견하였다. 문제해결 인지행동적(SF/CB) 구조는 다음 연구들의 탐구를 통해 발달되었다. 초이론적 변화모델(TTM)은 코칭 적용가능성의 변화모델로 확인되었고, 코칭을 통해 경험적 지원이 발견되었다. 이러한 연구는 회계사 연수생의 성적평균, 학습스킬, 자기관리, 정신건강, 개인적인 자의식과 자기개념을 근거로 단순한 인지코칭 효과, 단순한 행동코칭 효과, 인지와 행동코칭이 결합된 효과에 대해 검증하였다. 단순한 인지프로그램은 시험불안, 비학습관련 불안과 우울을 감소시키고 학습, 학구적인 자기개념의 성취 방법들을 증가시켰다. 학습성과는 통제와 관련해 감소하였다. 단순한 행동코칭 프로그램은 시험불안을 감소시켰고, 학습성과를 증가시켰다. 인지와 행동이 결합된 프로그램은 학습성과, 학습, 학구적 자기개념의 심도 있는 성취 가능한 방법들을 증가시켰다. 그리고 시험불안을 감소시켰다. 개인적인 자의식, 자기성찰, 통찰에 대해서는 어떤 프로그램도 중요한 영향을 미치지 못하였다. 한 학기 이후의 후속조치에서, 학습성과의 증가는 인지와 행동 결합 프로그램 참여자들에게만 유지되었다. 이론적 논의는 코칭에서 심리적 의식, 자기성찰, 통찰의 역할에 대해 설명하였다. 자기성찰과 통찰 척도(SRIS)의 구조와 확인이 보고되었다. 최종 연구에서 20명의 성인들은 평균 23.5개월 동안 그들에게 암시적으로 언급된 목표달성에 초점을 맞춘 라이프 코칭 프로그램을 완수하였다. 참가자들에게는 강화된 정신건강, 삶의 질과 증가된 목표달성이 확인되었다. 자기성찰의 수준은 감소한 반면 통찰은 증가하였다. 문제해결 인지행동 코칭은 개인성장과 목표달성에 효과적인 방법이라는 결과를 얻었다. 그리고 정상적인 성인들에게 의도된 변화를 의미하는 심리적 메커니즘의 연구와 긍정심리학에 대한 유용한 기반을 제공하였다.

Chung과 Gfroerer(2003)는 「Career coaching: Practice, training, professional, and ethical issues」 연구에서 커리어코칭의 실행, 훈련, 직업과 윤리적 이슈들을 설명하였다. 커리어코치와 다른 커리어서비스 전문가들과의 통합을 위하여 커리어코칭의 실행에서 전문성을 촉진하는 첫 번째 단계로 몇 가지 권장사항들을 제시하였다. 커리어개발 전문가들이 모든 고객들을 위해 윤리적이고 양질의 커리어 서비스를 확실하게 제공하는 책임을 맡아야 할 시기라는 결론을 내렸다.

지금까지 코칭과 관련된 최초의 연구논문에서부터 주요 저서들과 박사학위논문에 이르기까지 코칭 연구의 역사에 대해 대략적으로 살펴보았다. 이를 통해 코칭 연구 측면에서 몇 가지 핵심사항을 정리해 볼 수 있을 것이다.

첫째, 코칭 연구의 시작시점에 대해 명확하게 확인할 수 있다.

둘째, 조직 내 관리자 코칭의 흐름에 대해 이해할 수 있다.

셋째, 성인교육학과 철학 분야와 관련된 코칭 연구의 부족을 확인할 수 있다.

넷째, 커리어코칭 분야에 대한 연구의 부족을 확인할 수 있다.

향후 진행될 코칭관련 연구들은 위의 핵심사항들을 잘 반영하여 진행될 필요가 있다. 이는 코칭분야의 발전에 학문적으로 기여하게 될 것이다.

★ 참고하기

코칭의 두 가지 접근법인 질문중심 접근법과 지시적 조언 접근법(Grant, 2005)

전문적 조언자로서 코치의 역할에 대해서는 어느 정도 논쟁의 여지가 있다. 그리고 코칭에서 전문 지식의 역할에 대한 서로 다른 의견이 존재한다. 비지시적인 질문중심(ask-not-tell) 접근법은 Whitmore(1992)의 연구에 의해 가장 잘 나타나고 있다. 이는 고객의 자기발견 촉진을 강조하는 것이다. 지시적 조언(tell-rather-than-ask) 접근법은 Goldsmith(2000)의 확고한 접근법에 의해 나타나고 있다. 이는 직접적인 피드백과 조언을 강조하고 있다.

하지만 이 둘은 코칭에서 명확하게 서로 다른 접근법들이 아니다. 오히려 이 두 접근법은 연속선상에 놓여있다. 핵심은 무엇이 옳고 그르냐가 아니다. 고객이 자신의 목표에 도달할 수 있도록 돕는 최선이 무엇이냐이며 구체적인 코칭 대화에서 특별한 시점에 가장 잘 적용할 수 있는 것이 무엇이냐이다. 핵심적으로 이 이슈는 과정 촉진과 내용이나 정보의 전달 사이에 올바른 균형을 맞추는 것에 대한 것이다. 그리고 이러한 균형은 개인의 코칭상황과 총체적인 코칭 몰입에서 다른 시점들에 다양하게 사용될 수 있다. 능숙하고 경험이 풍부한 코치는 질문과 조언(ask-tell) 영역을 옮겨갈 시점, 자기발견을 촉진할 시점, 전문지식을 기반으로 한 권위 있고 전문적인 정보를 제공할 시점을 잘 안다.

다양한 분야의 개인에게 코칭이론과 기술을 가르치면서 관찰한 바에 의하면, 코칭으로 전환하려는 일부 컨설턴트들은 전문지식의 조언자 역할에 더 큰 가치를 두려는 경향이 있다. 대조적으로 많은 치료전문가들과 상담자들은 코칭 질문과 과정을 더 크게 강조한다. 물론 이러한 것은 일반론적인 것이다. 그렇다면 이것 이외에 또 무엇이 문제인가?

전문지식의 조언에 대한 과신은 피코치가 오랜 기간 변화를 위한 잠재가능성을 창조할 수 있는 개인화된 학습경험과 개발을 통하여 자기주도적인 학습기술들을 개발할 수 있는 기회들을 감소시킨다. 간단히 말해서 직접적인 조언, 즉 전문지식을 조언하는 방법보다 코칭 프로세스는 체계적이고 목표지향적일 수 있다. 이를 통해 코치는 피코치의 개인적 성장과 지속적인 자기주도학습을 촉진하는 지속적인 변화를 유지할 수 있어야 한다(Grant, 2003a).

연습
문제 ●

1. 코칭에서 비지시적인 질문중심 접근법(ask-not-tell)과 지시적 조언 접근법(tell-rather-than-ask)에 대한 자신의 입장을 정리해 봅니다.

2. 코칭의 연구 경향에 대한 자신의 의견을 정리해 봅니다.

3. 향후 기대되는 코칭의 연구 방향에 대해 생각해 봅니다.

커리어관련 이론

이 장은 커리어코치들이 코칭을 진행하는 데 도움이 될 수 있는 주요 커리어관련 이론들로 구성되어 있다. 현존하는 그 어떤 커리어관련 이론도 다양하고 복잡한 인간에 대해 완벽하게 설명할 수는 없다. 인간은 인간 그 자체로 이해되어야 한다. 이러한 관점에서 본다면 많은 커리어관련 이론들도 인간을 좀더 잘 이해하기 위한 하나의 수단일 뿐이다. 따라서 이 장에서 소개하는 커리어관련 이론들은 피코치가 자신의 직업을 선택하고 커리어를 설계할 수 있도록 돕는 역할을 한다. 커리어코치들은 제시되어 있는 모든 이론들을 코칭에 적용할 필요는 없다. 피코치에게 필요하다고 생각되는 이론을 선택하여 활용함으로써 피코치의 커리어 문제해결을 효과적으로 도울 수 있다.

▶ **01** Super의 진로발달이론
▶ **02** Holland의 유형이론
▶ **03** 박윤희의 커리어 발달이론
▶ **04** 커리어 의사결정이론
▶ **05** 커리어전환이론
▶ **06** 성격이론
▶ **07** 직업적성
▶ **08** 직업가치관
▶ **09** 다중지능
▶ **10** 경력 닻

01 Super의 진로발달이론

Super(1990)는 진로발달에서 개인과 환경의 상호작용을 강조한 전생애-생애공간 이론(life-span life-space theory)을 제시하였다. Super(1969)는 이러한 자신의 이론을 '차별적-발달적-사회적-현상학적 심리학'이라고 불렀는데, 이는 개인의 진로발달을 설명하기 위해 여러 지식들을 통합하였다는 것을 의미한다(임은경, 1997). Super는 이전의 진로이론들이 진로선택에 치중했던 것과 상이하게 진로선택과 진로적응이라는 개념을 통해 진로발달이론을 제시하였다. 즉 개인이 하나의 직업을 선택한다는 개념에서 개인이 일생동안 직업을 선택하고 그것에 적응해 간다는 개념을 통해 진로발달을 설명하였다. Super의 이론에서 가장 중요한 핵심개념은 전생애(life-span)에 걸친 진로발달단계, 생애역할(life-role)과 자아개념(self-concept)이다.

1) Super의 14가지 가정

Super(1953)는 초기에 자신의 의견을 지지하기 위해 10개의 가정을 제시하였고, 이후 12개의 가정 (Super & Bachrach, 1957)으로 확장하였다. 그리고 다시 14개의 가정(Super, 1990)으로 수정하였다.

Super의 가정들이 전제하고 있는 가장 기본적인 개념은 발달이 하나의 과정이라는 것이다. 먼저, 세 가지 가정(1~3)은 사람과 직업의 다양성에 대한 신념을 보여 주는 것이다. 이는 한 사람에게 적합한 직업이 하나만 존재하는 것도 아니고, 어떤 직업에 맞는 사람이 한 사람만 존재하는 것도 아니라는 것을 의미한다. 다음 여섯 가지 가정(4~9)은 자아개념의 발달과 진로선택에서 자아개념의 작용에 대해 설명하고 있다. 자아개념은 직업적 선호와 능력으로 구성되고 환경과의 상호작용을 통해 계속 변화하고 진화한다. 또 자아개념은 사회적 학습의 산물이며 전 생애를 통해 어느 정도의 안정성을 보인다. 두 가지 가정(10~11)은 환경의 요구를 극복해 나갈 수 있는 준비도를 나타내는 진로성숙도의 개념에 대해 설명하고 있다. 마지막 세 가지 가정(12~14)은 직업에서 만족도, 인생에서 만족도와 관련된 요인을 설명하고 있다(이현림, 2009).

다음은 Super(1990)가 제시한 14가지 가정이다.

1. 사람들은 각기 다른 능력, 성격, 욕구, 가치, 흥미, 특성과 자아개념을 가지고 있다.
2. 이 같은 특성들로 인해 사람들은 각각 다른 직업에 적합한 자질을 갖는다.

3. 각각의 직업에는 그 직업에 필요한 특징적인 능력과 성격적 특성이 있다.

4. 사회학습의 산물이며 선택과 적응에 연속성을 제공하는 자아개념은 청소년 후기부터 성인 후기까지 안정적으로 발달하지만, 직업선호, 능력, 상황과 자아개념은 시간과 경험에 따라 변화한다.

5. 변화과정은 성장기, 탐색기, 확립기, 유지기, 은퇴기라는 일련의 생애단계인 맥시사이클(maxicycle)로 요약될 수 있다. 미니사이클(minicycle)은 하나의 단계에서 다음 단계로 변화할 때 발생한다. 유동적이고 반복되는 진로단계는 새로운 성장, 재탐색과 재확립기를 통해 재순환(recycle)한다.

6. 진로유형의 본질은 부모의 사회경제적 수준, 개인의 지적 능력, 교육, 기술, 성격적 특성(욕구, 가치, 흥미, 특성, 자아개념)과 진로성숙 등에 의해 결정된다.

7. 특정 생애 진로발달단계에서 환경과 개인의 요구에 부합하는 성공은 이러한 요구들에 대처하는 개인의 준비성에 달려 있다.

8. 진로성숙은 가설적 구성개념이다.

9. 생애단계를 통한 진로발달은 자아개념의 발달 내에서 능력과 흥미의 성숙을 촉진시키고 자아개념의 발달과 현실검사를 지원함으로써 이루어질 수 있다.

10. 진로발달 과정에서 직업적 자아개념을 발달시키고 실행해 가는 것은 필수적으로 요구되는 것이다.

11. 자아개념과 현실 그리고 개인적 요인과 사회적 요인 간의 타협이나 통합의 과정은 그 역할이 환상, 상담인터뷰, 또는 수업, 클럽활동, 여가활동, 시간제 일, 취업과 같은 활동 여부에 관계없이, 역할연습이나 피드백을 통한 학습의 과정이다.

12. 직업과 삶에 대한 만족도는 개인이 자신의 능력, 욕구, 가치, 흥미, 성격특성, 자아개념에 알맞는 적절한 표현의 수단을 찾느냐에 달려 있다. 이것은 직업의 유형, 근무 환경과 자신에게 잘 맞는 역할을 실현할 수 있는 삶의 방식의 확립여부에 달려 있다.

13. 일을 통해 개인이 얻는 만족도는 자아개념의 실행 정도에 비례한다.

14. 일과 직업은 대부분의 사람들에게 성격형성의 관점을 제공한다. 성, 역할에 대한 고정관념과 모델링, 인종, 윤리적 편견과 기회구조와 같은 사회적 전통뿐만 아니라 직업인, 학생, 여가인, 가정주부, 시민과 같은 개인적 역할차이는 역할수행의 선호성을 결정하는 중요한 요인들이다.

2) 자아개념과 진로성숙

자아개념(self-concept)은 Super의 진로발달이론의 주요 핵심 개념이다. Super(1990)에 따르면 자아개념은 유전된 재능들, 신체적 구조, 관찰과 다양한 역할을 연습할 기회, 역할연습 결과에 대한 평가들의 상호작용의 산물이다. 자아개념은 개인의 주관이 반영된 것으로 이전에 객관성을 강조했던 다른 진로이론들의 주장과는 상이한 특징을 갖는다. Super는 특히 직업적 자아개념에 대한 이론 정립을 통해 진로발달은 직업적 자아개념을 발달시키고 이를 실행시키는 것이라고 강조하였다. 그는 또 자아개념의 실행 정도에 따라 개인의 직업만족도가 달라질 수 있다고 주장하였다.

본래 자아상이라고도 부르는 자아개념은 '나는 어떤 존재인가', '나는 어떻게 살아가고 싶은가' 또는 '다른 사람들은 나를 어떻게 생각하고 있는가'와 같이 스스로에 대해 어떤 생각을 가지고 있느냐 하는 '자기 이미지'를 말하는 것이다(미야기 마리꼬, 2008). 이러한 자아개념은 일생을 통해 변화하는데, 긍정적인 자아개념은 개인의 적응이나 성장을 촉진한다. 또 긍정적인 자아개념은 다음 발달단계의 도전을 의욕적으로 할 수 있도록 동기를 부여한다. 개인의 자아개념이 부정적일 경우 직업선택이 적절하지 못하거나 불만족스러운 결과를 초래할 수 있다.

Super(1990)는 이러한 자아개념을 중심으로 개인의 진로가 어떻게 형성되고 결정되는지를 설명하는 아치웨이 모델(archway model)을 통해 진로발달에 영향을 미치는 다양한 요인들을 설명하였다. 자아, 자아개념이 상부 중심에 위치하는 아치웨이 모델을 통해 Super가 개인의 진로발달에서 자아개념을 얼마나 중요한 요소로 다루었는지 확인할 수 있다. 아치웨이 모델에서는 진로발달의 영향요인을 크게 좌우 두 부분으로 분류하였다. 먼저, 좌측 기둥은 개인적 요인을 나타내는 것이고, 우측 기둥은 사회환경적 요인을 설명하는 것이다. 진로발달에 영향을 미치는 개인적 요인에는 개인의 욕구, 가치, 흥미, 지능, 적성, 특수적성 등이 있으며, 이 요인들을 통합하면 성격과 성취로 나타날 수 있다. 사회환경적 요인에는 지역사회, 학교, 가족, 또래집단, 경제, 사회, 노동시장 등이 있고 이들은 개인의 힘으로는 바꿀 수 없는 외적 요인들로 이 요인들은 전반적인 사회정책과 고용관행에 영향을 미칠 수 있다.

좌우로 나뉘어진 아치의 두 기둥을 받치고 있는 중앙에는 자아가 있고, 그 양측에는 역할, 자아개념, 발달단계가 표시되어 있다. 개인의 진로발달은 이러한 요인들이 종합적으로 통합되어 이루어지는 것이다. 즉 내적인 개인특성과 외적인 사회환경적 특성에 따라 형성된 자아개념에 의해 진로발달이 이루어지는 것이다. Super의 아치웨이 모델을 통해 개인의 진로발달은 청소년 후기에

그림 3.1	아치웨이 모델

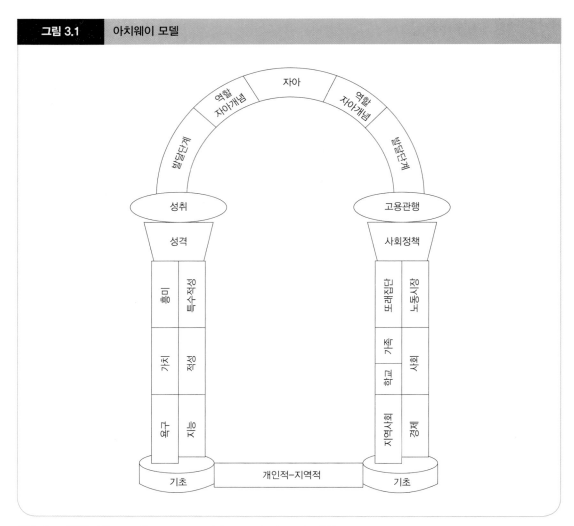

출처 : Super(1990), A life-span, life-space approach to career development, p. 200.

완성되는 것이 아니라 일생을 통해 이루어지는 것이며, 개인과 사회환경과의 상호작용 속에서 역동적으로 이루어진다는 것을 확인할 수 있다.

　　Super(1990)는 진로성숙(career maturity)의 개념을 통해 개인이 진로발달 단계에서 요구되는 발달과제에 임하는 준비 정도를 설명하였다. 즉 진로성숙은 진로발달의 이전 단계와 하위단계에서 요구하는 과제들에 대처하는 성공의 정도를 의미하는 것이다. Super는 진로발달의 연속선상에서 개인이 도달하는 위치로 진로성숙을 정의하였고, 진로성숙의 하위요인으로 진로계획, 직업탐색, 의사결정, 직업분야에 대한 지식, 선호하는 직업분야에 대한 지식 등을 제시하였다.

Super는 진로성숙을 다음과 같이 다섯 가지 요인으로 설명하였다(Sharf, 2010).

1. 진로선택과 직업정보관련 사항을 다루는 직업선택에 대한 태도 : 개인이 진로관련 정보를 탐색하고 주변의 자원을 효율적으로 활용하려고 하는 의지를 의미한다.

2. 선호 직업에 대한 정보와 진로계획의 구체화 : 직업에 대해서 어느 정도 정확하고 구체적인 정보를 가지고 있는지, 진로계획에 도움이 되는 과외 활동이나 교육, 훈련 등에 대해 어느 정도 알고 있고 계획하고 있는지를 의미한다.

3. 선호하는 직업의 분야와 수준의 일관성 : 관심을 가지고 있는 분야가 어느 정도 일관성이 있는지를 의미한다. 관심 분야에 대한 일관성이 부족할 경우 진로선택 대안을 좁혀 나가기 어려울 수 있다.

4. 흥미, 가치 등 개인 특성의 통합 : 개인의 흥미, 가치 등의 특성이 통합되어 있으면 진로선택이 보다 용이할 수 있다.

5. 직업선택 시 능력, 활동, 흥미와 선호 직업이 일치하는지를 분별할 수 있는 현실성 : 개인의 적성 수준에 대한 정보와 직업에서 요구되는 능력이 어느 정도 일치하는지, 실제 그 직업을 선택하는 것이 현실적인지 평가할 수 있는 것을 의미한다.

Super(1990)는 진로성숙은 신체적, 심리적, 사회적 특성들이 결합된 하나의 집합체라고 보았고, 인지적이면서 동시에 정서적이라고 주장하였다. 또 진로성숙의 조작적 정의는 지능만큼 정의 내리기 어려우며, 통일된 특성이 아니라고 주장하였다. Super와 Knasel(1981)은 진로성숙 대신에 성인의 진로발달을 보다 유연하게 설명할 수 있는 진로적응(career adatablity)이라는 개념을 제시하였다. Super와 Knasel은 계속해서 변화하는 직업세계와 자신이 처한 환경의 요구에 대처하는 개인의 준비 정도로 진로적응을 정의하였으며 이는 성인의 주요 발달 과정을 설명하는 것으로 보았다. Savickas(1997)는 변화된 환경에 큰 어려움 없이 적응하는 특성을 의미하는 것으로 진로적응을 정의하였다. 이러한 견해를 종합해 보면 결국 진로적응이 환경과 개인 사이의 상호작용을 더 잘 설명하는 대안이라고 볼 수 있다. 진로적응은 성인뿐만 아니라 아동이나 청소년에게도 적용이 가능한 이론이라는 것이 Super의 주장이다.

3) 생애역할(life-role)

Super의 주요 이론적 업적 중 하나는 개인이 일생 동안 경험하게 되는 역할을 강조한 것이다. 개인은 일생 동안 여러 역할을 경험하게 되는데, Super(1976)는 자신의 초기 이론에서 제시한 여섯 가지 역할, 즉 자녀, 학생, 여가인, 시민, 직업인, 가정주부 역할에 세 가지 역할, 즉 배우자, 부모, 연금생활자 역할을 추가하였다.

개인이 일생을 통해 경험하게 되는 생애역할은 지속적으로 변화하며, 그 역할에 투입되는 시간과 에너지는 개인에 따라 상이하게 나타난다. 자신이 맡은 생애역할을 균형 있게 잘 수행하게 되면 개인의 진로발달은 성공적이라고 할 수 있다. 반면 생애역할의 조합이나 연계가 잘 되지 않을 경우에는 역할 조정을 통해 균형을 이루도록 해야 한다. 개인의 생애역할들은 조합을 이루어 서로 영향을 주고 받게 되는데, 이렇게 연속적인 역할조합을 진로패턴(career pattern)이라고 한다.

Super는 진로발달단계와 역할들을 통합한 생애경력무지개(life career rainbow) 개념을 통해 개인의 생애 진로발달을 설명하였다. 즉 이는 개인이 성장기, 탐색기, 확립기, 유지기, 은퇴기라는 생애 진로발달 단계를 거치면서 여러 역할들을 동시에 복합적으로 수행하게 되는 것을 설명한 것이다. 생애경력무지개 모형에서 가장 바깥에 위치한 호에는 연령과 함께 진로발달 단계를 표시한다. 무지개 모형의 각 호는 일생 동안 경험하는 역할을 의미한다. 각 호를 색으로 칠할 경우 색을 두텁게 칠할수록 역할의 중요성은 커진다.

Super(1980)는 생애경력무지개를 두 가지 용도로 사용할 수 있다고 주장하였다.

첫째, 생애진로 개념을 가르칠 때 사용할 수 있다. 성인이나 학생들을 대상으로 진로를 구성하는 다양한 역할들의 상호작용을 이해할 수 있도록 돕는 데 사용할 수 있다. 또 자아실현이 생애역할의 다양한 조합을 통해 어떻게 실현될 수 있는지 설명하는 데 사용할 수 있다.

둘째, 청소년 후기와 성인들을 상담할 때 사용할 수 있다. 그들이 자신의 진로 시기를 분석하고, 미래에 진로를 계획하도록 돕는 데 사용할 수 있다.

4) 진로발달단계

Super는 개인의 진로발달단계를 크게 성장기(growth), 탐색기(exploration), 확립기(establishment), 유지기(maintenance), 은퇴기(disengagement)의 다섯 단계로 구분하였다. 각각의 단계는 다시 세 개의 하위단계로 구분하였는데, 다음은 각 단계에 대한 구체적인 내용이다.

(1) 성장기(출생~14세)

이 시기의 아동은 가정과 학교에서 중요한 타인을 동일시하는 경험을 통해 자아개념을 발달시킨다. 이 단계의 초기에는 환상이 지배적이지만 사회참여와 현실검증력이 발달함에 따라 점차 흥미

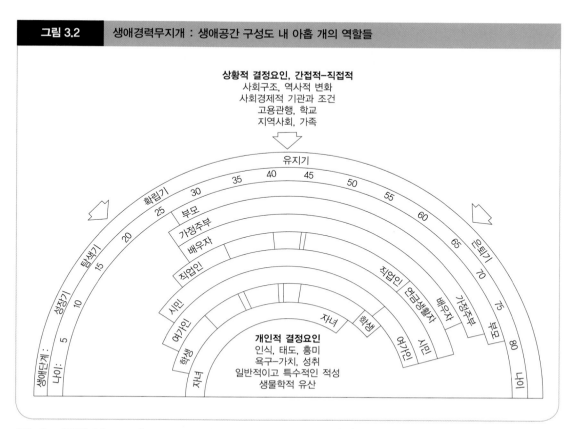

| 그림 3.2 | 생애경력무지개 : 생애공간 구성도 내 아홉 개의 역할들 |

출처 : Super(1980). A life-span, life-space approach to career development. p. 289 수정.

와 능력을 중요시하게 된다. 이 시기에는 특히 신체적 발달과 자아개념을 형성하는 것이 중심을 이루며 자신의 흥미와 능력에 대한 탐구와 더불어 직업세계에 대한 관심이 높아진다. 성장기는 다시 환상기(fantasies), 흥미기(interest), 능력기(capacities)의 하위단계로 구분된다.

● 환상기

아동은 자신이 습득한 정보와 호기심을 통해 환상적 사고가 발달한다. 여기서 환상적 사고라는 것은 현실적인 직업이 아닌 아동의 환상 속에 존재하는 직업을 의미한다. 이 시기에는 아동의 욕구가 지배적이며 역할 수행이 중시된다.

● 흥미기

다양한 정보들이 아동의 직업에 대한 환상에 영향을 주면서 아동은 점점 더 흥미를 발달시키게 된다. 이 시기의 아동에게는 특히 자신이 좋아하는 것이 중요하다. 아동의 자기효능감이 높을수록 흥미 발달이 잘 이루어질 수 있다.

● 능력기

아동은 현실 지각 능력이 발달하면서 자신의 능력을 보다 중요시하게 된다. 자신의 능력을 인식하고 자신이 잘하는 것을 고려해서 이를 진로 결정에 반영하고자 한다.

(2) 탐색기(14세~25세)

이 시기의 개인은 여러 분야의 직업정보를 접하면서 각각의 직업이 요구하는 필요조건을 알게 되고, 자신의 흥미와 관심을 특정한 직업 분야로 좁혀 가게 된다. 이를 통해 직업적 대안을 선택하고, 상급학교에 진학하거나 그 직업에 종사하게 된다. 이 이시는 다시 결정화기(crystallizing), 구체화기(specifying), 실행기(implementing)의 하위단계로 구분된다.

● 결정화기

이 시기는 개인이 그동안 학습한 직업적 지식을 근거로 자신이 하고 싶은 직업분야를 명확히 하는 단계이다. 개인은 자신에게 적합하다고 생각되는 직업분야에서 초보적인 수준의 일을 경험하게 되고, 해당 직업을 갖기 위해 필요한 능력과 조건에 대해 학습한다. 대부분의 고등학교 학생들이 이 단계를 경험한다. 만약 개인이 직업을 전환하게 될 경우 적성, 흥미와 가치 등을 재평가하기 위해 결정화기 단계를 다시 경험할 수도 있다.

● 구체화기

결정화기에서 자신이 적합하다고 생각되는 여러 직업들에 대한 경험을 했다면 이 시기는 특정 직업의 선택을 구체화하는 시기이다. 대학생들이 보통 이 단계를 경험하지만, 대학진학을 하지 않는 고등학생들의 경우는 구체화기를 좀 더 일찍 경험할 수도 있다. 일반적으로 이 시기는 생애 첫 직장을 선택하는 경험을 하게 되는데, 이는 개인에게 진로선택을 위한 의사결정 능력을 필요로 하는 것이다. 만약 상급학교에 진학하게 된다면 전공선택을 통해 미래의 직업선택을 구체화하게 된다.

● 실행기

실행기는 생애 첫 직업을 갖기 전에 마지막으로 경험하는 단계이다. 이 시기에는 직업을 갖기 위한 직접적인 노력을 하게 된다. 이력서를 쓰고 면접을 보는 직접적인 구직활동은 물론 취업할 곳을 결정하는 활동들이 이 시기에 이루어지는 것들이다. 이와 더불어, 취업에 도움을 줄 만한 사람들을 만나면서 인적 네트워크를 구축할 수도 있다.

(3) 확립기(25세~45세)

이 시기는 특정 직업분야에서 일을 시작하고 자신의 직업을 확립해 가는 시기이다. 이 시기의 개인에게는 자신의 직장에서 능력을 인정받고 유능한 구성원으로 확실한 위치를 확보하는 것이 중요한 과제가 될 수 있다. 확립기는 다시 안정화기(stabilizing), 공고화기(consolidating), 발전기(advancing)의 하위단계로 구분할 수 있다.

● 안정화기

이 시기는 개인이 새로운 일을 시작하고 그 일을 어느 정도 계속하게 된다. 안정화기는 개인이 자신이 선택한 직업에 안정적으로 정착하고 그 직업에서 요구하는 것들을 충족시키는 과정을 통해 그 직업을 지속할 수 있게 되는 시기이다. 개인은 자신의 위치에서 안정감을 확보해 감에 따라 입지를 보다 공고화하고자 한다.

● 공고화기

공고화기는 주로 20대 후반이나 30대 초반에 발생하는데, 개인은 자신의 직업에서 지위를 더 단단하게 하고자 노력하게 된다. 이 시기에 개인은 자신이 속한 직장 내에서 중요한 역할을 하는 사람으로 인정받기를 희망한다. 이에 따라 개인은 더 높은 직급으로 승진을 원하게 되고 이를 통해 직장 내에서 자신의 위치를 더욱 공고히 하고자 한다.

● 발전기

발전기는 보통 안정화기와 공고화기 다음에 나타나지만, 경우에 따라서는 확립기 중 어느 시기에나 나타날 수 있다. 이 시기에는 자신이 속한 직장 내에서 더 높은 급여를 받게 되고 더 많은 권한과 책임을 지는 직급으로 승진하게 된다. 이를 위해서 개인은 자신을 어떻게 개발시켜야 할지 또는 어떻게 승진할 수 있을지에 대한 계획을 세우고 이를 실천할 수 있어야 한다.

(4) 유지기(45세~65세)

유지기는 확립한 지위를 유지하고 그 역할에 책임을 다하는 시기이다. 개인은 이 시기에 발전보다는 자신의 직업에서 기존의 상태를 유지하게 된다. 이 시기에는 개인차가 존재하는데, 이는 개인의 신체적 능력, 회사의 정책, 개인의 재정 상황 등에 따라 차이가 있을 수 있기 때문이다. 유지기의 마지막 단계에서 개인은 퇴직 후의 삶에 대한 계획을 세우기도 한다. 유지기는 다시 고수기 (holding), 업데이트기(updating), 혁신기(innovating)의 하위단계로 구분할 수 있다.

● 고수기

고수기는 어느 정도 직업적 성공을 거둔 개인이 자신의 위치를 유지하려고 하는 시기이다. 개인이 자신의 위치를 유지하기 위해서는 새로운 학습이 필요하다. 이는 개인이 직면하게 되는 변화에 적응하기 위한 생존전략이다. 이 시기에 개인에게는 회사의 조기은퇴나 구조조정 등의 압력이 있을 수 있다.

● 업데이트기

업데이트기는 말 그대로 개인이 자신의 능력을 업데이트시키는 시기이다. 이 시기에 개인은 자신의 일자리를 지키는 것만으로는 충분하지 않고 자신의 지위를 유지하기 위해 직업관련 지식이나 기술에 관한 교육을 지속적으로 받을 필요가 있다.

● 혁신기

혁신기는 업데이트기와 매우 유사한 시기로 개인이 자신의 전문성을 향상시키는 시기이다. 이 시기에는 새로운 것을 학습하는 것에 그치지 않고 그것을 자신이 속한 조직에 기여하고 공헌하는 것이 중요하다. 더 높은 수준의 새로운 학습을 하지 않는다면 개인은 현재 자신의 직업을 유지하기 힘든 것은 물론이고 실직의 위험에 처할 수도 있다.

(5) 은퇴기(65세 이후)

통상적으로 은퇴기의 개인은 직장이나 직업으로부터 벗어나 새로운 삶을 시작하게 된다. 여기에는 지역사회 활동, 취미나 여가활동을 즐기거나 가족들과 시간을 보내는 것이 포함된다. 이 시기의 개인은 본격적인 노화를 경험하게 되는데, 이는 신체적, 정신적인 능력이 퇴화되는 것을 의미한다. 따라서 이전과 동일한 직업을 갖기에는 어려움이 따른다. 은퇴기는 다시 쇠퇴기 (decelerating), 은퇴계획기(retirement planning), 은퇴생활기(retirement living)의 하위단계로 구분할 수 있다.

● 쇠퇴기

이 시기에 개인은 은퇴를 경험하기 전이라 하더라도 자신이 맡은 일들을 점진적으로 줄여가게 된다. 노화의 시작으로 인해 개인은 이전보다 집중하기 어렵다는 것을 깨닫게 된다. 따라서 직장에서 어려운 일들을 피하고 싶고, 업무로 인한 스트레스에서 해방되고 싶다는 생각을 하게 된다.

● 은퇴계획기

이 시기의 개인은 은퇴 후의 재무설계나 활동계획을 세우게 된다. 여기에는 개인차가 존재할 수 있다. 개인에 따라서 좀 더 일찍 은퇴계획을 세우기도 하지만 대부분의 사람들은 인생의 후반기에 은퇴계획을 세운다. 때로는 은퇴계획을 세우면서 시간제 일자리나 자원봉사에 대해 계획하기도 한다. 이 과정에서 개인은 자신의 적성, 흥미, 가치를 재평가하기 위한 탐색기로 돌아갈 수도 있다.

● 은퇴생활기

은퇴생활기는 통상적으로 60대 후반의 개인들이 경험하게 되는 시기이지만 여기에도 개인차가 존재할 수 있다. 특히 인간의 수명이 길어지면서 은퇴생활기는 점차 늦춰질 수 있다. 이 시기는 직업인으로서의 역할보다는 여가인, 배우자, 부모와 연금생활자 역할의 비중이 높아진다. 이 시기의 개인에게는 늘어난 시간을 잘 활용하는 것이 중요한데, 은퇴 후의 주거지와 주변 지인들 또한 이들의 삶에 중요한 영향을 미치는 요소들이다.

Super(1990)는 자신이 제안한 진로발달단계 내에서 다시 발달과정이 순환될 수 있다고 보았다. Super는 성장기, 탐색기, 확립기, 유지기, 은퇴기라는 커리어 발달상의 일련의 사이클을 맥시사이클(maxi cycle)이라고 하였다. 하나의 발단단계에서 다음 단계로 변화하는 가운데 맥시사이클 내에서 성장기, 탐색기, 확립기라는 새로운 미니사이클(mini cycle)이 나선상으로 반복될 수도 있다. 또 경우에 따라서는 성장기, 탐색기, 확립기를 지난 후에 다시 탐색기(재탐색기)로 돌아와 새로운 직업을 선택하는 리사이클(recycle)이 발생할 수도 있다. 다음은 생애발달과업의 맥시사이클과 리사이클을 표로 정리한 것이다.

| 표 3.1 | 생애발달과업의 맥시사이클과 리사이클 |

생애단계	연령(세)			
	청소년기 (14~25세)	성인초기 (25~45세)	성인중기 (45~65세)	성인후기 (65세 이상)
은퇴기	취미에 시간을 덜 투자함	체육활동 참여가 감소함	필수적인 행동에만 집중함	작업 시간이 감소함
유지기	현재의 직업선택을 확인함	직업적 위치를 안정적으로 유지함	경쟁에서 자신을 지킴	계속 즐기는 것을 유지함
확립기	선택한 분야에서 시작함	지속적 위치에 정착함	새로운 기술을 개발함	항상 원해 왔던 일을 함
탐색기	많은 기회에 대해 학습함	희망하던 일을 할 기회를 발견함	일에 대한 새로운 문제를 발견함	은퇴 이후 머물 적당한 곳을 찾음
성장기	현실적인 자아개념을 개발함	타인과 관계하는 것을 학습함	자신의 한계를 수용함	비직업적인 역할을 개발함

출처 : Super(1990). A life–span, life–space approach to career development. p. 216.

5) Super 이론의 평가

Super의 이론은 자아개념과 지식적인 면을 지나치게 강조하고 진로선택보다 진로발달을 강조하였으며 남성에 치우진 이론이라는 비판을 받고 있다(이현림, 1991). 또 안정적이고 전통적인 진로를 바람직한 것으로 여기는 중산층의 가치에 편중된 이론이라는 지적도 받고 있다(임은경, 1997). 그러나 이러한 비판점에도 불구하고, Super의 이론은 출생부터 노년기에 이르는 전 생애에 걸친 진로발달 개념을 정립한 점, 직업적 자아개념, 생애역할, 진로성숙과 진로적응 등을 체계적으로 기술하고 있다는 점에서는 높이 평가할 만하다. 또 Super가 제시한 커리어의 정의는 현재까지 제시된 커리어의 정의들 중 가장 설득력 있는 것이라고 볼 수 있다.

　Super의 이론은 위에서 언급한 긍정적인 평가와 부정적인 평가 이외에도 몇 가지 문제점을 가지고 있다. 첫째, Super 자신이 이 부분에 대해 인정하고 수정의견을 제시한바 있으나, 진로발달 단계에서 제시한 하위단계들이 지나치게 세분화되어 있을 뿐 아니라 단계별 구분이 모호하고 각 단계별 특징의 명확한 차이점을 발견하기 어렵다는 점이다. 둘째, Super의 이론은 지나치게 포괄적이어서 연구와 현장 적용에 어려움이 있다. 셋째, Super의 이론은 모든 사람이 동일한 발달단계를 거친다는 가정을 전제로 하고 있다. 따라서 독특하고 차별성을 갖는 개인의 진로발달 과정의 개별성을 충분히 설명하지 못하고 있다.

02 Holland의 유형이론

오랫동안 흥미는 직업선택에서 가장 중요한 특성으로 간주되어 왔다. 그 이유는 직업을 갖기 위해 다양한 직업들 중 어느 하나를 선택할 수 있는 능력은 개인의 적성보다는 흥미에 의해 더 정확하게 예측되기 때문이다.

진로선택과 적응이 개인의 성향을 나타낸다는 것이 Holland의 관점이다. 개인들은 진로선택과 경험을 통해 자신을 표현하고 자신의 흥미와 가치를 표현한다. Holland는 자신의 이론에서 개인들이 직업에 대해 갖는 생각과 일반화가 대부분 정확하다고 가정하였다. 또 Holland는 자신의 이론이 진로선택의 기초가 되는 여러 요인 중 일부만을 설명할 수 있다는 것을 인정하였다. 그는 자신의 이론적 모델이 연령, 성, 사회계층, 지능, 교육의 영향을 받을 수 있다고 보았다. 그러한 이해를 근거로 그는 여섯 가지 유형, 즉 현실형(realistic), 탐구형(investigative), 예술형(artistic), 사회형(social), 진취형(enterprising), 관습형(conventional)을 개발하고 개인과 환경의 상호작용에 대해 설명하였다.

Holland(1985) 이론은 다음과 같은 네 가지 가정으로 이루어진다.

첫째, 개인들의 성격은 현실형, 탐구형, 예술형, 사회형, 진취형, 관습형의 여섯 가지 유형으로 분류할 수 있다.

둘째, 대부분의 직업환경은 현실형, 탐구형, 예술형, 사회형, 진취형, 관습형의 여섯 가지 유형으로 분류할 수 있다.

셋째, 개인들은 자신들의 기술과 능력을 연습할 수 있고, 자신의 태도와 가치를 표현할 수 있는 환경을 선호하고, 자신에게 적합하고 즐거운 문제와 역할을 맡는다. 즉 현실형은 현실적인 환경을, 사회형은 사회적인 환경을 추구한다. 환경은 타인과의 관계나 연습을 통해서도 찾게 된다.

넷째, 개인들의 행동은 성격과 환경 특성의 상호작용에 의해 결정된다. 만일 개인의 성격유형과 직업환경 유형에 대해 알고 있다면, 개인의 성격유형과 직업환경 유형에 대한 지식을 이용하여 성격과 환경의 조합 결과를 예측할 수 있다. 이러한 예측 결과는 직업선택, 직업전환, 직업성취와 같은 중요한 결정을 내리는 데 유용한 근거를 제공한다.

이러한 네 가지 기본 가정을 전제로 성격과 환경의 상호작용에 의해 결정되는 직업흥미는 다음에서 제시한 다섯 가지 기본 개념인 일관성(consistency), 일치성(congruency), 변별성(differentiation), 정체성(identity), 계측성(calculus)에 의해 그 관계들이 설명된다.

먼저 일관성이다. Holland의 여섯 가지 유형은 [그림 3.3]과 같은 육각형 구조로 설명된다. 그림에 표시되어 있는 선들은 개인 혹은 환경 내 일관성 정도를 나타내고 있다. 육각형에서 서로 간에 인접해 있는 유형들, 즉 바로 옆에 붙어 있는 유형들은 가장 일관성이 높고, 흥미, 성향 또는 직무 등의 상호 관련성이 높다. 육각형에서 서로 정반대에 위치한 유형 간에는 일관성이 가장 낮고 흥미, 성향 또는 직무 등의 관련성이 거의 없다. 예를 들어, RI와 AI의 경우 일관성이 높고 RS, EI, AC의 경우는 일관성이 가장 낮다. 직업흥미 검사 결과에서 일관성은 보다 안정된 직업경력을 가진 개인에게서 볼 수 있으며, 이러한 일관성은 직업성취와 자신의 목표가 분명한 사람에게서 나타날 수 있다.

둘째, 일치성이다. 일치성은 개인이 자기 자신의 성격유형과 동일하거나 유사한 환경에서 일하고 생활할 때를 의미한다. 즉, 예술적인 성격유형의 개인이 예술적인 직업환경에서 일하고 있는가의 여부를 나타내는 것이다. 현실형 개인이 현실적인 환경에서 일할 경우 일치성이 높다고 볼 수 있다. 반면 예술형의 개인이 관습적인 환경에서 일한다면 빈약한 일치성을 나타내는 것이다.

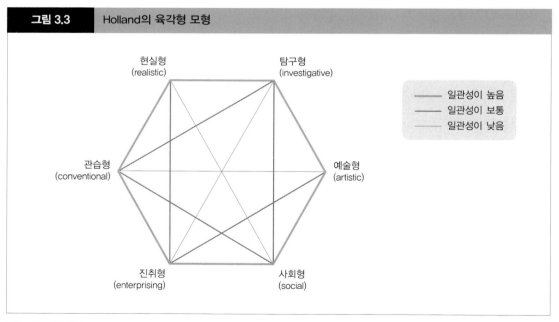

| 그림 3.3 | Holland의 육각형 모형 |

출처 : Sharf(2010). Applying career development theory to counseling(4th ed.). p. 97 수정.

셋째, 변별성이다. 변별성은 개인이 성격이나 환경의 어느 한 유형에서 뚜렷하게 높은 흥미를 보이는 것을 의미한다. 즉 어떤 개인의 성격이나 환경은 다른 개인의 성격이나 환경보다 더욱 분명하게 정의될 수 있다는 것이다. 한 개인이 모든 유형에서 유사한 정도의 흥미경향을 보인다면 변별성이 낮다고 볼 수 있다.

넷째, 정체성이다. 개인의 정체성은 가장 최근에 정립된 개념으로 개인이 목표, 흥미, 능력에 대해 얼마나 명확하고 안정된 상태를 가졌는가를 의미하는 것이다. 개인과 환경의 상호작용은 이 정체성에 따라 영향을 받게 된다. 분명한 정체성을 가진 개인과 제한된 수의 행동 상황을 가진 환경 간의 상호작용은 불분명한 정체성을 가진 개인과 광범위한 행동 상황을 가진 환경 간의 상호작용보다는 더 예측적이다.

마지막은 계측성이다. 개인의 성격과 환경 사이의 모든 연관성은 육각형 모형에 의해 설명될 수 있다. 계측성이란 측정한 검사결과를 육각형 모형으로 표기함으로써 이론을 쉽게 이해하고 또 이를 통해 현장에 쉽게 적용이 가능하다는 것을 의미한다. 계측이란 양적으로 파악하는 것을 의미하는데, Holland 이론의 본질적인 측면을 잘 보여 주는 것이다.

1) 여섯 가지 성격유형

(1) 현실형

현실형의 개인들은 직업에서 도구나 기계를 즐겨 사용한다. 이들은 배관, 전자제품과 자동차 수리, 농장 일, 그 외의 기술적인 분야에서 능력을 개발하려고 노력한다. 또 실질적인 과정을 좋아하고 기계와 신체를 이용해 가르치는 것을 좋아한다. 이들은 추상적이며 이론적인 설명을 싫어하고 모든 문제에 대해 현실적인 문제해결 방법으로 접근한다. 또한 인간관계에 가치를 두기보다 돈, 권력, 지위에 더 가치를 두는 편이다.

현실형의 환경은 개인에게 신체적인 것을 요구한다. 현실형의 작업환경에서는 기계를 고치거나, 전자제품을 수리하거나, 운전을 하거나 동물을 기르거나 하는 등의 기술적인 능력이 요구된다. 이와 같은 작업환경에서는 사물을 가지고 일을 하는 능력이 다른 사람들과 상호작용하는 능력보다 더 중요하다. 현실형의 작업환경 예로는 건설현장, 공장, 자동차 정비공장 등이 있다. 어떤 현실형 환경은 신체적 민첩성이나 힘을 요구한다. 따라서 이런 환경은 위험할 수도 있고 다른 작업환경보다 신체적인 질병이나 사고가 많이 발생할 수도 있다.

(2) 탐구형

탐구형의 개인들은 지적 능력을 사용할 수 있는 활동을 즐기는 성향이 있다. 이들은 수학적, 과학적 문제를 해결할 수 있는 능력이 탁월하고 이를 배우는 것을 즐긴다. 특히 수학, 물리학, 화학, 생물, 지질학 등 과학 과목을 즐기는 편이다. 이 유형의 개인들은 타인을 관리하거나 개인적인 문제를 직접적으로 다루는 것을 좋아하지는 않지만 인간의 심리문제에 대해 해결책을 생각하거나 분석하는 것을 즐긴다.

탐구형의 환경은 개인들이 수학적 또는 과학적 흥미와 능력을 통해 문제에 대한 해결책을 찾으려고 하는 환경이다. 그런 환경에서 개인들은 창의적으로 문제를 해결하기 위해 복잡하고 추상적인 사고를 사용한다. 이러한 환경에서는 주의 깊고 비판적인 사고가 존중된다. 탐구형 환경의 직업들은 문제해결을 위해 자신의 지적 능력을 사용하고 독립적으로 일하는 것을 요구한다. 또 문제를 해결하는 데 인간 관계 기술을 사용할 필요도 없고 기계를 사용해야 할 필요도 없다.

(3) 예술형

예술형 개인들은 작곡, 예술, 창작과 같이 자신을 자유롭고 틀에 얽매이지 않게 표현하는 것을 좋아한다. 이들은 자신을 표현하기 위해 바이올린, 목소리, 조각도구, 워드프로세서 같은 도구를 사용할 수 있다. 이 유형의 개인들은 언어, 예술, 음악 또는 글쓰기 등에서 자신의 능력을 향상시키고 싶어 한다. 자신을 자유롭고 개방적인 방식으로 표현하는 것을 원하고 논리적 글쓰기보다는 소설이나 시를 쓰는 것을 더 선호한다.

예술형 환경은 자유롭고 개방적이며 개인적인 표현을 할 수 있는 환경이다. 이러한 작업환경은 논리적 표현보다 개인적이고 감정적인 표현을 더 격려한다. 만약 도구가 사용된다면, 망치나 톱 등 일을 완성하기 위한 도구보다는 자신을 표현하기 위한 것들, 예를 들면 클라리넷이나 붓을 사용한다. 예술형 환경에서는 원하는 대로 옷을 입고 약속에 구애 받지 않으며 자유로운 시간 사용이 허락된다.

(4) 사회형

사회형 개인들은 타인을 가르치고 문제해결을 돕는 활동을 통해 타인을 돕거나 봉사하는 데 흥미가 있다. 이들은 토론과 팀활동을 통한 문제해결을 선호한다. 이상적이거나 윤리적인 문제들을 해결하거나 토론하는 것을 좋아하지만 기계를 다루며 일하는 것을 싫어한다. 이들은 교육, 복지,

정신건강과 같이 언어적이고 사회적인 기술을 사용할 수 있는 환경을 선호한다.

사회형 환경은 개인들이 유연하고 서로를 이해하는 것을 필요로 하는 환경이다. 이런 환경은 개인적인 문제나 진로문제를 서로 도와주고 타인을 가르치거나 정신적으로 긍정적인 영향을 미칠 수 있는 환경이다. 사회형 환경은 이상, 친절, 우정, 관대함과 같은 인간적인 가치를 강조한다. 이러한 가치는 대부분 교육, 사회봉사, 심리문제 전문가와 같은 직업에 공통적으로 존재한다.

(5) 진취형

진취형 개인들에게는 부를 획득하는 것이 특히 중요하다. 이들은 타인과 함께 있기를 좋아한다. 또 판매하고 설득하기 위해 언어능력을 즐겨 사용한다. 진취형의 개인들은 자기주장이 강하고 인기가 있으며 리더의 자리를 얻기 위해 노력한다. 이들은 타인과 함께 일하기를 좋아하지만 도움을 주기보다는 설득하고 경영하는 것을 더 좋아한다.

진취형 환경은 타인을 관리하고 설득해서 조직 또는 개인의 목표를 달성하는 환경이다. 이러한 환경은 경제적 이슈들이 가장 중요하며 보상받기 위해 어느 정도의 모험은 용인되는 환경이다. 진취형 환경에서는 개인들이 높은 지위와 권력을 획득하는 것이 중요하고 설득과 판매가 이루어진다. 진취형 환경의 예로는 영업, 상업, 비즈니스 관리, 식당경영, 정치, 부동산, 주식시장, 보험 분야 등이 있다. 이러한 환경은 권력과 지위, 부를 얻을 수 있는 기회가 된다.

(6) 관습형

관습형 개인들은 돈과 신뢰성, 규칙이나 명령을 따르는 능력에 가치를 둔다. 이들은 통제하에 있는 것을 좋아하고 애매한 요구를 다루는 것을 싫어한다. 돈을 벌고 규칙과 지침을 따르는 사무실 환경을 선호한다. 이들의 장점은 사무와 계산능력이며 이러한 능력을 자신의 환경에서 단순한 문제들을 해결하는 데 사용한다. 또한 타인과의 관계는 업무적인 것에 중점을 두고 문제해결을 위해 조직차원에서 접근하는 경향이 있다.

관습형 환경을 가장 잘 설명하는 것은 조직과 계획이다. 대부분의 관습형 환경은 사무실 환경으로, 기록을 보관하고, 서류를 관리하고, 복사하고, 보고서를 정리할 필요가 있는 곳이다. 관습형 환경은 기록된 자료 외에도 부기나 회계기록과 같은 수학적 자료들을 포함한다. 워드프로세서, 계산기, 복사기는 관습형 환경에서 볼 수 있는 것들이다. 관습형 환경에서 일을 잘 하기 위해 필요한 능력은 사무기술, 조직화 능력, 정확성, 지시를 따르는 능력이다.

2) 유형별 성격특성과 관련직업

(1) 유형별 성격특성

다음 〈표 3.2〉는 Holland 이론의 각 유형별 성격특성을 정리한 것이다.

표 3.2	유형별 성격특성
유형	성격특성
현실형	순응하는, 솔직한, 강건한, 물질주의적인, 꾸밈없는, 완고한, 실질적인, 현대적인, 수줍은, 안정적인, 검소한, 겸손한
탐구형	분석적인, 신중한, 비판적인, 호기심이 많은, 독립적인, 지적인, 내성적인, 방법적인, 현대적인, 정확한, 합리적인, 수줍어하는
예술형	복잡한, 무질서한, 정서적인, 이상주의적인, 상상력이 풍부한, 비현실적인, 충동적인, 독립적인, 직관적인, 순응하지 않는, 표현적인, 독창적인
사회형	설득력이 있는, 협조적인, 다정한, 관대한, 도움을 주는, 이상주의적인, 통찰력이 있는, 친절한, 책임질 수 있는, 사교적인, 재치 있는, 이해하는
진취형	모험적인, 야망 있는, 관심을 끄는, 지배적인, 열정적인, 추진하는, 낙천적인, 쾌락을 추구하는, 인기 있는, 확신하는, 사교적인, 이야기를 좋아하는
관습형	순응하는, 성실한, 신중한, 보수적인, 억제된, 복종하는, 질서정연한, 완고한, 실제적인, 확신하는, 상상력이 부족한, 효율적인

출처 : Brown & Brooks(2009). Career counseling techniques. p. 135 수정.

(2) 유형별 관련직업

다음 〈표 3.3〉은 Holland 이론의 유형별 관련직업을 정리한 것이다. 여기서 주의할 점은 그 어떤 직업도 한 가지 유형의 특성만으로 설명될 수 없다는 것이다. 따라서 그 직업의 가장 대표적인 환경특성과 관련성이 높은 Holland 유형을 고려하여 분류하였다.

(3) 유형별 특성

다음 〈표 3.4〉는 Holland 이론의 여섯 가지 유형에 대해 흥미특성, 자기평가, 타인평가, 선호활동, 적성, 가치, 회피활동을 중심으로 정리한 것이다.

표 3.3	유형별 관련직업

유형	직업
현실형	직업군인, 공학자, 중장비기사, 원예사, 조경사, 경찰관, 119 구조대원, 가축사육사, 건물시설관리원, 건설기계운전원, 건축공학기술자, 건축설계기술자, 기계조립 및 검사원, 기술·기능계 학원강사, 네트워크관리자, 네트워크엔지니어, 놀이시설종사원, 농장경영자, 농작물재배자, 대형트럭운전기사, 데이터베이스관리자, 도배원, 도선사, 방사선과의사, 보일러 설치 및 수리원, 선박정비원, 선박조립 및 검사원, 선박갑판원, 선박기관원, 성형외과의사, 정형외과의사, 소음진동환경공학기술자, 스포츠레이너, 안경사, 애니메이션 기획자, 엔진 및 기관 기계공학기술자, 영사기사, 영상 녹화 및 편집기사, 외과의사, 용접원, 의료장비기사, 인쇄기조작원, 자가용운전기사, 자동차경주선수, 조경건축가, 조림·영림 및 벌목원, 지적 및 측량기술자, 철도 및 지하철기관사, 택배원, 컴퓨터설치 및 수리원, 토목감리기술자, 통신케이블 설치 및 수리원, 프로운동선수, 프로경륜선수, 프로배구선수, 프로축구선수, 피부관리사, 피부과의사, 항공기정비원, 헬리콥터조종사, 항공기조종사
탐구형	내과의사, 수학자, 과학자, 수의사, 물리학자, 심리학자, 의료기술자, 화학자, 천문학자, 치과의사, 약사, 가상현실전문가, 게임기획자, 경제학연구원, 공작기계조작원, 공학계열교수, 과학교사, 교구·교재개발원, 농림학연구원, 메카트로닉스공학기술자, 문화재감정평가사, 물리학연구원, 반도체설계기술자, 발전설비공학기술자, 법학연구원, 사무용응용SW엔지니어, 산업공학기술자, 생명정보학자, 생물학자, 생물학연구원, 수산학연구원, 수질환경공학기술자, 시스템SW엔지니어, 약학연구원, 에너지공학기술자, 웹프로그래머, 의약계열교수, 의약품화학공학기술자, 의학연구원, 인공위성개발자, 인문계열교수, 자동차공학기술자, 전자상거래전문가, 전자제품개발·설계기술자, 지리학연구원, 천문·기상학연구원, 축산학연구원, 편집기자, 학예사(큐레이터), 화학연구원, GIS전문가, KMS전문가
예술형	카피라이터, 조각가, 작가, 가구디자이너, 가수, 개그맨, 코미디언, 게임디자이너, 게임시나리오작가, 공연제작관리자, 공예가, 광고 및 홍보전문가, 광고제작감독, 국악인, 귀금속 및 보석세공원, 기자, 네일아티스트, 백댄서, 동물미용사, 디스크자키, 디자인학원강사, 리포터, 마술사, 만화가, 메이크업아티스트 및 분장사, 모델, 목공, 무대디자이너, 무용가, 문화재보존원, 미술관장, 미술교사, 미용사, 바텐더, 박물관장, 방송대본작가, 방송연출가, 방송제작관리자, 비디오자키, 사진기자, 사진작가, 서예가, 석공, 성악가, 성우, 소품원, 시나리오작가, 시인, 악기수리원 및 조율사, 안무가, 음악치료사, 연극·영화 및 방송기술감독, 연극배우, 연극연출가, 연예프로그램진행자, 연주가, 영화감독, 영화배우, 탤런트, 영화제작자, 예능계학원강사, 예체능계열교수, 요리학원강사, 웹디자이너, 웹프로듀서(웹기획), 웹방송전문가, 음반기획자, 음악교사, 음향 및 녹음기사, 이미용학원강사, 이발사, 인테리어디자이너, 자동차디자이너, 작곡사, 작사가, 제빵 및 제과원, 제품디자이너, 제화원, 지휘자, 촬영기사, 촬영기자, 치과기공사, 카피라이터, 캐릭터디자이너, 컬러리스트, 컴퓨터애니메이터, 코디네이터, 패션디자이너, 패턴사, 포장원, 평론가, 플로리스트, 한복사
사회형	간호사, 상담교사, 물리치료사, 레크리에이션 강사, 보육교사, 사회사업가, 커리어코치, 청소년지도사, 결혼상담사, 언어치료사, 가정의학과의사, 간병인, 검사, 고객상담원, 교육계열교수, 구급요원, 국어교사, 놀이치료사, 매장정리원, 목사, 목욕관리사, 문리학원강사, 미술치료사, 점술가, 보건교사, 보육교사 및 보육사, 비행기승무원, 사회교사, 사회단체활동가, 사회복지사, 사회복지시설종사원, 상품대여원, 선박승무원, 소방관리자, 소아과의사, 수녀, 승려, 신부, 실업교사, 아로마테라피스트, 안과의사, 안내·접수원, 안마사, 열차승무원, 영양사, 외국어교사, 외국어학원강사, 유치원원장·원감,

표 3.3	유형별 관련직업(계속)

유형	직업
	의료코디네이터, 이비인후과의사, 인명구조원, 임상심리사(심리치료사), 작업치료사, 전도사, 텔레마케터, 정신과의사, 주택관리사, 중등학교교장·교감, 청소원, 청원경찰, 초등학교교장·교감, 초등학교교사, 중등학교교사, 치과위생사, 캐디, 통역가, 특수학교교사, 한의사
진취형	아나운서, 경매업자, 마케팅책임자, 광고대행업자, 매장관리자, 변호사, 부동산중개인, 영업사원, 정치인, 경기심판, 경호원, 교도관, 교육행정사무원, 구매인(바이어), 국회의원, 금융관련관리자, 기술영업원, 기업고위임원, 대학 및 대학교 총장·학장, 마케팅전문가, 마케팅사무원, 방송기자, 분양 및 임대사무원, 사회계열교수, 산업안전관리원, 산업용기계장비기술영업원, 생산관리사무원, 스포츠에이전트, 시스템컨설턴트, 시스템관리자, 시장 및 여론조사업운영관리자, 식품영업원, 신문기자, 여행전문가, 여행상품개발원, 연예인매니저, 외교관, 운동경기감독 및 코치, 의료장비 및 의료용품기술영업원, 의약영업원, 인쇄·광고영업원, 자동차영업원, 전자장비기술영업원, 정보통신기술영업원, 증권중개인, 지방의회의원, 직업능력개발훈련교사, 프로게이머, 해외영업원, 행정고위공무원, 헤드헌터, 호텔관리자, 홍보부서관리자, 홍보담당자, IT강사, IT컨설턴트, 법무사, 노무사, 보험중개인, 보험모집인, 경영컨설턴트
관습형	공인회계사, 비서, 문서작성 및 편집자, 사무관리자, 재무분석가, 제품관리자, 은행원, 의료기록원, 감정평가사, 건축감리기술자, 건축시공기술자, 검찰수사관, 경기기록원, 경리, 계산원 및 매표원, 관세사, 구매 및 자재사무원, 금융대출사무원, 금융자산운용가, 금융출납창구사무원, 기록물관리사, 기획사무원, 도서관관리자, 도시계획 및 설계가, 수학교사, 손해사정인, 세무사, 선물중개인, 사서, 보험계리인, 변리사, 번역사, 무역사무원, 물류관리전문가, 신용분석가, 시장 및 여론조사전문가, 외환딜러, 우편물집배원, 운송관련관리자, 위험물관리원, 인사관리자, 일반공무원, 임상병리사, 입법공무원, 자료입력원, 장학사, 전화교환 및 번호안내원, 주차관리원, 채권관리원, 철도운송사무원, 측량사, 카지노딜러, 투자분석가(애널리스트), 투자인수심사원(투자언더라이터), 판사, 품질관리원, 항공교통관제사, 항공운송사무원, 호텔·콘도접객원, 회의기획자, ERP전문가

3) 검사결과의 해석

Holland 검사결과는 앞서 살펴본 여섯 가지 유형의 조합으로 나타난다. 완전하게 한 가지 유형이라고 할 수 있는 실제 직업환경은 없다. 대부분의 직업환경은 유형들이 결합되어 있다. 한 가지 유형만으로 설명할 수 있는 직업환경이 없는 것처럼 어떤 개인의 특성을 오직 한 가지 유형만으로 설명하기는 어렵다. Holland의 경우 개인의 흥미 유형을 세 개의 유형으로 표시하였다. Holland 검사와 유사한 다른 검사에서도 이 유형을 이용해 개인의 직업흥미 유형을 표시한다. 하지만 항상 세 개의 유형으로 표시되는 것은 아니다. 검사에 따라 두 개의 유형으로 표시하기도 한다. 드물기는 하지만 직업에 대한 흥미가 매우 약한 사람은 유형이 나오지 않을 수도 있다. Holland 유형으

표 3.4	유형별 특성					
구분	현실형(R)	탐구형(I)	예술형(A)	사회형(S)	진취형(E)	관습형(C)
흥미 특성	분명하고 질서 정연하고 체계적인 것 선호 연장이나 기계 조작 활동에 흥미	관찰적, 상징적, 체계적이며 물리적, 생물학적, 문화적 현상의 창조적인 탐구	예술적 창조와 표현, 변화와 다양성을 선호 모호하고, 자유롭고, 상징적인 활동에 흥미	타인의 문제를 듣고, 이해하고, 도와주고, 치료해 주고, 봉사하는 활동에 흥미	조직의 목적과 경제적인 이익을 얻기 위해 타인을 지도, 계획, 통제, 관리하는 일 선호 그 결과로 얻어지는 명예, 인정, 권위에 흥미	정해진 원칙과 계획에 따라 자료를 기록, 정리, 조직하는 일을 선호 체계적인 작업 환경에서 사무적, 계산적 능력을 발휘하는 활동에 흥미
자기 평가	사교적 재능보다는 손재능 및 기계 능력	대인관계 능력보다는 학술적 능력	사무 능력보다는 혁신적이고 지적인 능력	기계 능력보다는 대인관계 능력	과학적 능력보다는 설득력 및 영업능력	예술적 능력보다는 비즈니스 실무능력
타인 평가	겸손하고 솔직하지만 독단적이고 고집이 셈	지적이고 현학적이며 독립적이지만 내성적임	유별나고 혼란스러워 보이며 예민하지만 창조적임	이해심 많고 사교적이며 동정심이 많고 이타적임	열정적이고 외향적이며 모험적이지만 야심이 있음	안정을 추구하고 규율적이지만 유능함
선호 활동	기계나 도구 등의 조작	자연 및 사회현상의 탐구, 이해, 예측 및 통제	문학, 음악, 미술 활동	상담, 교육, 봉사활동	설득, 지시, 지도활동	규칙을 만들거나 따르는 활동
적성	기계 능력	학술적 능력	예술적 능력	대인지향적 능력	경영 및 영업능력	사무능력
가치	눈에 보이는 성취에 대한 물질적 보상	지식의 개발과 습득	아이디어, 정서, 감정의 창조적 표현	타인의 복지와 사회적 서비스 제공	경제적 성취와 사회적 지위	금전적 성취와 사회사업, 정치영역에서의 권력 획득
회피 활동	타인과의 상호 작용	설득 및 영업 활동	틀에 박힌 일이나 규칙	기계기술적 활동	과학적, 지적, 추상적 주제	명확하지 않은 모호한 과제

출처 : 워크넷(www.work.go.kr) 선호도검사(S형) 길잡이 내용 수정.

로 표시할 때 맨 앞에 오는 유형은 개인의 직업흥미가 가장 높은 유형이다.

다음 [그림 3.4]는 검사결과 사례이다. 이를 통해 결과를 어떻게 해석하고 이해해야 하는지에 대해 살펴보자.

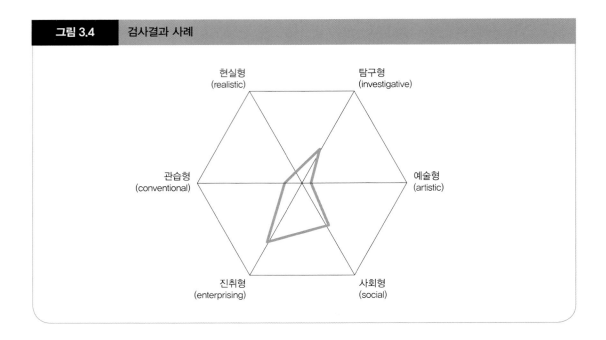

그림 3.4   검사결과 사례

위의 그림에서 알 수 있듯이 육각형 모형 안에 다시 육각형 모양의 결과가 표시된다. 워크넷의 직업선호 검사결과는 두 개의 유형으로 개인의 직업흥미 유형이 표시된다. ES(진취형/사회형)가 이 유형의 직업흥미 유형이 된다. 검사에 참여하는 개인에 따라서 육각형 모양은 다르게 나타나고 이렇게 나타난 육각형 모양이 결국 각 개인마다 차별성을 갖는 개인만의 흥미유형이 된다.

결과로 나타난 육각형 모양에 따라 개인의 직업선호에 대한 해석이 가능하다. 먼저 육각형의 크기가 크면서 한쪽으로 찌그러진 경우이다. 이는 특정 분야에 뚜렷한 관심이 있는 것으로 흥미가 잘 발달되어 있고 안정적인 형태이다. 이럴 경우 자신의 능력이나 경험이 관심분야와 조화로운지 살펴보는 것이 필요하다. 육각형이 한쪽으로 찌그러진 모양이면서 크기가 작은 경우는 대체로 흥미발달이 잘 이루어지지 않았다고 볼 수 있다. 특정 분야에 관심이 있긴 하지만 그 정도가 크지 않다. 이럴 경우 자신이 조금이라도 관심이 있는 분야에 대해 적극적인 탐색을 해 볼 필요가 있다.

검사결과가 정육각형에 가까우면서 그 크기가 큰 것은 관심분야가 폭넓은 경우이다. 거의 모든 분야에 관심이 있지만 자신의 진정한 흥미분야가 무엇인지 파악하기 어려울 수 있다. 이럴 경우 자신의 능력이나 경험 등을 고려하여 흥미분야를 좁혀볼 필요가 있다. 반면 정육각형에 가까운 모양이면서 크기가 작은 것은 뚜렷한 관심분야가 없는 경우이다. 무엇에 관심이 있는지, 무엇을 잘 할 수 있는지에 대한 자기이해가 부족하다고 볼 수 있다. 이럴 경우 과거에 즐거웠던 일이나 잘 했던 일들을 떠올려 보는 것이 필요하다.

4) Holland 이론의 평가

Holland의 유형이론은 개인이 자신에게 최적의 선택 및 결정을 할 수 있도록 개인의 특성과 직업 환경에 대해 정확하고 유용한 정보를 제공해 줌으로써 자기탐색, 자기이해, 자기인식을 높여 준다(이현림, 2009). 하지만 Holland 이론은 개인의 성격유형의 발달과정을 설명하지 못한채 개인의 특성과 직업 환경 간의 최적의 연결에 초점을 둠으로써 개인과 환경이 끊임없이 변화하고 있다는 점을 간과한 정적인 접근이라는 비판을 받고 있다(이현림·김영숙, 1997).

Holland 유형이론의 더 근본적인 문제점은 특정 직업분야에 대한 개인의 흥미는 학습의 결과물이라는 것이다. 즉 개인이 자신에 대한 이해와 더불어 직업분야에 대한 지식과 정보를 전제로 할 때 흥미선택이 가능하다. 그렇기 때문에 개인이 잘 모르는 직업분야에 대해서는 흥미가 없다는 검사결과가 나올 수 있다. 따라서 개인의 흥미는 학습의 결과인 셈이다. 그렇다면 결국 개인의 흥미유형은 개인의 관심 이전에 직업분야에 대한 지식과 정보의 학습과 습득을 전제로 한다고 볼 수 있다.

Holland 이론은 개인의 직업적 성격을 중요시 하는데, 이 성격이 어떠한 과정을 통해 형성되는 지에 대해서는 설명하지 못하고 있다. 또 개인의 성격만큼 중요한 것이 개인이 삶에서 직면하게 되는 환경과 상황이다. 이에 따라 개인의 직업적 성격이 변화할 수도 있다. 하지만 Holland는 이러한 부분에 대한 이론을 제시하지 못하고 있다. 마지막으로 성역할 사회화의 영향으로 남성과 여성 간의 직업선택에 편견이 존재할 수 있다는 사실이다. 이러한 성역할 사회화의 영향으로 인해 여성은 남성보다 사회형이나 관습형에서 점수가 더 높게 나타날 수 있다.

03 박윤희의 커리어 발달이론

박윤희(2012)의 커리어 발달이론은 인간의 생애 전체를 커리어 발달단계 측면에서 살펴본 이론이다. 이 이론은 개인의 생애를 커리어와 관련된 다섯 단계로 나누어 설명하고 있다. 또 각 단계별로 개인의 커리어 발달을 위해 필요한 커리어 과업을 제시하였고, 개인은 이를 달성함으로써 커리어 발달을 이룰 수 있다.

커리어 발달단계에 대해 구체적으로 살펴보면 다음과 같다.

첫 번째 단계는 개발기로 신체나 정신발달 수준으로 볼 때 유아기와 아동기에 해당된다. 개발기는 가정이나 학교에서 실시하는 다양한 학습활동들을 통해 자아정체성 형성과 진로선택 가능성을 개발하는 시기이다. 두 번째 단계는 준비기이다. 준비기는 대학생활까지 포함하는 청소년기이며 자신의 진로를 탐색하고 직업을 선택하며 직업생활을 본격적으로 준비하는 시기이다. 세 번째 단계는 제1직업 생활기로, 생애 처음으로 직업생활을 시작해서 직업적 성공을 추구하는 시기이다. 이 시기는 중·장년기라 불리는 성인전기에 해당된다. 네 번째 단계는 제2직업 생활기로, 제1직업 생활기 이후 재취업이나 창업을 통해 제2의 직업생활을 하는 시기이며 신체발달 단계상 성인후기와 노년전기에 해당되는 시기이다. 마지막 단계는 안정기로, 노년후기에 해당된다. 이 시기는 모든 직업생활에서 은퇴하고 신체적, 정신적으로 편안한 삶을 유지하는 시기이다.

다음 [그림 3.5]는 커리어 발달이론에서 제시한 다섯 단계를 나타낸 것이다.

박윤희의 커리어 발달이론은 다음과 같은 특징을 갖는다. 첫째, 커리어 발달이론에서 발달은 과정의 개념이지 완성의 개념이 아니다. 개인은 어느 시기까지만 발달하고 그 이후에는 퇴보하는 것이 아니라 죽음에 이를 때까지 발달과정을 거친다. 발달은 과정이지 완성의 개념이 아니기 때문

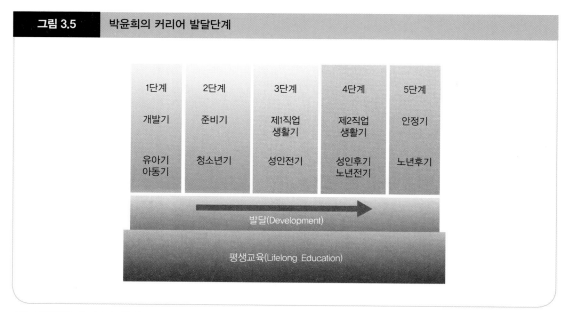

그림 3.5   박윤희의 커리어 발달단계

1단계	2단계	3단계	4단계	5단계
개발기	준비기	제1직업 생활기	제2직업 생활기	안정기
유아기 아동기	청소년기	성인전기	성인후기 노년전기	노년후기

발달(Development) →

평생교육(Lifelong Education)

출처 : 박윤희(2012). 커리어코칭 입문. p. 30 수정.

이다. 따라서 개인의 커리어는 커리어 발달단계에 따라 함께 변화되고 발전될 수 있어야 한다.

둘째, 커리어 발달이론에서 각 단계별 시기는 일정하지 않으며 여기에는 개인차가 존재한다. 개인에 따라서는 개발기가 준비기까지 이어지기도 하고, 20세에 첫 직업을 갖기도 하지만 또 30세에 첫 직업을 갖기도 한다. 그뿐만 아니라 늦게까지 자격시험 공부를 하는 사람의 경우는 성인기까지도 직업을 갖지 못하고 준비기가 계속 이어지기도 한다. 그 수가 많다고는 볼 수 없지만 평생 직업생활을 하지 않는 경우도 있다.

제1직업 생활기와 제2직업 생활기의 구분이 모호한 경우도 있으며, 안정기 없이 죽을 때까지 직업생활을 계속하는 경우도 있다. 평생 동안 사용할 수 있는 자격증을 소유한 경우, 예를 들어 변호사, 의사, 공인회계사, 변리사 등은 은퇴 없이 직업생활을 계속하기도 한다. 또 개인에 따라 50세 정도에 제1직업 생활기를 끝내는 경우도 있지만 60세 이후에 제1직업 생활기를 끝내는 경우도 있다. 여기에서 제1직업 생활기와 제2직업 생활기의 구분이 모호해질 수 있는데, 이는 개인이 처한 상황과 심리적인 판단이 작용할 수 있다. 즉, 성인기에 가졌던 자신의 일에서 은퇴를 했다고 생각한다면 제1직업 생활기를 종료한 것이라고 볼 수 있다. 이를 위해서는 자신의 신체적, 지적 능력 등을 고려한 판단이 필요하다. 따라서 커리어 발달단계의 각 시기는 가변적이며 이는 개인의 상황과 판단에 따라 유연하게 적용되어야 한다.

셋째, 커리어 발달이론의 각 단계에서 수행해야 할 개인의 커리어 과업이 완성되지 않은 경우 그 다음 단계의 과업수행에 부정적인 영향을 미칠 수 있다. 만약 개인이 준비기에서 직업선택과 직업생활 시작을 위한 준비가 제대로 되지 않았다면 제1직업 생활기를 순조롭게 시작할 수 없을 뿐 아니라 이는 자칫 제2직업 생활기까지 부정적인 영향을 미칠 수 있다는 것이다. 따라서 개인은 각 단계에서 요구되는 커리어 과업을 잘 수행할 수 있어야 한다.

넷째, 자기개발과 평생교육은 계속되어야 한다. 개인의 지속적인 커리어 발달을 위해 필요한 것이 자기개발인데, 자기개발을 위해 수반되어야 하는 것이 학습과 교육이다. 최근에는 나이를 불문하고 교육에 지속적으로 참여하는 사람들이 늘어나고 있다. 이제 평생교육은 트렌드나 이슈가 아니라 삶 자체가 되었고, 평생 동안 삶과 함께 지속되어야 한다. 개인의 지속적인 커리어 발달은 자신에게 적합한 커리어를 준비하는 데 필요한 내용을 학습하는 것을 통해 달성될 수 있다.

다음 〈표 3.5〉는 박윤희의 커리어 발달이론에서 각 단계별로 요구되는 개인의 커리어 과업과 커리어코칭을 통해 해결할 수 있는 과업 등을 정리한 것이다.

개인이 이러한 커리어 과업들을 해결하고 자신이 원하는 직업적 성공을 이룰 수 있도록 돕는 것

표 3.5	커리어 발달단계별 과업		
요소	개인의 커리어 과업	커리어코칭 과업	주의할 점
개발기	• 자아정체성 개발 • 자신의 능력 신뢰 • 자신감 개발 • 정서능력 개발 • 다양한 놀이나 활동 참여	• 다양한 놀이나 활동 참여기회 제공 • 자신감과 정서능력 개발 지원 • 독서능력 개발 지원 • 창의력 개발 지원 • 진로선택의 가능성 개발 지원 • 학습능력 배양	• 지나치게 진로와 관련된 활동은 지양하고 자연스럽게 직업 가능성을 개발할 수 있는 놀이나 활동에 참여하게 한다.
준비기	• 자아정체성 발달 • 책임감과 성취감 개발 • 진로선택의 가능성 탐구 • 직업정체성 개발 • 진로탐색과 직업선택 • 직업현장 체험 • 제1직업 생활기 준비	• 책임감과 성취감 개발 지원 • 자기이해와 진로탐색 지원(성격, 직업적성, 직업흥미, 직업가치관 이해) • 직업선택과 진로개발 지원 • 취업준비 지원(취업서류 작성, 면접준비 등)	• 청소년기에 자신의 진로에 대해 탐색하고 이를 대학진학 시 학과 선택에 반영할 수 있도록 한다. • 대학생활 동안 자신에게 적합한 직업을 결정하고 제1직업 생활기를 준비할 수 있게 한다.
제1직업 생활기	• 삶의 균형 추구 • 희망하는 직업생활 영위 • 성장과 발전을 위한 지속적 커리어 개발 • 직업적 성공 • 제2직업 생활기 준비	• 일과 삶의 균형 지원 • 이직 및 전직 지원 • 지속적 커리어 개발 지원 • 제2직업 생활기 준비 지원	• 자신이 희망하는 직업생활을 하는 것이 가장 중요하다. • 제2직업 생활기를 준비할 수 있도록 지속적인 자기개발이 필요하다. • 개인에 따라서 준비기에 실시하는 자기이해와 진로탐색이 필요하다.
제2직업 생활기	• 의미 있는 삶을 추구 • 안정된 경제생활 유지 • 자신이 원하는 직업생활 및 여가생활 영위 • 안정기 준비	• 자신에 대한 객관적 이해 지원(신체적, 심리적, 경제적) • 재취업 또는 창업 지원 • 여가 및 봉사활동 등 의미 있는 삶을 위한 지원 • 안정기 삶을 위한 준비 지원	• 준비기나 성인기보다 개인과 환경에 대한 고려가 더욱더 필요하다. • 개인에 따라서 준비기에 실시하는 자기이해와 진로탐색이 필요하다.
안정기	• 신체적·정신적으로 편안하고 안정적인 삶을 추구 • 생을 정리할 수 있는 마음의 여유 갖기	• 사회와 소통의 채널을 열어둘 수 있도록 지원 • 신체적·정신적 문제뿐 아니라 경제적 문제에 대한 지원가능성 탐색	• 이 시기에는 직업적 지원이 아니라 삶의 다른 영역에 대한 지원이 필요하다. • 가능한 지원을 검토하고 필요하다면 다른 기관과의 협조를 통해 지원할 수 있도록 한다.

출처 : 박윤희(2012). 커리어코칭 입문. p. 32 수정.

이 커리어코칭이다. 커리어 발달단계에서 제시한 각 단계의 과업들이 잘 이루어질 경우 개인의 직업적 성공은 물론 삶의 여러 영역에서 균형을 이루는 행복한 삶을 영위할 수 있을 것이다.

04 커리어 의사결정이론

의사결정이란 계획수립 과정을 통해서 일정한 목표를 설정하고, 그 목표를 효과적으로 달성하기 위한 몇 가지 대안 중에서 가장 유리하고 실행가능성이 있는 대안을 선택하는 합리적인 인간행동을 말한다. 좁은 의미의 의사결정은 여러 가지 행동 가운데 하나를 선택하는 것이고, 넓은 의미의 의사결정은 최종 대안의 선택에 이르기까지 취해지는 모든 과정을 포함하는 것이다. 그렇기 때문에 의사결정은 선택의 행위이고 목표지향적인 것이다(김광수 외, 2011).

개인에게 의사결정이 필요한 순간이 많지만 개인이 항상 합리적인 의사결정을 하는 것은 아니다. 평소에 해오던 익숙한 방식으로 '그 정도면 됐다'는 수준에서 의사결정을 마무리하는 경우가 많다. 하지만 개인에게는 합리적인 의사결정이 필요한 중요한 순간이 많다. 진로나 직업선택이 바로 그러한 순간이다.

다음은 개인의 커리어선택에 도움을 줄 수 있는 Tiedeman과 O'Hara, Krumboltz, 박윤희의 의사결정이론에 대해 구체적으로 살펴보자.

1) Tiedeman과 O'Hara의 의사결정이론

Tiedeman과 O'Hara(1963)는 자아형성 과정에서 인지발달과 그에 근거한 의사결정 과정에 대한 이론을 발표하였다. Tiedeman과 O'Hara의 의사결정이론에는 다음과 같은 가정들이 포함되어 있다. 첫째, 의사결정 단계들은 순환한다. 둘째, 개인은 두 가지 다른 의사결정 과제가 있을 때 동시에 다른 두 단계에 있을 수 있다. 셋째, 직업발달은 몇 가지 의사결정의 상황에서 일어나며 이전의 경험에서 학습한 요소가 다음 의사결정에 적용될 수 있다(Kass, 1980).

Tiedeman과 O'Hara는 개인의 정체성 발달을 통해 커리어 의사결정이 가능하다고 주장하였다. 그들에 따르면, 개인의 정체성은 커리어 개발과정에서 상당히 중요한 요소이기 때문에, 개인의 정체성이 발달하고 명확해짐에 따라 커리어 의사결정이 가능해진다는 것이다. Tiedeman과 O'Hara는 개인의 정체성을 이해하기 위해서 개인의 과거 흥미, 가치와 같은 경험과 미래의 관심사나 중요하게 여기는 가치관과 같은 목표를 명확하게 하여 이 두 요소를 통합할 필요가 있다고 주장하였다.

개인의 자아정체성은 자신이 처해있는 환경과의 상호작용을 통해 발달하는 자신에 대한 의미의 축적을 의미하는 것이다. 이는 분화와 통합의 과정을 통해 형성된다. 분화는 타인과 다른 자신만의 개별적인 특성을 의미하고, 통합은 자신이 처한 사회의 요구에 부응하고 적응하는 것을 뜻한다. 분화와 통합은 개인의 성격 발달의 기본 과정이며 개인이 직업상황의 문제를 합리적으로 해결하려고 할 때 작동된다. Tiedeman과 O'Hara는 직업 의사결정과 관련하여 분화와 통합과정을 개념화하였다. 또 이러한 과정을 예상기(anticipation period)와 실행기(implementation period)로 나눈 후 이를 다시 일곱 단계로 구분하여 다음과 같이 설명하였다(고향자, 1993).

예상기는 전직업기라고도 하며, 다음과 같은 네 가지 하위단계로 분류할 수 있다.

첫째, 탐색(exploration) 단계는 개인이 자신의 진로목표를 설정하고 많은 선택대안을 탐색하는 단계이다. 이 단계에서 개인은 자신이 진로목표를 달성할 수 있는 능력과 여건이 갖추어져 있는지에 대해 평가하게 된다.

둘째, 결정화(crystallization) 단계는 개인이 가치관, 목표, 보수나 보상 등을 고려하여 구체적으로 자신의 진로를 명확히 하는 단계이다. 이를 위해 개인은 다수의 선택대안들을 평가하는 과정을 통해 진로목표를 명확히하고자 한다. 이 단계는 개인이 본격적으로 자신의 진로를 준비하는 단계이다.

셋째, 선택(choice) 단계에서는 개인이 자신이 하고 싶은 일과 그렇지 않은 일을 확실하게 구분하게 되고 구체적인 선택과정에 이르게 된다. 즉 구체적인 의사결정을 하게 된다. 개인이 선택한

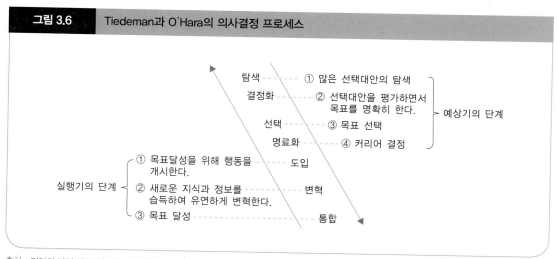

그림 3.6 Tiedeman과 O'Hara의 의사결정 프로세스

출처 : 미야기 마리꼬(2008). 커리어 카운슬링. p. 165 수정.

진로가 적합한가는 이전 단계의 발달 정도에 영향을 받는다.

넷째, 명료화(clarification) 단계는 선택단계에서 이미 내린 의사결정을 신중히 분석 및 검토하고 결정을 내리는 단계이다.

실행기는 적응기라고도 하며, 이 시기는 이전 단계에서 결정한 진로선택을 실행하는 과정이다. 실행기는 다음과 같은 세 가지 하위단계로 분류할 수 있다.

첫째, 도입(induction) 단계는 개인이 새로운 환경, 즉 직장이나 학교에 들어가고 그곳에서 인정을 받기 위해 노력하는 단계이다. 새로운 환경에 적응하기 위해서 개인은 자신의 행동이나 태도 등을 수정하기도 한다.

둘째, 변혁(reformation) 단계에서는 개인이 자신이 속한 조직 내에서 자신의 의견이나 주장을 드러내기 시작하는 단계이다. 개인이 일단 도입단계에서 수용적인 자세로 새로운 환경에 적응하고 인정받게 되면, 자신의 의견을 강력하게 표명한다. 개인은 집단의 목표를 자신의 목표와 부합하는 방향으로 수정하려고 한다.

셋째, 통합(intergration) 단계에 이르면 개인은 타협과 통합을 이루게 된다. 이는 집단이나 조직의 요구와 자신의 욕구들을 균형 있게 조절할 수 있게 된다는 것을 의미하는 것이다. 개인은 집단의 구성원으로 원만하게 생활해 나가면서 직업적 자아개념인 직업정체성을 발달시키게 된다. 이는 결국 분화와 통합을 통한 역동적인 과정이다.

Tiedeman과 O'Hara가 제시한 이론의 공헌점은 의사결정 과정에서 중요하고 필수적인 요소로 자아인식의 증가를 강조한 것이다. 이는 진로의사결정이 개인의 전체적인 인지 능력을 요구하고 개인의 독특성과 직업세계의 독특성을 결합시키는 체계적인 문제해결 과정을 통해서 이루어진다는 것을 강조한 것이다(Zunker, 1980). 이처럼 Tiedeman과 O'Hara의 이론은 진로의사결정 과정에 중요한 영향을 미쳤으나 이것을 검증할 경험적 자료가 없다는 제한점을 가지고 있다(고향자, 1993).

2) Krumboltz의 의사결정이론

Krumboltz는 Bandura(1986)의 사회학습이론(Social Learning Theory)의 적용을 통해 개인의 커리어 개발은 학습 프로세스의 결과라고 주장하였다. Mitchell과 Krumboltz(1990, 1996)는 개인의 진로의사결정에 영향을 미치는 네 가지 요인으로 유전적 요소, 환경적 요인, 학습경험과 과제접근 기술을 강조하였다. 또 개인의 커리어 개발을 지원하기 위한 방법으로 강화, 역할모델, 시뮬레이션을 강조하였다. Krumboltz의 사회학습이론은 개인의 유전적 요소를 중요하게 다루는 다른 이론들과 상이하게 학습경험을 중요하게 다루고 있다.

다음은 유전적 요소, 환경적 요인, 학습경험과 과제접근 기술에 대한 구체적인 설명이다.

첫째, 유전적 요소이다. 유전적 요소는 후천적으로 학습된 것이 아니라 개인이 선천적으로 타고나는 고유한 특성과 능력을 의미한다. 인종, 성별, 신체적 특징, 지능, 운동능력과 같은 타고난 특징과 능력은 직업선택에 영향을 미친다. 특정 분야에서 뛰어난 개인의 능력은 관련분야의 학습에서 뛰어난 성과를 가져온다. 이러한 유전적 능력은 내재적 요소이기 때문에 학습과 훈련을 통해 향상되는 데는 한계가 있을 수 있다.

둘째, 환경적 요인이다. 개인이 처해있는 환경은 개인의 진로의사결정에 영향을 미치는 주요 요인이다. 이러한 환경적 요인으로는 사회제도, 자연환경, 노동법, 기술의 발전, 직업에서 요구하는 조건, 교육환경 등을 들 수 있다. 개인이 처한 환경적 요인으로 인해 개인의 직업선택이 영향을 받기는 하지만 이들은 통상적으로 개인의 힘으로는 바꾸기 어려운 것들이다.

셋째, 학습경험이다. 학습경험은 개인의 진로의사결정에 영향을 미치는데, 특히 개인의 진로 선호 결정에 영향을 미친다. Holland 이론의 비판점을 제시하면서 지적한 바이지만, 직업 선호는 학습의 결과물이다. 따라서 학습경험이 개인의 진로 선호를 결정한다는 것은 타당한 논리이다. 학습경험은 도구적 학습경험과 연합적 학습경험 두 가지로 구분할 수 있다.

먼저, 도구적 학습경험은 특정 행동과 그 행동의 결과 간의 관계를 통해 학습하게 되는 것을 의미한다. 도구적 학습경험은 세 가지 요소, 즉 선행상황, 행동, 결과로 구성되어 있다. 선행상황은 사건이나 과제와 같은 형태의 상황이나 조건을 의미한다. 행동은 선행상황에 대한 반응이다. 이때 행동은 드러날 수도 있고 그렇지 않을 수도 있다. 행동의 결과가 긍정적이면 행동이 반복되는 강화가 일어날 가능성이 높아진다. 예를 들어, 과학시험에서 좋은 성적을 받았다면 과학과 관련된 분야의 직업에 호감을 가질 수 있다.

연합적 학습경험은 개인이 외부 자극에 반응할 때 두 개의 상황이 결합되어 발생하는 학습경험이다. 과거에 중립적이었던 상황이 다른 상황과 결합하면서 긍정적 또는 부정적으로 인식되는 것을 말하는 것이다. 개인은 직접경험은 물론 관찰이나 동영상 시청을 통한 대리경험이나 간접경험을 통해서도 학습할 수 있다. 예를 들어 비행기 자체는 중립적 자극이지만 비행기 사고를 경험한 경우, 비행기에 대해 부정적인 느낌을 갖게 된다. 이런 사람은 비행기와 관련된 직업을 선택하지 않을 수 있다. Krumboltz에 따르면, 개인의 구체적 진로선택 결정에 긍정적인 영향을 주는 사례는 전형적 과제에서 성공한 경우, 역할모델의 강화경험을 확인한 경우, 직업에 대한 좋은 이야기를 들은 경우이다.

넷째, 과제접근 기술이다. 과제접근 기술은 과제해결에 대한 기술과 의사결정 기술을 의미하는 것으로 목표설정, 가치분석, 대안수립 등의 우선순위를 결정하고 필요한 직업정보를 수집하는 것을 포함하는 것이다. 개인의 과제접근 기술은 유전적 요소, 환경적 요인과 학습경험 간의 상호작용 결과로 얻게 된다. Krumboltz는 사회학습이론에서 과제접근 기술을 중요하게 다루고 있다.

개인은 위에서 살펴본 유전적 요소, 환경적 요인, 학습경험과 과제접근 기술의 상호작용을 통해 자신에 대한 일반화와 세상에 대한 일반화를 경험하게 된다. 이 두 가지 일반화는 개인이 학습경험을 통해 얻게 된다. 첫째, 자신에 대한 일반화는 '자기관찰 일반화(self-observation generalization)'라고 하는데, 자신이 어떤 사람인지 자기관찰을 통해 깨닫게 되는 것을 의미한다. 이는 주로 자신의 능력이나 흥미, 가치에 대한 이해이다. 이러한 일반화를 통해 개인은 자신에게 적합한 진로의사결정을 할 수 있게 된다. 둘째, 세상에 대한 일반화는 '세계관 일반화(worldview generalization)'라고 하는데, 세상이 어떤 곳인지 깨닫게 되는 것을 의미한다. 이는 주로 개인이 자신을 둘러싼 환경을 관찰함으로써 얻게 된다. 이러한 두 가지 일반화는 개인의 주관이 반영된 것으로 오류가 있을 수 있다. 이 경우 개인의 진로선택을 방해하는 요인으로 작용할 수도 있다.

Krumboltz 외(1999)는 개인의 삶에서 발생하는 우연한 사건들의 중요성을 간과하지 않고 '계획된 우연(planned happenstance)'이라는 개념을 발표하였다. 개인의 삶에서 예상하지 못한 사건이 발생할 수 있고, 이러한 사건은 개인의 진로선택에 긍정적 또는 부정적인 영향을 미칠 수 있다는 것이다. 개인은 이러한 사건들을 자신에게 긍정적으로 작용할 수 있게 하고 배움의 기회로 전환시키는 것이 바람직한데, 이것이 바로 계획된 우연이다. 개인에게 우연히 발생하는 사건들을 진로선택에 긍정적으로 작용하게 하려면 다음과 같은 다섯 가지 기술들이 필요하다.

첫째, 호기심이다. 호기심은 새로운 학습기회를 탐색하게 한다.

둘째, 인내심이다. 인내심은 좌절에도 불구하고 노력을 계속하게 한다.

셋째, 융통성이다. 융통성은 태도와 상황을 변화시키는 것이다.

넷째, 낙관성이다. 낙관성은 새로운 기회를 긍정적이고 달성할 수 있다고 보는 것이다.

다섯째, 위험감수이다. 위험감수는 불확실한 결과에 직면하더라도 실행하게 한다.

Krumboltz는 과제접근 기술과 진로의사결정의 일곱 단계를 제시하고 각 단계의 첫 글자를 따서 'DECIDES'라고 명명하였다. 진로의사결정의 가장 핵심 과정은 여섯 번째 단계인 선택 대안의 체계화와 제외 단계이다. 이는 모든 대안들 가운데 최종적으로 한 가지 대안을 결정하기 위해 다른 대안들을 제외시키는 것으로 진로의사결정에서 가장 어려운 과정이다(황매향 외, 2014).

1. 문제의 정의(define the problem) : 무엇이 문제인가, 해결해야 할 과제는 무엇인가, 의사결정의 필요성이 있는가에 대해 구체적으로 명확히 한다.

2. 계획 수립(establish an action plan) : 과제해결을 위해 어떻게 문제를 해결할지, 어떻게 의사결정을 할지에 대한 계획을 세우고, 계획을 실행하는 각 단계에서 해결해야 할 달성기준과 기한 등을 명확히 한다.

3. 가치 명료화(clarify value) : 과제해결에서 근본적인 가치나 중요하게 여기는 가치기준을 명확히 하고, 선택으로 인해 얻을 수 있는 것은 무엇인지를 명확히 한다.

4. 대안 모색(identify alternative) : 선택방향, 대안, 행동방향에 관한 정보를 수집하고 선택 가능한 대안 리스트를 작성하여 그중에서 특히 중요한 대안을 선택한다. 대안선택 시 중요하게 생각하는 가치, 능력, 흥미, 관심 등을 고려한다.

5. 예측할 수 있는 결과 검토(discover probable outcomes) : 각 대안에 대해 예측할 수 있는 결과, 이익, 손실, 위험을 검토한다. 예측결과에 근거하여 대안을 신중히 검토한다.

6. 선택 대안의 체계화와 제외(eliminate alternative systematically) : 선택 대안이 어떤 가치를 창출할 것인가를 예측한다. 필요한 정보를 수집하고 정보를 정리하여 일람표를 작성하고 각각의 이익과 손실을 검토한다. 그중에서 이익이 낮은 대안을 제외시킨다.

7. 실행(start action) : 선택 대안에 근거하여 실질적이고 구체적인 행동계획을 세우고 실행한다.

3) 박윤희의 의사결정이론

개인이 직업을 선택한다는 것은 곧 직업선택을 위한 의사결정이 필요하다는 것을 의미한다. 박윤희의 의사결정이론은 개인의 직업선택에 초점을 맞춘 이론으로 직업선택에서 의사결정 주체가 지닌 개인적인 특성과 환경과의 관련성을 강조하였다. 박윤희의 의사결정이론은 실제 직업선택이 필요한 개인들을 위해 의사결정의 각 단계에 필요한 구체적인 방법론을 제시하였다. 특히 다양한 툴(tool)들과 함께 이를 활용할 수 있는 가이드라인(guideline)을 제시함으로써 실제 커리어코칭 현장에서 적용 가능성을 높이고자 하였다.

흔히 좋은 직업으로 분류되는 것들이 누구에게나 만족을 주는 것은 아니며, 유능한 사람이라고 해서 어떤 직업에서나 성공을 하는 것은 아니다. 자신의 특성을 잘 알고 자신이 처한 환경에 대한 이해가 더해질 때 합리적인 직업선택을 위한 의사결정이 가능하다. 이제 박윤희의 의사결정이론에 대해 구체적으로 살펴보자.

(1) 문제정의(definition of problem)

직업선택을 위한 의사결정은 개인이 먼저 자신이 처한 커리어 상황에서 해결해야 할 문제가 무엇인지 이해하는 것에서부터 출발한다. 의사결정이론에서 문제정의는 의사결정 주체인 개인에 따라 그 내용이 다소 상이할 수 있다. 청소년기의 직업선택과 성인기의 직업선택 그리고 노년기의 직업선택은 그 내용에서 상이할 수 있고, 특히 성인기의 직업선택의 경우, 그 사유가 단순히 직장을 옮기는 것이 될 수도 있지만 직업이나 직무를 바꾸고자 하는 전직이 될 수도 있다. 따라서 의사결정이론에서 문제정의가 반드시 하나의 직업을 선택하는 것이라고 단정짓기는 어렵다. 문제정의 단계는 피코치가 처한 커리어 문제가 무엇이든 간에 피코치가 스스로 자신의 커리어 문제를 인식하고 이에 대해 명확하게 정의하는 단계이다.

피코치의 문제정의를 돕기 위해 코치는 다음과 같은 질문을 할 수 있다.

- 현재 자신의 커리어와 관련해 가지고 있는 고민이 있다면 무엇입니까?
- 자신이 가장 관심이 가는 분야가 있다면 어떤 분야입니까?
- 직업을 선택하는 데 가장 큰 어려움은 무엇입니까?
- 자신에게 적합하다고 생각되는 직업이 있다면 무엇입니까?
- 현재 자신의 진로 고민이 있다면 무엇입니까?
- 지금 현재 상태에서 자신이 할 수 있는 최선의 선택은 무엇입니까?
- 자신의 직업과 관련해 가지고 있는 생각은 무엇입니까?
- 지금 현재 일을 하면서 자신을 가장 힘들게 하는 것은 무엇입니까?
- 50세 이후 자신이 계속해서 일을 한다는 것에 대해 어떻게 생각하십니까?
- 은퇴 후의 경제생활에 대해서 특별한 계획을 가지고 있습니까?
- 은퇴 후의 삶에서 가장 중요한 것이 무엇이라고 생각하십니까?

코치는 위의 질문 이외에도 다양한 질문들을 통해 피코치가 당면한 문제를 스스로 찾을 수 있도록 도울 수 있다. 또 경우에 따라서 피코치가 자신의 문제가 정확히 무엇인지 잘 파악하지 못할 경우, 커리어코칭 스킬을 활용하여 피코치가 이를 명료화할 수 있도록 도울 수 있다.

(2) 자기이해(self-knowledge)

해결해야 할 문제에 대한 명확한 정의가 이루어졌다면 다음은 문제해결을 위해 다양한 측면에서 자신에 대한 이해가 필요하다. 자기이해 단계는 상당히 포괄적으로 진행될 필요가 있는데, 그 이유는 일반적으로 개인들은 자기 자신에 대해 잘 알고 있다고 생각하지만 실제로는 그렇지 못한 경우가 많기 때문이다. 자기이해는 성격이해, 강ㆍ약점 이해, 경험이해, 보유지식과 기술의 이해, 일상생활의 이해, 직업적성, 직업흥미, 직업가치관에 대한 전반적인 이해를 포함한다.

코치는 피코치의 자기이해를 돕기 위해 필요한 성격, 직업적성, 직업흥미, 직업가치관 검사 등을 실시하고 검사결과와 그 내용에 대해 피코치가 이해할 수 있도록 한다. 피코치가 자신의 강점과 약점에 대해 잘 모르는 경우, 가족과 지인들의 도움을 통해 강점과 약점에 대해 파악할 수 있도록 한다. 이 경우에는 조사 결과가 자신의 강ㆍ약점과 일치하는지 코칭을 통해 검증할 필요가 있다.

(3) 통합적 대안선택(integrated choice of alternative)

통합적 대안선택 단계는 문제정의와 자기이해 단계에서 도출한 다양한 근거들을 통해 자신에게 가장 적합하다고 생각되는 대안을 선택하는 단계이다. 물론 이때 선택한 대안이 자신이 최종 선택한 대안이 될 수도 있지만 이후 단계들을 거치면서 수정 및 보완될 수 있다. 개인이 자신에게 가장 적합한 대안을 선택한다는 것은 그만큼 어려운 일이기 때문이다.

통합적 대안선택 단계에서 직업을 선택한 경우 성격, 직업적성, 직업흥미, 직업가치관 검사를 통해 적합직업으로 추천된 직업들과 보유지식과 기술, 강ㆍ약점, 경험, 일상생활 등에 대한 사항들을 모두 고려할 필요가 있다. 특히 피코치가 자신이 희망하는 직업이 있을 경우 이러한 사항들과 희망직업에 대한 고려를 통해 자신에게 가장 적합하다고 생각되는 직업을 선택하게 된다. 또 의사결정 주체에 따라서 가능하다면 구체적인 희망직업, 희망업종과 희망기업 등에 대한 선택도 해 볼 수 있다. 특히 취업을 앞둔 고등학생이나 대학생의 경우라면 〈표 3.10〉이 도움이 될 수 있다. 경우에 따라서는 성인기나 노년기의 피코치에게도 유용하게 사용될 수 있다.

직업선택을 위한 의사결정 과정에서는 개인이 희망하는 직업과 실제 선택할 수 있는 직업 사이에 차이가 발생할 수 있다. 따라서 이를 일치시키기 위한 조정이 필요하다. 직업을 선택하는 과정에서 개인이 희망하는 직업을 현실적인 문제 때문에 포기해야 하고 덜 선호하지만 쉽게 접근이 가능한 직업을 선택해야 하는 일이 자주 발생한다. 이는 외적 현실에 적응하기 위해 개인이 자신의 진로를 조정하는 것을 의미한다. 이때 개인들은 자신에게 부적합하거나 자신이 접근 불가능하다

표 3.6	통합적 자기이해

	좋았던 경험	싫었던 경험
직업경험		
교육경험	좋았던 경험	싫었던 경험
	받고 싶은 교육	
강점과 약점	강점 5가지	약점 5가지
보유지식과 기술	지식	기술
일상생활	가족관계	
	친구/동료 관계	
	여가 및 사회활동	

고 판단되는 직업들을 먼저 제거하면서 자신에게 덜 적합하지만 현실적으로 접근할 수 있는 직업을 선택하게 된다. 가끔은 처음에는 전혀 받아들일 의사가 없던 직업을 다시 고려하는 일이 발생할 수도 있다. 이때 다음 단계인 환경인식 단계는 매우 중요한 역할을 하게 된다. 커리어코치의 역할은 피코치가 스스로 선택 가능한 영역을 설정하고 이 가운데 적합한 직업을 선택할 수 있도록 피코치의 사고 지평을 넓혀 주는 것이다.

표 3.7	직업관련 자기이해
검사항목	검사결과와 내용
성격	
직업적성	
직업흥미	
직업가치관	

표 3.8	강·약점 이해	
부모, 동료, 친구 등	강점	약점

표 3.9	직업선택		

구분	직업목록		희망직업
성격	적합직업		1.
			2.
	최적합직업		3.
직업적성			4.
	적합직업		5.
직업흥미	적합직업		
직업가치관	적합직업		
보유지식과 기술			
강 · 약점			
경험			
일상생활			
나에게 가장 적합한 직업			
직업선택 이유			

표 3.10	희망직무 및 기업선택
나에게 가장 적합한 직업	
희망직무	그 이유
희망업종(1~2개 정도)	그 이유
희망기업(5개 정도)	그 이유

(4) 환경인식(understanding environment)

환경인식 단계는 의사결정 주체가 직면하고 있는 환경에 대한 이해를 의미하는 것이다. 직업선택에서 주로 문제가 되는 요인은 크게 세 가지로 나눌 수 있는데, 물적 요인, 인적 요인과 사회적 요인이다. 물적 요인은 의사결정 주체가 직면하고 있는 경제적 요인을 비롯한 물적 요인을 의미한다. 인적 요인은 가족이나 주변 지인들의 심리적 지원이나 기대, 협조 등을 포함하는 것으로 특히 직업선택에 도움을 줄 수 있는 인맥 등이 여기에 포함된다. 사회적 요인은 상당히 포괄적이고 그 범위도 넓다. 법률적·제도적 문제, 사회구성원들의 인식, 사회적 트렌드, 경제동향 등을 모두 포함하는 개념이다. 여기에는 직업적 트렌드 더 나아가 향후 직업전망 등도 포함된다.

특히 청소년의 경우 직업을 선택할 때 부모의 기대와 지원 정도가 매우 중요하다. 그렇기 때문에 직업을 선택할 때는 부모와 충분한 대화를 나누고 부모의 기대를 고려하는 것이 필요하다. 부모가 희망하는 직업과 자녀가 원하는 직업이 불일치할 경우에는 이러한 절차가 더욱더 필요하다. 개인이 속한 사회계층 수준도 개인의 직업선택에 중요한 영향을 미친다. 사회계층 수준에 따라 교육수준 정도, 직업포부, 지능수준 등이 상이할 수 있기 때문이다. 이러한 부모의 기대와 지원정도, 사회적 계층수준은 물적 요인이나 인적 요인으로 작용하여 개인의 직업선택에 영향을 미칠 수 있다.

표 3.11	환경인식
선택직업	
물적 요인	
인적 요인	
사회적 요인	
환경요인 검토 결과	

코치는 피코치가 통합적 대안선택 단계에서 선택한 직업에 대한 물적 요인, 인적 요인, 사회적 요인에 대해 생각해 볼 수 있게 한다.

(5) 정보수집(collecting information)

정보수집 단계는 통합적 대안선택과 환경인식의 결과로 선택된 직업에 대한 정보를 수집하는 단계이다. 이 단계는 직업체험(job shadowing) 또는 인터뷰(interview) 방법으로 진행된다. 피코치가 희망하는 직업을 직접 체험해 보거나 그 직업에 종사하는 사람을 인터뷰해 봄으로써 피코치 자신이 그 직업을 직접 경험해 본 것과 같은 효과를 얻게 된다. 사실 이 단계에서는 직업체험과 인터뷰 이후의 과정이 더 중요하다고 볼 수 있는데, 피코치는 자신이 수집한 구체적인 직업정보를 바탕으로 자신의 현재 상태를 비교 및 점검할 필요가 있다. 이를 통해 피코치는 자신이 희망하는 직업을 갖기 위해 필요한 활동들을 정리하게 되고 이는 자연스럽게 다음 단계인 목표설정 및 실행계획 수립 단계로 이어질 수 있다. 그러나 직업체험이나 인터뷰 결과 피코치 자신의 희망직업이 자신에게 적합하지 않다고 판단되면 통합적 대안선택 단계로 돌아가서 희망직업을 다시 선택해야 한다.

〈표 3.13〉의 툴에서 본인의 적성 및 흥미 일치 여부는 조사자인 피코치 자신의 적성과 흥미 일치 여부를 말한다. 피코치가 툴을 활용하여 직업체험이나 인터뷰를 실시했다면, 여기서 확인한 정보들을 활용해 〈표 3.14〉의 툴을 작성한다. 이 툴은 피코치가 자신이 선택한 직업을 준비하기 위해 필요한 것들을 확인하는 내용으로 구성되어 있다.

표 3.12	직업체험 전 의견
항목	**직업체험 전 의견**
희망직업(직무)	
하루일과	
주로 만나는 사람들	
주요 업무	
스트레스 정도	
처우 및 급여수준	
본인의 적성, 흥미, 가치관 등 일치 여부	
느낀 점	

표 3.13	직업체험

항목	실제 직업체험 내용
희망직업(직무)	
하루일과	
주로 만나는 사람들	
주요 업무	
스트레스 정도	
처우 및 급여수준	
본인의 적성, 흥미, 가치관 등 일치 여부	
느낀 점	

표 3.14	준비상태 점검

해당 직업에 대한 전망
해당 직업에서 요구하는 경력
해당 직업을 갖기 위해 필요한 학력과 전공
해당 직업을 갖기 위해 필요한 직업훈련이나 자격증
그 밖에 준비해야 할 것
자신의 현재 준비 상태에 대한 점검

　　정보부족은 직업선택을 위한 의사결정 과정에서 간과할 수 없는 중요한 부분이다. 특히 청소년
들은 기본적으로 직업에 대한 정보가 부족한 편이다. 그래서 그 직업의 피상적인 면만을 보고 직
업에 대해 판단하는 오류를 범하기 쉽다. 따라서 자신이 선택한 직업에 대한 정보는 바람직한 직
업선택을 위해 매우 구체적이고 현실적으로 다룰 필요가 있다.

(6) 목표설정 및 실행계획 수립(goal setting and action planning)

목표설정 및 실행계획 수립 단계는 피코치가 희망하는 직업을 갖기 위해 준비해야 하는 것들을 위
한 목표를 설정하고 이에 따른 실행계획을 수립하는 단계이다. 이 단계에서는 피코치가 준비해야

표 3.15	목표 순위 정하기				
목표		중요도	긴급도	실행가능성	순위

표 3.16	실행계획 수립
1순위 목표	실행계획
	What(무엇)
	When(시작)
	How(방법)
	How many/much(양이나 정도)
	How long(기간)

하는 것들을 위한 다양한 활동들, 즉 목표들을 나열해 보고 이에 대한 우선순위를 정한 후 이에 대한 구체적인 실행계획을 수립하는 내용이 주를 이룬다. 여러 목표들 가운데 가장 먼저 해결해야 할 목표를 설정하고 이에 대해 구체적인 계획을 수립해야 한다. 이때에는 2W3H 원칙(5장의 "실행계획" 부분 참조)에 입각해 실행계획을 수립한다.

(7) 실행 및 개선(action and improvement)

실행 및 개선 단계는 이미 수립한 실행계획에 따라 실행을 하고 이에 대한 평가를 통해 개선책이 필요할 경우 개선을 위한 실행계획을 다시 수립하는 단계이다. 만약 성공적으로 실행이 이루어졌

표 3.17 실행평가

1순위 목표	실행계획	평가
	What(무엇)	
	When(시작)	
	How(방법)	
	How many/much(양이나 정도)	
	How long(기간)	

표 3.18 개선 실행계획 수립

1순위 목표	개선을 위한 실행계획
	What(무엇)
	When(시작)
	How(방법)
	How many/much(양이나 정도)
	How long(기간)

다면 다음 순위 목표에 대한 구체적인 실행계획을 수립하고 이를 실행한다.

(8) 목표달성(goal achievement)

의사결정 프로세스가 체계적으로 잘 진행되었다면 피코치는 자신이 희망하는 목표를 달성하게 되는데, 이는 피코치의 의사결정 문제가 잘 해결되었다는 것을 의미하는 것이다. 이상에서 검토한 박윤희의 의사결정 프로세스를 도식화한 것이 [그림 3.7]이다. 그림에서 알 수 있듯이 각 단계가 원활하게 진행되지 못했을 경우 이전 단계로 돌아갈 수 있고 문제에 대한 정의가 명확하게 이루어

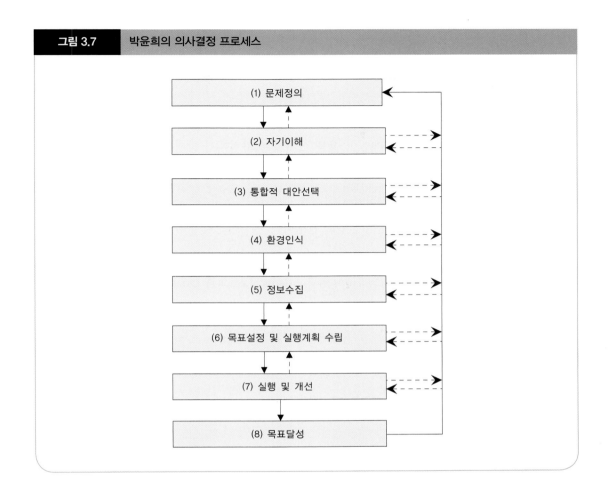

그림 3.7   박윤희의 의사결정 프로세스

지지 못한 경우 모든 단계에서 문제정의 단계로 돌아갈 수 있다. 문제가 해결되고 목표가 달성된 경우에도 시간이 경과하면 다시 새로운 문제가 발생할 수 있다. 이 경우 문제정의 단계부터 다시 의사결정 프로세를 진행하게 된다.

지금까지 설명한 박윤희의 의사결정 프로세스는 개인이 직업선택의 의사결정이 필요할 경우 혼자서도 활용이 가능하다. 이렇게 개인이 자신을 스스로 코칭하는 것을 셀프코칭(self-coaching)이라고 한다. 코칭경험이 풍부한 코치들은 셀프코칭을 하는 경우가 많다. 하지만 코칭에 익숙하지 않은 피코치들은 효과적인 셀프코칭을 하기 어렵다. 따라서 직업선택에 관한 어려운 의사결정이 필요할 경우 전문코치에게 도움을 요청할 필요가 있다.

05   커리어전환이론

커리어전환(career transition)이란 개인이 삶을 살아가는 과정에서 발생하는 직업적인 변화를 의미한다. 그렇기 때문에 커리어전환은 주로 성인기에 나타나는 직업상의 변화이다. 커리어전환은 자발적·비자발적인 요인에 의해 이직이나 전직을 해야 하는 상황에서 자신의 직업생활의 커리어를 전환하는 것을 뜻한다. 우리나라에서 주로 발생하는 커리어전환의 유형과 요인을 정리하면 다음 〈표 3.19〉와 같다.

다음은 대표적인 커리어전환모델인 Hopson과 Adams, Latack과 Dozier, Fisher의 이론에 대해 정리한 것이다.

표 3.19   커리어전환의 유형과 요인

구분		연계한 커리어전환의 의미	커리어전환 내용
커리어전환유형		• 직장 내 재배치(현 직장에서 지위 혹은 부서 변화)	• 인력 재배치 • 작업장 재배치
		• 재취업	• 동일업무 타 직장으로 이동 • 타업무 타 직장으로 이동
		• 창업	• 직장인에서 자영업자로 전환
		• 직업생활에서 완전한 은퇴	• 근로계약상에 정한 일정한 연령에 도달한 근로자에 대해서 근로능력이나 의사와 상관없이 근로계약을 종료하는 정년퇴직
커리어전환요인	자발적 커리어전환	• 의사결정 주체가 근로자인 경우로 일방적 의사표시에 의해 근로관계를 해지한 경우	• 중고령자 자신의 경력을 쌓기 위한 자발적 이직 • 조직에 대한 불만, 개인적 불만, 보다 나은 직무를 찾아 타 기업으로 가는 전직, 학업의 계속 등의 사유로 커리어전환
	비자발적 커리어전환	• 의사결정 주체가 근로자가 아니라, 취업규약이나 근로계약에 의거 회사의 일방적인 결정에 의해 근로관계가 해지된 경우	• 근로자의 귀책사고에 의한 해고 • 경영상의 이유에 의한 해고(정리해고) • 정년퇴직

출처 : 김기홍·임언·이정표(2008). 중고령자 진로전환 지원체제 연구. p. 16 수정.

1) Hopson과 Adams의 전환모델(transition model)

Hopson과 Adams(1977)의 전환모델은 개인의 커리어 변화를 적응 차원에서 살펴본 이론이다. 이 이론은 커리어 변화에 대응하는 개인의 상태를 자아존중감의 변화와 함께 일곱 단계로 나누어 설명하고 있다. 이 모델은 성인의 경력 위기를 이해하는 데 적합한 이론이다.

다음은 전환모델의 각 단계에 대한 설명이다.

(1) 1단계 : 마비(immobilization) 단계

개인은 자신이 해고나 실직했다는 것을 인식하게 되면 충격을 받게 되는데 이것이 마비이다. 전환의 처음 단계에서 사람들은 아무것도 할 수 없는 마비되는 경험을 하게 된다. 마비는 일시적일 수도 있지만 개인에 따라서는 수개월 동안 지속될 수도 있다. 전환경험 자체가 새롭지 않거나 긍정적 기대를 갖게 되면 마비의 강도가 크지 않거나 전혀 없을 수 있다. 결혼은 좋은 예가 된다. 마비의 지속기간은 사건의 성질이나 개인의 심리적인 특성에 따라 상이할 수 있다.

(2) 2단계 : 최소화(minimization) 단계

최소화는 개인이 자신에게 일어난 변화를 실제보다 더 작게 만들고 싶어 하는 욕구가 반영된 것이다. 가끔 개인은 변화가 일어나고 있다는 것을 부인하거나 변화를 과소평가하며 모든 것이 다 잘될 것이라고 스스로에게 위안을 준다.

(3) 3단계 : 침체(depression) 단계

이 단계에서 개인은 슬럼프에 빠지게 되고, 자신의 무능력을 인식하면서 좌절하게 된다. 특히 이 단계에서는 여러 가지 감정이 나타날 수 있다. 자신에 대한 회의감은 물론이고 자신이 가족을 부양할 능력이 있는지에 대해 의심하게 된다. 이 단계에서 나타나는 다른 감정들은 미래에 대한 두려움, 불안, 슬픔과 분노 등이 있다.

(4) 4단계 : 놓아주기(acceptance of reality, letting go) 단계

이 단계에서 개인은 자신이 가졌던 여러 감정들을 놓아주기 시작한다. 분노, 좌절, 긴장 등을 놓아주면서 자신에게 일어나고 있는 일들을 받아들이기 시작한다. 이 단계에서 개인은 처음으로 자신의 상황과 자신을 분리하고 보다 객관적으로 미래를 보기 시작한다.

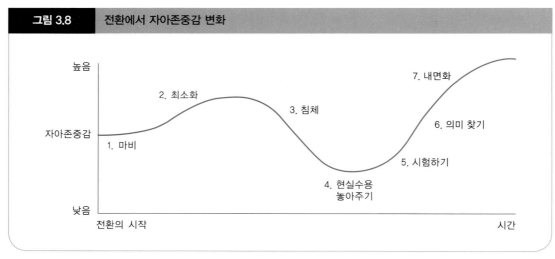

그림 3.8   전환에서 자아존중감 변화

출처 : Hopson & Adams(1977), Towards an understanding of transition: Defining some boundaries of transition, p. 13.

(5) 5단계 : 시험하기(testing) 단계

이 단계에서 개인은 '할 수 있다'는 자신감을 가지고 에너지 넘치는 상태가 된다. 실제 개인들은 새로운 일을 구상하기도 한다. 이제 개인은 자신과 같은 상황에 처한 사람들에게 조언을 할 수도 있다. 자신의 커리어 상황에서 중요한 사람들과 네트워크를 구축할 방법을 생각하기도 하고, 미래에 자신이 어떻게 살아갈지 생각하기도 한다.

(6) 6단계 : 의미 찾기(search for meaning) 단계

의미 찾기 단계에서 개인은 자신이 처한 상황에서 의미를 찾고자 한다. 개인은 변화가 어떻게 다르고 왜 다른지에 대해 이해하고자 한다. 이는 개인들이 비로소 자신의 감정을 제대로 이해하고자 하는 인식이 이루어지는 과정이다. 개인은 자신에게 직면한 실직의 의미와 과거에 자신이 종사했던 일을 재분석하게 된다.

(7) 7단계 : 내면화(internalization) 단계

내면화 단계는 개인이 변화된 가치와 생활양식을 내면화하는 단계이다. 개인은 힘든 상황을 경험하면서 새로운 대처 능력을 발달시킬 수 있고 정서적, 영적, 인지적으로 성장할 수도 있다.

직업전환 위기에 직면한 모든 개인들에게 이 모델이 잘 맞는 것은 아니다. 또 모든 개인들이 더 나은 직업을 찾는 것으로 자신에게 닥친 직업전환 위기를 극복하는 것도 아니다. 직업전환 위기에 직면한 일부 개인들은 신체적 질병, 자살시도, 시간제 일자리를 경험하기도 하고 경우에 따라서는 직업을 구하지 못하는 경우도 있다. 따라서 커리어코치가 코칭을 진행할 때 이 모델에 지나치게 의존할 필요는 없다. 이 모델은 커리어코치에게 개인들이 커리어전환을 경험하게 될 경우 겪게 되는 심리적 과정을 이해할 수 있게 해 준다.

2) Latack과 Dozier의 커리어 성장모델(career growth model)

Latack과 Dozier(1986)가 제시한 커리어 성장모델은 개인이 비자발적인 퇴직이나 해고에 의해 직업을 상실한 것과 관련이 있는 것으로 다음과 같이 설명할 수 있다. 첫째, 개인의 커리어 성장은 개인이 직업상실에서 벗어나 새로운 심리적 안정을 취할 수 있는 새로운 직업을 획득했을 때 발생한다. 이 경우 새로운 직업은 심리적 성공의 기회를 제공할 뿐만 아니라 이전의 직업보다 더 나은 심리적 안정을 줄 수 있는 것이어야 한다. 둘째, 직업상실에서 벗어난 커리어 성장은 '당신은 현재가 더 나은가?'라는 질문에서 출발할 수 있다. 성장은 개인이 직업상실의 상태에서 벗어나 직업전환을 했을 때, 직업전환 과정의 경험에서 잃은 것과 얻은 것이 동일하다고 생각되거나, 잃은 것보다 얻은 것이 더 많다고 판단될 때를 의미한다. 그렇기 때문에 개인의 커리어 성장은 비자발적인 퇴직이나 해고로 인한 심리적 상실감으로부터 벗어나는 것과 새로운 직업을 찾는 것 그 이상이다. 즉, 이것은 심리적 안정을 주는 새로운 직업을 찾는 것과 전환과정에서 얻은 커리어가 퇴직으로 인한 상실감보다 더 중요하다고 결론 내리는 것을 의미한다.

이처럼 커리어 성장모델은 비자발적인 퇴직이나 해고로 인한 심리적 상실감으로부터 비롯되는 스트레스, 우울, 자존감 상실 등을 적정 수준에서 유지하고 통제할 수 있게 도와주며, 전직할 수 있도록 하는 데 초점을 맞추고 있다. 이러한 커리어 성장 프로세스를 그림으로 나타낸 것이 다음 [그림 3.9]이다.

이 모델에서 개인이 직업상실로부터 받는 스트레스를 적정수준으로 유지할 수 있게 하는 요소들은 개인적 특성(직업상실 전의 태도, 경력단계, 활동단계), 환경적 특성(재적정 자원, 사회적 지원, 유동적인 가족구조), 전환과정의 특성(조직 내의 최종 결정 과정에서 직업적인 접근, 슬픔과 분노에 대한 해소)이다.

이제 각 요소들에 대해 살펴보자(김기홍 외, 2008).

첫째, 개인적 특성은 비자발적인 퇴직이나 해고에 의해 퇴직한 개인이 현재의 상황을 극복할 수 있는가에 대해 영향을 미친다. Latack과 Dozier(1986)는 개인적 특성에서 직업상실 이전의 일에

그림 3.9	직업상실에서 커리어 성장

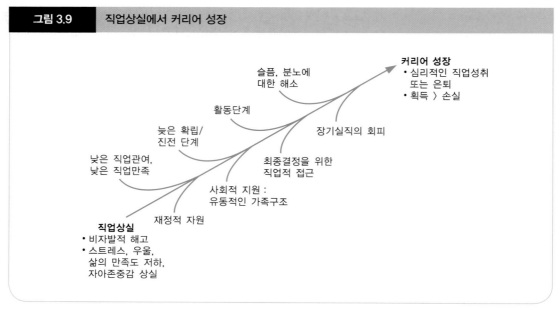

출처 : Latack & Dozier(1986). After the ax falls: Job loss as a career transition. p. 381.

대한 태도 유지, 최상의 직업 활동 수준과 직업만족도 유지가 직업상실에서 탈피하여 커리어 성장을 이루는 데 영향을 준다고 가정하였다. 따라서 비자발적인 퇴직이나 해고에 의해 퇴직한 개인에게 필요한 것은 높은 활동 수준을 유지하도록 적절한 동기부여를 하는 것이다. 또한 이들이 체계적인 활동을 유지할 수 있도록 단계별 피드백을 주는 것과 자신에 대한 정체감, 역량 및 자존감을 유지하게 하는 것이 커리어 성장에 기여하는 것들이다.

둘째, 비자발적인 퇴직이나 해고에 의해 퇴직한 개인에게 미치는 환경적 특성으로 재정적 어려움에 의한 스트레스를 들 수 있다. 이러한 정신적 스트레스는 퇴직한 개인의 향후 구직활동에도 영향을 미치게 된다. 사회적 지원은 개인의 커리어 성장에 영향을 주기 때문에, 퇴직으로 인한 심리적 불안과 스트레스가 심한 시기에 주변의 친구와 가족으로부터 심리적 지원을 받는 것이 중요하다.

셋째, 전환과정은 실직자의 분노와 불안에 대한 해소를 포함한다. 커리어코치는 퇴직자가 처한 상황을 올바로 이해하고, 그들이 갖고 있는 분노와 불안 같은 심리적 장애 요소를 극복할 수 있도록 도와줄 필요가 있다. 또 그들이 구직할 수 있는 방법을 습득해서 새로운 직업을 찾을 수 있도록 지원해야 한다.

커리어전환 지원과 관련하여 커리어 성장모델은 실직자가 느끼는 변화 요소에 대한 슬픔과 분노 등의 심리적 갈등 요소를 완화해야 한다는 당위적인 논리를 주장하고 있다. 또 이에 대처하는 방안에 대한 상세한 설명이 부족하고 제한적이라는 점 때문에 비판받고 있다.

3) Fisher의 개인전환 모델(personal transition model)

Fisher(1999)는 개인의 커리어전환에서 심리적 변화 과정을 다룬 전환곡선(transiton curve)을 발표하였다. Fisher가 제시한 개인 전환곡선의 아홉 가지 양상을 살펴보면 다음과 같다.

(1) 불안(anxiety)

불안은 개인이 자신이 직면한 사건들이 자신의 이해와 통제 밖에 놓여있다고 지각하는 것이다. 불안의 문제는 개인들이 적절하게 미래를 그려나갈 수 없다는 점이다.

(2) 행복(happiness)

행복은 개인의 관점이 타인에 의해 인식되고 공유된다고 지각하는 데서 오는 것이다. 이것의 영향은 두 개의 영역으로 볼 수 있다. 먼저, 무엇인가 변화하고 이전처럼 지속되지는 않을 것이라는 안도의 느낌이다. 과거가 긍정적 또는 부정적으로 지각되었는지에 상관없이 앞으로 향상될 것이라는 기대감과 흥분감을 의미한다. 또 다른 수준에서는 자신의 생각이 옳았다는 것과 무엇인가 일어날 것이라는 것을 알고 있다는 만족감이 있다. 행복상태에서 개인은 일반적으로 변화에 대한 시스템을 구성하고 스스로 성공을 이끌어 내는 밝은 미래를 예상한다.

(3) 공포(fear)

공포는 한 개인이 자신의 핵심적인 행동체계 내에서 일어나는 일시적인 변화를 인식할 때 갖는 감정이다. 개인은 이전과는 다른 방식으로 행동하는 것이 필요한데, 이러한 개인의 행동은 자기지각과 타인들이 그들을 어떻게 보는지 둘 다에 영향을 미치게 된다.

(4) 위협(threat)

개인은 핵심적인 행동체계 내에서 포괄적인 변화를 인식할 때 위협을 느낀다. 개인은 위협을 느끼면서 주요한 라이프스타일의 변화를 지각하게 되는데, 이를 통해 향후 선택과 자신에 대한 타인들의 지각을 급격하게 바꿀 수 있다. 그러나 개인은 여전히 잠재적으로 완전히 새롭고 이질적인 환경, 즉 오래된 규칙이 더 이상 적용되지 않고 새로운 것 또한 아직 완성되지 않은 환경에서 행동하고 반응하는 방법에 대해 확신하지 못한다.

(5) 자괴감(guilt)

자괴감은 개인이 자기지각으로부터 오는 자아를 제거하면서 갖게 되는 감정이다. 개인은 과거에 어떻게 행동하고 반응했는지 그리고 그것에 대해 어떠한 대안적인 해석을 했는지에 대한 자기지각을 탐색하면서 자신의 감각을 재정의하기 시작한다.

(6) 우울(depression)

개인은 동기결핍이 발생하고 혼란스러워하면서 우울을 경험한다. 개인은 미래에 그들이 무엇을 유지할지 그리고 어떻게 그들이 미래 세계에 적응할 수 있을지에 대해 확신하지 못한다. 결과적으로 자신에 대한 감각의 약화는 정체성의 부재와 조정능력에 대한 불명확한 시각을 갖게 한다.

(7) 환멸(disillusionment)

환멸은 자신의 가치, 신념 그리고 목표가 조직의 그것과 불일치한다고 인식하는 것이다. 개인은 동기화되지 못하고 산만하며, 차츰 불만족스러워하게 된다.

(8) 적대감(hostility)

적대감은 이미 실패한 것으로 입증된 사회적인 예측을 정당화하기 위해 지속적인 노력을 기울이면서 갖게 되는 감정이다. 문제는 개인이 성공적인 결과물을 성취하는 데 반복적으로 실패하고, 기존에 프로세스를 사용하거나 새로운 방식에 필요없는 과정들을 계속 사용한다는 것이다.

(9) 부정(denial)

부정은 개인의 변화에 대한 수용능력의 부족으로 인해, 그 변화가 자신에게 미치는 영향을 부정하는 것이다. 이때 개인은 기존에 낡은 프로세스를 사용하고, 자신의 신념체계와 반대되는 증거나 정보를 무시하면서 마치 변화가 일어나지 않은 것처럼 행동한다.

이러한 Fisher의 아홉 가지 양상을 포함한 개인전환 과정을 도식화한 것이 [그림 3.10]이다.

Fisher의 전환곡선을 통해 작은 변화라고 하더라도 개인에게 잠재적인 영향을 미칠 수 있고, 개인의 가치와 신념 그리고 예상되는 변화들 간에 충돌이 발생할 수 있다는 것을 확인할 수 있다(김기홍 외, 2008).

| 그림 3.10 | Fisher의 개인전환 과정 |

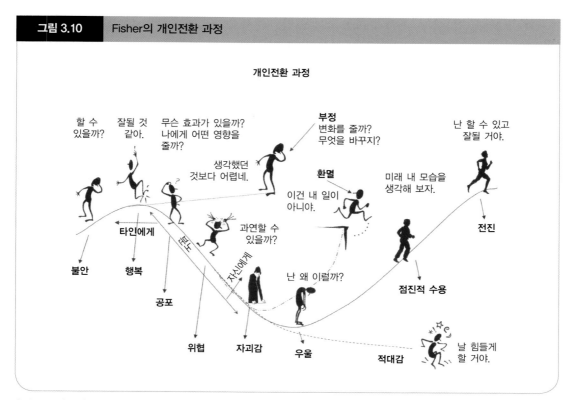

출처 : Fisher(1999). Model of personal change – The transition curve.

06 성격이론

성격이해는 커리어코칭에서 두 가지 중요한 의미를 갖는다. 첫째는 성격과 직업선택의 관련성이다. 성격은 개인이 삶을 살아가며 자기 자신뿐 아니라 타인과의 관계에 많은 영향을 미치는 요소이다. 특히 성격은 직업선택과 관련성을 가지고 있다. 따라서 커리어코칭을 진행할 때 성격이해는 중요한 절차이다. 둘째는 코칭 진행에서 유용성이다. 성격에 따라 커뮤니케이션 스타일, 감정처리, 효과적인 실행 방법 등이 달라질 수 있다. 따라서 커리어코칭 실시 전에 코치가 피코치의 성격을 이해한다면 효과적인 코칭을 진행하는 데 많은 도움을 얻을 수 있다.

피코치의 코칭 주제에 따라 성격이해 부분은 코칭에서 다루지 않을 수도 있다. 성격이해는 커리어코칭 과정에서 반드시 다루어야 하는 내용은 아니기 때문이다. 그럼에도 불구하고 성격이론은 피코치에게 적합한 직업선택을 위해서 또 효과적인 커리어코칭을 위해서 활용할 수 있는 유용한 이론이다.

성격은 개인이 가지고 있는 고유의 성질이나 품성으로 그것을 유지하고 발전시킨 개인의 독특한 심리체계로 볼 수 있다. 또 각 개인이 가진 타인과 다른 자신만의 행동 양식으로, 선천적인 요인과 후천적인 영향요인에 의해 형성된다고 할 수 있다. 성격이해는 DISC 이론과 MBTI 이론을 중심으로 살펴본다.

1) DISC

1920~1930년대 미국의 행동주의 심리학자이며 콜롬비아대학교의 교수인 Marstone은 네 가지 체액설을 바탕으로 인간에게 적용 가능한 행동유형 모델을 개발하였다. 이 모델은 오랫동안 검증과 적용의 절차를 거쳐 인간의 행동 특성에 근거한 성격분류의 중요한 기준으로 사용되고 있다. 이것이 바로 DISC 이론이다. DISC 이론은 인간의 행동 특성을 D(주도형), I(사교형), S(안정형), C(신중형)로 구분한다.

Marstone은 체액설에 바탕을 두고 DISC 행동 유형 모델을 개발했는데, 이는 Hippocrates의 네 가지 체액설에 근거하고 있다. 기원 전 Hippocrates는 인간의 체액을 혈액, 흑담즙, 황담즙, 점액의 네 가지로 가정하여 성격을 구분하였다. Hippocrates는 사람들을 치료하면서 중요한 사실을 발견하였는데 똑같은 질병에 똑같은 약을 처방해도 낫는 사람이 있는가 하면, 낫지 않는 사람이 있다는 것이다. 그는 이를 근거로 인간 내부 장기의 체액이 사람마다 다르다고 주장하였다.

Galen은 기원 후 200년경 Hippocrates의 체액설에 근거하여 네 가지 체액에 일치하는 기질(temperament), 즉 다혈질, 우울질, 답즙질, 점액질이 있다고 주장하였다. 바로 이러한 Hippocrates와 Galen의 체액과 기질이 DISC 행동 유형 모델의 근간이 되었다. 〈표 3.20〉은 Hippocrates, Galen과 Marstone의 유형을 비교한 것이다.

(1) DISC 유형별 공통점과 차이점

DISC 네 가지 유형들은 서로 공통점과 차이점을 가지고 있다. 우선 성격의 개방성과 속도를 기준으로 살펴볼 수 있다. 주도형(D)과 사교형(I)이 갖는 공통점은 외향적이며 빠르다는 것이다. 주도형과 사교형의 사람들은 외부로부터 에너지를 얻는 사람들이다. 따라서 다른 사람들에게 먼저

표 3.20	체액유형과 DISC 유형	
Hippocrates의 체액	**Galen의 기질**	**Marstone의 DISC**
황담즙(yellow bile)	담즙질(choleric)	D형(주도형, dominance)
혈액(blood)	다혈질(sanguine)	I형(사교형, influence)
점액(phlegm)	점액질(phlegm)	S형(안정형, steadiness)
흑담즙(black bile)	우울질(melancholy)	C형(신중형, conscientiousness)

출처 : 홍광수(2010). 관계. p. 47 수정.

다가가고 먼저 대화를 시도하는 편이다. 또 말이나 행동이 빠른 편이고 사고나 판단의 속도도 빠르다.

　반면 안정형(S)과 신중형(C)이 갖는 공통점은 내향적이고 느리다는 것이다. 안정형과 신중형의 사람들은 자기 안에서 에너지를 얻는다. 따라서 안정형과 신중형의 사람들이 에너지가 필요할 때는 혼자 조용히 있는 시간을 가짐으로써 필요한 에너지를 얻게 된다. 이들은 타인에게 먼저 말을 걸고 다가가는 편이 아니다. 또 말이나 행동이 느린 편이고 사고나 판단도 빠른 편이 아니다. 주도형과 사교형이 말을 하면서 생각을 하는 편이라면 안정형과 신중형은 생각을 정리한 후에 말을 한다. 하지만 이것은 어디까지나 상대적인 것이다. 안정형과 신중형의 사람들이 주도형과 사교형

그림 3.11	DISC 유형의 공통점과 차이점

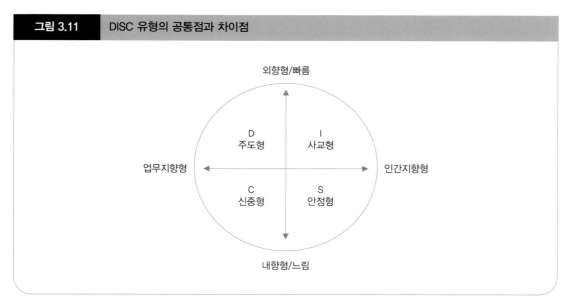

출처 : Rohm(2009). Positive personality profiles : Discover personality insights to understand yourself and others! p. 20.

의 사람들에 비해 상대적으로 내향적이고 느리다는 것이지 절대적 기준에 근거한 것은 아니다.

이번에는 DISC 네 가지 유형들을 업무지향형과 인간지향형의 기준으로 살펴볼 수 있다. 주도형과 신중형은 업무지향적인 사람들이다. 이 유형의 사람들은 사람과의 관계보다는 자신에게 주어진 업무를 잘 마무리하는 것이 우선이기 때문에 일을 할 때는 사람관계가 눈에 잘 들어오지 않는다. 반면 사교형과 안정형의 사람들은 이와는 대조적이다. 이들은 업무를 처리할 때도 여전히 사람과의 관계가 중요하고 이를 먼저 고려하는 태도를 취한다. 이러한 유형별 공통점과 차이점으로 인해 각 유형들이 서로 다른 성격을 갖게 된다.

(2) DISC 유형별 특징

주도형은 단어 자체의 느낌에서도 알 수 있듯이 상당히 주도적이고 도전적인 성향을 갖는다. 주도형과 관련된 영어 단어로는 dogmatic(독단적인), directive(지배적인), demanding(요구하는), decisive(단호한), determined doer(결연한 실행가), dictatorial(독재적인), defiant(도전적인) 등이 있다. 주도형은 리더십이 뛰어난 유형이다. 항상 자신감에 차 있고, 도전적이며 목표를 세우고 이를 달성하기 위해 앞으로 나아가는 추진력이 뛰어나다. 또 반드시 목표를 달성하려고 하는 결과지향적 성향을 지닌다. 그렇기 때문에 때로는 경쟁도 불사하고 공격적인 성향을 보이기도 한다. 타인의 의견을 듣기보다는 자신의 생각대로 일을 추진하려는 성향이 강하고 변화를 주도하려는 모습을 보이기도 한다. 자신이 주도하는 환경을 선호하고 자신의 역할이 미미하거나 통제 당하는 환경을 싫어하며 그러한 환경에 놓이게 되면 스트레스를 받는다. 추진력을 발휘해 일을 할 때 다른 사람의 감정을 무시하는 언행을 보일 수 있다.

사교형은 사람이나 대인관계에 관심이 많은 유형으로 말하기를 좋아하고 재미있는 것을 추구하는 성향이 강하다. 사교형과 관련된 영어 단어로는 interacting(영향을 끼치는), impressive(인상적인), interested(흥미 있는), interchangeable(융통성 있는), intercept(남의 말을 중간에 가로채는) 등이 있다. 사교형은 상당히 감정적이고 자신의 감정을 솔직하게 잘 표현한다. 또 다른 사람들과 이야기하는 것을 좋아하고 특히 흥미롭고 재미있는 것을 좋아한다. 항상 긍정적인 마인드를 가지고 있고 적극적인 성향을 보인다. 또 다른 사람들에게 인정받고, 칭찬받기를 원한다. 자신들이 칭찬받는 것이 너무 좋기 때문에 다른 사람들에게도 칭찬을 많이 해 주는 유형이다. 또 사교형들 중에는 달변가들이 많은데 설득력 있고 흥미로운 대화 기술로 인해 많은 친구들이 따르기도 한다. 사교형 성향이 강할 경우 계획성이 부족하고 일 처리에 맺고 끊음이 불명확할 수 있다. 실제 사교형 성향이 매우 강한 사람의 경우 다이어리 작성의 필요성을 느끼지 못하고 다이어리를 사용하지 않을 수도 있다. 업무나 공부를 할 때에도 스트레스를 많이 받게 되면 마무리가 흐지부지되는 경우가 있다.

안정형은 단어 자체의 느낌과 같이 급격한 변화를 싫어하고 안정을 추구하려는 성향을 갖는다. 안정형과 관련된 영어 단어로는 sweet(부드러운), steady(한결 같은), stable(안정적인), shy(부끄러워하는), sensitive(민감한), service(봉사하는) 등이 있다. 안정형은 주어진 환경에 순응하고 꾸준하게 무언가를 해 나가며 다툼과 갈등을 싫어하는 평화주의자의 성향을 가지고 있다. 또 타인을 위해 희생하거나 봉사하는 성향도 강한 편이다. 안정형은 다른 어떤 성격보다도 협력정신이 뛰어나다. 사교형과 동일하게 인간지향적인 성향을 가지고 있어 타인에게 친근감을 주고 호의적이다. 자신을 잘 드러내지 않고 겸손한 자세를 취한다. 안정형들은 있는 듯 없는 듯, 존재감을 드러내지 않는 상황을 좋아하고 자신의 주장을 강하게 펼치는 것을 싫어한다. 안정형들은 자신들의 성향 때문에 힘들어하기도 하는데, 자신이 쉽게 해 줄 수 없는 일임에도 불구하고 선뜻 도와주겠다고 하고 후회한다거나, 정작 해야 할 말을 못하고 돌아와서 혼자 마음 고생을 하는 일도 적지 않다. 또 안정형은 안정을 추구하려는 성향 때문에 급격한 변화나 혁신이 필요한 상황에 잘 적응하지 못하는 성향을 보인다.

신중형은 DISC 네 가지 성격 유형 중 가장 원칙을 잘 지키는 유형이다. 신중형과 관련된 영어 단어로는 cautious(신중한), calculating(계산적인), competent(유능한), conservative(보수적인), correct(정확한), concise(간결한), critical(비판적인), concrete(구체적인) 등이 있다. 신중형은 자신이 납득할 수 있을 때 그것을 인정하고 받아들이는 성향이 있다. 자신이 직접 경험하지 않은 것은 쉽사리 믿지 않으며 돌다리를 몇 번씩 두드린 후에도 잘 건너지 않는다. 정확하고 올바른 방법으로 일 하는 것을 좋아하고 핵심적인 세부 사항에 주의를 기울이며 매우 분석적이다. 업무를 처리하는 데 자신이 세운 기준이 매우 높은 편으로 이 기준을 만족시키기 위해서 노력한다. 질서나 규정을 준수하는 것을 선호하고 감정에 흔들리지 않고 자신을 잘 통제하는 편이다. 워낙 신중한 성격으로 의사결정이나 판단을 해야 할 때 다소 늦는 경향이 있으며 기대치가 높아 주변 사람은 물론 자신도 힘들어할 때가 있다.

(3) DISC 유형별 직업

다음은 DISC 각 유형에 비교적 적합한 직업들을 나열한 것이다. 아래의 직업들은 DISC 각 유형별로 선택 가능성이 있는 직업이지 반드시 이 직업을 선택해야 한다는 것을 의미하지는 않는다. 경우에 따라서는 제시된 직업이 잘 맞는 경우도 있겠지만 그렇지 않은 경우도 있을 수 있다. 따라서 직업선택에 참고자료로만 활용해야 한다. 직업선택에서 가장 중요한 것은 피코치의 의견이다.

2) MBTI

MBTI(Myers-Briggs Type Indicator)에 관한 역사는 Jung의 심리유형론(psychological type theory)에서부터 시작되었다고 할 수 있다. 실제 Freud를 친아버지처럼 따르고 존경했던 Jung이 Freud와의 학문적 의견대립으로 갈라서면서 느꼈던 고민에서부터 그의 이론은 시작되었다. 자신과 Freud가 왜 생각의 방식이 서로 다르고, 각자 자신의 주장을 끝까지 굽히지 않는 이유는 무엇인지에 대해 고민하면서 연구를 계속하였고, 그러한 연구 끝에 1920년 그의 이론이 정립되었다.

그림 3.12	DISC 유형별 직업

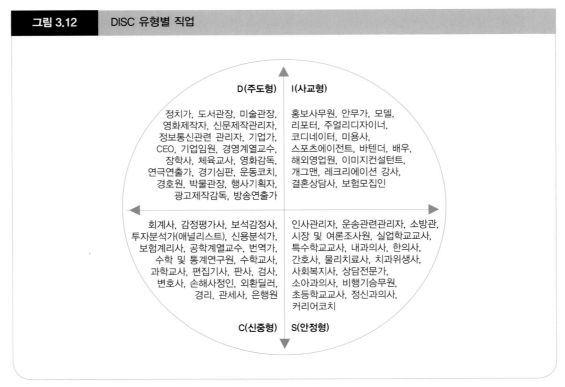

출처 : I-Sight(2011). p. 19 수정.

　　1923년 자신의 정체성에 대해 고민하던 미국의 아마추어 문학가 Briggs는 Jung의 심리유형론을 접하고 그녀의 딸인 Myers와 함께 본격적으로 인간의 성격유형에 대한 연구를 시작하였다. 이들은 약 20여 년의 연구 끝에 1943년 MBTI Form A를 발표하였고, 1944년에는 Form C를 발표하였다. Myers는 1962년 MBTI 16가지 성격유형을 소개한 책을 출간하였고, 그 이후 다른 학자들에 의해 수정본이 발간되었다.

(1) MBTI 네 가지 선호 유형

MBTI는 각각 대비되는 네 가지 선호유형과 여덟 가지 특성들로 구성되어 있다.

가. 외향과 내향(extraversion and introversion)

외향과 내향은 에너지의 방향에 관한 것이다. 이는 활동하는 힘을 어디에서 얻느냐의 문제이다. 내향은 활동하는 힘을 자신의 내부에서 얻고 외향은 반대로 활동하는 힘을 외부에서 얻는다. 외향을 선호하는 사람들은 외향적 성격의 소유자로 타인들과 말하기를 좋아하고 활동적이다. 조용

표 3.21	MBTI 선호유형과 특성

에너지를 어디에서 얻는가?

외향(extraversion)	내향(introversion)
• 외부에 주의를 집중해서 외부로부터 활력을 얻는다.	• 내부에 주의를 집중한다.
• 폭넓은 인간관계를 선호하며 활동적이다.	• 깊이 있는 인간관계를 선호하며 조용하고 신중하다.

어떻게 인식하는가?

감각(sensing)	직관(intuition)
• 오감에 의존해서 정보를 받아들이는 한편 경험의 세계를 중시한다.	• 육감에 의존해서 정보를 받아들이는 한편 미래지향적이다.
• 숲보다는 나무를 본다.	• 나무보다 숲을 본다.

어떻게 결정을 내리는가?

사고(thinking)	감정(feeling)
• 사실에 초점을 두고 논리적이고 분석적으로 판단한다.	• 사람과의 조화로운 관계에 초점을 두고 의사결정을 한다.
• 원리원칙이 중요하고 이성적이다.	• 주관적 가치가 중요하고 감성적이다.

어떤 생활양식을 채택하는가?

판단(judging)	인식(perceiving)
• 뚜렷한 목표와 계획을 가지고 체계적으로 생활한다.	• 목표와 방향이 상황에 따라 변경 가능하고 융통성이 있다.
• 빨리 결정을 내리고 조직적인 것을 선호한다.	• 결정을 내리는 데 여유가 있고 개방적이다.

출처 : Tieger & Barron-Tieger(1999), The art of speed reading people, p. 58 수정.

히 있기보다는 밖으로 나가기를 좋아하고 타인들과 함께하면서 무언가 행동하는 가운데 힘을 얻게 된다. 이 유형은 동적이며 인간관계에 있어서 사람을 많이 사귀기는 하나 깊게 사귀지는 못하는 편이다.

내향의 사람은 상대적으로 정적이다. 많은 사람들과 함께 어울리기보다는 조용히 생각하고 자신의 내면세계를 탐색하는 편이다. 외향형의 사람들과 달리 인간관계의 폭이 넓지 못하기 때문에 친구가 많지 않다. 또한 말보다는 글로 자신의 마음을 더 잘 표현하고, 하고 싶은 말이 있어도 쉽게 하지 못하고 속으로 삭히는 편이다. 이 때문에 다른 사람들이 쉽게 속을 알 수 없다.

나. 감각과 직관(sensing and intuition)

감각과 직관은 우리가 어떻게 외부정보를 인식하는가에 관한 것이다. 우리가 살아가면서 주변으로부터 여러 가지 정보를 수집하게 되는데, 감각형들은 주로 감각, 즉 오감에 의존해서 정보를 수집한다. 자신이 직접 보고, 듣고, 만져보고, 냄새 맡고, 맛본 것에 대해서만 확신을 가지고 받아들인다. 그렇지 않은 것에 대해서는 믿으려고 하지 않는다. 그렇기 때문에 감각형은 알 수 없는 미래보다는 자신이 직접 경험한 과거나 현재를 중요하게 생각한다. 또 사물을 바라볼 때도 전체를 파악하기 어려운 숲보다는 더 구체적으로 볼 수 있는 나무를 먼저 보게 된다.

직관형의 사람들은 감각형과 달리 감각보다는 육감이나 예감에 의존해서 정보를 받아들인다. 이는 눈앞에 현실로 존재하는 것이 아니기 때문에 직관형들은 주로 무의식의 영향을 많이 받는다. 직관형은 자신이 직접 경험한 구체적이고 가시적인 과거나 현재보다는 미래의 가능성이나 비전을 중요시한다. 그래서 사물을 바라볼 때도 나무를 먼저 보기보다는 숲을 먼저 본다.

다. 사고와 감정(thinking and feeling)

사고와 감정은 어떻게 의사결정을 내리는가에 관한 것이다. 즉 의사결정을 할 때 무엇을 중요하게 여기느냐의 문제이다. 사고형들은 모든 결정을 내릴 때 원리, 원칙과 규정을 중요하게 생각한다. 이들은 자신의 판단이 늘 합리적이고 논리적이기를 원하기 때문에 그에 맞는 결정을 내리려고 한다. 항상 옳고 그름을 가리려고 하기 때문에 생각이 많고 얼굴표정이 근엄하고 말이 엄격하다. 감정형에 대해 지나치게 다른 사람과의 조화로운 관계에 치중한다고 보기 때문에 결단력이 부족하다고 생각한다. 이 때문에 감정형들로부터 냉정하다는 평가를 받기도 한다.

감정형들은 의사결정을 하는 과정에서 원리원칙도 중요하지만 그것보다는 상대방의 감정이나 가치를 더욱 중요하게 생각한다. 이들은 다른 사람들과 조화로운 관계를 원하기 때문에 다른 사람의 감정을 최대한 의식하고 다치지 않게 하려고 노력한다. 감정형들은 얼굴표정이 밝고 말이 부드러운 편이다. 따라서 이들은 사고형들이 너무 냉정해서 인간미가 없다고 생각한다. 이는 자신들이 옳고 그름을 따지기보다는 인간적인 감정에 많은 관심을 갖고 있기 때문이다.

라. 판단과 인식(judging and perceiving)

판단과 인식은 생활양식에 관한 것이다. 판단은 속도나 계획성과 관련이 있는 성향이다. 판단형들은 계획을 중요하게 생각한다. 또 어떤 일을 할 때 항상 미리 계획을 세우고 미리 시작하는 편이다. 판단형들은 다이어리를 충실하게 사용하는 사람들로 시간계획을 세우고 이에 따라 움직인다. 여행을 떠날 때나 중요한 행사가 있을 때 며칠 또는 몇 주 전부터 꼼꼼하게 계획을 세우고 준비한다. 매사 결정이 빠르고 항상 바쁘다. 판단형은 스스로 피곤해하면서도 꼼꼼함을 버리지 못한다. 그렇기 때문에 실수가 많지 않다. 또 정리정돈을 잘 하는 편이다.

반면 인식형들은 계획을 너무 꼼꼼하게 세우는 것 자체를 피곤하게 생각한다. 일이 닥칠 때마다 그때그때 문제를 해결하려고 하기 때문에 미리 계획을 세우거나 신경 쓰는 것을 좋아하지 않는다. 그 때문에 인식형들은 다른 사람들에게 시원시원하다는 느낌을 갖게 한다. 이는 인식형들이 꼼꼼하거나 계획적이지 않더라도 일을 몰아서 한꺼번에 해치우는 순발력을 가지고 있기 때문이다. 그래서 판단형들은 인식형들이 융통성이 있는 사람이라고 생각한다. 인식형들은 자신이 사용하기에 편한 대로 물건이나 책을 놓고 쓰기 때문에 정리정돈을 잘 하는 편은 아니다.

(2) MBTI 16가지 성격유형

ISTJ

말이 많지 않고 차분한 성격으로 성실하며 책임감이 강하다. 흔히 이 유형의 사람들을 가리켜 세상에 소금과 같은 존재라고 한다. 이들은 전통을 계승하고 소속감이 강하며 신뢰할 만한 사람들이다. 세세한 것도 놓치지 않고 정확하기 때문에 병원, 도서관, 회사 등에서 우수한 관리자가 되고, 금융, 회계, 세무분야에서 실력을 발휘한다.

이 유형의 사람들은 상대가 편안하게 느낄 수 있는 모습을 보이는 것이 필요하고 큰그림을 볼 수 있는 시각을 길러야 한다. 또 다른 사람들과 잘 어울릴 수 있도록 유머를 개발하고 타인을 인정하고 칭찬해 주는 것이 필요하다.

ISFJ

차분하고 인내심이 강한 성격으로 헌신적이며 사회규범을 잘 지킨다. 이 유형의 사람들은 봉사하는 것을 선호하는 성격이라 교사, 비서, 간호사, 사서 등의 직업에 종사하는 비율이 높다. 자신에게 맡겨진 일을 매우 신중하게 처리하고 조직에서 솔선수범하며 조직의 참모역할에 잘 어울리는 사람들이다.

이 유형의 사람들은 지나친 완벽주의 성향을 탈피할 필요가 있다. 자신의 주장을 좀 더 논리적이고 분명한 어조로 다른 사람들 앞에서 이야기할 수 있어야 하고 전체를 볼 수 있는 통찰력과 보다 활기찬 생활이 필요하다.

INFJ

조용하고 차분하며 확고한 신념을 가진 이상주의자들이다. 이 유형의 사람들은 공감능력이 풍부하고 통찰력을 지녔으며 중후한 인격의 소유자로 친구관계 폭은 넓지 않다. 인간의 정신세계와 관련된 직업, 특히 정신과의사, 상담가, 철학자, 종교인이 잘 맞는다. 동정심이 많고 자신을 따르는 사람을 잘 도우며 인간사를 통찰하는 능력이 뛰어나다.

이 유형의 사람들은 자신의 이상적인 모습을 현실과 맞출 수 있는 노력이 필요하다. 자신의 정체성을 보다 확고히 하고 자기주장을 할 수 있는 훈련을 해야 한다. 어려운 문제에 부딪히면 회피하기보다 문제에 도전하는 적극적인 자세가 필요하다.

INTJ

고집이 세고 자기확신이 강한 유형이다. 이들은 자기주장이 강하고 그런 논리를 펼칠 수 있는 지적 능력을 갖춘 탁월한 이론가이며 뛰어난 창의적 전략가이다. 독립적 성향이 강하며 의지력이 강한 완벽주의자로 자신감이 가장 강한 유형이다. 시스템을 개발하고 적용하는 사람들, 인간공학, 물리학 분야에 종사자가 많다. 지적인 면에서는 끝을 보아야 하는 성격으로 협조적이기보다는 잘난 체하는 사람으로 인식될 수 있다.

이 유형의 사람들은 자신의 생각을 충분히 전달하는 데 약한 편이므로 이를 개발하려는 노력이 필요하다. 지적인 면만 강조하지 말고 인간의 정서적이고 심미적인 면에도 관심을 기울여야 한다. 타인을 칭찬하는 습관을 가지도록 노력하고 타인과 조화를 이루고 협력하는 자세를 배울 필요가 있다.

ISTP

모험을 즐기는 도구의 장인이며 두뇌게임에 탁월하다. 낙천적이며 문제에 부딪히면 걱정하지 않고 신속하게 해결하는 것에 관심이 있다. 충동적이며 행동파로 스피드를 즐기는 스포츠를 좋아한다. 조종사 중에 이 유형이 많다. 독립적이고 자율적인 성격으로 구속받기를 싫어하고 시간과 공간적 자유를 필요로 한다. 순하고 점잖아 보이지만 화가 나면 감정적으로 폭발하기도 한다.

이 유형의 사람들은 자신의 속마음을 표현하는 훈련이 필요하고, 얼굴 표정이 지나치게 딱딱하고 무거워 보이므로 표정관리에 주의를 기울여야 한다. 또 상대의 감정을 이해하려는 마음 자세가 필요하다. 지나치게 비계획적이어서 계획성과 인내심을 기르는 훈련을 해야 한다.

ISFP

자연과 인간 모두를 사랑하며 조용하고 부드럽게 살아가는 유형이다. 이들은 예술가적 재능을 타고났으며 아름다움을 추구하는 유형으로 순수예술을 좋아해 위대한 예술가가 많다. 자신을 직접 말로 표현하기보다는 행동, 즉 예술 등의 매개체로 표현한다. 음악가, 무용가, 운동선수가 많다. 타인에게 구속받거나 지시받는 일을 싫어한다.

이 유형의 사람들은 자신의 속마음을 말로 표현하는 것이 필요하고 때로는 "NO"라는 표현도 할 수 있어야 한다. 또 계획하고 분석하는 능력도 개발할 필요가 있다. 자신의 예술적 능력을 살려 자신의 진로를 선택하는 것이 바람직하다.

INFP

조용하고 마음이 따뜻하며 신비롭고 이상을 추구하는 유형이다. 흔히 잔다르크 유형이라고 한다. 이들은 이상주의자 중 이상주의자로 뚜렷한 개인의 가치관과 독특한 세계관에 따라 행동한다. 자신의 일을 묵묵히 수행하는 편이나 같은 일을 반복해서 시키거나 비효율적인 일을 지시하면 이를 참기 힘들어한다. 교수, 정신병리학자, 건축가, 심리학자가 많고 사업과는 거리가 멀다.

이 유형의 사람들은 꿈과 이상은 갖되 현실과 타협하는 자세가 필요하다. 타인과의 보다 적극적인 교류가 필요하고 자신이 할 말은 하고 살아야 한다. 모든 잘못에 대한 책임을 자신이 다 지려고 하지 말고 지나친 완벽주의에서 탈피하려는 노력을 기울여야 한다.

INTP

MBTI 16가지 유형 중 가장 지식에 관심이 많은 유형으로 조용한 편이지만 자신의 관심분야에 대해서는 달변가이다. 집중력이 뛰어나고 분석력과 인내심이 강하다. 이들은 말과 생각이 정확하고 민감한 유형으로 시스템이나 아이디어 설계자이다. 성적이 상위권이고 대학교수나 연구소 혹은 다른 직업을 선택했을 경우, 그곳에서도 지적인 자기개발을 멈추지 않는다.

이 유형의 사람들은 인간관계에서 상대방의 마음을 알아주는 태도가 필요하다. 인내심을 갖고 상대방의 이야기를 귀담아 듣고 좀 더 현실적인 감각을 키워야 한다. 지나치게 비판적으로만 문제를 볼 것이 아니라 조화와 협력이라는 공동체적인 문화에 익숙해지기 위해 노력해야 한다.

ESTP

MBTI 16가지 유형 중 가장 눈치가 빠르고 신속하게 행동하는 유형이기 때문에 신속한 상황처리와 문제해결 능력이 탁월하다. 이들은 진취적이며 뛰어난 사업가이자 국제적인 외교가, 분쟁 조정가, 협상가 역할에 어울리는 유형이다. 사람의 속마음을 잘 파악하고 호탕한 성격으로 기획과 홍보 업무는 잘 하지만 주의를 기울여야 하는 세세한 일은 잘 못하는 편이다.

이 유형의 사람들은 행동 전에 계획을 세우고 행동하는 것이 필요하고 활기찬 것은 좋으나 예의 면에서 다소 부족할 수 있으니 이 점에 주의를 기울어야 한다. 상대방을 대할 때도 실리적이고 현실적인 것보다 감정이나 내적 가치에 신경을 써야 한다.

ESFP

MBTI 16가지 성격 중 가장 관대한 성격으로 인간관계에 있어 가장 인기가 많고 친구가 많다. 부드럽고 쾌활한 성격의 소유자로 사람을 즐겁게 해 준다. 이들은 재치 있게 말을 잘하고, 함께 있으면 즐거워지는 가장 마음이 넓은 유형이다. 활동적이고 매사에 열심이며 주변 사람들을 몰고 다니는 경향이 있다. 기분파로 금전적 자제력이 부족하고 인생을 끝없는 파티로 생각한다.

이 유형의 사람들은 느긋한 성격과 계획성이 부족한 것 때문에 상대에게 믿지 못할 사람으로 인식되기 쉽다. 이 부분을 개선하기 위한 노력이 필요하다. 말과 행동에 있어서도 맺고 끊는 것을 분명히 해야 한다.

ENFP

에너지가 넘치고 정열적이며 새로운 것을 추구하고 대인기술이 탁월하다. 이들은 낙천적 성격의 소유자로 직업의 폭이 넓고 다양한 영역에서 성공한다. 따뜻한 열정과 진취적인 마인드가 있으며 독창성과 상상력이 필요한 직업에 종사한다. 창의적이며 쾌활한 성격으로 가족과 친구를 우선으로 생각한다. 어려운 문제에 직면하는 것을 싫어한다.

이 유형의 사람들은 계획성이 필요하고 현실감각을 키워야 한다. 자신이 문제에 부딪혀 어렵고 힘든 일이 생기더라도 이를 해결하는 데 인내심을 갖고 임하는 자세를 가져야 한다.

ENTP

열정적이고 설득력이 있으며 종종 카리스마를 보이기도 한다. 이들은 다른 사람을 이해하고 관계를 넓혀가는 능력 그리고 사회적 흐름을 예견하는 능력을 가졌기 때문에 선천적인 사업가나 정치가라고 할 수 있다. 말이 많고 언어능력이 뛰어나며 복잡한 문제해결에 탁월한 능력이 있다. 일을 추진하는 데 힘이 넘치며, 주변 사람들도 그 과업에 참가하도록 격려하고 고무시킨다.

이 유형의 사람들은 일을 많이 벌려만 놓지 말고 추진하는 현실감각을 높이는 것이 필요하다. 인간관계에 있어 너무 냉정할 정도로 감정이나 정서적인 부분에 매너리즘으로 대하는 경향이 많으므로 이 부분을 개선해야 한다.

ESTJ

가장 무난한 성격으로 자신의 의사표현이 자유롭고 말을 많이 하는 편이다. 사실을 중시하는 현실주의자로 판단이 빨라 처신을 잘 한다. 이들은 목표를 효과적으로 달성하기 위해 업무와 사람을 잘 조직화하는 데 뛰어난 능력을 가지고 있고 책임감이 강하며 리더의 자질을 가지고 있다. 구체적이고 정확한 것을 선호하는 편이나 직관력이 다소 부족하다.

이 유형의 사람들은 상대방의 의견을 잘 듣고 공감해 주는 노력이 필요하며 칭찬과 인정에 인색하지 않도록 주변 사람들을 격려해야 한다. 업무중심의 리더십에 인간관계를 고려한 리더십이 더해진다면 조직의 훌륭한 리더가 될 수 있다.

ESFJ

사람들에게 너그럽고 사교적이며 말이 많은 편이기 때문에 대인업무에 뛰어나며, 특히 사회봉사, 복지사업, 서비스나 세일즈와 관련된 분야에서 일하는 것이 잘 맞는다. MBTI 유형 중 가장 사교적인 유형으로 사람들과의 교류를 통해 힘을 얻고 조직 내에서 조화로운 관계를 만들어 간다. 이들은 감수성이 풍부하고 동정심이 많기 때문에 다른 사람을 실질적으로 도와주는 것에서 즐거움을 찾는다.

이 유형의 사람들은 논리적이거나 분석적이지 못하기 때문에 이 부분에 대한 능력을 키울 필요가 있다. 또 문제가 발생했을 때 문제와 직접 부딪혀 해결하려고 하는 생각을 가져야 한다. 결정을 내리기 전에 꼭 이렇게 되어야 한다는 강박관념을 갖지 말고 여유롭고 유연하게 생각할 필요가 있다.

ENFJ

부드럽고 다른 사람과의 관계를 매우 중요시하는 유형이다. 이들은 친화력, 사람들과의 조화를 바탕으로 소규모 집단을 이끄는 리더십을 발휘한다. 특히 달변가이며 사람을 잘 다룬다. 타인의 감정에 대한 심적 책임감이 지나쳐 대인관계에 부담이 될 수 있다. 사교성이 뛰어나고 사람과 교류할 수 있는 직업에 잘 맞는다. 이들은 타고난 교사 스타일이다. 여러 책들을 읽고 그 내용들을 순식간에 편집하여 자신의 책을 만들어 내는 능력이 있다.

이 유형의 사람들은 맺고 끊는 것을 분명히 할 필요가 있고, 모든 것을 인간관계 중심으로 생각하고 판단하는 것에서 탈피해야 한다. 이상에서 벗어나 현실을 직시할 필요가 있으며 타인의 부정적 피드백에 너무 주의를 기울일 필요는 없다.

ENTJ

다른 사람들을 거느리는 통치자를 꿈꾸는 사람들로 카리스마적 기질이 있다. 이들은 상대에게 강력한 인상을 주며, 지시를 할 경우 지시를 따를 수밖에 없는 잠재적 힘을 가지고 있다. 타고난 조직의 리더, 사령관 스타일로 지도자 역할을 좋아한다. 의사결정 시 현재보다는 미래의 가능성에 초점을 맞춘다. 자신이 옳다고 생각하면 자신이 정한 방식대로 밀고 나간다. 어떤 유형의 사람들보다 많은 사람들을 다양하게 알고 지낸다.

이 유형의 사람들은 다른 사람의 이야기를 귀담아 들어야 하고 자신과 타인의 감정을 이해하고 이를 받아들이려는 자세가 필요하다. 깊이 있는 인간관계가 필요하며 보다 유연하고 부드러운 이미지를 갖기 위해 노력해야 한다. 자신의 내면의 소리에 귀 기울일 필요가 있다.

(3) MBTI 유형별 직업

다음 〈표 3.22〉에 제시된 직업목록들은 미국 CAPT(Center for Applications of Psychological Type)의 컴퓨터 채점을 실행하는 MBTI 자료은행으로부터 수집된 것이다. 그렇기 때문에 한국의 경우와 정확히 일치한다고 보기는 어렵다. 선택률이 높은 직업은 그 유형에서 높은 비율을 차지하는 것으로 비율이 높은 직업들을 중심으로 나열하였다. 이를 통해서 성격유형에 맞는 모든 직업목록이 제시되지 않았으며 같은 직업이 여러 성격유형에서 중복되어 선택되고 있다는 것을 알 수 있

표 3.22	MBTI 각 유형별 선택률이 높은 직업		
ISTJ	**ISFJ**	**INFJ**	**INTJ**
철강노동자	자격증 있는 준 간호사	종교교육 지도자	건축가
경찰관리자	사무관리자	순수 예술가	변호사
지역공익사업관리자	초·중·고 교사	수도승, 승려	컴퓨터전문가
시·도·정부 관리자	유치원교사	교육분야 컨설턴트	법조인
중소기업관리자	사회봉사 행정가	사이코드라마 치료사	행정부관리자
치과의사	언어병리학자, 치료사	성직자	경영 컨설턴트
회계사	보조교사	건축가	화학과학자
수학교사	도서관 사서	언론매체 전문가	연구종사자
전기기사	성직자	영어교사	사회봉사 종사자
공장·현장 감독관	물리치료사	사회사업가	전기·전자 엔지니어
ISTP	**ISFP**	**INFP**	**INTP**
농부	가게주인, 점원	순수예술가	화학자
장교, 사병	조사연구원	정신과의사	컴퓨터전문가
전기·전자 엔지니어	사무관리자	가출청소년 상담가	건축가
조종사	치과보조사	건축가	연구보조원
운송기사	운동선수	편집자	순수예술가
치과위생사	무용가	연구보조원	컴퓨터프로그래머
현장감독관	청소서비스 종사자	언론인	법률가
기계공	형사	심리학자	요식업서비스 종사자
조사연구원	목수	종교교육자	조사연구원
법률 비서, 서기	자격증 있는 실무 간호사	작가	정부행정관리자
ESTP	**ESFP**	**ENFP**	**ENTP**
마케팅전문가	아동보육사	사이코드라마 치료사	사진사
형사	운송업종사자	언론인	마케팅전문가
목수	공장현장감독관	재활 상담가	언론인
중소기업관리자	도서관 직원	미술, 연극, 음악 교사	배우
경찰관	회계원	가출청소년 상담가	컴퓨터시스템 분석가
회계감사원	디자이너	연구보조원	금융중개인
기능직 종사자	사무관리자 및 타자수	학교상담가	정신과의사
농부	레크리에이션 보조	심리학자	화학엔지니어
소방관리자	유치원교사	종교교육 지도자	건축가
경호원	학생지도 교사	성직자	기계엔지니어

표 3.22	MBTI 각 유형별 선택률이 높은 직업(계속)		
ESTJ	**ESFJ**	**ENFJ**	**ENTJ**
중소기업 관리자	초 · 중 · 고교 교사	종교교육 지도자	경영컨설턴트
소방관리자	의료 보조원	성직자	변호사
구매담당원	메이크업 아티스트	가정 경제학자	인적자원 관리자
상업 · 기술 교사	요식업 서비스 종사자	보건교사	시스템분석가
요식업 관리자	학생지도 행정가	사이코드라마 치료사	판매관리자
경찰관리자	가정 경제학자	배우	회사 임원
학교장	치과 보조원	미술, 연극, 음악 교사	금융중개인
은행직원	치료 교사	순수예술가	마케팅 전문가
공장 · 현장 감독관	전문 간호사	학교 상담가	기술연구소 행정가
판매 관리자	종교교육자	컨설턴트	생물학자

출처 : Martine(2009). Looking at type and careers. pp. 19~63 내용정리.

다. 따라서 커리어코칭 진행 시 참고자료로만 사용해야 한다. 다시 한 번 강조하지만 직업선택 시 가장 중요한 것은 피코치의 의견이다.

07 직업적성

적성(aptitude)이란 특정 과제나 임무 수행에서 개인에게 요구되는 능력을 의미한다. 적성이란 본래 지능의 개념에서 출발한 것이다. Binet 이후 지능이 일반지능을 중심으로 인식되다가 최초의 다중적성검사(multiple aptitude battery)라고 볼 수 있는 Thurstone(1941)의 시카고 기본능력검사 (Chicago Tests of Primary Abilities, PMA)를 시발점으로 해서 현재까지 적성검사들이 계속 발전되어 왔다.

직업적성은 '개인이 가진 적성이 어떤 직업을 갖는 데 적당한가?'라는 의문에 대한 답이 될 수 있다. 직업적성은 특정 직업에서 요구하는 일을 효과적으로 수행할 수 있는 능력이나 자질로 개인이 가지고 있는 다양한 능력들이 어떤 구체적인 일과 관련됐을 때 그 일에 '알맞다' 또는 '소질이 있다'로 표현된다.

적성은 타고난다고 할 만큼 유전적인 요인이 강하지만 후천적인 학습이나 경험 또는 훈련에 의해서도 발전될 수 있다. 따라서 적성검사를 통해 자신의 적성을 이해하고 필요한 부분에 대한 개발노력을 하는 것이 중요하다. 적성은 사람을 평가하는 절대적 기준이 아니며 완성되지 않은 미래의 가능성이다. 미래의 가능성이기 때문에 관심분야에 대한 노력 여하에 따라 달라질 수 있다. 적성은 사람에 따라 개인차가 있다. 적성검사 결과를 보면 어떤 사람은 언어능력이 뛰어나고 어떤 사람은 공간지각력이 더 뛰어난 것을 볼 수 있다. 이러한 적성의 개인차는 개인들이 자신들에게 맞는 직업을 선택할 수 있는 근거를 제공한다.

적성검사는 과업수행 능력의 가능성 수준을 측정하는 것으로 만일 자신이 적성에 맞는 직업만 찾을 수 있다면 그 직업에서 성공할 수 있을 것이라고 믿는 개인에게는 아주 매력적인 검사이다. 그러나 적성검사는 일반적인 적성을 측정하는 것으로 개인의 성공가능성을 측정하는 것은 아니다. 분명한 것은 개인의 성공은 뛰어난 적성만으로는 이루기 어렵다는 것이다. 따라서 직업적성검사는 자신의 진로선택을 위한 하나의 참고자료로 활용해야지 이를 전적으로 신뢰하는 것은 문제가 될 수 있다. 특히 자기보고식 검사의 경우 자신이 표기한 대로 검사결과가 나온다는 점을 간과해서는 안 된다.

직업적성에 대한 부분은 한국고용정보원에서 운영 중인 워크넷(www.work.go.kr)의 직업심리검사 중 청소년용과 성인용 직업적성검사를 중심으로 내용을 구성하였다.

1) 중학생의 직업적성

워크넷에서 실시하는 중학생용 직업적성검사는 중학교 1학년에서 3학년 학생들을 검사 대상자로 한다. 검사시간은 약 70분 정도 소요되며 이 검사의 실시 목적은 적성능력을 측정하여 적합한 학업분야를 추천하기 위한 것이다. 검사결과는 적성요인을 측정하여 개인의 능력패턴에 적합한 세 개의 학업분야를 추천하고 있다. 〈표 3.23〉은 적성요인과 각각의 적성요인을 확인하기 위한 하위검사를 표로 정리한 것이다.

적성검사에서 적성요인이 의미하는 내용은 다음과 같다. 언어능력은 일상생활에서 사용되는 다양한 단어의 의미를 정확히 알고 글로 표현된 문장들의 내용을 올바르게 파악하는 능력이다. 수리능력은 단순계산을 정확하고 신속하게 하며, 일상생활에서 언어로 표현된 문제를 수리적 공식

표 3.23	중학생용 적성검사의 적성요인과 하위검사 내용

적성요인	하위검사
언어능력	어휘력 검사, 독해력 검사, 언어추리력 검사
수리능력	수리능력 검사
공간능력	공간능력 검사
지각속도	지각속도 검사
과학능력	과학능력 검사
색채능력	색채능력 검사
사고유연성	사고유연성 검사
협응능력	협응능력 검사
학업동기	학업동기 검사

출처 : 워크넷 직업심리검사가이드e북(청소년의 자기이해 및 진로탐색을 위한 검사), p. 9.

으로 변환하여 문제해결을 하며, 나열된 숫자들을 면밀히 검토하여 숫자간 관계를 추론해 내는 능력이다. 공간능력은 추상적, 시각적 이미지를 생성하고, 유지하고, 조작하는 능력이다. 지각속도는 문자나 기호, 숫자, 형태 등을 정확하고 신속하게 비교하고, 그 동일함과 차이점을 식별하는 능력이다. 과학능력은 일과 에너지, 힘과 운동의 법칙 등 과학 일반에 관한 지식과 이해능력이다. 색채능력은 색을 인지하여 새로운 색을 혼합해 내는 능력이다. 사고유연성은 주어진 정보를 다른 각도에서 해석하거나 수정하는 능력이다. 협응능력은 눈과 손이 정확하게 협응하여 세밀한 작업을 빠른 시간 내에 정확하게 해내는 능력이다. 학업동기는 학업성취와 관련 있는 내재적 동기, 자기결정성, 끈기 등을 포함한다.

2) 고등학생의 직업적성

워크넷에서 실시하는 고등학생용 직업적성검사는 고등학교 1학년에서 3학년 학생들을 검사 대상자로 한다. 검사시간은 약 80분 정도 소요되며, 이 검사의 실시 목적은 적성능력을 측정하여 적합한 직업분야 및 학업분야를 추천하기 위한 것이다. 이 검사는 적성에 맞는 직업분야의 추천뿐만 아니라 학업전공 분야에서 필요로 하는 학업적성 정보도 제공한다. 〈표 3.24〉는 적성요인과 각각의 적성요인을 확인하기 위한 하위검사를 표로 정리한 것이다.

　적성검사에서 10가지 적성요인이 의미하는 내용은 다음과 같다. 언어능력은 상황에 가장 적합한 단어를 파악하여 사용하고, 글의 핵심적인 내용을 정확하게 이해하며, 언어관계(공통점 등)를

표 3.24	고등학생용 적성검사의 적성요인과 하위검사 내용

적성요인	하위검사
언어능력	어휘 찾기, 주제 찾기, 낱말분류
수리능력	단순수리, 응용수리
추리능력	문장추리
공간능력	심상회전, 부분 찾기
지각속도	문자지각, 기호지각
과학능력	과학원리
집중능력	색채집중
색채능력	색상지각
사고유연성	성냥개비
협응능력	선 그리기

출처 : 워크넷 직업심리검사가이드e북(청소년의 자기이해 및 진로탐색을 위한 검사), p. 12.

정확히 파악하는 능력이다. 수리능력은 간단한 계산문제 혹은 스스로 계산식을 도출할 수 있는가를 파악하는 능력이다. 추리능력은 주어진 정보를 종합해서 이들 간의 관계를 논리적으로 추론해내는 능력이다. 공간능력은 추상적 이미지를 생성하고, 유지하고, 조작하는 능력이다. 지각속도는 시각적 자극을 신속하게 평가하고 식별해 내는 능력이다. 과학능력은 과학의 일반적인 원리를 파악하는 능력이다. 집중능력은 방해자극이 제시되는 상황에서 방해자극의 간섭을 배제시키면서 과제를 수행하는 능력 또는 방해자극이 제시되지 않은 상황에서 목표과제에 집중하는 능력이다. 색채능력은 백색광이 프리즘을 통과할 때 분산에 의해 나타나는 스펙트럼 상에서 색상의 적절한 위치를 파악하는 능력이다. 사고유연성은 주어진 정보를 다른 각도나 방식으로 해석하거나 수정할 수 있는 능력이다. 협응능력은 운동의 위치와 방향에 대한 시각적 평가에 기초한 정확한 손동작능력이다.

3) 성인의 직업적성

워크넷에서 실시하는 성인용 직업적성검사는 대학생 및 일반 성인들을 검사 대상자로 한다. 검사 시간은 약 90분 정도 소요되며, 이 검사의 실시 목적은 적성에 따른 적합 직업탐색 및 추천을 위한 것이다. 다음 〈표 3.25〉는 적성요인과 각각의 적성요인을 확인하기 위한 하위검사를 표로 정리한 것이다.

표 3.25	성인용 적성검사의 적성요인과 하위검사 내용

적성요인	하위검사
언어력	어휘력 검사(동의어 찾기 검사, 반의어 찾기 검사, 단어의 뜻 찾기 검사), 문장 독해력 검사
수리력	계산능력 검사, 자료해석력 검사
추리력	수열추리력 1검사, 수열추리력 2검사, 도형추리력 검사
공간지각력	조각맞추기 검사, 그림맞추기 검사
사물지각력	지각속도 검사
상황판단력	상황판단력 검사
기계능력	기계능력 검사
집중력	집중력 검사
색채지각력	색혼합 검사
사고유창력	사고유창성 검사
협응능력	기호쓰기 검사

출처 : 워크넷 직업심리검사가이드e북(대학생 및 성인의 자기이해/직업탐색을 위한 검사 종류), p. 29.

　　위의 적성검사에서 11가지 적성요인이 의미하는 내용은 다음과 같다. 먼저, 언어력은 일상생활에서 사용되는 다양한 단어의 의미를 정확히 알고 글로 표현된 문장들의 내용을 올바르게 파악하는 능력이다. 수리력은 사칙연산을 이용하여 수리적 문제들을 풀어내고 일상생활에서 접하게 되는 통계자료(표와 그래프)들의 의미를 정확하게 해석하는 능력이다. 추리력은 일상생활이나 직장생활에서 주어진 정보를 종합해서 이들 간의 관계를 논리적으로 추론해 내는 능력이다. 공간지각력은 물체를 회전시키거나 배열했을 때 변화된 모습을 머릿속에 그릴 수 있으며 공간 속에서 위치나 방향을 대체로 파악하는 능력이다. 사물지각력은 서로 다른 사물들 간의 유사점이나 차이점을 빠르고 정확하게 지각하는 능력이다. 상황판단력은 실생활에서 자주 당면하는 문제나 갈등 상황에서 문제를 해결하기 위한 여러 가지 가능한 방법들 중 보다 바람직한 대안을 판단하는 능력이다. 기계능력은 기계의 작동원리나 사물의 운동원리를 정확히 이해하는 능력이다. 집중력은 작업을 방해하는 자극이 존재함에도 불구하고 정신을 한 곳에 집중하여 지속적으로 문제를 해결할 수 있는 능력이다. 색채지각력은 서로 다른 두 가지 색을 혼합하였을 때 색을 유추할 수 있는 능력이다. 사고유창력은 주어진 상황에서 짧은 시간 내에 서로 다른 많은 아이디어를 개발해 내는 능력이다. 협응능력은 눈과 손이 정확하게 협응하여 세밀한 작업을 빠른 시간 내에 정확하게 해내는 능력이다.

08 직업가치관

개인은 각자가 가지고 있는 자신의 신념이나 원하는 바에 따라 생각이나 행동이 달라진다. 가치관이란 개인의 어떤 구체적인 행동양식에 대한 일반적인 신념이나 원하는 것의 최종 상태를 말한다. 이러한 가치관은 여러 가지 행동 대안이나 가능한 상태 중에서 어느 것이 좋고, 어느 것이 더 올바르고, 어느 것이 더 그르다는 개인의 규범이나 윤리, 도덕적 특성을 포함하고 있다. 개인의 가치관은 수많은 가치로 구성된 시스템의 형태를 취하고 있다. 개인은 개인적인 중요도에 따라 가치의 우선순위를 정하는데, 이는 개인의 태도와 행동에 많은 영향을 미친다. 또 가치관은 개인의 경험에 따라 변하기도 한다(김광수 외, 2011).

1) 직업가치관의 의미

직업가치관은 개인이 직업을 선택할 때 중요하게 생각하는 가치관을 의미하는 것으로 직업을 통해 자신이 얻고자 하는 것과 실현하고자 하는 것들이 반영된 것이다. Hoyt(1973)는 개인이 진로결정을 하는 데 제일 먼저 결정해야 할 문제는 '내가 중요시하는 것이 무엇인가'라는 질문에 대한 답이라고 하였다. 직업가치관은 동기의 기능, 만족의 추구기능, 선택과 결정의 참고자기능, 방향 설정기능, 자아개념 통찰의 기회제공기능 등 다양한 기능을 한다.

　일과 직업에 대한 가치관을 바르게 인식하고 명확하게 하는 것은 가치관과 부합하는 직업을 선택하게 함으로써 미래의 직업생활에서 직업만족도를 높이는 데 긍정적인 영향을 줄 수 있다. 따라서 커리어코칭을 통해 개인의 직업가치관을 살펴보고 가치관에 적합한 직업을 탐색하는 활동이 필요하다.

　직업가치관은 연구자에 따라 다양하게 분류되고 있는데, 〈표 3.26〉은 여러 연구자들이 제시한 다양한 직업가치관 유형과 함께 커리어넷과 워크넷의 직업가치관 검사에서 다루고 있는 가치유형을 정리한 것이다.

2) 직업가치관 유형과 관련직업

자신이 어떤 직업가치관을 갖느냐 하는 것도 물론 중요하지만 더 중요한 것은 그 가치관에 부합

| 표 3.26 | 연구자에 따른 직업가치관 유형 |

연구자/기관		가치관
Super	내재적 영역	기여, 창의성, 독립성, 지적자극, 심미성, 성취, 관리
	외재적 영역	생활방식, 안정, 지위, 보수
	병재적 영역	환경, 경영주와의 관계, 동료와의 관계, 다양성
Kazanas 외	내재적 영역	독립성, 만족감, 이타성, 자기훈련, 자아발견, 직업흥미, 자아실현
	외재적 영역	경제적 독립, 직무여건, 지위, 대인관계, 사회적 지위, 인지, 안정
Rosenberg	자기표현 지향성	독창성, 적성
	인간지향성	기여, 직업환경
	외재적 보상지향성	지위, 경제성, 안정성
Oconnor와 Kinnane	안정-경제-물질적 영역, 사회-예술적 영역, 직업환경-동료관계 영역, 발견-창조적 영역, 성취-지위 영역, 독립성-다양성 영역	
Parker	내재적 영역	기여, 이론성, 자기표현, 만족, 흥미, 독립성
	외재적 영역	보수, 지위, 안정, 권력, 생활양식, 상향성
Spranger	이론가형, 권력형, 자율성, 주도성, 질서정연성, 사회적 인정성, 심리성, 사회봉사성	
커리어넷 직업가치관	보수, 안정성, 사회적 인정, 지도력 발휘, 더불어 일함, 사회봉사, 발전성, 창의성, 자율성, 능력 발휘, 다양성	
워크넷 직업가치관	성취, 봉사, 개별활동, 직업안정, 변화지향, 몸과 마음의 여유, 영향력 발휘, 지식추구, 애국, 자율, 금전적 보상, 인정, 실내활동	

출처 : 지용근 외(2005). 진로상담의 이해. p. 163 수정.

하는 직업이 무엇이냐 하는 것이다. 이를 위해 커리어넷과 워크넷에서 실시하고 있는 직업가치관 검사의 가치유형과 관련직업을 살펴보자.

커리어넷에서 실시하는 직업가치관 검사는 중학교 1학년에서 고등학교 3학년 학생들을 검사대상자로 한다. 검사 소요시간은 약 20분이고 55문항의 검사를 실시한다. 검사를 통해 11개 직업가치관 중 자신이 더 우선시하는 상위 2개의 직업가치관에 부합하는 직업들을 추천한다.

워크넷에서 실시하는 직업가치관 검사는 청소년, 대학생과 성인을 검사대상자로 한다. 검사 소요시간은 약 15분에서 20분이다. 검사를 통해 자신이 상대적으로 중요하게 생각하는 3개의 가치요인을 근거로 적합한 직업을 추천한다.

표 3.27	커리어넷 11가지 직업가치관과 관련직업	
가치요인	**가치설명**	**관련직업**
보수	많은 돈을 버는 것	변호사, 항공기조종사, 건축설계사, 치과의사, 수의사, 시장조사 분석가, 공인회계사, 변리사, 펀드매니저, 법무사
안정성	쉽게 해직되지 않고, 오랫동안 그 직장에서 일할 수 있는 것	치과의사, 중등학교교사, 관세사, 감정평가사, 세무사, 변리사, 행정관료, 은행원, 군인, 변호사
사회적 인정	다른 사람으로부터 인정받는 것	변호사, 시장조사 분석가, 내과 전문의, 관세사, 판사, 검사, 손해사정인, 대학교수, 종교인, 전통문화계승자
지도력 발휘	다른 사람들을 이끌면서 일하는 것	중학교교사, 변호사, 항공기 조종사, 경찰관, 생활체육 지도사, 수석 요리사, 안경사, 영업사원, 전문경영인, 정치인
더불어 일함	다른 사람들과 함께 일하는 것	유치원교사, 기자, 간호사, 항공 교통 관제사, 손해보험 사정인, 웹마스터, 특수학교교사, 상품 판매원, 운동선수, 항해사
사회봉사	다른 사람들에게 구체적으로 도움이 되는 일을 하는 것	방사선사, 약사, 수의사, 아동사업 사회복지사, 의료사업 사회복지사, 교육 및 직업상담원, 사서, 호텔 종사원, 중등학교교사, 보육교사
발전성	더 발전하고 배울 수 있는 기회가 있는 것	화학관계 전문가, 컴퓨터 하드웨어 전문가, 전자 및 통신공학 전문가, 선박기관사, 과학자, 인쇄 및 출판작업원, 전기 및 전자제품 수리원, 상품 판매원, 보험계리인, 환경공학 기술자
창의성	자신의 아이디어를 내서 새로운 시도를 할 수 있는 기회가 많은 것	가수(성악가), 조각가, 기계공학자, 무용가, 작가, 중등학교교사, 펀드매니저, 벤처사업가, TV PD, 연예인
자율성	윗사람의 명령이나 통제 없이 독자적으로 일하고 책임지는 것	초등학교교사, 변호사, 운동 감독 및 코치, 교육 및 직업상담원, 부동산중개사, 컴퓨터 소프트웨어 전문가, 시장조사 분석가, 외과의사, 항해사, 펀드매니저
능력 발휘	자신의 능력을 발휘하고 성취감을 갖는 것	인테리어 디자이너, 항공기 조종사, 건축설계사, 치과의사, 물리치료사, 영양사, 사회과학자, 소방관, 전문컨설턴트
다양성	단조롭게 반복되지 않고 변화 있게 일하는 것	농목축업, 화학관련 전문가, 전기공학자, 재료공학 전문가, 사진사, 만화가, 여행 안내원, 생활설계사, 내과 전문의, 공인노무사

출처 : 직업가치관 검사 개발 보고서(2001).

표 3.28	워크넷 13가지 직업가치관과 관련직업	
가치요인	가치설명	관련직업
성취	스스로 달성하기 어려운 목표를 세우고 이를 달성하여 성취감을 맛보는 것을 중시하는 가치	대학교수, 연구원, 프로운동선수, 연주가, 관리자
봉사	자신의 이익보다는 사회의 이익을 고려하며 어려운 사람을 돕고 남을 위해 봉사하는 것을 중시하는 가치	판사, 소방관, 성직자, 경찰관, 사회복지사
개별활동	여러 사람과 어울려 일하기보다 자신만의 시간과 공간을 가지고 혼자 일하는 것을 중시하는 가치	디자이너, 화가, 운전사, 교수, 연주가
직업안정	해고나 조기퇴직의 걱정 없이 오랫동안 안정적으로 일하며 안정적인 수입을 중시하는 가치	연주가, 미용사, 교사, 약사, 변호사, 기술자
변화지향	일이 반복적이거나 정형화되어 있지 않으며 다양하고 새로운 것을 경험할 수 있는지를 중시하는 가치	연구원, 컨설턴트, 소프트웨어개발자, 광고 및 홍보전문가, 메이크업아티스트
몸과 마음의 여유	건강을 유지할 수 있으며 스트레스를 적게 받고 몸과 마음의 여유를 가질 수 있는 업무나 직업을 중시하는 가치	레크리에이션 진행자, 교사, 대학교수, 화가, 조경기술자
영향력 발휘	타인에게 영향력을 행사하고 일을 자신의 뜻대로 진행할 수 있는지를 중시하는 가치	감독 또는 코치, 관리자, 성직자, 변호사
지식추구	일에서 새로운 지식과 기술을 얻을 수 있고 새로운 지식을 발견할 수 있는지를 중시하는 가치	판사, 연구원, 경영컨설턴트, 소프트웨어개발자, 디자이너
애국	국가의 장래나 발전을 위하여 기여하는 것을 중시하는 가치	군인, 경찰관, 검사, 소방관, 사회단체 활동가
자율	다른 사람들에게 지시나 통제를 받지 않고 자율적으로 업무를 해나가는 것을 중시하는 가치	연구원, 자동차영업원, 레크리에이션 진행자, 광고전문가, 예술가
금전적 보상	생활하는 데 경제적인 어려움이 없고 돈을 많이 벌 수 있는지를 중시하는 가치	프로운동선수, 증권 및 투자중개인, 공인회계사, 금융자산운용가, 기업고위임원
인정	자신의 일이 다른 사람들로부터 인정받고 존경받을 수 있는지를 중시하는 가치	항공기조종사, 판사, 교수, 운동선수, 연주가
실내활동	주로 사무실에서 일할 수 있으며 신체활동을 적게 요구하는 업무나 직업을 중시하는 가치	번역사, 관리자, 상담원, 연구원, 법무사

출처 : 워크넷 직업가치관검사 결과표. p. 2.

09　다중지능

지능이란 용어가 최초로 사용된 것은 Cicero까지 거슬러 올라가며, 학계에서 정식으로 사용하기 시작한 것도 15세기 무렵인 것으로 알려져 있다. 지능에 대해 과학적인 개념을 이용해 최초로 정의한 사람은 Galton이며, 그 이후로 지능에 관한 많은 연구들이 이루어졌다. 지능은 넓은 의미에서 지적 능력이라고도 불린다. 우리가 일반적으로 알고 있는 지능은 주로 지능검사에 의해 측정되는 인지능력으로 인간이 가진 여러 능력 중 제한된 일부 능력만을 측정한다.

1980년대 이후 Gardner는 지능에 대해 새로운 시각을 제시하였는데, 이것이 다중지능이론 (multiple intelligence theory)이다. Gardner는 문화인류학, 인지심리학, 발달심리학, 심리측정학, 인물전기연구, 동물생리학, 신경해부학을 포함하는 광범위한 분야의 연구결과에 근거하여 지능이론을 제시하였다. 이는 뇌 손상에 의한 분리, 비범한 재능을 가진 사람들의 존재, 독자적인 발달사, 진화사, 핵심활동의 존재, 실험적 증거, 심리측정학적 증거 그리고 상징체계에서의 부호화, 이렇게 여덟 가지 준거에 기초한 것이다(허창범, 2012).

Gardner는 자신의 저서인 『마음의 틀(Frames of mind)』에서 인간의 지능은 서로 독립적이며 매우 다양한 여러 종류의 지능으로 구성되어 있다고 주장하였다. Gardner는 지능이란 '문화적으로 가치 있는 물건을 창조하거나 문제를 해결하는 문화적 장면에서 작용할 수 있는 정보를 처리하는 생물심리학적인 잠재력'이라고 정의하였다. 다시 말해 지능을 사회 속에서 직면한 문제를 해결하는 지적능력으로 보았으며 풍부한 환경과 자연스러운 상황에서 구문화권이 가치를 두고 있는 산물을 창조하는 능력이라고 주장하였다. 다중지능의 기본 영역은 언어지능, 논리수학지능, 공간지능, 신체운동지능, 음악지능, 대인지능, 자기성찰지능, 그리고 최근에 자연탐구지능과 실존지능이 추가되어 아홉 가지로 구성되며, 일반적으로 아홉 가지 영역에서 지능은 동등하다고 가정한다. 개인은 아홉 가지 지능이 모두 동일하게 높을 수 없으며 누구나 하나 이상의 높은 영역과 낮은 영역을 가지게 되는데, 자신이 가지고 있는 강한 지능으로 약한 지능을 보완하며 효율적으로 학습한다. Gardner는 개인이 강점과 약점을 발견하고 자신의 지능을 최대한 활용할 수 있는 개별화와 다양성 유지를 강조하고 있다(이위환·김용주, 2007).

다중지능이론에서 주장하는 핵심적인 가정들을 살펴보면 다음과 같다(이위환·김용주, 2007).

첫째, 사람들은 아홉 가지 지능을 모두 가지고 있으며 이 지능들이 관련되는 방식은 문화마다 사람마다 상이하다. 다중지능이론은 어떤 사람에게 어떤 지능이 적절하다고 말해 주는 유형이론이 아니다. 이홉 가지 지능들은 사람에 따라 독특한 방식으로 상호작용한다.

둘째, 대다수의 사람들은 모든 지능을 적절한 수준까지 발달시킬 수 있다. 특정 영역에서 결함은 도저히 극복할 수 없는 선천적인 것이라고 생각하여 체념하는 사람도 있지만 Gardner는 실제로 적절한 자극, 강화, 교육이 제공된다면 모든 사람들이 아홉 가지 지능 모두를 어느 정도 수준까지 계발할 수 있다고 주장한다.

셋째, 대개의 지능들은 단독으로 작용하기보다는 복잡한 방식으로 함께 작용한다. 다중지능 구성요소들은 대개 함께 상호작용한다. 예를 들어 아이들이 '발야구'를 할 경우 신체운동지능(차고, 뛰고, 잡고), 공간지능(자신의 위치, 공 위치의 파악), 언어지능(시합의 원활한 운영을 위한 대화) 등이 복합적으로 필요하다.

이렇듯 지능에 대한 광범위하고 실용적인 관점이 받아들여지면서, 지능은 인간의 일상생활 속에서 다양한 방식으로 작용한다는 개념으로 변화하고 있다. Gardner의 다중지능이론은 특히 교육계에 활발하게 적용되고 있다. 다중지능이론은 성인을 대상으로 한 커리어코칭에도 활용가능하지만 그보다는 아동과 청소년을 대상으로 하는 커리어코칭에 더 적합한 내용이라고 볼 수 있다.

1) 언어지능(linguistic intelligence)

언어지능을 하나의 지능으로 분류하는 것은 전통적인 심리학의 입장과 일치하는 것이다. 언어지능이란 말로 하든 혹은 글로 표현하든 언어를 효과적으로 구사하는 능력을 말한다. 이 지능에는 구문론 즉 언어의 구조, 음성학 즉 언어의 소리, 의미론 즉 언어의 의미, 그리고 언어의 실용적 차원 혹은 실제 활용 등을 통제하는 능력이 포함된다. 이 지능의 활용 방법 가운데는 설득, 기억조성술(언어를 이용해서 정보를 기억하는 것), 설명, 그리고 초언어(언어를 통해 언어 자체를 논의하는 것) 등이 포함된다.

언어지능이 높은 사람은 토론 시간에 두각을 나타내고, 유머나 말잇기 게임, 낱말 맞추기 등에 탁월하다. 다양한 단어를 잘 활용하여 말을 잘 하는 달변가가 많다. 대표적인 직업으로는 정치가, 기자, 편집자, 시인, 극작가, 아나운서 등이 있다. 언어지능이 뛰어난 인물로는 Shakespeare, Andersen, Pearl Buck, Tolstoy, 이문열, 조정래 등이 있다.

브로카(broca) 영역이라 불리는 뇌의 특정 영역은 문법에 잘 맞는 문장을 만들어 내는 것과 관련이 있다. 이 영역이 손상된 사람은 단어와 문장은 이해하지만 긴 문장을 만들 때 단어를 문법적으로 맞게 나열하는 것을 어려워한다. 대부분의 아동에게 언어지능은 보편적인 것으로 문화권과는 상관없이 일정한 발달과정을 거쳐 발현된다.

2) 논리수학지능(logical-mathematical intelligence)

논리수학지능은 숫자를 효율적으로 사용하여 더하거나 감하는 등 셈하기를 하거나 어떤 일을 순서에 맞게 정리정돈하여 일을 처리하는 것, 연역적으로 추리하고 과학적으로 사고하는 능력을 말한다. 이 지능에는 논리적 유형과 논리적 관계, 진술문과 명제(원인-결과, 만약 ~라면 ~이다), 함수와 기타 이와 관련된 추상적 사고능력이 포함된다. 범주화, 분류, 추리, 일반화, 계산, 가설검증 등이 논리수학지능이 작용하는 사고 과정의 예들이다.

논리수학지능이 높은 사람은 논리적인 문제들을 보통 사람들보나 훨씬 빠른 속도로 해결하는 능력을 가지고 있다. 추론을 잘 이끌어 내며, 문제를 파악하는 데 주먹구구식이 아니라 체계적이고 과학적인 방법을 동원한다. 뛰어난 논리수학지능을 필요로 하는 직업으로는 수학자, 컴퓨터 프로그래머, 재정분석가, 회계사, 과학자, 기술자 등이 있으며, 논리수학지능이 뛰어난 인물로는 Einstein, Stephen Hawking, Bill Gates, 장영실 등이 있다.

특정 뇌 영역은 다른 영역보다 수학적 계산에서 탁월한 것으로 나타난다. 전두측두엽의 언어영역은 논리적 연역에 중요한 역할을 하고, 두정엽의 시공간 영역은 수의 계산에 보다 중요한 역할을 한다. 실제 뇌의 다른 영역들은 안타까울 정도로 결핍되어 있음에도 대단히 뛰어난 계산능력을 타고난 사람들이 있다.

3) 공간지능(spatial intelligence)

공간지능이란 시각적, 공간적 세계를 정확하게 지각하는 능력과 그런 지각을 통해 형태를 바꾸는 능력을 말한다. 부피감과 무게감 등을 알 수 있고 머릿속에 그림을 그려 표현할 수 있는 영역의 지능이다. 이 지능에는 색, 선, 모양, 형태, 공간과 이런 요소들 간에 존재하는 관계에 대한 감수성이 포함된다. 또 추상적인 것을 구체화하는 시각화 능력과 시각적, 공간적 아이디어를 기하학적으로 표현하는 능력, 자신을 어떤 공간상에 적절하게 위치시키는 능력 등이 포함된다.

공간지능이 높은 사람은 처음 방문한 곳도 다시 찾아가는 데 별 어려움을 느끼지 않는다. 또 시공간 아이디어를 도표, 지도, 그림 등으로 잘 나타내고, 시각적으로 표현하는 디자인, 그림 그리기, 만들기 등을 좋아한다. 대표적인 직업으로는 화가, 지리안내원, 발명가, 인테리어 디자이너 등이 있으며, 공간지능이 뛰어난 인물로는 Picasso, Gogh, 백남준 등이 있다.

두뇌연구 결과 우측 대뇌피질의 후두엽이 공간 문제해결에 가장 중요한 역할을 하는 것으로 밝혀졌다. 따라서 이 부위가 손상되면 위치를 찾거나 얼굴 또는 장면을 인지하거나 식별하는 능력이 손상된다. 눈이 보이지 않는 사람은 비시각적인 방법으로 모양을 인식한다. 손이 물체의 윤곽을 따라감으로써 그 물체의 크기와 모양에 대한 정보를 얻는다.

4) 신체운동지능(bodily-kinesthetic intelligence)

신체운동지능이란 신체를 이용해서 어떤 생각이나 감정을 표현하는 능력과 손을 이용해서 사물을 만들거나 변형시키는 능력을 말한다. 이 지능에는 자기자극에 대한 감수성, 촉각뿐만 아니라 협응, 균형, 손재주, 힘, 유연성, 속도 등과 같은 특정한 신체기술이 포함된다.

신체운동지능이 높은 사람은 생각이나 느낌을 글이나 그림보다는 몸동작으로 표현하는 능력이 뛰어나다. 또 손으로 다루는 능력이 뛰어나 손재주가 있다는 말을 많이 듣는다. 몸의 균형감각과 촉각이 다른 사람들에 비해 발달되어 있다. 높은 신체운동지능을 필요로 하는 직업으로는 운동선수, 무용수, 산악등반가, 마술사, 배우, 기계수리공, 외과의사 등이 있다. 신체운동지능이 높은 인물로는 박찬호, 김연아, Carl Lewis와 같은 운동선수들과 Isadora Duncan, 홍신자 같은 무용가들이 있다.

신체의 움직임을 통제하는 일은 대측이나 각각의 반구에 자리 잡은 운동피질이 담당한다. 오른손잡이의 경우 신체의 움직임을 지배하는 것은 보통 뇌의 좌반구이다. 극단적인 예를 들면 뇌의 특정 부위가 손상되었을 경우 신체의 복합적인 움직임, 무의식적인 반사작용과 같은 것들을 할 수 없게 되기도 한다. 이를 운동 불능증이라고 하는데, 운동 불능증은 신체운동지능의 증거가 된다. 신체로 정서를 표현하고(무용), 게임을 하고(스포츠), 새로운 결과물을 만드는 것(발명)은 인지적인 신체 사용의 증거이다.

5) 음악지능(musical intelligence)

음악지능이란 음악적 표현 형식을 지각하고, 변별하고, 변형하고, 표현하는 능력을 말한다. 이 지능에는 어떤 음악의 리듬, 음조, 또는 멜로디, 음색 또는 음절에 대한 민감성이 포함된다. 사람에 따라서는 음악에 대해 영상적 또는 포괄적으로 이해할 수도 있고, 형식적 또는 분석적으로 이해할 수도 있으며 이 두 가지의 이해능력을 다 가지고 있을 수도 있다.

음악지능이 뛰어난 사람들은 노래를 부르고, 악기를 다루고, 새로운 곡을 창작하거나 감상하는 데 필요한 능력들이 뛰어나다. 이들은 음악적 경험을 추구하고 그것을 즐긴다. 대표적인 인물로는 Mozart, Beethoven, 장한나 등이 있다.

음악적인 능력은 언어만큼 뇌 속에서 분명하게 위치하고 있지는 않지만 뇌의 우반구에서 담당하고 있는 것은 분명해 보인다. 음악은 특히 석기시대 사회에서 중요한 역할을 담당했다. 다양한 문화로부터 나온 증거들은 음악이 보편적인 능력임을 보여 준다. 비록 음악적 능력이 수학과 같은 지적인 능력으로 받아들여지지는 않지만 그것은 지능으로서 자격이 있다.

6) 대인지능(interpersonal intelligence)

대인지능이란 타인의 기분, 의도, 동기, 감정을 지각하고 구분할 수 있으며 이에 대해 효과적인 대응을 하는 능력을 말한다. 여기에는 얼굴표정, 목소리, 몸짓 등에 대한 민감성뿐만 아니라 상대방의 기분, 감정, 의도를 읽을 수 있는 단서들을 구분할 수 있는 능력들이 포함된다. 대인지능은 개인이 타인을 이해하고 상호작용할 수 있게 한다.

대인지능이 높은 사람들은 타인의 마음을 이해하고 위로해 주거나 도움을 줄 수 있다. 이 능력은 어린 아동들이 친구들을 구별하고 다른 사람들의 기분을 구분하는 것에서도 발견할 수 있으며 다른 집단에게 바람직하게 행동하도록 영향을 주기도 한다. 대표적인 직업으로는 상담가, 교사, 종교지도자 등이 있으며, 이 능력은 부모에게 요구되는 능력이기도 하다. 대인지능이 높은 인물로는 Teresa 수녀, 김수환 추기경 등이 있다.

대인지능에 대한 생물학적 증거는 인간에게 고유한 것으로 여겨지는 두 가지 요인들을 포함한다. 첫 번째 요인은 어머니에 대한 애착이다. 어머니가 바빠서 아이와 시간을 보내지 못하는 경우 대인관계의 정상적인 발달이 위협받게 된다. 두 번째 요인은 사회적인 상호작용의 중요성이다. 선사시대에 사냥, 도살 등의 활동은 많은 사람들의 참여와 협동을 요구했다. 리더십, 조직, 결속은 여기에서 자연스럽게 유래된 것이다.

두뇌연구 결과 전두엽이 대인관계와 관련되어 중요한 역할을 한다는 사실이 드러나고 있다. 이 영역이 손상되면 문제해결 능력은 손상되지 않는 반면, 심각한 인성 변화가 초래된다. 따라서 이전과는 다른 사람일 때가 많다.

7) 자기성찰지능(intrapersonal intelligence)

자기성찰지능이란 자기 자신에 대한 객관적 이해와 지식에 기초하여 행동할 수 있는 능력을 말한다. 이 지능에는 자기 자신에 대한 정확한 이해, 자기 내면의 의도, 동기, 기질, 욕구 등에 대한 이해능력뿐만 아니라 자기통제와 자기관리 능력, 자존감을 유지하려는 의지와 능력이 포함된다.

자기성찰지능이 높은 사람은 자아존중감, 자기가 처한 문제를 해결할 수 있는 능력이 뛰어나다. 자기성찰지능이 낮은 사람들은 자신을 주변 환경으로부터 독립된 존재로 인식하는 데 어려움을 겪는다. 대표적인 직업으로는 철학자, 소설가, 상담가 등이 있으며, Socrates나 이황과 같은 철학자가 대표적인 인물이라고 할 수 있다.

자기성찰지능과 관련하여 전두엽은 인성 변화에 중요한 역할을 담당한다. 전두엽이 손상된 사람의 경우 다른 인지 기능들은 거의 그대로 유지된다. 자폐아는 자기성찰지능이 손상된 전형적인 예이다. 실제로 자폐아는 스스로를 드러내지 않고도 음악, 계산, 공간, 기계 등의 영역에서 두드러진 능력을 보일 수 있다.

8) 자연탐구지능(naturalist intelligence)

자연탐구지능은 자연현상에 대한 유형을 규정하고 분류하는 능력을 의미하는 것으로 주변환경, 자연식물이나 곤충, 동물에 관심이 많고 주변 자연에 대한 탐구 호기심이 높은 지능이다. 나무나 꽃, 곤충의 종류를 잘 구별하고 꽃을 좋아한다.

자연탐구지능이 높은 사람은 영화에 나오는 타잔처럼 자연친화적이고 동물이나 식물채집을 좋아하며, 이를 구별하고 분류하는 능력이 뛰어나다. 산에 가더라도 나뭇잎의 모양이나 크기, 지형 등에 관심이 많고, 이들을 종류별로 잘 분류하기도 한다. 대표적인 직업으로는 농화학자, 동물 보호가, 동물 조련사, 천문학자, 생물학자, 환경운동가, 약초 전문가, 해양학자, 조류학자, 수의사 등이 있다. 이 지능의 가장 대표적인 인물로는 Darwin을 들 수 있다.

뇌가 손상된 사람들 중에는 무생물 대상을 인식하고 이름을 붙일 수는 있지만 생명체를 확인하는 능력을 상실한 사람들이 있다. 반면 다른 사람들을 인식하고 생명체에 이름을 붙일 수는 있지만 인위적인 대상을 식별하지 못하는 사람들도 있다. 이러한 능력은 다른 지각 메커니즘과는 다른 실험 기반을 필요로 한다.

9) 실존지능(existential intelligence)

실존지능 또는 궁극적인 문제들에 관한 관심은 영적인 것 중에서 가장 명확한 인지적 요소로 여겨진다. 그것은 무한대와 무한소를 의미하는 우주에서 자기 자신의 위치를 알아내는 능력과 삶의 의미, 죽음의 의미, 신체적·심리적 세계의 궁극적인 운명, 다른 사람을 사랑하거나 예술작품에 몰두하는 것과 같은 심오한 경험들의 실존적 양태에서 자기 자신의 위치를 파악하는 능력이다.

실존적인 능력은 언어 능력처럼 인류 특유의 특질이며, 인간을 다른 종들과 구분해 주는 하나의 영역이다. 이 능력은 시·공간의 한계에 대한 인식과 그것에 대항하려는 충동으로부터 발현되었을 것이다. 더 포괄적으로 설명하면 좀 더 완전한 의미에서의 인간의 의식은 이미 실존적인 문제들에 대한 관심을 전제하고 있다고 할 수 있다.

가장 암시적인 증거는 측두엽 간질을 앓고 있는 개인으로부터 나오는데, 이러한 사람은 고도의 종교성을 포함하여 예측 가능한 일련의 증상들을 보인다. 그들은 아주 사소하고 작은 사물이나 경험들에 아주 큰 중요성을 부과하는데, 종종 그것들이 자기 반성적인 일기를 쓰거나 영적 상상의 나래를 펴는 출발점이 되기도 한다. Gogh나 Dostoevskii를 포함하여 측두엽 간질을 앓았던 예술가들은 자신들의 증상과 고통을 강력하고 극적인 예술작품의 통로로 삼았다(Gardner, 2001). Gardner는 광범위하게 정의된 영적지능은 인정할 수 없더라도 실존이라고 일컫는 영성지능의 좁게 정의된 다양성은 어느 정도 받아들일 수 있다는 결론을 내리고 있다.

〈표 3.29〉는 각 지능과 이에 관련된 직업에 대해 설명하고 있다.

위에서 살펴본 다중지능이론은 다음과 같은 특징을 갖는다.

첫째, 개인은 똑같은 지능 프로파일을 지니지 않으며 이것은 일란성쌍둥이의 경우도 마찬가지이다. 그 이유는 유전적인 요소가 동일함에도 불구하고 이들의 경험치가 다르기 때문이다.

둘째, 지능이 높다고 해서 반드시 지적으로 행동하는 것은 아니다. 논리수학지능이 높은 사람은 중요한 물리학 실험을 하거나 새로운 기하학적 증명을 풀기 위해 자신의 능력을 사용할 수 있지만, 하루 종일 카지노에서 도박을 하며 자신의 능력을 낭비할 수도 있다.

셋째, 다중지능을 측정하는 가장 좋은 방법은 각 지능과 관련이 있는 다양한 종류의 활동과 경험들 속에서 자신에 대해 실질적으로 평가해 보는 것이다. 단순히 아홉 가지 인위적인 학습과제를 수행하기보다는 실생활을 통해 겪었던 경험을 아홉 가지 지능과 관련 지어 검토해 볼 필요가 있다.

Gardner의 다중지능이론은 지능에 대한 새로운 개념을 제시했다는 긍정적인 평가에도 불구하

표 3.29	다중지능과 관련직업		
지능	능력	신경체계(주요 영역)	관련직업
언어	언어의 소리, 구조, 의미와 기능에 대한 민감성	좌뇌의 측두엽과 전두엽(예; 브로카와 베르니케 영역)	시인, 정치가, 언론인, 교사, 작가, 웅변가, 기자, 편집자
논리수학	논리적, 수학적 유형에 대한 민감성과 구분 능력	좌뇌의 두정엽, 우뇌	수학자, 과학자, 세무사, 통계학자, 컴퓨터 프로그래머, 논리학자
공간	시공적 세계를 정확하게 지각하고, 최초의 지각에 근거해 형태를 바꾸는 능력	우뇌의 후두엽 부분	항해사, 조각가, 건축가, 실내장식가, 화가, 발명가, 지리안내원
신체운동	자기 몸의 움직임을 통제하고, 사물을 능숙하게 다루는 능력	소뇌, 기저 신경절, 운동피질	무용가, 운동선수, 공예가, 배우, 장인, 조각가, 기계공, 외과의사
음악	리듬, 음조, 음색을 만들고 평가하는 능력 음악적 표현 형식에 대한 평가 능력	우뇌의 측두엽	음악가, 작곡가, 연주가, 음악애호가, 음악평론가
대인	타인의 기분, 기질, 동기, 욕망을 구분하고 적절하게 대응하는 능력	전두엽, 측두엽(특히 우뇌), 변연계	세일즈맨, 종교인, 교사, 정치가, 사업가, 행정가
자기성찰	자기 자신의 감정에 충실하고, 자신의 정서들을 구분하는 능력 자신의 장점과 단점에 대한 인식 능력	전두엽, 두정엽, 변연계	소설가, 심리상담가, 철학자
자연탐구	자연현상탐구 능력 환경에 적응하는 능력	전두엽, 좌뇌	원예가, 수의사, 여행전문가, 생물학자
실존	존재이유, 삶과 죽음의 의미, 다양한 활동의 몰입을 통한 심오한 경험들의 실존적 양태에서 자기 자신의 위치를 파악하는 능력	측두엽	특정한 직업보다는 개인의 내적 능력이 더 중요

출처 : Armstrong(1997). Multiple intelligences: Discovering the giftedness in all. pp. 26~27 수정.

고 몇 가지 비판점을 갖는다. Gardner가 말하는 지능은 엄밀히 말해서 지능이라기보다는 재능에 더 가깝다는 것이다. 또 지능을 분류할 때 객관적인 방법에 의해서가 아니라 Gardner 개인의 경험적인 연구를 통해 타당화되지 않은 상태에서 주관적인 요인에 의해 지능을 분류했다는 비판도 받고 있다. 마지막으로 Gardner는 제시한 지능들 간의 독립성을 가정하였다. 또 하나의 지능을 구성하는 별개 능력들 간에도 준독립성이 있다고 가정하였는데, 이는 심리측정학자들의 견해와 정면으로 배치되는 것이라는 비판을 받고 있다.

10 경력 닻

경력 닻(career anchor) 이론은 커리어코칭을 진행할 때 조직에서 직무경험이 있는 성인 피코치에게 적용 가능한 이론이다. 피코치의 경력 닻 유형을 살펴봄으로써 이직이나 전직과 관련된 커리어코칭을 효과적으로 진행할 수 있다.

경력 닻은 인간이 자신이 원하는 경력을 추구해 나가는 목표이자 의지를 표현하는 경향이다. 따라서 경력 닻은 인간이 자신을 이해하는 방식이고 자기이미지(self-concept)라고 할 수 있다. 경력 닻에 대해 Schein(1978)은 다음과 같은 가정을 하고 있다.

첫째, 경력 닻은 일생 동안 일관성을 유지하려는 평형유지의 특성을 갖는다.

둘째, 경력 닻은 자신의 역량, 욕구, 가치관에 대한 일관된 자기평가로 안정적인 특성을 갖는다.

셋째, 경력 닻은 현실적인 어려움을 이겨내고 자신의 목표를 위해 노력할 수 있는 의지이다.

Schein(1978)은 MIT의 MBA 과정 졸업생들을 대상으로 한 패널조사를 통해 개인이 경력관련 의사결정을 하는 데 일정한 경향을 보이는 것과 그러한 경향은 직무관련 경험이 축적될수록 더욱더 명확해진다는 것을 발견하였다. 그는 1961년에서 1963년까지 MBA 과정 2학년에 재학 중이던 44명을 대상으로 인터뷰를 실시하였다. 연구대상 학생들이 졸업 후 6개월과 1년이 지난 다음 다시 인터뷰를 실시하고 졸업 후 5년 차에 설문조사를 실시하였다. 졸업 후 10~12년이 지난 1973년에 다시 최종 인터뷰를 실시하였다. 44명의 패널대상자들은 자신들이 경력과 관련하여 특정한 경향을 보인다는 것을 의식하고 있지는 못하였지만 그 경향을 특정한 개념으로 제시하였을 때는 쉽게 인식할 수 있을 정도로 특정 경향의 내재화가 이루어져 있었다.

경력 닻은 몇 가지 형태로 구분될 때 집단 간의 유의미한 차이를 보이는 것으로 나타났다. Schein은 이러한 경력 닻에 대해 사람들이 내재적으로 가지고 있는 경력에 대한 선호도를 의미한다고 주장하였다. 그는 경력 닻을 한 개인이 여러 가지 대안 중에 반드시 선택해야 하는 경우 포기할 수 없는 특정 가치나 관심을 가리키는 개념이라고 설명하였다. 이것은 경력을 발전시키는 데 의사결정을 할 수 있도록 방향을 제시해 주고, 동시에 제한을 가하기도 하는 자기 이미지라고 할 수 있다.

경력 닻은 다음과 같은 세 가지 요소로 구성된다.

첫째, 다양한 직무환경에서 실질적인 직무관련 성공을 통한 능력과 재능에 대한 자기 인식이다.

둘째, 실제 직무관련 상황에서 타인의 피드백, 자기분석과 자기검증의 결과 인식하게 되는 직무와 관련된 동기와 필요이다.

셋째, 현실적인 직무환경에서 경험을 통해 인식하게 되는 직무관련 태도 및 가치이다.

경력 닻은 자신의 이미지와 부합하는 직업을 선택하도록 유도하기 때문에 개인의 직업선택에 매우 중요한 기반을 제공해 준다. 또한 개인의 경력 닻은 경력계획을 수립할 때 하나의 일관된 지침으로 작용하게 된다. 경력 닻은 자신의 경력을 발전시키는 데 올바른 방향을 제시해 주며 동시에 제한을 가하기도 하는 것으로 개인이 조직 내에서 행하게 되는 경력관련 의사결정에 중요한 가치판단 기준의 역할을 한다.

모든 사람들은 각기 다른 가치와 능력, 필요와 욕구, 그리고 태도를 가지고 있기 때문에 현실에서 다양한 직무관련 경험을 하기 전에는 개인의 경력 닻이 분명하게 드러날 수 없다. 따라서 개인의 경력 닻은 최소한의 직무경험이 축적된 이후에야 측정될 수 있다. 개인이 이러한 경력 닻을 가지게 됨으로써 개인의 가치관이나 사고가 더 이상 성숙하지 않거나 개발되지 않는다는 것을 의미하지는 않는다. 직무관련 경험이 축적됨에 따라 개인의 경력 닻 자체가 변화할 수도 있다. 또 그러한 직무관련 경험의 축적이 개인의 경력 닻을 더욱 확고하게 할 수도 있다.

Schein(1990)은 연구를 통해 기술적·기능적 역량(technical/functional competence) 경력 닻, 일반관리자 역량(general managerial competence) 경력 닻, 자율·독립(autonomy/independence) 경력 닻, 안전·안정(security/stability) 경력 닻, 기업가적 창의성(entrepreneurial creativity) 경력 닻의 다섯 가지 유형의 경력 닻을 도출하였고 그 후 경찰과 의사, 컨설턴트, 생산직 근로자, 해군 조직 등의 집단에 대한 추가 연구를 통해 봉사·헌신(service/dedication to a cause) 경력 닻과 순수한 도전(pure challenge) 경력 닻, 생활방식(lifestyle) 경력 닻을 추가하였다.

1) 기술적·기능적 역량 경력 닻

기술적·기능적 역량 경력 닻을 가진 사람들은 해당분야 전문가로 일하기를 바라지만 경영자가 된다든지, 리더가 되는 것은 바라지 않는다. 다만 자신의 흥미에 따라 기술과 기능을 발휘하는 것을 원한다. 특히 자연과학계통의 기능, 기술, 엔지니어와 관련이 깊다. 이 경력 닻을 가진 사람들은 관리 영역의 직무나 직업은 회피하려고 한다. 또한 자신이 속한 영역에서 인정받는 것을 금전적 보상이나 직무상의 승진보다 중요시한다.

이들은 만족할 수 있을 정도의 기술 획득 없이 관리직으로 승진을 거부할 수도 있고 때로는 조직을 이탈하기도 한다. 기능직에서 관리직으로 승진이 일반화되어 있는 조직에서 이러한 경력 닻을 가지고 있는 구성원들은 관리직으로 승진하는 것에 대해 많은 갈등을 경험한다.

2) 일반관리자 역량 경력 닻

일반관리자 역량 경력 닻은 해당분야의 최고 경영자가 되고자 하는 사람들이 갖는 경력 닻이다. 최고경영자는 조직을 관리하고 발전을 이루어야 하는 중요한 책임이 있다. 이러한 책임을 수행하기 위해서 최고경영자에게는 다양한 역량이 요구된다. 이 경력 닻을 가진 사람들은 승진과 높은 수준의 책임감이 부여된 관리직의 직무를 갖기 원한다. 궁극적으로 이들은 문제분석 능력과 인간관계 능력 그리고 관리자로서 감정적인 자기통제 능력을 복합적으로 발휘할 수 있는 직무를 선호한다.

일반관리자 역량 경력 닻을 구성하고 있는 이들 하위 능력들을 살펴보면, 문제분석 능력은 불확실성과 불완전한 정보 하에서 문제를 규정하고 분석하며 해결하는 능력을 말한다. 인간관계 능력은 보다 효율적인 조직 목표의 달성을 위해 조직 내 모든 계층의 사람들에게 영향력을 행사할 수 있고, 감독 및 통제를 통해 이끌어 갈 수 있는 능력을 의미한다. 감정적인 자기통제 능력이란 직무 수행과 관련된 인간관계 문제나 감정적인 문제에 의해 좌절감이나 상실감을 느끼지 않고, 직무와 관련하여 영향력을 행사하는 데 느낄 수 있는 죄책감이나 수치심을 잘 통제할 수 있는 능력을 말한다. 일반관리자 역량 경력 닻에서 중요한 것은 이 세 가지 능력이 별개의 것이 아니라 서로 복합적으로 상호작용한다는 것이다.

3) 자율·독립 경력 닻

자율·독립 경력 닻은 개인의 독립성에 기초한 것으로 상사나 윗사람의 간섭 없이 자신의 독립적인 업무수행 욕구에 기반한 것이다. 이러한 경력 닻을 가진 사람들은 독립적 경력을 추구하며 조직의 체계적 관리에 대하여 거부감을 표시한다. 이 경력 닻을 가진 사람들은 조직생활이 매우 강제적이며 비합리적이고 개인생활을 무단으로 침해한다고 생각하기 때문에 조직생활을 꺼리며 좀 더 독립성이 보장된 분야에서 경력을 쌓으려고 노력한다.

이 유형에 속하는 사람들은 주로 교수직이나 연구개발직 등에 종사하는 경우가 많다. 자율·독립 경력 닻을 가진 사람들의 주 관심사는 스스로 하는 것에 있다. 일하는 방식이나, 스케줄 관리, 생활 방식 등 모든 측면에서 스스로 결정하는 것에 가장 큰 기준을 둔다.

4) 안전 · 안정 경력 닻

이 경력 닻을 가진 사람들은 조직이 제공하는 장기적인 고용관계와 좋은 복지제도에 매력을 느끼며 직업에서 안정성을 매우 중요하게 생각한다. 안전하고 안정적인 직무상황, 안정적인 경력개발, 예측 가능한 경력추구 등의 성향을 갖는 유형이다. 이러한 유형에 속한 사람들은 직무나 경력이 안정적인 직종, 예를 들어 공무원, 공기업의 직원 등 시민을 대상으로 하는 공공서비스 분야와 같은 직업들을 선호한다. 안전 · 안정의 경력 닻을 가진 사람들은 직무 자체의 안전성과 예측가능성 뿐만 아니라 경력에 대해서도 동일한 바람을 가지고 있다. 따라서 조직에서 일하는 시간이 길어질 수록 더욱 안정적인 직무를 수행하게 되고 보수나 퇴직금도 점점 증가하기를 희망한다. 과거 일반적인 조직의 경력관리 체계에 적합한 유형이다.

　이들은 다른 경력 닻을 가진 사람들보다 조직에서 정하는 경력계획과 경로를 더 잘 수용하고 자신들의 바람이나 능력과는 상관없이 조직이 원하는 능력에 더 충실하고자 하는 경향이 있다. 이들을 '조직의 가신'이라고 부르기도 한다.

5) 기업가적 창의성 경력 닻

이 경력 닻을 가진 사람들은 자신들의 재능을 발휘하기 위해 보다 자율적이고 관리적인 환경을 원한다. 또 생활의 안정을 위하여 부의 축적도 중요하게 생각하지만 이러한 것들을 본질적인 동기로 생각하지는 않는다. 기업가적 창의성 경력 닻은 자신의 사업을 운영하고 이를 통해 성공을 거두려는 욕구가 강한 유형이다. 자신이 직접 사업체를 운영하고 성공하기를 원한다는 점에서 일반관리자 역량이나 자율 · 독립 경력 닻과는 차별적이다. 이들은 자신의 힘으로 새로운 것을 창출해 낼 수 있는 것에 관심을 가지며 그 결과물들에 대한 애착이 매우 강하다. 따라서 이들은 자신이 직접 회사를 설립하여 운영하거나 독립적으로 수행할 수 있는 직무를 희망한다.

　이 유형의 사람들은 공식적으로 인정받기를 원하고 항상 최고의 반열에 오르고 머물기를 원한다. 이러한 기업가적 창의성 경력 닻은 조직의 설립 초기에는 매우 긍정적인 역할을 하는 것으로 볼 수 있다. 그러나 조직이 어느 정도 성장하여 직무의 세밀한 정형화가 필요하고 지속적인 발전을 뒷받침할 만한 전문적인 관리가 요구되는 단계에서는 오히려 역기능적인 역할을 할 수 있다.

6) 봉사 · 헌신 경력 닻

봉사 · 헌신 경력 닻은 인류에 대한 봉사, 타인과의 나눔 등을 통해서 세상을 변화시키려는 욕구를 지닌 사람들의 유형이다. 봉사 · 헌신 경력 닻을 가진 사람들은 자신이 담당한 직무가 보장하는 물질적, 현실적인 조건들보다는 직무 수행을 통해 자신이 중요하게 생각하는 가치를 실현하는 것에 더 큰 관심을 둔다.

따라서 이러한 경력 닻을 소유한 사람들은 자신의 직업선택이나 경력개발의 과정에서 인류에 대한 봉사에 큰 비중을 두어 가치판단을 한다. 이들은 행정분야, 사회정책 입안과 관련되는 분야, 봉사활동을 실천할 수 있는 분야에 종사하는 것을 희망한다. 예를 들어, 간호사, 교사, 의사, 성직자, 사회운동가 등이 이에 해당한다.

이들의 자기이미지는 남들을 돕는 생활과 다른 사람과의 협력, 인간애의 실천 등으로 이루어져 있다. 물론 이러한 직업군에 속하는 모든 사람들이 봉사 · 헌신 경력 닻을 가졌다고는 할 수 없다. 예를 들어 의사 중에는 경제적인 안정 때문에 그 직종을 선택한 사람도 있을 수 있고, 보장된 자율성 때문에 의사가 된 사람도 있을 수 있다.

7) 순수한 도전 경력 닻

이 경력 닻에 속한 사람들의 주 관심사는 다른 사람과의 경쟁이나 어떤 것을 성취하는 과정에서 장애를 극복하고자 하는 순수한 도전정신이다. 이들은 자신들의 경력성공을 극복하기 어려운 목표의 달성이나 문제의 해결 또는 경쟁자와의 경쟁에서의 승리 등으로 규정하기 때문에 항상 거친 승부욕과 도전의식을 추구한다.

이 유형에 속한 사람들은 그 대상이 사물이건 사람이건 상관없이 특정 대상에 대하여 강력한 경쟁심을 갖고 있으며, 이러한 경쟁에서 승리를 거두는 것이 그들의 최고 목표이다. 성공 또는 승리의 목표로는 장애극복, 문제해결, 경쟁자에 대한 승리 등을 설정하는 경우가 많고, 이러한 목표를 성취함으로써 얻는 보상은 성취감과 함께 또 다른 경쟁에 대한 도전이 된다. 이러한 경력 닻 유형이 갖는 직업에는 조종사, 탐험가, 육상선수, 영업직 종사자, 경영자, 직업군인 등이 있다.

8) 생활방식 경력 닻

사실상 특별한 경력 닻을 가지고 있지 않은 유형으로 이들은 가족 및 환경의 상황에 따라 경력을 선택할 뿐이지 경력에 대한 특별한 의지나 욕구가 없다. 최근 맞벌이 부부가 증가하면서 개인이나 가족문제와 조직의 경력을 연계하는 경향이 강하게 나타나고 있다. 생활방식 경력 닻을 가진 사람들은 초기 경력 단계에서 가족과 조직 그리고 자신의 필요와 목적 중에서 어떤 특정한 것만을 선택하지 않으려고 하는 경향이 있다. 이들은 가족과 조직 그리고 자신의 필요와 목적이라는 세 가지 측면을 어떤 방식으로든지 조화시킴으로써 자신의 전체적인 생활방식을 통합시키려는 노력을 계속한다. 세 가지 분야를 어떻게 조화시킬 것인가에 대한 노력은 자신의 경력관련 의사결정에 있어 가장 중요한 판단기준이 되며, 개인의 전 경력과정을 통해 계속된다.

이러한 경력 닻 유형에 속한 사람들은 작업조건의 융통성이 높아 가정생활에 많은 시간을 할애할 수 있는 직업을 원한다. 따라서 조직에서는 이러한 유형을 위해서 탁아소 운영, 탄력적 근무시간제, 재택근무제, 출산휴가의 허용, 종업원을 중시하는 조직문화를 조성해야 한다. 생활방식 경력 닻은 최근에 일과 개인 삶의 조화를 추구하려는 많은 사람들의 새로운 삶의 방식으로 이해할 수 있다.

경력 닻 이론에 근거하여 Schein은 사람들이 업무, 급여, 승진 시스템 등의 선호경향이 다르다고 주장하였다. 또한 경력에 대한 만족은 경력 닻과 특정한 직무형태의 연관성에 근거하기 때문에 경력 닻은 개인의 가치 또는 욕구와 특정 직무의 성격을 적절히 결합시키는 데 유용하게 이용될 수 있다. 개인의 경력 닻 이론은 성인기의 전직이나 이직에 대한 힌트를 얻을 수 있는 유용한 자료로 활용 가능하다.

연습 문제 ●

1. Super의 진로발달이론을 커리어코칭에 적용할 경우 커리어코치가 특히 주의할 점에 대해 생각해 봅니다.

2. Hopson과 Adams의 전환모델을 커리어코칭에 적용할 경우 각 단계별 코칭전략에 대해 생각해 봅니다.

3. 박윤희의 커리어 의사결정이론에 근거해 성격, 직업적성, 직업흥미와 직업가치관이 각각 직업선택에 미치는 영향에 대해 생각해 봅니다.

4. Schein의 경력 닻 이론을 이직이나 전직을 희망하는 성인전기 피코치에게 적용할 경우 필요한 코칭전략에 대해 생각해 봅니다.

Chapter 04

커리어코칭
방법론

커리어코칭은 커리어이론이나 심리검사만으로 진행되는 것은 아니다. 커리어
코칭은 코치와 피코치 간의 상호작용, 즉 '하나되어 나아가기'의 과정이다. 이
를 위해서 커뮤니케이션은 필수적이다. 그렇다면 커리어코칭에서 코치는 피
코치와 어떻게 커뮤니케이션해야 하는 것일까? 이에 대한 답이 커리어코칭
방법론인 커리어코칭 스킬과 커리어코칭 대화모델이다. 따라서 이 장은 커리
어코칭 스킬과 커리어코칭 대화모델을 중심으로 내용을 구성하였다.

01   커리어코칭 스킬

코칭은 코치와 피코치 간의 코칭대화로 진행된다. 코칭을 원활하게 진행하기 위해서 코치는 필요한 코칭대화 기법들을 습득해야 하는데, 이러한 대화기법들을 커리어코칭 스킬이라고 한다. 커리어코칭 스킬은 크게 기본스킬과 심화스킬로 나눌 수 있다. 기본스킬은 커리어코칭을 진행하는 데 기본이 되는 스킬이라고 볼 수 있다. 그만큼 코칭에서 많이 사용되는 스킬이다. 반면 심화스킬은 커리어코칭에서 코치가 더 많은 주의를 기울이며 사용할 필요가 있는 스킬로 그 사용에 보다 세심함과 전문성이 필요하며 그렇기 때문에 코치는 심화스킬 습득에 다소 어려움이 있을 수 있다. 커리어코칭에서 기본스킬과 심화스킬 모두가 조화롭게 사용될 수 있을 때 효과적인 커리어코칭이 이루어질 수 있다. 커리어코칭 스킬 중 어느 것이 더 중요하고 덜 중요한 것은 없다. 모두 중요하다. 커리어코치는 이 스킬들을 코칭 장면에서 잘 활용할 수 있도록 학습하고 반복해서 연습해야 한다.

다음 [그림 4.1]은 커리어코칭에 필요한 스킬들을 제시한 것이다.

그림 4.1   커리어코칭 스킬

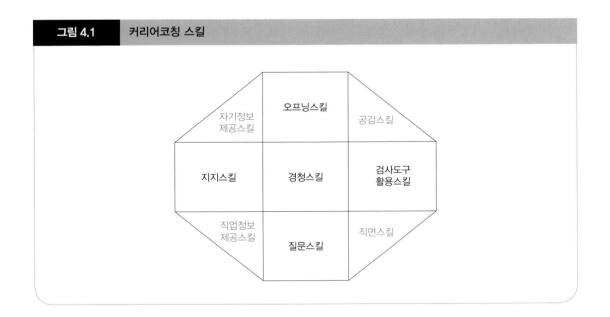

1) 기본스킬

커리어코칭의 기본스킬에는 오프닝스킬, 검사도구활용스킬, 경청스킬, 질문스킬과 지지스킬이 있다.

(1) 오프닝스킬

오프닝스킬은 커리어코칭을 본격적으로 진행하기에 앞서 코치와 피코치 간에 라포(rapport)를 형성하는 스킬을 의미한다. 라포형성이 잘 되었다면 커리어코칭의 시작이 원활하게 이루어질 수 있다. 코치는 피코치가 최대한 편안함을 느낄 수 있도록 분위기를 조성해야 하고 커리어코칭에 대한 기대감을 갖도록 격려해야 한다. 코칭시작 단계에서 코치의 존재감이 표출될 수 있는데, 코치의 존재감은 코칭이 진행되는 동안 계속해서 표출되고 유지되어야 하는 것이지만 특히 라포형성 단계에서 피코치는 코치의 존재감을 처음 경험하게 된다.

코칭시작 단계에서는 코칭 주제에 대한 이야기보다는 일상적인 소소한 이야기들과 긍정적 정서를 유발할 수 있는 이야기들로 시작하는 것이 바람직하다. 코치는 가급적 피코치가 사용하는 단어를 사용해서 코칭을 진행한다. 코칭을 시작하게 되면 코치는 피코치에게 코치의 비밀준수 의무에 대해 언급한다.

오프닝스킬을 잘 활용한다는 것은 코치와 피코치가 서로 신뢰관계 속으로 들어가기 시작한다는 것을 의미하는 것이다. 일반적으로 신뢰란 다른 사람들의 마음이나 행동에 대해 긍정적으로 기대함으로써 발생하는 보이지 않는 태도 등의 무형적 가치를 의미한다. 코칭에서 신뢰란 코치가 다양한 노력들을 통해 피코치에게 심리적 일체감을 갖게 하고 이를 유지하게 하는 능력이다.

신뢰와 불신은 동전의 양면처럼 불가분의 관계로 존재한다. 신뢰가 부족하다는 것은 불신이 높다는 것을 의미하고 신뢰가 두텁다는 것은 불신의 약화를 의미한다. 신뢰와 불신은 그 경계가 모호하여 서로의 경계를 수시로 넘나들며 상호 반비례한다. 신뢰는 사용을 통해 고갈되는 자원이 아니라 사용하지 않음으로써 고갈되는 자원이다. 즉 코치와 피코치 간의 신뢰가 두터울수록 상호간에 신뢰하는 마음은 더욱 강해질 수 있다.

가. 오프닝스킬 관련 코치의 역량

ICF는 유능한 코치들이 필수적으로 갖추어야 하는 역량을 4개 범주 11가지 역량으로 제시하였다.

A. 기초 세우기(setting the foundation)

1. 윤리지침과 직업기준 충족시키기

2. 코칭관계 합의하기

B. 관계의 공동구축(co-creating the relationship)

3. 고객과의 신뢰와 친분 쌓기

4. 코치로서의 존재감

C. 효과적으로 의사소통하기(communicating effectively)

5. 적극적으로 경청하기

6. 효과적인 질문하기

7. 직접적인 커뮤니케이션

D. 학습촉진과 효과적인 목표달성(facilitating learning and results)

8. 의식 확대하기

9. 행동 설계하기

10. 계획수립과 목표설정

11. 진행상황과 책임관리

위에 제시된 11가지 역량 중 오프닝스킬과 직접적으로 관련이 있는 역량은 기초 세우기의 코칭 관계 합의하기 역량과 관계의 공동구축에 해당되는 고객과의 신뢰와 친분 쌓기, 코치로서의 존재 감 역량이다. 코칭관계 합의하기가 첫 회 코칭 시작 전에 이루어지기도 하지만 오프닝스킬 사용과 함께 이루어지는 경우도 있다. 또 고객과의 신뢰와 친분 쌓기 역량과 코치로서의 존재감 역량은 오프닝 단계부터 코치가 발휘해야 하는 역량들이다.

고객과의 신뢰와 친분 쌓기 역량은 코치가 상호존중과 신뢰를 낳는 안전하고 지원적인 환경을 만들어 낼 수 있는 능력을 말하는 것으로

a. 고객의 행복과 미래에 대해 진정한 관심을 보여 준다.

b. 지속적으로 개인적인 성실성, 정직성, 진실성을 보여 준다.

c. 합의사항들을 분명하게 정하고 약속을 지킨다.

d. 고객의 인식, 학습유형, 개성을 존중한다.

e. 위험감수와 실패의 두려움이 수반되는 새로운 태도와 행동을 지속적으로 지원하고 지켜준다.

f. 고객에게 민감한 부분에 대해 코칭하는 것을 허락해 줄 것을 요청한다.

이와 같은 코치의 다양한 활동을 통해 고객과의 신뢰관계가 형성될 수 있다. 코치로서의 존재감 역량, 즉 코칭 프레젠스(coaching presence)는 코치가 특별한 말이나 행동을 하지 않아도 그 자체만으로 존재감이 느껴지는 것을 의미한다. 코치가 그 존재만으로도 피코치에게 코칭에 대한 기대감을 갖게 하고 코칭을 잘 운영해 나갈 수 있게 하는 것이 바로 코칭 프레젠스이다. 코칭 프레젠스에서 코치의 모습이 자연스럽고 별다른 노력을 하지 않는 것처럼 보인다 하더라도 여기에는 분명한 의도와 많은 연습이 필요하다.

코칭 프레젠스 역량은 코치가 솔직하고, 유연하고, 자신감 넘치는 태도로 고객과 자연스러운 관계를 만들어 낼 수 있는 능력을 말하는 것으로

a. 코칭과정에서 매 순간 집중력과 유연성을 보여 준다.

b. 직관을 발휘하고 직감을 신뢰한다.

c. 모른다는 것을 솔직하게 인정하고 위험을 감수한다.

d. 고객과 함께 일할 수 있는 많은 방법들을 확인해 보고, 각 상황에 맞는 가장 효과적인 방법을 선택한다.

e. 가볍고 활기찬 분위기를 만들어 내기 위해 적절하게 유머를 섞어서 이야기한다.

f. 자신 있게 관점을 전환하고, 자신의 행동에 대한 새로운 가능성을 실험한다.

g. 확고한 태도로 코칭에 자신감을 보여 주고, 스스로를 관리하고, 고객의 감정에 휘둘리거나 휩쓸리지 않는다.

위와 같은 다양한 코치의 활동들을 통해 코치의 존재감이 부각되고 이는 코치와 피코치 간의 신뢰관계 강화로 나타날 수 있다. 피코치가 자신의 과거, 현재, 미래에 대해 개인적인 이야기를 코치에게 한다는 것은 마음을 여는 일 없이는 불가능하다. 따라서 피코치가 마음을 여는 것이 성공적인 커리어코칭의 전제 조건이며, 이는 코치에 대한 신뢰감으로부터 출발한다. 신뢰관계 구축을 위해서 코치는 오프닝스킬 사용에 보다 주의를 기울여야 한다.

나. 신뢰관계 형성

코치와 피코치 간의 신뢰관계 구축을 위해 코치가 사용할 수 있는 보다 직접적인 방법은 코치가 피코치의 '따라쟁이'가 되는 것이다. 서로 신뢰하는 사람들은 제스처나 자세, 눈길의 조화를 이루며 자연스런 방식으로 맞춰 나간다. 이들은 언어 사용에도 공통점을 보이는데, 같은 단어나 표현 방식을 많이 사용한다. 누구나 자신과 비슷하다고 생각되는 사람에게는 신뢰감을 느끼고 마음도 연다. '주파수가 같다'는 느낌이 드는 것이다. 따라서 코치는 피코치의 '따라쟁이'가 될 필요가 있다.

우선 코치는 피코치의 자세와 몸짓을 관찰한 뒤 따라한다. 예를 들어 비슷한 자세로 앉는다거나 팔이나 다리를 피코치와 같은 모습이 되도록 한다. 목소리의 크기와 높낮이, 말하는 속도도 피코치와 비슷하게 맞춘다. 또 코치는 피코치가 즐겨 사용하는 단어, 비슷한 표현과 문장구조를 사용한다. 비슷한 단어 선택은 피코치의 생각과 감정을 이해하는 데 도움이 된다. 코치의 이러한 노력들이 신뢰관계 형성에 도움을 줄 수 있다.

오프닝스킬을 통해 즉각적으로 피코치가 코치에게 신뢰감을 느끼기는 쉽지 않다. 그래서 오프닝스킬을 통해 코치와 피코치는 신뢰관계 속으로 들어가는 것이라고 설명하였다. 이는 신뢰관계의 형성은 오프닝스킬을 활용하는 단계에서부터 시작된다는 것을 의미하는 것이다. 무엇보다 중요한 것은 코치가 코치로서 자신을 신뢰하고 피코치를 존중하며 신뢰하려고 노력하는 자세이다.

다. 오프닝스킬 사용 팁(Hill & O'Brien, 2006)

- 적당한 정도의 눈 마주치기(eye contact)를 유지한다. 자주 다른 곳을 본다든지 뚫어지게 보거나 하는 것은 피한다.
- 고개 끄덕임을 적당한 수준으로 사용한다.
- 피코치 쪽으로 열린 자세를 유지한다. 팔짱을 끼고 있지 말고, 정면으로 피코치를 마주 대하고 피코치 쪽으로 기울인다.
- "음", "네" 등의 인정하는 단어를 사용한다.
- 편안하고 자연스럽게 대한다.
- 산만한 행동은 피한다. 너무 많이 웃거나 머리카락이나 물건 등을 만지작거리거나 하는 것을 피한다.
- 피코치의 언어 스타일에 맞춘다. 자신의 언어 스타일 범위 내에서 피코치와 같은 언어 스타일을 사용한다.

● 적절한 공간을 사용한다. 너무 가깝거나 너무 멀리 앉지 않는다.

라. 오프닝스킬 사례

● 지난 한 주 동안 어떻게 지내셨나요?

● 최근에 함께 나누고 싶은 행복한 일이 있으신가요?

● 오늘 기분이 아주 좋아 보이십니다. 혹시 좋은 일이 있으신가요?

● 오면서 보니 가을하늘이 정말 높고 맑던데요. 어떻게 지내고 계신가요?

● 오늘 저와 나누는 모든 말씀은 커리어코치 윤리규정에 따라 비밀이 유지된다는 것을 먼저 말씀
드립니다. 이 점에 대해서는 걱정하지 마시고 편안하게 코칭에 임해 주시길 바랍니다.

(2) 검사도구활용스킬

검사도구활용스킬은 검사도구에 대한 전문지식 습득, 검사 전 검사에 대한 사전 설명, 검사결과
에 대한 설명까지 포함하는 검사도구와 관련해 코치가 코칭장면에서 사용하는 모든 스킬을 의미
한다.

검사도구에 대한 전문지식 습득은 코치가 커리어코칭에 필요한 다양한 검사도구에 관련된 지식
을 습득하는 것을 의미하는 것이다. 코치는 검사도구에 기반이 되는 성격 및 커리어관련 이론들을
습득함으로써 커리어코칭 장면에서 이를 효과적으로 활용할 수 있다. 커리어코치는 이를 위해 필
요하다면 검사도구 활용관련 자격을 취득할 수 있다.

검사 전 검사에 대한 사전 설명은 검사 실시 전에 검사방법에 대해 피코치에게 자세히 설명하는
것이다. 검사결과의 설명도 중요하지만 정확한 검사가 이루어지는 것이 더 중요한데, 이를 위해
필요한 것이 바로 검사실시 전 검사방법에 대해 피코치에게 설명하는 것이다.

검사가 종료되었다면, 검사결과를 설명하기 전에 코치는 먼저 피코치의 검사결과를 정확하게
확인하고 이해해야 한다. 피코치에게 검사를 실시하면서 특별한 문제는 없었는지 질문을 통해 피
코치의 의견을 듣고 확인하는 절차를 거쳐야 한다. 코치가 피코치에게 검사결과를 설명할 때는 검
사결과가 절대적인 것이 아니라는 것을 설명하는 것이 중요하다. 대부분의 검사들은 피코치가 표
기하는 대로 그 결과가 나온다. 따라서 피코치가 검사를 실시하는 과정에서 오류가 있었다거나 혹
은 자신의 상태에 대해 표기를 하는 데 문제가 있었다면 이를 코칭 대화를 통해 수용하고 필요
하다면 재검사를 실시할 수도 있다.

검사도구활용스킬을 적용하는 데 있어서 가장 중요한 것은 검사결과에 대한 피코치의 이해와 수용이다. 피코치의 이해와 수용을 위해서는 검사결과에 대해 피코치가 완전히 이해할 수 있도록 설명해야 한다. 만약 피코치가 검사결과에 대해 본인과 다른 부분이 있다고 생각한다면 이에 대해 충분한 의견을 말할 수 있도록 기회를 주어야 하고 코치는 이를 경청해야 한다.

가. 이해의 중립성과 표현의 중립성

검사도구활용스킬에서 코치가 주의해야 할 것은 검사결과 이해의 중립성과 피코치에게 검사결과를 전달하는 데 필요한 표현의 중립성이다. 먼저 검사결과 이해의 중립성은 코치가 피코치의 검사결과를 있는 그대로 이해하는 것을 말한다. 여기에는 코치 자신의 생각과 판단이 배제되어야 한다. 둘째, 표현의 중립성은 코치의 이해의 중립성을 바탕으로 있는 그대로 내용을 전달하는 것으로 여기에는 적절한 단어의 선택과 사용이 요구된다. 특히 표현의 중립성을 위해서는 적절한 질문을 통해서 피코치가 자신의 의견을 말할 수 있게 하고 이를 주의 깊게 경청하는 것이 필요하다. 따라서 검사도구활용스킬은 자연스럽게 경청, 질문 등의 다른 커리어코칭 스킬들과 함께 사용할 수 있다.

검사결과를 설명하는 과정에서 피코치에게 이전에 자신이 생각하지 못했던 것을 생각할 수 있는 사고의 확장이 일어날 수도 있다. 이러한 검사결과를 설명하는 과정을 통해 피코치의 코칭 주제가 수정되거나 보완될 수 있다.

나. 검사도구활용 프로세스

- 검사 실시 전 검사방법에 대해 피코치에게 자세히 설명한다.
- 누락된 것은 없는지 검사결과를 확인한다.
- 검사결과의 내용을 정확히 확인하고 이해한다.
- 검사결과가 절대적인 것이 아니라는 것을 피코치에게 설명한다.
- 검사를 진행하면서 문제는 없었는지 피코치에게 질문을 통해 확인한다.
- 검사결과를 있는 그대로 중립적인 언어를 사용해서 피코치에게 설명한다.
- 검사결과에 대한 피코치의 수용도를 높이기 위해서 다양한 코칭스킬을 활용해서 검사결과를 설명한다.

다. 검사도구활용스킬 사례

- 검사 시 '되고 싶은 나'가 아닌 '현재의 나'를 생각하며 검사에 임하시기 바랍니다.
- 한 문항을 너무 오래 생각하지 마시고 문항들을 보고 자신을 가장 잘 설명한다고 생각되는 보기에 바로 표기하시기 바랍니다.
- 검사 문항에 정답은 없습니다. 다만 본인을 가장 잘 설명하는 보기가 있을 뿐입니다.
- 검사결과는 절대적인 것이 아니므로 자신을 완전하게 표현하지 못할 수 있습니다.
- 검사결과가 자신에 대해 잘 설명하고 있다고 생각하십니까?
- 검사과정에서 어려움은 없었습니까?
- 본인의 성격은 ○○○로 리더십이 뛰어나다고 볼 수 있습니다. 이 점에 대해 어떻게 생각하십니까?
- 검사결과를 보면 본인은 다른 사람들을 돕는 일에 관심이 있습니다. 검사결과에 동의하십니까?
- 이러한 검사결과가 나온 원인이 무엇이라고 생각하십니까?
- 본인 성격의 장·단점은 무엇이라고 생각하십니까?
- 본인 성격 중 보완해야 할 부분이 있다면 무엇입니까?
- 검사결과에 따르면 본인은 직업을 선택할 때, ○○○가치와 ○○○가치를 중요하게 생각합니다. 본인이 직업을 선택할 때 가장 중요하게 생각하는 것은 무엇입니까?
- 다른 사람을 돕는 일에 흥미가 있다는 검사결과에 대해 본인은 어떻게 생각하십니까?

(3) 경청스킬

사람은 다른 사람의 이야기를 듣는 것보다 자신의 이야기를 하고 싶어 하고, 답을 주고 싶어 하는 존재이다. 하지만 코칭은 이러한 보편적인 사람의 속성을 거스르는 것이어야 한다. 경청스킬은 코치가 선입견에 빠지지 않고 백지상태의 마음으로 피코치의 의견을 듣는 것이다. 코칭에서 경청은 귀로만 하는 것이 아니다. 코치는 눈으로도 경청하고 있음을 표현해야 하고, 입으로도 경청하고 있음을 표현해야 하며, 행동으로도 경청하고 있음을 표현해야 한다. 결국 코치는 다양한 경청 반응을 보이면서 피코치의 이야기를 듣게 된다.

통상적으로 커뮤니케이션에서 경청은 다음 [그림 4.2]에서 제시한 바와 같이 다섯 단계로 설명할 수 있다. 이 단계들 중에 코칭에서 다루는 경청은 4단계와 5단계에서 발생한다. 특히 코치는 코칭장면에서 5단계의 경청을 할 필요가 있다. 이를 통해 피코치는 새롭고 중요한 통찰을 얻을 수

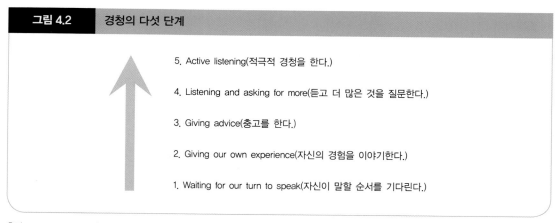

그림 4.2　경청의 다섯 단계

5. Active listening(적극적 경청을 한다.)

4. Listening and asking for more(듣고 더 많은 것을 질문한다.)

3. Giving advice(충고를 한다.)

2. Giving our own experience(자신의 경험을 이야기한다.)

1. Waiting for our turn to speak(자신이 말할 순서를 기다린다.)

출처 : Bresser & Wilson(2010). What is coaching?. p. 17.

있다. 코칭에서 경청은 피코치의 마음의 문을 여는 것으로 온전히 그 사람의 입장이 되는 것이다. 코치는 피코치가 말하지 않은 것까지도 들을 수 있어야 하고 피코치의 생각을 함께 따라가며 전체 내용을 다 듣기 전까지는 대답이나 다음 질문을 삼가해야 한다.

가. 경청프로세스

다음 [그림 4.3]은 커리어코칭에서 경청프로세스를 보여 주는 것이다.

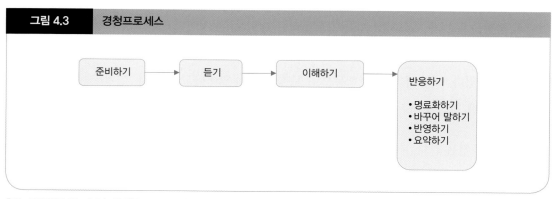

그림 4.3　경청프로세스

준비하기 → 듣기 → 이해하기 → 반응하기
- 명료화하기
- 바꾸어 말하기
- 반영하기
- 요약하기

출처 : 박윤희(2012). 커리어코칭 입문. p. 181 수정.

준비하기

● 코칭하기 적합한 장소를 확보한다.

소음이나 타인의 방해 등 물리적 제약은 코치의 경청 몰입을 방해한다. 따라서 코치가 경청준비 단계에서 경청에 적합한 장소를 확보하는 것은 중요하다. 코치가 적합한 장소를 확보하는 것은 경청의 준비이며 아울러 코칭의 준비이기도 하다.

● 피코치와 시선을 맞춘다.

경청은 눈에서 시작된다. 말 없이 상대를 바라보는 눈길은 상대와 대화를 나누고 상대를 수용할 자세가 되어 있다는 신호이다. 또 상대의 눈을 바라본다는 것은 마음을 열었다는 표시, 상대를 존중한다는 표시이기도 하다.

● 개방적인 자세를 취한다.

코치가 피코치의 이야기를 집중해서 경청하기 위해서는 수용적이고 개방적인 자세를 취해야 한다. 이를 위해서 코치는 긴장하지 않아야 하고 여유로운 모습을 보여야 한다.

듣기

● 언어적 경청을 한다.

언어적 경청은 코치가 피코치의 이야기를 들리는 대로 듣는 것이다. 즉 코치 자신의 생각이나 판단을 배제하면서 듣는 것을 의미한다. 코치는 피코치가 나열하는 언어적 메시지들을 있는 그대로 들을 필요가 있다. 피코치의 어떤 행동으로 문제 상황이 일어나고 있는지, 대처하고 있는 행동은 무엇인지, 어떤 경험을 했는지 있는 그대로 들어야 한다.

● 비언어적 경청을 한다.

피코치의 비언어적 행동들이 언어적 표현보다 더 중요한 메시지를 포함하는 경우가 있다. 코치는 피코치의 언어적 표현에만 집중해서는 안 되고 피코치의 얼굴표정, 말의 억양, 몸동작 등 비언어적인 행동에 주의를 집중해서 관찰하고 들어야 한다. 비언어적 경청에서 관찰해야 할 것들은 얼굴 표정(미소, 찡그림 등), 목소리 억양(높낮이, 속도, 강조, 침묵 등), 몸의 행동(움직임, 제스처 등), 신체 반응(얼굴색, 눈동자 움직임, 눈물 등) 등이다.

● 메모를 한다.

메모는 대화 내용을 기록으로 남기는 기본 목적 이외에도 코치가 대화에 집중할 수 있게 해 준다. 듣지 않고는 메모를 할 수 없기 때문이다. 메모는 이야기하는 피코치에게도 도움이 된다. 코치가 메모를 함으로써 피코치의 문제를 중요하게 다룬다는 느낌을 줄 수 있고 또 코치가 올바른 정보를 얻기 위해 노력하고 있다는 것을 보여 줄 수 있다.

　코치 입장에서 여유를 갖고 메모를 하면 더 잘 들을 수 있고 피코치를 편안하게 해 줄 수도 있다. 모든 것을 기록하거나 완벽한 문장을 적으려고 할 필요는 없다. 핵심단어나 구절, 숫자들만 간단히 메모하도록 한다. 코치가 코칭 종료 후 필요에 따라 내용을 기록할 수도 있기 때문에 메모한 내용 주위에 공백을 많이 남겨두는 것이 좋다.

이해하기

● 선입견이나 판단은 배제한다.

피코치의 이야기를 듣고 이해하기 위해서 코치는 자신의 선입견이나 판단을 배제해야 하고 최대한 피코치의 입장이 되려고 노력해야 한다. 단순히 귀로 듣는 것만으로는 피코치의 이야기를 이해할 수 없다.

● 코치는 귀뿐만 아니라 마음도 동원해야 한다.

피코치의 이야기를 듣는 것을 다른 말로 바꿔 말하면 피코치가 이야기하고 싶어 하는 것을 듣는 것이다. 피코치가 이야기하고 싶어 하는 내용을 제대로 이해하기 위해서 코치는 자신의 귀뿐만 아니라 마음도 동원해야 한다. 코치는 피코치가 그런 말을 하는 이유는 무엇인지, 피코치가 하고 싶어 하는 이야기는 무엇인지, 피코치의 입장에서 마음으로 이해할 수 있어야 한다.

● 감정을 인정한다.

사람의 마음에는 감정이 있고 이것이 밖으로 드러날 수 있다. 피코치의 감정을 미리 짐작하지 말고 감정이 어떤 것인지 이해해야 한다. 코치 자신이 느낀 대로 피코치의 감정을 다루는 것은 자칫 위험할 수 있다. 코치의 주관이 개입될 여지가 있기 때문이다. 따라서 코치는 피코치의 감정을 예측하거나 단정하지 말고 있는 그대로 인정하고 존중해야 한다.

반응하기

코치가 피코치의 이야기를 듣고 이해했다면 이제 들은 바를 표현해야 한다. 반응하기에는 다음과 같이 네 가지 방법이 있다.

● 명료화하기

명료화하기는 "당신은 ○○○라고 생각하시는 군요. 맞습니까?", "…라는 말씀이시지요?" 등의 반응이다. 명료화하기는 피코치의 이야기가 분명하지 않다고 생각될 경우 코치가 사용할 수 있는 경청 반응이다. 또 피코치의 말을 제대로 들었는지 코치가 확인할 수도 있다. 코치는 명료화하기 반응을 한 후 피코치의 의견을 기다릴 수 있다. 명료화하기에서 때로는 코치가 피코치보다 자세하게 이야기할 수도 있다.

● 바꾸어 말하기

바꾸어 말하기는 코치가 피코치에게 자신이 들은 내용을 다른 말로 바꾸어 반응하는 것이다. 피코치의 이야기를 단순히 반복하거나 형식적으로 접근하지 않는다. 메아리가 되어서는 안 되기 때문이다. 피코치의 이야기를 이해한 대로 코치 자신의 말로 표현할 수 있어야 한다. 또 코치 자신이 잘못 이해했을 수도 있다는 가능성을 열어두어야 한다.

● 반영하기

반영하기는 피코치의 말이나 행동 이면에 내재하고 있는 느낌과 감정이 무엇인지 분명히 깨닫도록 반응하는 것이다. 감정표현이 빈약한 피코치는 자신이 현재 어떤 느낌을 가지고 있으며 문제 상황에서 어떤 느낌을 가졌었는지 잘 인식하지 못하는 경우가 많다. 따라서 코치는 피코치가 말하고 표현하는 것들을 적절하게 반영하기 위해서 피코치의 감정을 나타내는 적절한 단어를 찾아서 반응해야 한다. 정확하고 민감한 반영은 피코치가 자신의 감정이 어떤 것인지 이해하는 것은 물론 자신이 잘 이해받고 있음을 느끼게 해 준다.

● 요약하기

요약하기는 코치가 피코치의 이야기를 간략하게 정리해서 반응하는 것이다. 피코치의 말이 너무 길어지면 코치는 많은 내용을 기억할 수 없게 된다. 따라서 피코치와 함께 혼란에 빠질 수 있다. 요약하기는 코치와 피코치에게 문제의 여러 국면을 개괄할 수 있도록 도와준다. 코치가 요약을 하는 동안 피코치는 긴장을 풀 수 있고 자신이 혼자가 아니라는 느낌, 당면한 문제를 해결할 수 있을 것 같다는 느낌을 받을 수 있다.

나. 경청 시 주의할 점

▶ 코치가 말을 너무 많이 하지 않는다(6:4의 법칙).

코칭에서 코치는 질문을 하고 피코치의 의견을 경청하는 역할을 하게 되므로 말이 너무 많아서는 안 된다. 유능한 코치는 피코치보다 말을 적게 해야 하므로 전체 코칭 대화의 40%를 넘지 않는다. 말이 많은 코치일수록 경청하기보다는 해결책을 제시하며 피코치를 설득하려는 경향이 강하다. 실제 커리어코칭이 아닌 다른 코칭 분야에서는 8:2 또는 7:3의 대화비율을 권장하고 있다. 하지만 실제 코칭 상황에서 이 비율이 지켜지기는 쉽지 않다. 특히 커리어코칭에서는 다른 코칭보다 정보 제공이 많이 이루어질 수 있기 때문에 6:4의 비율이 보다 현실적이라고 할 수 있다.

▶ 피코치에게 대답할 여유를 준다.

경청의 기본은 상대에게 말을 시키는 것, 상대의 말을 중단시키지 않는 것이다. 피코치의 말이 끝났다 하더라도 잠시 침묵을 지키며 하고 싶은 말을 계속할 수 있도록 격려하고 기다려 주는 것이 필요하다.

▶ 피코치의 말문을 틔워 주는 어구를 활용한다.

코칭을 진행하다 보면 때로는 침묵이 흐를 수 있다. 이 침묵을 불편하게 만들지 않고 코칭 대화를 활성화시키기 위해서 말문을 틔워 주는 말, 즉 "네", "아하", "이해할 수 있습니다.", "그렇지요." 등을 사용할 수 있다. 이를 통해 코치는 피코치의 이야기를 알아들었다는 신호를 보낼 수 있고 피코치는 자신의 이야기를 더 많이 할 수 있게 된다.

▶ 피코치에게 침묵을 허용한다.

침묵을 허용하되 코치가 이것을 무기로 사용해서는 안 된다. 코치와 피코치 사이의 침묵은 때로는 위험할 수 있다. 침묵이되 이유 있는 침묵이어야 한다. 침묵을 통해 피코치에게 잠시 자신을 돌아볼 여유를 주는 것은 코치가 피코치를 존중하고 있음을 보여 준다. 또한 피코치가 서두르지 않고 자신의 이야기를 할 수 있도록 돕는다.

다. 반응하기의 사례

● 명료화하기

○○○라고 생각하시는군요. 맞습니까?

…라는 말씀이시지요?

그렇다면 이제는 ○○○으로 하겠다는 말씀이시군요.

● 바꾸어 말하기

그럼 이번 방학에는 취업관련 준비를 못했다는 이야기시군요.

본인의 강점이 무엇인지 잘 모르겠다는 말씀이시네요.

그동안은 이직 의사가 전혀 없었다는 말씀이시네요.

● 반영하기

○○○때문에 ○○○감정을 느끼시는군요.

매우 당황하셨겠어요.

그 이야기를 하면서 화가 난 것처럼 보이시네요.

● 요약하기

인생 2막에 대한 준비가 부족해 현재 경제적으로 어려움을 겪고 있다는 말씀이시네요.

그간의 취업준비 노력들에 대해 스스로 효과적이지 못했다고 생각하시는군요.

그 문제의 원인이 모두 본인에게 있다고 믿으시는군요.

(4) 질문스킬

코칭의 핵심은 '말하는 대신 질문하라!'이다. 그만큼 코칭에서 질문은 중요하다. 코치의 질문을 통해 피코치는 깊이 생각하고 생각한 바를 말로 정리해서 표현하게 된다. 질문은 피코치의 문제해결 능력을 높이고 스스로의 자원을 활용하게 한다. 또 질문은 피코치에게 자율적인 사고를 촉발하는 자극제가 된다. 좋은 질문은 새로운 연결점, 새로운 시각을 발견하게 하고 현재의 사고지평을 확대시켜 준다.

좋은 질문은 코칭 대화 속에서 만들어진다. 코치가 피코치의 말을 주의 깊게 듣고 그의 행동을 관찰하면 다음 질문은 저절로 떠오르게 된다. 질문은 정확하고 간단할수록 또 피코치가 쉽게 이해할수록 좋다. 코치는 질문을 할 때 추상적인 문장, 길고 복잡한 문장, 외래어가 많이 섞인 문장, 불분명한 문장은 피해야 한다.

가. 질문의 종류

[그림 4.4]는 커리어코칭에서 사용 가능한 질문의 종류를 제시한 것이다.

개방형 질문과 폐쇄형 질문

● 개방형 질문

개방형 질문은 피코치에게 열린 사고의 공간을 제공하는 것으로 피코치는 좁은 사고의 울타리에서 벗어나 자유롭게 생각의 날개를 펼칠 수 있다. 개방형 질문은 "예" 또는 "아니오"로 간단히 대답할 수 없기 때문에 피코치는 답변의 내용과 표현에 자유를 누리게 되고 코치에게는 풍부한 정보를 제공한다. 개방형 질문은 코치가 피코치를 통제 혹은 유도한다는 느낌이 들지 않도록 도와주며 코치와 피코치는 서로를 파트너로 인식하게 된다.

그림 4.4	질문의 종류

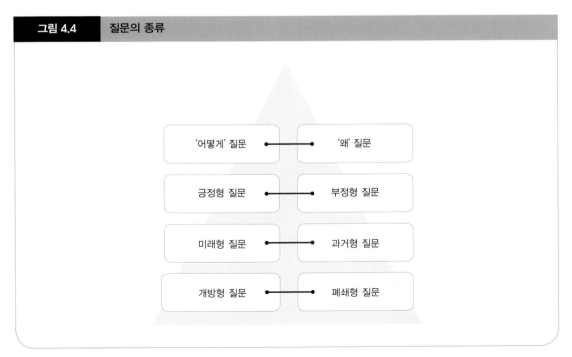

출처 : 박윤희(2012). 커리어코칭 입문. p. 188.

● 폐쇄형 질문

폐쇄형 질문은 피코치의 가능한 답변을 "예"나 "아니오" 또는 단답형으로 제한하기 때문에 코칭 대화에 한계를 설정하게 된다. 폐쇄형 질문은 코칭에서 간결한 정보를 얻거나 구체적이며 구속력이 있는 합의 사항을 결정할 때 사용할 수 있다. 폐쇄형 질문은 피코치의 답을 제한하기 때문에 자주 사용하지 않는 것이 좋다.

● **개방형 질문 사례**	● **폐쇄형 질문 사례**
그 일을 하면서 어떤 색다른 경험을 하셨나요?	당신은 그 조건에 동의하십니까?
그 사람에 대해 어떻게 생각하십니까?	누구와 이 문제를 의논하실 겁니까?
당신의 의견은 무엇입니까?	여기까지는 문제가 없나요?
그 원인이 무엇이라고 보십니까?	언제까지 그 일을 마칠 수 있습니까?
지금 당신이 해결해야 할 문제는 무엇입니까?	그 일을 마감일까지 끝낼 수 있습니까?

미래형 질문과 과거형 질문

● 미래형 질문

미래형 질문은 미래형의 단어가 포함된 질문이다. 피코치의 가능성을 이끌어 내기 위해서는 피코치가 가진 의식의 화살을 과거가 아닌 미래로 향하게 해야 한다. 실천 가능한 해결책에 피코치의 관심을 집중시키고 문제상황에서 빠져나오게 하기 위해서 미래형 질문이 도움이 된다. 미래형 질문은 피코치에게 미래가 존재하며, 미래는 달라질 수 있고 그 미래에 자신이 원하는 것을 실현시킬 수 있는 가능성이 있다는 점을 인식하게 한다.

● 과거형 질문

과거형 질문은 과거형의 단어가 포함된 질문이다. 피코치의 가능성을 이끌어 낸다는 측면에서 본다면 과거형 질문은 좋은 질문이라고 볼 수 없다. 하지만 코치가 정보를 얻거나 피코치가 자신을 성찰해 볼 수 있도록 하기 위해서 사용할 필요가 있다. 과거형 질문은 꼭 필요한 경우가 아니라면 자주 사용하지 않는 것이 좋다.

> **● 미래형 질문 사례**
>
> 어떻게 해 나가고 싶은가요?
>
> 그것을 완수하기 위해서 어떻게 하는 것이 좋을까요?
>
> 5년 뒤 자신이 어떤 모습일 거라고 생각하십니까?
>
> 변화시키고 싶은 것은 무엇입니까?
>
> 어떤 상황이 되면 만족하시겠습니까?

> **● 과거형 질문 사례**
>
> 누가 제일 먼저 그 일을 알아차렸나요?
>
> 그 과제의 목표는 무엇이었나요?
>
> 지난 3년간 어떤 변화가 일어났습니까?
>
> 지금까지 어떻게 해왔나요?
>
> 그렇게 행동했던 이유는 무엇입니까?

긍정형 질문과 부정형 질문

● 긍정형 질문

긍정형 질문은 긍정형의 단어가 들어간 질문이다. 긍정형 질문은 피코치가 진취적이고, 적극적이며, 긍정적인 사고를 할 수 있도록 돕는다. 긍정형 질문은 피코치에게 자신의 가능성에 집중하게 하고 성취에 대한 확신을 갖게 한다.

● 부정형 질문

부정형 질문은 부정형의 단어가 들어간 질문이다. 부정형 질문은 사고의 방향을 가능이 아닌 불가능에 집중하게 한다. 따라서 문제를 바람직한 방향으로 해결하기 위한 피코치의 사고를 방해할 수 있다. 부정형 질문은 사용에 특별히 주의를 기울여야 한다.

> **● 긍정형 질문 사례**
>
> 향후 발전방향은 무엇입니까?
>
> 어떻게 하면 일이 순조롭게 잘 진행될까요?
>
> 확실한 것은 무엇입니까?
>
> 어떻게 하면 좋은 결과를 얻을 수 있을까요?
>
> 그 일을 하게 되면 좋은 점은 무엇입니까?

> **● 부정형 질문 사례**
>
> 불확실한 것은 무엇입니까?
>
> 일이 순조롭게 진행되지 않는 이유는 무엇입니까?
>
> 그곳에 가지 못한 이유는 무엇입니까?
>
> 걸림돌이 되는 것은 무엇입니까?
>
> 그 일을 하지 않는다면 어떤 불이익이 있을까요?

'어떻게' 질문과 '왜' 질문

● '어떻게' 질문

어떻게 질문은 '어떻게'라는 단어가 들어간 질문으로 코치들이 많이 사용하는 질문이다. 코치가 어떻게 질문을 하게 되면 질문을 받은 피코치는 어떠한 제한도 없이 자신의 생각을 말할 수 있게 된다. 즉 피코치의 답변에 제한이 없기 때문에 피코치의 사고의 폭을 넓힐 수 있는 좋은 질문이다.

● '왜' 질문

'왜' 질문은 '왜'라는 단어가 들어간 질문이다. '왜' 질문은 이유를 묻기에는 더할 나위 없이 좋은 질문이지만 피코치에게 자신을 추궁하거나 문책하는 것으로 들릴 수 있다. 이럴 경우 피코치는 생각의 문, 더 나아가 마음의 문까지 닫게 된다. '왜' 질문은 중립적인 경우가 아니라면 '이유'로 바꾸어 묻는 것이 좋다. 이를 통해 피코치는 어떤 사건이나 상황의 원인에 더 집중할 수 있게 된다.

나. 좋은 질문의 특징

▶ 간단하다.

간단한 질문은 피코치가 주의를 집중할 수 있게 한다. 질문이 너무 길면 끝까지 다 듣기도 전에 앞부분에서 무슨 말을 했는지 잊어버릴 수 있다. 그러므로 질문이 길어질수록 좋은 질문이 될 확률은 떨어진다. 짧은 질문이 이해하기도 쉽고 답변하기도 쉽다.

▶ 명확하다.

질문이 명확해야 피코치의 답변도 명확할 수 있다. 명확한 질문은 수동태 표현, 모호한 표현, 이중부정 등의 표현을 사용해서는 안 된다. 이러한 표현들은 피코치에게 혼란을 줄 수 있고 오해의 소지가 있다.

▶ 핵심에서 벗어나지 않는다.

질문마다 하나의 주제에 집중하고 그 주제의 특정한 부분에 집중해야 한다. 한 번에 한 가지만 집중해서 묻는 것도 핵심을 벗어나지 않게 하는 좋은 방법이다. 그렇게 하지 않으면 피코치에게 의미 없는 답변을 얻게 될 수 있다.

▶ 중립적이다.

피코치에게 어느 한쪽으로 치우친 답을 요구하거나 암시하는 것은 좋은 질문이 아니다. 좋은 질문은 피코치가 자신의 생각을 있는 그대로 답할 수 있게 하는 것이다. 그러기 위해서 코치의 질문은 중립적이어야 한다.

좋은 질문을 보면 개방형 질문이면서 긍정형 질문이고 또 동시에 미래형 질문일 수 있다. 반드시 한 종류의 질문만을 사용해야 한다는 생각은 버려야 한다. 또 코칭에서 개방형 질문, 미래형 질문, 긍정형 질문, '어떻게' 질문이 좋은 질문이기는 하지만 폐쇄형 질문, 과거형 질문, 부정형 질문, '왜' 질문을 무조건 사용하지 말아야 하는 것은 아니다. 이러한 질문들도 때로는 코칭 장면에서 필요할 수 있다. 따라서 코치는 질문에 대한 충분한 연습을 통해 상황에 맞는 적절한 질문을 사용할 수 있어야 한다. 이것이 유능한 커리어코치가 되는 길이다.

(5) 지지스킬
지지스킬은 코치가 피코치에게 주는 칭찬과 인정이다.

가. 칭찬

칭찬의 사전적 정의는 '좋은 점이나 착하고 훌륭한 일을 높이 평가함. 또는 그런 말'(NAVER 온라인 사전) 또는 '다른 사람의 좋고 훌륭한 점을 들어 추어주거나 높이 평가함'(DAUM 온라인 사전)이다. 사람들은 모두 인정받기를 원하고 칭찬받는 것을 좋아한다. 그러나 모든 칭찬이 항상 같은 효과를 내는 것은 아니다. 또 결과보다 과정을 칭찬하면 효과가 더 좋다. 비난이나 비판을 하지 않고 솔직하고 진지하게 칭찬하는 것이 가장 기본적인 칭찬 방법이다. 이는 다른 사람을 동기부여시키는 원동력이 된다.

칭찬은 피코치의 바람직한 행동을 강화하고 이를 계속 발전시켜 나가도록 격려한다. 인간은 본능적으로 칭찬을 받고 싶은 욕구가 강하다. 칭찬은 의욕을 강화시키고 성취감을 높인다. 특히 문제를 해결하기 위해 실행계획을 실천해야 하는 피코치에게는 칭찬이 중요하다. 칭찬은 목표를 달성하기 위해 이제까지 성취한 피코치의 '부분적 성공'을 명확하게 해 주기 때문에 심리적 지원 기능을 하며 자신감을 강화시켜 준다.

나. 인정

인정의 사전적 정의는 '확실히 그렇다고 여김'(DAUM 온라인 사전)이다. 코칭스킬에서 인정은 코치가 피코치의 어떤 점이 확실히 그렇다고 여기는 것이 된다. 인정은 피코치의 존재, 가치 등에 대해 코치가 느낀 것을 이야기하는 것으로 피코치의 행동에 초점을 두기보다는 피코치라는 사람 자체에 집중하는 것이다. 코치가 인정을 잘 하기 위해서는 피코치의 장점과 내적 가치 등에 대한 면밀한 관찰이 필요하다. 코치의 인정을 통해 피코치는 자신의 존재감에 대해 새롭게 인식하고 자신이 가치 있는 사람이라는 것을 깨닫게 될 수 있다.

다. 칭찬과 인정 팁

- 칭찬과 인정할 일이 생겼을 때 즉시 한다.
- 잘한 점이나 좋은 점을 구체적으로 칭찬하고 인정한다.
- 공개적으로 칭찬하고 인정한다.
- 결과보다는 과정을 칭찬하고 인정한다.
- 진실한 마음으로 칭찬하고 인정한다.
- 긍정적인 눈으로 보면 칭찬하고 인정할 일이 더 많이 보인다.
- 일이 잘 풀리지 않을 때 더욱 격려하고 칭찬하고 인정한다.

2) 심화스킬

커리어코칭의 심화스킬에는 공감스킬, 직면스킬, 직업정보제공스킬과 자기정보제공스킬이 있다.

(1) 공감스킬

공감한다는 것은 상대가 표현하지 않은 감정까지 느끼며 상대를 존중하고 배려하는 것이다. 이러한 공감은 비로소 완전에 가까운 의사소통이 이루어지는 상태라고 할 수 있다. 공감에서 중요한 것은 상대방의 감정에 대한 동의가 아니라는 것이다. '나는 당신을 이해한다'는 것이다.

가. 공감의 의미

공감이란 용어는 1872년 Robert Vischer가 미학에서 사용한 독일어 'einfuhlung(감정이입)'에서 유래되었다. 감정이입은 관찰자가 흠모하거나 관조하는 물체에 자신의 감성을 투사하는 방법을 설명하는 용어로 실제로는 예술작품을 감상하고 즐기는 원리를 밝히기 위해 만들어진 것이다. 독일의 철학자이자 역사가인 Dilthey는 이 미학 용어를 가져와 정신 과정을 설명하는 데 사용하였다. 그에게 감정이입은 다른 사람의 입장이 되어 그들이 어떻게 느끼고 생각하는지 이해하는 것을 의미하였다. 바로 이것이 커리어코칭의 공감스킬과 같은 의미의 공감이다. 1909년 미국의 Titchener는 'einfuhlung'을 공감 'empathy'로 번역하였다. 이후 공감은 관찰자가 기꺼이 다른 사람의 경험의 일부가 되어 그들의 경험에 대한 느낌을 공유한다는 의미를 갖게 되었다(Rifkin, 2011).

나. 공감능력

Rifkin은 그의 저서 『공감의 시대』에서 인간의 공감능력에 대해 다음과 같은 사례를 들어 설명하고 있다.

1914년 12월 24일 저녁, 프랑스 플랑드르 지방, 제1차 세계대전은 다섯 달째로 접어들고 있었다. 유럽 변방 곳곳에서 수많은 군인들이 급조한 참호 속에 아무렇게나 몸을 웅크린 채 추위와 싸우고 있었다. 죽은 병사는 양 진영 사이에 있는 무인지대에 버려졌고 시체는 매장할 수 없어 아직 살아 있는 동료들이 빤히 지켜보는 가운데 썩어갔다.

전장에 땅거미가 깔릴 무렵 독일군 병사들이 위문용으로 보내진 크리스마스 트리 수천 개에 촛불을 붙이기 시작하였다. 트리를 밝힌 병사들은 캐럴을 부르기 시작하였다. '고요한 밤'을 시작으로 여러 곡이 이어졌다. 영국군들은 넋을 잃고 바라보았다. 영국 병사 몇몇이 머뭇거리며 박수를 쳤다. 조금 뒤엔 환호성까지 질렀다. 영국 병사들도 캐럴을 부르며 적에게 화답했고 적들에게 똑같이 열렬한 박수를 받았다. 양쪽에서 몇몇 병사들이 참호 밖으로 나와 무인지대를 가로질러 서로를 향해 걷기 시작하였다. 그러자 수백 명이 뒤를 따랐고 곧이어 수천 명의 병사가 참호 밖으로 쏟아져 나왔다. 그들은 악수를 나누고 담배와 비스킷을 건넸으며 가족사진을 꺼내 보여 주었다. 서로 고향이야기를 하며 지나간 크리스마스 추억을 나누었고 이 터무니없는 전쟁을 키득거리며 비웃었다.

다음날 아침, 크리스마스의 태양이 유럽의 전장 위로 솟아올랐을 때도, 수천 명의 병사들은 여전히 조용히 이야기를 나누고 있었다. 어림잡아 10만 명이 넘는 숫자였을 것이다. 불과 24시간 전만 해도 적이었던 그들은 서로 도와 가며 죽은 동료들을 묻었다. 이런 식의 임시 휴전이 병사들의 사기를 해칠 수도 있다고 생각한 장군들은 발 빠르게 전열을 수습하였다. 꿈 같았던 '크리스마스 휴전'은 시작만큼이나 갑자기 끝나버렸다. 겨우 하루, 몇 시간이라는 짧은 순간이지만 수만 명의 인간들은 장교, 사병 할 것 없이 계급을 가리지 않고 상부와 국가에 대한 충성심도 접어 둔 채 오직 보편적인 인간성만을 보여 주었다.

전장에 버려진 채 죽고 부상당하는 상황에서도 그들은 용기 있게 제도적 의무에서 벗어나 서로를 불쌍히 여기고 서로 살아 있음을 축하하였다. 아무런 거리낌이 없는 진정한 인간의 모습을 찾는 순간이었다.

플랑드르 병사들이 보여 준 것은 보다 심오한 인간적 감정이었다. 그리고 그것은 인간의 실존적 상황에서 드러난 감정으로 시대와 사상을 초월하는 것이었다. 우리가 왜 병사들의 모습에 감동을 받는지 자문해 보아야 한다. 그들은 인간이기를 선택하였다. 그들이 드러낸 인간 능력의 한복판에 자리잡고 있었던 것은 서로에 대한 공감이었다. 인간의 능력 가운데 가장 으뜸가는 것이면서도 소홀히 다루어졌던 공감 능력은 사실 모든 인간에게서 볼 수 있는 보편적 조건이다(Rifkin, 2011).

오래 전에 이미 아동발달 전문가들은 태어난 지 하루 이틀 정도밖에 되지 않은 아기들도 다른 아기의 울음소리가 들리면 같이 따라 운다는 사실에 주목하였다. 그리고 그것을 '초보적인 공감적 고통(empathic distress)'이라고 불렀다. 아기가 따라 우는 이유는 공감하는 성향이 우리의 생물학적 구조에 내재되어 있기 때문이다. Rifkin은 인간은 다른 사람의 고통에만 공감하는 것이 아니라 다른 사람의 기쁨에도 역시 공감할 수 있다고 강조하였다.

이렇게 인간 안에 생물학적으로 내재되어 있는 공감능력은 커리어코칭 상황에서도 매우 중요한 역할을 한다. 커리어코칭에서 공감스킬은 코치가 피코치의 세계 속으로 들어가 피코치의 감정을 함께 느끼고 반응하는 것이다. 코치의 공감능력은 피코치가 자신이 충분히 이해받고 있다는 느낌을 갖게 하며 내적으로 피코치 자신을 들여다 볼 수 있도록 돕는다. 공감을 위해서는 코치가 피코치의 세계에 들어가거나 피코치의 입장이 될 수 있어야 한다. 공감은 코치가 피코치의 감정에 동의하는 것이 아니라 피코치의 감정을 있는 그대로 이해하고 함께 느끼며 피코치에게 심적인 위안과 힘을 주는 것이다.

Rogers는 공감에 대해 다음과 같이 말하고 있다(Rifkin, 2011).

"어떤 사람이 누군가가 자신의 말을 성의껏 들어 준다는 것을 알게 되면 당장 눈가가 촉촉해진다. 다름 아닌 기쁨의 눈물이다. 그는 속으로 생각한다. '하나님 감사합니다. 내 말을 들어 주는 사람이 다 있군요. 이 사람은 마치 내 입장에 서 본 사람 같습니다.'"

다. 공감하기 사례

- 어떻게 해요. 그렇게 힘이 드셔서.
- 정말 좋으셨겠어요. 행복하시지요?
- 얼마나 뿌듯하세요. 제가 다 기분이 좋네요.
- 너무 많이 속상하셨겠어요. 지금도 눈물을 글썽이시네요.
- 참 허망하다는 생각이 들지요. 그렇게 노력했는데도 말이에요.
- 세상에 그것보다 더 기쁜 일이 있을까요! 날아갈 것 같으셨겠어요.

(2) 직면스킬

직면스킬은 코치 자신의 가치나 판단이 배제된 객관적인 코치의 의견전달이다. 이를 위해서 코치는 피코치의 말을 섣불리 해석하거나 판단해서는 안 된다. 직면스킬을 사용할 때는 객관적이고 명확한 언어를 사용해야 한다.

직면스킬을 효과적으로 사용하려면 피코치에게 단순히 지적하기보다는 충분한 교감을 이룬 뒤에 사용해야 한다. 또한 잘못을 지적해서 추궁하거나 피코치의 시인을 강요하는 것과 같은 태도는 피해야 한다. 코치는 관찰자 입장에서 객관적으로 관찰한 피코치의 행동을 부드럽고 친절하게 중립적인 표현을 사용해 전달해야 한다. 피코치가 코치의 의견에 대해 저항하고 부정한다면 코치는 이를 인정하라고 강요하기보다는 저항하는 모습 그대로를 수용해야 한다. 직면스킬 사용 이후 반응이 없는 피코치에게는 어떻게 느끼는지 또는 어떻게 생각하는지 질문을 사용해서 피코치의 반응을 살펴보아야 한다.

가. 직면스킬을 사용하는 경우

코치가 직면스킬을 사용할 경우에는 특히나 주의를 기울여야 할 필요가 있는데, 피코치가 코칭에 몰입하지 못하는 경우에 직면스킬을 사용할 수 있다. 또 피코치의 사고, 정서, 행동에 모순이 있거나 차이가 있는 경우에도 코치는 직면스킬을 사용할 수 있다. 특히 피코치의 말과 행동 간의 불일치나 말과 비언어적 표현 간의 불일치 등이 여기에 해당된다. 코칭주제와 관련해서 피코치의 언행에 중립적인 의견제시가 필요한 경우에도 코치는 직면스킬을 사용할 수 있다. 피코치가 자신의 문제를 보는 관점과 코치가 피코치의 문제를 보는 관점 사이에 차이가 있는 경우에도 필요하다면 코치는 직면스킬을 사용할 수 있다.

나. 효과적인 직면스킬 사용 방법

▶ 관찰은 관찰로, 감정은 감정으로 전달한다.

코치가 관찰한 내용에 대해서는 관찰한 것으로 또 코치가 느낀 감정에 대해서는 감정으로 전달해야 한다. 관찰한 것을 미루어 짐작한 것으로 전달하거나 느낀 감정에 대해서 사실로 전달하는 것은 피코치의 오해를 불러일으킬 수 있다. 이는 자칫 코치와 피코치 간의 신뢰관계 훼손으로 이어질 수 있다.

▶ '우리' 또는 '사람들'이 아니라 '나'를 주어로 사용한다.

'나'를 주어로 사용함으로써 코치의 의견이 일반적이고 보편적인 것이 아니라 코치 개인의 의견임을 나타낼 수 있다.

▶ 동기가 아닌 행동에 대해 이야기한다.

특히 직면스킬은 행동에 한정되어야지 성격이나 내적 동기를 다루어서는 안 된다. 행동 뒤에 숨어 있는 동기에 대해 의견을 피력하는 것은 코치의 가치나 판단이 개입될 위험성이 크다.

▶ 가능하면 즉시 직면스킬을 사용한다.

가능하면 즉시 직면스킬을 사용해야 그 효과를 높일 수 있다. 하지만 그 이전에 적합한 환경(방해받지 않고 둘만 있을 때, 충분한 시간 확보 등)을 마련하고 피코치가 코치의 의견을 수용할 자세가 되어 있는지 살펴보아야 한다.

▶ 효과적인 직면스킬 사용에서 피해야 할 것들
● 항상, 언제나, 한 번도, 계속, 모든 것 등 일반화시키는 표현
● 공격적인 표현
● 도덕적인 비판
● 의욕을 저하시키는 표현

다. 직면스킬 사례
● 지금 많이 화가 나셨었다는 말씀을 밝은 표정으로 하고 계시는 것 같네요.
● 현재 본인의 스펙으로는 대부분의 대기업 서류전형에서 탈락할 확률이 높습니다.
● 다른 경험들에 비해 인턴십 경험이 부족한 것 같습니다.

- 대학졸업 후에 대기업에 취업하고 싶다고 하면서 실제로는 그에 필요한 노력들을 하고 있지 않는 것으로 보입니다. 어떻게 생각하십니까?
- 성적을 더 올려야 본인이 희망하는 대학의 학과에 진학할 수 있을 것 같습니다.
- 엄마와 잘 지내고 싶다고 하면서도 엄마를 대하는 태도가 너무 부드럽지 못한 것 같네요.
- 지금 그 이야기를 하면서 화가 나지는 않는다고 했는데요. 얼굴표정이 많이 굳어 보입니다.

(3) 직업정보제공스킬

커리어코칭에서 6 : 4의 법칙(피코치와 코치의 대화량의 비율)이 잘 지켜지지 않는 경우가 있다면 그것은 바로 직업정보제공스킬 때문이다. 코치는 직업에 관한 다양한 정보를 가지고 있어야 하고, 때로는 컨설턴트처럼 피코치가 필요로 하는 직업정보를 제공할 수 있어야 한다. 그렇다고 해서 피코치에게 정보를 무조건 많이 제공하는 것이 바람직한 것은 아니다. 피코치의 상황에 따라 피코치가 원하는 정보를 충분히 제공할 수 있어야 한다. 때로는 정보를 직접 제공하기보다는 정보의 출처를 제공함으로써 피코치 스스로 정보를 찾아보고 자신이 원하는 정보를 활용할 수 있도록 하는 것이 필요하다.

가. 정보의 범위

직업정보제공스킬에서 의미하는 정보의 범위는 어디까지일까? 먼저 자료는 단순한 사실의 나열로 일반적으로 데이터베이스에서 제공하는 것을 말한다. 정보는 조직화된 사실로 자료에서 찾아낸 패턴을 의미한다. 지식은 정보에 의미를 부여한 것으로 정보에 관련성과 목적성이 부가되면 지식으로 진화된다.

직업정보제공스킬에서 의미하는 정보는 협의의 정보 개념을 넘어서서 광의의 정보 개념을 적용한다. 광의의 정보 개념을 적용하면 여기에는 의미를 부여한 정보인 지식까지를 포함하게 된다. 실제 커리어코칭 과정에서 단순한 정보뿐만 아니라 지식을 제공해야 할 경우가 많다. 특히 청소년, 대학생들을 대상으로 한 커리어코칭에서는 실제 정보보다는 지식이 더 많이 제공되기도 한다. 따라서 정보제공스킬에서 정보는 광의의 정보 개념을 적용해 의미 있는 정보인 지식까지를 포함한다.

위에서 설명한 정보의 범위를 그림으로 표시하면 [그림 4.5]와 같다.

직업정보란 직업에 관련된 일체의 정보를 말하며 직업의 직위, 급여, 자격요건, 승진관계, 인간

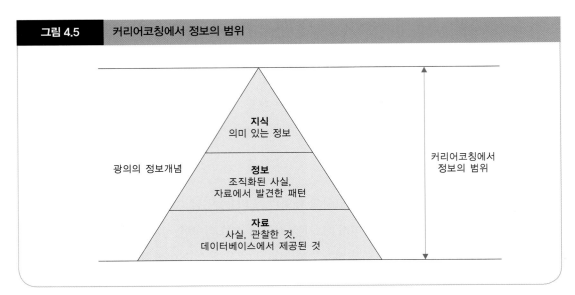

| 그림 4.5 | 커리어코칭에서 정보의 범위 |

출처 : 박윤희(2012). 커리어코칭 입문. p. 202 수정.

관계 등의 직업과 직·간접적으로 관련된 모든 정보를 포함한다. 직업정보는 직업을 선택하고자 하는 의사결정 단계에서 특히 중요할 수 있다. 직업선택 단계에서 직업정보는 취업경향, 노동에 관한 규정, 직업의 분류와 직종, 직업에 필요한 자격조건, 취업준비과정, 취업처 등에 대한 자세한 내용을 포함하여 이용자가 이해하고 활용하도록 도움을 주는 데 그 목적이 있다.

유용한 직업정보가 되기 위해서는 다음과 같은 조건을 갖추어야 한다.

첫째, 정보가 오류를 방지하고 의사결정을 도울 수 있도록 정확해야 한다.

둘째, 정보를 필요로 하는 시기와 상황에 맞게 적시에 제공되어야 한다.

셋째, 제공되는 정보들의 결합과 가공을 통해 새로운 정보 창출이 가능해야 한다.

나. 대상별 유용한 직업정보

다음은 피코치들이 유용하게 활용할 수 있는 직업정보를 그 대상별로 정리한 것이다.

▶ 아동
- 직업과 직업인들에 대한 다양성 인식을 위한 정보 제공
- 성역할, 장애인 등에 대한 고정관념 탈피를 위한 정보 제공
- 교육과 직업의 관련성에 대한 인식을 위한 정보 제공

- 직업과 관련된 경제에 대한 인식을 위한 정보 제공

▶ 청소년
- 개인의 직업정체성에 집중하기 위한 정보 제공
- 교육 및 훈련 프로그램 참여를 위한 정보 제공
- 실질적인 직업체험을 위한 정보 제공
- 생애설계의 기반 제공을 위한 정보 제공

▶ 성인
- 직업수행 능력을 향상시키기 위한 훈련기회에 대한 정보 제공
- 직업과 관련된 수입을 평가하는 정보 제공
- 고용가능성을 증대시키는 방법에 대한 정보 제공
- 직업인의 권리에 관한 정보 제공

▶ 은퇴자
- 시간제 근로와 정시제 근로 기회에 대한 정보 제공
- 보유 기술을 직업이나 자원봉사에서 사용할 수 있도록 하는 정보 제공
- 생애계획을 유지하게 하는 것과 관련된 정보 제공

다. 이용자별 유용한 직업정보
다음은 이용자별로 유용하게 활용할 수 있는 직업정보 내용을 정리한 것이다.

라. 직업정보 사용
직업정보는 다음과 같은 경우에 사용할 수 있다(Brown & Brooks, 2009).
- 피코치의 흥미, 능력, 가치관, 현재 요구 또는 생활 상태에 적합한 직업선택들을 분명히 하기 위해서
- 새로운 직업선택을 돕기 위해서
- 현재 고려하고 있는 직업선택의 수를 줄이기 위해서
- 경험이 없는 피코치가 직업세계에 익숙해지도록 하기 위해서

표 4.1	이용자별 직업정보 내용

이용자	정보 내용
청소년	직업의 세계, 미래사회의 변화, 자신에 대한 이해, 의사결정단계, 직업인의 자세, 직업생활의 질, 전문가가 되는 길
학부모	직업의 세계, 미래사회의 변화, 직종의 변화, 정부정책, 청소년의 직업의식, 의사결정단계, 전문가가 되는 길
진로상담교사/ 인적자원개발자	직업의 세계, 미래사회의 변화, 노동시장 추이, 의사결정단계, 청소년 및 근로자의 직업의식, 전문가가 되는 길, 정부정책, 취업지도
직업상담가	직종의 변화, 미래사회의 변화, 노동시장의 추이, 의사결정단계, 청소년·여성·노인·장애인 등의 직업의식, 직업인의 직업의식, 정부정책, 인구구조, 조직문화, 취업알선, 여가활용
직업정보분석가	직종의 변화, 미래사회의 변화, 노동시장 추이, 의사결정단계, 청소년 및 근로자의 직업의식, 정부정책, 인구구조, 기업문화
기업가	청소년 및 직업인의 직업의식, 직종의 변화, 노동시장 추이, 기업경영 형태, 구직자 현황
취업희망자/ 근로자/실업자	구인현황, 기업문화, 직업생활의 질, 전문가가 되는 길, 직업인의 자세, 노동시장 추이, 취업처 현황
은퇴자	미래사회의 변화, 의사결정단계, 여가활용, 구인현황, 취업처 현황

출처 : 김병숙(2007). 직업정보론. p. 51 수정.

- 피코치의 구체적인 직업관련 고정관념이나 부정확한 인식을 바로 잡기 위해서
- 직업선택의 보상에 대한 설명을 통해 피코치의 진로의사결정에 동기를 부여하기 위해서

마. 직업정보제공 시 주의할 점

▶ 지나친 정보제공으로 피코치를 압도해서는 안 된다.

코치는 도와주고 싶은 마음에 필요 이상의 많은 정보를 피코치에게 제공할 수 있는데, 이는 효과적이지 않다. 피코치에게 분명하고 문제 상황에 적절한 정보를 선택해서 제공해야 한다.

▶ 답을 주는 것과 같은 정보제공은 피해야 한다.

코치는 직접적으로 답을 주는 정보를 제공하기보다는 피코치 스스로 답을 찾을 수 있도록 도움을 줄 수 있는 정보를 제공해야 한다. 아무리 유익한 정보일지라도 답으로써 정보제공은 피코치의 의욕을 꺾을 수 있고 정보의 수용을 어렵게 만들 수 있다.

▶ 코치 자신의 가치관이 개입된 정보제공은 피해야 한다.

코치는 정보제공에 앞서 중립적이고 객관적인 정보인지 확인하고 이를 제공해야 한다. 코치의 주관적인 시각에서 얻어진 정보를 제공하는 것은 피코치에게 적합하지 않을 수 있으며, 이는 오히려 혼란을 일으킬 수 있다.

바. 직업정보제공 사례

- 직업선호도 검사는 개인의 직업분야에 대한 선호 정도를 측정하고 이 선호결과를 바탕으로 적합한 직업을 추천합니다.
- 개인의 진로와 직업선택에서 또 하나의 중요한 요소가 직업가치관입니다.
- 경력단절여성의 경우 재취업에 많은 어려움을 겪고 있는 것이 현실입니다.
- 기업들은 신입사원 채용에서 인·적성 검사의 출제 난이도를 점차 높이고 있습니다.

(4) 자기정보제공스킬

자기정보제공스킬은 코치가 자신의 경험을 피코치와 나누는 것이다. 코치가 자기 자신의 경험을 개방함으로써 피코치에게 하나의 모델을 제공할 수도 있다. 또 자기정보제공스킬은 피코치의 목표설정과 실행에 필요한 새로운 방향탐색에 도움을 준다. 코치의 자기정보제공은 피코치가 겪고 있는 문제가 혼자만의 문제가 아니라는 것을 인식하게 하고 혼란스러운 느낌을 줄여서 안정감을 갖도록 도와줄 수 있다.

가. 효과적인 자기정보제공 원칙

▶ 선택적이고 집중적으로 자기정보를 제공해야 한다.

코치의 자기정보제공은 전적으로 피코치의 관점에서 이루어져야 하고 코치 자신의 문제가 되어서는 안 된다. 코치의 경험을 두서 없이 제공해서는 안 되고 피코치의 문제와 관련된 몇 가지 주제를 선택하고 그것에 집중해서 제공해야 한다.

▶ 피코치에게 부담을 주지 말아야 한다.

코치가 자기정보를 제공하는 것은 피코치의 문제와 코치 자신의 경험이 유사하다고 해서 함께 나누려고 하는 것이 아니다. 또 코치의 경험을 이야기하고 피코치도 코치와 같은 행동을 하도록 원한다면 이는 피코치에게 부담을 주는 것이 된다. 코치는 피코치에게 희망을 줄 수 있고 자신을 새롭게 조망할 수 있는 측면에서 자신의 정보를 제공해야 한다.

▶ 자기정보제공을 너무 자주하는 것은 바람직하지 않다.

코치의 자기정보제공이 너무 많으면 문제해결 중심의 코치와 피코치 간의 관계이기보다는 사적인 관계로 전환될 수 있다. 따라서 코치는 자기정보제공스킬을 절제해서 사용해야 한다.

나. 자기정보제공 팁

- 코치의 경험을 선택해서 개방한다.
- 피코치가 자신의 상황에 대해 코치의 경험 중 유사점을 인식하는 데 필요한 만큼의 내용을 간결하게 제공해야 한다.
- 코치의 경험을 전달한 후 질문을 활용해 피코치가 그것을 어떻게 받아들이는지에 대해서 살펴볼 필요가 있다.
- 코치 편의의 자기정보제공이 아니라 피코치가 필요로 하는 정보를 제공해야 한다.
- 때로는 피코치들이 자신의 경험이 너무 독특해서 코치가 이해할 수 있는지에 대해 염려할 수 있다. 이러한 피코치의 염려를 불식시키고 상호신뢰를 돈독하게 할 수 있는 자기정보제공이 되어야 한다.

02 커리어코칭 대화모델

코칭을 해 본 경험이 있는 사람이라면 알겠지만 코칭은 코칭스킬로만 진행하기 어렵다. 그 이유는 코칭의 정의와 관련이 있다. 코칭은 피코치가 가진 문제를 해결할 수 있도록 돕는 것이다. 따라서 자신의 문제해결을 위해서 피코치는 방법을 찾아내고 이를 해결하기 위한 실행계획을 수립해서 실천해야 한다. 이를 위해서 문제해결을 위한 일정한 대화 프로세스가 필요하다. 이것이 바로 커리어코칭 대화모델이다.

커리어코칭이 여러 회차로 나누어 진행될 경우 매 회차마다 코칭 대화모델에 따라 코칭이 진행된다. 대화모델은 코칭이 이루어지는 틀을 제시하는 것이지만 모든 코칭이 항상 대화모델에 의해 진행되는 것은 아니다. 또 대화모델로 진행된다 하더라도 한 시간이라는 코칭 시간 동안 대화모델을 모두 사용할 수 없는 경우들이 있다. 예를 들면 검사결과를 설명하는 코칭이라든가 적성, 흥미, 가치관을 살펴보고 자신에게 적합한 직업을 선택하는 코칭은 특히나 그럴 수 있다. 하지만 대화모델은 코칭의 완성도를 높일 수 있는 좋은 틀이므로 가급적 코치는 코칭에서 중심을 잃지 않고 대화모델에 따라 코칭을 진행하는 것이 바람직하다. 코치는 필요에 따라 코칭 대화모델의 각 단계를 단축하거나 연장해서 사용할 수 있다. 여기서는 GROWS 모델을 제시하고자 한다.

1) GROWS 모델

코칭대화 모델 중 국제적으로 표준이 되는 것이 GROW 모델이다. GROW 모델은 1980년대에 Alexander에 의해 개발되었다(Alexander & Renshaw, 2005). 지난 20년 동안 이 모델은 코칭 업계에서 표준이 되었는데, Google 검색에서 GROW는 2005년 10월까지 100만 건 이상의 인터넷 조회가 이루어졌다. 유능한 코치들은 피코치의 실행을 촉진하기 위해 GROW 모델 또는 다른 유사한 모델들을 사용해서 코칭을 진행한다.

GROW 모델의 구조 안에서 코칭은 유동적이고 자연적이며 예술적이다. 대부분의 코칭세션은 사실상 순환적이다. 코치는 피코치가 앞으로 전진하고 분명하게 볼 수 있도록 돕기 위해 GROW

| 그림 4.6 | GROWS 모델 |

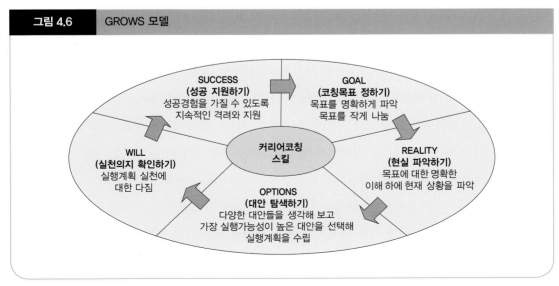

출처 : 박윤희(2012). 커리어코칭 입문. p. 43 수정.

모델을 코칭 상황에서 지속적으로 사용한다(Alexander, 2010). 이 책에서는 GROW 모델을 근간으로 하되 다회코칭을 가정하여 GROWS 모델을 [그림 4.6]과 같이 제시하고자 한다.

다음은 GROWS 모델의 각 단계의 의미를 설명하는 질문들이다.

- GOAL   What do you want?
- REALITY   What is happening now?
- OPIONS   What could you do?
- WILL   What will you do?
- SUCCESS   What did you accomplish?

코치는 코칭을 진행하는 데 큰 문제나 명확한 이유가 없다면 GROWS 대화모델에 충실한 코칭을 진행해야 한다. 그러나 필요할 경우, 유연하게 코칭대화를 이끌어 갈 필요가 있다. 또 코칭 진행 중간에 피코치의 코칭목표를 다시 명확히 할 필요가 있다면 GOAL 단계로 돌아가서 코칭을 다시 진행할 수 있다. 코칭 장면에서 코치는 GROWS 모델에 대해 숙지하고 있지만 피코치의 경우는 GROWS 모델에 대해 잘 알지 못하는 경우가 대부분이다. 따라서 코치가 명확한 대화모델에 대한 이해를 통해 중심을 잡고 코칭을 진행할 필요가 있다.

2) GOAL(코칭목표 정하기)

다른 코칭 분야와 달리 커리어코칭은 비교적 피코치의 코칭목표가 명확한 편이다. 실제 대부분의 코칭목표가 피코치의 커리어와 관련된 문제이다. 코칭에서 문제해결에 초점을 맞추는 것은 피코치의 에너지를 끌어올리고 문제를 더 작게 보이도록 만든다. 그렇기 때문에 피코치가 달성하기 원하는 것이 무엇인지 정의내리는 것으로 코칭을 시작한다(Bresser & Wilson, 2010). 코치가 피코치에게 "이 코칭을 통해 무엇을 얻고 싶으십니까?"라는 질문을 할 수 있다. 목표는 적절하지만 도전적이어야 하고 현실적이면서 객관적이어야 한다. 그래야 피코치가 너무 비현실적인 목표를 설정하고 이를 달성하지 못해 실패를 경험하는 일을 막을 수 있다(Law et al., 2007).

코칭에서 피코치가 해결해야 할 문제는 [그림 4.7]과 같은 구조를 갖는다. 피코치는 자신이 희망하는 미래 상태로 가기 위해 지금 현재 상태에서 문제가 되고 있는 장벽, 장애물이나 제약이 무엇인지 확인하고, 그것이 어디에 존재하는지에 대해서도 인식할 필요가 있다. 바로 이것이 코칭에서 피코치가 해결해야 할 문제가 되는 것이다.

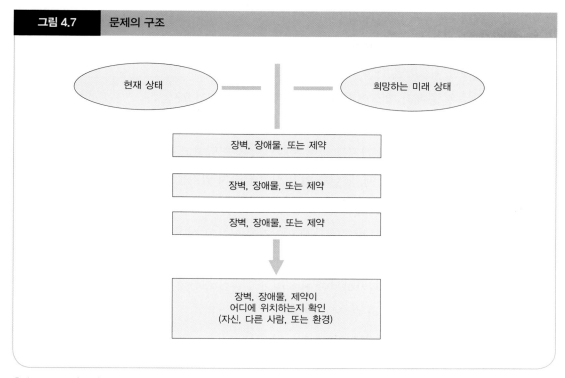

그림 4.7 문제의 구조

현재 상태 ─ │ ─ 희망하는 미래 상태

장벽, 장애물, 또는 제약

장벽, 장애물, 또는 제약

장벽, 장애물, 또는 제약

장벽, 장애물, 제약이
어디에 위치하는지 확인
(자신, 다른 사람, 또는 환경)

출처 : Alexander(2010). Behavioural coaching–The GROW model. p. 89.

(1) GOAL 단계 포인트

- 코치는 피코치가 편안한 마음으로 코칭을 시작할 수 있도록 분위기를 조성한다.
- 코치는 경청할 준비를 한다.
- **GOAL** 단계에서 가장 중요한 것은 피코치가 진정으로 원하는 코칭목표를 정하는 것이다.
- 코칭목표는 피코치가 스스로 정할 수 있도록 하는 것이 바람직하지만 피코치가 혼란스러워할 경우 코치와의 대화와 합의를 통해서 정하도록 한다.
- 피코치가 여러 개의 목표를 제시할 경우 가장 중요하고 긴급한 것을 목표로 정한다.
- 피코치가 자신의 목표를 잘 인식하지 못하는 경우가 있다. 이럴 경우 코치는 피코치가 원하는 코칭목표가 정확히 무엇인지 파악하고 이를 피코치가 인식할 수 있도록 하는 것이 필요하다.
- 코칭목표가 너무 큰 경우에는 이를 작은 목표들로 나누어서 다회 코칭으로 진행할 수 있다.

(2) GOAL 단계 질문

- 지금 코치와 이야기하고 싶은 것은 무엇입니까?

- 가장 먼저 해결하고 싶은 것은 무엇입니까?
- 어떤 상태가 되면 만족하겠습니까?
- 지금 어떤 문제를 해결하면 가장 도움이 되겠습니까?
- 지금 하고 있는 일 중에서 제일 어려움에 직면한 것은 무엇인가요?
- 이 문제해결을 통해 궁극적으로 얻고자 하는 것은 무엇입니까?
- 이번 코칭에서 당신의 소원 한 가지를 들어 준다면 무엇을 말하고 싶습니까?
- 이번 코칭을 마치고 돌아갔을 때, 당신은 어떤 점이 달라져 있기를 원합니까?
- 이 코칭에서 어떤 결과를 얻기 원합니까?
- 제가 이해하기로는 ○○○하는 방법에 대해 이야기를 나누고 싶어 하는 것 같은데 맞습니까?
- 지금 말씀하신 것들 중 가장 중요한 것은 무엇입니까?
- 이 코칭대화를 성공적이라고 평가하려면 어떤 결과가 나와야 할까요?
- 구체적으로 이루고자 하는 것이 무엇입니까?
- 현재 가장 고민하고 있는 것은 무엇입니까?
- 지금부터 5년 후에 당신이 어떤 일을 하고 있었으면 좋겠습니까?
- 대학을 졸업할 때 당신이 어떤 모습이 되어 있다면 만족하겠습니까?

3) REALITY(현실 파악하기)

피코치의 코칭목표와 관련해 객관적인 현실을 파악하기 위해서 코치는 구체적인 사실을 이끌어 내는 질문들을 사용해야 한다. 이때 코치는 자기평가 질문이나 일반화하는 질문은 피해야 한다. 예를 들어 "보통 얼마나 자주 운동을 하시나요?"와 같은 주관적인 자기평가 질문 대신 "지난 주에 운동을 몇 번 했습니까?"라고 질문한다. 코치는 피코치가 자신의 이야기를 좀 더 많이 할 수 있도록 적극적인 경청 자세를 갖추어야 한다. 또 다양한 질문스킬을 활용해 피코치가 자신의 현재 상황을 돌아볼 수 있도록 해야 한다.

(1) REALITY 단계 포인트
- 코치가 의도를 가지고 질문을 해서는 안 된다.
- 코치는 자신이 궁금한 것을 묻는 것이 아니라 피코치의 문제해결에 필요한 질문을 해야 한다.
- 코치는 피코치가 자기방어적인 태도를 보일 수 있다는 것을 이해해야 한다.

- 코치는 중립적인 태도를 유지하고 피코치를 신뢰하는 모습으로 코칭을 진행해야 한다.
- 피코치가 이야기하는 내용에 대해 판단이나 가정을 하지 않고 있는 그대로 듣고 이해하며 반응해야 한다.
- REALITY 단계에서 코칭목표가 수정되는 경우도 발생할 수 있다. 이때는 수정된 목표로 다시 코칭을 진행해야 한다.
- 코치는 피코치가 자신의 내면과 직면할 수 있도록 질문해야 한다.

(2) REALITY 단계 질문

- 현재 어떤 일이 일어나고 있습니까?
- 그것은 어떤 영향을 미칩니까?
- 이제까지 당신은 어떤 노력을 기울였습니까?
- 그러한 시도를 통해 어떤 변화가 있었습니까?
- 이 문제에서 어떤 것들이 가장 중요한 요소라고 생각하십니까?
- 현재의 상황에 처하게 된 배경에 대해 좀 더 자세히 설명해 주실 수 있습니까?
- 이야기를 들어보니 ○○○가 당신에게는 매우 중요한 거 같은데요. ○○○은 당신에게 어떤 의미입니까?
- 그것과 관련된 어려움은 무엇입니까?
- 그 일을 할 때 당신은 어떤 느낌인가요?
- 그것은 구체적으로 당신에게 무엇을 의미합니까?
- 그 일에 대해 당신은 어떤 감정을 가지고 있습니까?
- 그 일로 인해 당신이 얻는 것은 무엇입니까?
- 당신이 진심으로 원하는 것은 무엇입니까?
- 지금 말씀하신 내용을 제가 어떻게 이해하면 될까요?
- 현재 업무 또는 역할들의 어떤 부분이 당신의 비전과 직접적으로 관련이 있나요?
- 자신이 가진 최고의 강점은 무엇이라고 생각하십니까?

4) OPTIONS(대안 탐색하기)

코치는 피코치가 코칭목표를 달성하기 위해 구체적인 대안을 설정하고 이를 실천하기 위한 실행계획을 수립할 수 있도록 격려해야 한다. 여러 대안들의 목록을 작성하게 해서 피코치가 선택의 폭을 최대화할 수 있도록 한다. 코치는 피코치의 대안 목록 작성 시 어떠한 비판이나 평가도 하지 않아야 한다. 대안 목록이 완성되면 코치와 피코치가 함께 우선순위와 실천가능성에 대한 검토를 통해 가장 먼저 실천해야 할 대안을 설정하고 이를 실천하기 위한 구체적인 실행계획을 수립한다.

코치는 피코치가 가능성 있는 대안들을 많이 도출할 수 있도록 격려를 계속해야 한다. 피코치에게 여러 대안들을 생각하게 하고 그 가운데 가장 실효성 있는 대안을 스스로 선택할 수 있게 한다. 대안을 도출하는 과정에서 브레인스토밍 기법을 사용할 수 있는데, 브레인스토밍 기법의 핵심은 아이디어의 질이 아니라 양이다. 실행계획은 구체적일수록 실천가능성이 높아진다. 따라서 2W3H 원칙에 입각해서 실행계획을 수립해야 한다. 2W3H 원칙은 What(무엇), When(시작), How(방법), How many/much(양이나 정도), How long(기간)이다. 코치는 피코치가 이 원칙에 입각해서 구체적으로 실행계획을 수립할 수 있도록 격려한다.

(1) OPTIONS 단계 포인트

- 대안탐색 단계에서는 현실적이고 가장 먼저 실행 가능한 계획을 수립해야 한다.
- 피코치가 실행 가능한 것과 실행 불가능한 것을 스스로 구분하게 한다.
- 피코치가 보유한 다양한 자원들을 검토하고 이러한 자원들을 활용할 수 있도록 격려한다.
- 계획을 실행하는 데 예상되는 장애들을 예측하고 이를 극복할 수 있는 방안을 마련할 수 있도록 한다.
- 피코치가 원할 경우 필요로 하는 정보를 제공할 수 있다.
- 피코치가 원할 경우 코치는 자신의 정보를 제공할 수 있다.

(2) OPTIONS 단계 질문

- 80세의 지혜로운 자신이 지금의 자신에게 조언을 한다면 어떤 조언을 하겠습니까?
- 당신이 상황을 변화시키기 위해 할 수 있는 것은 무엇입니까?
- 도움을 줄 만한 사람은 누구입니까?
- 각 대안에 대한 실현가능성을 1에서 10등급으로 평가해 주시겠습니까?
- 이 일을 위해 무엇을 할 수 있습니까?
- 이것 말고 다른 가능성 있는 대안들에는 어떤 것이 있습니까?

- 최소한 다섯 가지의 실행 가능한 해결책을 만들어 봅시다. 당신은 또 무엇을 할 수 있습니까?
- 이 문제를 극복하기 위해서 당신이 가진 어떤 자원을 동원할 수 있습니까?
- 당신이 현재 상황에서 목표에 도달하기 위해 할 수 있는 것은 무엇입니까?
- 당신이 목표를 달성하는 데 어떤 장애물들이 있습니까?
- 이 해결방법들 중에 어느 것이 당신의 목표달성에 가장 효과적일까요?
- 그것을 어떤 방법으로 실행에 옮길 수 있습니까?
- 당신의 힘으로 변화시킬 수 있는 것은 무엇입니까?
- 그것을 실행했을 때 유익한 점은 무엇입니까?
- 5년 후에 그 역할을 수행하기 위해서 어떠한 계획과 준비가 필요할까요?
- 10년 후 목표를 달성하기 위해 지금 할 수 있는 일들은 무엇이 있을까요?

5) WILL(실천의지 확인하기)

이 단계는 코치가 피코치의 실행을 격려하고 촉진할 수 있는 피코치의 실행 전 마지막 단계이다. 그렇기 때문에 WILL 단계는 보다 더 미래지향적이다. 코칭의 마지막 부분에 코치는 피코치에게 '이제 무엇을 할지, 궁극적 목표를 달성하는 데 본인의 노력이 어떤 도움이 될 수 있을지, 실천하는 데 어떤 장애가 있을지, 만약 장애가 있다면 어떻게 해결할지' 등에 대해 질문할 수 있다.

(1) WILL 단계 포인트

- 구체적 실행계획을 직접 실천할 수 있는 방안에 대해 스스로 생각하게 한다.
- 실행에 필요한 도움에 대해 생각해 보고 도움을 요청할 수 있게 한다.
- 코치가 직접 도와줄 수 있는 일을 확인하고 지속적 지원을 약속한다.
- 코칭세션을 피코치가 마무리할 수 있도록 한다.
- 코치의 강요가 아니라 피코치 스스로 실천하고자 하는 의지를 다질 수 있도록 한다.
- 피코치의 실행계획 실천에 대해 코치가 지속적으로 피드백을 할 수 있도록 약속을 정한다.
- 코치가 지속적으로 관심을 가지고 지원할 것임을 주지시킨다.

(2) WILL 단계 질문

- 지금까지 대화를 통해 정리된 생각은 무엇입니까?

- 구체적인 첫 행동은 무엇입니까?
- 실행한다면 어떤 기분일까요?
- 목표를 달성하는 데 본인의 노력이 어떤 도움이 된다고 생각합니까?
- 그 일을 언제 시작하려고 합니까?
- 계획 중에 더 보강해야 할 부분이 있다면 무엇입니까?
- 코치가 도와줄 것이 있다면 무엇입니까?
- 그 외에 고려해야 할 사항이 있다면 무엇입니까?
- 이 목표를 확실히 달성하기 위해서 우리가 짚고 넘어가야 할 장애물들이 있습니까?
- 장애물들을 어떻게 해결할 수 있습니까?
- 당신이 이 계획을 성공적으로 실행했다는 것을 어떻게 알 수 있습니까?
- 이 계획을 달성하고 나면 스스로에게 어떤 보상을 하겠습니까?
- 마무리하면서 새롭게 생각나는 것이 있다면 무엇입니까?
- 오늘 코칭에 대해 요약해 주시겠습니까?

6) SUCCESS(성공 지원하기)

코치는 코칭 이후에 지속적으로 피코치의 계획실행에 대해 관심을 유지해야 한다. SUCCESS 단계는 피코치가 코칭에서 수립한 실행계획을 실천한 후 갖게 되는 단계이다. 피코치가 코칭의 목표를 달성할 수 있도록 코치가 지원과 격려를 지속하는 단계이기도 하다. 피코치가 계획한 대로 잘 실천하고 있다면 지지스킬 사용을 통해 피코치의 실천을 강화할 수 있도록 하고 실천에 문제가 있다면 직면스킬을 사용할 수도 있다. 코치는 피코치에게 코칭이 다시 필요한지 상황을 파악하고 코칭이 필요할 경우 다시 코칭을 진행할 수 있다.

(1) SUCCESS 단계 포인트
- 실행을 촉진하기 위해 지원할 부분이 있는지 질문하고 필요하다면 정보를 제공한다.
- 코치는 피코치가 성공경험을 가질 수 있도록 지원한다.
- 코치는 아주 작은 성공일지라도 피코치에게 칭찬을 아껴서는 안 된다.
- 미리 합의했던 상이 있다면 상을 준다.
- 비록 피코치의 노력이 훌륭한 성과를 낳지 못한 경우라도 변화하고 발전하려는 노력 그 자체도

칭찬받을 만하다.

- 코치는 피코치가 과거의 경험을 이용할 수 있도록 격려하고, 가능하다면 스스로의 힘으로 실패를 극복하도록 돕는다.

(2) SUCCESS 단계 질문

- 계획한 것을 잘 실행하고 있습니까?
- 실행에 어려움이 있다면 무엇입니까?
- 코치가 도와줄 것은 무엇입니까?
- 실행 과정에서 전체적인 환경 조건은 어떠했습니까?
- 실행에 어떤 장애가 있었습니까?
- 어떤 장애가 특히 힘들었습니까?
- 어떤 자원 혹은 자질이 더 필요하다고 보십니까?
- 당신이 그대로 받아들여야 하는 것은 무엇입니까?
- 이 상황에서 수정할 수 없는 것은 무엇입니까?
- 실행을 잘 하기 위해 필요한 것은 무엇입니까?
- 지금 코칭을 다시 진행하는 것이 당신에게 어떤 의미가 있습니까?

연습 ● 문제

1. 오프닝스킬 실습

2. 검사도구활용스킬 실습

3. 앵무새 실습

4. 경청스킬 실습

명료화하기

바꾸어 말하기

반영하기

요약하기

5. 질문스킬 실습

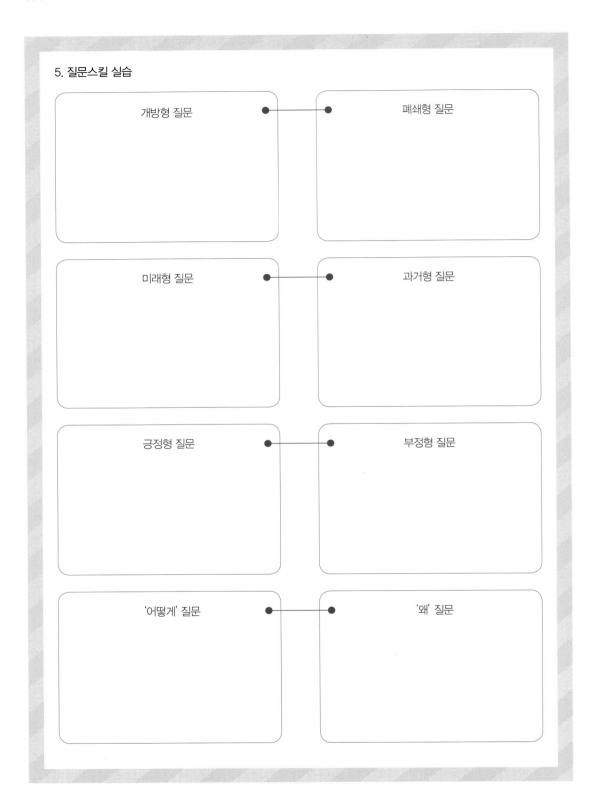

6. 지지스킬 실습

7. 공감스킬 실습

8. 직면스킬 실습

9. 직업정보제공스킬 실습

10. 자기정보제공스킬 실습

Chapter 05

삶의 균형과
자기관리

이 장에서는 개인이 행복한 삶을 영위하기 위해 필요한 삶의 균형과 자기관리에 대한 내용을 주로 다룬다. 삶의 균형에서는 행복, 성공, 비전수립과 균형이 필요한 삶의 다양한 영역에 대해 살펴본다. 자기관리는 스트레스 관리와 시간관리에 대한 내용을 중심으로 구성되어 있다. 이 장의 내용들은 커리어코치가 코칭을 진행할 때 현장 활동도가 높을 것으로 기대된다.

▶ 01 삶의 균형
▶ 02 자기관리

01 삶의 균형

1) 행복

뇌영상 연구와 정신신경 내분비학 분야가 과학적으로 진보했다고는 하지만 아직 개인의 행복을 정확하게 측정할 수 있는 도구는 없다. 온도를 측정하듯 행복의 정도를 측정하는 행복온도계가 없다는 것이다. 현재 가장 효과적인 방법은 그저 "당신은 행복합니까?"라고 묻는 매우 단순한 방법뿐이다(Quoidbach, 2014). 행복이란 말은 우리가 언제 들어도 기분 좋은 말이다. 하지만 누군가가 자신에게 "당신은 행복합니까?"라고 묻는다면 대답하는 것은 쉽지 않다. 인간의 삶에서 행복은 바람직한 것이고 추구해야 하는 것이라고 생각하지만 그것이 정확히 어떤 의미인지 정의 내리기는 쉽지 않다.

태어난 지 얼마 되지 않은 어린아이들은 자신이 불편한 상황에 놓이면 울음을 통해 자신의 상태를 표현한다. 또 만족스러운 상황이 되면 웃음을 보인다. 웃고 우는 것은 자신의 육체적 혹은 심리적 상태를 표현하는 것이다. 그런데 이러한 것들은 배우지 않고도 가능하다. 그것은 본능이기 때문이다. 누가 가르쳐 주거나 배우지 않더라도 사람들은 행복이 어떤 느낌인지 알고 있다. 막연하기는 하지만 행복을 좋은 느낌으로, 불행을 나쁜 느낌으로 이해한다. 슬픔보다는 행복한 것을 좋아하는 것은 인간의 자연스러운 본능인 것이다.

심리학자들이 다양한 감정을 드러낸 미국 대학생들의 사진을 뉴기니 산간지방의 외딴 마을 사람들에게 보여 주었다. 그들은 행복한 얼굴, 화난 얼굴, 슬픈 얼굴과 찡그린 얼굴을 쉽게 가려냈다. 이런 기본적인 감정을 구별하고 나타내는 능력은 유전적으로 타고나는 것이다. 이렇듯 행복을 느끼는 것은 인간의 본능이지만 행복을 느끼는 상황을 만들어 가는 것은 인간이 자신의 삶을 통해 이루어야 하는 것이다.

행복을 느끼는 것은 육체적, 심리적, 사회적 상황을 모두 고려한 결과이다. 과거에는 행복의 의미가 개인의 주관적인 것에 국한되지 않고 사회 속에서 암묵적으로 인정된 객관적인 기준을 포함하는 것이었다. 하지만 다양성과 창의성이 존중되고 인간의 존엄성이 강조되고 있는 사회풍토 속에서 행복에 대한 암묵적으로 인정된 객관적인 기준에 근거한 정의내림은 쉽지 않다. 따라서 행복의 의미는 과거와 달리 주관적인 것이 될 수밖에 없다. 단 여기에는 지나친 쾌락이나 비도덕적인 것 등을 통해 느끼는 행복은 배제되어야 한다. 따라서 행복이 지극히 주관적인 정의내림이라는 것을 인정하게 된다면 개인에게는 행복에 대한 자신만의 정의내림이 필요하다.

그렇다면 행복은 무엇인가? 건강, 출세, 명성, 가족, 많은 돈? 우리가 행복을 어떻게 정의하든 그것은 우연히 하늘에서 떨어지는 것은 아니다. 행복은 스스로 노력하는 사람만이 얻을 수 있는 것이다. 또 행복은 마음 상태에 따라 바뀔 수 있으며, 행복한 삶을 살기 위해서는 자신의 삶을 좋은 방향으로 개선할 수 있다고 믿는 긍정적인 사고방식을 가져야 한다.

고대 설화 중 한 토막이다. 행복은 노력을 기울여 찾는 자만이 누릴 수 있도록 은밀한 곳에 두라는 신의 명령이 떨어졌다. 천사들은 모여서 긴급회의를 했다. 깊숙한 바다 속에 넣어두자는 의견, 히말라야 산처럼 높은 산꼭대기에 숨겨두자는 의견이 나왔다. 그러나 탐욕스럽고 야망에 가득 찬 인간이 그 정도는 쉽게 찾을 것이라는 반대의견이 나왔다. 천사들은 고민에 빠졌다. 이때였다. 말 없이 조용히 듣고만 있던 한 천사가 새로운 방법을 제시했다. "행복을 인간의 마음속에 숨겨두면 좋을 것입니다. 인간은 욕심 때문에 이미 갖고 있는 것, 즉 자기 마음을 잘 볼 수 없을 것입니다." 동료 천사들은 감탄했다. 허를 찌르듯 기발한 이 의견은 만장일치로 통과되었고 이때부터 행복은 인간의 마음 깊은 곳에 자리하게 되었다. 인간의 마음에는 행복이 존재한다. 그러나 인간은 자기가 끌어안고 있는 마음을 풀어 행복을 꺼낼 줄 모른다. 욕심 때문이다. 자신의 내면을 들여다 볼 수 있고 긍정적인 사고방식을 가진 사람만이 행복을 찾을 수 있다.

그렇다면 세계에서 가장 행복한 나라는 어디일까? 행복을 연구하는 세계적 학술단체인 세계가치관조사(World Values Survey)의 Inglehart 이사에 따르면 부유한 국가라고 해서 반드시 행복하다고 말하기는 어렵다. Inglehart는 82개국에서 1999년부터 2002년까지 시행된 행복에 관한 설문조사를 분석하였다. 설문조사는 각국의 표본집단이 느끼는 행복도(1. 매우 행복하다, 2. 비교적 행복하다, 3. 그다지 행복하지 않다, 4. 전혀 행복하지 않다)와 삶의 만족도를 1~10단계로 평가하는 방식으로 이루어졌다. 그런 다음 두 지표를 전체 행복점수로 합산하였다. 조사결과 가장 행복한 나라는 어디일까? 국가 간 행복의 격차를 설명하기 위한 수많은 연구가 아직도 진행 중이긴 하지만 연구결과가 항상 일치하지는 않는다. 사회적 차원에서 행복의 중요한 요소들을 명확하게 규정하기란 여전히 어려운 일이기 때문이다. 그러나 여러 연구에서 몇 가지 눈에 띄는 공통분모를 발견할 수 있다(Quoidbach, 2014).

현실적으로 생각할 때, 한 국가의 삶의 만족도를 나타내는 데 큰 비중을 차지하는 요소 중 하나는 바로 국부의 수준이다. 실제로 가장 부유한 25개국(파란색 글씨)은 대체로 행복한 국가의 순위권에 들어있다. 표를 보면 그다지 부유하지 않은 국가들이 상위권에 포진되어 있는 것을 확인할 수 있다. 푸에르토리코나 멕시코 같은 국가들이 상위권을 차지할 것이라고 생각한 사람은 거의 없을 것이다. 반대로 세계에서 가장 부유한 국가 중 하나로 손꼽히는 일본이 슬로베니아나 필리핀보다 뒤처져 겨우 40위에 머물러 있다는 것은 매우 의외의 결과이다(Quoidbach, 2014).

표 5.1 국가별 행복도 순위

순위	국가	순위	국가	순위	국가	순위	국가
1	푸에르토리코	21	핀란드	41	체코	61	세르비아
2	멕시코	22	사우디아라비아	42	남아프리카공화국	62	탄자니아
3	덴마크	23	싱가포르	43	크로아티아	63	아제르바이잔
4	아일랜드	24	영국	44	그리스	64	인도
5	아이슬란드	25	독일	45	페루	65	리투아니아
6	스위스	26	프랑스	46	중국	66	마케도니아
7	콜롬비아	27	아르헨티나	47	한국	67	파키스탄
8	네덜란드	28	베트남	48	이란	68	라트비아
9	캐나다	29	칠레	49	폴란드	69	알바니아
10	오스트리아	30	필리핀	50	터키	70	불가리아
11	엘살바도르	31	타이완	51	보스니아	71	벨로루시
12	베네수엘라	32	도미니카공화국	52	모로코	72	조지아
13	룩셈부르크	33	브라질	53	우간다	73	루마니아
14	미국	34	스페인	54	알제리	74	몰도바
15	호주	35	이스라엘	55	방글라데시	75	러시아
16	뉴질랜드	36	이탈리아	56	이집트	76	아르메니아
17	스웨덴	37	슬로베니아	57	헝가리	77	우크라이나
18	나이지리아	38	우루과이	58	슬로바키아	78	짐바브웨
19	노르웨이	39	포르투갈	59	요르단	79	인도네시아
20	벨기에	40	일본	60	에스토니아		

출처 : Quoidbach(2014), Pourquoi les gens heureux vivent-ils plus longtemps?, p. 55.

실제로 경제적 풍요로움이 일정수준을 넘어서면 소득수준이 증가한다 해도 행복도는 더 이상 증가하지 않는다. 부가 행복의 중요한 원천인 기본적 욕구 충족에 필수요소로 작용하는 개발도상국의 경우를 제외하면 대부분의 국가에서 돈과 행복의 연관성은 크게 두드러지지 않는다.

이와 달리 건강과 행복은 연관성이 있는 것으로 나타났다. Danner, Snowdon과 Friesen 교수는 '수녀연구'를 통해 이러한 사실을 입증하였다. 2001년 Danner 교수 연구팀은 미국의 한 대형 수녀원에 보관된 문서들을 연구하였다. 그리고 1930년대 수녀원 입소 당시 수녀원장의 요청으로 수련수녀 180명이 썼던 지원동기서와 짤막한 글들을 분석하였다. 분석을 통해 긍정적 감정을 많이 드러낸 수녀 그룹과 그렇지 않은 수녀 그룹으로 나누었다. 다음의 발췌문은 그 기준을 잘 보여 주는 것이다(Quoidbach, 2014).

수녀 1. 긍정적인 단어가 거의 없다.
"나는 1909년 9월 26일에 태어났고 일곱 남매의 장녀이다. 노트르담신학교에서 화학과 라틴어를 가르치며 수련기를 보냈다. 신께서 허락하신다면 우리 수녀원을 위해 봉사하고 신앙을 전파하는 데 내 영혼을 바쳐 사명을 다하고 싶다."

수녀 2. 긍정적인 단어가 많다.
"신께서 나의 삶으로 들어오시어 내게 헤아릴 수 없는 은혜를 주셨다. 노트르담신학교에서 수련수녀로 공부하며 지냈던 한 해 동안 정말 행복했다. 이제 다시 성의를 입고 신의 사랑에 나의 삶을 바치게 되어 매우 기쁘다."

분석결과를 통해 행복한 수련수녀 그룹에서 95세가 된 수녀의 수가 2배 더 많은 것을 확인할 수 있었다. 수녀원 지원동기서를 쓸 당시 긍정적인 감정을 많이 드러냈던 수녀들의 기대수명은 다른 수녀들에 비해 평균 7년이 더 길었다. 수녀들의 경우 삶의 환경이 동일하기 때문에 행복한 사람들이 대개 더 안락하고 편안하거나 균형적인 삶을 살기 때문에 수명이 더 길 수 있다는 이유를 들어 이 연구결과를 반박하기는 어려울 것이다.

위에서 살펴보았던 소득수준과 건강에 관한 두 가지 사례는 우리가 행복의 조건을 쉽게 예측하기 어렵다는 것을 잘 보여 주는 것들이다. 그렇다면 우리가 행복해지려면 어떻게 해야 할까? 만약 성공한다면 행복해질 수 있을까?

2) 성공

"성공하지 못한 일은 있어도 일하지 않고 얻은 성공은 없다." 1665년 Francois de Rochefoucauld 가 지난날을 회고하며 한 말이다. 현대를 살아가고 있는 사람들에게 진정한 성공의 의미는 무엇일까? 어떤 사람은 성공을 부의 축적이라고 생각한다. 또 어떤 사람은 직장에서의 지위 혹은 사회적 신분 등으로 성공을 정의하기도 한다. 자신이 교류하고 있는 사람들의 수준을 성공의 기준으로 삼는 사람도 있다. 이 밖에 일과 삶의 균형을 얼마나 잘 유지하는가로 성공을 평가하는 사람도 있다. 이렇듯 개인이 생각하는 성공의 정의는 다를 수 있다.

획일적인 성공의 기준이 의미 없는 것은 앞서 살펴본 행복이 주관적으로 정의되어야 하는 것과 일맥상통하는 것이다. 결국 성공의 의미는 행복의 의미와 동일하게 개인적이고 주관적인 것이 될 수밖에 없다. 성공의 의미가 개인적이고 주관적이긴 하지만 그렇다 하더라도 성공에 기본 전제 조건이 없는 것은 아니다. 지나친 쾌락추구나 비도덕적인 개인의 행복추구가 사회적으로 지양되어야 하는 것과 같이 성공 또한 바람직한 성공의 조건을 갖는다.

먼저 개인적인 측면에서 성공의 조건은 삶의 영역 어느 한 분야에 치우친 성공이 아니라 삶의 각 영역에서 균형을 이루는 성공을 의미한다. 균형을 이루는 성공이란 정신적, 신체적, 가족관계, 직업적, 경제적, 자기개발, 사회적 영역에서 어느 한쪽으로 크게 치우침 없이 자신이 원하는 만큼의 성공을 거두는 것을 의미하는 것이다. 우리는 주변에서 경제적이나 직업적으로 크게 성공을 거둔 사람들을 보게 된다. 이들 중 균형을 이루는 성공을 거둔 사람들도 있지만 일부는 건강이 좋지 않아 자신이 쌓아놓은 많은 것들을 한 순간에 잃어버리는 경우도 있고 또 일부는 직업적 영역에 자신의 에너지를 너무나 많이 쏟아 부은 결과 가족관계에 어려움을 겪는 경우도 있다. 따라서 개인들이 정의 내리는 바람직한 성공의 조건은 삶의 여러 영역에서 균형을 이루는 것이어야 한다.

사회적인 측면에서 바람직한 성공의 조건은 개인의 이익과 안녕만을 추구하는 성공이 아니라 함께 나누는 성공을 의미한다. 중국 속담에 "한 시간 동안 행복하고 싶다면 낮잠을 자라. 하루 동안 행복하고 싶다면 낚시를 가라. 일 년 동안 행복하고 싶다면 유산을 물려받아라. 평생을 행복하고 싶다면 다른 사람을 도우라."는 말이 있다. 인간은 더불어 살아가야 하는 운명을 타고난 존재이다. 아울러 자신이 속한 주변 환경에 많은 영향을 받는 존재이기도 하다. 내가 속한 사회에서 함께 살아가는 사람들과 나눌 수 있는 성공은 그 무엇보다도 값진 것이 될 수 있다. 따라서 이기적이고 자신만의 이익을 추구하는 성공이 아니라 함께 나눌 수 있는 성공이 바람직한 성공이라고 할 수 있다. 미국의 유명한 시인이었던 Emerson은 자신의 시에서 "건강한 아이를 낳든, 한 뙈기의 정원을 가꾸든, 사회환경을 개선하든, 자기가 태어나기 전보다 세상을 조금이라도 살기 좋은 곳으로 만들어 놓고 떠나는 것, 자신이 한 때 이곳에 살았으므로 해서 단 한 사람의 인생이라도 행복해지는 것, 이것이 진정한 성공이다."라고 하였다. 이는 함께 하는 성공의 의미를 잘 보여 주는 것이다. 우리는 행복해지기 위해 성공하는 것이 아니라 행복한 마음을 가지고 있기 때문에 성공할 수 있다. 이를 위해서는 자신이 원하는 것을 이룰 수 있는 삶, 즉 자신이 원하는 비전을 수립하고 이를 이루기 위해서 노력하는 삶의 자세가 필요하다. 이는 행복한 삶인 동시에 성공한 삶이 될 수 있다.

3) 비전

비전은 개인의 커리어와 관련성이 매우 높으며 때로는 직업을 선택한 후에야 비전을 찾을 수 있다. 우주과학자가 되어 미국항공우주국(NASA)에서 일하겠다는 비전을 가진 청소년이 있다면 그는 자신의 직업으로 우주과학자를 선택하게 될 것이고 그와 관련된 커리어 설계를 하게 될 것이다. 또 어떤 사람은 이미 직업생활을 하고 있지만 삶의 비전이 없는 경우도 있다. 이런 사람은 다람쥐 쳇바퀴 돌듯이 일상이 되풀이되는 삶을 살아갈 것이다. 삶의 목표나 이루고 싶은 꿈이 없이 그날그날의 삶을 살아가는 것이다. 이런 사람이 삶의 비전을 가지고 비전을 달성하기 위해 노력하는 삶을 살게 된다면 이전과는 다른 삶을 살게 될 것이다. 그래서 비전은 필요하다.

(1) 비전 수립

비전은 눈에 보이지 않는 것이다. 내 삶이 가고자 하는 바람직한 방향이며 내가 꿈꾸는 미래의 모습이다. 비전은 우리 삶에서 어두운 밤 하늘에 빛나는 북극성 혹은 나침반에 비유된다.

　어느 사막 한 가운데 오아시스가 있는 작은 마을이 있었다. 이 마을에서 사막을 완전히 빠져나가려면 나흘 정도 걸렸다. 하지만 한 외부인이 이 마을을 방문할 때까지 이 마을 사람들은 마을을 벗어나 본 적이 없었다. 그 마을의 북쪽 방향으로 계속 걸어가면 나흘이면 사막을 벗어날 수 있었다. 그럼에도 불구하고 마을 사람들이 오랫동안 사막을 벗어나지 못한 이유는 뭘까? 한 원주민이 마을을 떠나 사막을 벗어나기 위해 계속해서 걸었고 열흘이 넘어서 다시 마을로 돌아왔다. 그 이유는 그가 북극성을 몰랐기 때문이다. 사막에서 어떠한 표시도 없이 그냥 계속 걷기만 하면 다시 제자리로 돌아왔던 것이다. 외부인이 마을을 떠나기 전에 한 원주민에게 낮에는 쉬고 밤에 가장 밝은 별만 따가라게 되면 나흘만에 사막을 벗어날 수 있다고 알려 주었고 그 원주민은 그 말을 따라 사막을 벗어날 수 있었다. 우리 삶에서 비전은 이러한 북극성과 같은 것이다. 비전은 자신이 어디로 가야 할지 알려 주는 것이고 막막하고 어두운 밤과 같은 삶의 어려움을 헤쳐나갈 수 있게 해 주는 것이다.

비전이 없는 사람은 망망대해에서 방향을 잃고 표류하는 배와 같다고 할 수 있다. 아무 생각 없이 어디로 가야 하는지도 모른 채 하루하루를 그냥 살아가는 것처럼 말이다. 목적지가 있어 그곳을 향해 항해하는 배는 바다 위에서 풍랑을 만나더라도 굳건하게 이겨내고 자신이 계획한 목적지를 향해 나아간다. 이것이 표류하는 배와 항해하는 배의 차이점이다. 이는 비전이 있는 사람의 삶과 비전이 없는 사람의 삶에 비유할 수 있을 것이다. 비전을 가지고 있다는 것은 자신이 누구이고, 어디로 가고 있으며, 무엇이 그 여정을 인도할지를 아는 것이다. 비전은 자신이 바라는 미래의 청사진을 눈앞에 그리는 것으로 매일매일의 결정을 내릴 수 있도록 지침을 준다. 또 비전은 단지 글자의 나열이 아니라 가슴을 설레게 하는 것이어야 한다. 이러한 비전은 몇 가지 특징을 갖는다.

첫째, 비전은 미래에 대한 것이고 원대한 것이어야 한다. 비전은 구체적으로 보이지 않는 것이고 아직 일어나지 않은 미래에 대한 것이다. 하지만 마치 보이는 것처럼 때로는 만져지는 것처럼 구체적이고 확신을 가질 수 있는 것이어야 한다. 또 비전이 원대해야 한다는 것은 그것이 크고 이루는 데 많은 노력이 필요하다는 것이다. 비전은 자신의 삶의 방향이고 북극성과 같은 것이기 때문에 자신의 삶 전체를 조명해 줄 수 있도록 원대해야 한다.

둘째, 비전은 바람직한 것이고 함께 하는 것이어야 한다. 비전은 반사회적이거나 다른 사람에게 해를 끼치면서까지 자신이 이루고 싶은 것이어서는 안 된다. 비전은 개인적인 이기심을 채우기보다는 다른 사람들과 함께 나누고 사회에 기여할 수 있는 것일 때 더욱 빛을 발할 수 있다.

셋째, 비전은 변화와 발전을 수반하는 것이다. 비전은 미래에 이루고자 하는 원대한 것이기 때문에 지금 현재 자신의 모습으로는 이루기 어려운 것이다. 따라서 비전을 이루기 위해서는 자신을 끊임없이 개발하고 발전시키려는 노력이 필요하다. 또 비전은 미래의 모습이기 때문에 변화된 미래에 적합한 것이어야 한다. 따라서 비전을 이루기 위해서는 변화에 적응하고 새롭게 변화하려는 자세가 필요하다.

넷째, 비전은 장기적인 것이다. 비전은 단기간에 이루기 어렵기 때문에 비전을 이루기 위해서는 목표를 수립하고 다시 그 목표를 달성하기 위한 세부계획을 세워 실천해 가는 노력이 필요하다. 인생은 마라톤과 비유된다. 멋지게 결승선을 통과하기 위해서는 42.195km를 어떻게 잘 운영하느냐가 중요하다. 초반에 너무 스피드를 높여 페이스 조절에 실패한다면 결국 완주하지 못하게 될 수도 있다. 따라서 차근차근 계획을 세우고 실천해 가는 것이 필요하다.

다섯째, 비전은 가슴을 뛰게 하는 것이다. 비전은 미래에 자신이 이루고자 하는 모습이므로 생각만으로도 기쁘고 가슴이 설레는 것이어야 한다. 만약 자신이 비전을 세우고 그것을 생각해 볼 때 아무런 느낌이 들지 않는다거나 기쁘지 않다면 그것은 자신의 비전으로 적합하지 않은 것이다. 바람직한 비전은 그것을 품은 사람의 가슴을 뛰게 한다. 이것이 바로 진짜 비전이다.

가슴 뛰는 비전을 우연히 발견하게 되는 사람도 있을 것이다. 하지만 가슴 뛰는 비전은 비전을 찾으려고 노력하고 자신의 미래에 대해 끊임없이 고민하고 갈구하는 사람이 찾을 수 있는 것이다.

다음은 비전의 실제 사례들이다.

- 다른 사람이 성장할 수 있도록 가르치고 도와주는 것
- 50세가 되기 전에 노인복지시설을 세우고 책임자가 되는 것
- 우주과학자가 되어 NASA에서 일하는 것
- 평생 죽을 때까지 다른 사람들의 멈추어 버린 꿈의 심장을 뛰게 하는 것
- 은퇴 이후의 삶을 필리핀에서 행복하고 멋지게 보내는 것
- 은퇴 후 조용하고 한적한 전원생활을 하며 느리게 사는 것
- 100억 재산을 모으고 성공한 재테크 강사가 되어 사람들에게 꿈과 희망을 주는 것
- 손자들을 키우는 멋진 할아버지가 되는 것
- 영원히 은퇴하지 않는 것
- 내 고등학교 은사님 같은 존경받는 교사가 되는 것

비전을 만들기 위해서 삶에서 가장 중요하다고 생각하는 가치와 꿈들이 무엇인지 살펴볼 필요가 있다. 개인의 삶의 비전은 삶의 가치와 꿈들의 결합을 통해서 찾을 수 있다. 삶에서 중요하게 생각하는 가치와 이루고 싶은 꿈의 목록을 토대로 삶의 비전을 만들 수 있다.

가. 삶의 가치 찾기

삶의 비전은 개인이 자신의 삶에서 중요하게 생각하는 가치와 관련이 있다. 다음은 삶에서 중요한 가치를 찾기 위한 질문들이다.

- 내가 행복하다고 느낄 때는 언제인가?
- 내가 삶에서 항상 관심을 유지하고 있는 것은 무엇인가?
- 나를 생각하면 가장 먼저 떠오르는 것은 무엇인가?
- 내가 미래에 꼭 되고 싶은 것이 있다면 무엇인가?
- 내가 살면서 꼭 이루고 싶은 것이 있다면 무엇인가?
- 나는 다른 사람들에게 어떤 사람으로 기억되고 싶은가?
- 내가 가장 소중하게 생각하는 것은 무엇인가?

위에서 열거한 질문들에 대한 답을 스스로 정리하면서 자신이 삶에서 중요하게 생각하는 가치가 무엇인지 찾아볼 수 있다. 이때 커리어코치는 피코치가 자신이 답한 내용들을 검토하면서 삶에서 중요하게 생각하는 가치가 무엇인지 찾을 수 있도록 도울 수 있어야 한다. 코치는 필요하다면 위에 열거한 질문 이외에 추가 질문을 통해서 피코치가 자신의 삶에서 중요하게 생각하는 가치들을 찾을 수 있도록 지원해야 한다.

나. 꿈의 목록

사람들은 늘 꿈을 꾼다. 때로는 그것이 허황된 것이기도 하지만 또 때로는 그것을 쉽게 이루기도 한다. 비전은 자연스럽게 자신의 삶에서 이루고자 하는 것들, 즉 꿈과 연결된다. 따라서 자신이 이루고자 하는 꿈의 목록을 작성함으로써 비전을 구체화시킬 수 있다. 다음의 두 사례는 자신의 꿈을 이룬 사람들에 관한 이야기이다.

1929년 조지아 주에서 태어나 미국 흑인 인권 운동의 선구자가 되었던 Martin Luther King 목사는 위대한 꿈을 이룬 사람이다. 작은 교회의 목사였던 그는 1955년 12월, 시내버스에서 일어난 흑인 인종차별에 반대하며 인권운동을 전개하였다. 1963년 8월 28일 노예 해방 100주년을 맞아 워싱턴에서 열린 평화 행진에 참가했던 King 목사는 이날 미국의 흑인 인권운동사에 길이 남을 의미 있는 연설을 하였다. 다음은 연설내용이다.

> "나에게는 꿈이 있습니다"
>
> 나에게는 꿈이 있습니다. 조지아 주의 붉은 언덕에서 노예의 후손들과 노예 주인의 후손들이 형제처럼 손을 맞잡고 나란히 앉게 되는 꿈입니다.
>
> 나에게는 꿈이 있습니다. 이글거리는 불의와 억압이 존재하는 미시시피 주가 자유와 정의의 오아시스가 되는 꿈입니다.
>
> 나에게는 꿈이 있습니다. 내 아이들이 피부색을 기준으로 사람을 평가하지 않고 인격을 기준으로 사람을 평가하는 나라에서 살게 되는 꿈입니다.
>
> 지금 나에게는 꿈이 있습니다. 흑인 어린이들이 백인 어린이들과 형제자매처럼 손을 마주 잡을 수 있는 날이 올 것이라는 꿈입니다.
>
> 지금 나에게는 꿈이 있습니다. 주님의 영광이 나타나고 모든 육체가 그것을 함께 보게 될 날이 있을 것이라는 꿈입니다.

출처 : 우수명(2010). 청소년 꿈 찾기 코칭. p. 100.

King 목사는 흑인 인권 운동에 기여한 공로로 노벨상을 받았지만 4년 후 1968년 멤피스에서 암살당했다. 그는 비록 이 세상에 없지만 그의 꿈은 살아서 미국 사회에 큰 영향을 미쳤고 흑인들의 인권 향상에 크게 공헌하였다.

1972년 미국 〈Life〉지는 '꿈을 성취한 미국인, John Goddard'에 대해 대서 특필했다. 당시 Goddard는 15세에 작성했던 127개의 꿈의 목록 중에서 무려 104개를 달성한 상태였다. 그는 이후에도 끊임없이 자신의 꿈을 이루어 나갔는데, 1980년 우주비행사가 됨으로써 자신의 125번째 목표를 달성하였다. 어느 날 열 다섯 살의 소년, Goddard는 연필과 노란 노트를 꺼내 맨 위에 '내 꿈의 목록'이라고 쓰고 자신이 평생 하고 싶은 것, 가고 싶은 곳, 배우고 싶은 것들을 하나씩 기록하였다. 조금만 노력하면 할 수 있는 것들과 불가능해 보이는 것들까지 127개의 목록이 완성되었다. 그는 꿈의 목록을 가슴에 품고 다니면서 가능한 것부터 하나씩 해결해 나갔다. 다음은 Goddard가 작성한 꿈의 목록 127가지이다.

> 탐험할 장소
> 1. 나일 강 2. 아마존 강 3. 콩고 강 4. 콜로라도 강 5. 중국의 양쯔 강 6. 니제르 강 7. 베네수엘라의 오리노코 강 8. 니카라과의 리오코코 강

원시문화답사

9. 콩고 10. 뉴기니 11. 브라질 12. 보르네오 섬 13. 수단 14. 호주 원주민들의 문화 15. 케냐 16. 필리핀
17. 탄자니아 18. 에티오피아 19. 나이지리아 20. 알래스카

등반할 산

21. 에베레스트 산 22. 아르헨티나의 아콩카과 산 23. 매킨리 산 24. 페루의 와스카란 산 25. 킬리만자로 산
26. 터키의 아라라트 산 27. 케냐 산 28. 뉴질랜드의 쿡 산 29. 멕시코의 포포카테페틀 산 30. 마터호른 31.
레이니어 산 32. 후지 산 33. 베수비오 산 34. 자바의 브로모 산 35. 그랜드 테톤즈 산 36. 캘리포니아의 볼
디 산

사진촬영

37. 브라질의 이구아수 폭포 38. 로디지아의 빅토리아 폭포 39. 뉴질랜드의 서덜랜드 폭포 40. 요세미티 폭포
41. 나이아가라 폭포 42. 마르코 폴로와 알렉산더 대왕의 원정길 되짚어 가기

수중탐험

43. 플로리다의 산호 암초 지대 44. 호주 그레이트 배리어 대암초 지대 45. 홍해 46. 피지 군도 47. 바하마 군
도 48. 오키페노키 늪지대와 에버글레이즈 탐험

배워야 할 것들

49. 의료활동과 탐험분야에서 많은 경력 쌓기 50. 나바호족과 호피족 인디언에 대해 배우기 51. 비행기 조종술
배우기 52. 로즈 퍼레이드에서 말 타기

여행할 장소

53. 북극과 남극 54. 중국의 만리장성 55. 파나마 운하와 수에즈 운하 56. 이스터 섬 57. 바티칸 시 58. 갈라
파고스 군도 59. 인도의 타지마할 묘 60. 피사의 사탑 61. 에펠탑 62. 블루 그로토 63. 런던타워 64. 호주의
아이어 암벽 등반하기 65. 멕시코의 치첸이사의 성스러운 우물 66. 요르단 강을 따라 갈릴리 해에서 사해로 건
너가기

수영해 볼 장소

67. 빅토리아 호수 68. 슈페리어 호수 69. 탕가니카 호수 70. 남미의 티티카카 호수 71. 니카라과 호수

해낼 일

72. 독수리 스카우트 단원 되기 73. 잠수함 타기 74. 항공모함에서 비행기를 조종해서 이착륙하기 75. 전 세계
의 모든 국가들을 한 번씩 방문하기 76. 소형 비행선, 열기구, 글라이더 타기 77. 코끼리, 낙타, 타조, 야생말 타
기 78. 4.5kg의 바닷가재와 25cm의 전복 채취하기 79. 스킨 다이빙으로 12m 해저로 내려가서 2분 30초 동안
호흡을 참고 있기 80. 1분에 50자 타자하기 81. 플롯과 바이올린 연주하기 82. 낙하산 타고 뛰어내리기 83.
스키와 수상스키 배우기 84. 복음 전도 사업 참여하기 85. 탐험가 존 뮤어의 탐험길을 따라 여행하기 86. 원

시 부족의 의약품을 공부해 유용한 것들 가져오기 87. 코끼리, 사자, 코뿔소, 케이프 버펄로, 고래 촬영하기 88. 검도 배우기 89. 동양의 지압술 배우기 90. 대학교에서 강의하기 91. 해저 세계 탐험하기 92. 타잔 영화에 출연하기 93. 말, 침팬지, 치타, 오셀롯, 코요테 키워 보기 94. 발리 섬의 장례 의식 참관하기 95. 아마추어 햄 무선국의 회원 되기 96. 자기 소유의 천체 망원경 세우기 97. 저서 한 권 갖기 98. 내셔널 지오그래픽지에 기사 싣기 99. 몸무게 80kg 유지하기 100. 윗몸일으키기 200회 턱걸이 20회 유지하기 101. 프랑스어, 스페인어, 그리고 아랍어 배우기 102. 코모도 섬에 가서 날아다니는 도마뱀의 생태를 연구하기 103. 높이뛰기 150cm 104. 멀리뛰기 450cm 105. 1마일을 5분에 주파하기 106. 덴마크에 있는 소렌슨 외할아버지의 출생지 방문하기 107. 영국에 있는 고다드 할아버지의 출생지 방문하기 108. 선원 자격으로 화물선에 승선하기 109. 브리태니커 백과사전 전권 읽기 110. 성경을 앞장에서 뒷장까지 통독하기 111. 셰익스피어, 플라톤, 아리스토텔레스, 찰스 디킨스, 헨리 데이비드 소로우, 애드가 알렌 포, 루소, 베이컨, 헤밍웨이, 마크 트웨인, 버로스, 조셉 콘래드, 탈메이지, 톨스토이, 롱펠로우, 존 키츠, 휘트먼, 에머슨 등의 작품 읽기 112. 바흐, 베토벤, 드뷔시, 이베르, 멘델스존, 랄로, 림스키코르사코프, 레스피기, 리스트, 라흐마니노프, 스트라빈스키, 토흐, 차이코프스키, 베르디의 음악 작품들과 친숙해지기 113. 비행기, 오토바이, 트랙터, 윈드서핑, 권총, 엽총, 카누, 현미경, 축구, 농구, 활쏘기, 부메랑 등을 다루는 데 있어서 우수한 실력 갖추기 114. 음악 작곡 115. 피아노로 베토벤의 월광곡 연주하기 116. 불 위를 걷는 것 구경하기 117. 독사에게서 독 빼내기 118. 영화 스튜디오 구경하기 119. 폴로 경기하는 법 배우기 120. 22구경 권총으로 성냥불 켜기 121. 쿠푸의 피라미드 오르기 122. 탐험가 클럽과 모험가 클럽의 회원으로 가입하기 123. 걷거나 배를 타고 그랜드캐년 일주하기 124. 배 타고 지구 일주하기 125. 달 여행하기 126. 결혼해서 아이들 낳기 127. 21세기에 살아보기

출처 : Canfield & Hansen(2006). Chicken soup for soul(2nd ed.). pp. 34~42 정리.

사람들은 누구나 마음속에 이루고 싶은 꿈들을 가지고 있다. 하지만 이것들을 이루기 위해서는 용기와 결단이 필요하고 미루지 말고 즉시 실천해야 한다. Goddard는 자신의 삶이 특별하다고 생각하지 않았으며 자신은 하고 싶은 것을 늘 도전하고 실천했을 뿐이라고 하였다.

(2) 비전보드와 비전카드

비전을 실현하는 가장 좋은 방법은 그 과정을 생생하게 그려 보는 것이다. 최대한 구체적으로 생동감 넘치게 그려 보는 것을 통해 비전을 보다 구체화시킬 수 있고 실현가능성을 높일 수 있다. 많은 성공한 사람들은 지속적으로 자신들의 비전에 집중함으로써 놀라운 성과를 이루었다. 자신의 비전을 실현시키는 비결은 잠재력을 끊임없이 활용하면서 비전을 향해 계속 나아가는 것이다.

비전보드(vision board)와 비전카드(vision card)는 각 개인의 비전을 시각화하여 비전 달성을 돕는 강력한 도구들이다. 비전보드는 비전을 직접 그림으로 그리거나 콜라주 기법을 이용해 사진

이나 그림을 붙여 비전을 시각화하는 것이다. 이때 비전이 달성되었을 때의 모습이나 그 과정을 시각화한다. 여기에는 어떠한 한계나 제한을 두지 않고 오로지 비전을 달성한 모습이나 비전을 달성해 가는 과정만을 생각하며 시각화한다.

비전카드는 자신의 비전을 카드에 글로 적은 것이다. 이때 자신의 비전을 하나의 카드에 적고, 그 밖에 이루고 싶은 큰 목표들을 정리해서 카드 한 장당 목표 하나씩을 적는다. 따라서 비전카드를 사용할 경우 여러 장의 비전카드를 갖게 된다. 만약 목표들 중에 달성된 것이 있다면 그 카드는 새로운 목표를 적은 다른 카드로 교체한다. 비전카드에 적는 내용들은 비전보드와 동일하게 어떤 한계나 제한을 두지 않고 오로지 그것을 달성했을 때의 상태만을 염두에 두고 글로 적어야 한다.

비전보드는 자신의 비전에 확신을 가지고 노력하는 사람들에게 비전이 실현될 수 있도록 도와주는 효과적인 도구이다. 작성한 비전보드를 자신이 잘 볼 수 있는 곳에 놓아두고 비전이 이루어지는 상상을 계속해야 한다. 비전카드 역시 항상 가까운 곳에 두고 카드에 있는 내용들을 반복해서 읽음으로써 자신의 비전을 상기시킬 수 있다. 개인에 따라서 비전보드와 비전카드 중 자신에게 더 적합한 방법을 선택해 사용할 수 있다. 꿈꾸는 만큼, 원하는 만큼 그리고 실천하는 만큼 비전은 이루어질 것이다.

그렇다면 비전을 이루기 위해 어떤 태도를 가져야 할까? 비전을 달성하기 위해 개인이 취해야 할 태도를 잘 설명해 주는 것이 만족지연(delay of gratification) 이론이다. 만족지연(Mischel et al., 1989)은 지금 현재의 만족을 추구하기보다는 미래의 목표달성을 위해 오늘의 만족을 지연시키는 것을 의미하는 것이다. 즉, 지금 바로 보상을 받는 것보다 만족을 지연시켜 나중에 더 큰 보상을 받게 되는 것을 말한다. 예를 들면, 재미있는 텔레비전 프로그램을 시청하고 지금 당장 즐거움이라는 보상을 받는 대신에 내일 있을 중요한 시험이나 발표 준비를 해서 좋은 결과라는 더 큰 보상을 받을 수 있는 것이다. 또 청소년이 순간의 쾌락을 위해 약물남용, 폭력행위 등의 비행에 빠지지 않고 당장은 힘들고 괴롭지만 열심히 공부해서 미래에 자신이 세운 목표를 달성하는 것으로 설명할 수도 있다. 성인의 경우에도 자신이 세운 미래의 비전 달성을 위해 순간의 쾌락추구와 나태함을 포기하고 노력하는 자세를 취함으로써 미래의 비전을 달성할 수 있다(정옥분, 2014).

(3) 역할모델

역할모델(role model)이라는 말은 존경과 모방의 의미를 포함하고 있다. 자신이 희망하는 분야에서 성공한 사람들 그리고 자신이 따라 닮고 싶은 사람들이 대개 역할모델이 된다. 비전을 이루는 과정에서 훌륭한 역할모델이 있다면 심리적으로 큰 힘이 될 수 있다. Steve Jobs 또는 Warren Buffett 같이 성공한 사람들은 한 번도 만나본 적도 없는 많은 사람들에게 역할 모델이 되고 있을 것이다. 이와 마찬가지로 한 사람은 동시에 여러 명의 역할모델을 가질 수 있다. 역할모델 관계에서 특별한 것은 없다. 역할모델 관계는 닮고 싶은 긍정적인 측면이 있는 한 계속해서 유지된다.

역할모델은 주로 성공한 사람, 성공과 관련해 모범적인 행동을 보이는 사람, 특정 분야에서 능력이 뛰어난 사람, 조직의 정책과 이념에 대한 지식과 경험이 풍부한 사람들이 될 수 있다. 이 외에도 자신이 희망하는 특정 분야의 역할을 맡은 사람들이 역할모델이 된다.

Nathaniel Hawthorne은 『큰 바위 얼굴』을 통해서 역할모델의 중요성을 보여 주고 있다. 다음은 『큰 바위 얼굴』의 내용이다.

남북전쟁 직후, 어니스트란 소년은 어머니로부터 바위 언덕에 새겨진 큰 바위 얼굴을 닮은 아이가 태어나 훌륭한 인물이 될 것이라는 전설을 듣는다. 어니스트는 커서 그런 사람을 만나보았으면 하는 기대를 가지고, 자신도 어떻게 살아야 큰 바위 얼굴처럼 될까 생각하면서 진실하고 겸손하게 살아간다. 밭에서 일을 하느라 얼굴은 햇볕에 검게 그을었지만, 그의 얼굴에는 좋은 학교에서 교육을 받은 소년들보다 더 총명한 표정이 어려 있었다. 어니스트에게는 선생님이 없었다. 선생님이 있다면, 그것은 바로 큰 바위 얼굴이었다. 어니스트는 하루의 일을 끝내고 나면, 몇 시간이고 그 바위를 쳐다보곤 했다. 그러면 그 큰 바위 얼굴이 자기를 알아보고, 따뜻한 미소를 띠며 자기를 격려하는 것 같다는 생각을 하였다. 세월이 흐르는 동안 돈 많은 부자, 싸움 잘하는 장군, 말을 잘하는 정치인, 글을 잘 쓰는 시인들을 만났으나 큰 바위 얼굴처럼 훌륭한 사람으로 보이지 않았다. 그러던 어느 날 어니스트의 설교를 듣던 시인이 어니스트가 바로 '큰 바위 얼굴'이라고 소리친다. 하지만 할 말을 다 마친 어니스트는 집으로 돌아가면서 자기보다 더 현명하고 나은 사람이 큰 바위 얼굴과 같은 용모를 가지고 나타나기를 마음속으로 바란다.

이는 역할모델을 정하고 그 모델을 닮아가려고 노력한다면 그와 같아질 수 있다는 것을 보여 주는 것이다. 삶에서 그만큼 역할모델은 중요하다. 따라서 삶의 비전과 이를 달성하기 위한 목표를 설정했다면 역할모델을 선정하는 것이 필요하다. 역할모델을 선정하고 그들을 닮아가기 위해 노력한다면 비전을 달성하는 데 많은 도움을 얻을 수 있을 것이다.

(4) 멘토

특정분야의 전문가로 초보자 또는 지식이나 경험이 부족한 사람을 가르치는 사람을 멘토(mentor)라고 하고 멘토에게 배우게 되는 초보자 또는 지식이나 경험이 부족한 사람을 멘티(mentee)라고 부른다. 또 멘토와 멘티 간에 이루어지는 상호작용 시스템을 멘토링(mentoring)이라고 한다. 최근에 멘토링은 특히 신입사원의 이직률이 높은 기업들을 중심으로 확산되고 있다. 하지만 멘토링은 특정 기관이나 조직에 국한된 것이 아니라 학교에서 학습자 간에 혹은 개인 간에도 이루어질 수 있는 무형식학습(informal learning)의 한 형태이다.

멘토에 대한 가장 오래된 유래는 Homeros의 『오디세이아』로부터 출발한다. 기원 전 1200년경 이타이카왕국의 왕 Odysseus는 트로이 전쟁에 출정하기 위해 떠날 준비를 하면서 자신이 없는 동안 왕자의 교육을 걱정하며 자신의 친구이자 신하인 한 사람을 보호자로 선정한다. 그 후 10년 동안 이 보호자는 Odysseus의 아들 Telemachos의 스승이자 조언자, 친구, 아버지, 대리인으로서의 역할을 성실히 수행한다. 이 신화에 등장하는 보호자의 이름이 바로 Mentor이다.

고대 그리스에서는 청년을 연장자와 짝지우는 관습이 있었는데, 이는 청년이 자신의 멘토인 어른으로부터 지식을 전수받고 좋은 점을 본받도록 하기 위함이었다. 이 경우 대개 아버지의 친구나 친척이 청년의 멘토로 정해졌다. 그리스인들은 생존의 기본 법칙에 따라 이와 같은 인간관계를 형성하였다. 즉 자신이 존경하는 사람으로부터 기술과 문화, 가치관을 직접 배우도록 한 것이다.

멘토가 멘티의 역할모델일 수도 있고, 그렇지 않을 수도 있다. 일반적인 역할모델의 경우는 자신이 생각하는 성공한 사람으로 직접 대면할 기회를 갖지 못하는 경우가 대부분이다. 하지만 멘토와 멘티는 직접 대면할 기회를 가지며 다음과 같은 활동을 수행한다.

첫째, 멘토는 멘티의 경험축적 및 스킬 개발에 도움을 준다.

둘째, 멘토는 멘티의 개인적인 위기와 문제에 대한 조언을 한다.

셋째, 멘토는 멘티의 경력설계에 대한 조언을 한다.

넷째, 멘토는 멘티와 성공경험을 공유한다.

다섯째, 멘토는 멘티에게 격려와 지원을 제공한다.

성공적인 멘토링이 이루어지기 위해서 멘토의 역할이 중요하기는 하지만 이러한 관계가 전적으로 멘토만의 책임이라고는 볼 수 없다. 멘티도 자신의 성장과 발전을 위해 책임을 나누어지겠다는 의지가 있어야 하고 멘토로부터 지식과 스킬을 배워서 이를 활용할 수 있어야 한다. 또 멘토가 주는 피드백을 거부감 없이 긍정적으로 수용해야 하고 자신이 더 발전하기 위해 좀더 도전적으로 새로운 일을 시도하려는 자세를 갖추는 것이 필요하다. 이러한 멘티의 자세가 확립되었을 때 멘토링의 성공가능성은 높아진다.

효과적인 학습방법 중 하나는 '다른 사람을 가르치는 것'이라는 말이 있다. 멘토는 멘티에게 많은 것을 가르치는데 이때 멘티뿐만 아니라 멘토 자신도 발전하게 된다. 따라서 멘토는 항상 가르치기만 하고 멘티는 늘 배우기만 하는 것은 아니다. 멘토와 멘티 간의 상호작용을 통해 함께 배우게 되는 것이다. 이를 두고 멘토와 멘티의 역할이 항상 고정되어 있는 것은 아니라고 한다. 멘토도 경우에 따라서 멘티에게 배우게 된다는 것이다. 이 경우 처음에 시작할 때 정해졌던 멘토와 멘티의 역할이 바뀔 수도 있다.

그렇다면 자신의 멘토 역할을 해 줄 사람은 어떻게 찾아야 할까? 주변에서 자신보다 많은 인생 경험을 가지고 있고 존경할 만한 사람들은 주로 가족이나 친척들이다. 멘토를 찾을 때는 이렇게 직접적인 관계를 가진 사람들보다는 외부에서 찾는 것이 더 바람직하다. 그 이유는 너무 가까운 사람들은 자신에게 솔직한 이야기를 해 주기 어렵기 때문이다. 멘토는 가만히 앉아서 기다리기만 하면 어디선가 나타나는 그런 존재가 아니다. 멘토는 찾으려는 노력이 필요하며 열심히 찾다 보면 좋은 멘토를 발견할 수 있다. 멘토는 자신이 배울 점이 있는 사람이면 되지 자기보다 나이가 많을 필요는 없다. 멘토는 멘티가 쉽게 자기 이야기를 꺼내놓고 솔직한 대화를 나눌 수 있도록 해야 한다. 또 멘토는 믿을 만한 사람이어야 하는데, 멘티가 한 이야기의 비밀을 지켜 줄 수 있는 사람이어야 한다.

"멘토 없이 성공하는 경우는 거의 없습니다." 『영혼을 위한 닭고기 수프』와 『마음을 열어주는 101가지 이야기』 등의 저자인 Hanssen의 조언이다. 그는 많은 성공한 사람들은 멘토가 있다고 강조한다. Hanssen은 자신의 경우 책에 흥미를 갖도록 도와준 학창시절의 영문학 선생님 등 44명의 멘토가 있다고 소개하고 멘토는 넓은 시각으로 세상을 바라보게 할 뿐만 아니라 인생을 어떻게 살 것인지에 대한 방향도 제시해 준다고 강조하였다.

의사에서 교수로, 다시 정치인으로 직업을 바꾼 이 시대 성공한 사람 중 한 명인 안철수 씨는 자신이 가졌던 직업마다 멘토가 있었다고 한다. 그의 멘토 중에는 와튼스쿨에서 창업마케팅을 가르치는 Leonard Lodish 교수도 있다. Lodish 교수는 현업에서 학생들의 창업을 도와준 케이스가 몇 백 건이나 될 정도이고, 마케팅 분야에서도 학문적으로 저명한 사람이다. Lodish 교수는 학생들이 제시하는 사업계획이 마음에 들면 그 자리에서 도전해 보라며 창업자금을 수표로 빌려 주기도 하였다. 안철수 씨도 그를 존경해서 교수임용절차를 위해 필요한 추천서를 그에게 부탁하였다. 자신이 존경하고 자신에게 가르침을 줄 수 있는 멘토가 있다면 삶이 더욱 풍요로워질 것이고 자신이 원하는 비전 달성에 큰 힘을 얻을 수 있을 것이다.

4) 목표 및 실행계획 수립

미국의 한 통계조사에 따르면 전체 인구 중 27%는 자신의 미래에 대해 아무 생각 없이 산다. 60% 정도는 자신의 미래에 대한 생각을 조금 가지고 있고, 10%의 사람들은 좀 더 구체적으로 자신의 미래에 대해 생각한다. 단지 3%의 사람만이 자신의 미래에 대해 구체적인 목표를 가지고 그것을 글로 기록하고 있다. 이 통계조사를 보면 사람들의 생활수준과 목표설정 능력이 정확히 일치하고 있음을 알 수 있다. 27%의 사람은 생계보조를 받아 살아가고 있고, 60%의 사람은 겨우 생계를 꾸려나가고 있다. 10%는 부유하게 살고 있으며, 3%는 아주 부유하게 산다.

이 통계는 목표를 세우지 않고 사는 사람은 빈곤에서 벗어날 수 없고, 목표를 구체적으로 세우고 사는 사람은 부유하게 산다는 것을 보여 주고 있다. 이러한 수치는 미국만이 아니라 다른 나라에도 적용될 수 있을 것이다. 만약 자신이 분명한 목표를 가지고 있지 않다면 97%의 사람들에 속할 수도 있다는 것이다. 물론 물질적 부와 풍요만이 성공한 삶의 기준이 되는 것은 아니다. 하지만 경제적인 풍요로움이 성공한 삶을 구성하는 여러 요인 중 하나가 된다는 것에 많은 사람들이 동의할 것이다. 따라서 이러한 논리에 근거한다면 성공하지 못한 사람들은 목표설정에 문제가 있는 사람들이다.

오스트리아 출신의 정신과의사 Beran Wolfe(1931)는 행복한 사람에 대해 다음과 같이 이야기하고 있다. "진정으로 행복한 어떤 사람을 관찰해 보면 그 사람은 배를 건조하고 있거나, 교향곡을 작곡하고 있거나, 자식을 교육하고 있거나, 정원에서 달리아를 재배하고 있거나, 고비사막에서 공룡알을 찾고 있을 것이다."(Quoidbach, 2014). 이는 자신이 원하는 목표를 추구하는 삶이 행복을 가져다 줄 수 있다는 것을 잘 보여 주는 것이다. 그렇기 때문에 삶에서 목표는 중요한 것이다.

(1) 목표

비전이 우리 삶의 목적지라면 목표는 그 목적지를 가기 위해 들러야 하는 정거장들이다. 실행계획은 정거장까지 어떻게 도착할 것인지 그리고 거기서 다음 정거장까지는 어떻게 갈 것인지에 대한 세부계획이다. 따라서 성공하는 삶을 살기 위해서는 비전제시, 목표설정과 실행계획 수립이 잘 이루어져야 한다.

목표설정은 비전을 달성하기 위해서 반드시 필요하다. 때로는 목적지로 가기 위해 다른 길을 선택할 수 있기 때문에 들러야 하는 정거장이 달라지는 경우도 있다. 따라서 목표는 한 번 세우면 절대로 바꿀 수 없고 무조건 따라야 하는 것은 아니다. 목표는 미래의 개념이기 때문에 주어진 환경이나 노력의 결과에 따라 수정될 수 있다. 또 목표는 그 달성 여부를 반드시 확인할 수 있어야 한다. 이는 목표를 달성했는지 측정할 수 있어야 한다는 의미이다.

삶에서 목표를 세움으로써 얻을 수 있는 이익은 다음과 같다.

첫째, 삶에서 목표가 있다면 방황이나 혼란을 막을 수 있다. 자신이 해야 할 일, 가야 할 곳 등이 분명하기 때문에 자신의 삶을 방황이나 혼란을 통해 낭비하는 일이 없다. 따라서 항상 목표를 생각하며 즐거운 마음으로 생활할 수 있다.

둘째, 목표를 세우게 되면 자신의 힘을 한 방향으로 집중할 수 있게 된다. 자신이 가진 에너지와 능력들을 다른 곳에 헛되게 사용하지 않고 원하는 방향으로 집중함으로써 자신이 가진 힘을 효율적으로 사용할 수 있다.

셋째, 목표수립 자체가 동기유발 기제로 작용한다. 사람들은 목표가 생기면 그것을 달성하려는 의욕이 생긴다. 이러한 의욕은 실행능력을 높여 행동으로 직접 옮길 수 있게 하고 이를 통해 목표 달성이 가능해진다.

넷째, 궁극적으로 목표수립은 스스로를 삶의 주인이 되게 한다. 자신의 삶은 자신이 설계하는 것이다. 자신이 가고자 하는 방향과 목적지에 맞는 목표를 설정함으로써 자기 삶의 진정한 주인이 되어 스스로 삶을 경영하게 되는 것이다.

이렇듯 목표설정은 삶에 여러 유익함을 제공한다. 그렇다면 바람직한 목표설정을 위해 필요한 것은 무엇일까?

먼저, 바람직한 목표설정을 위해 목표는 자기 자신이 직접 수립해야 한다. 다른 사람의 강요나 요청에 의해서 수립한 목표가 아니라 스스로 자신의 에너지와 능력을 평가하고 이를 바탕으로 자신에게 맞는 목표를 수립해야 한다. 자기 몸에 맞는 옷이 가장 좋은 옷인 것처럼 자신에게 잘 맞는 목표가 바람직한 목표인 것이다.

둘째, 목표는 달성하기가 조금 어렵더라도 도전적으로 수립해야 한다. 목표를 달성하는 것이 자신에게 다소 힘겹더라도 이를 목표로 설정해 볼 만하다. 쉬운 목표는 쉽게 달성 가능하지만 자신이 가진 에너지와 능력을 모두 발휘할 필요가 없다. 이는 자칫 의욕상실로 이어질 수 있다. 또 사람들은 자신이 가진 능력의 한계를 잘 모르고 자신을 스스로 과소평가한다. 도전적인 목표를 수립하고 이를 달성하기 위해 노력하는 가운데 미처 자신이 발견하지 못한 자신의 능력을 발견할 수도 있다. 따라서 다소 어렵고 힘들더라도 도전적으로 목표를 수립하는 것이 필요하다.

셋째, 목표는 비전을 이룰 수 있는 것이어야 한다. 이 말을 달리 표현하면 목표는 자신의 비전에 충실하게 수립되어야 한다는 것이다. 목표는 자신의 비전달성 과정에서 이루어야 할 것이기 때문에 비전과 분리해서 이야기할 수 없다. 따라서 비전에 한 방향으로 정렬될 수 있는 목표수립이 필요하다.

넷째, 목표는 변화하는 환경과 사회상을 반영한 것이어야 한다. 자신에게 주어진 환경이 변화함에 따라 또 사회적 흐름이 변화함에 따라 목표는 유동적이 될 수 있다. 바다에 폭풍우가 친다면 항해하는 배는 목적지로 가는 경로를 수정하거나 잠시 인근 섬에서 쉬어가는 대안을 선택할 수 있다. 이는 목적지로 가는 길이 달라질 수 있다는 것을 말하며 비전달성을 위한 목표가 수정될 수 있음을 의미하는 것이다.

다섯째, 바람직한 목표는 비전보다 더 구체적이고 달성 정도를 쉽게 측정할 수 있어야 한다. 앞서 비전이 삶에서 가고자 하는 방향, 목적지라면 목표는 그 길을 가기 위해 들러야 하는 정거장이라고 설명하였다. 따라서 목적지에 이르기 위해서는 정거장이 명확하게 제시되어야 하고 정거장에 도착 여부에 대해 분명하게 확인할 수 있어야 한다. 만약 그렇게 할 수 없다면 가고자 하는 목적지에 도착하기 어렵다. 아마도 가는 도중에 흐지부지되면서 결국 목적지에 도착하지 못하게 될 것이다.

(2) 실행계획

성공하는 사람, 즉 자신의 비전을 달성하는 사람과 그렇지 못한 사람의 차이는 매우 크다. 하지만 이들 간의 차이가 처음부터 큰 것은 아니다. 시간이 지날수록 성공하는 사람은 점점 더 많은 것을 이루게 되고 그렇지 못한 사람은 늘 그 자리에 머물거나 혹은 퇴보하게 된다. 성공하는 사람, 즉 자기 비전을 달성하는 사람과 그렇지 못한 사람의 가장 큰 차이점은 '행동'이다. 자신이 아는 것, 그리고 해야 된다고 생각하는 것을 행동으로 옮기느냐 아니면 아는 것으로 그치느냐의 차이인 것이다. 누구나 비전을 만들고 목표를 설정하고 실행계획을 세울 수는 있다. 하지만 누구나 그것을 이루는 것은 아니다. 그것은 바로 실행의 문제이다. 따라서 행동하는 자, 실천하는 자가 성공하는 자이다. 이를 위해서 구체적인 실행계획을 수립하고 실천하는 것이 필요하다.

계획이란 목표를 달성하기 위한 구체적인 일정표, 즉 시간표라고 볼 수 있다. 이 시간표에는 언제까지 무엇을 어떻게 할 것인가가 모두 망라되어야 한다. 목표달성을 위해서는 목표는 명확하고 실행계획은 치밀해야 한다. 따라서 구체적이고 실행 가능한 계획수립은 목표달성을 위해 반드시 필요하다.

다음은 좋은 실행계획이 가져다 주는 이점을 정리한 것이다.

먼저, 좋은 실행계획은 목표달성의 가능성을 높여준다. 목표에서 벗어난 실행계획은 실행계획으로서 가치가 없다. 목표를 달성하기 위한 것이 실행계획이므로 목표에 충실하게 작성되어야 한다. 그러므로 실행계획은 목표에 충실해야 하고 목표는 비전에 충실해야 한다. 비전에서 목표, 실행계획에 이르기까지 일관성을 가질 때 비전 달성의 가능성은 높아진다.

둘째, 좋은 실행계획은 개인의 능력과 시간 사용의 효율성을 높여 준다. 효과성이 목표달성 정도를 나타내는 것이라면 효율성은 투입대비 산출의 개념이다. 개인의 능력과 시간활용의 효율성이 높다는 것은 투입된 개인의 능력이나 시간에 비해 훨씬 더 많은 것을 얻을 수 있다는 것을 의미한다.

셋째, 좋은 실행계획은 성공에 대한 자신감을 갖게 한다. 때로는 다이어리에 실행계획 한두 가지만 적어 놓아도 스스로 뿌듯한 감정을 느끼고 즉시 실행하고 싶은 생각이 들 때가 있다. 이와 마찬가지로 좋은 실행계획은 실행에 대한 자신감을 갖게 하고 실행가능성을 높인다.

이러한 실행계획을 수립할 때 중요한 것이 해야 할 일들 가운데 우선순위를 정하는 것이다. 즉, 실행계획을 수립한다는 것은 해야 할 일들에 대한 우선순위를 명확하게 정하고 이를 그 순서에 따라 정리해서 시간표를 만드는 것이다. 이를 위해서 항상 해야 할 일들을 미리 적어 보고 이를 토대로 실행계획을 수립해야 하며, 실행 후에도 잘 실행되었는지에 대해 사후평가를 해야 한다. 사후평가 후에 부족하거나 보완해야 할 부분이 있다면 이를 다시 새로운 실행계획 수립에 반영해야 한다. 그렇게 해야 목표달성이 가능해진다.

실행계획 수립 절차는 다음과 같다.

---

1. 목표달성을 위해 필요한 중요한 일들을 모두 나열한다.
2. 그 일들을 실행하기 위해 필요한 여러 자원들을 검토한다.
3. 자원들의 검토를 통해 실행 불가능한 일을 제거한다.
4. 남아있는 일들의 우선순위를 정한다.
5. 각각의 일들에 대해 실행시기와 실행방법을 구체화한다.

각각의 일들에 대해 실행시기와 실행방법을 구체화한다는 것은 2W3H 원칙에 따라 실행계획을 작성하는 것을 의미한다. 다음은 2W3H 원칙을 설명한 것이다.

첫째, What이다. 무엇을 실행할 것인가를 의미하는 것이다. 취업을 위해 필요한 영어학습을 하기로 하였다면 TOEIC을 할 것인지 TEPS를 할 것인지를 결정해야 한다. 그것이 바로 What에 해당된다.

둘째, When이다. 즉 실행 시작시점을 의미하는 것이다. 취업을 위해 TOEIC을 학습하기로 하였다면 언제 시작할 것인지를 결정하는 것을 말한다.

셋째, How이다. 즉 어떤 방법으로 그것을 할 것인지를 의미한다. 취업을 위해 TOEIC을 학습하기로 하였다면 어떤 방법으로 학습할 것인가를 결정하는 것을 말한다. 학원을 다닐 것인지, 다닌다면 어떤 학원을 다닐 것인지, 아니면 온라인 동영상 강의를 들을 것인지, 그렇다면 어떤 동영상 강의를 들을 것인지, 그것도 아니면 친구들과 모여서 학습을 할 것인지를 결정하는 것이다.

넷째, How much/many이다. 얼마만큼을 할 것인가를 의미한다. TOEIC을 학습하기로 하였다면 희망하는 TOEIC점수가 될 수도 있다. 또 TOEIC을 학습하기로 하고 학원을 다닌다면 얼마만큼의 학습을 할 것인가를 의미할 수도 있다. 동영상 강의를 듣거나 친구들과 함께 학습을 한다면 학습할 양을 정할 필요가 있다. 즉 하루에 학습할 양, 한 달 간 학습할 양, 또 계획한 기간 내에 학습할 양을 결정하는 것이다.

다섯째, How long이다. 얼마나 오랫동안 그 일을 할 것인가를 의미한다. TOEIC을 학습하기로 하였다면 얼마 동안 학습을 할 것인지를 결정하는 것이다. 즉 시작시점에서부터 종료시점까지를 말하는 것으로 얼마나 오랫동안 그 일을 지속할 것인가를 의미하는 것이다.

이렇게 위에서 언급한 실행계획 수립을 위한 2W3H 원칙에 따라 실행계획을 수립한다면 그 실행가능성을 높일 수 있다. 실행계획을 수립한 후에 이를 지속적으로 실행하기 위해서는 먼저 성공경험을 가져야 한다. 그것이 작은 것이라도 실행을 통해 얻게 되는 성공경험은 더 크고 중요한 실행계획을 실천하게 하는 원동력이 될 수 있다. 이러한 성공경험의 축적을 통해 결국 삶에서 자신이 이루고자 하는 목표를 달성할 수 있게 된다. 실패를 두려워하거나 실패에 위축돼서도 안 되겠지만 무엇보다 성공경험을 가질 수 있도록 노력하는 것이 궁극적으로 목표달성을 이루게 되는 가장 빠른 지름길이 될 것이다.

5) 삶의 균형 원(circle of balanced life)

비전수립을 통해 삶의 방향성이 정해졌다면 이제 어떤 한 영역으로 치우치지 않은 조화로운 삶, 즉 균형 잡힌 삶이 중요하다. 삶의 균형 원은 개인의 삶 전체를 일곱 개의 주요 영역으로 분류하여

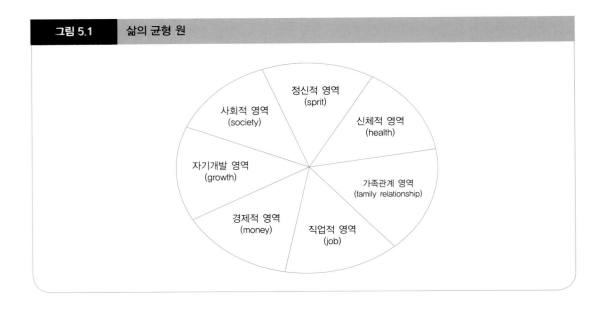

| 그림 5.1 | 삶의 균형 원 |

제시한 것이다. 일곱 개의 주요 삶의 영역은 정신적 영역, 신체적 영역, 가족관계 영역, 직업적 영역, 경제적 영역, 자기개발 영역, 사회적 영역이다.

(1) 정신적 영역

정신적 영역은 심리적 안정과 마음의 평안에 관련된 영역이다. 물론 여기에는 신앙생활, 취미생활과 마음의 평안을 주는 활동 등이 포함된다. 외적인 활동을 통해 얻을 수 있는 심리적 안정과 마음의 평안도 중요하지만 정신적 영역에서 가장 중요한 것은 긍정적인 사고방식이다.

　개인의 감정 변화를 일으키는 것은 실제 사건이 아니라 개인의 자각이다. 슬픔을 느끼는 것은 부정적 사건에 대한 개인의 현실적 해석을 나타내는 것이다. 즉 개인의 사고가 그 사람의 감정을 결정하는 것이다. 이는 개인이 어떤 생각을 갖느냐에 따라 감정이 달라질 수 있다는 것이다. 그렇다면 답은 이미 나와있다. 설사 부정적인 사건이라고 하더라도 긍정적인 사고를 할 수 있다면 자연스럽게 긍정적인 감정을 갖게 되는 것이다. 긍정적인 사고는 긍정적인 감정을 만들고 부정적인 사고는 부적정인 감정을 만드는 것이다. 개인에게 부정적인 감정을 일으키는 부정적인 사고들로는 흑백논리, 지나친 일반화, 긍정적인 것을 거부하는 사고, 성급한 결론 등이 있다. 이러한 부정적인 사고들을 피할 수만 있다면 정신적 영역에서 건강을 추구할 수 있을 것이다. 세상은 마음먹기 나름인 것이다.

　다음은 위에서 설명한 사건, 사고와 감정의 관계를 그림으로 나타낸 것이다.

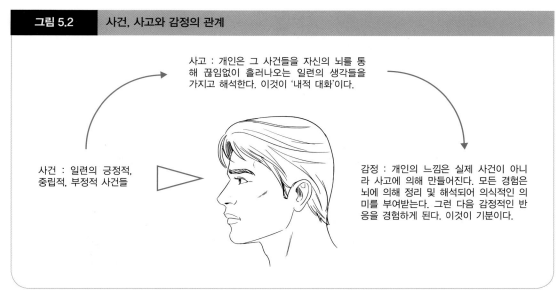

| 그림 5.2 | 사건, 사고와 감정의 관계 |

사고 : 개인은 그 사건들을 자신의 뇌를 통해 끊임없이 흘러나오는 일련의 생각들을 가지고 해석한다. 이것이 '내적 대화'이다.

사건 : 일련의 긍정적, 중립적, 부정적 사건들

감정 : 개인의 느낌은 실제 사건이 아니라 사고에 의해 만들어진다. 모든 경험은 뇌에 의해 정리 및 해석되어 의식적인 의미를 부여받는다. 그런 다음 감정적인 반응을 경험하게 된다. 이것이 기분이다.

출처 : Rima(2006). Leading from the inside out: The art of self-leadership. p. 220 수정.

"70년간 고된 일을 해온 중국의 한 농부와 그의 아내는 이제 일을 그만두고 그의 아들이 자신들을 봉양해 주기를 바랐다. 그런데 노부부가 일을 그만두기 얼마 전, 아들이 말에서 떨어져 심각한 부상을 당하여 다리 한쪽을 절단해야 했다. 노부부는 절망에 빠졌다. 노부부는 세상 무엇보다도 사랑스러운 아들이 그토록 상심해있는 모습을 바라보는 것이 고통스러웠다. 게다가 이제 다시 가족의 생계를 책임져야 하는 상황에서 노부부는 또 어떻게 다시 일을 시작할 수 있을지 눈앞이 캄캄했다. 그들에게는 이런 상황이 불공평하고 비극적으로 느껴졌다. 그리고 실제로도 그랬다. 그런데 얼마 후 전쟁이 일어나서 나라의 모든 남자들이 전쟁터로 끌려갔다. 한쪽 다리가 없는 노부부의 아들을 제외하고 마을의 모든 남자들이 가족과 헤어졌고 그들 중 많은 사람들이 다시 돌아오지 못했다. 노부부는 아들을 곁에 두게 되어 기뻤고 아들에게 참한 신부를 골라 줄 수도 있게 되었다. 마을에 건강한 남자들이 있었다면 어려웠을 일이었다. 아들이 곁에 있다는 사실로 인해 노부부는 죽을 때까지 일을 할 수 있는 힘을 얻었다."

위에 제시된 우화는 루뱅가톨릭대학교의 Moiral Mikolajczak 교수가 그의 저서 『감정능력』에 인용한 것으로 개인의 감정은 절대적인 사건이 아닌 자각, 즉 사고에 의해 영향을 받는다는 것을 잘 보여 주는 것이다(Quoidbach, 2014).

긍정적인 사고방식과 함께 정신적 영역에서 간과할 수 없는 부분이 개인을 회복시키고 새롭게 하는 레크리에이션(recreation) 활동이다. 레크리에이션이라는 말은 그 어원에 '새롭게 하다'라는 의미가 있다(Rima, 2006). 신체적 건강을 회복시키기 위한 휴식과 달리 레크리에이션은 마음과 영혼을 건강한 상태로 회복시키기 위한 개인의 의도적인 노력을 포함한다. 즉 마음을 편안하게 하고 새롭게 할 수 있는 놀이나 활동들이 여기에 해당된다. 여행은 대표적인 레크리에이션 활동이다. 다양한 레크리에이션 활동을 통해 개인은 정서적, 영적 회복을 경험할 수 있게 된다. 더 나아가 레크리에이션 활동들은 개인이 삶에서 균형과 중심을 찾을 수 있도록 돕는다.

(2) 신체적 영역

신체적 영역은 신체적 건강관리, 즉 건강과 휴식에 관한 것이다. 신체적 건강은 일상의 활동들을 무리 없이 소화할 수 있도록 좋은 건강 상태를 유지하는 것을 의미한다. 이는 평상시 개인이 경험하는 다양한 선택과 관련이 있다. 식습관, 운동, 수면 등에서 현명한 선택을 해 나간다면 만족할 만한 건강관리가 가능하다.

식습관은 규칙적인 식사에서부터 식품구입에 이르기까지 그 범위가 매우 넓다. 개인은 규칙적인 식사습관을 통해 충분한 에너지를 얻을 수 있다. 충분한 에너지는 두뇌활동을 활발하게 하기 때문에 사고력과 판단력 등에 긍정적인 영향을 미치게 된다. 또 식품을 구입할 때는 붉은 색이나 녹색을 띤 야채나 과일 등의 천연식품을 구입하는 것이 좋고, 가급적 푸드 마일리지(food mileage)가 길지 않은 로컬 푸드(local food)를 중심으로 구입하는 것이 좋다.

운동은 가급적 규칙적으로 하는 것이 좋은데, 운동은 신체를 건강하게 할 뿐만 아니라 기분까지도 상쾌하게 만드는 효과가 있다. 운동의 경우는 1주일에 3회 정도, 1회에 20~30분 정도 하는 것이 바람직하다. 몸에 무리가 가지 않는 선에서 운동 종목을 선택하고 가급적 규칙적으로 하는 것이 좋다.

충분한 수면은 신체적 회복을 도와줄 뿐만 아니라 다음 날을 편안하게 시작할 수 있게 해 준다. 몸이 개운해지고, 푹 쉬었다는 느낌이 들 정도로 수면을 취하는 것이 좋은데, 보통 1일 6시간에서 8시간 정도의 수면이 바람직하다. 9시간 이상 지속되는 장시간의 수면은 피하는 것이 좋다.

그 밖에 신체적 건강을 위해서는 흡연과 음주를 피해야 하며, 주기적으로 건강검진을 받는 것이 중요하다. 평상시 충분한 물을 마시고 비타민이나 우리 몸에 필요한 영양소를 별도로 섭취하는 것도 신체적 영역의 건강관리에 도움을 준다. 또 한 가지 중요한 것은 스트레스를 잘 관리하는 것이다. 스트레스는 만병의 근원이기 때문에 특별한 관리가 필요하다.

(3) 가족관계 영역

가족관계 영역은 가족구성원 간의 화목과 원만한 관계 유지에 관한 것이다. 이는 결국 가족구성원이 건강한 가족을 이룰 수 있을 때 가능한 것이다. 가족을 이루는 구성원 모두는 인간이기 때문에 여기에서도 갈등은 피할 수 없는 중요한 문제가 된다. 이러한 가족구성원 간의 갈등의 원인에 대해 Sprey(1999)는 가족구성원 간 갈등 역시 인간과 사회의 본질에 달려 있다고 보고, 가족도 희소성과 상호의존성의 조건에서 살고 있기 때문에 가족구성원들도 서로의 이익을 위해 갈등은 피할 수 없다고 보았다. 또 Collins(1975)는 가족은 성(sex)과 연령이 다른 구성원들로 이루어져 있으므로 가족 내에서의 갈등은 필연적으로 일어날 수밖에 없는 현상이라고 주장하였다. 그렇다면 가족이 이렇게 피할 수 없고 필연적인 갈등을 극복하고 건강한 가족을 이루기 위해서는 어떠한 노력이 필요할까? 이 질문에 대한 답이 될 수 있는 것이 Stinnett 외(2004)가 제시한 건강한 가족의 보편적인 특징이다. 다음은 건강한 가족의 여섯 가지 보편적인 특징에 대해 정리한 것이다.

첫째, 가족구성원 간의 인정이다. 모든 개인은 인정받고자 하는 기본적인 욕구를 가지고 있다. 건강한 가족은 서로에게 좋은 면을 발견하고 이를 인정해 주는 표현을 한다. 모든 사람은 강점과 긍정적인 특성을 가지고 있고 가족은 이를 확인할 수 있는 일차적 장소이다.

둘째, 가족구성원 간의 시간의 공유이다. 건강한 가족은 서로 함께 하는 시간을 만들고 이를 진정으로 즐길 줄 아는 가족이다. 가족이 시간을 함께 하기 위해서는 노력이 필요하다. 가족구성원들이 미리 계획하고 서로 조정하는 노력을 통해 시간을 공유할 수 있다. 건강한 가족은 이를 무리 없이 해낸다.

셋째, 가족구성원 간의 헌신이다. 건강한 가족은 서로 간의 행복과 복지를 증진시키는 데 헌신적이다. 헌신은 가족에 시간과 에너지를 제공하고 가족의 관심거리에 많은 시간을 함께 보낼 수 있도록 생활방식을 개선하는 노력을 통해 얻을 수 있다.

넷째, 가족구성원 간의 원활한 의사소통이다. 건강한 가족은 좋은 커뮤니케이션 습관을 가지고 있다. 이 특성은 앞서 언급한 특성들과 긴밀하게 연관되어 있다. 건강한 가족은 경청을 통한 대화를 하기 때문에 상호 존중하는 커뮤니케이션이 가능하다. 또한 갈등 조정을 통해 구성원 모두가 만족할 만한 최선의 해결책을 강구한다. 건강한 가족의 구성원들은 건설적인 방법으로 감정을 표현할 수 있다. 이러한 커뮤니케이션은 건강한 가족의 삶을 통합시키는 작용을 하게 된다.

다섯째, 가족구성원들이 종교적 지향성을 갖는다. 건강한 가족은 높은 수준의 종교적 지향성을 갖는데, 이는 단순히 교회, 성당, 사찰을 방문하거나 종교행사에 참여하는 것 그 이상을 의미한다. Stinnett 외는 가족구성원들이 특정의 위대한 힘을 공동으로 수용하는 것이 삶에 대한 목적과 구성원들의 강점에 대한 인식을 고취시킨다는 것을 많은 가족을 통해 확인하였다. 가족관계 측면에서 이러한 인식은 가족구성원 서로가 인내하고 용서하며 분노를 극복하게 함으로써 긍정적이고 지지적이 되도록 돕는다.

여섯째, 가족구성원의 위기관리 능력이다. 건강한 가족은 위기를 건설적으로 해결할 수 있는 능력을 가지고 있다. 이들은 서로를 지지함으로써 문제를 해결해 나갈 수 있다. 또한 이들은 문제해결 능력을 가지고 있으며 최악의 상황에서도 긍정적인 면을 발견할 수 있는 능력도 가지고 있다.

Stinnett 외가 제시한 건강한 가족의 특징을 갖출 수 있다면 가족관계 영역에서 건강한 균형을 이룰 수 있을 것이다.

(4) 직업적 영역

직업적 영역은 직업에서 얻는 만족도와 관련이 있는 영역인데, 여기에는 단순히 직업적 만족뿐만 아니라 삶의 목표와 생애 경력관리까지도 포함되는 것이다. 직업적 영역은 여러 영역 중에서도 매우 중요한 영역이다. 만약 자신이 즐길 수 있는 일을 할 기회가 없다면 다른 영역에서도 높은 수준의 만족을 유지할 가능성이 줄어들기 때문이다. 그렇기 때문에 직업적 영역에서 만족도가 높은 사람들은 그렇지 않은 사람들보다 전반적인 삶의 만족도가 높다고 볼 수 있다. 만약 직업적 영역의 만족도가 낮다면, 시간이 흐를수록 그것이 다른 삶의 영역에 부정적인 영향을 미칠 수 있다.

직업적 영역에서 가장 중요한 것은 자신이 선택한 직업에 몰입할 수 있어야 한다는 것이다. 몰입하지 못하는 사람들은 주말을 위해 한 주를 버티고 주중에 일하는 시간을 두려워한다. 그러나 직업적 영역이 충만할 경우 직장에 있는 시간도 업무를 떠나 있는 시간만큼이나 즐거울 수 있다.

자신의 직업에서 즐거움을 느낄 수 있는 가장 확실한 방법은 매일같이 강점을 활용하는 것이다. 강점을 발휘할 기회를 가진 사람들은 업무에 몰입할 확률이 더 높고 성공한 삶을 살고 있다고 답변할 가능성도 높다. 직업적 영역이 충만하다는 것은 단순히 직업적으로 만족한다는 것 이외에도 삶의 목표나 세부계획을 가지고 있다는 것을 의미한다. 또 지속적으로 직업에서 만족을 얻기 위해 경력을 관리할 필요가 있다. 이는 자연스럽게 자기개발 영역과 연결될 수 있다.

(5) 경제적 영역

경제적 영역은 주로 금전적인 부분으로 경제적인 만족은 물론 은퇴 이후의 경제적 준비에 대한 부분까지 고려한 것이다. 경제적 영역이 충만할 경우 대체로 삶의 수준에 만족할 가능성이 높다. 이를 위해서는 바람직한 재정관리가 필요하다. 이는 부채로 인한 스트레스를 줄여 주고 건전한 재정 상태를 유지하게 해 준다. 경제적 영역이 만족스러운 사람들은 돈을 지혜롭게 사용하고 좋은 추억을 만드는 데 돈을 사용한다. 자신을 위해 돈을 사용하는 것도 중요하지만 타인을 위해 돈을 사용하는 것도 경제적 영역을 충만하게 해 줄 수 있다.

많은 사람들에게 돈은 필수불가결한 것이다. 돈이 많다면 원하는 것을 원하는 시점에 얻을 수 있기 때문에 삶의 만족도를 높이는 요인으로 작용할 수 있다. 또 돈은 출퇴근 거리를 짧게 할 수도 있고, 가족과 더 많은 시간을 갖게 할 수도 있으며, 우정을 나누는 시간을 더 많이 갖게 할 수도 있다. 하지만 이것은 돈을 잘 사용했을 때 이야기이다.

그렇기 때문에 경제적 영역에서 중요한 것은 돈의 많고 적음이 아니라 그것의 효율적인 사용과 관리이다. 현실적으로 볼 때, 경제적 영역에서 만족하는 사람은 돈이 많은 사람이기보다는 효율적으로 돈을 잘 관리하는 사람이다. 돈을 효율적으로 잘 관리하기 위해서 먼저 세금, 보험료와 연금 저축 등을 자동이체시켜 놓을 필요가 있다. 또 급여가 은행계좌에 입금되면, 돈을 사용하기 이전에 저축액을 먼저 계좌에서 빠져나가도록 자동이체시켜야 한다. 그 이후에 필요한 소비를 한다면 훨씬 더 계획적인 저축과 소비가 가능하다. 이렇게 된다면, 개인이 부채의 부담을 덜 느끼면서 필요로 하고 원하는 것들을 소비할 수 있게 된다. 이는 결국 경제적 영역의 만족으로 이어질 수 있다.

(6) 자기개발 영역

자기개발 영역은 자신의 관심분야에 대한 계속 학습과 지속적 자기개발에 대한 영역이다. 오늘날과 같은 지식사회에서 개인이 적응하고 살아남는 것은 물론이고 더욱더 발전하기 위해서 자기개발은 필수적이다. 자기개발은 학습 없이는 불가능한데, 특히 학교를 떠나 생활하게 되는 성인들에게는 지속적 자기개발을 위한 계속 학습이 요구된다. 이러한 자기개발의 필요성은 폐기학습(unlearning)과 결정적 지능(crystallized intelligence)을 통해 확인할 수 있다.

개인의 학습에 대한 필요성은 추상적이고 고차원적인 문제가 아니며 생명체가 환경과 작용하면서 나타나는 생존과 적응 본능에 기인하는 것이다. 따라서 개인은 자신의 내면의 성장과 외적 환경의 상호작용 속에서 계속적으로 학습할 이유와 추동력을 발견하게 된다. 학습은 필요한 지식과 정보를 기억하고 지식과 정보를 제거하는 과정의 합으로 이루어진다. 이것이 학습과 재학습(relearning), 그리고 폐기학습의 생태학적 순환과정이다. 이는 개인 내의 학습 사이클이라고 볼 수 있다(김종서 외, 2009).

폐기학습, 즉 과거에 배운 것을 잊는다는 것은 과거에 잘못된 습관을 버린다는 것과 그 의미가 유사하다. 또 고쳐서 새롭게 배운다는 것과도 같은 의미가 될 수 있다. 이는 단순하게 새로운 지식이 과거의 지식을 대체한다는 개념이 아니라 스스로 현재 자신이 가진 지식에 대해 의문을 제기하고 더 발전된 지식을 받아들이기 위해 현재 낡은 지식을 과감하게 버리는 것을 의미하는 것이다. 개인이 지속적인 폐기학습을 하지 않을 경우 도태될 것은 자명한 일이다. 그렇기 때문에 개인은 변화하는 사회에서 생존과 적응을 위해 이러한 학습 사이클에 의한 계속 학습을 해야 한다. 학습하고, 다시 학습하고 그리고 새로운 것을 학습하기 위해 먼저 기존의 것을 버리는 폐기학습을 통해 지속적 학습이 가능하다.

개인이 계속 학습을 해야 하는 또 다른 이유는 결정적 지능 이론을 통해 설명이 가능하다. 심리학자인 William James는 지능은 청소년기까지 발달하고 그 이후는 퇴보하기 때문에 25세까지는 효과적인 학습이 가능하나 그 이후는 학습이 어렵다고 보았다. 또 지능과 학습에 대해 40세 정도가 지나면 생산적인 학습능력은 모두 소진되기 때문에 그 이후의 성인들에게 교육을 한다는 것은 무의미한 것이라는 견해도 있다.

이러한 주장과는 상반되게, 지능을 복합적 요소로 파악하고 이를 체계화시킨 Cattel과 Horn은 지능을 연령에 따라 감퇴하는 요소와 연령의 영향을 받지 않는 두 요소로 나누어 전자를 '유동적 지능(fluid intelligence)'으로 후자를 '결정적 지능(crystallized intelligence)'으로 명명하였다. 이들의 주장에 따르면, 이 두 종류의 지능은 기능적으로는 동일하나 발달되는 과정이 다르다. 즉, 두 지능 모두 문제해결 능력, 추상적 사고능력, 개념형성 능력, 추리력, 지각능력 등 인간의 지적 능력의 기본요소를 모두 포함하고 있지만, 그것을 습득하는 방식에 차이가 있으며, 습득방식에 따라 연령의 영향을 받는 모습이 다르다는 것이다.

유동적 지능은 타고난 능력과 같아서 경험이나 학습 여부에 관계없이 가지고 있는 것으로 학습을 많이 한다고 해서 더 발달하지 않으며 시간이 갈수록 점점 퇴보된다. 반면에 결정적 지능은 의도적 학습과정을 통해서 발달하는 것으로 개인이 살고 있는 문화 속에서 습득하는 경험과 지식이 중요한 영향을 미친다.

[그림 5.3]에서 유동적 지능과 결정적 지능의 연령에 따른 변화를 살펴보면, 유동적 지능은 연령에 따라 퇴보하는 반면, 결정적 지능은 반대로 꾸준히 높아지는 것을 볼 수 있다. 결국 한 개인이 실제로 발휘하는 지적 능력은 이 두 지능의 합으로 나타나며, 인생의 초기에는 유동적 지능이 중

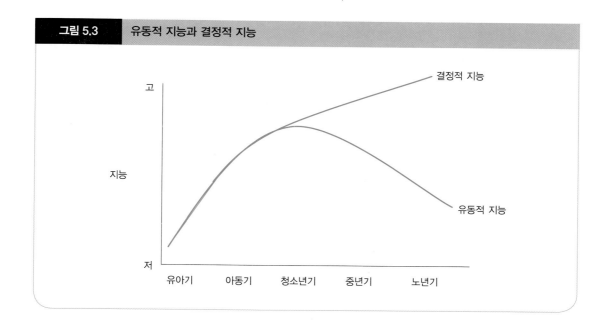

그림 5.3 유동적 지능과 결정적 지능

심을 이루지만 인생의 후반기에는 결정적 지능이 중요하게 된다. 그러므로 개인의 경험과 학습의 양에 따라 지적 능력이 차이가 날 수 있다. 학습을 많이 할수록, 경험을 많이 할수록, 지식을 많이 쌓을수록 성인기와 노년기에 높은 지적 능력을 갖출 수 있다.

이는 개인들에게 학습을 통한 지속적 자기개발이 필요하다는 것을 잘 보여 주는 것이다. 특히 지식기반 사회에서 학습은 개인의 생존과 직결되는 문제가 되었다. 따라서 개인들은 자신이 원하는 삶을 살 수 있도록 자기개발을 지속해야 한다. 먼저, 자신의 비전과 삶의 목표들을 이루기 위해 필요한 학습이 무엇인지 결정하고 이를 학습하기 위한 계획을 수립해서 실천할 필요가 있다. 이는 자연스럽게 직업적 영역의 만족과 연결될 수 있다.

(7) 사회적 영역

사회적 영역은 가족 이외의 사회구성원들과 원만한 관계를 유지하는 것으로, 여기에는 자신이 속한 커뮤니티 내에서 사람들과의 원만한 관계까지도 포함하는 것이다. 사회적 영역은 주위 사람들과 친구들의 관계 네트워크에 상당한 영향을 받는다. 이런 관계 중 일부는 자신의 삶의 목표를 달성하는 데 도움을 주기도 하고, 또 다른 관계는 삶에서 동기부여의 요인으로 작용하기도 한다.

사회적 영역에서 만족을 얻기 위해서는 친구, 동료들과 친교활동을 하는 데 시간을 할애할 필요가 있다. 직장이나 커뮤니티 내의 활동에서, 전화, 이메일 또는 다른 커뮤니케이션 수단을 통해서 자신의 인적 네트워크에 있는 사람들과 지속적으로 관계를 유지하기 위한 노력을 해야 한다. 이는 사회적 영역을 잘 관리하기 위해서 시간을 투자하는 노력을 할 필요가 있다는 것을 의미하는 것이다.

사회적 영역에서 만족을 얻기 위해서는 인적 네크워크의 관리 이외에도 자신의 외모와 이미지 관리에도 신경을 써야 한다. 만약 기회가 된다면 자신이 속한 커뮤니티의 봉사활동에 참여함으로써 자신이 속한 사회에 기여하는 삶을 살 필요가 있다. 이렇게 다양한 사회적 영역의 활동들을 통해 삶에서 긍정적인 에너지를 얻을 수 있다.

02 자기관리

1) 스트레스 관리

(1) 스트레스의 개념

스트레스(stress)는 라틴어 'stringere'에서 유래했으며 '팽팽하게 조이다'의 의미를 가지고 있다. 물리학에서는 '물체에 가해지는 힘'을 스트레스라고 하고, 의학적으로는 '인간이나 동물에게 부담을 주는 육체적, 정신적 자극이나 이러한 자극에 의해 나타나는 생체적인 반응'을 말한다.

1950년대 캐나다의 과학자인 Hans Selye는 쥐의 성호르몬을 연구하면서 쥐에게 다른 종류의 호르몬을 투여하더라도 여전히 같은 유형의 종양이 생긴다는 사실을 발견하게 되었다. 또 호르몬이 아니라 포르말린이나 불순물이 섞인 물을 주사해도 여전히 종양이 생긴다는 사실을 알게 되었다. 그는 호르몬 이외에 추위나 화상, 충격 등과 같은 위협을 쥐에게 가함으로써 종양의 발생을 유도하였다. 이러한 결과 모든 종류의 위협에 대한 신체 반응을 '일반적 증후군'이라고 명명하였는데, 이것이 곧 스트레스를 의미한다. 이때 부담이나 위협이 되는 자극을 '스트레서', 즉 스트레스 인자라고 한다. 최근 현대인들에게 스트레스는 '만병의 근원' 또는 '조용한 살인자'로 불리고 있다. 그만큼 현대인에게 스트레스는 무서운 존재이며 건강하고 행복한 삶을 방해하는 요소이다.

(2) 스트레스의 종류

외부에서 주어지는 자극이나 위협에 대처하기 위한 개인의 노력이 효과적으로 작용할 경우 스트레스를 느끼지 않거나 스트레스 때문에 힘들어하지 않게 된다. 이렇게 외부의 자극이나 위협으로 인해 큰 어려움을 느끼지 않는 경우, 이러한 스트레스를 유쾌 스트레스(eustress)라고 한다. 만약 외부의 자극이나 위협으로 인해 힘들다고 느낄 경우 이러한 스트레스를 불쾌 스트레스(distress)라고 한다. 불쾌 스트레스의 경우 직장에서 힘든 업무에 시달리거나 사람들과의 관계에서 어려움을 겪는 것과 같이 부정적인 생활사건에 대한 반응이고, 유쾌 스트레스의 경우는 여행계획을 세운다거나 원하던 직장에 취업하게 되어 출근을 준비하면서 느끼는 들뜬 마음과 같이 긍정적인 생활사건에 대한 반응이다.

그러나 같은 자극이나 위협일지라도 개인이 느끼고 받아들이는 정도에 따라 불쾌 스트레스가 될 수도 있고 유쾌 스트레스가 될 수도 있다. 예를 들어 원하던 여행을 계획하는 것은 즐거운 일이 될 수 있으나 여행을 함께 가는 파트너 때문에 힘들다고 느낀다면 이는 유쾌 스트레스보다는 불쾌 스트레스 쪽에 더 가깝다고 볼 수 있다. 또 똑같은 자극이나 위협에 대해서 매사 긍정적인 사고방식을 가진 사람과 그렇지 못한 사람이 느끼고 받아들이는 정도는 달라질 수 있다. 따라서 스트레스에 대해서는 개인차가 존재하고 스트레스를 이기고자 하는 개인의 노력이나 태도에 따라서 극복 정도도 달라진다.

(3) 스트레스 지수

스트레스 지수는 우리가 주변에서 흔히 접할 수 있는 생활상의 사건별로 스트레스 값을 부여한 것이다. 최근 1년간 자신이 경험했던 사건들을 표시하고 여기에 해당되는 스트레스 값을 합산하여 최근 1년간 스트레스 지수합계를 구한다.

스트레스 지수 진단결과 자신이 1년 동안 경험한 생활상 사건들의 총점이 150점 이하이면 다음 해에 심각한 건강상의 변화가 일어날 확률은 30%이고, 300점 미만은 53%, 300점 이상이면 80%로 심각한 건강문제가 발생할 수 있다. 특히 스트레스 지수 합계가 300점 이상이면 장기간의 휴식이나 치료가 필요하다.

(4) 스트레스 증상

스트레스 정도와 개인차에 따라 나타나는 증상들은 다양하다. 스트레스 정도가 아주 심하거나 스

| 표 5.2 | 스트레스 지수 |

생활상의 사건	스트레스 값	생활상의 사건	스트레스 값
배우자의 죽음	100	배우자와의 말다툼 횟수의 변화	35
이혼	73	담보, 대출금의 손실	30
부부의 별거생활	65	업무상 책임의 변화	29
구금	63	자녀의 독립, 별거	29
친족의 죽음	63	친척과의 불화	29
부상이나 질병	53	개인적인 성공	28
결혼	50	아내의 취직이나 이직	26
해고	47	자녀의 취학, 졸업, 퇴학	26
퇴직	45	생활조건의 변화	25
가족의 질병	44	개인적인 습관의 변경	24
임신	40	상사와의 불화	23
성적 장애	39	업무시간이나 업무조건의 변화	20
새로운 가족구성원의 증가	39	주거의 변경	20
직업상의 재적응	39	전학	20
경제상태의 변화	38	사회활동의 변화	18
친구의 죽음	37	휴가	13
전직	36	가벼운 위법행위	11

출처 : 신영균(2007). 뉴스위크가 선정한 스트레스 이기는 방법 100. p. 24.

트레스 상황이 오래 지속되면 병으로 발전하고 거기에는 여러 증상들이 나타날 수 있다. 다리 떨기와 같은 아주 가벼운 증상에서부터 고혈압이나 심장질환 등과 같은 위험한 증상에 이르기까지 스트레스로 인한 증상들은 매우 다양하다. 흔히 몸이 불편한 곳이 있어 병원을 찾아 검사를 한 후 특별한 병이 발견되지 않을 경우 의사로부터 스트레스 때문이라는 얘기를 듣게 된다. 이는 스트레스로 인한 증상들이 매우 다양할 수 있다는 것을 보여 주는 것이다. 〈표 5.3〉은 이러한 스트레스 증상들을 정리한 것이다.

특히 스트레스가 장시간 지속될 경우 단순한 행동적 증상보다 심각한 신체적 증상이 나타날 수 있다. 가볍게는 식욕부진이나 피로에서부터 가슴의 통증이나 심장질환 등으로 발전할 수 있다. 특히 현대인에게 가장 위협적인 질병 중 하나인 협심증, 심근경색 등의 심장병을 일으키는 주요 원인은 성격요인과 관련된 스트레스인 경우가 많다. 또 암, 고혈압, 당뇨병 등은 스트레스와 관련

| 표 5.3 | 스트레스 증상 | | |

신체적 증상	정신적 증상	행동적 증상
두통	불안	손 비비기
어지러움	초조	발 떨기
심계항진(심장이 뜀)	우울	손톱 깨물기
가슴이 답답함	근심	활동성 저하
가슴 통증	걱정	과격한 행동
식욕부진	허무감	푸념과 하소연
소화불량	신경과민	욕설
설사나 변비	불면	울음
전신 근육의 경직이나 통증	집중력 저하	과음
(주로 뒷목이나 어깨)	기억력 감퇴	지나친 흡연
전신무력	의욕 저하	과식
팔다리가 저리거나 차가움		식사 거부
피로		
상열감(上熱感)		
안면홍조		
땀		

출처 : 김지혁·안지용(2007). 스트레스와 몸·숨·맘 수련법. p. 40.

이 있는 주요 질병이다. 이 밖에도 피부병, 요통, 관절염, 소화불량, 간기능 장애, 두통 등이 스트레스와 관련 있는 질병이다.

(5) 스트레스 관리

스트레스를 관리하는 측면은 신체적인 면과 심리적인 면으로 나눌 수 있다.

가. 신체적 스트레스 관리

신체적인 면에서 스트레스를 관리하는 방법으로 운동, 식습관, 수면에 대해 살펴보자.

① 운동

운동은 스트레스 관리를 위해서도 바람직하지만 건강관리 측면에서도 꼭 필요하다. 운동을 할 때 특히 신경 써야 할 것은 자신의 나이와 신체적 능력에 맞는 운동 종목을 선택해야 한다는 것이다. 또 운동을 할 시간이 부족하다고 생각해서 한 번 하게 되면 여러 시간을 하는 경우가 있는데, 아무리 운동을 열심히 했다 하더라고 5일 정도 지나면 그 효과가 없어진다. 따라서 몰아서 운동을 하는 것보다는 규칙적으로 운동을 하는 것이 필요하다

　운동은 최소한 일주일에 3번 이상하고, 한 번에 20분 이상 지속해야 하며 땀을 흘리는 운동을 하는 것이 좋다. 또 헬스클럽이나 운동기구가 있는 곳에 가지 않더라도 자신만이 즐길 수 있는 운동을 할 수 있다. 예를 들면 빨리 걷기나 가벼운 달리기 등이 여기에 해당된다. 운동을 할 때는 식사 후 2시간 이후에 하는 것이 좋다. 운동시작 전에 10분쯤 몸풀기가 필요하고 운동을 마무리할 때도 5분 이상 마무리 운동을 하는 것이 좋다.

② 식습관

스트레스에 좋은 음식으로는 먼저 검은깨, 호두 등의 견과류를 들 수 있다. 견과류는 스트레스로 인해 흩어진 기운을 잘 정리해 준다. 두 번째는 대추, 꿀 등의 단맛을 내는 음식인데, 인공적인 것이 아니라 자연에서 얻는 음식들이다. 단맛의 음식들은 내장과 심신의 긴장을 풀어 준다. 스트레스로 인해 생긴 우울증의 경우 설탕을 과다하게 섭취하면 우울증이 악화되므로 이를 피해야 한다. 세 번째는 쓴맛을 내는 음식인데 대표적인 것으로 씀바귀를 들 수 있다. 쓴맛은 분노로 인해 생긴 화를 내리는 역할을 한다. 네 번째는 해독작용이 있는 음식으로 메밀과 녹두 등이 있다. 메밀과 녹두는 특히 스트레스로 인해 생긴 우리 몸의 안 좋은 독소들을 제거하는 작용을 한다.

　에너지 대사율을 높이는 차원에서도 식사는 규칙적으로 하는 것이 바람직하다. 우리 뇌는 포도당을 유일한 에너지원으로 하기 때문에 하루 세끼 식사를 할 때 당분을 섭취하는 것은 매우 중요하다. 또 우리 몸의 근육, 피부, 혈관은 단백질 없이는 생성될 수 없고 스트레스가 쌓이면 부신피질 호르몬의 과잉분비에 의해 단백질 분해가 가속화된다. 따라서 양질의 단백질 섭취가 필요하다. 비타민과 미네랄 섭취를 위해서 채소는 하루 350g 이상 섭취해야 한다. 특히 제철 채소와 과일 등은 영양가가 높기 때문에 많이 섭취하는 것이 좋다.

③ 수면

규칙적인 수면 시간을 갖는 것은 우리 몸의 긴장을 풀어주는 데 효과적이다. 이상적인 수면으로는 '신데렐라' 수면을 들 수 있다. 신데렐라 수면은 자정 이전에 취침하는 것이다. 수면이 부족할 경

우, 주말이나 여유 있을 때 한꺼번에 많이 자는 것으로 수면부족을 채우는 것은 바람직하지 않다. 잠을 몰아서 자게 될 경우 다음 날 수면을 충분히 하기 어렵기 때문에 규칙적인 수면 흐름이 깨지게 된다. 수면이 부족할 경우에는 일찍 수면을 취하는 것으로 해결해야 한다.

나. 심리적 스트레스 관리
심리적인 면에서 스트레스를 관리하는 방법으로 명상, 여가와 휴식 그리고 긍정적 마인드에 대해 살펴보자.

① 명상
명상을 통해 생각에 집중하지 않고 생각을 내려놓을 수 있다. 또 생각이 아닌 마음으로 느끼는 것을 경험하게 된다. 명상을 위해 의자에 앉을 때에는 등을 꼿꼿하게 펴고 의자 등받이에 등을 기댄다. 양발을 모으고 양손을 가볍게 무릎 위에 올려 놓는다. 의자를 이용하지 않고 바닥에 앉을 때는 몸을 바르게 펴고 양반다리를 하고 양손을 양 무릎에 올려 놓는다.

명상을 하는 데 기본적인 호흡은 들이마시는 것보다는 내쉬는 호흡을 더 길게 하는 것이다. 먼저 세 번 천천히 깊은 호흡을 한다. 편안하다고 느껴질 때 눈을 감는다. 숨을 내쉴 때는 모든 무거운 마음이 사라진다고 생각하면서 숨을 내쉰다. 호흡을 반복하면서 편안한 상태가 되도록 하고 이를 10분에서 20분 정도 계속한다.

② 여가와 휴식
스트레스를 해소하기 위해서 자신만의 여가와 휴식을 즐길 수 있는 방법을 찾아야 한다. 이상적인 일과 휴식의 비율은 80% 대 20%이다. 여가는 자신이 맡고 있는 모든 책임으로부터 자유로운 시간이다. 여가가 정신적 긴장을 풀어주는 삶의 활력소가 되기 위해서는 여가를 계획하는 것이 필요하다. 때로는 계획 없이 떠나는 휴가도 그것 자체가 계획인 셈이다. 휴가를 떠날 때는 일거리는 가져가지 않도록 한다. 여가를 즐기는 동안에는 자신이 하고 싶은 일을 하며 충분한 시간을 보내는 것이 필요하다.

자신에게 맞는 취미활동을 선택해 자신만의 시간을 보내는 것도 바람직하다. 뮤지컬이나 오페라 공연을 관람한다거나 영화를 본다거나 자신이 좋아하는 아티스트의 공연을 보는 것 또 등산이나 트레킹을 하는 등 자신만의 취미활동을 찾아 즐기는 것도 필요하다. 취미활동의 경우 자신이 원하는 것을 선택하고 계획대로 할 수 있다는 것이 좋은 점이다.

③ 긍정적 마인드

긍정적 마인드를 갖는 것은 스트레스 관리를 위해 매우 중요하다. 특히 10분간의 웃음은 10분간 노를 젓는 효과가 있다고 한다. 그뿐만 아니라 웃음 띤 얼굴은 뇌를 이완시킨다. 따라서 자주 웃고 즐거운 마음을 갖는 것은 스트레스를 관리하는 좋은 방법이다.

개인의 성향에 따라서 분명한 결론을 내리는 것을 선호하는 사람들이 있다. 이들의 대부분은 하나의 정답을 찾기 위해 애쓴다. 이러한 흑백논리와 양자택일의 사고방식은 스트레스를 유발할 수 있다. 따라서 가능한 많은 전략과 전술 중에서 해결책을 선택하고 배수진을 치지 않도록 한다. 이를 위해서는 다른 사람의 제안을 개방적인 자세로 수용할 필요가 있다.

긍정적 마인드를 갖기 위해서는 다른 사람을 인정하고 좋은 선입관을 가져야 한다. 스스로 자신을 다른 사람과 동등하게 대하려는 마음 자세도 필요하다. 자신과 다른 사람에게 감사하는 마음을 가져야 하고 다른 사람에게 칭찬을 많이 하는 것처럼 자기 자신에게도 칭찬을 많이 해야 한다.

(6) 스트레스에 대한 개인차

동일한 외부 자극에 대해서도 어떤 사람들은 스트레스를 더 많이 받고 또 어떤 사람들은 스트레스를 덜 받는다. 또 스트레스를 받았을 경우에도 극복하는 정도에 차이가 날 수 있다. 이러한 것을 스트레스에 대한 개인차라고 한다. 이러한 개인차는 개인의 생각이나 외부 자극에 대처하는 자세에 따라 달라질 수 있다. 다음 〈표 5.4〉는 두 유형의 특징을 비교한 것이다.

스트레스를 잘 극복하고 관리하기 위해서는 긍정적인 생각을 가져야 하고 자신과 타인에게 관용적이어야 한다. 유연한 사고를 가지고 다양한 대안을 검토해서 문제해결에 집중할 수 있어야 한다. 이를 위해서는 타인의 의견을 존중하고 개방적인 자세로 사람들을 대하는 것이 필요하다. 아울러 지나치게 감정에 치우치지 않고 자신의 감정을 잘 다스리며 평정을 잃지 않는 것도 중요하다. 궁극적으로 스트레스를 잘 다스리기 위해서는 자신만의 스트레스 극복 방법을 개발하고 이를 습관화시키는 것이 필요하다.

표 5.4	스트레스에 대처하는 두 가지 유형의 특징	
스트레스를 잘 극복하는 유형		**스트레스를 잘 극복하지 못하는 유형**
• 문제해결에 대한 기대감이 높고 좌절하더라도 실망하지 않는다.		• 자신에 대한 기대치가 너무 높고 사고가 경직되어 있다.
• 큰 문제를 해결 가능한 작은 문제로 나누고 해결해야 할 부분에 초점을 맞추어 행동한다.		• 쉽게 타협하거나 다른 사람에게 부탁하는 것을 꺼린다.
• 여러 대안을 검토해서 해결책을 선택하고 배수진을 쓰지 않는다.		• 당면한 문제를 잘 인식하지 못하고 자신에게 주어진 상황을 부정하거나 합리화시키려 한다.
• 다른 사람의 의견에 대해 개방적인 자세로 수용한다.		• 자신이 정한 기준에 어긋나는 것을 허용하지 않는다.
• 침착하고 감정 조절을 잘 한다.		• 우유부단하고 대안을 쉽게 찾지 못한다.

출처 : 박윤희(2013). 진로탐색 및 직업선택. p. 143.

2) 시간관리

(1) 시간관리의 개념 및 필요성

삶의 비전을 설정하고 목표와 실행계획이 수립되었다면 이제 이를 잘 실행에 옮기기 위한 시간관리가 필요하다. 시간관리가 잘 되지 않을 경우 항상 바쁜 것 같지만 특별히 한 것도 없고 그냥 시간만 흘러간 것 같은 생각이 들게 된다.

시간(時間)은 '과거, 현재, 미래로 이어져 머무름 없이 일정한 빠르기로 무한히 연속되는 흐름'(DAUM 온라인 사전)인 동시에 '어떤 행동을 할 틈, 어떤 일을 하기로 정해진 동안'(NAVER 온라인 사전)을 의미한다. '어떤 일을 하기로 정해진 동안'이라는 것은 어떤 일을 하기로 한 동안을 의미하고 이른 결국 어떤 일을 하는 것을 의미하는 것이다. 이러한 시간의 의미에 근거한다면 시간관리란 일들을 관리하는 것과 같은 의미가 될 수 있다. 결국 시간관리란 개인이 자신에게 주어진 일들을 관리하는 것이다.

바람직한 시간관리 방법에 대해 이해하기 위해 [그림 5.4]의 물음에 답해 보자. 여기서 양동이는 누구에게나 주어지는 하루 24시간이다. 고구마는 자신에게 가장 중요한 일이고, 호두는 그 다음 중요한 일이다. 그리고 쌀은 중요하지 않지만 자신이 해야 하는 일들을 의미한다. 우리가 하루하루를 살아 가면서 중요한 일을 먼저 하고 남는 시간에는 많은 노력을 하지 않아도 할 수 있는 일들 또 사소한 일들을 처리해 나간다면 24시간을 알차게 사용할 수 있고 이것이 바로 바람직한 시간관리라고 할 수 있다.

그림 5.4 시간관리 방법의 이해

여기 쌀, 호두, 고구마가 있다. 그 옆에는 커다란 양동이가 있다. 어떻게 하면 여기 놓인 쌀, 호두, 고구마를 양동이에 모두 담을 수 있을까?

출처 : 박윤희(2013). 진로탐색 및 직업선택. p. 145.

결국 시간관리란 시간을 효율적으로 잘 배분해서 자신이 수립한 계획들을 달성하는 것을 의미한다. 시간관리를 잘 한다면 자신이 중요하게 생각하는 일 그리고 하고 싶은 일을 할 수 있게 되고 자신이 세운 삶의 목표와 비전을 달성할 수 있게 된다. 또 가족 그리고 자신이 사랑하는 사람들과도 좀 더 많은 시간을 함께 할 수 있다. 더 나아가 좀 더 풍요로운 인간관계도 구축할 수 있다. 따라서 시간관리는 자신이 생각하는 행복과 성공을 위해 반드시 필요한 자기관리 기술이다.

(2) 시간관리 방법

이제 시간관리를 잘 하는 방법에 대해 살펴보자.

첫째, 자신에게 중요한 일과 중요하지 않은 일을 잘 구분해서 시간활용을 해야 한다. 시간관리를 잘 하기 위해서는 자신의 성공적인 삶을 위해 어떤 활동이 중요하고, 중요하지 않은지를 잘 가려낼 수 있어야 한다. 지금 당장 급한 일은 아닐지라도 자신의 비전 달성을 위해 꼭 필요한 일이라면 그것은 매우 중요한 일이 된다. 하지만 지금 당장 마감에 쫓기는 일이라도 크게 가치 있는 일이 아니라면 그것은 중요하지 않은 일이 된다. 과연 무엇이 자신에게 중요한 일인지 또 무엇이 중요하지 않은 일인지에 대해 자신의 기준과 판단에 따라 구분할 수 있어야 한다.

시간관리를 잘 하기 위해 필요한 능력은 여러 일들을 우선순위에 따라 결정하는 능력과 우선순위에 따라 준비하고 계획하는 능력 그리고 우선순위에 따른 실행계획을 실천하는 실행력이다. 자신이 생각하는 우선순위가 자신의 비전과 목표에 부합하는 것이라면 이에 대한 실행력은 자연스럽게 높아질 것이다.

다음 [그림 5.5]는 중요한 일과 중요하지 않은 일을 구분해서 보여 주는 것이다.

시간관리를 잘 하기 위해서는 중요하지 않은 일에 사용하는 시간을 점차 줄여나가고 중요한 일에 시간을 많이 할애해야 한다. 중요한 일 중에서도 삶의 비전과 목표달성을 위해서 필요한 일, 성장과 발전을 위한 일에 더 많은 시간을 사용해야 한다. 이러한 일들은 당장 급한 일은 아니지만 시간 사용에서 비중을 높게 두어야 하는 일들이다. 이러한 일들을 먼저 하고 남는 시간에 다른 일들을 하는 것이 시간관리를 효율적으로 하는 것이다.

삶의 비전과 목표에 관련된 일들이 자신의 삶에서 가장 중요한 일임에도 불구하고 늘 마감시간에 쫓기는 일을 먼저 하게 된다. 이는 자신의 미래를 위해 결코 바람직하지 않다. 미래에 대한 계

그림 5.5   중요도에 따른 일의 분류

중요한 일

삶의 비전과 목표달성을 위해 필요한 일
중 · 장기 계획과 관련된 일
자기개발과 관련된 일
인적 네트워크 형성과 관련된 일
가족과 관련된 일
여가(휴식)
긴급히 해결해야 할 과제, 업무
마감일이 정해져 있는 일
긴급히 벗어나야 할 위기 상황

가장 중요한 일

삶의 비전과 목표달성을 위해 필요한 일
중 · 장기 계획과 관련된 일
자기개발과 관련된 일
인적 네트워크 형성과 관련된 일
가족과 관련된 일
여가(휴식)

중요하지 않은 일

일부 전화통화
일부 팩스 보내기
일부 회의
우편물
일부 보고서
오락
중요하지 않지만 눈앞의 긴급한 문제
시간 때우기

출처 : 박윤희(2013). 진로탐색 및 직업선택. p. 149.

획을 세우고 이를 실천하지 않는다면 또 그때그때 자신에게 주어진 급한 일만 처리하고 살게 된다면 나중에 시간이 흐른 뒤에 자신이 무엇을 위해서 살았고 얻은 것이 무엇인지에 대해 답할 수 없게 된다. 따라서 미래의 삶을 생각하며 시간관리를 하는 것이 필요하다.

둘째, 자신이 하루 중 사용할 수 있는 전체 시간 중에서 70% 정도에 대해서만 시간계획을 세우고 나머지 30%는 비워두는 것이 좋다. 하루 일과 중 미리 예측하지 못한 일이 발생하는 경우와 하던 일을 중단해야 되는 경우가 있다. 따라서 만약의 사태에 대비해 30% 정도의 시간을 비워둔다면 여유 있는 시간관리를 할 수 있다. 갑자기 일정이 잡힌 외부 미팅, 근무 시간 연장, 예상치 못한 돌발 사태 등에 대비해서 항상 시간 여유를 두어야 한다.

셋째, 시간을 너무 잘게 나누어 계획을 세우지 않는다. 시간을 5분, 10분 단위로 나누어 계획을 세우고 관리하는 것은 특별한 일을 하는 몇몇 사람들에게만 해당되는 것이다. 예를 들어 대통령이나 유엔사무총장과 같은 특별한 사람들의 경우이다. 시간관리를 하는 데 일을 많이 한다는 것은 중요하지 않다. 핵심은 정말 중요한 일을 계획대로 하고 있는가이다. 따라서 시간관리를 잘 한다는 것은 많은 일을 하는 것보다 계획한 일을 제대로 완수하는 것이며 더 나아가 자신에게 중요하고 의미 있는 일을 제대로 하는 것이다.

넷째, 자신의 비전과 목표에 기초한 계획을 세우고 이를 실천할 수 있도록 시간관리를 해야 한다. 사실 비전, 목표, 중·장기계획, 자기개발과 관련 있는 일들은 마감시간이 있는 일이 아니다. 따라서 이러한 일들이 자신의 삶에서 가장 중요한 일임에도 불구하고 마감시간에 쫓기는 일을 먼저 하게 된다. 이는 자신의 미래를 위해 결코 바람직하지 않다. 따라서 자신의 개인 수첩이나 다이어리, 플래너 등에 자신의 비전과 목표, 중·장기계획과 단기계획 등을 적어두고 그것에 기초한 시간관리를 해야 한다. 이렇게 된다면 연간계획, 월간계획, 주간계획 그리고 일일계획을 작성할 수 있게 되고 이에 따라 시간관리가 가능해진다.

다섯째, 일하는 시간 자체를 늘리는 것은 제대로 된 시간관리가 아니다. 업무량 증가로 인해 일할 시간을 늘리는 것은 장기적으로 인생을 실패나 불행으로 이끌 수 있다. 적당한 휴식 없이 일하면서 사는 것은 제대로 된 시간관리가 아니다. 충분한 휴식과 여가 생활을 통해 일의 능률을 높일 수 있고 자신이 꿈꾸는 비전과 목표에 도달할 수 있다. 따라서 일하는 시간 자체를 늘리지 말고 일의 우선순위를 정해 좀 더 효율적으로 일을 해야 한다.

여섯째, 일을 미루거나 마감시간에 쫓기면서 일을 처리하지 않아야 한다. 일을 미루고 마감시간에 임박해서 일을 하는 사람을 임박착수 유형이라고 부른다. 반대로 미리 계획을 세워 일을 차근차근 해 나가는 스타일을 조기착수 유형이라고 한다. 임박해서 일을 처리할 경우 결과물의 질이 떨어질 수 있다. 미리 계획을 세워 일을 처리한다면 결과물의 질도 훨씬 좋아질 것이고 마감시간에 쫓기면서 급하게 처리해야 하는 일이 줄어들게 될 것이다. 따라서 마음의 여유를 가질 수 있고 자기개발과 관련된 중요한 일에 더 많은 시간을 할애할 수 있다.

일곱째, 바쁠 때라도 여유를 갖고 무리하지 않는 습관을 들여야 한다. 시간관리를 잘 하기 위해서는 서두르거나 허둥대지 않고 편안한 마음으로 일을 처리하는 여유가 필요하다. 이는 시간관리를 잘 하는 것은 결국 마음관리를 잘 하는 것이라는 의미가 된다. 시간에 쫓기더라도 마음의 평정을 잃지 않고 계획대로 일을 처리해 나가는 자세가 필요하다. 또 자신의 일 처리 속도에 대해서 가장 잘 알고 있는 것은 자기 자신이다. 따라서 무리하지 않고 자신의 속도에 맞추어 계획을 세우고 그것을 실천한다면 결국 시간관리를 잘 하게 될 것이다.

연습 ●
문제

1. 행복에 대해 자신만의 정의를 내려봅니다.

2. 성공에 대해 자신만의 정의를 내려봅니다.

3. 삶에서 중요하게 생각하는 가치와 이루고 싶은 꿈의 목록들을 토대로 삶의 비전을 만들어 봅니다.

4. 비전보드 또는 비전카드를 만들어 봅니다.

5. 삶의 균형 원에 대해 살펴보고 자신의 삶의 균형에 대해 생각해 봅니다.

커리어코칭의
심리학적 기초

이 책은 심리학 책이 아니다. 그렇기 때문에 이 장에서는 커리어코칭에 활용되는 다양한 심리학 이론과 방법론의 적용에 초점을 맞추기보다는 커리어코칭에 근간을 이루는 심리학 이론을 소개하는 것에 집중하였다. 코치가 코칭을 진행하다 보면 인지행동주의 기법의 코칭을 하거나 게슈탈트 기법의 코칭을 진행해야 하는 경우가 있다. 그러나 코치가 코칭을 시작하면서 처음부터 이런 기법들을 사용해야겠다고 생각하지는 않는다. 코칭을 하다 보면 이런 기법들이 필요할 때가 있을 뿐이다. 따라서 이 장에서는 코칭에 활용되는 다양한 심리학적 방법론이 아니라 커리어코치가 코칭을 진행하는 데 기초로 삼아야 하는 몇 가지 심리학 이론을 중심으로 구성하였다.

우리가 위대한 학자들에게서 배워야 하는 것은 그들의 학문적 업적뿐만 아니라 그들이 갖는 포용력과 수용성이다. Carl Rogers, Viktor Frankl, Martine Seligman에 이르기까지 이들은 모두 자신의 이론을 특정 영역에만 한정해서 설명하지 않았다. 이들은 자신의 분야뿐 아니라 사람을 성장시키고 발전시킬 수 있는 다른 분야에 자신의 이론이 적용될 수 있다는 점을 강조하였다. 이 점이 우리가 이들에게 머리 숙여 존경을 표할 수 있는 또 다른 이유라고 생각한다.

01 Erickson의 심리사회적 발달이론

Erickson의 심리사회적 발달이론은 출생에서부터 성인기와 노인기에 이르기까지 인간의 전 생애에 걸친 발달을 단계별로 제시한 최초의 심리학 이론이다. 여기서 심리사회적이란 말은 인간 정체성의 통합과 인간 행동의 근본적인 동기가 사회 속에서 타인과 관계를 원하는 욕구에 근거한다는 것을 반영한 것이다. Erickson의 이론은 인간의 전 생애에 걸쳐 발달을 위한 변화가 지속된다는 점에서 상당히 독창적인 이론이라고 할 수 있다.

Erikson은 1902년 6월 15일 독일의 프랑크푸르트 근교 마인에서 태어났다. Erikson에게는 두 명의 아버지가 있었다. 그의 친아버지 Dane은 Erickson이 태어나기도 전에 예술가인 어머니 곁을 떠났다. 어린 시절 Erickson은 아버지의 존재를 인식하지 못하고 자랐다. 그가 알고 있는 아버지는 그의 어머니와 결혼한 유태계 독일인 소아과의사인 Theoder Homburger인데 Erickson은 그의 집에서 자랐다.

그는 청년시절을 슐레스빅 홀스타인에서 지냈다. 그 지역은 당시 독일과 덴마크가 서로 자기 영토라고 주장하고 있던 곳이다. 이러한 영토분쟁은 Erickson이 칼스루에 있는 김나지움에 들어갔을 때 절정에 달했는데 그는 독일 편이었다. 그는 학교에서 그의 급우들로부터 면박을 당했는데, 그 이유는 유대인인 그가 독일의 주장을 받아들이는 것이 못마땅하다는 것이었다. 더욱이 그는 그의 아버지가 다니는 유대교회에서도 낯선 사람이었다. 그 유대교회에서는 그를 이방인이라고 불렀다. 집을 떠난 Erickson은 몬테소리 교사자격증을 취득하였고, Anna Freud와 함께 정신분석 훈련을 받았다. 이것은 그가 받았던 유일한 정규교육이었다. 이 같은 개인적 배경의 애매함으로 인해 그리고 자신의 개인적 갈등으로 인해 Erickson은 개인의 정체성에 관심을 가지고 연구를 진행하였다.

Erickson은 나치의 위협을 피해 1933년 보스턴에 정착하였다. 하버드대학교의 심리학 박사과정을 중퇴하였지만 많은 대학에서 강의를 하였다. 1960년 하버드대학교에서 '인생주기'란 과목을 가르쳤고, 1970년 은퇴하였다. 그는 1994년 3월 12일 미국 하리치의 로즈우드 메이너라는 양로원에서 91세로 세상을 떠났다.

Erickson에 따르면, 모든 인간은 기본적으로 같은 욕구를 가지고 있다. 인간의 발달은 이러한 욕구를 채우는 과정에서 일어나고, 사회적 환경, 특히 양육자가 제공하는 보살핌과 지원의 질에 영향을 많이 받는다. 인간의 발달은 여덟 개의 단계로 진행된다. 각 단계별로 특징적인 과제와 위기가 존재하는데, 이는 개인에게 발달의 기회를 제공하는 심리사회적인 도전을 의미한다. 한 단계에서 위기를 긍정적으로 해결한 사람은 다음 단계의 위기를 더 잘 해결할 수 있게 된다. 심리사회적 발달이 건강하게 이루어질 경우 다음에 이어지는 발달단계의 위기를 긍정적으로 잘 해결할 가능성이 높아지기 때문이다. 만약 특정 단계에서 위기를 긍정적으로 해결하지 못하게 되면, 개인은 그 위기를 다시 해결하기 위해 종종 이전 단계로 돌아갈 수 있다(Eggen & Kauchak, 2012).

1) Freud와 Erickson 이론의 공통점과 차이점

Erickson의 이론은 Freud의 정신분석학 이론에서 출발한 것이다. 따라서 Freud와 Erikson의 이론은 몇 가지 공통점을 가지고 있다. 두 사람은 성격발달단계가 미리 예정되어 있고, 발달단계의 순서가 일정하며, 생물학적 및 성적 요소가 동기와 성격 형성의 토대가 된다는 점에 동의하였다. 그러나 Erikson의 이론은 Freud 이론과 비교해 볼 때 몇 가지 근본적인 차이점을 가지고 있다(권대훈, 2013).

- Freud는 인간행동의 기초로 원욕(id)을 중시했으나, Erikson은 자아(ego)를 강조하였다.
- Freud는 성격발달에 미치는 부모의 영향을 강조하였으나, Erikson은 심리사회적 환경의 중요성을 강조하였다.
- Freud는 남근기 이후의 성격발달에는 거의 관심을 갖지 않았으나, Erikson은 유아기에서 노년기에 이르는 전 생애에 걸친 발달이론을 제시하였다.
- Erikson은 Freud가 무시했던 청소년기에 관심을 가졌고 특히 청소년기는 성격 형성에 중추적인 역할을 하는 시기라고 주장하였다.
- 무의식과 초기의 외상적 경험이 정신병리를 유발하는 과정에 대해 중점적으로 설명한 Freud와 달리, Erikson은 심리사회적 위기를 극복하는 과정을 통해 건강한 성격이 어떻게 발달하는지 설명하는 데 주력하였다.

2) Erikson 이론의 기본견해

다음은 Erickson 이론의 핵심적인 부분을 정리한 것이다.

첫째, 자아는 개인의 발달에 중대한 영향을 미친다. Erickson은 인간의 자아를 평생을 두고 형성되어 가는 존재로 가정하였다. 그에 따르면, 생애 초기에 결정되는 자아는 인생 후반기까지 그대로 지속되는 것이 아니라 성인기에도 변화가 가능한 존재이다. 이러한 자아는 개인의 발달단계에 도움이 되기도 하고 때로는 부정적인 영향을 미치기도 한다. 특히 개인의 발달단계에서 자아는 각 단계에서 직면하게 되는 위기를 극복하는 데 중요한 역할을 하게 된다.

둘째, 발달은 인간의 유전적 요인에 근거해 점성적으로 이루어진다. Erickson의 발달이론을 점성론(epigenesist)이라고도 하는데, 이 용어는 epi(의존해서)와 genetic(유전)이 결합된 것이다. 이는 인간의 발달이 이미 계획되어 있는, 즉 유전적 요인에 의해서 이루어진다는 것을 의미한다. 인간은 생물학적으로 타고난 기본계획(ground plan)을 가지고 있으며, 이 기본계획에 따라 적절한 시기에 형성되고 발달하게 된다. 이러한 발달을 통해 인간은 유기체로서 기능하게 되는 것이다.

셋째, 발달은 전 성애에 걸쳐 단계별로 진행된다. 앞서 점성론에서도 살펴본 바와 같이 인간은 미리 계획된 일정한 계획에 따라 발달이 이루어지는데, 이 발달은 특정시기에 시작되고 특정시기에 종료되는 것이 아니다. 발달은 출생에서부터 성인기, 노인기를 거쳐 죽음에 이를 때까지 지속되는데, 항상 같은 내용으로 이루어지는 것이 아니라 단계별로 정해진 발달 과업에 따라 진행된다. 각 발달단계들은 상호의존적이라고 볼 수 있는데, 이것은 각 발달단계가 전후 단계에 영향을 받고 영향을 주게 되어 있다는 것을 의미하는 것이다.

넷째, 각 발달단계에는 위기와 덕목이 존재한다. Erickson에 따르면 개인은 각 발달단계에 해당되는 심리사회적 위기를 경험하게 되는데, 이를 성공적으로 잘 극복하게 되면, 각 단계의 덕목을 얻게 되고, 이를 통해 긍정적인 성격이 형성될 수 있다. Erickson이 주장한 심리사회적 위기는 각 발달단계에서 해결해야 할 발달과업이다. 이는 사회적 발달과제를 의미하는데, 인간이 발달단계를 거치면서 직면하게 되는 사회적 요구가 반영된 것이다.

각 발달단계의 심리사회적 위기는 긍정성과 부정성의 상반되는 두 가지 요소들을 포함한다. 심리사회적 위기가 원만하게 잘 극복된 경우 긍정적인 요소가 자아에 통합되고 이를 통해 개인은 건전한 발달을 이루게 된다. 반면 심리사회적 위기를 잘 극복하지 못한 경우에는 부정적인 요소가 자아에 통합되는 결과가 발생한다. 이는 결국 개인의 성격발달에 문제가 발생할 수 있다는 것을 의미하는 것이다.

3) Erickson의 심리사회적 발달단계

다음은 Erickson의 심리사회적 발달단계에 대해 구체적으로 살펴보자.

(1) 1단계 : 신뢰성 대 불신감(출생~1세)

Freud의 심리성적 발달단계에서 구강기에 해당되는 이 단계에서 개인은 신뢰성 대 불신감 위기를 경험하게 된다. 신생아는 어머니와의 관계 속에서 신뢰성을 발달시킨다. 어머니의 보호가 일관성이 있고 예측할 수 있다면 자신과 주변 세계에 대한 신뢰성이 형성된다. 반면에 기본적인 욕구를 충족하지 못하는 부정적인 경험이 많을 경우에는 불신감을 형성하게 된다. 이 불신감은 타인이나 사회 전체에 대한 두려움과 의심으로 발전하며, 비가역적인 특성을 지닌다(Erickson, 2014).

　신생아에게 어머니는 외적 및 내적으로 확실성을 주는 존재이다. 신생아는 어머니로부터 늘 자신을 지켜주고 보호해 주고 있다는 것을 느끼게 된다. 따라서 어머니가 자신의 눈앞에서 사라진다 해도 불안을 느끼지 않는다. 이러한 경험의 일관성과 지속성은 자아정체성 형성에 기초를 제공한다. 이러한 초기 자아정체성은 기억 속의 감각과 이미지들이 친숙한 사물이나 사람들과 밀접한 관련을 가지고 있다는 것을 인지하는 능력에서 비롯된다.

　어머니와의 바람직한 관계 형성을 통해 형성된 신뢰성은 개인의 성격발달에 긍정적인 영향을 미치게 된다. 하지만 성격발달이 신뢰성에만 의존하는 것은 아니다. Erickson은 개인의 성격발달은 신뢰성과 불신감의 적절한 비율에 따라 좌우된다고 주장하였다. 성격발달에 신뢰성이 중요하기는 하지만 지나친 신뢰성은 문제가 될 수 있다는 것이다. 따라서 이 두 심리적 특성 사이에는 긴장감이 필요하다. 이 단계에서 개인이 신뢰성 대 불신감의 위기를 잘 극복하지 못한다면 다음 단계의 위기를 해결하는 데 문제가 될 수 있다. 이 단계에서 희망이라는 덕목은 신뢰성에서 비롯된다.

(2) 2단계 : 자율성 대 수치심 및 회의감(1~3세)

Freud의 심리성적 발달단계에서 항문기에 해당되는 이 단계에서 개인은 신체적인 발달을 경험하게 되고 배변훈련(toilet training)을 통해 자기통제력을 키우게 된다. 이와 동시에 무엇이든 스스로 하려는 의지력도 함께 발달하게 된다. 이 단계에서는 보호자의 태도가 아직 완전함을 갖추지 못한 유아의 보유와 배출의 통제 능력 부족을 보완해 줄 수 있어야 한다. 이러한 부모의 태도는 유아의 자립을 돕고 수치심과 의심으로부터 유아를 지켜 줄 수 있다. 이 단계에서 유아는 사랑과 증오, 협력과 아집, 자유와 억압의 성격 비율이 결정된다.

자아존중감이 상실되지 않는 상태의 자기통제로부터 선의와 자부심이 생겨나고, 자기통제의 상실과 외부의 과잉 통제로부터 의심과 수치심이 생겨난다. 이 시기에 형성된 자율성으로부터 자아존중감, 자기통제, 자기확신, 의지력이 발달하게 된다. 이러한 성격특성은 청소년기의 자아정체성 형성을 위한 중요한 토대가 된다. 이 단계의 덕목인 의지는 자율성에서 비롯된다.

(3) 3단계 : 주도성 대 죄책감(3~6세)

Freud의 심리성적 발달단계에서 남근기에 해당되는 이 단계에서는 유아의 주도성이 중요하며, 유아는 스스로 목표를 세우고 이를 달성하기 위한 노력을 하게 된다. 또래와의 놀이 활동에서 유아는 자신의 의견을 주장하기 시작하고 경쟁 관계에도 참여하게 된다. 이 단계에서 부모의 역할은 유아의 주도성, 자발성 등이 발달할 수 있도록 자유를 허용하는 것이다. 만약 부모가 아동의 활동 기회를 제한한다면 주도성이 위축되고 죄책감이 나타날 수 있다. 이 단계의 덕목인 목적은 주도성에서 비롯된다.

이 단계에 유아는 '거세 콤플렉스'로 자신의 생식기가 손상될지도 모른다는 두려움을 갖는다. 동성의 부모를 동일시 하고 타인과의 협력을 통해 얻게 되는 평등의식을 기반으로 보다 현실적인 동일시의 기회를 찾게 된다. '오이디푸스 콤플렉스'나 '엘렉트라 콤플렉스'의 죄의식에서 어느 정도 벗어나 자신의 주도성을 실현할 수 있는 분야를 적극적으로 찾기 시작한다. 이 단계에서 사회제도는 유아에게 경제적인 태도(economic ethos)를 제공해 주는데, 제복을 입거나 특정 직무에서 이상적인 성인의 모습은 그동안 경험했던 동화책이나 그림책의 주인공들을 대체하게 된다.

(4) 4단계 : 근면성 대 열등감(6~12세)

이 단계의 아동은 학교공부와 자신에게 주어진 일을 성실하게 수행하면서 근면성을 발달시킨다. 건설적이고 교육적인 칭찬과 강화는 아동의 근면성을 촉진시킨다. 이러한 근면성은 일생 동안 자신에게 주어진 일을 성실하게 수행하도록 하는 토대가 된다. 만약 아동이 자신이 맡은 일에 성취감을 느끼지 못한다면 열등감에 빠질 수 있다. 아동은 근면성에 근거해 특정 분야에서 유능성을 개발하게 된다(이위환·김용주, 2007).

아동은 점차 생산적인 상황에 참여하게 되면서, 그동안 자신이 몰입했던 놀이보다는 생산적인 상황을 성공적으로 완료하고자 하는 의지를 갖게 된다. 특히 이 단계의 아동은 사회에서 제공하는 체계적인 교육을 받게 된다. 하지만 여기서 말하는 체계적인 교육이 반드시 학교교육을 의미하지는 않는다. 아동은 교육을 통해 여러 도구, 식기, 무기 등을 다룰 준비를 하고 이를 통해 기술적 토대를 발달시키게 된다. 이 단계에서 기술적인 태도(technological ethos)가 발달한다. 교육이 이루어지는 학교라는 공간은 목표와 한계, 성취와 실패, 경쟁과 협력이 이루어질 수 있는 하나의 사회공간이다. 따라서 이 시기는 사회적으로 매우 중요한 단계라고 할 수 있다.

(5) 5단계 : 자아정체성 대 역할혼돈(12~18세)

이 단계에서 중요한 것은 정체성을 확립하는 것이다. 이 시기는 청소년기에 해당되는데, 개인은 자신이 누구인지, 자신의 삶에서 중요한 것은 무엇인지에 대해서 의문을 갖게 되고, 이러한 의문에 대한 답을 찾음으로써 자신의 존재에 대한 인식을 형성하게 된다. 이것이 바로 정체성이다.

이 시기에 개인이 자아정체성 형성과 역할혼돈의 위기를 잘 극복하게 되면 통합된 자아상을 갖게 된다. 청소년이 자신의 다양한 역할들을 잘 통합하게 되면 자아정체성이 발달하게 되고, 역할들을 잘 통합하지 못할 경우 역할혼돈을 경험하게 된다. 이는 개인의 자아정체성 위기로 나타날 수 있다. 정체성 위기는 자아정체성을 확립하지 못했을 때 경험하는 절망과 혼돈을 의미한다. 청년기에 자기존재에 대한 의문이 강하게 부각되는 것은 생물학적 성숙으로 인해 원욕이 강화되면서 초자아도 동시에 강화되고, 자아가 내면세계를 새롭게 정립하여 균형을 달성하려고 하기 때문이다(권대훈, 2013).

청소년기의 자아정체성 위기는 보편적으로 나타나는 현상이지만, 여기에는 개인차가 있을 수 있다. 개인에 따라 짧은 시간에 이 시기를 잘 극복하기도 하지만 또 어떤 경우에는 오랫동안 지속되기도 한다. 개인이 자아정체성 위기를 잘 극복하기 위해서는 자아상에 대한 시간의 연속성과 체계의 일관성 그리고 의식의 주체성을 확립해야 한다. 시간의 연속성은 자신의 과거, 현재, 미래에 대해 연속성을 지닌 자아상을 확립하는 것을 의미한다. 체계의 일관성은 자신의 다양한 부분을 일관된 자아체계로 묶는 것을 의미한다. 의식의 주체성은 또래집단이나 고정관념에 지나치게 동조하지 않고 자신만의 주관성을 가지고 자아상을 확립하는 것을 의미한다. 이 시기의 덕목인 충실성은 자아정체성 확립을 통해 나타난다.

(6) 6단계 : 친밀감 대 고립감(성인기)

이 단계에서 개인은 성인으로서 역할을 수행하게 되는데, 이는 부모로부터의 독립을 의미한다. 이 시기에 개인은 보통 학교 과정을 마치고 직업생활을 시작하게 된다. 이를 통해 책임감을 가진 성인으로 삶을 시작하게 되는 것이다. 이 단계에서 무엇보다 중요한 것은 타인과 친밀한 관계를 형성하는 것이다. 이러한 친밀감은 배우자를 찾고, 배우자와의 관계를 통해 형성되지만 교우관계를 통해서도 형성될 수 있다. 만약 이 시기에 개인이 친밀감을 형성하지 못한다면 고립감을 경험하게 될 수도 있다. 고립감은 단순히 사회에서 외톨이가 된다는 개념을 뛰어 넘어서 타인에 대한 거부감이나 적대감으로 나타날 수 있다.

친밀감과 상반되는 개념은 거리 두기이다. 이는 스스로 선택하는 고립이며, 필요할 경우 자신의 본질에 위협이 되는 특질을 가진 힘이나 자신의 친밀한 관계를 침범하는 세력을 가진 사람들을 물리치려는 태도를 가리킨다. 이 단계의 위험성은 고립, 즉 친밀한 관계로 이어지는 접촉을 회피하는 것이다. 정신병리학적 측면에서 이것은 심각한 성격적 문제로 이어질 수 있다. 한편 두 사람만의 고립으로 이어지는 관계도 있는데, 이러한 관계는 다음 단계의 결정적 발달 과제인 생산력을 받아들일 필요성을 가로막는다(Erickson, 2014). Erickson은 청소년기 자아정체성의 확립이 성인기의 친밀감을 형성하는 데 기초를 제공한다고 주장하였다. 이 시기의 덕목인 사랑은 친밀감에서 비롯된다.

(7) 7단계 : 생산성 대 침체감(장년기)

생산성과 침체감은 개인이 장년기에 경험하게 되는 사회심리학적 위기이다. 여기에서 생산성은 직업활동만을 의미하는 것은 아니다. Erickson은 생산성의 개념을 상당히 포괄적으로 정의하였다. 즉 생물학적 생산성, 직업적 생산성과 문화적 생산성이 여기에 해당된다. 생산성을 통해 개인은 자신의 삶에서 존재가치를 확인할 수 있다. 만약 이 시기에 개인이 생산성을 확립하지 못하게 되면, 이는 자신이 감당해야 할 여러 역할 수행에 문제가 생길 수 있다는 것을 의미한다.

생물학적 생산성은 자녀를 낳아 기르는 것이고, 직업적 생산성은 다음 세대에게 기술을 전수하는 것이며 문화적 생산성은 문화의 일면을 창조, 혁신, 보존하는 것이다. 장년기의 개인에게 생산성과 관련된 행동이 나타나지 않는다면, 그는 침체감, 권태, 대인관계 악화 상태에 빠질 수 있다. 이 경우 개인은 친밀감 단계로 퇴행하여 어린아이처럼 마음대로 행동하게 된다. 이 단계의 덕목인 배려는 생산성에서 비롯된다(이위환·김용주, 2007).

(8) 8단계 : 자아통합감 대 절망감(노년기)

이 시기는 인생 전체의 삶을 돌아보고 정리하는 시기이다. 노년기는 특히 신체기능들이 쇠퇴하게 되고, 경제적 능력이나 사회적 역할 등에 문제가 발생할 수 있다. 따라서 자신에 대한 이해와 함께 환경의 변화를 수용하고 이를 바탕으로 자아통합을 이룰 수 있도록 해야 한다. 노년기에는 자신이 지금까지 살아온 삶에 대해 긍정적인 의미를 부여하고 이를 수용할 수 있을 때 자아통합감이 발달될 수 있다. 그러나 개인이 자아통합을 이루지 못할 경우 절망, 허무 등에 빠지게 된다. 노년기의 지혜는 자아통합에서 비롯된다.

자아의 완결성을 소유한 사람은 인간의 노력에 의미를 부여하는 다양한 생활양식의 상대성을 인식하더라도 모든 물리적, 경제적 위협에 맞서 자기 자신만의 삶이 지닌 존엄성을 지켜낼 준비가 되어 있다. 왜냐하면 그는 한 개인의 삶이란 하나밖에 없는 생애와 역사의 한 조각이 맞물려 있는 것이며, 인간의 완결성이란 곧 자신이 참여한 삶의 완결성과 다르지 않다는 것을 알고 있기 때문이다. 축적된 자아 통합의 결여나 상실은 죽음에 대한 두려움으로 이어진다. 이 경우 개인은 생애에 단 한 번뿐인 이 시기를 삶의 최종 단계로 받아들이지 않는다. 다른 삶을 시작하고 완성으로 가는 다른 길을 시도하기에 시간이 너무 부족하다는 개인의 생각은 절망으로 표출된다. 그리고 삶에서 이루지 못한 것에 대한 회한과 '천 가지의 작은 혐오'가 절망감을 덮는다(Erickson, 2014).

〈표 6.1〉은 Erickson의 심리사회적 발달단계의 내용을 표로 정리한 것이다.

4) Erickson 이론에 대한 평가

Erickson은 20세기에 가장 영향력 있는 심리학자 중 한 명이다. 그는 인간의 전 생애에 걸친 발달단계를 사회심리학적으로 제시하였다. 특히 그는 Freud의 심리학 이론을 청소년기와 성인기에 적용시켜서 자아정체성 위기라는 개념을 정립하였다. 이러한 Erickson의 영향력에도 불구하고 그의 이론에 대한 평가가 긍정적인 것만은 아니다. 다음은 그의 이론에 대한 비판적인 평가 내용이다.

첫째, Erickson의 이론은 모호하고, 경험적으로 검증하기가 어렵다. 가령 주도성이나 통합성을 어떻게 측정해야 하고, 심리사회적인 갈등을 극복하기 위해 어떤 경험을 제공할 것인가에 대한 뚜렷한 지침을 제공하지 못한다(권대훈, 2013).

둘째, Erickson은 성격발달의 초기단계에서 동일한 특성을 강조하고 있는데, 이를 분명하게 구분하기가 어렵다. 즉, 자율성, 주도성, 근면성은 모두 아동이 능동적으로 행위를 하도록 허용하고 격려하는 것을 강조하고 있다. 또 회의, 죄책감, 열등감은 부모나 교사가 동정적인 지지를 해야 할 필요성을 강조하고 있는 것들이다(권대훈, 2013).

셋째, 일부 연구자들(Dennis et al., 2002)은 Erickson이 성격, 정서 및 사회성 발달에서 문화가

표 6.1		Erikson의 심리사회적 발달단계		
발달단계	덕목	각 단계별 심리적 도전	주요 발달과업	영향요인
신뢰성 대 불신감 (출생~1세)	희망	신뢰성은 유아가 지속적으로 애정 어린 보살핌을 받을 때 형성된다. 불신감은 예상하지 못한 결과나 냉정한 보살핌을 받을 때 발생한다.	세계에 대한 깊은 신뢰성 형성	어머니, 따뜻하고 우호적 상호작용
자율성 대 수치심 및 회의감 (1~3세)	의지	자율성은 유아가 새롭게 형성된 사고능력과 심리운동기술을 이용해 세상을 탐구할 때 발달한다. 부모는 이러한 탐구를 격려하고 피할 수 없는 실수를 받아 주면서 자녀의 자율성을 키워 준다.	행동에 대한 통제감 발달, 의도를 행동으로 실행할 수 있다는 인식	부모, 모방
주도성 대 죄책감 (3~6세)	목적	주도성은 야망과 책임감에 대한 것으로, 새로운 일을 찾아 나서고 도전해 보려는 유아의 시도를 성인이 격려하고 보상해 줄 때 발달한다. 유아를 지나치게 통제하거나 비판하면 유아는 자신의 행동에 대해 죄책감을 느끼게 된다.	부모에 대한 동일시를 통한 자아감과 자기 행동에 대한 책임감 발달	부모, 동일시
근면성 대 열등감 (6~12세)	유능성	학교와 가정은 아동이 도전적 과제에서 성공함으로써 유능성을 키울 수 있는 기회를 제공한다. 반면 반복된 실패는 열등감을 갖게 한다.	또래와 상호작용을 통한 자기가치감 발달	학교, 교사, 학습 및 교육 격려
자아정체성 대 역할혼돈 (12~18세)	충실성	청소년들은 명확한 한계 내의 자유로운 분위기 속에서 다양한 역할을 실험한다. 역할혼돈은 가정에서 필요한 조건을 제공하지 못하거나 지나치게 통제할 때, 또는 다양한 역할 속에서 개인을 탐구할 기회가 제공되지 못할 때 발생한다.	확고한 자아정체성 발달, 다양한 잠재적 자아 중에서 선택하기	또래 및 역할 모델, 사회적 압력
친밀감 대 고립감 (성인기)	사랑	친밀감은 자기 자신을 다른 사람과 융합할 수 있을 때 발달한다. 초기의 실망과 정체성 발달의 결여는 정서적 고립감을 유발한다.	타인과 친밀한 관계, 결혼에 필요한 친밀감 획득	배우자, 동료, 사회
생산성 대 침체감 (장년기)	배려	생산성은 성인이 자녀 양육, 생산적인 일, 사회와 타인에 대한 공헌을 통해 더 나은 다음 세대가 되도록 노력할 때 발생한다. 이 시기에 다른 사람의 복지에 기여하는 일에 대해 무능하다면 무관심과 자아도취가 나타난다.	사회에서 성인역할 수행, 공헌하기, 보람	배우자, 자녀, 친구, 동료, 지역사회
자아통합감 대 절망감 (노년기)	지혜	자아통합감은 최선을 다해 인생을 살아 왔고 죽음의 불가피함을 받아들이며, 인생에 대한 후회가 적을 때 생긴다. 이와 반대로 이미 한 일 또는 하지 않은 일에 대한 자책감과 남은 인생이 많지 않다는 느낌을 갖게 되면, 이는 절망으로 이어질 수 있다.	죽음의 준비, 절망감 극복, 삶의 의미 통찰	가족, 친구, 인척, 지역사회, 종교

출처 : 권대훈(2013). 교육심리학의 이론과 실제, p. 107 수정. Eggen & Kauchak(2012). Educational psychology(8th ed.), p. 118 수정.

차지하는 역할을 간과하였다고 주장하고 있다. 가령, 어떤 문화권에서는 아동의 자립과 주도성을 부정적으로 보는데, 이는 그들이 처한 환경 내 위험으로부터 아동을 보호하기 위해서이다(Eggen & Kauchak, 2012).

넷째, 비평가들은 청소년들, 특히 여성의 경우 친밀감의 확립이 정체성 형성과 함께 일어나거나, 심지어 앞서 일어나기도 한다고 지적하였다(Kroger, 2002). 이것은 정체성 형성 이후 친밀감을 형성한다는 Erickson의 주장과 상반되는 것이다(Eggen & Kauchak, 2012).

다섯째, 많은 사람들이 Erickson이 제안한 것처럼 정체성을 빨리 형성하지 못한다는 것이다(Eggen & Kauchak, 2012).

02   Maslow의 욕구위계이론

Maslow(1943, 1954)의 욕구위계이론은 인간 동기의 보편적 기원을 밝히고자 한 동기 위계설 중 하나이다. Maslow는 인간의 동기, 즉 욕구를 위계적으로 분석하기 위하여 심리적으로 건강하다고 생각되는 사람들의 성격에 관한 연구를 진행하였다. Maslow는 인본주의 심리학의 창시자로 인간의 자아실현에 관심을 가지고 이를 강조한 것으로 평가받고 있다.

Maslow(1943, 1954)는 처음 모형에서 다섯 가지 욕구를 제시하였고, 이후의 모형에서 욕구를 확장하였다. 이 확장은 자아실현 욕구를 세 가지 욕구로 세분화한 것이다. 각 욕구는 그 욕구를 충족시키기 위한 특정 부류의 행동들을 동기화한다. Maslow는 한 개인의 욕구가 상위 단계로 올라가는 과정이 곧 개인의 발달과정이라고 보았다(Baumgardner & Crothers, 2009).

Maslow는 1908년 러시아계 유태인 이민자의 일곱 아이들 중 맏이로 브루클린에서 태어났다. 그의 가정생활은 인간적 성장을 촉진시킬 만한 상황이 아니었다. 그의 아버지는 그를 경멸하였고 심지어는 드러내 놓고 그의 외모를 조롱하기까지 하였다. 이러한 경험 때문에 어린 Maslow는 지하철을 탈 때마다 다른 사람들의 눈에 띄는 것을 피하기 위해서 빈 칸을 찾아야 했다. Maslow의 어머니는 아버지보다 그를 더 나쁘게 대하였다. 매우 가난했기 때문에, 그녀는 아이들이 접근하지 못하도록 냉장고에 자물쇠를 채우고 적당하다고 생각될 때만 아이들에게 음식을 주었다. 한때

Maslow는 자기 어머니에 대해서 잔인하고, 무식하고 적대적인 인물, 자신의 아이들에게 거의 정신착란을 일으킬 정도로 사랑을 주지 않는 인물로 묘사하였다(Hoffman, 1988). Maslow(1979)는 이후에 성격의 긍정적인 면에 관한 그의 초점이, 어머니가 그를 다룬 방식의 직접적인 결과라고 주장하였다. 즉, 그의 연구의 초점은 어머니가 했던 일들과 그녀가 보인 특성들에 대한 반동형성이었다는 것이다(Carver & Scheier, 2011).

Maslow는 처음에 법조계에 진출할 생각으로 대학에 들어갔으나 이후 심리학으로 전환하였다. 20세에 그가 사랑했던 Bertha와 결혼했고, 1934년 위스콘신대학교에서 박사학위를 받은 후 1951년까지 뉴욕의 브룩클린대학교에서 가르쳤다. 이후 그는 1951년부터 1969년까지 브랜다이스대학교에서 가르쳤고, 많은 상을 받았으며 1967년에 미국심리학회 회장으로 선출되었다. 그는 인간의 가능성과 긍정적인 측면에 집중하였으며, 심리학 분야는 물론 다른 학문 영역에도 영향력을 미치는 인물이 되었다.

1) Maslow 욕구위계이론의 명제

Maslow의 욕구위계이론은 다음과 같은 명제에 근거한다(배정훈, 2012).

(1) 인간은 부족한 존재이다.

인간은 항상 무언인가를 원하고 있으며, 또 원하게 된다. 인간은 대체로 그가 원하는 한 가지 욕구를 충족하게 되면, 다시 새로운 욕구의 충족을 꾀하게 된다. 이러한 과정은 끊임없이 계속된다. 따라서 인간의 특정욕구는 충족될 수 있으나 전반적인 욕구는 충족될 수 없다.

(2) 이미 충족된 욕구는 인간행동의 동기를 유발하지 못한다.

충족되지 못한 욕구만이 인간행동의 동기가 된다. 예를 들어, 인간은 공기나 물이 없으면 생존할 수 없다. 그러나 인간은 평소에 이들에 대해 별 관심이 없다. 그러나 일단 이들을 상실하거나 상실될 위험에 처하게 되면 인간의 행동은 이들에 의해 크게 영향을 받는다.

(3) 인간의 욕구는 일련의 계층별로 배열된다.

인간의 욕구는 최하위 단계인 생리적 욕구(physiological needs)로부터 안전의 욕구(safety needs), 소속과 애정의 욕구(belongingness and love needs), 존중의 욕구(esteem needs)를 거쳐 최상위 단계인 자아실현의 욕구(needs for self−actualization)에 이르기까지 낮은 단계에서부터 높은 단계로 계층을 이루고 있다. 즉 인간은 하위단계의 욕구가 어느 정도 충족되면 이어서 다음 단계의 욕구를 추구하게 된다는 것이다.

Maslow는 이 다섯 단계의 욕구 이외에도 인지적 욕구(cognitive needs)와 심미적 욕구(aesthetic needs)를 추가하였다. 인지적 욕구란 무엇을 알고 이해하려는 욕구로 호기심이나 학습의욕을 충족시키고자 하는 욕구를 말하며, 심미적 욕구란 추한 것을 피하고 아름다운 것을 갈망하는 욕구를 말한다.

(4) 인간은 자아를 실현하는 건강한 심리상태에 도달할 수 있는 존재이다.

Maslow는 개인의 동기를 단순하고 비조직적인 욕망의 목록이라고 생각하기보다는, 미리 정해진 욕구의 단계라는 입장에서 파악하고, 그 나름대로의 위계가 있는 것으로 가정하였다. Maslow의 욕구위계에서 생리적 욕구는 가장 원초적인 욕구로 욕구위계이론의 출발점이 되는 것이고, 자아실현의 욕구는 건강한 심리상태를 소유한 인간이 도달할 수 있는 최상위의 욕구이다.

2) Maslow 욕구위계이론의 주요 내용

Maslow는 욕구위계이론을 발표한 이후에도 지속적인 연구를 통해 자신이 처음 발표한 이론을 수정 혹은 재해석하였다. 다음은 그 내용들을 정리한 것이다(Maslow, 1954, 1967).

첫째, 인간의 욕구를 크게 결핍욕구(deficiency needs)와 성장욕구(growth needs)로 나누었다. 결핍욕구는 결핍된 상태에서 느끼는 욕구인 반면, 성장욕구는 좀 더 성장하고자 하는 열망으로 인해 느끼는 욕구이다. 결핍욕구에는 생리적 욕구, 안전의 욕구, 소속과 애정의 욕구, 존중의 욕구가 해당되고, 성장욕구에는 자아실현의 욕구, 인지적 욕구와 심리적 욕구가 해당된다(배정훈, 2012).

둘째, 통상적으로 인간은 생리적 욕구와 안전의 욕구가 소속과 애정의 욕구, 존중의 욕구 및 자아실현의 욕구보다 더 충족된 상태에 있지만, 일부 욕구는 결핍된 상태로 다음 단계의 욕구 충족으로 이동해 간다(배정훈, 2012). Maslow는 욕구위계에서 상위 단계로 올라갈수록 각 욕구의 만족 비율이 낮아진다고 보았다. 예를 들면, 생리적 욕구에서 85%의 만족감을 갖는 사람은 안전의 욕구에서는 70%, 소속과 애정의 욕구에서는 50%, 존중의 욕구에서는 40%, 그리고 자아실현의 욕구에서는 10%의 만족감을 얻게 된다는 것이다(노안영·강영신, 2012).

셋째, Maslow는 처음에 자아실현의 욕구는 50세 정도가 되어야 나타나는 것으로 주장하였다. 그러나 수정이론을 통해 자아실현의 욕구는 나이와는 큰 관계없이 질병이 없고, 하위욕구가 충족된 사람으로 자기 능력을 최대한 활용하면서 일단의 가치를 신봉할 수 있는 사람에게 나타나는 것으로 주장하였다(배정훈, 2012).

넷째, Maslow는 개인이 고유한 인간으로 실현할 수 있는 잠재 가능성을 최대한 수용하고 표현한 상태가 자아실현이며, 이것을 학습의 목표로 보았다. 학습목표달성을 위해 Maslow는 지식을 경험적 지식(experiential knowledge)과 방관자적 지식(spectator knowledge)으로 구분하였다. 경험적 지식은 경험하는 사람과 경험되는 것 사이의 직접적인 교류에서 얻어지는 지식으로 예를 들면, 아이를 낳는 것, 수영을 해 보는 것, 치통을 앓는 것 등이다. 반면에 방관자적 지식은 경험하는 사람과 경험되는 것 사이에 상당한 거리가 있어 개인은 관찰자적 위치에 서 있는 것으로, 예를 들어 축구 관람자를 들 수 있는데 축구 선수와는 달리 방관자적 지식을 갖는다(허창범, 2012).

다섯째, Maslow는 학습을 외재적 학습(extrinsic learning)과 내재적 학습(intrinsic learning)으로 구분하였다. 외재적 학습은 어떤 외재하는 사실이나 정보를 수동적으로 받아들이는 것으로 학생이 졸업장을 받고 상급학교에 진학하는 것처럼 전통적으로 학교가 학생들에게 요구하는 학습을 말하며, 내재적 학습은 외적 보상에 관계없이 진행되는 학습으로 학습 자체가 만족스러운 내적 보상이 되어 장차 심리적 건강과 자아실현에 기여하게 되는 것이다(허창범, 2012). Maslow에 따르면, 내재적 학습이 보다 더 바람직한 학습이라고 할 수 있다.

3) 욕구의 종류 및 위계

다음은 Maslow(1943, 1954, 1967)가 제시한 욕구의 종류에 대해 정리한 것이다.

(1) 생리적 욕구

생리적 욕구는 인간의 생존과 직결되는 욕구로 물, 산소, 수면, 음식섭취, 성행위 등과 같은 기본적인 욕구를 의미한다. 생리적 욕구는 인간의 본능에 가장 충실한 욕구로 이러한 욕구들이 결핍되었을 경우 개인은 이를 충족시키기 위한 행동을 하게 된다. 생리적 욕구는 가장 기본이 되는 욕구이기 때문에 이 욕구가 충족이 되어야 다음 단계의 욕구가 나타난다.

(2) 안전의 욕구

개인의 생리적 욕구가 충족되면 다음 단계의 욕구인 안전의 욕구가 나타난다. 안전의 욕구는 인간의 존재 자체에 대한 보장을 의미하는 것으로, 예측 가능한 환경, 확실성, 불안의 해소, 공포로부터의 보호 등에 대한 욕구를 의미한다. 자신의 신변에 대한 안전, 외부의 위협으로부터의 안전 등이 안전의 욕구의 전형적인 예이다. 아이들이 외부의 위협 때문에 놀라거나 우는 행동은 안전의 욕구와 관련된 것이다. 종교, 보험 등도 안전의 욕구가 반영된 것으로 볼 수 있다. 안전의 욕구는 전쟁, 자연재해와 같은 상황에서도 나타난다.

(3) 소속과 애정의 욕구

소속과 애정의 욕구는 생리적 욕구와 안전의 욕구가 충족되었을 때 나타나는 욕구이다. 사회 속의 집단에서 소속감을 느끼고자 하는 욕구와 타인과의 관계를 원만히 하고 그 가운데서 사랑받고 싶어 하는 욕구이다. 여기에서 타인과의 관계란 가깝게는 가족에서부터 친지와 친구 등과의 관계를 의미한다. 이 욕구가 충족되지 않을 경우 개인은 외로움과 고독감을 느낄 수 있다.

(4) 존중의 욕구

존중의 욕구는 유능성과 인정을 모두 포함하는 것으로 자신의 유능성에 대한 자기존중과 타인의 인정에 의한 타인존중의 욕구를 모두 포함하는 것이다. 이 두 가지, 즉 자기존중과 타인존중은 불가분의 관계에 있다. 인간은 누구나 유능한 사람이 되고 싶어 하는데, 이러한 개인의 유능성은 타인의 인정에 의해 강화될 수 있다. 개인은 타인으로부터 유능한 사람으로 인정받음으로써 타인의 존중을 받게 되는 것이다. 따라서 이 욕구가 충족되면 개인은 자신이 유능하다는 생각을 가지게 되고 자신감과 자아존중감이 높아진다. 반면에 이 욕구가 충족되지 않으면 개인은 열등감과 좌절감을 느낄 수 있다.

(5) 자아실현의 욕구

자아실현의 욕구는 Maslow의 욕구위계이론에서 가장 상위에 위치한 욕구로 인간이 궁극적으로 도달하고자 하는 상태를 의미한다. 자아실현이란 자신이 원하는 것을 이루는 것이다. 자아실현을 하려고 하는 사람은 자신이 가진 모든 능력을 발휘하기 위해 최선을 다한다. Maslow의 욕구위계이론에 따르면, 최하위 욕구인 생리적 욕구가 가장 강하고, 최상위 욕구인 자아실현의 욕구 강도가 가장 낮다. 또 자아실현의 욕구는 개인차가 가장 큰 욕구인데, 그 이유는 개인에 따라 자아실현의 상태가 다르기 때문이다.

(6) 인지적 욕구와 심미적 욕구

Maslow가 타고난 욕구로 제안했던 또 다른 욕구가 알고자 하는 욕구, 이해하고자 하는 욕구에 해당하는 인지적 욕구와 미적으로 기쁨을 느끼는 심미적 욕구이다. 인지적 욕구의 주요한 특성은 다음과 같다(노안영·강영신, 2012).

첫째, 인지적 욕구는 유아기 후반과 초기 아동기에 나타나며 아동의 경우 자연적 호기심으로 표출된다.

둘째, 인지적 욕구는 사실 타고난 욕구이기 때문에 특별히 가르쳐 줄 필요가 없다. 그러나 사회는 학교 및 부모교육을 통해 아동의 자발적 호기심을 억제하려는 시도를 한다.

셋째, 인지적 욕구가 충족되지 않으면 성격의 충분한 발달과 기능이 제한될 수 있다.

넷째, 알고자 하는 욕구가 이해하고자 하는 욕구보다 더 강력하다.

다섯째, 개인이 인지적 욕구를 충족시키지 못하면 자아실현은 불가능하다.

Maslow는 인간은 인지적 욕구와 더불어 미를 추구하는 심미적 욕구를 갖는다고 보았다. 심미적 욕구에는 개인이 외적 아름다움을 추구하려는 욕구 이외에도 예술품과 자연의 아름다움, 질서를 느끼고자 하는 욕구가 포함된다. 미에 대한 욕구인 심미적 욕구는 인간의 삶을 보다 건전하게 하는 데 도움이 되는 것이다(노안영·강영신, 2012).

다음 [그림 6.1]은 Maslow의 욕구위계를 도식화한 것이다. 결핍욕구는 일단 충족되면 그것을 충족시키려는 긴장감은 감소하게 된다. 그러나 욕구위계 이론에서 결핍욕구가 충족되고 난 후에 나타나는 지적, 심미적, 자아실현의 욕구는 충족되면 될수록 더욱더 강해진다. 예를 들어, 우리는 흔히 '알면 알수록 모르는 것이 더 많다.'라고 한다. 이것은 무엇인가 알고 싶어 하는 욕구가 생겨나면 그것을 충족시키고자 하는 욕구가 계속 증가한다는 것을 의미하는 것이다(이신동 외, 2011).

5) 자아실현자들의 공통점

Maslow는 자아실현 하는 사람들에 관한 연구를 통해 자아실현자들의 특성을 정리하였다. 이들은 자신이 원하는 것을 이루는 삶을 살기 위해 끊임없이 노력하는 태도를 보인다. 또 이들은 미래에 자신이 원하는 삶을 위해 현재의 만족을 기꺼이 포기할 줄 안다.

Maslow가 정리한 자아실현자들에게서 발견되는 공통된 특성은 다음과 같다(노안영·강영신,

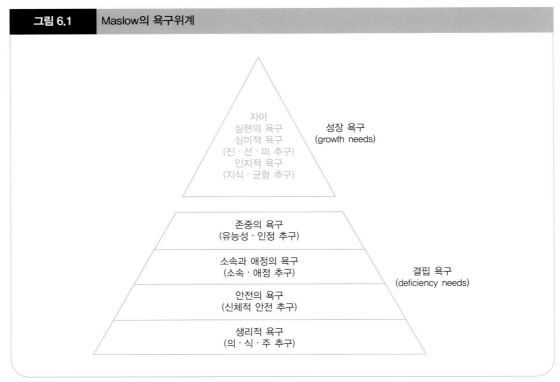

| 그림 6.1 | Maslow의 욕구위계 |

출처 : 허창범(2012), 교육심리학, p. 187 수정(Slavin(2006), Educational psychology).

2012).

(1) 현실의 효율적 지각

자아실현자는 자기 주변의 세계 및 사람들을 명확하고 객관적으로 지각할 수 있는 능력을 가지고 있다. 이러한 지각은 고도로 객관적이며 치우치지 않은 성장인지에 근거한다. 자아실현자는 세계를 있는 그대로 보며 선입관에 치우쳐 상황을 파악하지 않는다.

(2) 자신, 타인, 자연의 수용

자아실현자는 자신의 강점뿐만 아니라 약점까지도 왜곡하지 않고 있는 그대로 받아들이며, 실패한 일에 대해서도 지나친 부끄러움이나 죄책감을 갖지 않는다. 또한 다른 사람이나 일반적인 사회의 약점에 대해서도 있는 그대로 수용한다.

(3) 자발성, 단순성, 자연성

자아실현자의 행동은 지극히 개방적이고 솔직하며 자연스럽다. 그는 생각과 이상에서 주관이 뚜렷하고 그의 행동은 인습에 사로잡혀 있지 않다.

(4) 자신 외의 문제에 초점

자아실현자는 자신의 인생에 대한 사명감을 가지고 있으며, 자신 밖의 일이나 자신의 범위를 벗어나는 일에 많은 에너지를 쏟는다. 자아실현자는 열심히 일하면서 큰 기쁨과 흥분을 경험한다. 자아실현자가 하는 일이나 방향은 자신의 성장가치에 집중되어 있다.

(5) 초연함 및 사적 사유 욕구

자아실현자는 때로는 고독을 느끼지만 그러한 고독에 압도되지 않으면서 사적인 자유를 즐긴다. 자아실현자는 독립적이고 자율적이기 때문에 때론 홀로 자신만의 시간을 가지면서 사색하고, 타인의 지지 및 애정에 매달리거나 이를 요구하지 않는다.

(6) 인식의 신선함

자아실현자는 주위의 세계를 늘 새로움, 놀라움, 경외심을 갖고 받아들이고 경험하는 능력을 가지고 있다.

(7) 신비 혹은 절정경험

자아실현자는 강렬한 무아경, 놀라움, 경외심, 즐거움의 경험을 한다. 자아실현자는 이러한 경험을 하는 동안 극도로 확신에 차있고, 명확하고 강력한 힘을 느끼며, 경험은 강화되고 그 강도가 절정에 달하게 된다.

(8) 사회적 관심

Maslow는 Adler의 개념인 사회적 관심을 인용하여, 자아실현자는 동정심과 공감을 기반으로 하는 사회적 관심을 갖는다고 주장하였다. 자아실현자는 타인을 마치 자신의 형제처럼 대한다.

(9) 깊은 대인관계

자아실현자의 우정은 보통 사람들의 우정보다 매우 강하며 심오하다. 또 자아실현자 주위에는 종종 찬양자나 제자들이 모여든다.

(10) 민주적 성격구조

자아실현자는 지극히 관대하여 모든 사람들을 받아들이며 인종적이거나 종교적 혹은 사회적 편견을 갖지 않는다.

(11) 창의성

자아실현자는 자기 분야에서 창의성과 독창성을 가지고 있다. 또 모든 활동에서 적응력이 있고 자발적이며 실수를 두려워하지 않는다.

(12) 문화화에 대한 저항

자아실현자는 자발적이고 독립적이며 자부심이 매우 강하다. 결과적으로 그는 일정한 틀에 맞춘 생각을 강요하는 사회, 문화적인 압박에 자유롭게 저항한다. 그는 사회의 규범에 공공연하게 반대하지 않으며 사회적 관례를 고의적으로 모욕하지도 않는다. 그는 문화의 엄격한 격식과 요구에 따르기보다 자신의 개성에 따라 행동한다.

5) 절정경험

Maslow의 절정경험(peak experience)은 Czikszentmihalyi의 몰입경험과 매우 유사하다. 절정경험이란 개인에게 매우 감동적이고 결코 잊을 수 없는 순간을 의미한다. 심혈을 기울여 작품을 완성했을 때의 경험, 종교적 계시를 받았을 때의 경험, 큰 깨달음을 얻었을 때의 느낌을 절정경험으로 볼 수 있다. 절정경험은 우연하게 우발적으로 발생하는 것으로, 의도하지 않게 찾아오는 순간적인 경험이다. 절정경험은 흥분이 점차 고조되어 절정에 이르게 되고 이후에는 감퇴하는 과정을 거치게 된다.

절정경험은 경험이 진행됨에 따라 시간감각이 손실된다. 절정경험과 연합된 감정은 종종 경외감, 경이로움, 황홀의 감정이다. 절정경험은 수동적인 방식 예를 들어, 위대한 예술 작품을 감상하는 것으로 나타날 수도 있다. 그러나 보통 그것은 사람들이 어떤 종류의 행위에 종사할 때 발생한다(Czikszentmihalyi, 1975). 여가시간보다는 일하는 시간에 절정경험을 더 많이 하게 된다(Czikszentmihalyi & LeFevre, 1989). 절정경험을 하는 사람은 어떤 활동에 너무나 열중해서 그 활동이 그 사람이 되는 것처럼 보인다(Carver & Scheier, 2011).

6) 고원경험

Maslow는 사망하기 19개월 전에 심한 심장발작을 경험하였고, 담당의사는 심장이 회복되기까지 2~3년 동안 또 다른 심장발작이 발생할 수 있으니 주의할 것을 당부하였다. 이후로 Maslow는 언제든지 자신이 죽을 수 있다는 사실을 직시하면서 하루하루의 삶을 새로운 관점에서 음미하며 살았다. 그는 죽음에 대한 두려움이 없어졌기 때문에 하루하루의 삶이 감사하고 신비롭게 느껴진다고 하였다. 그는 자신이 경험한 이러한 초월의 의식상태를 고원경험(plateau experience)이라고 하였다(권석만, 2014).

그에 따르면, 고원경험은 모든 경험이 기적적이고 신비로운 것으로 여겨지면서 평온하고 고요한 감정상태이다. 그는 자신의 경험에 근거하여 나이가 들면서 절정경험의 강도나 빈도가 줄어들었다고 하였다. 절정경험이 자율신경계에 부담을 줄 수 있기 때문에 나이가 들면서 그런 경험이 감소하는 것은 몸을 보호하려는 자연의 이치인지도 모른다고 생각하였다. 절정경험은 우발적으로 우연하게 발생하는 반면, 고원경험에 이르는 방법은 학습될 수 있다. 개인은 고원경험을 통해 강렬하지는 않지만 평온함 속에서 세상의 소중함과 아름다움을 경험하게 된다(권석만, 2014).

7) Maslow의 욕구위계이론에 대한 비판

Maslow의 이론은 상식적으로 볼 때 설득력이 있어 보인다. 그런데 그는 자신의 이론을 발표하면서 실증적 연구자들이 검증할 수 있는 조작적 정의나 측정방법을 제시하지 못하였다. 또한 자아실현의 욕구는 그 개념이 모호하여 실증적 연구를 수행하는 데 많은 어려움을 주고 있다(배정훈, 2012).

03 Rogers의 인간중심 상담이론

Williamson의 지시적 상담 방법에 대해 회의를 품었던 Rogers는 지시적 상담과는 상이한 비지시적 상담, 내담자중심 상담 또는 인간중심 상담이라는 심리치료 방법을 개발하고 이에 전념하였다.

Roger의 인간중심 상담은 인간의 실존을 중시하는 실존주의 철학에 바탕을 두고 있으며 개인의 주체적인 판단과 가치관을 중요하게 생각한다. Rogers는 인간은 성장하고 변화하려는 성향을 타고 났는데, 이를 자아실현의 욕구라고 하였다.

Rogers에 따르면, 인간은 심리적으로 인정과 수용을 받고 싶어 하는 성향을 가지고 있다. 하지만 성장과정에서 부모나 양육자의 가치, 그리고 사회의 중요한 가치를 따르고 그에 적응하는 과정에서 자신의 타고난 성향을 잃어 버리게 된다. 이를 통해 자신의 자아개념과 실제 삶 간에 불일치를 경험하게 되고 이는 개인의 심리적 문제를 초래하게 된다.

따라서 상담의 목적은 내담자가 성장의 장애를 인식하고 과거에 있었던 자아부정의 측면을 경험하도록 자아탐색의 분위기를 마련하는 데 있다. 즉, 내담자 자신이 문제를 해결할 수 있는 수단도 가지고 있기 때문에 내담자 자신이 문제를 인식하도록 하는 것이다. 정신적 건강은 이상적 자아와 현실적 자아가 합치될 때 가능하다. 내담자는 상담을 통해 경험에 대한 개방성, 자아에 대한 신뢰, 자발성과 생동감, 과정에서 충실함을 얻을 수 있다(허창범, 2012).

Rogers에 따르면, 한 사람을 참으로 이해하려면 그 개인이 경험한 주관적 세계를 공감적으로 추론할 수 있어야 한다. 이를 위해, 상담자는 내담자의 마음을 내담자가 현재 느끼는 방식대로 이해하려는 자세를 가져야 한다. 내담자를 무조건적으로 수용하고 배려하는 분위기가 제공된다면 내담자는 자기 스스로의 힘에 의해서 자아실현의 방향으로 삶을 살아가는 능력을 회복할 수 있게 된다. Rogers의 인간중심 상담이론은 인간의 자율적 성장의 힘을 신뢰하며 개인의 주관적 견해와 책임을 강조하고 있다(이위환 · 김용주, 2007).

1) 상담자들의 기본적인 속성

Rogers는 모든 상담자들의 기본적인 속성을 네 가지로 규명하고 다음과 같이 제시하였다(Thorne, 2007).

(1) 객관성(objectivity)

Rogers는 객관성에 지나치지 않은 공감능력, 진정으로 수용적이며 관심 어린 태도 그리고 도덕적 판단의 대상이 되거나 충격을 받고 두려움에 떨 만한 일은 일어나지 않는다는 것을 알게 할 정도의 깊은 이해를 포함시켰다.

(2) 개인에 대한 존중(a respect for the individual)

개인에 대한 존중은 독립을 향해 나아가는 아이에게 한 개인의 자격으로 중요한 책임을 맡기는 것과 같은 것을 의미한다.

(3) 자신에 대한 이해(understanding of the self)

Rogers는 상담자의 자기인식과 자기수용 능력을 이 속성으로 설명하였다.

(4) 심리학적 지식(psychological knowledge)

심리학적 지식이란 인간행동에 관한 지식 그리고 인간행동을 결정하는 신체적, 사회적, 심리적 요인들에 대한 지식을 의미하는 것이다(Rogers, 1939).

Rogers는 위의 네 가지 속성들 중에서 처음에 제시한 세 가지 속성이 네 번째 속성보다 훨씬 더 중요하다고 생각하였다. 상담자가 관련지식이 풍부하다고 해서 치료의 효과성이 높다고 볼 수 없으며 상담자의 필수 능력은 태도, 정서 그리고 통찰의 영역에서 결정된다는 것이다(Thorne, 2007).

Rogers는 현상학적 전통에 기초해 개인의 주관적 경험을 강조하였다. 이는 개인이 자신과 자신을 둘러싸고 있는 세계에 대한 주관적 인식에 따라 행동하는 것이고, 이러한 인식들은 그 개인의 관점으로 이해되어야 한다는 것이다. Rogers는 이러한 믿음에 기초하여 내담자의 심리적 문제해결에 대한 답을 가지고 있는 사람은 바로 내담자 자신이라고 확신하였다. 즉 그에게 상처를 주는 것, 그리고 치료의 방향이 어떤 것인지 아는 사람은 바로 내담자 자신이라는 것이다. 이런 믿음에 기초한다면, 상담자의 역할은 지시적일 필요가 없으며, 내담자가 자신의 내적 자원을 탐색하고 발견할 수 있도록 도와주는 것이 된다. Rogers는 형식적인 해결책이나, 전략, 해석 또는 설명을 부과하는 것은 그 대화방법이 아무리 온정적이라 할지라도 상담자의 역할이 아니라고 보았다. 왜냐하면 해결책이나 전략은 결국 내담자 자신이 알고 있기 때문이다.

2) 인간중심 상담의 접근법

Rogers는 자신이 발표했던 여러 연구들에서 자신의 인간중심 상담의 접근법에 대해 일관되게 기술하고 있다. Roger에 따르면, 개인은 자기 자신을 이해하고 있고, 자기 개념, 기본적인 태도와 자기 주도적인 행동을 변화시킬 수 있는 자원을 자신 안에 가지고 있다. 그렇기 때문에 개인은 외부에서 촉진적인 심리적 태도가 제공된다면 이러한 내적 자원을 일깨울 수 있다. 이를 위해서 반드시 충족되어야 할 조건들이 있는데, 일치성(congruence), 수용(acceptance), 공감(empathy), 내담자의 인식(client's awareness)이 바로 그것들이다.

(1) 일치성

Rogers가 강조한 일치성은 진정성 또는 진실성과 그 의미가 같은 것이다. 여기서 말하는 일치성은 상담자의 일치성을 의미한다. 상담자가 상담장면에서 자신을 투명하게 드러내고 순간순간 마음속에 존재하는 감정들과 태도를 개방적으로 보이게 하는 것을 의미한다. 그러기 위해서 상담자는 개인적인 가면을 벗어야 하고 내담자와의 관계에서 전문성을 강조해서는 안 된다.

이렇게 된다면, 내담자는 상담자와의 관계 속에서 상담자가 어떤 사람인지 잘 볼 수 있게 되고 상담자가 숨기는 것 없이 느끼는 것들을 여과 없이 보여 주고 있다는 것을 느끼게 된다. 상담자는 자신이 순간순간 느끼는 것, 인식하는 것이 내담자와의 상담에서 나타날 수 있고 내담자에게 있는 그대로 전달될 수 있다. 즉 상담자가 마음속에서 느낀 것, 인식한 것 그리고 내담자에게 표현한 것이 모두 일치하게 되는 것이다. 이는 내담자의 내적 자원을 일깨울 수 있는 촉진적인 심리적 태도를 제공하게 된다.

(2) 수용

Rogers가 강조한 수용은 배려와 무조건적인 긍정적 존중을 포함하는 것이다. 이 역시 일치성과 동일하게 상담자의 태도와 관련된 것이다. 상담자는 상담상황에서 내담자를 배려하고 존중해야 하는데, 이때 존중은 무조건적이고 긍정적이어야 한다. 내담자가 상담자로부터 긍정적이고 수용적인 태도를 경험할 때, 내담자의 내적 자원을 일깨울 수 있고 치료적인 발달과 변화가 촉진된다. 상담자는 내담자가 느끼는 혼란, 두려움, 분노, 용기, 사랑, 자부심, 적개심 등 그 어떤 감정이든 수용해야 하는데, 상담자가 내담자의 감정을 수용한다는 것은 내담자가 그러한 감정을 자유롭게 느낄 수 있도록 허용한다는 것을 의미하는 것이다.

(3) 공감

상담자의 공감은 내담자의 변화를 일으킬 수 있는 가장 강력한 힘으로 작용하게 된다. 상담자의 공감은 내담자의 감정과 의미들을 정확히 이해하고, 이해한 것을 내담자에게 그대로 전달하는 것을 의미한다. 상담자는 공감 능력을 발휘함으로써 내담자가 내면에서 인식하고 있는 것들과 그

이면에 있는 것들까지도 명확하게 밝혀낼 수 있다.

이때 상담자가 주의할 점은 '마치 ~처럼(as if)'이라는 조건을 지키는 것이다. '마치 ~처럼'이라는 조건을 간과한다면 그 상태는 동일시(identification)가 된다. 공감이라는 것은 여러 가지 의미를 포함할 수 있다. 그것은 내담자의 내적 세계로 들어가 익숙해지는 것이며, 내담자 안에서 흐르고 있는 감정과 의미들에 대해 순간순간 민감하게 되는 것을 포함한다. 이는 순간 내담자의 입장이 되는 것으로 이를 통해 상담자는 내담자가 거의 인식하지 못하고 있는 의미들을 지각하게 된다.

공감은 상담자의 인식과 지각에 그치지 않고 상담자가 느낀 것을 내담자에게 표현해 주는 것까지 포함하는 것이다. 이를 통해 내담자는 상담자를 신뢰하게 된다. 상담자가 심리적으로 성숙하고 통합이 잘될 경우, 더 높은 공감능력을 발휘하게 되고, 상담에 더욱 도움이 되는 관계를 제공할 수 있다. 공감은 다른 조건들에 비해서 상담자가 훈련을 통해 그 능력을 향상시킬 수 있는 가능성이 더 높은 조건이다.

(4) 내담자의 인식

효과적인 상담이 이루어지기 위해서는 상담자의 일치성, 수용, 즉 무조건적인 긍정적 수용과 공감적 이해를 내담자가 조금이라도 인식해야 한다. Rogers는 만일 상담자가 일치성, 수용, 공감 능력을 발휘해 상담을 위한 촉진적인 분위기를 제공할 수 있다면, 그래서 내담자가 그런 분위기를 조금이라도 알아차릴 수 있다면, 치료적 움직임이 일어날 수 있다고 주장하였다. Rogers에 따르면 이 세 가지 조건은 효과적인 상담 치료를 위해 반드시 갖추어야 하는 조건이다. 이러한 분위기가 마련된다면, 내담자는 자기이해를 위해 점차 자기 내면의 자원과 접촉하게 될 것이고 이를 통해 자기 개념을 변화시켜 점차 발전적인 방향으로 나아가게 될 것이다.

상담자 안에서 일치성, 수용, 즉 무조건적인 긍정적 존중과 공감적인 이해가 있을 때, 그리고 내담자에게 이것들이 어느 정도 지각될 수 있을 때 치료적인 변화가 결과로 나타난다. 이 과정에서 내담자는 고통스럽게 자신을 발견하게 되고 확실히 배우고 성장하게 된다. 이렇게 되었을 때, 내담자와 상담자 모두는 치료가 성공적이라고 생각한다. Rogers에 따르면, 상담자의 지식이나 기술보다는 이러한 상담자의 태도가 근본적인 치료상의 변화를 가져온다.

Rogers(1972)는 사람은 수용되고 소중한 존재로 인식될수록 자기 자신을 돌보는 태도를 더욱더 발달시키게 된다고 주장하였다. 누군가가 자신의 마음을 공감하며 들어 줄 때, 그 사람은 자신의 내면에서 경험하고 있는 흐름에 좀 더 정확하게 귀 기울여 들을 수 있게 된다. 한편, 그가 자신을 이해하고 소중히 여길 때, 그의 자아는 그가 경험하고 있는 것과 더욱 일치된다. 그렇게 될 때, 그는 더 진실되고 더 진정한 자아가 된다. 이러한 성향들, 즉 상담자가 갖는 태도의 호혜성은 내담자로 하여금 더욱 효과적으로 자기 자신의 성장을 촉진시킬 수 있게 해 준다. 이를 통해 내담자는 진실되고 온전한 사람이 될 수 있는 자유가 더욱 커지게 된다(Rogers, 2014).

개인이 도달하고자 하는 최종 목표이며 알게 모르게 추구하는 것의 끝은, 진실되고 온전한 사람이 되는 것, 즉 자기 자신이 되는 것이다. 점차 내담자는 자신의 삶을 가렸던 거짓된 꾸밈들 또는 가면들, 역할들을 떨쳐 버리게 된다. 그들이 실제 자신의 일부라고 생각해 온 가면을 벗는 것은 어려운 일이지만, 생각하고 느끼고 존재하는 자유가 있을 때, 내담자는 자신의 목표를 향해 나아가게 된다. 실제 자아는 강제로 찾아지는 것이 아니라 자신의 경험 속에서 기분 좋게 발견되는 것이다. 인간이 되어 가는 과정의 증거 중 또 다른 경향은 선택이나 결정, 평가적 판단과 관련이 있다. 내담자는 점차 자기 내부에 평가하는 중심이 있다는 것을 느끼게 된다. 그리고 내담자는 타인에게 인정 또는 인정받지 못하는 것, 삶의 기준, 결정하고 선택하는 것에 점점 덜 민감하게 된다(Rogers, 2013). 이를 통해 내담자는 점차 자기 자신이 되어 간다.

Rogers에게 사람이 된다는 것은 자아실현하는 인간이 된다는 것을 의미하는 것이다. Rogers는 자아실현하는 인간의 특징을 다음과 같이 기술하였다(배정훈, 2012).

- 개방적 태도를 취한다. 자극에 방어적 태도를 취하지 않고 있는 그대로 수용한다.
- 실존적 삶을 유지한다. 어느 순간이나 그 순간에 더욱더 충실하게 생각하고 생활한다.
- 자신에 대해 신뢰한다. 자기가 옳고 가치 있다고 생각되는 방식으로 행동한다.
- 자유롭다. 자기가 원하는 삶의 의미를 규정하고 가능성을 선택해 나간다.
- 창조적이다. 어떤 변화에도 맞설 수 있는 창의력과 자발성이 있다.

3) 심리치료 과정의 7단계

다음은 Rogers가 제시한 심리치료 과정의 7단계에 대한 설명이다(Rogers, 2013).

(1) 1단계

개인이 고정되어 있고 경험에서 멀리 떨어져 있을 경우 치료에 자발적으로 참여하지 않는다. 이때 개인은 자신과 대화하려고 시도하지 않으며 의사소통은 오직 외부로 향해 있다. 이 단계에서 개인적인 구조는 매우 경직되어 있으며 친밀한 의사소통 관계가 위험하다고 생각한다. 따라서 어떤 문제도 인식되거나 감지되지 못한다. 개인은 변화에 대한 욕구가 없으며, 자신의 내부와의 의사소통에 많은 장애물이 존재한다. 이 단계의 개인은 소통과 변화와는 정반대인 정체와 고정으로 표현될 수 있다.

(2) 2단계

1단계의 개인이 경험을 충분히 받아들일 수 있다면, 2단계로 진입이 가능하다. 1단계에서 개인이 어떻게 경험을 받아들일 준비를 하게 되는지 정확히 알 수는 없지만 종종 역할극이나 집단치료에서 그 자신이 초기에 가졌던 어떤 것에도 연연하지 않고 충분히 오랜 시간 그 자신 자체를 경험하면서 2단계 환경에 노출될 수 있다. 어떤 상황하에서도 이것을 경험하기만 한다면 느슨함과 소통의 상징적 표현이 나타난다.

2단계에서 개인의 표현은 자신과는 관련되지 않은 주제로 흐른다. 문제가 자신의 외부에 있는 것으로 표현한다. 따라서 문제에 대해 개인적 책임을 느끼지 못한다. 이때 개인은 감정들이 자신에 속해 있지 않은 것처럼 묘사하거나 때로는 과거의 일인 것처럼 표현한다. 감정이 나타나긴 하지만 자신의 것이 아닌 것으로 인식한다. 도움을 자발적으로 요청하는 많은 내담자가 2단계에 속한다. 이 단계에서 대부분의 상담자들은 치료에서 아주 작은 성공만을 경험한다.

(3) 3단계

2단계에서 약간의 느슨함과 흐름에 막힘이 없었다면 내담자는 기꺼이 그 자신을 받아들일 수 있으며, 상징적 표현에서 더 발전된 느슨함과 흐름을 보일 수 있다. 내담자는 대상으로서 자신을 자유롭게 표현하게 된다. 지금의 상태가 아닌 느낌과 개인적 의미에 대해 표현하거나 많은 설명을 한다. 보통 당연하게도 과거의 감정에 대해 많은 이야기를 한다.

개인적 구조가 경직되어 있으나 구로조서 인식되고 외부의 사실로 받아들이지 않는다. 이전 단계보다 감정과 느낌의 차이가 일반적이기보다는 뚜렷해진다. 경험에서 모순을 인식하게 되며 종종 개인적 선택이 효과적이지 않은 경우가 발생한다. 이러한 것들은 도움을 필요로 하는 많은 사람들이 이 단계에 근접해 있다는 증거들이다. 그들은 다음 단계로 넘어가기 전에 개인적이지 않은 느낌을 설명하고 대상으로서 자신을 탐색하기 위해 상당한 시간을 이 단계에서 보낸다.

(4) 4단계

내담자들이 3단계에서 그들 경험의 다양한 측면이 이해되고 환영받고 있는 그대로 받아들여진다고 느끼게 되면 점차 구조의 느슨함과 느낌의 자유로운 흐름이 특징인 4단계로 진입하게 된다. 내담자는 지금, 현재가 아닌 좀 더 격렬한 감정에 대해 설명한다. 느낌은 현재에서 대상으로 설명된다. 내담자는 현재 상태에서 경험적인 느낌에 집중하는 것에 대해 불신과 공포를 느낀다. 여기에서 느낌을 거의 받아들이지 못하지만, 일부 받아들여지는 것이 있다.

여기에서는 상징의 정확성을 찾는 경향과 함께 감정, 구조, 개인적 의미의 차이에 대해 이야기한다. 경험과 자아 사이의 모순과 불일치에 대한 깨달음이 있다. 어떤 문제에 대해 확신할 수 없는데도 불구하고 책임지려는 감정이 있다. 여전히 가까운 관계가 위험해 보이는데, 내담자는 좁은 감정의 영역에서 그 자신의 위기를 느낀다. 3단계는 앞의 두 단계보다 발전하기 어렵고, 4단계는 3단계의 중재 없이는 진입하기 어렵다.

(5) 5단계

내담자가 4단계에서 경험, 행동, 표현을 그 자체로 느끼게 되면 신체의 흐름은 좀 더 느슨해지고 자유로운 상태에 놓인다. 5단계에서는 감정이 현재 시제로 자유롭게 표현된다. 그들은 '확 올라온다', '스며 나온다'라고 표현하는데, 감정이 풍부하게, 그리고 즉각적으로 체험되는 것에 대한 내담자들의 두려움과 불신에도 불구하고 이런 현상이 나타난다. 감정의 경험이 직접적 대상과 관련하여 현실화되는 경향이 시작된다. '확 올라오는' 감정은 놀랍고, 무섭고, 즐거움이라곤 없는 감정이다. 자신의 감정에 대해 책임이 커지고, 또 책임을 갖게 되길 원하면 '진정한 자신'이 된다.

경험이 해석되는 방식은 많이 느슨해진다. 감정과 의미가 명확히 다르다는 강하고 분명한 경향성이 있다. 경험의 모순과 부정확함이 명확해진다. 직면한 문제에서 자신의 책임을 받아들이는 특징이 나타나는데, 그것은 그가 어떻게 그 문제에 기여하게 되었는지에 관한 것이다. 개인적인 대화가 자유롭게 나타나는데, 내부적인 의사소통이 개선되고, 그것을 막고 있던 장애물이 감소한다. 경험은 좀 더 다양하게 되고, 내부적 의사소통은 유동적이고 좀 더 정확하게 된다.

(6) 6단계

6단계에서는 그것을 단순히 느끼는 존재가 아니라 삶의 주체로서 특징이 나타난다. 대상으로서 자아는 사라진다. 이 단계에서 경험은 실제 과정의 특성을 지닌다. 이 단계의 과정에서 특징은 신체적 느슨함을 동반한다. 경험과 인식 사이의 불일치를 생생하게 경험하게 되고, 이는 일치성 속으로 사라진다. 내담자의 감정은 이전에 그의 안정된 구조에서 분리된다. 경험의 차이가 명확해진다. 이 단계에서 더 이상의 외부적, 내부적 문제는 없다. 내담자는 주관적으로 살아가며 자신의 문제에 직면하게 된다. 6단계는 중요하다. 경험을 즉각적이고 완전하게 받아들이는 이 순간은 거의 되돌릴 수 없는 감각의 순간이다. 경험이 완전히 지각되고 완전히 받아들여지고 나면, 다른 명확한 현실처럼 경험을 효과적으로 다룰 수 있게 된다.

(7) 7단계

이 단계에서 내담자는 도움이 되는 상담자의 완전한 지지를 더 이상 필요로 하지 않는다. 6단계가 되돌릴 수 없는 속성을 지녔기 때문에 내담자는 상담자의 도움 없이 마지막 7단계로 진입할 수 있다. 이 단계는 치료적 관계 안에 있을 때보다 밖에서 나타나고, 종종 치료 시간에서 경험하기보다는 관찰 과정에서 보고된다. 새로운 감정이 세부적인 부분까지 즉각적으로 풍부하게 경험되는데, 치료 내에서도, 밖에서도 그러하다. 자아는 점점 단순하고 주관적이며 경험의 반영을 알아차리게 된다. 자아는 지각된 대상이 아니라 점점 더 과정 안에서 확실하게 느껴진다. 내부적 의사소통이 명확해지고, 감정과 상징이 잘 맞으며 새로운 감정을 새로운 용어로 표현한다. 여기에서 새로운 방법을 찾기 위한 효과적인 선택 경험을 하게 된다.

7단계의 예를 찾는 것은 쉬운 일이 아닌데, 왜냐하면 이 단계에 도달하는 내담자는 거의 없기 때문이다. 7단계에서는 자신의 다양한 측면 사이에 내적 의사소통도 자유롭고 막힘이 없다. 그의 내부에서 이루어지는 자유로운 의사소통 관계는 다른 사람들과도 동일하며, 그것은 전형적이지 않고 사람 대 사람으로 이루어진다. 이것은 깨달음을 반영한다. 자신의 문제에 대한 책임을 지각하고 자신의 삶에서 모든 유동적 측면에 대해 충분히 책임을 느끼게 된다. 계속해서 변화하는 과정 속에서 자신의 삶을 살아가게 된다.

통상적으로 내담자는 2단계에서 치료를 시작하고 4단계쯤에서 치료를 끝내는데, 내담자와 상담자가 모두 실질적 과정에 만족하게 된다. 매우 드물게 일어나기는 하지만 내담자가 1단계에서 7단계까지 이동하는 경우도 있다. 이렇게 되기까지 1년 정도 기간이 소요된다. 일반적으로 이 지점에 도착하면 개인은 흐름과 움직임의 조화를 이루게 된다. 내담자는 변화하지만 가장 두드러진 것은 그 자신이 변화과정에 통합되었다는 것이다.

4) Rogers 이론의 확장

Rogers는 치료의 변화를 가져오는 구성요인인 일치성, 존중, 공감이 치료뿐만 아니라 진정한 의사소통을 풍성하게 해 주고 강화시켜 주는 요소라고 보았다. 타인을 경청할 수 있는 예민한 마음, 누군가 나의 마음을 들어준다는 것에 대한 깊은 만족감, 더욱 진실될 수 있는 능력, 또 그것이 다른 사람들에게서 이끌어 내는 더 많은 진실성, 그 결과로 나타나는 사랑을 주고받을 수 있는 더 큰 자유, 이러한 것들이 상호간의 진정한 의사소통을 풍성하게 해 주고 강화시켜 주는 요소들이라고 강조하였다(Rogers, 2014).

　Rogers는 대인관계에 대한 이러한 철학이 모든 사람과 모든 상황에 적용될 수 있으며 치료관계, 결혼관계, 부모와 자녀 관계, 스승과 제자 관계, 높은 지위의 사람과 낮은 지위의 사람 간의 관계, 서로 다른 인종 간의 관계에 모두 적용될 수 있다고 믿었다. 심지어는 특별히 국가 간의 문제를 다룰 때 노골적인 권력의 행사에 의해서 지배되는 상황에서도 효과가 있을 것이라고 주장하였다(Rogers, 2014).

04　긍정심리학

행복에 대한 철학적 주장은 크게 두 가지 입장으로 구분될 수 있다. 첫째는 쾌락주의적 입장으로 행복은 개인이 주관적으로 경험하는 유쾌한 상태라는 관점이다. 다른 하나는 자아실현적 입장으로 행복은 개인의 잠재적 가능성을 충분히 발현하는 것이라는 관점이다. 즉 성격적 강점과 덕목을 충분히 계발하고 발휘함으로써 인생의 중요한 영역에서 의미 있는 삶을 구현하는 것이 행복이라는 생각이다. 긍정심리학(positive psychology)은 이러한 두 가지 철학적 입장에 근거하고 있다. 전자의 입장에서 행복을 탐구하는 심리학자들은 긍정적인 주관적 경험들, 즉 주관적 안녕, 행복감, 삶의 만족도, 몰입경험, 긍정정서 등에 초점을 맞추고 있다. 반면에 후자의 입장을 중시하는 심리학자들은 인간의 긍정적 특질, 즉 성격적 강점과 덕목의 연구에 초점을 맞추고 있다(권석만, 2014).

긍정심리학을 소개한 〈American Psychologist〉 특집호에서 Sheldon과 King(2001)은 긍정심리학을 다음과 같이 구체적으로 설명하였다.

"긍정심리학이란 무엇인가? 그것은 보통 사람들이 지니는 강점과 덕성에 대한 과학적인 연구이다. 긍정심리학은 평범한 사람들에게 그들이 잘 기능하고 올바르게 행동하며, 그들의 삶을 향상시키도록 만드는 것이 무엇인지를 찾아내려는 것이다. 타고난 적응능력과 학습한 기술들을 성공적으로 활용하면서 효율적으로 잘 살아가는 사람들의 특징은 무엇인가? 여러 가지 역경에도 불구하고 목적의식을 가지고 의연하게 살아가는 많은 사람들의 삶을 어떻게 심리학적으로 설명할 것인가? 하는 물음을 탐구한다. …… 이런 점에서 긍정심리학은 심리학자들에게 인간이 지니는 잠재력, 동기 그리고 능력을 좀 더 열린 마음으로 높이 평가하는 관점을 취하도록 촉구하는 것이다"(권석만, 2014).

이러한 긍정심리학에 대한 설명은 행복에 대한 쾌락주의적인 입장보다는 자아실현적 입장에 근거한 것이라고 볼 수 있다.

1) 진정한 행복

Seligman(2014)에 따르면 행복한 삶은 개인이 자신의 강점을 발휘하면서 몰입하는 삶을 사는 것을 의미한다. Seligman은 사람들이 만족과 쾌락을 같은 의미로 사용하지만 만족과 쾌락의 차이는 행복한 삶과 쾌락적인 삶의 차이와 같다고 주장하였다. 쾌락은 발견하고 향상시킬 수 있는 것이지만 만족은 그렇지 않다. 쾌락은 감각과 정서에 관한 것이지만, 만족은 개인이 강점과 미덕을 발휘할 때 얻을 수 있는 것이다. 감정에 충실한 쾌락과 상이하게, 만족은 감정과 의식이 부재한 상태, 즉 완전한 몰입을 통해 확인할 수 있다. 개인이 쾌락을 추구하는 삶을 지양하고 만족을 얻을 수 있는 몰입 활동을 한다는 것은 쉬운 일은 아니다. 만족하면 자연스럽게 몰입할 수 있게 되지만 이를 위해서는 많은 노력이 필요하다. 또 만족을 얻기 위해서는 실패할 가능성에 굴하지 않고 도전할 수 있어야 한다.

Seligman은 개인이 자신의 강점과 미덕을 발휘하지 않은 채 쉽게 만족을 얻을 수 있다고 믿는 것은 잘못된 것이라고 지적하였다. 진정한 행복은 쾌락보다는 만족을 얻기 위한 삶을 사는 것이고 자신의 강점을 발휘하는 삶을 살 때 이룰 수 있는 것이기 때문이다. Seligman은 행복은 긍정심리학의 가장 핵심이고, 개인이 즐거운 삶, 몰입하는 삶, 의미 있는 삶을 사는 것을 통해 진정으로 행복한 상태에 이를 수 있다고 주장하였다.

즐거운 삶은 개인의 삶에서 행복과 관련해 긍정적 정서와 경험의 중요성을 강조한다. 삶의 만족도와 결합된 풍부한 긍정적 정서와 최소한의 부정적 정서는 행복에서 즐거움을 보여 주는 것들이다. 다양한 연구들에서 긍정적 정서는 행복을 증진시키는 것으로 나타났다. 긍정적 정서는 삶의 조망을 확장시키며, 신체적, 심리적, 시회적 웰빙 자원을 구축하는 데 도움을 준다. 따라서 긍정적 정서를 배양하는 활동과 선택 그리고 자기변화는 삶의 질을 증진시킨다. 내재적 즐거움에 근거하여 하는 일들은 스트레스와 불안 그리고 우울과 같은 부정적 정서를 감소시키는 능력을 넘어서서 행복에 중요한 기여를 한다(Baumgardner & Crothers, 2009).

몰입하는 삶이란 욕구 충족, 직업, 가족, 여가와 같이 개인적으로 자신의 삶에서 추구하는 것들과 관계된 것이다. 개인이 특별한 재능이나 강점을 사용하는 삶은 특히 개인에게 의미 충만하고 만족스러울 가능성이 높다(Seligman, 2014). 몰입은 삶에 방향성을 제공하고 개인적 성숙에 기여하는 유능성과 목표를 제공한다(Ryff & Singer, 1998). 자기결정이론의 관점에서 볼 때, 자율성, 개인적 유능성, 그리고 타인과의 긍정적 관계를 증진시키고 표현하는 활동들은 개인의 행복에 기여한다. 또 개인적 가치와 독특한 개인적 정체감을 반영하는 목표들은 개인의 행복을 고양한다(Baumgardner & Crothers, 2009).

몰입과 의미는 밀접하게 관련되어 있다. 개인적으로 의미 없는 활동에 계속해서 몰입하는 것은 어렵기 때문이다. Seligman은 의미 있는 삶이 우리를 우리 자신보다 더 원대한 무엇인가에 연계시켜 줌으로써 스스로 가지고 있는 삶의 관심사를 뛰어넘을 수 있게 해 준다고 믿었다. Seligman은 많은 긍정심리학자들과 동일하게 높은 수준의 초월적 의미가 지속적으로 삶의 만족감을 증가시킨다고 주장하였다. 이러한 삶의 의미에는 종교, 영성, 타인 섬기기, 타인과 축적된 삶의 지혜 공유하기, 지역사회에서 봉사하기 그리고 가치 있는 이상에 시간과 노력을 투자하기 등이 포함된다. 결국 의미 충만한 삶은 개인적 만족감의 중요한 토대가 된다.

2) 행복에 대한 오해

Seligman에 따르면 진정한 행복이란 자신의 강점을 발휘하여 만족하는 삶을 사는 것이다. 하지만 이러한 명쾌한 논리에도 불구하고 우리는 종종 행복에 대해 잘못된 인식을 하게 된다. 우리가 행복에 대해 잘못 인식하는 경우는 다음의 세 가지 이론으로 설명할 수 있다.

첫 번째는 '기분일치 효과(mood congruence effect)'이다. 기분일치 효과는 현재의 기분상태와 과거의 기억이 일치되는 것을 의미한다. 우리의 기분은 기억력에 영향을 미치기 때문에 과거의 기억이 현재의 기분과 일치되는 경우가 많다. 예를 들어, 실험 참가자들에게 단어들을 암기하게 한후, 두 그룹으로 나누어 한 그룹에는 긍정적 감정을, 다른 한 그룹에는 부정적 감정을 유도하면 유쾌한 기분의 실험집단은 긍정적인 단어를 떠올리는 반면, 우울한 기분의 실험집단은 부정적인 단어를 더 많이 떠올리게 된다. 따라서 기분이 좋은 상태에서 자신의 삶을 반추해 보는 사람은 부정적인 기억보다 긍정적인 기억을 훨씬 더 많이 떠올린다. 그리고 그 기억들을 통해 자신이 비교적 행복하다는 결론을 내린다(Quoidbach, 2014).

우리가 행복을 잘못 인식하는 두 번째 경우는 노벨 경제학상을 받은 심리학자 Daniel Kahneman이 밝혀낸 '초점의 오류(focusing illusion)'로 설명할 수 있다. 초점의 오류는 우리가 행복에 영향을 미치는 여러 삶의 요인 중에 특정한 한 가지 요인에 과도하게 중요성을 부여하여 전체 행복도를 평가하는 오류에 빠지게 되는 것을 의미한다(Quoidbach, 2014). 예를 들어, "전원주택과 아파트에 사는 사람은 누가 더 행복할까?"라는 질문을 받았다고 생각해 보자. 이 경우 경치가 좋고 공기가 맑다는 특징에 과도하게 중요성을 부여할 경우 전원주택에 사는 사람이 더 행복할 것이라는 초점의 오류를 범하게 된다. 하지만 삶에서 행복을 구성하는 요소는 경치와 맑은 공기 이외에도 화목한 가정, 직업, 출퇴근 거리 등 무수히 많다. 따라서 어떤 특정 요소에 지나치게 높은 중요성을 부여할 경우 행복에 대해 잘못 인식하는 오류를 범할 수 있다.

우리가 행복을 잘못 인식하는 세 번째 경우는 '감각적응(sensory adaptation)'이다. 감각적응 이론 중 특히 쾌락적응은 긍정적 감정을 일으키는 자극에 대한 적응을 의미하는 것으로 감각적응과 Helson의 수평적응 이론에서 착안한 개념이다. Brickman과 Campbell(1971)은 사람들이 운명적으로 '쾌락적 쳇바퀴(hedonic treadmill)'에 있다고 주장하였다. 쾌락적 쳇바퀴는 사람들이 안정적이고 비교적 중립적인 장기적 행복수준을 갖게 한다. 사람들이 계속해서 걷고 또 걷지만 그 자리를 벗어날 수 없는 쳇바퀴처럼, 개인의 정서 경험은 동요가 있지만 전반적인 장기적 행복수준은 변하지 않는다(Baumgardner & Crothers, 2009).

승진을 하거나 더 큰 집으로 이사를 하게 되면 사람들은 더 행복해한다. 하지만 이러한 긍정적 정서는 오래가지 못한다. 사람들이 이러한 쾌락에 곧 적응하기 때문이다. 그리고 본래 자신의 행복수준, 즉 쳇바퀴로 돌아가게 된다. 이와 같이 긍정적 정서를 유발하는 사건은 많은 감각경험들처럼 오래가지 못한다. 이것이 바로 우리가 행복을 잘못 인식하게 되는 요인이다.

위에서 설명한 행복을 잘못 인식하는 오류를 피하는 방법은 없을까? 이러한 오류들을 피하는 방법은 자신이 기분일치 효과, 초점의 오류와 쾌락적응 상태에 있다는 것을 인지하는 것이다. 이것을 인지하는 순간 그 영향은 사라져 버린다. 따라서 자신이 이러한 오류 상태에 빠져있는 것은 아닌지 좀더 객관적인 입장에서 생각을 정리해 볼 필요가 있다.

3) 행복의 공식

다음 [그림 6.2]는 Seligman(2014)이 제시한 행복의 공식이다.

(1) 영속적인 행복의 수준(H)

우리가 느끼는 순간적인 행복은 순간적인 긍정적 감정에 기인한다. 초콜릿, 재미있는 영화, 꽃, 새로 구입한 옷 등으로 순간적인 긍정적 감정은 증가될 수 있지만 이것들은 영속적인 행복의 수준을 증가시키지는 못한다. 순간적이기 때문에 더욱 그렇다. 우리의 영속적인 행복의 수준은 이미 설정된 행복의 범위, 외적인 삶의 상황과 내적인 자발적 행동에 의해 결정된다.

(2) 이미 설정된 행복의 범위(S)

이미 설정된 행복의 범위는 개인의 행복을 결정하는 특정부분은 이미 정해져 있다는 것을 의미하

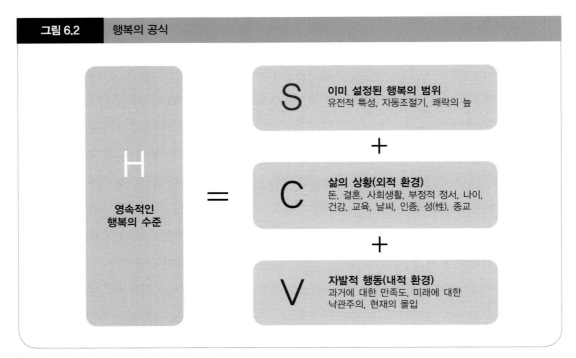

그림 6.2   행복의 공식

출처 : Seligman(2014), Authentic happiness, p. 118.

는 것이다. 개인의 유전적 특성, 자동조절기, 쾌락의 늪은 이미 설정된 행복의 범위에 영향을 미치는 요소들이다.

일반 행복도 점수 중 절반가량은 친부모의 성격에 따라 이미 유전적으로 결정된 것이라고 볼 수 있다. 이는 인간의 행복 유전자는 타고난다는 것을 의미한다. 즉 인간은 행복한 삶이나 불행한 삶 쪽으로 이미 결정되어 있는 유전자를 타고난다는 의미일 수 있다. 따라서 이미 결정되어 있는 유전자의 힘을 이겨낼 수 없다면, 자신의 노력을 통해 얻을 수 있는 행복보다 훨씬 더 낮은 행복을 느낄 수도 있다.

이미 설정된 행복의 범위란 온도 자동조절기와 같아서 엄청난 행복을 느끼다가도 이내 자기 본래의 행복도로 되돌아가게 하는 역할을 한다. 즉 개인에게는 행복감을 자동조절하는 행복 자동조절기가 내재한다는 것이다. 이는 앞서 감각적응에서 살펴보았던 '쾌락적 쳇바퀴' 이론과 유사한 개념이다. 그렇기 때문에 만약 자신의 삶에서 그동안 경험하지 못했던 행복을 느낀다 하더라도 이러한 행복감은 오래 가지 못하고, 본래 자신이 타고난 행복 자동조절기에 따라 곧 자신의 일상적인 행복 온도로 돌아간다는 것이다. 결국 이러한 행복 자동조절기로 인해 개인은 자신이 노력한 것보다 훨씬 더 낮은 행복을 느낄 수도 있다.

개인의 행복에 부정적 영향을 주는 또 하나의 장벽은 쾌락의 늪이다. 자신도 모르게 순간적으로 쾌락의 늪에 빠져들면, 그때부터는 그것을 당연한 것으로 여기게 된다. 바로 쾌락적응인 것이다. 이는 앞서 행복에 대한 오해 부분에서 설명하였다. 개인이 이렇게 쾌락에 적응하게 되면 더 큰 만족을 바라게 된다. 우리는 큰 성공을 이룬 뒤에도 쉽게 만족하지 못하고 더 큰 것을 갈망하는 사람들을 보게 된다. 개인이 이러한 쾌락의 늪에 빠지지 않는다면 부와 성공을 이룬 사람일수록 더 많이 행복해야 한다. 그러나 현실적으로 볼 때, 부자나 가난한 사람, 크게 성공한 사람과 그렇지 않은 사람의 행복도에는 큰 차이가 없다.

지금까지 설명한 S변수들, 즉 유전적 특성, 자동조절기, 쾌락의 늪은 모두 개인의 행복도를 높이는 데 장벽이 된다. 그러나 다음에서 설명할 나머지 두 가지 변수인 외적 환경(C)과 개인의 자발적 행동(V)은 행복도를 높이는 데 강력한 영향을 미치는 요소들이다.

(3) 외적인 삶의 상황(C)

개인의 행복도에 영향을 미치는 외적 환경요인으로는 돈, 결혼, 사회생활, 부정적 정서, 나이, 건강, 교육, 날씨, 인종, 성, 종교 등을 들 수 있다. 다음은 각각의 환경요인들과 개인의 행복도와의 관련성에 대해 살펴보자.

먼저 돈의 경우이다. 결론부터 이야기하자면, 돈으로는 행복을 살 수 없다. 돈은 가난한 수준을 벗어나 의식주와 질병치료와 같은 기본적 욕구를 충족시킬 때까지만 행복 수준에 영향을 미친다. 그러나 이러한 기본적 욕구가 해결되면 수입이나 재산이 행복에 영향을 미치는 정도는 미미한 것으로 나타났다. 행복에 영향을 미치는 것은 돈 그 자체라기보다는 개인의 삶에서 돈이 차지하는 비중에 대한 인식이다. 자신의 삶에서 돈을 가장 중요시하는 사람은 실질소득이 아무리 많다고 하더라도 늘 부족함을 느끼고 아쉬워하기 때문이다.

행복에 영향을 미치지 않는 돈과 상이하게 결혼은 행복과 관련성이 있는 것으로 나타났다. 나이나 소득보다 행복은 결혼생활에 더 큰 영향을 미치는 것으로 나타났다. 이렇게 결혼이 행복과 상관관계가 있다면 결혼한 사람은 모두 행복할 것이다. 그러나 이것은 행복한 부부를 대상으로 한 연구에서만 얻을 수 있는 결과일 뿐이다. 따라서 기혼자가 미혼 남녀보다 더 행복하다고 단정 짓기에는 무리가 있다.

아주 행복한 사람들은 대인관계가 좋다. 이들은 혼자 지내는 시간을 최대한 줄이고, 사회생활을 하는 데 가장 많은 시간을 할애한다. 폭넓은 사회생활은 개인의 행복도를 높일 가능성이 크다. 그러나 행복한 사람은 처음부터 사랑을 많이 받았기 때문에 폭넓은 대인관계를 형성했을 수도 있다. 아니면 외향적인 성격이나 탁월한 언변과 같은 다른 요인들 때문에 폭넓은 대인관계를 유지하고 더 큰 행복을 누릴 수도 있다. 따라서 행복과 사회생활의 선후관계를 파악하기는 어렵다.

단어의 의미로 볼 때, 긍정적 정서와 부정적 정서는 정반대의 개념이지만, 이들은 완전한 반비례를 이루지 않고 완만한 반비례를 이룬다. 이것은 부정적 정서가 많을 때 긍정적 정서는 보통의 상태보다 조금 더 적을 수 있다는 것이지, 행복과 완전히 반비례한다는 것은 아니다. 이와 동일하게 긍정적 정서가 많다고 해도 슬픔을 극복하는 수준은 보통의 상태보다 조금 더 높을 뿐이다. 오래 전부터 기정사실로 받아들여진 것은 우울증 경험은 여성이 남성보다 두 배나 높고 일반적으로 여성이 남성보다 부정적 정서가 더 많다는 것이다. 긍정적 정서의 남녀 차이를 보면, 여성이 남성보다 훨씬 더 자주, 더 강렬하게, 더 많이 긍정적 정서를 경험한다는 연구결과가 있다. 결국 여성이 남성보다 훨씬 더 극단적인 정서생활을 한다는 것이다.

전반적으로 볼 때, 생활만족도는 나이가 들면서 조금씩 증가하였으나, 유쾌한 감정은 조금씩 감소하였고, 불쾌한 감정은 아무런 변화가 없었다. 사람은 나이가 들어감에 따라 정서의 강도가 크게 변한다. 나이가 들고 삶의 경험이 많아지면서 지나치게 유쾌하거나 지나치게 불쾌한 극단적인 감정은 점차 줄어들게 된다.

객관적으로 양호한 건강 상태는 행복과 관련이 없다. 중요한 것은 주관적으로 느끼는 건강이다. 중병에 걸렸다 하더라도 자신이 건강하다고 확신할 때 비로소 중병의 시련을 이겨낼 수 있는 힘이 생긴다. 의사의 진단을 받고 병원에 입원하는 것은 생활만족도에 별다른 영향을 미치지 않는다. 그러나 자신이 스스로 병에 걸렸다고 판단한 경우에는 부정적 정서에 영향을 미친다. 놀라운 것은 말기 암환자와 객관적으로 건강하다는 진단을 받은 사람의 생활만족도에도 큰 차이가 없었다는 것이다.

교육, 날씨, 인종, 성, 이 네 가지 조건은 모두 행복과는 큰 관련이 없는 것들이다. 교육 수준이 높으면 고소득을 올릴 수 있지만 그렇다고 행복도를 높이는 수단은 아니다. 물론 저소득층의 경우에는 다소 영향을 미칠 수도 있다. 지능도 행복에 아무런 영향을 미치지 않는 것으로 나타났다. 날씨도 행복도에 영향을 미치는 조건은 아니다. 사람은 날씨에 대한 적응력이 빨라서 조금만 지나면 화창하고 따뜻한 날씨가 행복에 영향을 미치는 요소로 작용하지 않는다. 미국에서는 인종이 행복도를 좌우하는 요소가 아니다. 흑인이나 라틴아메리카계 사람들은 저소득층임에도 불구하고 백인보다 우울증에 걸릴 확률이 현저하게 낮다. 물론 그렇다고 해서 그들의 행복도가 백인들에 비해 높다는 것은 아니다. 남녀간의 정서는 상당히 다르다. 여성과 남성의 평균 행복도는 비슷하지만 여성이 남성보다 훨씬 더 행복해하면서도 훨씬 더 우울해한다.

많은 연구들이 종교인이 비종교인보다 삶에 만족하고 행복도가 더 높다는 내용을 지지하고 있다. 종교인들은 타인들과 서로 따뜻하게 배려하는 친교활동을 하고 공감대를 형성하기 때문에 대체로 큰 행복을 느낀다. 그런데 이보다 더 근본적인 종교의 역할은 희망을 심어주고 삶에 의미를 부여하는 것이다.

지금까지 위에서 설명한 외적 환경들을 모두 바꿀 수 있다고 해도 행복도를 높이는 데는 큰 도움이 되지 않는다. 이러한 외적 환경요소들을 모두 합친다고 해도 개인의 행복도는 겨우 8%에서 15% 정도 높아지기 때문이다. 반면 내적 환경들은 외적 환경들과 달리 개인의 행복도를 높이는 데 중요한 역할을 한다.

(4) 내적인 자발적 행동(V)

개인의 자발적 행동은 자율의지에 큰 영향을 미친다. 만일 개인이 이것을 바꾸려고 결심하고 많은 노력을 기울인다면 행복도를 지속적으로 높일 수 있다. 개인의 행복도를 높일 수 있는 자발적 행동으로는 과거에 대한 만족도, 미래에 대한 낙관주의와 현재의 몰입을 들 수 있다.

과거의 정서는 안도감, 평온, 자부심, 만족감, 변하지 않는 고통, 원한에 근거한 분노 등 다양하다. 이런 감정들은 오직 과거에 대한 자신의 생각에 의존하는데, 과거에 대한 이러한 정서들은 오로지 개인의 생각과 해석에 의해서만 일어나기 때문이다. 어린 시절의 경험이 성인의 삶에 거의 또는 전혀 영향을 미치지 않는다는 사실을 개인이 인식하게 되면 과거의 정서들에서 자신을 해방시킬 수 있게 된다. 과거에 일어난 일들을 부정적으로 평가하고 나쁜 일들을 지나치게 강조하는 것은 마음의 평화, 안정, 만족을 저해하는 주요 요인이 된다. 과거에 대한 이러한 부정적인 정서들을 안정과 만족으로 바꿀 수 있는 두 가지 방법이 있다. 하나는 감사하는 마음으로, 과거에 있었던 좋은 일들을 제대로 음미하고 바르게 평가하는 것이다. 또 다른 방법은 용서하는 마음으로 과거를 다시 쓰는 것인데, 이것은 개인을 괴롭히는 과거의 나쁜 영향력을 약화시킨다. 그리고 나쁜 기억이 좋은 기억으로 전환될 수 있게 해 준다.

낙관성과 희망은 개인에게 시련이 닥쳤을 때 포기하지 않고 굳게 버틸 수 있는 힘이 된다. 또 자신의 능력을 향상시키고 새로운 일에 도전하게 한다. 이는 신체적 건강을 유지하는 데도 도움이 된다. 비관적인 생각을 직시하고 반박할 수 있는 힘은 낙관성에서 나온다. 이런 낙관성은 자기 자신의 내면에서 비롯된 비관적인 생각의 실체를 파악한 다음, 그것을 불행에 빠뜨리려고 작정한 경쟁자의 비난처럼 여기고 반박하는 것이다. 누구나 반박할 능력을 가지고 있다. 특히 자신의 사소한 실수를 비난하는 다른 사람들에게 맞설 때 이 능력이 발휘될 수 있다. 불행한 일을 겪은 뒤에 이를 당연시하는 자신의 믿음을 정확하게 파악하려면 그 믿음을 철저하게 반박해야 한다. 그러기 위해서 우선 자신의 터무니없는 믿음을 반박할 만한 정당한 근거를 찾고, 그 다음에는 반박한 내용을 실천에 옮겨야 한다.

현재의 행복은 과거나 미래의 행복과는 아주 다른 상태로, 사뭇 대조적인 정서인 쾌락과 만족이 포함된다. 쾌락은 순간적인 것으로 외부 자극이 없으면 곧바로 사라진다. 더욱이 최초에 받은 자극과 똑같은 효과를 얻으려면 더 큰 자극제가 필요하다. 긍정적 정서를 향상시킬 수 있는 방법은 일상생활에서 쾌락적인 일들을 되도록 시간 간격을 넓혀 틈틈이 경험하는 것이다. 쾌락이 감각과 정서에 관한 것이라면 만족은 개인의 강점과 미덕의 실행에 관한 것이다. 만족은 쾌락보다 훨씬 오래 지속된다. 만족의 특징은 몰입이다. 만족에는 긍정적 정서와 자의식이 없다. 만족은 자기 자신의 강점과 미덕을 발휘할 때 얻는 것이기 때문에 개인이 자신의 대표 강점을 알 수 있다면 만족을 얻는 데 큰 도움이 될 수 있다.

4) 강점과 미덕

강점은 도덕적 특성을 가지며 계발이 가능하다. 또 강점은 개인의 자율 의지에 따라 결정된다. 강점은 언제 발휘하고 어떻게 지속적으로 계발하느냐를 선택할 수 있고 처음으로 습득할 시기도 선택할 수 있다. 그렇기 때문에 결단을 내리고 꾸준히 노력한다면 평범한 사람들도 강점을 습득할 수 있다. 강점을 계발하고 일상생활에서 활용하는 것은 개인의 선택의 문제이다. Seligman에 따르면, 강점의 계발이란 학습과 훈련을 통해 조건화하는 것이 아니라 발견과 창조를 통해 자기화하는 것이다.

Dahlsgaard와 Katherine의 주도 아래 여러 연구자들은 Aristoteles, Platon, Aquinas, Augustinus와 같은 철학자들의 저서와 구약성서, 탈무드, 불경, 코란과 같은 경전, 공자, 노자, Benjamin Franklin의 저서, 일본의 사무라이 무사도, 고대 인도의 철학서인 우파니샤드 등을 두루 검토하고 총 200여 가지의 미덕 목록을 작성하였다. 그리고 3000년 넘게 역사를 이어온 이 오래된 전통들을 통해 여섯 가지 미덕을 추출하였다.

첫째, 지혜와 지식

둘째, 용기

셋째, 사랑과 인간애

넷째, 정의감

다섯째, 절제력

여섯째, 영성과 초월성

긍정적인 특성이 성격 강점으로 포함되기 위해서는 다음의 10가지 준거를 대부분 충족해야 한다. 이러한 준거들은 성격 강점이 되기 위한 필요조건도 충분조건도 아니며 오히려 동종유사성을 나타내는 관련된 특성들이라고 할 수 있다(Peterson & Seligman, 2009).

준거 1. 강점은 자신과 타인을 위해 행복한 삶을 구성하는 다양한 실현에 기여한다. 강점과 덕목이 역경에 대처하는 개인의 방식을 결정한다 할지라도 여기에서 초점은 그것들이 어떻게 개인을 실현시키는가에 있다.

준거 2. 강점이 바람직한 결과를 가져올 수 있지만 개개의 강점은 그 자체로써 도덕적으로 가치를 갖는다. 이는 유익한 결과가 명백하게 나타나지 않을 때에도 그러하다.

준거 3. 한 개인이 강점을 보인다고 해서 주변에 있는 다른 사람의 강점이 감소하지 않는다.

준거 4. 추정된 강점의 반의어를 적절한 방식으로 표현할 수 있다면 그것을 성격 강점으로 생각할 수 있다.

준거 5. 강점은 개인의 행동(사고, 감정 및 행위)의 범위에서 측정 가능한 방식으로 나타나야 한다. 이는 상황에 따른 일반성과 시간의 경과에 따른 안정성의 정도를 갖는다는 점에서 기질과 유사하다.

준거 6. 강점은 다른 긍정적 특질과 구분되며 이러한 특질들로 분해될 수 없다.

준거 7. 성격 강점은 합의된 본보기로 구체화된다.

준거 8. 이러한 특성이 모든 강점에 적용될 수는 없으나 적당한 추가적 준거는 각 강점을 발휘한 신동이 존재한다는 것이다.

준거 9. 이와 반대로 성격 강점의 또 다른 준거는 특정 강점이 전혀 없거나 혹은 선택적으로 결여된 사람들이 존재한다는 것이다.

준거 10. Erickson(1963)의 심리사회적 발달단계에서 성공적인 해결에 기인한 덕목에 대한 논의에서 제안된 바와 같이 보다 큰 사회는 강점과 덕목을 계발하고 훈련을 지속할 수 있는 기관 및 관련된 의식을 제공한다.

Peterson과 Seligaman은 6가지 덕목에 근거한 24가지 강점을 어떻게 분류하였는지 그 상세한 내용에 대해 지나치게 관심을 가질 필요는 없다고 하였다. 제시된 24가지 강점은 완성된 것이 아니며 성격 강점에 관한 이론과 연구가 발전함에 따라 수년 내에 변화될 수 있을 것이라고 보았다. 이들은 성격의 특정 강점과 일반적 안녕감을 증진시키는 것을 목표로 한 교육적 개입인 긍정심리학의 적용이 경험적으로 유용한 자료를 제공할 것이라고 믿었으나 그렇다 하더라도 너무 앞서 나가서는 안 될 것이라고 강조하였다. 다음 〈표 6.2〉는 Peterson과 Seligman이 제시한 성격 강점의 분류에 대한 내용을 정리한 것이다.

이러한 강점들 중에 자신의 대표 강점을 어떻게 확인할 수 있을까? 다음은 Seligman(2007)이 제시한 자신의 대표 강점을 확인할 수 있는 조건들이다. 이 조건에 맞는 한두 개의 강점을 찾는다면 바로 그것이 자신의 대표 강점이 된다.

● 진짜 나다운 것이라는 자신감이 생긴다.
● 발휘하는 순간 흥분의 도가니에 휩싸인다.

표 6.2	성격 강점의 분류

지혜와 지식(wisdom & knowledge) : 지식의 획득과 사용을 포함하는 인지적 강점

창의성(creativity)	사물을 개념화하기 위해 새롭고 생산적인 방식으로 사고하는 것; 예술적 성취를 포함하나 그것에만 국한되는 것은 아님
호기심(curiosity)	그 자체가 목적이 되어 진행 중인 경험에 관심을 갖는 것; 대상이나 주제에서 흥미진진한 것을 발견하는 것; 탐색하고 발견하는 것
개방성(open-mindedness)	모든 면을 검증하고 이를 통해 사고하는 것; 결론으로 비약하지 않기; 증거에 비추어 생각을 변화시킬 줄 아는 것; 모든 증거에 공평하게 가중을 둠
학구열(love of learning)	새로운 기술, 주제, 지식을 숙달; 분명히 호기심의 강점과 관련되나 이를 넘어 자신이 아는 것을 체계적으로 더해가는 경향성
통찰(perspective)	타인에게 지혜로운 조언을 제공할 수 있음; 자신과 타인이 충분히 납득할 수 있는 세상을 보는 방식을 갖는 것

용기(courage) : 내적·외적 반대에 직면하여 목표를 성취하기 위한 의지의 사용을 포함하는 정서적 강점

용감함(bravery)	위협, 도전, 어려움, 고통으로부터 물러서지 않기; 반대가 있을 때에도 옳은 것에 대해 말하는 것; 평판이 나쁠 때에도 확신을 갖고 행동하기; 신체적 용기를 포함하나 이것에 국한하지 않기
인내(persistence)	시작한 것을 끝내기; 방해에도 불구하고 하던 행동을 계속 하는 것; 과제를 완수하는 것에 즐거움을 갖는 것
진실성(integrity)	진실을 말하나 보다 용감하게 진실한 방식으로 자신을 나타내고 행동하는 것; 가식이 없는 것; 개인의 감정과 행동에 책임지기
활력(vitality)	삶에 흥분과 에너지를 가지고 다가서는 것; 일을 대충하거나 성의 없게 하지 않는 것; 모험처럼 인생을 사는 것; 생동적이고 활동적으로 느끼기

인간애(humanity) : 타인을 돌보고 친구가 되어 주는 것을 포함하는 대인 간 강점

사랑(love)	상호호혜적인 사람들, 즉 타인과의 친밀한 관계에 가치 두기; 사람들과 긴밀한 관계를 유지하기
친절(kindness)	타인에게 호의를 베풀고 선을 행하는 것; 그들을 돕는 것; 그들을 돌보는 것
사회지능 (social intelligence)	상대방과 자신에 대한 동기와 강점을 인식하는 것; 다양한 사회적 상황에서 가장 적합한 행동이 무엇인지 아는 것; 무엇이 상대방을 힘들게 하는지 아는 것

정의(justice) : 건강한 공동체 생활을 이루는 시민정신과 관련된 강점

시민의식 (citizenship)	집단이나 팀의 구성원으로서 제 역할 다하기; 집단에 충실하기; 주어진 본분 다하기
공정성(fairness)	공명정대함에 따라 모든 사람을 공평하게 다루는 것; 타인에 대해 개인적 감정편견에 따른 결정을 하지 않는 것; 모든 사람에게 공정한 기회를 주는 것

표 6.2	성격 강점의 분류(계속)
리더십(leadership)	집단 내에서 좋은 관계를 유지하면서 일이 잘 될 수 있도록 구성원들을 격려하는 것; 집단 활동을 조직하고 관리하는 것

절제(temperance) : 무절제를 막는 강점

용서와 자비 (forgive & mercy)	잘못을 저지른 사람을 용서하기; 타인의 단점을 수용하기; 사람들에게 기회를 다시 주기; 앙심을 품지 않기
겸손/겸양 (humility/modesty)	개인의 성취 그 자체에 가치를 두기; 주목 받으려 하지 않기; 자신이 타인보다 특별하다고 생각하지 않기
신중성(prudence)	자신의 선택에 신중하기; 과도한 위험을 무릅쓰지 않기; 나중에 후회할 말이나 행동을 하지 않기
자기조절(self-regulation)	자신의 감정과 행동을 조절하기; 절제 있는 행동 하기; 자신의 욕구와 정서 통제하기

초월성(transcendence) : 보다 큰 우주와 점진적으로 연결되며 의미를 부여하는 강점

심미안(appreciation of beauty and excellence)	자연으로부터 예술, 음악, 과학, 일상적 경험에 이르기까지 삶의 다양한 영역에서의 미, 탁월함, 숙련된 수행을 주목하고 감상하기
감사(gratitude)	일어난 좋은 일들을 깨닫고 이에 감사하기; 감사를 표현할 시간 갖기
희망(hope)	미래에 최고를 기대하고 이를 성취하기 위해 노력하기; 좋은 미래가 올 수 있을 것이라고 믿기
유머(humor)	웃는 것을 좋아하기; 타인을 미소 짓게 하기; 밝은 면을 보기; 상황을 유쾌하게 만들기; 악의 없는 장난스러움
영성(spirituality)	우주의 존재의 미와 더 높은 목적에 대한 확고한 신념 갖기; 더 큰 그림 안에서 자신의 위치 인식하기; 올바르게 처신하게 하고 편안함을 느끼게 하는 삶의 의미에 대한 신념 갖기

출처 : Peterson & Seligman(2009), Character strengths and virtues: A handbook and classfication, pp. 62~63 수정.

- 처음 습득한 이후부터 급속하게 발전한다.
- 꾸준히 계발하기 위한 새로운 방법을 계속 익히고 싶다.
- 그 강점을 활용할 수 있는 방법을 이리저리 궁리한다.
- 그 강점을 활용할 때 자신을 제어하기 힘들다.
- 그 강점을 발휘하는 동안 피곤하기는커녕 의욕이 솟는다.

　내가 가진 강점을 더욱 발전시키고 부족한 부분의 강점들을 키우고 싶다면 어떻게 해야 하는 걸까? Seligman(2014)은 다음과 같이 각각의 강점을 키울 수 있는 방법들을 제시하고 있다. 여기에 제시된 강점들은 앞에서 살펴본 Peterson과 Seligman이 제시한 강점구분과는 다소 상이한 부분이 있어서 Peterson과 Seligman이 제시한 강점구분에 맞게 다시 정리하였다. Peterson과 Seligman은 강점들 중 개방성을 제시하였고, 개방성의 하위개념에 판단력과 비판적 사고를 포함시켰다. 그러나 Seligman은 개방성 대신에 판단력으로 이 강점을 설명하였고 그 세부 내용은 주로 비판적 사고에 초점을 맞추고 있다.

아래에 제시된 각각의 강점을 키우는 방법들은 개인에 따라서는 다소 동의하기 어려운 부분도 있을 것이다. 하지만 이 중에는 마음만 먹으면 쉽게 실천할 수 있는 것들도 많다. 따라서 자신이 계발하고 싶은 강점이 있다면 제시된 방법을 검토하고 이를 실천해 볼 수 있다.

표 6.3 강점을 키우는 방법

구분	강점	강점을 키우는 방법
1	창의성	• 도예, 사진, 조각, 그리기, 채색하기 수업에 참여한다. • 운동용 자전거를 옷을 담는 선반으로 사용하는 것처럼 집에 있는 물건을 정해서 그것을 전형적인 쓰임이 아니라 다른 용도로 사용하는 방법을 찾아낸다. • 내가 쓴 글이나 시를 담은 카드를 친구에게 보내거나 인터넷에 올린다.
2	호기심	• 내가 모르는 주제에 대한 강의를 듣는다. • 익숙하지 않은 음식을 하는 식당을 방문한다. • 우리 동네에 새로운 곳을 발견하고, 그곳의 역사에 대해 배운다.
3	판단력 (개방성)	• 내가 강력한 의견을 가지고 있는 사안에 대해 그와 반대되는 입장을 펼쳐본다. • 다문화 행사에 참석해서 그 행사가 열리는 동안 그리고 행사가 끝난 후에 그 행사에 대한 나의 관점을 비판적으로 평가해 본다. • 매일 나의 독선적인 의견이 무엇이며, 어떤 점에서 잘못되었는지 생각한다.
4	학구열	• 학생이라면 필독서가 아니라 권장도서까지 읽는다. • 새로운 어휘를 매일 배우고 사용한다. • 비소설류의 책을 읽거나 강의를 듣는다.
5	통찰	• 내가 아는 가장 현명한 사람에 대해 생각하고 그 사람처럼 하루를 살아본다. • 누군가 요청했을 때에만 조언을 주거나, 할 수 있는 한 심사숙고하여 행동한다. • 친구들, 가족구성원, 동료들 간에 논쟁을 해결한다.
6	용감함	• 집단에서 대중적으로 호응을 받지 못하는 아이디어도 당당하게 말한다. • 명백히 부당한 행위를 하는 권력 집단을 목격할 경우, 반드시 이의를 제기한다. • 평소 두려움 때문에 잘하지 못했던 일을 한다.

표 6.3	강점을 키우는 방법(계속)	
구분	강점	강점을 키우는 방법
7	인내	• 해야 할 일의 목록을 만들고, 매일 목록에 있는 일 한 가지씩을 한다. • 일정에 앞서 중요한 일을 마친다. • 텔레비전, 휴대폰 전화, 간식, 이메일 체크 같은 것에 마음이 흐트러지지 않고 몇 시간 동안 일에 집중한다.
8	진실성	• 마음에서 우러나오지 않는 칭찬을 포함해 친구들에게 선의의 거짓말조차도 하지 않는다. • 내가 가장 가치 있게 생각하는 것이 무엇인지 생각하고, 그것과 관련된 일을 매일 한다. • 내가 어떤 일을 하고자 하는 동기를 다른 사람에게 말할 때, 진실하고 정직하게 설명한다.
9	활력	• 적어도 일주일 동안 매일 알람을 맞출 필요가 없을 만큼 일찍 잠을 자고, 일어나서 영양이 풍부한 아침식사를 한다. • "왜 해야 하는데?"라고 말하기보다 "해보는 게 어때?"라고 말하는 것을 세 배만큼 늘인다. • 매일 나에게 필요한 일보다는 하고 싶은 일을 한다.
10	사랑	• 부끄러워하지 않고 칭찬을 수용하며 고맙다고 말한다. • 사랑하는 사람에게 짧은 편지를 쓰고 그날 그 사람이 쉽게 발견할 수 있는 곳에 둔다. • 가장 친한 친구가 정말로 좋아하는 무언가를 함께 해 준다.
11	친절	• 나에게 있는 것들을 다른 사람들에게 빌려 줘라. • 내가 알고 있는 사람들을 위해 일주일에 세 번 무엇이든 세 가지 친절한 행동을 하라(친구들이나 이웃들에게 작은 호의를 베풀기, 슬픈 일을 겪고 있거나 또는 아픈 친구에게 전화 걸기, 시험 때문에 바쁜 친구를 위해 대신 시장 봐주기, 아기 돌봐주기 등). • 운전 중 보행자에게 양보하고, 보행할 때는 운전자에게 양보한다.
12	사회지능	• 친구나 가족이 어려운 일을 한다는 것을 알아 주고 그들에게 격려의 말을 한다. • 누군가 나를 귀찮게 하더라도 보복하기보다 그들의 동기를 이해한다. • 분위기가 불편한 사람들의 모임에 일부러 참석해서 관찰자의 입장이 되어 보라. 그리고 아무것도 판단하려 하지 말고 단지 내가 관찰한 것만을 묘사해 보라.
13	시민의식	• 내가 할 수 있는 가장 멋진 팀 구성원이 되어 준다. • 친구 또는 이웃을 위해 맛있는 식사를 준비한다. • 이사 가는 이웃에게 작별을 고하기 위해 또는 새로 이사 온 이웃을 환영하기 위해 사람들이 함께 하는 자리를 만든다.
14	공정성	• 적어도 하루에 한 번 정도는 내 실수를 인정하고 그에 대한 책임을 진다. • 적어도 하루에 한 번은 내가 썩 좋아하지 않는 사람에게도 지극히 마땅한 신임을 보여 준다. • 사람들의 이야기를 방해하지 않고 잘 듣는다.
15	리더십	• 친구들을 위해 사교 모임을 만든다. • 직장에서 즐겁지 않은 일을 도맡아 하고 그것을 완수한다. • 처음 만난 사람이 편안하게 느끼도록 행동한다.

표 6.3	강점을 키우는 방법(계속)	
구분	강점	강점을 키우는 방법
16	용서와 자비	• 내가 다른 사람에게 용서받은 것을 기억하고 그 선물을 다른 사람들에게도 베푼다. • 원망을 품고 있는 사람들의 명단을 작성해 본다. 그 사람들을 만나서 그 문제에 대한 이야기를 나누어 보든지 아니면 '나는 용서했다'고 마음 먹을 수 있는지 생각해 본다. • 용서의 편지를 쓰되, 그것을 보내지 말고 일주일 동안 매일 잊지 않고 읽는다.
17	겸손/겸양	• 하루 종일 나에 대한 이야기를 전혀 하지 않는다. • 너무 눈에 띄는 옷을 입지 않는다. • 나보다 친구들이 더 뛰어난 점이 무엇인지 생각하고 그 점에 대해 칭찬한다.
18	신중성	• "부탁합니다" 또는 "고맙습니다"라는 말 이외에 다른 것들을 말하기 전에 두 번 생각한다. • 운전할 때 속도 제한에서 시속 5마일을 낮추고 운전한다. • 간식을 먹기 전에 '이것은 살이 찌더라고 꼭 먹어야 되는가?'라고 자문한다.
19	자기조절	• 운동 프로그램을 시작하여 일주일 동안 매일 꾸준히 실천한다. • 타인에 대한 뒷담화나 비열한 이야기를 하지 않는다. • 이성을 잃으려고 할 때, 열을 세고 그것이 정말 필요한지 반추한다.
20	심미안	• 자연 경치나 사랑하는 사람들을 사진에 담고 그것을 컴퓨터 바탕화면으로 저장한다. • 매일 내가 보았던 가장 아름다운 것에 대해 일기를 쓴다. • 적어도 하루에 한 번은 멈춰 서서 일출이나 꽃, 새의 노래 소리와 같이 자연의 아름다움을 느낀다.
21	감사	• 하루 동안 내가 얼마나 "감사합니다"라고 말하는지 세어 보고, 일주일 동안 그 횟수를 늘려 간다. • 매일 하루를 마감하고, 잘 되었던 일 세 가지를 쓰고 왜 잘 되었는지 이유를 쓴다. • 한 달에 한 번씩 감사의 편지를 써서 감사 방문을 한다.
22	희망	• 과거에 실망했던 것에 대해 생각하고 그것을 가능하게 하는 기회를 찾는다. • 다음 주, 다음 달, 내년의 목표를 쓰고 이 목표를 성취할 수 있는 구체적인 계획을 세운다. • 나의 비관적인 생각을 반박한다.
23	유머	• 친구들에게 재미있는 이메일을 보낸다. • 일주일에 세 번씩 새로운 조크를 배우고 그것을 친구들에게 이야기한다. • 시트콤, 웃기는 쇼/웃기는 영화를 보거나 유머책을 매일 읽는다.
24	영성	• 내 삶의 목표에 대해서 매일 생각한다. • 매일 하루 일과를 시작할 때 기도하거나 명상한다. • 친숙하지 않은 종교 의식에 참가한다.

출처 : Seligman(2014), Authentic happiness, pp. 278~281 수정.

5) 직업만족

연구자들은 개인의 직업 정체성을 생업, 전문직, 천직으로 구분한다. 생업은 살아가는 데 필요한 돈을 벌기 위한 직업이다. 생업은 삶에서 가족 부양이나 경제적인 문제를 해결하기 위한 수단일 뿐이다. 따라서 급여를 받지 못하면 일을 그만두게 된다. 전문직은 직업에 따라 개인적인 투자를 많이 해야 한다. 이것은 돈이나 출세가 중요한 요소가 된다. 즉 직업이 개인의 성공과 출세의 수단이 되는 것을 의미한다. 그렇기 때문에 최고의 자리에 올랐다고 생각되면 개인은 상실감과 소외감을 느끼게 된다. 천직은 생업이나 전문직과는 상이하게 일 자체에 열정을 쏟을 수 있는 직업이다. 자신의 직업을 천직으로 생각하는 사람은 더 많은 사람의 행복과 더 중요한 것을 추구하기 때문에 소명을 생각한다. 천직은 부와 명예를 얻지 않더라도 그 일을 하는 것만으로도 충분히 행복감을 느끼게 된다. 또 천직은 개인의 자아실현을 돕는다. 그렇기 때문에 물질적 보상이나 명예가 보장되지 않아도 그 일을 지속하게 된다.

전통적인 의미의 천직은 전문성이 뛰어나고 사회적으로 인정받는 일에 속하는 것이었다. 그러나 반드시 이러한 직업만이 천직은 아니다. 어떤 직업이든 천직이 될 수 있으며 아무리 전문직이라도 생업에 지나지 않는 경우가 있을 수 있다. 자신이 하는 일을 생업으로 여기며 소득에만 관심을 기울이는 변호사의 직업은 천직이 아니며 청소를 하는 청소부일지라도 자신은 세상을 깨끗하고 위생적인 곳으로 만드는 데 기여하는 사람이라고 자부한다면 그의 직업은 천직이다.

여기에서 중요한 것은 자신의 대표 강점을 발휘할 수 있는 직업이어야 비로소 천직이 될 수 있다는 것이다. 반대로 취미로 하는 노래 부르기, 춤추기나 사진 촬영 등과 같은 열정적인 일은 자신의 대표 강점을 발휘한다 하더라도 천직으로 볼 수 없다. 천직이란 열정 이외에 더 많은 사람들의 행복에 기여하는 것이어야 하기 때문이다. 미래에 경제가 고도로 발전된 사회에서는 급여 수준보다는 몰입을 경험하는 정도가 직업을 선택하는 기준이 될 것이다. 개인이 더 많이 몰입할 수 있는 직업과 자기개발 방법을 선택하는 데는 특별한 방법이 필요한 것은 아니다. 몰입은 자신의 능력과 과제수준이 조화롭게 작용할 때 발생하기 때문이다.

직업은 자아실현을 위한 주요한 무대이다. 직업은 개인이 자신의 잠재능력을 발휘하여 포부와 야망을 성취하고 사회와 국가를 위해 기여할 수 있는 가장 중요한 인생의 장이라고 할 수 있다. 개인은 자신의 특성에 잘 부합하는 직업을 선택하고, 그러한 직업활동에 몰입하며, 자신의 잠재역량을 충분히 발휘하는 것이 중요하다. 아울러 직업활동에서 즐거움과 의미를 느낌으로써 직업만족도를 높이는 것이 행복의 중요한 요건이라고 할 수 있다(권석만, 2014).

6) 긍정심리학과 코칭

코칭은 긍정심리학과 상당히 밀접한 관련이 있다. 긍정심리학 코칭으로 얻을 수 있는 이익은 다음과 같이 설명할 수 있다. 첫째, 피코치는 긍정적인 코칭 주제를 더욱 선호하게 된다. 둘째, 코치 자신의 탈진을 막아 줄 수 있다. 셋째, 코치와 피코치 모두 강점 활용을 통해 심리적인 고양을 경험할 수 있다. 긍정심리학 코칭은 근본적으로 사고의 패러다임 전환과 관계가 있다. 이것은 코치의 변화를 의미할 수도 있지만, 그보다는 피코치의 사고방식에 변화를 가져온다는 것을 의미하는 것이다. 아주 행복하고 낙천적인 피코치도 때로는 직업적, 사회적, 정서적 문제에 부딪칠 수 있기 때문이다(Diener, 2011). 피코치의 문제해결에 대한 확신을 토대로 코치가 피코치의 사고 확장을 도울 수 있을 때 피코치의 사고방식이 긍정적으로 전환될 수 있다.

05 몰입

Csikszentmihalyi(1990)는 몰입(flow)이라는 개념을 정립하였고 이러한 상태를 무아도취(enjoyment)라고 하였다. 무아도취는 자신이 좋아하는 것에 정신이 집중되어 자신을 잊어버리는 상태를 의미한다. Csikszentmihalyi에 따르면, 박빙의 테니스 경기를 할 때, 새로운 관점을 제시해 주는 독서를 할 때, 새로운 아이디어에 대해서 대화를 나눌 때도 무아도취를 경험한다. 경쟁이 치열한 비즈니스 협상을 성사시킬 때나 어려운 일을 잘 마무리할 때도 무아도취를 경험한다. 이런 경험은 그 순간에 느끼는 감정이 쾌락과는 거리가 멀지만 나중에 그 일을 회상해 보면, 참 재미있는 일이었고 또 다시 그런 경험을 하고 싶다는 생각을 갖게 한다.

Csikszentmihalyi(1975)는 이러한 긍정적 경험을 자기목적적 경험(autotelic experience)이라고 하였으나 이후에 몰입으로 변경하였다. 사실 몰입에서 가장 중요한 점은 몰입이 정서와 의식이 전혀 없는 상태라는 것이다. 몰입이란 의식적인 사고나 아무런 감정이 없이 현재에 대해 갖는 긍정적 정서이다. 무엇인가에 전념하는 것, 무의식 상태, 시간 가는 줄 모르는 상태는 개인의 심리적 성장을 나타내는 것임과 동시에 미래의 심리적 자산이 쌓여가는 것을 확인할 수 있는 진화의 방식이기도 하다. 우리가 일하는 동안 행복하려면 몰입해야 하고, 이는 일하는 동안 그 일에 완전히 빠져드는 것을 의미하는 것이다. 몰입은 일하는 내내 유지될 수는 없다. 몰입은 가장 최적의 상태일 때 몇 분간 두세 번 정도 발생한다. 여기서 말하는 최적의 상태란 해야 할 일과 할 수 있는 개인의 능력이 균형을 이룰 때를 의미한다

이러한 몰입에는 여러 가지 유형과 수준이 존재한다. 장시간의 강렬한 몰입에서부터 단기간의 불완전한 몰입에 이르기까지 다양하다. Csikszentmihalyi는 일시적으로 자주 경험하는 단순한 몰입경험을 '가벼운 몰입(microflow)'이라고 하였다. 이러한 가벼운 몰입경험으로부터 강렬한 몰입으로 발전될 수 있다. Gallwey(1974)는 테니스 게임에 몰입하게 되는 네 가지 단계를 통해서 몰입의 진전과정을 설명하였다. 첫 단계는 주의를 기울이는 단계로 새롭게 시작한 활동에 관심을 갖게 되고 참여하게 된다. 둘째는 흥미를 느끼는 단계로 그러한 활동에서 즐거움을 느끼게 되며 지속적인 주의를 기울이게 된다. 이 단계에서 가벼운 몰입을 경험하게 되며 즐거움과 주의 집중이 증가하게 된다. 셋째는 주의가 완전히 집중되는 단계이다. 이 단계에서는 지속하는 활동에 몰두하게 되며 주변 상황에 대한 인식이 약화되고 시간과 공간에 대한 지각이 변형된다. 마지막은 자아와 활동의 융합이 일어나는 단계로 진정한 몰입의 상태를 의미한다. 이 단계에서는 활동에 흠뻑 빠져 자아의식이 사라지는 무아도취의 상태에 이르게 되는 것이다(권석만, 2014).

1) 최적 경험

우리의 의식에 매우 부정적인 영향을 주는 것이 바로 심리적 무질서이다. 정보가 우리의 의식을 방해할 때마다 우리는 심리적 엔트로피(entropy)라고 불리는 내적 무질서 상태, 즉 자아 기능의 효율성이 손상되는 상태를 경험하게 된다. 이런 상태가 지속되면 우리의 자아는 주의를 집중해서 목표를 수행하는 능력을 상실하게 된다. 심리적 엔트로피의 반대 상태는 최적 경험이다. 최적 경험(optimal experience)이란 의식이 질서 있게 구성되고 자아를 방어하는 외적 위협이 없기 때문에 우리의 주의가 목표만을 위해서 자유롭게 사용되는 순간을 의미하는 것이다. 이러한 상태가 바로 몰입경험이다(Csikszentmihalyi, 2013).

몰입이라는 이름을 붙인 것은 많은 사람들이 최적 경험을 묘사할 때, '마치 하늘을 자유롭게 날아가는 느낌' 또는 '물 흐르는 것처럼 편안한 느낌'이라고 하였기 때문이다. 몰입은 심리적 엔트로피의 정반대 개념인데, 이런 까닭으로 엔트로피의 반대라는 의미의 네겐트로피(negentropy)

라고 불리기도 한다. 몰입을 경험하는 사람은 그의 심리적 에너지가 그 자신이 선택한 목표의 성공적 수행을 위해서 대부분 사용되기 때문에 더 강하고 자신에 찬 자아를 형성하게 된다 (Csikszentmihalyi, 2013).

개인이 자신의 삶의 질을 향상시키고자 한다면 가능한 자주 몰입경험을 할 수 있도록 의식을 조절하면 된다. 몰입을 경험하고 나면 개인은 이전과 다르게 더 복합적인 자아로 성장하게 된다. 인간은 복합적인 자아가 될 때 성장이 가능하다. 여기서 복합성은 두 가지 심리적 과정을 포함한다. 하나는 분화(differentiation)이고 다른 하나는 통합(integration)이다. 분화는 자신을 타인으로부터 분리하려는 성향으로, 자신이 유일하며 고유한 존재라는 생각을 가지고 움직여 나가는 것을 의미한다. 통합은 그 반대의 경우로 타인이나 다른 아이디어들과 화합하려는 성향을 의미한다. 복합적 자아란 이렇게 두 가지 성향을 조화롭게 결합시킨 자아를 말하는 것이다.

몰입은 이와 같은 복합적 자아가 될 수 있도록 도와주는데, 이는 깊게 몰입하는 상태가 개인의 의식의 질서를 잘 잡아 주기 때문이다. 이때 경험들은 서로 조화를 이루게 되고 개인의 사고, 의도, 감정과 다른 감각들이 모두 하나의 목적에 집중된다. 한 번의 깊은 몰입경험 이후에 개인은 내면의 자아 통합뿐만 아니라 이 세상과도 더욱 합치되는 느낌을 갖게 된다.

그렇기 때문에 최적 경험은 그 경험 자체가 목적이 되는 것이다. 처음에는 다른 목적으로 시도되었다고 할지라도 몰입한 활동은 그 자체만으로 내적 보상을 받게 된다. 자기목적적(autotelic)이라는 용어는 자기를 의미하는 오토(*auto*)와 목적을 의미하는 텔로스(*telos*)라는 두 개의 그리스어에서 유래한 것이다. 이 단어는 미래의 이익에 대한 기대 없이 단순히 그 자체를 수행하는 것이 보상이 되는 행동을 의미한다. 경험 자체가 자기목적을 가지고 있을 때 개인은 활동 자체를 위해 주의를 기울이지만, 자기목적을 가지고 있지 않을 때, 개인의 관심은 그 결과에 집중하게 된다. 그렇기 때문에 자기목적적 경험은 우리가 인생에서 일반적으로 경험하는 느낌과는 매우 상이한 것이다(Csikszentmihalyi, 2013).

개인의 몰입경험은 반드시 절대적으로 좋은 것만은 아니다. 몰입은 개인의 삶을 보다 의미 있게 열정적으로 임하게 하고, 삶의 질을 높일 수 있는 가능성이 있다는 점에서 좋은 것이다. 몰입을 통해 삶의 질을 향상시키기 위해서는 두 가지 상호 보완적인 전략이 필요하다. 첫 번째는 사냥, 가내 수공업, 수술 등과 같이 보다 잘 몰입할 수 있는 일이 될 수 있도록 일을 재설계하는 것이다. 두 번째는 개인들이 자기목적적 성격을 개발할 수 있어야 하는데, 이는 자신의 행동 기회를 파악하고 기술을 개발하고, 자신에게 적합한 목표를 설정하는 것을 통해 이룰 수 있다. 개인이 긍정적인 삶의 질을 향상시키기 위해서는 이 두 가지 상호보완적인 전략의 효율적인 실행을 통해 몰입경험을 증가시켜야 한다.

2) 몰입의 조건

Csikszentmihalyi(1997)는 개인이 가진 기술수준이 도전 정도와 관련될 때 몰입이 발생한다고 주장하였다. 몰입은 개인이 가진 능력과 그 능력을 발휘할 수 있는 기회 간의 균형의 문제이다. 도전과 과제가 능력에 비해 수준이 너무 높다면 개인은 걱정, 불안, 좌절을 경험한다. 반면 도전할 과제가 자신의 수준에 비해 너무 낮다면 개인은 이완되고 권태감을 느끼게 된다. 도전 수준과 자신의 기술 수준이 동시에 낮은 것으로 인식되면 개인은 그 일에 아예 관심을 갖지 않게 된다. 따라서 몰입은 높은 수준의 도전과제와 기술수준이 매치될 때 발생할 가능성이 높다.

Csikszentmihalyi는 도전 및 기술수준의 관계에서 몰입이 발생하는 것을 다음과 같이 [그림 6.3]으로 제시하였다.

이와 같이 개인의 목표가 분명하고 활동의 결과가 즉각적으로 나타나고, 도전과제와 기술수준이 균형을 이룰 경우 개인은 과제에 집중할 수 있게 된다. 이는 곧 정서와 의식이 없는 상태인 몰입을 의미하는 것이다.

그림 6.3　　**몰입과 도전 및 기술수준의 관계**

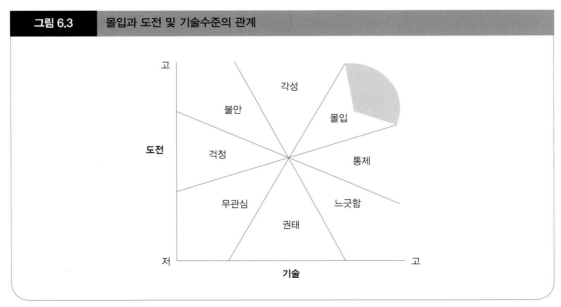

출처 : Csikszentmihalyi(1997). Finding flow. p. 31(Massimini & Carli, 1988; Csikszentmihalyi, 1990).

최적 경험과 그것을 가능하게 해 주는 심리적 조건은 전 세계적으로 동일하다. 즐거움은 다음 과 같은 여덟 가지 주요 구성요소를 가지고 있다. 사람들이 가장 긍정적인 경험을 할 때 어떤 것을 느꼈는지 반추해 보면 여덟 가지 요소 중에 적어도 한 가지 정도는 언급한다. 하지만 사람에 따라 여덟 가지를 모두 언급하는 경우도 있다.

첫째, 명확한 목표가 있을 때 그리고 자신이 얼마나 잘하고 있는가에 대한 분명한 피드백이 있 을 때 몰입이 발생한다.

둘째, 주어진 상황에서 행동을 위한 기회와 행동할 개인의 능력 간의 균형을 이룰 때 몰입이 발 생한다.

셋째, 행동과 자각의 효율적 결합은 몰입을 가져온다. 즉 정신이 하나로 집중될 때 몰입이 가능 하다.

넷째, 과업에 대해 집중할 때 몰입할 수 있다. 즉 과업에 대한 집중으로 인해 관련 없는 자극이 의식 속에서 사라지고 걱정과 근심이 일시적으로 정지될 때 몰입을 하게 된다.

다섯째, 몰입은 개인이 잠재적 통제력을 발휘하게 될 때 발생한다.

여섯째, 몰입은 자기의식의 상실, 자기경계의 초월, 성장 느낌 및 어떤 보다 큰 실체에 소속된 느낌을 갖게 될 때 발생한다.

일곱째, 몰입은 몇 시간이 몇 분처럼 느껴지는 것과 같이 시간이 빨리 지나간 것 같은 시간 감각 의 왜곡을 수반한다.

여덟째, 몰입은 자동목적적이 된다.

위에 열거한 조건들이 존재할 때, 개인은 자신이 하는 일에 자동목적적이 되거나 하는 일 그 자 체가 가치 있는 것이 된다(노안영·강영신, 2012).

Csikszentmihalyi(1997)는 일반적으로 몰입경험이 많아질수록 개인의 행복도가 높아지지만 항 상 그런 것은 아니라고 주장하였다. 개인의 행복에 있어서 중요한 것은 몰입하는 경험 그 자체보 다도 어떤 일을 통해 몰입경험을 하느냐가 더 중요하기 때문이다.

3) 자기목적성을 가진 사람들의 특징

Csikszentmihalyi(1990)는 몰입을 잘 하는 사람의 특성을 자기목적적 성격(autotelic personality)을 가진 사람이라고 하였다. 자기목적적 성격을 가진 사람은 매사 적극적이고 열정적으로 일할 뿐 아 니라 외적 보상보다는 내적 동기가 훨씬 강한 사람들이기 때문에 일 자체에서 오는 내적 만족을 중요하게 생각한다. 이들은 자율성과 독립심이 강한 편으로 타인의 간섭을 싫어한다. 이들은 또 눈에 보이는 성과에 집착하지 않고 타인의 시선과 평가에 크게 관심을 두지 않는다.

Csikszentmihalyi(1997)에 따르면, 자기목적적 성격을 가진 사람은 자신이 원하는 일을 하는 것 자체가 내적 보상이 되기 때문에 다른 물질적 보상과 같은 외적 보상이나 재미, 쾌감, 권력, 명예 같은 별도의 보상은 필요로 하지 않는다. 일이나 가정생활에서 또 일상적인 소소한 활동, 예를 들어 타인과 함께 하거나 심지어 아무것도 하지 않고 혼자 있을 때도 몰입을 경험하기 때문에 특별한 외적 보상이 필요 없다. 이들이 자율적이고 독립적인 이유는 외적 보상에 크게 흔들리지 않기 때문이다. 그렇다고 해서 이들이 자신을 둘러싼 외적 환경에 관심이 없는 것은 아니다. 이들은 자신을 둘러싼 모든 것에 관심을 가지고 관여한다.

자기목적적 성격을 가진 사람들이 자신을 둘러싼 모든 것에 관심을 갖는다고 했는데, 자기목적적 성격을 가진 사람들은 그렇지 않은 사람들보다 가족과 지내는 시간이 훨씬 더 많았다. 연구에 따르면, 이들은 가족과 함께 보내는 시간이 일주일에 평균 네 시간 정도 더 많았다. 이는 자기목적적 성격을 가진 사람들이 자신의 삶에 보다 집중한다는 것을 보여 주는 것이다.

또 자기목적적 성격을 가진 사람들에게서 공통적으로 발견할 수 있는 특징은 지칠 줄 모르는 에너지를 가지고 있다는 점이다. 자기목적적 성격을 가진 사람은 자신이라는 한계를 뛰어넘어 삶 자체를 즐길 수 있는 마음의 여유를 가진 사람이다. 이들은 또 창의력이 뛰어나서 보통 사람들과는 다른 특별한 아이디어를 낼 수 있는데, 이것은 자신의 에너지를 잘 활용할 수 있는 마음의 여유를 가지고 있기 때문이다.

이처럼 삶 그 자체를 즐기기 위해서는 마음의 여유가 필요한데, 이를 위해서는 시간이 필요하다. 하지만 그 시간만큼 중요한 것이 바로 자신의 마음을 다스리는 능력이다. 외부의 자극이나 도전이 나의 관심을 흐트러트리기 전에 먼저 자신이 관심을 집중하는 훈련을 해야 한다. 이렇게 될 때, 흥미도 자연스럽게 높아지고, 흥미와 관심 사이에 피드백 관계가 형성될 수 있다. 우리가 어떤 대상에 흥미를 가지게 되면, 관심도 더 커지고, 반대로 어떤 대상에 관심을 가지게 되면 자연스럽게 흥미도 높아지기 때문이다.

이처럼 자신의 관심을 다스리게 되면 이것은 결국 자신의 경험을 다스리게 되는 것이다. 이는 삶의 질과 직접적인 관련성을 갖는다. 외부의 정보는 우리가 그것에 대해 관심을 가질 때만 우리에게 효과적이다. 결국 우리가 기울이는 관심은 외부의 사건과 우리의 경험 사이에 필터 구실을 하게 되는 것이다. 따라서 자기목적적인 성격을 갖기 위해서 개인은 외부의 자극이나 도전에 관계

없이 자신의 관심에 집중하는 훈련을 해야 한다. 이는 결국 자신의 마음을 다스리는 능력을 키우는 것을 의미한다. 결국 Csikszentmihalyi가 말하는 자기목적적 성격을 가진 사람은 자신의 마음을 다스리는 능력을 가진 사람이다.

4) 자기목적적 자아를 개발할 수 있는 규칙

Csikszentmihalyi(1990)에 따르면, 사람들이 자기목적적 성격을 갖기 위해서는 특별한 노력이 필요하고, 이러한 개발 노력을 통해 자기목적적 자아를 완성할 수 있다고 보았다. 다음은 Csikszentmihalyi가 제시한 자기목적적 자아를 개발할 수 있는 규칙들이다.

(1) 목표 설정하기

자기목적적 성격을 가진 사람과 그렇지 못한 사람에게서 볼 수 있는 기본적인 차이점은 바로 목표에 관한 것이다. 자기목적적 성격을 가진 사람은 자신이 스스로 선택한 목표를 가지고 그것을 추구하기 위해 노력한다. 그 목표가 자신이 스스로 선택한 목표이기 때문에 더욱더 책임감을 가지고 충실하게 임하게 된다. 이 경우 그의 행동은 스스로 통제가 가능하게 되고, 신뢰할 수 있게 된다. 또 그 목표가 자신이 스스로 선택한 것이기 때문에 목표를 달성해 가는 과정에서 문제가 생길 경우 언제든지 그 목표를 수정할 수 있다. 그렇기 때문에 자기목적적 성격을 가진 사람은 융통성이 있고 충실한 행동을 하게 된다.

(2) 활동에 몰입하기

활동에 몰입하기 위해서는 도전 기회들과 자신이 보유하고 있는 기술 간의 균형을 잘 맞추는 방법을 터득해야 한다. 지나치게 높은 도전 기회를 선택한다거나 자신이 가진 능력을 불신하는 것은 몰입을 방해하게 된다. 앞에서 살펴본 바와 같이 몰입은 집중을 통해 크게 증가할 수 있다. 주의력 결핍 증세가 있거나 주의가 매우 산만한 사람들은 집중력이 크게 떨어지기 때문에 몰입경험을 하기 어렵다. 이들은 순간순간의 자극에 크게 영향을 받는다. 자신의 의지와 관계없이 주의 집중이 되지 않는다는 것은 통제력이 부족하다는 명백한 증거가 된다. 따라서 집중력을 향상시키기 위한 노력의 필요성을 인식해야 한다. 아울러 자신이 가진 기술과 이에 걸맞는 도전 기회를 가지게 될 때, 집중력 향상과 함께 몰입이 가능하게 된다는 것을 기억해야 한다.

(3) 주변 상황에 관심 갖기

앞서 살펴본 바와 같이 집중을 하면 몰입이 가능해지고, 이러한 몰입은 주의력이 계속적으로 투입되어야만 지속되는 것이다. 자기목적적 성격을 가진 사람은 심리 에너지를 자신이 소속된 사회구조 속에 투입함으로써 자신의 한계를 뛰어넘는 성장을 이룰 수 있다. 이와 같은 개인과 사회구조 간의 결합은 자아가 복합적인 성장을 이루게 하는 발판을 제공한다.

　모든 것을 자기중심적인 입장에서 생각하는 사람은 자아가 명확해 보일 수도 있다. 그러나 이러한 사람은 자신이 속한 사회를 위해 헌신하고 타인과의 상호작용을 위해서 주변 상황에 관심을 기울이는 사람에 비한다면 상당히 결핍된 자아를 가지고 있다고 볼 수 있다. 이 사회를 전적으로 자신의 입장에서 자신이 감당할 수 있는 범위 내에서 바라보는 것은 스스로에게 한계를 정해 두는 것과 같다.

　따라서 자기목적적인 자아를 개발하기 위해서는 자기중심적인 생각과 관점에서 벗어나 자신이 속한 사회에 기여하고 타인과의 상호작용은 물론 자신을 둘러싸고 있는 주변 상황에 관심을 기울이는 노력을 할 필요가 있다. 자신이 맡은 역할에만 제한적으로 집중하게 된다면 공허한 존재가 되어 삶을 제대로 즐길 수 없게 될 것이다.

(4) 지금 현재를 즐기는 방법 배우기

자기목적적 성격을 갖는다는 것은 자신을 둘러싸고 있는 주변 상황이 좋지 않을 때도 삶을 즐길 줄 안다는 것을 의미하는 것이다. 심리적 에너지를 통제할 수 있다는 것은 좋지 않은 일이 발생한다고 해도 그 일이 삶에서 즐거움을 주는 원천이 될 수 있다는 것을 의미하는 것이다. 잠시지만 더운 날 시원한 바람을 느끼는 것, 맑게 갠 하늘을 바라보는 것, 강아지와 뛰어 노는 아이들을 바라보는 것, 한 잔의 물을 마시는 것 등 이 모든 것들이 삶의 만족을 주는 경험이 될 수 있다. 이러한 통제력을 얻기 위해서는 마음의 결의와 훈련이 수반되어야 한다.

(5) 목표들의 전후 관계 파악하기

몰입을 일상화하기 위해서는 지금 현재의 의식상태를 통제하는 방법을 체득하는 것만으로는 부족하다. 일상의 삶이 의미를 갖도록 자신이 가진 목표들의 전후 관계를 파악할 필요가 있다. 목표들 간에 관련성 없이 이 목표에 몰입하고 저 목표에 몰입하게 된다면 미래에 자신의 인생을 정리하면서 삶을 돌아볼 때, 삶 전체에서 의미를 발견하기 어려울 것이다. 따라서 자신이 가진 목표들이 관련성을 가질 수 있도록 통합된 목표들을 설정하고 이를 추구하는 삶을 살아야 한다. 이렇게 될 경우 삶 전체가 하나의 큰 몰입 활동으로 이어질 수 있을 것이다.

5) 일과 몰입

Csikszentmihalyi(1997)는 개인들의 시간 활용에 대한 연구를 통해 일과 시간활용과의 관계를 살펴보았다. 다음에 제시된 〈표 6.4〉는 개인들이 잠자는 시간 이외에 활동하는 시간(대략적으로 16시간 내외)을 어떻게 활용하고 있는가에 대한 것을 보여 주는 것이다. 하루 동안 하는 일은 크게 세 부분으로 나눌 수 있는데, 그중에서 가장 중요하고 비중이 큰 일은 삶을 살아가는 데 필요한 에너지를 만들기 위한 활동이다. 이것은 경제활동을 의미한다. 경제활동을 통해 개인들은 삶을 유지하기 위해 필요한 금전을 얻는다. 아직 학교에 다니는 청소년이나 대학생에게는 학교에서 하는 공부가 성인들의 직업활동과 동일한 것으로 볼 수 있다. 학생들이 하는 공부는 졸업 후 직업으로 이어질 수 있기 때문이다.

〈표 6.4〉는 미국의 성인들과 10대들의 하루 일과를 조사한 결과이다. 성별, 연령, 사회적 지위와 개인성향에 따라 약간의 백분율 차이가 있을 수 있다. 표에 제시된 수치는 최소치와 최대치이

표 6.4	시간은 어디로 가는가?		
활동	**세부활동**	**백분율(%)**	**백분율 합계(%)**
생산활동	업무 또는 공부	20~45	24~60
	담소, 식사, 쓸데없는 생각	4~15	
유지활동	가사(요리, 설거지, 장보기)	8~22	20~42
	식사	3~5	
	몸치장(씻기, 옷 입기)	3~6	
	운전, 출퇴근	6~9	
여가활동	TV, 독서	9~13	20~43
	취미, 운동, 영화, 외식	4~13	
	담소, 교제	4~12	
	휴식, 빈둥거리기	3~5	

출처 : Csikszentmihalyi(1997). Finding flow. p. 9(Csikszentmihalyi & Graef, 1980; Kubey & Csikszentmihalyi, 1990; Larson & Richards, 1994).

며, 여기서 1%는 일주일에 한 시간을 의미한다.

우리 삶은 우리가 특정 직업에서 하는 일, 이미 쌓아 놓은 것들이 헛되지 않도록 하는 노력, 그리고 그 외에 남은 시간에 하는 활동들로 이루어진다. 따라서 삶이란 우리가 어떤 일을 선택하고 그 일을 어떤 방식으로 하는가에 따라 달라질 수 있다. 이 말은 행복해지기 위해서는 자신이 원하는 일을 해야 한다는 것을 의미하는 것이다. 그렇기 때문에 자신이 원하는 일을 할 수 있는 직업을 갖는 것 또 자신이 원하는 공부를 하는 것은 삶에서 매우 중요하다. 자신이 원하는 것이 무엇인지 명확하게 알 수 없거나 또 그 일에 충분히 집중하지 못한다면 삶에서 행복감을 느끼기 어렵다.

따라서 자신이 원하는 것을 확인하고 이를 이루기 위한 목표를 갖는 일 또한 중요하다. 비전이 없고 도전하지 않은 삶은 무의미하다고 볼 수 있다. 우리가 완성하고자 하는 자아의 모습을 결정 짓는 것이 바로 이러한 목표이다. 뚜렷한 목표를 설정하고 이에 자신이 가진 에너지를 투입할 때 긍정적인 삶의 경험이 만들어지는 것이다. 자신이 가진 능력보다 낮은 목표를 설정하는 것은 자신의 능력을 개발할 수 있는 기회를 포기하는 것이다. 또 자신이 가진 능력보다 지나치게 높은 목표를 설정할 경우 좌절하게 된다.

몰입해 있는 동안에 우리는 행복감을 느끼지 못한다. 왜냐하면 몰입 상태는 정서나 감정을 느낄 수 없는 무아지경의 상태이기 때문이다. 다만 그 일이 마무리되어 몰입에서 해제될 때, 그래서 지난 일을 돌아볼 만한 여유를 가지게 될 때, 그 일이 얼마나 가치 있고 소중했는지를 실감하게 될 때 비로소 행복감을 느끼게 되는 것이다. 달리 표현하자면, 행복은 되돌아 보면서 느끼는 것이다. 물론 몰입하지 않고도 행복을 느끼는 경우도 있다. 늦은 저녁 잠자리에 들 때의 편안함과 따사로운 햇살은 행복을 느끼게 한다. 모두 소중한 감정임에는 분명하지만 이런 행복감은 잠시뿐이고 상황이 안 좋아지면 바로 사라지는 것들이다. 즉 외부 상황에 의존도가 높은 것들이다. 그러나 몰입에 이어 오는 행복감은 스스로의 힘으로 이룬 것에 대한 만족과 느낌이기 때문에 그 행복감이 지속됨은 물론 차후에도 여러 차례 반복해서 행복감을 느끼게 된다.

일과 몰입에 대해 우리가 잊지 말고 기억해야 할 것은 행복한 삶을 살기 위해서는 자신이 원하는 일과 공부를 선택하고 이에 몰입해야 한다는 것이다. 자신이 원하는 일을 선택했다면 타인이 강요한 일을 할 때 보다 그것에 몰입할 가능성은 높아진다. 그렇게 하기 위해서는 먼저 자신이 원하는 것이 무엇인지 파악할 필요가 있다.

06 자기결정이론

자기결정이론(self-determination theory; Deci, 1980; Deci & Ryan, 1991; Ryan& Deci, 2000)은 자기결정의 연속선상에서 외재적 동기와 내재적 동기를 설명하는 인지적 동기이론이다. 자기결정이란 개인이 어떻게 반응할 것인가를 스스로 결정하는 과정을 말한다. 자기결정이론에 따르면, 내재적 동기는 새롭고 도전적인 것을 추구하고, 자신의 능력을 확장시키며, 탐구하고 학습하고자 하는 선천적인 경향성이다. 그리고 개인이 스스로 선택하고 결정을 하게 되는 경우 내재적 동기는 증가한다(권대훈, 2013).

자기결정성이 높은 사람은 자신이 원하는 것이 무엇인지 잘 알고 결정을 내리며, 스스로를 가치 있게 여기고 목표달성을 위해 스스로 계획하고 행동한다. 결국 자기결정성이 높은 사람은 본인의 삶을 능동적으로 이끌어가게 된다(Hoffman & Field, 2013). 자기결정이론은 개인의 내재적 동기에 영향을 미치는 요소로 유능성 욕구, 자율성 욕구, 관계성 욕구를 제시하고 있다. 또 모든 인간들은 이러한 세 가지 요소들을 공통적으로 가지고 있다고 가정한다.

1) 자기결정성의 구성요소

다음은 인간의 내재적 동기에 영향을 미치는 자기결정성의 구성요소들이다.

(1) 유능성 욕구

유능성 욕구(competence need)는 개인이 자신의 삶 속에서 직면하게 되는 다양한 도전들에 대해 효과적으로 대처하는 행위에 관련된 욕구이다. 개인의 유능성은 자신이 문제를 해결할 수 있고, 설정한 목표를 달성할 수 있으며, 삶에서 요구되는 것들을 파악할 수 있고, 새롭게 수행하게 되는 도전들을 성공적으로 완수할 수 있다는 느낌이다. 권대훈(2013)은 이러한 유능성 욕구는 White(1959)의 숙달욕구(need for mastery), 자아효능감이나 성취동기와 본질적으로 같은 개념이라고 주장하였다.

인간이 어떤 행동을 하게 될 때, 그것이 시스템이나 조직의 문제이든 혹은 일대일 관계에서 야기된 문제이든 간에 자신이 원하는 결과가 나타날 것이라는 확신을 얻지 못하면 동기부여가 되지 못한다. 여기서 자신이 원하는 결과는 내면의 만족감일 수도 있고 외부의 보상일 수도 있다. 어쨌든 자신이 하는 행동이 내면의 만족감이든 외부의 보상이든 자신이 원하는 결과가 아닐 경우 개인은 자신의 행동에 동기를 얻지 못한다는 것이다.

이와 같은 행동-결과 연관관계가 동기부여 효과를 가져오려면 자신이 적합한 행동을 할 수 있다는 자신감을 가져야 한다. 자신감은 개인이 스스로 판단하기에 적당하다고 생각되는 도전이 있어야 느낄 수 있는 것으로 여기에서 가장 중요한 것은 바로 적당한 수준의 도전이다. 개인의 동기를 부여하는 보상은 목표한 행동을 해냈을 때 느끼는 만족감과 성취감이다. 자신의 능력에 대해 스스로 확신을 갖게 된다면 개인은 그 자체로 만족감을 느끼게 되고 이는 자신이 평생 해 나갈 일에 든든한 토대를 제공하게 된다. 이럴 경우 자신의 일에 많은 시간과 노력을 투자할수록 더 큰 만족을 얻을 수 있으며, 내면의 만족도 더 커진다는 것을 깨닫게 된다. 즉, 이는 개인이 어떻게 하면 자신이 원하는 목표를 이룰 수 있는지 알려 주는 행동-결과 연관관계를 이해하는 것을 의미한다.

유능성 욕구는 도전정신과 호기심이 동기를 유발하는 이유를 잘 설명해 준다. 이는 개인이 호기심을 충족하는 행위를 하거나 도전적인 과제를 성취하게 되면 유능감이 높아지기 때문이다. 개인의 유능성 지각에 가장 큰 영향을 미치는 요인은 능력이 향상되고 있다는 것을 알 수 있게 해 주는 긍정적인 피드백이다(권대훈, 2013). 유능성 욕구는 개인의 재능과 능력을 발휘함으로써 충족될 수 있다. 유능성 욕구가 충족되면 자신의 능력에 대해 확신을 갖게 되고, 자신이 성취한 것에 대해 자부심을 경험하게 된다(Baumgardner & Crothers, 2009).

(2) 자율성 욕구

자율성 욕구(autonomy or control need)는 개인이 스스로 자신의 마음을 움직이고 행동을 하게 하는 욕구를 의미한다. 이는 인간의 가장 기본적인 욕구이다. 자율성 욕구는 자신이 원하는 대로 어떠한 외부의 간섭도 없이 스스로 행동을 결정하려는 욕구로 내적 통제 요소와 유사한 개념이다.

자율적인 사람은 자신의 의지대로 행동을 선택하고 그렇게 선택한 것이기 때문에 흥미를 가지고 열정을 다해 그 행동에 임하게 된다. 이로써 개인이 얻을 수 있는 것은 바로 스스로 만족하는 힘인 내적 보상이다. 개인이 어떤 행동을 시작하고 관리하는 과정들이 자아에 통합될 때 개인의 행동은 진실되고 자율적이 될 수 있는 것이다.

넓은 의미로 본다면, 선택권을 준다는 것은 개인의 자율성을 뒷받침하는 가장 중요한 요소라고 할 수 있다. 선택의 핵심적인 의미는 개인의 자발성을 키워 주는 것이다. 스스로 선택할 수 있는 사람들은 자신이 하는 일에 전념하게 된다. 이때 자발성은 높아지고 소외감은 낮아진다. 또 자신에게 선택권을 준 사람이 자신을 온전한 인간으로 인정해 주고 있다는 것을 느끼게 된다. 그렇기 때문에 어떤 일을 어떻게 하라고 지시받는 사람보다 더 많은 일을 잘 해낼 수밖에 없는 것이다. 통제한다는 느낌을 주는 보상은 내면의 동기에 부정적인 영향을 미치게 된다. 금전적 보상이나 위협 외에도 마감기한 설정, 목표제시, 감시, 평가 등이 모두 내면의 동기를 훼손하는 것으로 드러났다(Deci & Flaste, 2011).

자율성 욕구는 자신의 활동을 타인으로부터 강요당하지 않고 자신이 스스로 선택할 수 있을 때 그리고 자아개념과 일치할 때 충족될 수 있다. 즉 개인이 자유롭게 선택할 수 있고 이것이 만족스러우며 그래서 자신의 관심과 재능을 발휘할 수 있는 일들을 하게 될 때 자율성 욕구가 충족될 수 있는 것이다.

(3) 관계성 욕구

개인은 타인과 감정적 유대를 맺고 서로 의지하며 도움을 주고 받으려는 성향을 가지고 태어난다. 바로 이러한 성향이 관계성 욕구(relatedness need)에 해당된다. 관계성 욕구는 타인과 긴밀한 감정적 유대를 형성하고 사랑과 존중의 관계를 유지하려는 욕구이다. 관계를 맺으려는 욕구로부터 의존성이 비롯된다. 의존성은 타인과의 긴밀한 유대관계, 더 나아가 사랑과 연결될 수 있다. 인간은 이렇듯 자율적이기를 원하면서도 동시에 의존적이기를 희망한다. 이러한 심리상태는 자연스러운 것이다.

관계성 욕구는 타인과의 긴밀하고 긍정적인 관계 맺음을 통해서 충족될 수 있다. 관계성 욕구는 개인이 타인에게 친밀감을 느낄 때, 또는 연인, 가족, 친구들과 뜻깊고 즐거운 시간을 보낼 때 충족될 수 있다. 개인간의 친밀감과 지지를 제공하는 사회적 상호작용은 관계성 욕구를 충족시키는 데 기여한다.

2) 자기결정성 인식에 영향을 주는 요인

Deci와 Ryan은 개인의 자기결정성 인식에 영향을 주는 요인으로 [그림 6.4]와 같이 선택, 위협과 마감시한, 감독과 평가, 외적 보상과 통제적인 표현을 제시하고 있다(허창범, 2012).

위의 내용을 통해 선택을 제외한 다른 요인들은 개인의 자기결정성을 감소시킨다는 것을 확인할 수 있다. 선택의 경우는 개인이 선택할 수 있는 정당한 한계 내에서 선택이 이루어졌을 때 자기

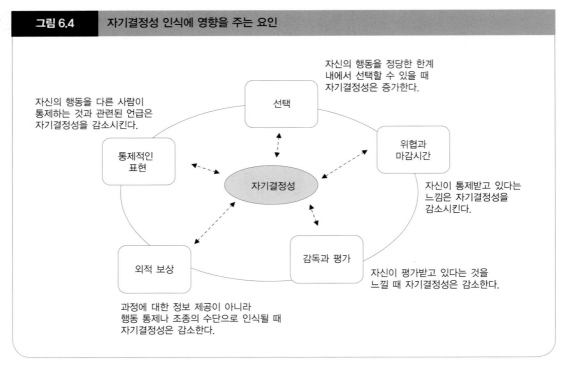

그림 6.4 자기결정성 인식에 영향을 주는 요인

출처 : 허창범(2012). 교육심리학. p. 201 수정.

결정성이 증가한다. 반면, 외적 보상의 경우는 개인이 그것을 통제나 조정의 수단으로 인식했을 경우에는 자기결정성이 감소하지만 단순히 과정에 대한 정보제공 차원이라면 개인의 자기결정성은 감소하지 않는다. 이 외에 위협과 마감시간, 감독과 평가, 통제적인 표현은 개인의 자기결정성을 감소시키는 요인들이다.

3) 학습에서 자기결정이론

자기결정이론을 학습자에게 적용한다는 것은 학습자들의 유능성 욕구, 자율성 욕구 그리고 관계성 욕구를 충족시킴으로써 학습자의 내재적 학습 동기를 유발한다는 것이다.

앞서 살펴본 바와 같이 학습자의 유능성은 긍정적 피드백을 통해서 충족될 수 있는데, 학습자의 유능성은 긍정적 피드백뿐만 아니라 도전적인 과제에 의해서도 충족될 수 있다. 학습자의 유능성은 현재 자신이 수행하고 있는 활동과 자신이 가진 능력 간의 관계에 대한 학습자의 지각에 의해 결정된다. 학습자는 자신의 능력에 비해 너무 쉬운 과제를 수행하게 될 경우 따분해하거나 흥미를 잃게 된다. 반면 과제가 너무 어려울 경우 쉽게 좌절하게 되거나 불안을 느끼게 된다. 따라서 학습자의 유능성 욕구를 충족시키고 학습자의 내재적 동기를 유발하기 위해서는 학습자들의 인지적 수준에 비해 약간 높은 도전 과제를 제시할 필요가 있다.

학습자의 자율성은 학습에 대한 선택권을 제공함으로써 신장시킬 수 있다. 즉 학습자에게 학습내용이나 과제의 종류 등을 직접 선택하게 함으로써 학습자의 자율성 욕구를 충족시킬 수 있다. 이 경우 교수자는 학습자에게 보다 많은 학습의 선택권을 제공할 수 있도록 학습내용을 재구조화할 필요가 있다. 학습자들에게 학습에 대한 선택권을 제공함으로써 학습에 임하는 학습자들의 책임감을 높일 수 있다.

학습자의 관계성 욕구는 교수자와 학습자 간의 긴밀한 관계형성을 통해 충족될 수 있다. 이는 교수자와 학습자 간의 관계뿐 아니라 학습자들에게 사회적 관계의 중요성을 일깨워 주는 것을 포함한다. 교수자의 권위나 일방적 통제가 아니라 학습자들을 배려하고 존중하는 관계형성이 요구되고 이를 통해 학습자들은 자신들이 가치 있는 존재로 인정받는다고 느끼게 된다. 학습자들의 관계성 욕구는 교사뿐만 아니라 동료 학습자들과의 유대관계를 통해서도 충족될 수 있다. 교사로부터 받는 인정뿐만 아니라 동료 학습자들로부터 받는 긍정적 지지나 수용적인 태도도 학습자의 관계성 욕구 충족에 도움이 된다. 이는 자연스럽게 학습자의 내재적 동기 유발로 이어질 수 있다.

자기결정성을 높이기 위한 방안을 정리하면 다음과 같다(권대훈, 2013).

- 규칙이나 지시를 통제적인 방식이 아니라 정보의 방식으로 제시한다.
- 학습활동을 선택할 수 있는 기회를 제공한다.
- 비통제적인 방식으로 평가한다.
- 과외 활동에 상당한 자율성을 부여한다.
- 외적 보상은 필요할 경우에만 최소한으로 사용한다.
- 학생이 학습의 내재적 가치에 집중하도록 지도한다.

07 로고테라피

정신과의사 Victor Frankl(1963, 1969)은 자신의 삶의 경험에 근거해 의미치료라는 개념의 로고테라피(logotherapy) 이론을 발표하였다. 그는 제2차 세계대전 중 독일의 유태인 강제수용소의 끔찍한 경험 속에서 삶의 의미를 찾고 생존할 수 있었다. 이러한 자신의 경험을 토대로 의미추구가 인간의 가장 기본적인 동기라고 주장하였다.

그리스어 로고스(*logos*)는 '의미'를 뜻하는데, 로고테라피에서 주장하는 의미는 인간 존재의 의미뿐 아니라 삶의 의미를 찾으려고 하는 인간의 의지를 말한다. 로고테라피에서 제시하는 '실존적 좌절'이라는 개념은 삶의 의미를 찾으려는 인간의 의지가 좌절될 때를 의미한다. 이러한 실존적 좌절은 개인의 정신질환을 일으킬 수 있는데, 이를 누제닉 노이로제(noogenic neurosis)라고 한다. 누제닉 노이로제는 심리적 원인에 기인하기보다는 실존에 대한 정신적 차원에 그 원인이 있다.

결국 누제닉 노이로제는 개인의 실존적인 문제 때문에 발생하는 정신질환이다. 실존적인 문제 중에서도 특히 삶의 의미를 찾으려는 의지의 좌절이 제일 큰 문제가 된다. 누제닉 노이로제 환자에게는 실존적 현실, 의미를 찾고자 하는 의지 또 앞으로 성취해야 할 실존의 잠재적 의미까지도 고려할 수 있게 해야 한다. 누제닉 노이로제 환자들은 돈을 포함한 권력욕으로 대신 보상받으려고 하는 경향이 있다. 경우에 따라서는 지나친 쾌락을 추구하고자 하는데, 종종 성적인 탐닉을 통해 보상을 받으려는 시도를 하기도 한다.

의미는 인간이 즉각적인 현실과 욕구를 초월할 수 있는 능력을 부여한다. 의미는 인간으로 하여금 극심한 고통을 견디고 이겨내도록 하는 동시에 기쁨과 행복을 느끼게 한다. 인생의 의미라는 개념은 역설적 측면을 지니고 있다. 왜냐하면 인생은 끊임없이 변하는 반면, 의미는 잘 변하지 않는 것이기 때문이다. 물리적인 존재로서 인간은 순간순간 끊임없이 변화한다. 물리적 측면에서 보면, 인생은 한 순간도 고정된 것이 없이 매 순간 변화하는 것이다. 인생의 의미는 이처럼 변화하는 물리적인 과정에 안정성을 부여하는 기능을 갖는다. 인간은 안정된 삶을 선호한다. 따라서 의미는 인간의 변화무쌍한 삶에 안정성을 부여하는 지적인 수단이라고 할 수 있다(권석만, 2014).

1) 실존적 공허

Frankl은 사람들이 실존적 공허를 느끼는 이유를 다음과 같이 제시하였다.

첫째, 인간은 동물과 달리 충동과 본능이 없다. Frankl이 여기서 의미하는 충동과 본능은 인간이 가진 충동과 본능 그 이상의 동물적인 것을 의미하는 것이다. 즉 반드시 해야 할 일을 강요하는 충동과 본능이라는 것이다. 이것들이 인간에게는 없다는 것이다.

둘째, 과거와 다르게, 인간이 마땅히 해야 할 것을 가르쳐 주는 인습과 전통, 가치관이 사라졌다. 과거 전통의 붕괴는 보편적인 가치에만 영향을 주었고, 개인의 개별적인 의미에는 영향을 미치지 못하였다. 이로 인해 인간은 타인이 하는 대로 혹은 타인이 원하는 대로 행동하게 된다는 것이다. 이는 인간 자신이 진정으로 원하는 것이 무엇인지 모르기 때문에 발생하는 것이다.

로고테라피 치료자의 역할은 환자의 시야를 넓히고 확장하는 일이다. 그렇게 함으로써 잠재되어 있는 의미의 전체적인 스펙트럼을 환자가 인식하고 볼 수 있도록 해 준다. 인간은 책임감을 가져야 하고, 잠재되어 있는 삶의 의미를 실현해야 한다. 진정한 삶의 의미는 인간의 내면이나 그의 정신에서 찾을 것이 아니라 이 세상에서 찾아야 한다. 이런 구조적 특성을 Frankl은 인간 존재의 자기 초월이라고 하였다. 이 말은 인간은 항상 자기 자신이 아닌 그 어떤 것, 혹은 그 어떤 사람을 지향하거나 그쪽으로 주의를 돌린다는 것을 의미한다. 그것이 성취해야 할 의미일 수도 있고, 혹은 그가 대면해야 할 사람일 수도 있다. 사람이 자기 자신을 잊으면 잊을수록 그는 더 인간다워지며, 자기 자신을 더 잘 실현시킬 수 있게 된다. 따라서 자아실현은 자아초월의 부수적인 결과로만 얻어지는 것이다(Frankl, 2006).

로고테라피 치료자들은 환자들에게 의미가 무엇인지를 직접 말해 줄 수는 없다. 그러나 최소한 삶에서 의미가 있다는 것을 보여 줄 수는 있다. 그 의미가 모두에게 중요하고, 나아가 삶은 어떤 조건에서도 의미를 담고 있다는 것을 알려 줄 수 있다. 또, 마지막 숨을 거두는 최후의 순간까지 인간의 삶은 진정한 의미를 지니는 것이라고 말해 줄 수 있다.

로고테라피 치료자만이 실존적 공허 상태에 있는 사람들을 치료해야 하는 것은 아니다. 심리학자, 사회복지사, 목사, 승려, 그 밖에 타인의 삶에 도움을 줄 수 있는 사람들은 실존적 공허 상태에 있는 사람들에게 도움을 줄 수 있다. 실존적 공허 상태에서 삶의 의미를 찾기 위해 노력하는 사람들을 꼭 정신질환자라고 볼 수는 없다. 이는 병적인 현상이 아니다. 왜냐하면 그것은 인간으로서 삶에서 이룰 수 있는 성취이기 때문이다. 무엇보다 실존적 좌절을 겪는다는 것은 그가 그의 삶에 대해 진지하고 성실한 사람이라는 것을 증명하는 것이다.

그렇기 때문에 지금 우리가 살고 있는 이 시대, 즉 실존적 공허의 시대에서 가장 중요한 교육의 역할은 전통과 지식을 단순히 전달하는 데 그치지 않고 인간이 자신의 삶에서 의미를 찾을 수 있는 능력을 개발할 수 있도록 도와주는 것이다. 즉 무너져 가는 보편적 가치에 영향을 받지 않는, 그들 자신만의 유일한 삶의 의미를 찾아낼 수 있는 인간의 능력을 키워 주어야 하는 것이다. 여기서 인간의 능력이란 곧 판단력을 의미하는데, 개별적인 상황에서 숨겨진 의미를 찾아내는 판단력을 의미하는 것이다. 따라서 교육은 인간이 이런 의미를 찾아내는 판단력을 갖출 수 있도록 도와주는 것이다.

2) 로고테라피의 3요소

Frankl이 주장한 로고테라피의 3요소는 자유의지(freedom of will), 의미를 찾으려는 의지(will to meaning)와 삶의 의미(meaning of life)이다. 삶의 의미는 두 번째 3요소, 즉 창조적 가치, 경험적 가치 그리고 태도적 가치로 구성되어 있다. 그리고 태도적 가치는 세 번째 3요소, 즉 고통, 죄와 죽음에 대한 의미 있는 태도로 세분화된다. 다음 [그림 6.5]는 이러한 Frankl의 주장을 도식화한것이다.

Frankl은 로고테라피는 신경증의 경우에만 적용할 수 있다고 주장하였다. 또 로고테라피는 정신질환을 올바르게 이해하는 것이 목표가 아니라 빠른 기간 내에 신경증을 치료하는 것이 목표라고 강조하였다.

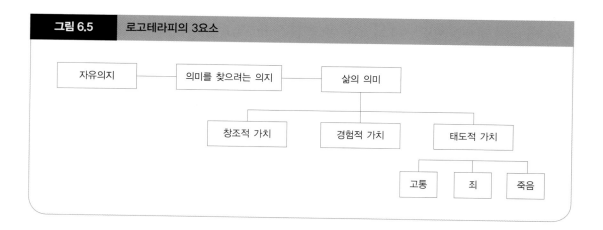

그림 6.5 **로고테라피의 3요소**

(1) 자유의지

여기서 자유의지는 인간의 자유의지를 의미하는 것이다. 인간의 자유의지는 유한한 존재로서의 의지를 말하는 것이다. 인간이 어떤 상황에 있든 간에 자신이 스스로 태도를 결정할 수 있는 자유를 의미하는 것이다. 이는 상상할 수도 없는 최악의 상황에 처해있다 하더라도 그것을 자신과 상황으로 분리하여 생각할 수 있는 능력을 말하는 것이고 이는 오로지 인간만이 가질 수 있는 능력이다.

Frankl은 이러한 능력을 자기분리(self-detachment) 능력이라고 하였다. 이러한 자기분리 능력을 통해 인간은 자신을 둘러싸고 있는 상황뿐 아니라 자기 자신으로부터도 분리가 가능하다. 자기분리 능력을 발휘함으로써 인간은 자신의 신체적 혹은 심리적 조건이나 결정에 대한 태도를 취할 수 있다. 그리고 조건에 대해 취할 수 있는 태도에 대한 능력이 바로 인간의 자유의지를 말하는 것이다.

(2) 의미를 찾으려는 의지

의미를 찾으려는 의지는 인간에게 기본적인 동기가 되는 힘이다. 인간은 태어나서 죽음에 이르기까지 그리고 죽음에 임하는 마지막까지 의미를 탐색할 욕구를 갖는다. Frankl(1963)은 인간의 의미탐구가 삶을 살아가는 데 일차적인 힘이고 인간의 의미는 독특하고 구체적일 뿐 아니라 오로지 자기 자신에 의해서 충족될 수 있다고 주장하였다. 또 이러한 의미는 자신의 의미를 찾으려는 의지를 만족시킴으로써 성취된다고 강조하였다. 의미와 인간의 존재는 동일한 개념이 아니다. 오히려 의미는 인간이라는 존재를 이끌어 가는 개념인 것이다.

삶에서 인간에게는 적당한 긴장이 필요하다. 이때 인간이 필요로 하는 것은 자신에게 가치가 있는 어떤 의미를 추구하는 긴장이다. 이러한 의미의 관점에서 본다면, 개인의 자아실현은 자신이 추구하는 의미가 충족되는 것을 말하고 자아실현 정도는 의미가 충족되는 정도에 따라 결정될 수 있다. 특히 Frankl은 자아실현은 삶의 의도성에 의해 얻어지는 의도하지 않은 결과라고 하였다. 이는 삶에서 자신이 추구하는 의미가 충족된다면 따로 의도하지 않아도 얻어지는 것이 자아실현이라는 것이다.

(3) 삶의 의미

Frankl에 따르면, 삶의 의미탐구는 의미치료의 본질이다. 의미를 찾으려는 의지에서 살펴본 바와 같이 인간은 의미를 찾으려는 욕구, 즉 의미를 찾으려는 의지를 가지고 있다. 또 인간은 자신의 삶에서 의도, 목적, 의미가 없다면 아무것도 할 수 없다. 인간은 삶의 의미를 찾지 못하였거나 자신이 뜻하는 삶을 살지 못하였을 경우 공허감을 느끼게 된다. Frankl은 이런 경우 인간은 실존적 공허나 실존적 욕구불만 상태에 빠지게 된다고 하였다. 그렇기 때문에 삶의 의미는 인간에게 본질적인 것이다.

인간에게 삶의 의미가 이렇듯 중요하기 때문에 죽음의 의미도 의미치료에서는 중요하게 다루어진다. 삶과 죽음은 동전의 양면과 같은 것이며 죽음은 결코 인간의 삶의 의미를 빼앗는 것이 아니다. 죽음 역시 삶의 일부이며 삶에 의미를 주는 것이다. 만약에 인간이 죽지 않는다면 자신이 하기로 한 일을 마냥 미루게 될 것이다. 인간이 자신이 해야 할 일에 대해 책임을 다하는 책임감은 바로 이러한 인간 삶의 유한성에 기인하는 것이다. 이러한 관점에서 본다면 인간의 죽음은 삶의 허무와 무의미가 아니라 삶에 의미를 부여하는 것이 될 수 있다. 인간은 삶의 유한성으로 인해 자신에게 주어진 삶의 소중한 의미를 깨닫게 되는 것이다.

3) 삶의 의미를 찾는 방법

Frankl의 주장에 따르면, 인간이 삶의 의미를 찾는 방법은 다음과 같이 세 가지로 정리할 수 있다.

첫째, 무엇인가를 창조하거나 어떤 일을 하는 것을 통해 삶의 의미를 찾을 수 있다. 이를 창조적 가치라고 한다. 창조적 가치는 인간의 창의성이라는 입장에서 인간이 어떤 것을 세상에 부여하는 것을 말한다.

둘째, 어떤 일을 경험하거나 어떤 사람을 만나는 것을 통해 삶의 의미를 찾을 수 있다. 이를 경험적 가치라고 한다. 경험적 가치는 만남과 경험이라는 입장에서 인간이 세상으로부터 취하는 것을 말한다.

셋째, 피할 수 없는 시련에 대해 어떤 태도를 취하기로 결정하는 것을 통해 삶의 의미를 찾을 수 있다. 이를 태도적 가치라고 한다. 태도적 가치는 인간이 피할 수 없는 운명에 직면하게 되었을 때 어려운 상황을 대하는 인간의 태도를 의미하는 것이다. 바로 이것 때문에 인생이 어떤 상황에서도 의미를 갖는다고 말할 수 있는 것이다. 창조적 가치와 경험적 가치를 박탈당한 사람에게도 여전히 성취해야 할 의미, 즉 그것의 고유한 의미, 시련을 올바른 방법으로 감당할 수 있는 의미를 성취해야 한다는 도전이 남아 있다. 이는 바로 태도적 가치에 의해서 결정되는 것이다.

이러한 관점에서 본다면, 인간에게 필요한 것은 실존주의 철학자들이 말하는 대로 삶의 무의미함을 참고 견디는 것이 아니라 그것이 지닌 절대적인 의미를 올바로 깨닫지 못하는 자신의 무능함을 인정해야 하는 것이다. 이러한 궁극적인 의미는 인간이 지닌 능력의 한계를 넘어서는 것이며 로고테라피에서는 이것을 초의미(super meaning)라고 부른다. 로고테라피에서는 고통은 피할 수 있을 만큼 피해야 한다고 말한다. 하지만 피할 수 없는 상황, 즉 그 고통스러운 운명이 바뀔 수 없는 순간에는 그것을 겸허히 받아들여야 할 뿐만 아니라 그것을 의미 있는 어떤 것으로 바꾸어야 한다고 강조한다. 태도적 가치의 개념은 이러한 시련 속에서 발견되는 의미보다 더 큰 의미를 가지고 있다. 시련은 인간 존재의 3대 비극인 고통, 죄와 죽음 중 하나에 불과할 뿐이기 때문이다.

그렇기 때문에 인간이라는 존재는 그가 어떤 태도를 취하느냐에 따라 전혀 희망이 없는 상황에서도 의미를 발견하고 성취할 수 있는 것이다. 이것은 오직 인간적인 접근법을 통해서만 이해될 수 있다. 그렇기 때문에 태도적 가치는 창조적 가치와 경험적 가치보다 높은 가치라고 할 수 있다.

4) 삶의 의미에 이르는 길

로고테라피에서 말하는 인간이 삶의 의미에 도달하는 세 가지 방법 중 가장 중요한 것은 위에서 살펴본 태도적 가치이다. 이를 통해 자신의 힘으로 바꿀 수 없는 운명에 처한, 절망적인 상황에 놓인 무기력한 인간이라 할지라도 자신을 뛰어넘고, 그 자신을 초월할 수 있게 된다. 시련을 피할 수 없는 상황이라 하더라도, 그 시련 속에서 여전히 삶의 의미를 찾아낼 수 있다.

이러한 삶의 의미는 순간의 결정에 따르기보다는 인간이 가지고 있는 가치들의 위계 질서에 의해 더 높게 생각되는 가치에 따라 결정해야 한다. Frankl은 실제 치료에서 가치갈등으로 고통받는 환자들에게 그들 스스로 가치의 위계를 결정할 수 있도록 도와주어야 한다고 주장하였다. 사실 가치갈등에 의해 일어나는 많은 문제들은 치료자의 도움 없이도 해결될 수 있다. 이 경우 가치 위계의 결정 책임은 개인에게 있다. 또한 개인은 사회에서 보편적으로 받아들여지는 가치에 대립해야 하는 경우에도 결정을 내려야 한다. 중요한 것은 개인 내에 가치들 간에 위계가 존재한다는 것이고 그것을 발견해야 하는 것은 결국 개인의 책임이라는 것이다.

Frankl의 입장에서, 인간이 된다는 것은 현재의 자신과 되고자 하는 자신 사이에 긴장을 인식하는 것을 의미하는 것이며 아울러 자신이 현재 나아가는 방향을 그대로 유지하는 것이 아니라 항상 변화할 수 있다는 것을 인식하는 것을 의미한다. 의미치료는 깊은 내면으로부터 자신을 끌어내기 위해 일정량의 긴장을 처방한다. 이 긴장은 예를 들면 의미의 요구와 그에 대응하려는 노력 사이의 긴장 같은 것을 의미한다.

5) 의미치료의 단계와 방법

(1) 의미치료의 네 단계

Frankl은 의미치료의 단계를 다음과 같이 네 단계로 제시하였다(Frankl, 2008).

첫 번째 단계는 증상으로부터의 분리 단계이다. 이 단계는 로고테라피 치료자가 환자를 자신의 증상으로부터 분리시키는 것을 돕는 단계이다. 환자들은 무의식 중에 이미 자신이 알고 있었던 것을 깨닫기 시작한다. 여기서 치료자가 가져야 할 환자에 대한 태도는 무엇보다도 환자들이 의미를 발견할 능력을 가지고 있다는 점이다. 또 이들은 극복할 수 있는 여러 결함 내지는 깨뜨릴 수 있는 원하지 않는 습관을 가진 개인이라는 것이다.

두 번째 단계는 태도의 수정 단계이다. 환자가 자신의 증상으로부터 거리를 유지하게 되면, 그는 자신과 자신의 삶에 대해 새로운 태도를 갖게 된다. 환자에게 새로운 태도를 강요하는 것은 아니지만, 치료자는 환자가 자신의 무의식으로부터 변화하고 싶은 방향에 대해 보내는 신호를 주의 깊게 잘 살펴야 한다. 의미고리가 나타났을 때, 치료자는 의미치료의 모든 방법을 동원해 환자의 결심을 지원해야 한다. 만일 환자가 선택한 새로운 태도가 죽음을 선택하는 것이라면, 환자는 최소한 다른 선택도 가능하다는 것을 배울 수 있어야 한다. 또 다른 방향에서 선택을 시도해 볼 수도 있어야 한다.

세 번째 단계는 환자가 적극적인 송환과정을 경험하는 단계이다. 성공적인 태도 수정이 끝났다면 의미치료의 세 번째 단계는 매우 주의를 기울여야 하는 단계이다. 이제 환자의 증상은 사라지거나 통제할 수 있게 된다. 세 번째 단계에서 환자의 증상이 성공적으로 소멸되었을 때, 환자는 의미를 향한 새로운 태도에서 적극적인 송환과정을 경험하게 된다.

네 번째 단계인 마지막 단계는 예방 단계이다. 환자의 미래를 위해 정신건강을 확신하게 하기 위한 예방 단계라고 볼 수 있다. 환자는 의미를 찾고 그것을 지향하는 태도를 갖게 된다. 환자의 가치 위계는 명확하게 되고 미래에 발생할지도 모를 실존적 좌절로부터 안전하게 자신을 지키게 된다. 이를 통해 환자는 삶에서 자신의 책임에 대해 생각하게 된다.

(2) 의미치료 방법

의미치료 방법에는 소크라테스식 대화법, 역설의지 그리고 반성제거가 있다.

가. 소크라테스식 대화법

소크라테스식 대화법(Socratic dialogue) 혹은 자기성찰 과정은 환자로 하여금 영적인 무의식에 도달하게 하고, 자신에 대한 진실한 평가, 잠재력, 선호하는 방향 그리고 그들의 가장 깊은 의미 근원을 인식하게 해 준다. 소크라테스식 대화법은 소크라테스의 교사에 대한 개념으로부터 가져온 것이다. 소크라테스는 교사란 의식되지 않은 지식을 낳게 하는 산파로 보았다. 의미치료자 역시 무의식적 목표를 낳도록 도와주는 산파 역할을 한다(Frankl, 2008).

소크라테스식 대화법에서 치료자는 환자의 무의식적인 결심, 억압된 희망, 받아들여지지 않는 자기 인식 등을 환자가 지각할 수 있도록 질문을 한다. 이러한 대화를 통해 환자는 과거의 경험을 탐색, 미래에 대한 공상, 지나간 절정 경험의 재음미, 무의미하다고 생각했던 상황의 재평가 그리고 하찮게 여겼던 성취에 주의를 집중하게 된다. 소크라테스식 대화법은 의미치료의 네 단계에서 모두 유용하게 사용될 수 있다. 소크라테스식 대화법은 환자가 자신의 증상에 거리를 두게 하고 새로운 태도를 갖게 한다. 이를 통해 환자는 자신의 증상을 회복하는 데 집중하게 되고 궁극적으로 치료자와 환자가 함께 의미를 추구할 수 있도록 도와준다.

이러한 협력적인 상황에서 의미치료자는 참여적 동반자가 된다. 치료가 진행되는 과정에서 공감은 중요한 역할을 하고 분위기는 자연스럽게 공감적이 된다. 그렇다 하더라도 치료자는 너무 멀리 벗어난 환자의 말에 대해 "아니요" 또는 "그만"이라고 말할 수 있어야 한다. 그리고 치료자는 자신이 통제할 수 없는 기정 사실을 인식한 환자에게는 아무 말도 하지 않아야 한다. 그러나 강박적인 사람에게는 "아니오. 당신은 당신이 두려워하는 것을 하려고 들지 않을 겁니다. 당신의 두려움이 당신을 보호할 것입니다."라고, 우울증에 걸린 사람에게는 "아니오. 당신이 인생의 목적을 잃었다는 것은 진실이 아닙니다. 틀린 생각입니다. 내가 그것을 증명해 보이겠습니다."라고 말할 수 있어야 한다(Frankl, 2008).

나. 역설의지

역설의지(paradoxical intention)는 공포증 환자, 강박증 환자, 원치 않는 행동패턴을 변경하고자 하는 사람, 즉 말더듬이, 얼굴 붉힘, 땀 흘림, 불면증 또는 공적인 자리를 두려워하는 사람들에게 적용될 수 있는 치료법이다. Frankl은 역설의지는 환자가 두려워하는 것을 하게 하거나, 그 일이 일어나기를 원하도록 촉진하는 것이라고 설명하였다. 그렇게 하는 이유는 예기 불안의 결과로 생겨나는 악순환을 깨뜨리기 위한 것이다. 예기불안은 환자가 과거의 실패 경험 때문에 실패를 예감하고 불안을 느끼는 것을 말한다. 환자가 자신의 두려움을 역설적 의도에 의해 직면하게 되면 예기불안의 결과는 발생하지 않는다.

의미치료자는 역설의지 방법을 환자에게 사용하기 위해서 그것이 어떻게 작용하는가를 환자에게 가르쳐야 한다. 역설의지는 환자가 앞으로 그 일을 할 예정이라는 것과는 완전히 다른 것이다. 왜냐하면 어떤 일을 할 것이라는 예정은 환자의 두려움을 깊게 하기 때문이다. 가능하다면 치료자는 환자가 자신과 똑같은 증상을 치료한 타인을 만날 수 있도록 격려할 필요가 있다. 이는 환자의 치료에 도움이 된다.

환자의 진정한 의도가 반영되고 역설의지가 사용될 때, 치료자는 환자를 지지하게 된다. 그러나 진정한 치료는 환자의 노력에 의해서 그리고 두려움의 소멸에서 오는 송환과정에서 이루어진다. 역설의지는 전형적으로 공포증 환자에게 적용될 수 있다. 공포증은 환자가 두려움을 두려워하는 것이다. 특히 그들은 두려움의 결과를 두려워한다. 따라서 환자가 두려워하는 것을 하게 하거나, 그 일이 일어나기를 원하게 함으로써 치료가 가능하다. 이는 결국 환자가 두려움에 맞서게 하는 것이다.

다. 반성제거

Frankl이 개발한 세 번째 치료방법은 반성제거(dereflection)이다. Frankl은 특히 성기능 장애를 치료하기 위해 이 방법을 개발하였다. 반성제거는 환자의 증상이 자신의 지나친 반성이나 지나친 주의에서 비롯되었을 경우에 적용될 수 있다. 이 경우 문제는 정상적인 육체기능에 대한 환자의 과도한 주의 때문에 발생한다.

반성제거의 핵심은 환자의 생각을 그들이 집중하고 있는 관심사로부터 격리시키는 것이다. 즉 성교를 하려는 발기불능의 남자에게 발기능력 이외의 다른 것을 생각하게 하는 것, 동일한 상황에서 오르가즘에 대해 걱정하는 불감증 여성이 자신을 관찰하는 것을 멈추게 하는 것이 바로 그것이다. 이들에게 자신의 능력에 대한 반성제거를 하게 함으로써 그들이 갖는 압박감을 털어내게 할 수 있다. 이렇게 될 때 그들의 주의는 자신에게서 상대에게로 옮겨가게 되는데, 이는 반성제거가 작용한 결과이다. 환자들이 반성제거를 통해 의미치료 뒤에 있는 원칙들을 이해하기만 하면 치료자의 도움 없이도 자신에게 적용할 수 있게 된다. Frankl은 이러한 경험에서 자신이 즐거움을 느꼈다고 말하고 있다.

08 자아존중감

자아존중감(self-esteem)이라는 개념은 William James(1890)가 처음 사용한 것으로 개인이 스스로를 얼마나 존중하고 있는가에 관한 것이다. 개인이 자신을 존중한다는 개념은 개인이 자신을 스스로 평가한다는 의미이며 이러한 개인의 평가는 행동이나 태도를 결정하는 주요 요인으로 작용한다. 자아존중감은 개인이 살아온 특별한 자신만의 환경 속에서 신체, 경험의 상호작용에 의해서 형성되는 내적 자기상이다. 자아존중감은 개인이 자신의 능력을 신뢰하는 자신감을 갖게 하고 삶을 살아가는 데 스스로 가치 있는 존재라는 믿음을 갖게 한다. 이 때문에 자아존중감은 개인의 발달에 중요한 역할을 한다.

자아존중감은 자아개념과는 다소 차이가 있다. 자아개념이 자신에 대한 인지적 측면이라면 자아존중감은 감정적 측면이라고 볼 수 있다. 여기서 감정적 측면이라는 것은 자신이 스스로에 대해 갖는 느낌이라는 것이다. Maslow(1965)에 따르면, 모든 인간은 자아존중감에 대한 욕구를 가지고 있다. 자아존중감은 긍정적으로 형성될 수도 있고 부정적으로 형성될 수도 있다. 자아존중감이 높은 사람은 자신을 유능하고 가치 있는 존재라고 판단한다. 반면, 자아존중감이 낮은 사람은 열등감을 갖게 되고 자신을 하찮은 사람이라고 생각하게 된다.

개인의 삶 전체를 볼 때, 일반적으로 유아기에는 자아존중감이 매우 높은 편이다. 그러나 아동기에 들어서면서부터는 자신에 대한 객관적 평가가 이루어질 가능성이 좀 더 많아지기 때문에 유아기에 지나치게 높았던 자아존중감은 현실적인 수준으로 조정이 이루어진다. 이러한 현상은 아동이 점차 자신에 대한 판단을 위해 타인의 의견이나 객관적인 능력 평가를 수용하고 이를 통해 자신의 자아존중감을 조정하기 때문에 가능한 것이다

Coopersmith(1967)는 자아존중감을 규정짓는 기준을 다음과 같이 설명하고 있다(김정희 외, 2006).

첫째, 중요도(significance)이다. 자아존중감은 자신이 중요한 사람들에게 사랑, 관심, 인정을 받고 있다고 느끼는 정도, 즉 자신이 중요한 사람들에게 어느 정도 중요한 사람으로 인식되는가에 대해 느끼는 정도를 의미한다.

둘째, 능력(ability)이다. 자아존중감은 자신이 중요하게 생각하는 활동을 수행함에 있어서 성공

적인 성취수준을 달성할 수 있는 능력의 정도를 의미한다.

셋째, 힘(power)이다. 자아존중감은 자신이 타인에게 영향을 미치고 통제할 수 있는 능력의 정도를 의미한다.

넷째, 미덕(virtue)이다. 자아존중감은 윤리적이고 도덕적인 규범을 지키는 정도를 의미한다.

이러한 기준들이 높은 점수를 얻을수록 자신을 높게 평가한다는 것이고 이는 결국 자아존중감이 높다는 것을 의미한다.

자아존중감이 형성되는 과정을 살펴보면 다음과 같다(이선희, 2008).

첫째, 자아존중감은 평가과정을 통해 형성된다. 주위 인물들로부터의 반응과 평가를 통해 자신에 대한 지식과 태도를 획득해 간다는 반영된 평가 과정이라는 것이다. 자아존중감은 개인의 의식을 바탕으로 주변의 타인과의 관계 및 상호작용의 결과로 이루어지는 것이다.

둘째, 자아존중감은 사회적 비교과정을 통해 형성된다. 주위 인물들과의 비교를 통해 자신에 대한 평가와 판단을 내리고 비교의 결과에 따라 자신의 다음 행동을 결정하게 되는 사회적 비교과정이다. 이는 개인이 주위의 준거타인 또는 준거집단과 자신을 비교함으로써 자신에 대한 평가적 결론을 내리는 작업을 의미한다. 또한 사람들은 자신이 속한 사회적 범주와 다른 사람이 속한 사회적 범주를 비교함으로써 자신을 긍정적 혹은 부정적으로 평가하게 된다.

셋째, 자아존중감은 관심요소의 위계반영 과정을 통해 형성된다. 자아존중감의 각 요소들(지능, 도덕성, 친절, 사회적 지위 등)은 단순히 집적되어 있는 것이 아니라 위계적 구조를 가지고 있기 때문에 자아존중감 내의 각 요소가 지니는 상대적 중요성이 자아존중감 형성에 영향을 미친다. 어떤 요소는 개인의 관심사에서 핵심을 차지하는 반면에 어떤 요소는 주변 역할에 머무르게 되는데, 개인의 인지구조 안에서 중요한 위치를 차지하고 있는 요소가 개인의 자아존중감 형성에 더 크게 기여하게 된다.

넷째, 자아존중감은 자아귀인 과정을 통해 형성된다. 자아존중감은 주변에 대한 자신의 행동과 그 결과를 관찰함으로써 자신의 역량 또는 자신의 가치에 대한 판단을 내리게 되는 자아귀인 과정을 통해 형성된다. 자아귀인은 자신에 대한 지식의 상당 부분을 자신의 행동이 가져온 효과를 직접 경험하는 것에서 도출해 낸다는 것이다. 즉 자신의 행위나 행위로 인한 결과를 관찰하고 그것의 원인을 자신에게서 찾아 자신의 성향에 대해 결론을 내리는 것을 의미한다.

특히 아동기의 자아존중감은 아동의 발달에 중요한 영향을 미칠 수 있는데, 아동기의 자아존중감 형성에 영향을 미치는 몇 가지 연구결과에 대해 살펴보면 다음과 같다(정옥분, 2014).

첫째, 부모의 양육태도에서 부모가 온정적·수용적인 양육 태도를 취할 경우에는 아동의 자아존중감이 높은 반면, 거부, 제재, 위협적인 태도를 보일 경우에는 자아존중감이 낮은 것으로 나타났다. 특히 남아의 자아존중감은 어머니의 양육행동과 높은 상관이 있고, 여아의 자아존중감은 아버지의 양육행동과 높은 상관이 있는 것으로 보인다(Bishop & Ingersoll, 1989; Coopersmith, 1967).

둘째, 출생순위별로는 일반적으로 맏이나 외동아이의 자아존중감 점수가 높게 나타났다. 또한 형제관계가 친밀하고 온정적인 경우에는 자아존중감이 높고, 갈등상황인 경우에는 자아존중감이 낮은 것으로 나타났다. 부모의 양육태도도 아동이 지각하는 형제갈등이나 편애의 수준에 따라 그 효과가 강화되거나 약화되었다(박영애, 1995).

셋째, 사회경제적 지위가 낮은 집단은 높은 집단에 비해 자아존중감이 낮은 것으로 나타났다(어주경·정문자, 1999). 경제적인 스트레스로 인해 갈등을 경험하는 부모는 아동에게 적대적인 양육행동을 보이게 되며, 이는 아동이 낮은 자아존중감을 형성하게 하는 요인으로 작용한다(Conger et al., 1994). 또한 아동 자신이 또래집단과의 비교를 통해 빈곤을 지각하게 되면, 낮은 자아존중감을 형성하기도 한다(McLoyd, et al., 1994).

넷째, 아동의 자아존중감은 아동이 지각한 사회적 지지의 수준에 따라 다르게 나타났다. 즉, 또래, 가족, 교사로부터 사회적 지지를 많이 받는다고 지각한 아동은 사회적 지지를 적게 받는다고 지각한 아동보다 자아존중감이 높았다.

다섯째, 성공상황에서, 성공의 원인을 자신의 능력이나 노력과 같은 개인의 내적 요인으로 평가한 아동은 자아존중감이 높은 것으로 나타난 반면, 외적 요인으로 평가한 아동은 자아존중감이 낮은 것으로 나타났다(김연희·박경자, 2001).

자아존중감이 낮은 사람은 자신감이 없고, 모험적이지도 않으며, 어려운 도전에 직면하거나 실패할 때 더 열심히 노력하기보다는 포기할 수 있다. 그렇기 때문에 개인의 전반적인 삶의 만족은 친구, 가족, 수입 및 직업에 대한 만족보다는 자아존중감과 더 강한 관련성을 갖는다. 자아존중감이 낮거나 취약한 사람은 스트레스를 더 크게 지각하고 그런 사건에 대해 지나치게 걱정할 가능성이 높다. 이들은 실패를 하면 낙담하고 의기소침해한다. 자아존중감이 높은 사람은 부정적 사건에 의해 쉽게 압도되지 않으며 긍정적 태도를 잘 지속하고 유지한다(Baumgardner & Crothers, 2009). 자아존중감 측정을 위해 가장 널리 사용되는 도구는 Rosenberg(1965)의 자아존중감 척도인데, 이 책의 9장 커리어코칭의 통합적 적용 부분에서 확인할 수 있다.

09   자아효능감

자아효능감(self-efficacy)은 Bandura(1986)에 의해 처음 제시되었다. Bandura는 초기 자아효능감 이론에 관한 연구를 개인의 공포증에 초점을 두고 진행하였다. 연구 초기에 Bandura는 뱀 공포증, 고소공포증 등 여러 공포증 치료를 위한 임상 실험을 실시하였다. 이후 이러한 초기 연구는 인지적 과제 성취와 관련된 연구로 발전하게 되었다. Bandura는 사회학습이론을 근거로 하여 다양한 치료의 결과로 나타나는 심리적 변화와 행동 변화를 설명하는 통합적 이론으로 자아효능감 이론을 체계화하였다.

자아효능감은 자신이 스스로 상황을 극복할 수 있고, 자신에게 주어진 과제를 성공적으로 수행할 수 있다는 믿음과 기대를 의미한다(Bandura, 1986, 1993). 그렇기 때문에 높은 자아효능감은 긍정적인 자아개념을 촉진함으로써 자신에게 주어진 과제를 잘 수행하기 위한 지속적인 노력을 이끌게 되고 이를 통해 높은 성취수준을 달성할 수 있게 된다. 반면에 자아효능감이 낮은 사람은 어려운 일을 견디지 못하고 그 일을 잘 할 수 없으리라고 생각하며 좌절감을 느끼거나 일에 압도당하기 쉽다.

자아효능감은 상황에 따라 변화하는 자기 자신에 대한 변화 가능한 신념체계이다. 과업이나 특성, 개인이 관계 맺고 있는 사람들, 환경, 유사한 경험에서 자신의 능력에 대한 느낌 등의 요소들이 여기에 포함된다. 개인이 스스로의 능력이나 잠재력을 바라보는 관점은 학업적 선택과 진로선택, 그 외의 다른 선택에도 영향을 미친다(Sharf, 2010).

자아효능감은 일반적으로 아동기에 증가한다. 특정 과제에서 성공하거나 실패한 경험을 통해 아동은 특정 영역에서 자신이 얼마나 잘 할 수 있는지를 예측할 수 있다. 낮은 효능감은 극단적인 경우에 아동으로 하여금 자신은 아무것도 할 수 없으며 실패할 수밖에 없다는 학습된 무력감을 갖게 한다. 학습된 무력감은 실패 경험이 계속될 때 발생하는 것으로, 자신의 노력으로는 성공할 수 없을 것이라는 생각을 갖게 되는 것이다(정옥분, 2014).

자아효능감은 상황특수적이기 때문에 어떤 사람은 시를 쓰는 과제에서 높은 자아효능감을 보이는 반면, 소설을 쓰는 과제에서는 아주 낮은 자아효능감을 보일 수 있다. 또 어떤 사람은 축구에 매우 소질이 있는 반면에 수영은 그렇지 않다고 스스로 판단할 수도 있다. 중요한 점은 한 번

그러한 판단을 하게 되면 그것 때문에 학업성취뿐만 아니라 학습과제를 해결하기 위한 노력과 지속력까지 영향을 받게 된다는 것이다(허창범, 2012).

이와 같이 자아효능감은 의사결정 과정에서 어떤 행동을 할 것인가 하는 행동의 선택에도 영향을 줄 뿐만 아니라 그 행동을 수행하는 데 필요한 노력의 양과 지속력에도 영향을 준다. 그러므로 자아효능감이 강할수록 더 많은 노력을 기울이게 되고, 선택된 행동은 오랫동안 지속되며 다른 행동에도 전이되어 어려운 과제에 대해서도 노력을 더 많이 기울이게 된다(Bandura et al., 1975).

그렇다면 이러한 자아효능감은 어떻게 형성될까? 다음은 자아효능감의 형성요인에 대해 살펴보자(권대훈, 2013).

● 개인의 성공 또는 실패 경험

개인의 성공 또는 실패 경험은 자아효능감 형성에 중요한 결정요인으로 작용한다. 개인의 성공은 자아효능감을 높이는 데 영향을 미치고, 반면에 실패 경험은 개인의 자아효능감을 낮추는 요인이 된다.

● 개인의 목표 설정

개인의 목표 설정은 자아효능감 형성에 영향을 미치는데, 특히 자신이 스스로 목표를 설정할 경우 자아효능감을 높일 수 있다. 목표를 달성하는 데 많은 시간이 소요되고 장기목표보다는 달성하는 데 소요시간이 적게 소요되는 단기목표가 자아효능감을 높일 수 있다. 또 일반적인 목표보다는 구체적인 목표가 자아효능감을 높인다. 학습 초기에는 학습 몰입도를 높일 수 있게 하는 쉬운 목표가 자아효능감을 높이지만 학습 후기로 갈수록 난이도가 높은 학습목표가 자아효능감을 높일 수 있다.

● 개인의 인지전략

인지전략은 학습자 개인이 학습을 촉진하기 위해 사용하는 여러 가지 정신적 조작을 의미하는 것으로, 주의 집중하기, 기억하기, 사고하기 등의 내적인 정보처리 과정을 조절함으로써 얻을 수 있는 기능이다. 결국 인지전략은 사고전략이고, 학습방법이며 기억전략이라고 할 수 있다. 개인이 자신이 가지고 있는 이러한 인지전략들이 성취에 도움이 될 것이라는 믿음이 있다면 자아효능감을 높일 수 있다. 또 자아효능감이 높을수록 인지전략을 적극 활용하게 된다.

● 대리경험

대리경험은 자신과 유사한 특성을 가진 타인에 대한 관찰을 통해 마치 자신이 그 일을 직접 경험하는 것과 같은 효과를 얻음으로써 자아효능감 결정에 영향을 미치게 된다. 자신이 관찰하고 있는 타인이 성공할 경우 자아효능감이 높아질 수 있지만 반대로 실패할 경우에는 자아효능감이 낮아질 수 있다. 그렇기 때문에 대리경험을 통한 관찰은 개인의 자아효능감 형성의 중요한 결정요인이다.

● 피드백

자신의 과제와 관련된 노력에 대해 타인으로부터 듣는 피드백은 자아효능감 결정에 영향을 미칠 수 있다. 다른 결정요인에 비해 효과가 크지는 않지만 긍정적인 피드백을 받았을 경우 자아효능감이 높아질 수 있다.

● 정서적 인식

과제수행 과정에서 개인이 느끼는 정서적 인식은 자아효능감 결정에 영향을 미치는 요인이다. 예를 들어, 개인이 느끼는 불안의 정도는 스트레스, 난이도, 과제의 지속성 정도에 영향을 미칠 수 있다. 만약 개인이 과제수행에 긍정적인 정서를 갖는다면 자아효능감이 높아질 수 있다. 반면에 개인이 과제수행 과정에서 불안감을 갖는다면, 이는 과제를 잘 수행하지 못할 것이라는 느낌을 가지고 있다는 신호로 볼 수 있다.

연습 문제

1. Erickson의 심리사회적 발달단계에 대해 살펴보고 자신의 삶에 이를 적용해서 생각해 봅니다.

2. Rogers가 주장한 치료효과를 높이는 네 가지 조건에 대해 살펴보고, 내담자가 상담자의 일치성, 무조건
   적인 긍정적 존중과 공감을 보다 잘 인식할 수 있도록 하는 것에 대해 생각해 봅니다.

3. 자신의 몰입경험에 대해 생각해 보고, 몰입을 촉진할 수 있었던 요인이 무엇이었는지 정리해 봅니다.

4. 9장의 자아존중감과 자아효능감 검사지를 활용해 검사를 실시하고 결과를 토대로 자신의 생각을
   정리해 봅니다.

커리어코칭의
교육학적 기초

코칭의 다양한 정의들을 통해 이미 살펴본 바와 같이 코칭은 학습과는 불가분의 관계에 있으며, 코칭이 진행되는 과정은 결국 학습이 이루어지는 과정이다. 코칭을 통해 피코치는 성장과 발전을 이루게 되는데, 이는 코칭과정에서 이루어지는 학습을 통해서 가능한 일이다. 즉 코칭을 통해 피코치는 자연스럽게 학습에 몰입하게 되는 것이다. 이러한 논리에 근거해 이 장에서는 코칭과 관련있는 학습이론에 대해 다루고자 한다. 코칭과 관련된 학습이론들 중 특히 관련성이 높다고 판단되는 안드라고지, 자기주도학습, 경험학습, 전환학습, 구성주의 학습이론과 커리어코칭-학습 모델을 중심으로 내용을 구성하였다. 이러한 학습이론들과 학습관련 코칭 연구들을 함께 살펴보는 방식으로 내용을 기술하였다.

코칭은 개인의 성장과 발전을 위한 학습과 밀접한 관련성을 가지고 있다. Zeus와 Skiffington(2007)은 심리학 특히 스포츠심리학과 교육학으로부터 대부분의 코칭 원리들이 도출되었다고 주장하였다. 또 코칭은 학습에 관한 것이며 주로 그 원리들은 1900년대 중후반에 개발된 성인학습 원리들에서 기초한다고 보았다.

학습의 관점에서 코칭은 궁극적으로 피코치의 학습을 촉진하는 과정이며, 이러한 과정을 통해 피코치의 잠재가능성을 최대한 이끌어 내고 피코치의 성장과 발전을 돕는 것이다. 이 점에 대해 Law 외(2007)는 코치와 피코치는 모두 학습자들이고 그렇기 때문에 코칭은 하나의 학습과정이라고 주장하였다. 또 코칭을 통한 긍정적인 학습경험은 피코치가 그들의 능력을 개발하도록 돕고 순환 가능한 피드백을 형성한다고 보았다.

ICF(2006)는 코치자격을 취득하기 위해 코치에게 요구되는 최소 스킬들(ACC minimum skill requirements)을 명시하였다. 코치에게 요구되는 여러 스킬들 중 학습과 관련된 스킬들은 다음과 같다. 먼저, 코치는 피코치와의 신뢰관계를 구축하기 위해 피코치의 학습유형을 존중해야 하고 개방형 질문을 사용해서 피코치의 새로운 학습을 창조해야 한다. 또 코치는 피코치가 지속적으로 학습기회를 창조하는 능력을 발휘하도록 해야 하고 피코치가 자신에게 편안한 학습속도를 유지할 수 있도록 격려해야 한다. 이는 코치가 피코치와 신뢰할 수 있는 파트너십을 구축하기 위해 피코치의 학습유형을 존중해야 하고 질문을 통해 피코치가 새로운 학습을 할 수 있도록 격려해야 한다는 것을 의미한다. 또 코치는 코칭을 통해 피코치가 학습활동을 지속할 수 있도록 촉진해야 하고 피코치의 능력과 상황에 맞게 학습속도를 조절하고 이를 존중해야 한다는 것을 강조하는 것이다(박윤희, 2014a).

이러한 ICF의 코치에 대한 요구사항들은 결국 코칭과정이 학습이 이루어지는 과정이라는 것을 잘 보여 주는 것이다. 이는 피코치를 학습자로 보는 것이고, 코칭이 진행되는 과정을 학습이 이루어지는 과정으로 인정하는 것이다. 그렇기 때문에 코치들은 피코치가 학습을 통해 성장하고 발전할 수 있도록 신뢰할 수 있는 학습파트너십을 구축하고, 질문하고, 격려하고, 촉진하는 등의 다양한 코칭스킬들을 발휘해서 코칭을 진행해야 한다(박윤희, 2014a).

코칭을 통해 발생하는 학습은 다양한 형태로 나타난다. 그것은 우발적, 비형식적 그리고 스킬에 근거한 경험학습의 형태로 나타난다(Morgan, 2003). 이 점에 대해 Whitworth 외(1998)는 코치의 업무 중 중요한 부분은 피코치의 학습을 심화시키는 것이라고 강조하였다. 이러한 코칭에서 학습의 영향력은 다수의 코칭 연구들을 통해 입증되었다(Hurd, 2002; Grant, 2001; Parsloe,

1992; Skiffington & Zeus, 2003; Wilkins, 2000). 특히 이들을 검토해 보면 코칭은 평생학습이론들과 성인학습이론의 철학에 의해 토대가 형성되고 발전된 것으로 볼 수 있다(Griffiths, 2005). 따라서 성인학습이론에서 주요하게 다루고 있는 네 가지 학습이론인 안드라고지, 자기주도학습, 경험학습, 전환학습과 함께 구성주의 학습, 커리어코칭-학습 모델에 대해 구체적으로 살펴보고자 한다.

01 안드라고지

1) 안드라고지의 탄생

안드라고지(andragogy)는 초기학습이론인 페다고지(pedagogy)와 성인학습을 구별하기 위해 만들어진 용어이다. 유고슬라비아의 성인교육자인 Savicevic는 1967년에 처음으로 이 용어를 미국에 소개하였고, Knowles는 1968년 자신의 연구에서 이 용어를 사용하였다. 독일 성인교육자 Enckevort는 안드라고지란 용어의 사용과 기원에 대한 연구를 진행하였다. Enckevort의 연구에 따르면 독일 문법학교 교사인 Kapp는 1833년 최초로 'andragogik'이라는 용어를 사용하였다. 비록 Platon은 이 용어를 사용하지 않았지만 Kapp는 그리스 철학자인 Platon의 교육이론에 대한 내용을 설명하며 이 단어를 사용하였다. Enckevort는 1921년 프랑크푸르트에 있는 노동연구소의 교수였던 사회학자 Eugen Rosenstock이 이 용어를 사용하였다는 것을 발견하였다. 독일에서는 1951년 스위스의 정신과의사인 Heinrich Hanselmann이 출간한 『Andragogy』라는 책에서 이 용어가 다시 사용되었다. 1957년에 독일의 교사인 Poggeler는 『Introduction of andrgogy: Basic issues in adult education』이라는 제목의 책을 출간하였다. 1956년 유고슬라비아의 Ogrizovic은 안드라고지에 관한 논문을 발표하였고, 1959년 『Problems of andragogy』라는 제목의 책을 출간하였다. 유고슬라비아에 있는 자그레브대학교와 벨그라드대학교, 그리고 헝가리에 있는 부다페스트대학교와 데브레센대학교에 안드라고지를 전공으로 하는 학부가 개설되었다. 네덜란드에서는 1954년 Have 교수가 자신의 강의에서 안드라고지라는 용어를 사용하기 시작하였다. 그는 1959년 안드라고지 개요서를 출간하였다(김동위, 1996). 이렇듯 유럽에서 처음 사용하기 시작했던 안드라고지라는 용어는 1967년 Savicevic에 의해 미국에 처음으로 소개되었고 Knowles가 자신의 연구에 사용하면서 하나의 학문으로써 발판을 마련하게 되었다. 이후 안드라고지는 아동들을 대상으로 하는 페다고지와는 구분되는 성인교육학의 개념으로 사용되고 있다.

다음 〈표 7.1〉은 학습의 과정요소를 안드라고지와 페다고지의 접근방법을 통해 비교한 것이다.

2) 안드라고지와 코칭의 관련성

안드라고지는 성인의 학습을 돕는 예술과 과학이다(Knowles, 1980). 그리고 코칭은 자기주도적 변화를 촉진하는 예술과 과학이다(Hicks & McCracken, 2012). 코칭은 교육하기보다 오히려 촉진하는 것이고(Hudson, 1999), 피코치 스스로 성장과 발전을 할 수 있도록 돕는 것이다. 코칭에서 피코치의 자기주도적 변화나 촉진은 학습을 통해서 가능하기 때문에 코칭은 피코치의 학습을 돕

표 7.1 안드라고지와 페다고지의 학습과정 요소

과정 요소		
요소	페다고지적 접근	안드라고지적 접근
1. 학습자 준비시키기	최소화	정보를 제공한다. 참여를 준비시킨다. 현실적인 기대감 개발을 돕는다. 내용에 대한 생각을 시작한다.
2. 분위기 조성하기	권위적 형식적 경쟁적	편안하고 신뢰하는, 상호 존중하는, 비형식적, 따뜻한, 협력적, 지지적, 개방성, 진실성, 인간성
3. 기획하기	교사에 의해	학습자와 촉진자에 의해 공동 기획되는 메커니즘
4. 요구 진단하기	교사에 의해	공동 진단에 의해
5. 목표 수립하기	교사에 의해	상호 협의에 의해
6. 학습계획 설계하기	주제의 논리 내용 단위	준비도에 따라 계열화된 문제 단위들
7. 학습 활동	전달 기술	경험적 기술
8. 평가하기	교사에 의해	공동 요구 진단 공동 프로그램 측정

출처 : Knowles, Holton Ⅲ, & Swanson(2005). The adult learner(6th ed.) (Knowles, 1992; Knowles, 1995).

는 안드라고지와 밀접한 관련성을 갖는다고 볼 수 있다.

Cox(2006)에 따르면, 성인교육학은 성인학습에 기반이 되는 핵심원리들을 제공할 뿐만 아니라 코칭이 하나의 성인학습 상황이기 때문에 코칭에 철학을 제공한다. 또 학습목표와 목적은 개인마다, 상황마다 상이할 수 있지만 이러한 안드라고지의 핵심원리들은 코칭상황에서 다양한 피코치에게도 동일하게 적용된다. 하지만 코칭은 꼭 성인에게만 적용되는 것은 아니다. 아동이나 청소년을 대상으로도 코칭을 진행할 수 있는데, 피코치가 아동이나 청소년이더라도 코칭은 여전히 안드라고지와 밀접한 관련성을 갖는다. 그 이유는 코칭에서 피코치, 즉 대상자가 달라지더라도 Whitmore(2007)가 주장한 바와 같이 코칭은 교육하기보다는 피코치가 학습할 수 있도록 돕는 것이기 때문이다(박윤희, 2014a).

따라서 Knowles가 안드라고지에서 제시한 성인학습원리들은 그 어떤 피코치를 대상으로 하는 코칭 상황에서도 코치들이 따라야 하는 중요한 가이드라인(guideline)이 될 수 있다. 이 점에 대해 Brock(2008)은 Knowles에 의해 이론적으로 정립된 성인학습원리들은 코칭에서 코치에게 지표가 되는 것이라고 강조하였다. Cox(2006)는 이미 안드라고지와 코칭 사이에는 상당한 시너지가 있으며 성인학습이론의 영향력은 현재 코칭 실행에서 명확하게 나타나고 있다고 주장하였다. 특히 코칭에서 안드라고지는 최고의 학습방법이라는 것을 강조하였다. 코칭상황에서 피코치, 즉 학습자는 성숙되고, 동기부여되고, 자발적이며, 자기 스스로 결정한 학습목표를 달성하기 위해 노력한다. 이러한 학습자는 코칭상황에서 학습자, 즉 피코치를 돕는 역할을 하는 촉진자인 코치와 평등한 주체로서 코칭이라는 학습관계 속에서 학습에 참여하게 되는 것이다(박윤희, 2014a).

Javis 외(1998)에 따르면, 교수자는 학습자에게 특정주제에 대한 정보를 제공하는데, 이는 개인에게 하나의 학습자원으로써 제공되어야 한다. 또 학습자들이 그들의 요구와 역량을 스스로 평가하도록 도움을 주고 자원을 발견하거나 새로운 정보를 확보하도록 돕는다. 이는 교수자가 학습자에게 새로운 학습경험을 수립하게 하고 아이디어의 공명판으로써 학습자와 함께 학습에 참여한다는 것을 의미하는 것이다. 교수자가 학습자의 아이디어의 공명판이 되어야 한다는 Javis 외의 주장은 '공명판, 지원시스템, 치어리더'와 같은 존재로 커리어코치의 역할을 정의한 Bell(1996)의 주장과 일치하는 것이다. 이는 코치의 역할이 교수자의 역할, 즉 성인학습에서 촉진자로서의 역할과 크게 다르지 않다는 것을 의미하는 것이다(박윤희, 2014a).

3) Knowles의 성인학습원리들과 코칭의 관련성

다음은 안드라고지에서 가장 핵심이 되는 여섯 가지 성인학습원리들(Knowles, 1990)과 코칭과의 관련성에 대해 박윤희(2014a)의 「코칭과정에서 Knowles의 성인학습원리들의 적용 가능성에 대한 이론적 고찰」 연구에 기술된 내용을 중심으로 정리한 것이다.

Knowles(1990)가 주장한 안드라고지에 근거한 성인학습원리들은 학습자의 알고자 하는 욕구, 학습자의 자아개념, 학습자의 선행경험, 학습준비도, 학습지향점, 학습동기이다. 이들은 오랜 시간에 걸쳐 완성되었다. 처음에는 학습자의 자아개념, 학습자의 선행경험, 학습준비도, 학습지향점, 이렇게 네 가지 성인학습원리들이 제시되었다(Knowles, 1975, 1978, 1980). 이후 학습동기가 추가되었고(Knowles, 1984), 학습자의 알고자 하는 욕구는 가장 늦게 추가되었다(Knowles, 1989, 1990).

(1) 학습자의 알고자 하는 욕구(need to know)

성인들은 학습하기 전에 자신이 왜 그것을 학습해야 하는지 그 이유를 알고자 한다. 성인학습에서 촉진자의 첫 번째 임무는 학습자들이 알고자 하는 욕구를 인식하도록 돕는 것이다. 그렇기 때문에 성인학습을 촉진하기 위해서 촉진자는 학습자들이 그들이 가고자 하는 곳과 현재 있는 곳 사이의 차이를 일깨워 주어야 한다(Knowles, et al., 2005).

학습자의 알고자 하는 욕구의 인식은 코칭의 근본적 의미와 일치한다고 볼 수 있다. Evered와 Selman(1989)에 따르면 '코치하는 것', 즉 코칭의 근본적 의미는 '피코치가 있는 곳에서 원하는 곳까지 피코치를 실어 나르는 것'이다. 이는 '마차'라는 코칭의 어원에 근거한다.

학습자의 알고자 하는 욕구의 인식은 학습자가 가고자 하는 곳과 현재 있는 곳 사이에 차이를 인식하는 것이다. 이는 학습자가 자신이 목표로 하는 곳에 이르기 위해 필요한 것을 인식하고 학습한다는 의미이다. 또 이 과정에서 촉진자는 학습자가 목표로 하는 곳까지 갈 수 있도록 도울 수 있어야 한다. 이는 결국 코치가 피코치가 현재 있는 곳에서 원하는 곳까지 갈 수 있도록 돕는다는 코칭의 의미와 정확하게 일치하는 것이다. 따라서 촉진자가 학습자의 알고자 하는 욕구를 인식시키고 학습할 수 있도록 돕는다는 것은 결국 코치가 코칭을 통해 피코치의 학습을 돕는다는 것으로 이해할 수 있다.

그렇기 때문에 코칭상황에서 코치는 피코치가 학습하는 것이 자신에게 이익이 된다는 것을 스스로 인식할 수 있는 방법을 제시할 필요가 있다(Lovin & Casstevns, 1971). 코칭을 통한 이러한 피코치의 알고자 하는 욕구의 충족은 피코치의 지식생산을 확장하는 기회를 창조하고 피코치가 현재 자신이 처한 지식의 한계를 인식할 수 있게 한다(Kirby & McKenna, 1994). 더 나아가 코치는 피코치가 코칭과정에서 학습해야 하는 이유는 물론이고, 학습계획을 수립하는 데 함께 참여해야 하는 이유에 대해서도 인식할 수 있도록 코칭해야 한다(Parsloe & Leedham, 2009).

이 과정에서 중요한 것은 코치와 피코치의 관계이다. 피코치가 스스로 학습해야 할 필요성을 인식하고 코치가 피코치의 학습을 촉진하기 위해서는 코치와 피코치의 바람직한 관계형성이 필수적이다. 이는 결국 코칭상황에서 코치와 피코치 간의 파트너십을 의미하는 것으로 학습을 위한 학습 파트너십의 의미를 포함하는 것이다. 이는 코칭이 단순히 코칭스킬에 주목하는 대신에 완전히 피코치에 몰입하는 감각의 예술이라는 것을 통해서도 확인할 수 있다. 즉 코칭과정은 파트너십과 조화 속에 코치와 피코치 두 사람이 함께 움직이는 춤과 같은 것이다(Downey, 2003).

이러한 코치와 피코치의 관계에 대해 박윤희(2010)는 '하나되기'라는 표현을 사용하였다. 마치 코치와 피코치가 춤을 추듯이 피코치가 원하는 방식과 수준까지 코치가 맞춰 주는 것이고, 이는 코치와 피코치가 성공적인 코칭을 위해 책임을 나누어지는 것을 의미하는 것이다. 이러한 코치와 피코치의 하나되기가 코칭과정 동안 지속적으로 유지될 수 있을 때, 피코치의 알고자 하는 욕구의 인식이 더욱 명확해질 수 있다. 또 코칭과정을 통해 피코치의 알고자 하는 욕구가 충족될 수 있고 학습을 통한 성장이 가능하게 된다.

(2) 학습자의 자아개념(learner's self-concept)

성인들은 자신의 삶과 결정에 대해 책임을 지는 자아개념을 갖는다. 일단 성인들이 자아개념을 갖게 되면 타인에게 자기주도성이 있는 것으로 보여지고 이에 따른 심리적 욕구를 개발하게 된다(Knowles et al., 2005). 이를 통해 성인들은 자신의 학습에 대해 책임을 지고 통제력을 가진 자기주도적인 존재가 되는 것이다. 성인학습자의 자기주도성이 발휘되는 학습환경은 학습자가 자신의 학습평가에 참여하고 지원받고, 존중받는 감정을 느끼는 곳이다(Knowles, 1975).

코칭에서 피코치가 지식을 습득할 수 있도록 코치가 안내하고 촉진할 때, 피코치는 자기주도적이 되고 가장 효과적으로 학습할 수 있다(Rogers, 2008). 피코치는 자신이 스스로 학습을 통제하고 있다고 느낄 때 학습에 대해 책임감을 갖게 되며 설정한 목표를 달성하기 위해서 많은 노력을 하게 된다. 따라서 촉진자인 코치의 역할은 비평가적 입장에서 자연스러운 학습환경을 만들어 주는 것이고 피코치가 스스로 올바른 선택을 할 수 있도록 외적 환경을 조성해 주는 것이다

(Gallwey, 2000).

그렇기 때문에 학습이 이루어지는 코칭과정은 피코치의 자기주도성 강화를 촉진시키고 능력을 부여하는 메커니즘이다. Grant(2003)는 코치가 지나치게 전문지식에 근거해 조언하는 것을 신뢰한다면, 피코치가 잠재가능성을 이끌어 낼 수 있는 자기주도적 학습기술을 개발할 수 있는 기회를 감소시키게 된다고 주장하였다. 이는 직접적인 조언, 즉 전문지식을 전달하는 방법보다는 체계적이고 목표지향적인 코칭프로세스를 통해 피코치의 자기주도성을 강화할 수 있도록 촉진하는 코칭을 진행해야 한다는 것을 의미하는 것이다.

이러한 성인학습자의 자기주도성 강화는 피코치에게 답을 주지 않고 스스로 답을 찾게 한다는 코칭의 철학과 그 맥을 같이 하는 것이다. 코치는 답을 주기보다는 피코치 스스로 답을 찾을 수 있도록 지원과 격려를 통해 서포터와 촉진자로서의 역할을 수행해야 한다. 이러한 가운데 피코치의 자기주도성은 강화되고 피코치는 자기 삶의 주인으로서 진정한 자아를 인식하게 된다. 피코치의 자기주도성은 코칭과정에서 일시적인 생성이나 소멸로 나타나지 않고 지속적으로 유지되고 강화되어야 한다. 이를 통해 피코치는 자기주도적 학습자의 역할을 수행하게 되는 것이다(박윤희, 2010).

성인학습에서 학습자의 자기주도성을 강화시키는 방법 중 하나는 학습계약(learning contract)이다. Knowles(1980)는 학습계약은 학습자가 그들 자신의 학습을 구조화시킬 수 있도록 돕는 마법과 같은 방법이라고 주장하였다. 학습계약은 학습자와 그의 조력자, 멘토, 교수자와 동료들 사이에 서로 책임 있는 학습계획을 수립하는 틀을 제공한다. 학습자가 직접 목표 설정, 자원 확인, 전략 선택, 수행 평가, 요구진단 과정에 참여함으로써 학습자의 주인의식을 발전시킬 수 있다. 성인학습 상황에서 학습계약은 학습프로그램과 연계하여 사용된다. 학습계약은 학습자를 돕는 것으로 학습자에게 학습활동을 계획하도록 학습활동의 통제권을 주는 하나의 방법이다(Hiemstra & Sisco, 1990; Knowles, 1978).

성인학습이 코칭과 유사한 점은 학습계약에 관련된 것이다. 학습계약은 학습이나 성과를 더 효과적으로 조직화할 수 있도록 돕기 위해 코칭에서 사용하는 코칭계약(coaching contract)과 유사하다(Hiemstra & Sisco, 1990). 코칭계약은 피코치가 자신의 학습에 책임을 지고 코치는 피코치를 돕는 데 책임이 있다는 원리에 근거한다. 만약 코치와 피코치가 장기간의 코칭 관계를 수립하게 된다면 코치와 피코치가 얼마간의 그라운드 룰(ground rule)을 수립하는 것은 중요하다(Bennett, 2003). 이것이 바로 코칭계약이라고 볼 수 있다. 이러한 코칭계약은 코칭과정에서 피코치의 학습을 자극하고 격려하는 하나의 방법이 될 수 있다(Brockbank & Mcgill, 2012). 따라서 코치는 코칭 계약에 근거해 피코치의 학습결과를 촉진하는 책임을 져야 한다(Hudson, 1999).

코칭이 성공적으로 진행되었을 경우, 피코치가 학습자로서 완전한 자기주도성을 갖게 된다는 것은 피코치 스스로 셀프코칭(self-coaching)이 가능해진다는 것을 의미하는 것이다. Skiffington 과 Zeus(2003)는 코칭에서 코치가 최종 목표로 두어야 하는 것은 피코치가 코치 없이도 스스로를 셀프코칭할 수 있게 되는 것이라고 강조하였다. 셀프코칭은 자발적이고 자기조절적인 스킬들을 활용해 피코치의 자율성, 자신감과 능력을 안전하게 지킬 수 있게 되는 것을 의미한다. 이에 대해 Whitmore(2007)는 코칭을 완전히 이해하는 사람은 다른 사람들과 공유하기 꺼려지는 매우 개인적인 이슈들, 즉 커리어 선택에서부터 골프 스윙에 이르기까지 모든 것에 대해 스스로를 코칭하기 시작한다고 주장하였다.

성인학습원리에 따르면 성인학습자는 자기주도적이다. 이러한 자기주도성은 코칭을 통해 그 빛을 더욱 발할 수 있게 된다. 코칭과정에서 코치는 피코치가 스스로 답을 찾을 수 있도록 격려와 지원을 계속하고 이러한 상황에서 피코치는 자기주도적이 될 수밖에 없다. 이렇게 피코치의 자기주도성이 충만해지면, 피코치는 스스로를 코칭하는 셀프코칭 단계에 이르게 되는 것이다.

(3) 학습자의 선행경험(role of the learner's experience)

성인들은 청소년기와 다른 교육활동을 한다. 그들은 성인이 되면서 다른 형태의 경험들을 하게 되는데, 이렇게 질적이나 양적으로 다른 경험들은 성인교육에서 중요한 의미를 갖는다. 성인이 다양한 형태의 학습에 참여할 때 가장 풍부한 자원은 바로 성인학습자 내부에 존재하는 개인의 경험이다(Knowles et al., 2005).

학습은 학습자가 새로운 지식을 명확히 하고, 미래의 행동을 형성하도록 현재를 평가하고 이해하기 위해 이전의 경험을 사용하게 하는 성찰적 활동이다(Watkins et al., 2002). 이는 학습에서 학습자의 과거 경험의 중요성을 잘 설명하는 것이다. Lovin과 Casstevens(1971)는 성인학습은 경험을 통한 행동의 수정으로, 학습의 촉진자로서 코치는 피코치가 적절하고 실용적이며 효과적인 학습을 할 수 있는 환경을 만들어 주어야 한다고 주장하였다. 이는 코치가 피코치가 가진 풍부한 학습자원인 지식과 경험의 중요성을 인정하는 것을 의미한다. 이 점에 대해 Griffiths(2005)는 코칭이 진행되는 과정에서 핵심은 피코치가 보유한 지식과 경험에 대한 존중이라고 강조하였다.

성인들은 나이가 들어감에 따라 경험의 저장소에 축적된 경험의 양이 증가한다. 이를 통해 학습을 위한 자원이 증대되고 학습에 대한 준비는 발달과업상의 사회적 역할에 집중하게 된다 (Knowles, 1990). 따라서 코치의 역할은 피코치의 삶의 경험, 즉 풍부한 자원을 풀어 주는 것이다. 성인들은 그들 삶의 경험을 새로운 학습에 연결시키는 것을 필요로 하는데, 이는 피코치의 학습이 그들의 직업생활이나 개인적인 것과 관련되어야 한다는 것을 의미하는 것이다(Rogers, 2008). 성인들은 자신의 삶의 경험과 지식이 통합되고 이들이 충만할 때 스킬과 행동을 더 쉽게 학습한다 (Skiffington & Zeus, 2003). 이는 코칭 상황에서 피코치의 학습이 매우 개인적인 경험에 집중해야 하고 피코치의 삶 전반과 관련되어야 한다는 것을 의미하는 것이다.

Armstrong 외(2006)는 코칭진행 과정의 관찰을 통해 피코치는 그들의 경험과 학습목표를 도출해 내는 능동적인 과정에 몰두하게 된다고 주장하였다. 특히 학습자의 경험은 반추를 통해 문제를 찾아내는 데 활용되고, 코칭의 목표는 이러한 문제들을 명확히 함으로써 피코치를 코칭에 더욱 몰입하게 하는 것이다.

피코치는 이러한 코칭과정을 통해 결과적으로 자신이 행동해야 할 구체적 실행계획을 수립하게 되는데, 이는 코칭과정의 결과물인 동시에 학습에 대한 1차 결과물이라고 볼 수 있다. 경우에 따라서, 피코치의 과거경험은 새로운 정보를 수용하는 학습방법에 영향을 미칠 수 있다. 코치는 피코치의 과거경험이 학습을 방해한다면 피코치의 지식과 스킬의 한계점을 명확히 하고 격려할 필요가 있다(Zeus & Skiffington, 2007).

많은 경우 피코치의 과거경험은 학습을 방해할 수 있다. 이것은 코치가 유능하고 창의적이더라도 쉽게 해결할 수 있는 것은 아니다(Lovin & Casstevns, 1971). 성공적인 코칭이 이루어지기 위해서, 코치는 피코치의 과거경험이 코칭과정에서 이루어지는 학습에 방해가 되지 않도록 코치로서 보다 유연한 태도와 스킬을 적용할 수 있어야 한다.

학습은 학습자의 경험을 지식, 스킬, 태도, 가치와 감정으로 전환하는 과정이다. 이러한 학습은 직접경험과 언어적 커뮤니케이션 둘 다를 통해 이루어지는데, 예를 들어, 다른 누군가에 의해 설명된 경험이나 사건을 통해서도 학습이 발생한다(Javis, 2012). 코칭에서 코치의 역할은 피코치가 자신의 익숙한 경험에 의존하지 않고 새로운 시도를 할 수 있도록 격려하는 것으로 이를 통해 피코치의 학습은 보다 촉진될 수 있다(박윤희, 2014a). 성인교육에서는 전달 기법(transmittal techniques) 대신에 그룹 토론, 시뮬레이션, 문제 해결 활동, 사례 방법, 실험 방법과 같이 학습자의 경험을 활용하는 경험적 기법(experiential techniques)을 강조한다. 아울러 동료 협력 활동 (peer-helping activities)도 중요시된다(Knowles et al., 2010).

성인학습자 개개인의 풍부한 자원, 즉 경험의 중요성에 집중하게 되면, 성인들을 위한 학습에서 교수학습 전략을 개별화하는 것이 필요하다(Knowles et al., 2005). 이러한 학습전략의 개별화는 코칭에서 사용하고 있는 진행방식과 유사하다. 동일한 코칭 주제를 보유한 피코치 여러 명을 하나의 그룹으로 만들어 코칭을 진행하기도 하지만 대부분의 코칭은 개인 피코치를 대상으로 진행된다. 이는 동일한 내용으로 프로그램을 구성하고 이를 일방적으로 전달하는 교육훈련과는 대조되는 것이다. 성인교육에서 학습자 개인에 따라 교수학습 전략을 다르게 가져가야 한다는 것은 코칭 진행에서 피코치별로 차별화된 코칭을 진행하고 각 코칭세션에 적합한 코칭전략을 실행한다는 것을 의미하는 것이다(박윤희, 2014a).

(4) 학습준비도(readiness to learn)

성인들은 그들의 실제 삶의 상황을 효과적으로 극복하기 위해 할 수 있는 그리고 알 필요가 있는 것들을 학습할 준비가 되어 있다. 성인들에게 지속적인 학습준비에 대한 요구는 하나의 발달단계에서 다음 단계로 옮겨가는 것과 관련된 발달과업이다(Knowles et al., 2005).

인간의 전 생애는 발달의 연속이며 발달은 죽음에 이를 때까지 계속된다. Lancau와 Scandura (2002)에 따르면, 서구세계의 학문적 흐름 중 하나는 성인들은 지속적 발전능력이 있으며 개인적인 이유뿐만 아니라 직업적으로도 삶이 유지되는 동안 계속해서 학습을 한다는 것이다. 따라서 코칭을 하는 코치에게 필요한 것은 성인발달이론과 개념에 대해 이해하는 것이다. Brock(2008)에 따르면, 코칭에서 성인발달이론은 코치가 인생 사이클 전체에서 삶의 사건이나 의식의 중요성을 인식하도록 돕는다. 또한 Flaherty(2005)는 성인을 코칭하는 코치는 피코치의 삶에서 발생한 사건의 전후관계에 대한 인식의 틀을 갖기 위해 성인발달에 대해 이해해야 한다고 주장하였다. 그 이유는 이러한 성인발달이론들이 코치에게 가장 핵심적인 주제와 효과적인 접근법을 제시하기 때문이다. 코치는 커리어와 개인의 삶 모두를 포함하는 성인발달 모델에 근거해 코칭을 진행할 때, 그 효과성을 높일 수 있다.

코칭은 피코치의 인생 전체, 즉 과거, 현재와 미래에 초점을 두는 것으로(Rogers, 2008), 장시간 동안의 학습이며 삶을 위한 학습이다(Hurd, 2002). 이는 코칭이 개인 삶 전체와 관련된 것으로 삶의 과정들과 매우 밀접한 관련이 있음을 보여 주는 것이다. 실제 현장에서 코치들은 삶의 한 단계에서 다음 단계로 통과의례(rite of passage)를 경험하는 피코치들을 코칭한다(Hudson, 1999). 생애주기에 걸친 개발 이슈들, 조직 내 커리어전환, 개인 개발, 훈련과 조직 학습 그리고 개인의 상이한 학습유형들은 코치가 코칭에서 흔히 접하게 되는 코칭주제들이다(Zeus & Skiffinton, 2007). 이러한 코칭주제들에 대해 피코치는 코치의 도움으로 그들 삶에 필요한 지식과 스킬들은 학습하게 된다(Sloboda, 1986).

Knowles 외(2005)가 강조한 바와 같이 발달과업과 부합하는 학습경험에서 타이밍의 중요성은 각 발달단계별 과업수행의 타이밍을 설명하는 것으로 볼 수 있다. 이에 대해 생애주기 각 단계별로 개발이 필요한 과업들(Kroth & Boverie, 2000), 더 구체적으로 살펴본다면, 인턴십 찾기, 비즈니스 시작하기, 퇴행성 질병 다루기, 봉사활동 참여(Hudson, 1999), 은퇴 준비하기 등의 다양한 주제들이 피코치의 발달단계 상 타이밍에 맞춰 코칭에서 다루어질 수 있다. 특히 이러한 주제들은 커리어 발달단계상 개인의 커리어 과업과도 밀접한 관련성을 갖는다고 볼 수 있다.

실제 삶의 과업이나 문제들을 더 만족스럽게 극복하기 위해 학습의 필요를 경험할 때 성인들은 학습할 준비가 된다. 학습프로그램은 학습자의 학습할 준비도에 따라 정리되고 현실적용을 위해 내용을 조직화해야 할 필요가 있다(Knowles, 1980). 소극적으로 가만히 앉아서 준비성이 저절로 생길 때까지 기다릴 필요는 없다. 우수한 성과를 내는 모범적인 대상, 즉 멘토와의 만남, 커리어코칭 또는 카운슬링, 시뮬레이션, 그리고 다른 기법들을 활용해 준비성을 이끌어 낼 수 있다(Knowles et al., 2010). 이는 피코치들이 자신의 삶에 직면한 발달단계상의 과업을 해결할 수 있도록 코칭이 이루어져야 하고 코칭의 계획 또한 이러한 내용을 반영해서 조직화해야 한다는 것을 의미하는 것이다.

(5) 학습지향점(orientation to learning)

아동기나 청소년기의 교과중심 학습과는 대조적으로 성인들은 과업중심적 또는 문제중심적인 학습을 한다. 성인들은 학습이 그들 삶의 상황에 직면한 문제를 다루고 과업을 수행하도록 돕는다는 것을 인식할 때 학습에 동기부여된다. 성인들은 학습한 것을 실제 삶에 적용하는 상황일 때, 새로운 지식, 스킬, 가치, 태도를 가장 효과적으로 학습한다(Knowles et al., 2005).

피코치들은 그들 삶에서 일의 성과를 개선하거나 목표를 달성하기 위한 상황에서 장애에 직면하게 될 때 코치를 찾게 된다. 이는 그들이 삶에서 스스로 해결하기 어려운 상황에 처하게 된다는 것을 의미한다(Law et al., 2007). 어려움에 처한 피코치들은 코칭을 통해 현재 자신이 처한 어려운 상황을 해결하기 위한 답을 찾고자 한다. 더 나아가 이를 즉시 현실에 적용하기를 원한다. 피코치들은 현재 그들이 당면한 문제를 해결하거나 과업을 완수하는 데 필요한 지식과 스킬이 있다면 이에 대한 학습을 희망한다. 또 피코치들은 그들 삶과 관련된 학습 주제일 때 학습에 더욱더 동기부여된다(Lawson, 1997). 그렇기 때문에 코치는 코칭이 피코치가 직면한 문제를 즉시 해결할 수 있도록 지원한다는 점을 인식해야 하고 이러한 점을 코칭장면에서 적용할 수 있어야 한다.

이를 위해 코치는 피코치들에게 코칭의 가치와 이익을 분명하게 이해시킬 필요가 있다. 따라서 코치들은 각각의 코칭세션에서 피코치가 그들의 목표에 어떻게 도달할 것인가와 그들이 참여해야 하는 코칭 프로그램의 요소들을 설명해야 한다(Rogers, 2008). 이러한 노력들을 통해 피코치는 그들의 목표를 명확히 하고 이를 달성하기 위한 실행계획을 수립한다. 이때 코치의 역할은 피코치가 실행한 결과를 스스로 평가할 수 있도록 피코치를 촉진하고 가이드하는 것이다.

이러한 구조 내에서 코칭은 유동적이고 자연적이며 예술적이다. 피코치는 기계적이고 직선적인 접근법의 대상이 아니며 대부분의 코칭세션은 사실상 순환적이다(Passmore, 2010). 이러한 코칭구조는 코칭에서 대화모델을 통해서 보다 구체화될 수 있을 것이다. 코칭 대화모델 중에서 가장 강력하고 보편적으로 사용되는 것이 GROW모델이다. 반드시 그런 것은 아니지만 통상의 경우, 단회 코칭에서 코치는 GROW모델에 따른 코칭 대화를 진행시키고 피코치는 코치와 함께 자신의 목표달성을 위한 구체적인 실행계획을 수립하게 된다. 또 이에 대한 실행을 약속한다. 이는 코칭에서 코치와 함께한 학습을 통해 생성된 지식과 경험을 현실에 적용할 수 있게 실행계획을 마련하는 것이고, 피코치의 즉각적인 실행을 촉진하는 것이다. 따라서 코칭세션에서 GROW모델은 피코치의 새로운 지식과 경험에 대한 즉각적인 현실 적용을 가능하게 하는 강력한 도구이다(박윤희, 2014a).

(6) 학습동기(motivation)

성인들은 외부의 동기부여 요소, 예를 들어 더 나은 일자리, 승진, 높은 급여에 민감하다. 그러나 가장 중요한 동기부여 요소들은 내적 동인, 즉 직무만족 향상을 위한 바람, 자부심, 삶의 질 등이다(Knowles et al., 2005). 특히 자아존중감, 인정, 선천적 호기심, 학습에 대한 선천적 사랑, 더 나은 삶의 질, 자신감 강화 또는 자아실현에 대한 기회와 같은 내적 동기요인들은 성인학습자들을 동기부여한다(Knowles, 1990).

이러한 동기부여 요소들은 성인학습에서 중요한 역할을 담당한다. 성인들은 다양하고 개인적인 이유들로 학습에 동기부여된다(Skiffington & Zeus, 2003). 또 코칭에서 효과적인 동기부여는 내적인 것 또는 자기 동기부여이며 이것은 코치가 반드시 숙지해야 하고 코칭에 적용할 수 있어야 한다(Whitmore, 2007). 타인에 의해 부과된 목표들, 즉 외적 동기부여 기제는 내적 동기부여의 수준을 낮춘다고 볼 수 있다(Isaacs, 1999). 따라서 코칭과정에서 외적인 압력이나 강요에 의해서가 아니라 피코치 스스로 내적으로 동기부여할 수 있어야 하고, 이를 기반으로 피코치 스스로 목표를 설정하고 실행계획을 수립할 때 코칭의 효과성을 높일 수 있다. 이러한 동기부여의 본질을 이해한다면, 코칭은 먼저 피코치의 학습하려는 의지를 깨우는 데 집중해야 할 것이다(Loranger, 2001).

성인학습은 단순히 기술을 습득하고 새로운 직업을 위해 훈련을 하는 것 그 이상이다. 성인학습에서 가장 중요한 것은 학습자 가슴에 불을 지피는 것이다. 그리고 그 불은 동기부여, 자아존중감, 자기책임, 성장과 성취로 전환될 수 있다(Hudson, 1999). 학습은 학습자 내면과 외부 세계 사이의 관계로 학습자의 결정과 행동에 대한 동기를 요구한다. 학습은 흥분시키고, 열광하게 만들고, 반응을 이끌어 내고 영감을 주는 것에 초점을 두어야 한다(Pasloe & Leedham, 2009). 따라서 코치는 코칭이 성공적으로 진행되기 위해서 피코치가 코칭과정에 열정적으로 임할 수 있도록 코칭에 대한 몰입도를 최대한 높여야 한다.

이러한 코치의 노력으로 성공적인 코칭이 진행된다면, 피코치는 내적인 동기부여 기제를 보유하게 된다. 커리어코칭 과정이 진행되면서 특히 두드러진 점은 피코치의 내적 변화로 자신감과 자존감이 향상되는 것이다. 이는 피코치의 의식전환의 결과이다(박윤희, 2010). 피코치를 코칭에 몰입시키는 내적인 동기부여 요인은 다양하다. 하지만 대부분의 피코치들은 자신의 성장과 발전에 대한 관심을 가지고 특히 커리어 가능성을 높이고 비즈니스 성장을 돕는 코칭에 참여하기를 희망한다(Whitmore, 2007). 이는 피코치가 자신이 원하는 삶을 살고자 하는 자아실현 의지와 관련된 것으로 볼 수 있다.

코칭은 무엇보다도 인간 성장과 변화에 관한 것이다. 자아실현에 대한 인본주의 이론은 성장을 강화하는 것에 초점을 맞춘 코칭의 기본 가정이다(Stober, 2006). 따라서 코칭은 개인의 성장과 삶의 만족을 향상시킬 수 있는 스킬을 개발하고 강화하는 데 초점이 맞추어져 있다(Zeus & Skiffington, 2007). 이를 위해 코치들은 근본적으로 피코치가 변화와 발전에 대한 열망을 가지고 있으며 성실하다는 신념을 유지해야 한다(Brockbank & Mcgill, 2012). 이는 코치가 피코치의 자아실현 의지를 존중해야 한다는 것을 의미한다.

박윤희(2012)는 커리어코칭 철학을 제시하면서 피코치는 자신의 성장과 발전을 원한다고 강조하고 있다. 이는 자아실현을 이루고자 하는 인간의 본성을 인정하는 것이다. Maslow(1970)의 욕구위계이론에 따르면, 자아실현 욕구는 개인이 갖는 최상위 욕구이며 꿈의 실현, 목표의 성취 등

표 7.2	안드라고지의 여섯 가지 원리들과 코칭 원리들의 관련성

여섯 가지 성인학습원리들	코칭 원리들
학습자의 알고자 하는 욕구	코칭은 내적인 의도와 외적인 문제와 연관된다(Hudson, 1999). 고객은 즉각적인 관심과 책임을 갖는다(Flaherty, 1999).
학습자의 자아개념	코칭 주제는 고객으로부터 나온다. 관계는 의도된 협정이다(Whitworth et al., 1998). 고객이 주제를 정한다(Rogers, 2004).
학습자의 선행경험	고객은 자원이 풍부하고 코치의 역할은 고객의 풍부한 자원을 풀어 줄 수 있도록 하는 것이다(Rogers, 2004). 고객은 태생적으로 창의적이고 자원이 풍부하며 완전체이다(Whitworth et al., 1998). 고객들은 빈 배가 아니다(Flaherty, 1999).
학습준비도	코칭은 행위와 학습을 의미한다(Whitworth et al., 1998). 코칭은 문제해결에 초점을 맞추고 결과지향적이며 체계적인 상호협력적 과정이다(Grant, 2003).
학습지향점	코칭은 고객의 인생 전체(과거, 현재, 미래)에 초점을 맞춘다(Rogers, 2004) 피코치는 그들의 요구에 부합하도록 돕는 다양한 활동들에 몰입한다(Whitmore, 1996).
학습동기	코칭결과에 대한 비전을 가지고 목표의식을 연결시킨다(Hudson, 1999). 코칭은 성과를 최대화할 수 있도록 사람들의 잠재가능성을 발굴한다(Whitmore, 1996).

출처 : Cox(2006). An adult learning approach to coaching. p. 196 수정.

은 개인이 자아실현 욕구를 충족하려는 행위로 이해할 수 있다. 코칭은 궁극적으로 피코치의 자아실현을 돕는 것이다. 따라서 코칭에서 피코치의 가장 강력한 내적 동기부여 기제는 자아실현을 이루기 위해 스스로 노력하려는 마음가짐과 태도이다.

〈표 7.2〉는 Knowles가 제시한 여섯 가지 성인학습원리들(Knowles et al., 1998)과 코칭의 관련성을 명확히 하기 위해 그 핵심요소들을 정리한 것이다.

02   자기주도학습

자기주도학습(self-directed learning; Caffarella, 1993; Confessore & Confessore, 1992; Merriam,

2001)은 전통적인 학교학습과는 구분되는 것으로 학교 밖의 성인학습자들이 수행하고 있거나, 또는 그들에게 적합한 학습방식으로 고안되었다(배영주, 2005).

1) 자기주도학습의 개념

Knowels(1975)는 타인의 조력여부와 관계없이 학습자가 스스로 자신의 학습욕구를 진단하고, 학습목표를 설정하며, 그 학습에 필요한 인적, 물적 자원을 확보하고 적합한 학습전략을 선택 및 실행하여 자신이 성취한 학습결과를 스스로 평가하는 데 개별학습자가 주도권을 갖는 과정으로 자기주도학습을 정의하였다. Knowles에 따르면, 자기주도학습은 타인의 조력여부와는 관계없이 이루어진다고 하였으나 통상 교사, 튜터, 멘토, 자원제공자, 동료들과 같은 다양한 조력자들과의 협력을 통해 이루어진다.

Candy(1991)는 학습자가 자신의 학습에 자기주도적으로 참여하고 계획하고 실천하는 선택, 결정 등을 자율적으로 할 수 있는 자기관리 능력의 향상과 이러한 능력의 향상을 위한 시도로 자기주도학습을 정의하였다. 김신일(1994)은 자기주도학습은 '시키고 받는 교육'에서 '스스로 하는 학습'으로의 전환이고 인간의 학습능력과 학습자발성을 신뢰하고 존중하며 주체적 학습활동을 정당화하는 학습주의 철학으로의 복권을 의미한다고 주장하였다.

강인애(2003)는 자기주도학습의 특징을 다음과 같이 열거하고 있다.

첫째, 성인이나 어린 학생이나 학습자라면 누구든지 자신의 학습에 대한 주도권, 자율성, 책임감을 가지고 자신의 학습을 스스로 계획, 수행하고 나아가 평가할 수 있는 학습환경을 조성해야 한다.

둘째, 자기주도학습은 다른 학습자와의 상호작용을 전제로 한다. 자기주도학습은 기본적으로 학습자 개인의 성찰과 사고가 매우 중요하지만, 그것이 더욱 활성화되기 위해서는 학습자들 간의 상호작용, 학습자들 간의 토론과 같은 협력학습이 이루어져야 한다.

셋째, 자기주도학습이 성공적으로 이루어지기 위해서는 교사의 역할에 대한 분명한 이해가 전제되어야 한다. 자기주도학습은 교사의 도움 없이 이루어지는 '자율학습'과는 개념적으로 구분되는 것으로, 자기주도학습에서는 학습자의 역할변화를 강조하는 만큼 교사의 역할이 강조된다. 자기주도학습에서 교사의 역할은 기존의 지식 전달자로서의 역할과 달리 학습자가 학습의 주도권을 가지고 학습을 해 나갈 수 있도록 도와주는 역할로 규정된다.

이러한 연구자들의 견해를 종합해 보면, 자기주도학습은 학습자가 학습에 참여하는 것에서부터 학습결과에 대한 측정인 학습평가에 이르기까지 전 과정 동안 학습자의 자율성을 기반으로 학습에 필요한 모든 활동에 참여하는 것을 의미한다고 볼 수 있다(박윤희, 2014b).

Brookfield(1985)는 자기주도학습에 필요한 능력은 학습자의 자율성을 바탕으로 학습경험의 계획과 관리에 관련된 다양한 의사결정의 통제권을 유지하면서 추진하는 것이라고 주장하였다. 자기주도학습은 학습자가 주도적으로 학습한 내용보다는 학습하는 능력을 더 중시한다. 그렇기 때문에 자기주도학습은 당연히 내용의 학습보다는 학습에 대한 학습인 메타학습이 중요한 구성 요소가 된다. 학습자가 메타학습을 통해 반추적인 문제해결 능력을 습득하기만 하면, 스스로 학습활동을 주재하면서 학습을 계속해 나갈 수 있게 되고, 이것이 더 중요한 학습의 목표가 되는 것이다. 반추적인 문제해결 활동이나 반추적인 실천은 그것이 가져오는 메타학습이라는 성과와 결합되면서 자기주도학습의 개선과 발전을 가져오는 원동력이 된다. 실제 자신의 학습과정에 대한 지속적인 반추를 통하여 학습이란 무엇이며, 어떻게 학습해야 되는가를 학습한 학습자들은 그 깨달음을 다시 자신의 학습에 투입함으로써 좀더 높은 수준의 학습을 전개해 나갈 수 있는 것이다(배영주, 2005).

자기주도학습에서는 교사를 촉진자(facilitator)로 본다(Brookfield, 1986; Knowles, 1975; Tough, 1971). 전통적인 학습이론에서 교사가 지식 전달과정을 주재하는 존재로 상정되었다면, 자기주도학습에서는 학습자의 자율적이며 자기주도적인 학습활동을 조력하는 존재로 규정한다. 촉진자로서 교사란 지식을 전달하려 들거나 학습자에게 지식의 수용을 강요하지 않을 뿐만 아니라, 학습의 과정을 통제하거나 관리하지도 않는다(배영주, 2005). 이는 결국 교사가 코치의 역할을 수행해야 한다는 것을 의미하는 것이다.

2) 코칭과 자기주도학습

자기주도학습이 학습자의 자율성을 키우고 학습에서 주도권을 갖게 하는 것이라면, 코칭에서 피코치는 철저하게 자기주도적이다. 코칭에서 피코치는 스스로 자신의 문제를 제시하고, 문제해결을 위한 목표를 설정하며, 문제해결 방법을 제시하고, 이를 실행하며, 이에 대한 평가기준을 제시하고, 직접 평가하는 모든 과정에서 주도권을 가지기 때문이다(박윤희, 2014b).

Griffiths(2005)가 제시한 [그림 7.1]의 코칭-학습 모델은 피코치가 자신의 목표를 설정하고 이 목표를 달성하기 위해 학습하고자 하는 의지가 있다면 코치와의 학습연계를 통해 동기부여됨으로써 희망하는 목표를 달성하고 학습의 결과물을 얻게 된다는 것을 보여 주는 것이다.

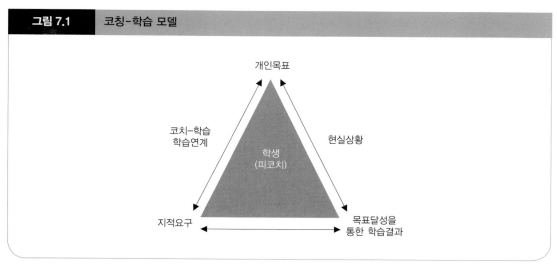

그림 7.1   코칭-학습 모델

출처 : Griffiths(2005). Personal coaching: A model for effective learning, p. 62.

코치와 피코치의 학습연계에서 중요한 요소는 코치가 피코치 스스로 그들의 고유한 학습유형을 인식할 수 있도록 도와주는 것이다. 학습유형은 학습상황에서 개인이 선호하는 반응을 말한다(Brookfield, 1986). 이는 코치가 피코치의 학습유형을 파악하고 존중해서 피코치 개인에게 특화된 코칭을 진행해야 한다는 것을 의미한다. 즉 코치는 피코치가 코칭과정에서 자신이 편안한 학습유형을 유지하게 함으로써 학습성과를 높일 수 있도록 촉진자의 역할을 수행해야 한다.

McComb 외(2007)에 따르면 학습의 촉진자로서 코치는 피코치에게 자기주도성을 획득하는 과정을 촉진시키고 능력을 부여하는 메커니즘이다. 자기주도적 학습방법을 지지하는 학습의 촉진자로서 코치는 피코치가 학습에 대한 책임을 지고 가치 있는 결과를 얻기 위해 자기규제 사이클을 통해 발전하도록 도움으로써 피코치가 자기주도성을 갖게 한다. 코칭에서 피코치의 자기주도성 발현은 코칭 상황에서 다양하게 나타날 수 있다. 특히 피코치의 자기주도성은 코칭에 참여하고자 하는 의지, 코치와 협의하여 코칭 일정을 스스로 계획하고 코칭일정을 결정하는 것에서부터 시작된다고 볼 수 있다.

자기주도학습과 자기관리는 코칭에서 함께 다루어져야 한다. 자기관리는 목표를 설정하고 이를 달성하기 위해 필수적으로 요구되는 능력이다. [그림 7.2]의 자기관리 사이클은 문제해결중심 접근법의 기반이 되는 것이다. 자기관리 사이클은 목표설정, 실행계획 수립, 실행, 모니터링, 평가 그리고 효과 없는 것을 변화시키고, 효과 있는 것을 더 많이 하게 하는 코칭과정이다. 따라서 코치

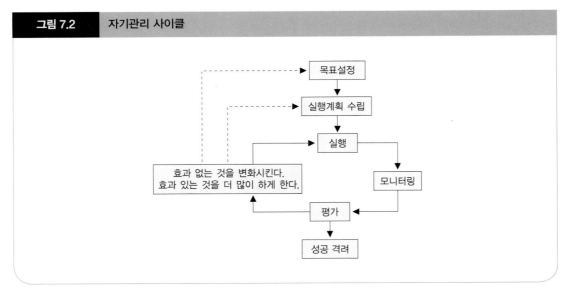

그림 7.2   자기관리 사이클

출처 : Grant(2010), Solution-focused coaching, p. 97.

의 역할은 피코치가 자신의 목표에 초점을 유지하는 동안 이러한 사이클을 통해 성공을 위한 여행을 할 수 있도록 격려하는 것이다(Grant, 2010).

3) 학습계약

학습계약은 학습자가 자신의 학습을 체계화할 수 있는 구조를 제공함과 동시에 학습자가 자신의 학습결과에 대한 평가에 책임감을 가지고 참여할 수 있도록 구체적인 프로세스를 제공한다. 학습계약은 학습자의 내적인 관심과 요구 그리고 외적인 기대와 요구 사이에 타협을 이끌어 내는 방법을 제공한다. 다음 〈표 7.3〉은 학습계약서 양식이다(Knowles et al., 2005).

학습계약을 완성하기 위한 절차를 다음과 같이 설명할 수 있다(Knowles et al., 2005).

(1) 1단계 : 학습요구(learning needs) 진단

학습자의 학습요구는 다양한 역량과 관련해 학습자의 현재 위치와 희망하는 목표 위치 사이의 차이를 의미한다. 학습자는 이러한 학습요구의 진단을 통해 요구되는 역량의 차이를 명확히 정의해야 한다.

표 7.3	학습계약서 양식

학습계약서

이름

활동

학습목표	학습자원과 전략	목표달성 근거	근거 평가를 위한 기준과 수단

출처 : Knowles, Holton III, & Swanson(2005), The adult learner(6th ed.), p. 268.

(2) 2단계 : 학습목표 설정

요구진단이 완료되었다면, 학습자는 학습계약서에 학습목표를 작성한다. 이 단계에서 중요한 것은 1단계에서 진단한 학습요구를 학습목표로 전환하는 것이다. 학습목표는 학습자가 학습하게 될 내용을 기술하는 것이다. 학습목표는 학습자에게 가장 의미 있는 단어들로 작성한다. 즉, 습득 내용, 최종 행동 또는 성장 방향 등과 같은 것들이다.

(3) 3단계 : 학습자원과 전략 구체화

학습목표 작성이 완료되면, 학습자원과 전략을 구체화한다. 각각의 학습목표들을 달성하기 위해 어떻게 학습할 것인지를 기술한다. 학습자가 현장에서 사용하기 위해 계획한 인적, 물적 자원들을 확인한다. 또 학습자가 그것들을 이용하는 과정에서 사용할 기술이나 도구, 전략들을 결정한다.

(4) 4단계 : 목표달성 근거 구체화

4단계는 목표달성을 확인할 수 있는 근거들을 제시하는 것이다. 다음 〈표 7.4〉는 목표 유형에 따른 목표달성 근거 사례들을 제시한 것이다.

표 7.4	학습목표 유형과 근거 사례

학습목표 유형	근거 사례(평가 척도)
지식	에세이, 시험, 구두 발표, 시청각자료를 활용한 발표, 주석이 달린 참고문헌 목록 등의 방법을 통해서 습득한 지식관련 보고서
이해	문제해결을 위한 행동 프로젝트, 결론과 제언이 첨부된 연구 프로젝트, 교육과정 수정 계획 등을 통해 얻은 지식을 활용한 사례
기술	관찰자들이 평가한 실행 실습, 비디오로 촬영된 실행 등
태도	태도 평가 척도; 참가자와 관찰자 또는 어느 한쪽만의 피드백을 포함한 실제 상황에서 실행, 역할 연기, 시뮬레이션 게임, 중요 사건 사례 등
가치	가치 평가 척도; 참가자와 관찰자 또는 어느 한쪽만의 피드백을 포함한 가치 명료화 그룹의 실행, 중요 사건 사례, 시뮬레이션 실습 등

출처 : Knowles, Holton III, & Swanson(2005). The adult Learner(6th ed.). p. 269.

(5) 5단계 : 목표달성 근거 평가방법의 구체화

각각의 학습목표에 대한 달성 근거를 평가하기 위해 사용할 기준에 대해 구체화하는 것이 필요하다. 평가 근거는 학습목표에 따라 매우 다양할 수 있다.

(6) 6단계 : 컨설턴트와 학습계약 검토

학습계약서 초안이 완성되면 두세 명의 친구들, 관리자 또는 다른 전문가들과 함께 검토한다. 그들의 반응과 제안을 얻는 것이 필요하다. 그들에게서 도움을 얻기 위해 다음과 같은 질문을 할 수 있다.

- 학습목표들은 명료하고, 이해할 수 있고, 실현 가능한 것인가, 그리고 그것들은 학습자가 학습하고자 하는 것들을 설명하는가?
- 학습자가 고려해 볼 만한 다른 학습목표들이 있는가?
- 학습전략과 자원은 합리적이고 타당하고 효율적인가?
- 학습자가 고려해 볼 만한 다른 자원과 전략들이 있는가?
- 근거는 다양한 학습목표들과 연관성이 있는가, 그 근거가 학습목표들을 확실히 할 것인가?
- 학습자가 고려해 볼 만한 다른 근거들이 있는가?
- 근거를 평가하기 위한 방법과 기준은 명료하고, 적절하고, 확신할 수 있는가?

● 학습자가 고려해 볼 만한 다른 근거 평가방법이 있는가?

(7) 7단계 : 학습계약 이행

이제 학습자에게 필요한 것은 학습계약을 이행하는 것이다. 학습계약을 이행하는 동안, 학습자가 학습하고자 하는 내용과 방법에 대한 처음 생각이 수정될 수 있다는 것을 기억해야 한다. 하지만 그렇다고 해서 학습계약 수정을 서둘러서는 안 된다.

(8) 8단계 : 학습평가

학습계약을 종료할 때, 학습자는 학습하고자 했던 내용을 실제로 학습했다는 확신을 갖고자 할 것이다. 이를 확인하기 위한 가장 쉬운 방법은 6단계에서 함께했던 컨설턴트들에게 학습자의 학습근거와 평가자료를 검토하고 그 타당성에 대한 판단을 요청하는 것이다. 이를 통해 학습자 자신의 학습결과에 대한 평가와 비교가 가능하다. 학습결과에 대한 평가의 비교 결과는 향후 학습자의 지속적인 자기주도학습에 긍정적으로 작용할 수 있다.

4) Grow의 SSDL(staged self-directed learning, 단계별 자기주도학습) 모델과 코칭

Grow(1991)는 성인학습자의 자기주도성 유형에 따라 각기 다른 교수방법을 제시한 이론을 발표하였다. 이는 Blanchard(1985)의 상황적 리더십 모델 Ⅱ(Situational Leadership Mode Ⅱ)를 차용한 단계별 자기주도학습 모델이다.

Hersey와 Blanchard(1969)에 의해 개발된 상황적 리더십 모델은 조직에서 리더십훈련과 개발에 광범위하게 적용되고 있다. 이 이론의 대전제는 상이한 상황은 상이한 유형의 리더십을 요구한다는 것이다. 상황적 리더십 모델은 리더십이 지시적 차원과 지원적 차원으로 이루어져 있다는 것을 강조하고 각 차원은 특정한 상황에 따라 적절하게 적용되어야 한다고 주장한다. 상황적 리더십 모델의 핵심은 리더는 그의 행동유형을 부하직원의 유능성과 헌신성의 정도에 부합시켜야 한다는 것이다.

다음 [그림 7.3]은 Hersey와 Blanchard(1969)가 개발한 상황적 리더십 모델을 확대 및 개선한 상황적 리더십 모델 Ⅱ이다.

리더십유형은 지시적 행동과 지원적 행동을 조합하여 네 가지 범주의 행동들로 분류된다. 첫 번째 유형(S1)은 높은 지시적-낮은 지원적 행동유형으로 모델상의 지시적 리더십유형(directing

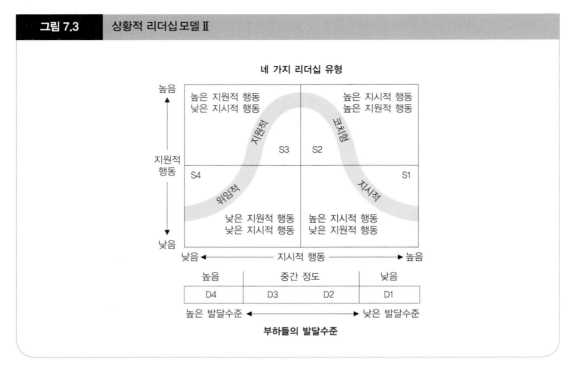

| **그림 7.3** | **상황적 리더십 모델 Ⅱ** |

출처 : Northouse(2007), Leadership: Theory and practice(3rd ed.), p. 116.(Blanchard, Zigarmi & Zigarmi(1985), Leadership and the one minute manager: Increasing effectiveness through situational leadership).

style)을 가리킨다. 여기에서는 대부분의 의사소통 초점이 목표달성에 맞춰져 있고 지원적 행동에 는 더 적은 양의 시간을 소비한다. 두 번째 유형(S2)은 코치형 접근법(coaching approach)으로 높 은 지시적−높은 지원적 행동유형이다. 여기에서 리더는 의사소통의 초점을 목표달성과 사회정서 적 지원 양쪽에 맞추고 있다. 세 번째 유형(S3)은 지원적 접근법(supporting approach)으로 높은 지원적−낮은 지시적 행동유형이다. 여기에서 리더는 목표에만 초점을 맞추지 않고 지원적 행동을 통해 구성원들이 달성해야 할 과업을 위해 능력을 발휘하도록 동기유발을 시도한다. 마지막으로 S4유형은 낮은 지원적−낮은 지시적 행동유형으로 위임적 접근법(delegating approach)을 가리킨 다. 이 접근법에서는 리더가 과업완수를 위한 지시적 행동과 사회적 지원을 덜 하게 된다. 또 과업 과 관련하여 자신감이나 자율성 및 동기유발을 촉진한다(Northouse, 2007).

　Grow는 Hersey와 Blanchard의 상황적 리더십 모델과 유사하게 학습자의 자기주도성 정도에 따라 교수자의 교육방법이 다르게 전개될 수 있다고 보았다. 특이한 점은 자기주도성이 부족한 학생일지라도 단계별로 적합한 교육을 계속 받게 되면 자기주도성이 향상될 수 있다는 것이다.

표 7.5	단계별 자기주도학습 모델			
단계	학생	교수자	수업전략	사례
1단계 (S1)	의존적 (dependent)	권위자 코치	기초적인 수준의 자료, 강의, 훈련, 즉각적인 교정	즉각적인 피드백을 통한 코칭, 훈련, 정보전달 강의, 결함과 저항의 극복
2단계 (S2)	관심 있는 (interested)	동기부여자 안내자	중간 수준의 자료, 강의와 토론, 흥미로운 방식의 원리 적용, 동기부여자로서 교수자	고무적인 강의와 토론을 병행, 목표설정과 학습전략 수립
3단계 (S3)	참여적 (involved)	촉진자	자료의 적용, 교수자의 도움을 받는 토론, 교수자와 밀접한 관계 속에서 실제 문제를 다루는 그룹 작업, 비판적 사고, 교수 전략	동등한 참여자로서 교사에 의해 조성된 토론, 세미나, 그룹프로젝트 활동
4단계 (S4)	자기주도적 (self-directed)	컨설턴트 권한위임자	개인 프로젝트, 학생 주도의 토론, 발견학습, 전문가, 컨설턴트, 관찰자로서 교수자의 역할	인턴십, 논문, 개인 연구 또는 자기주도적 스터디그룹

자료 : Grow(1991). Teaching learners to be self-directed. p. 129 수정.

Grow는 자기주도성 정도에 따른 학습자 유형과 이에 적합한 교수자 유형을 〈표 7.5〉와 같이 제시하였다.

먼저, 자기주도성이 가장 낮은 의존적 학습자는 자신들이 할 것을 정해 주는 권위자 역할의 교수자가 적합하다.

둘째, 관심이 있는 학습자는 평범한 수준의 자기주도성을 가진 학습자로 동기부여가 되어 있고 자신감이 있지만 학습해야 할 내용에 대해서는 대부분 모르는 경향이 있다. 따라서 이 단계의 학습자에게는 동기부여자 역할의 교수자가 적합하다.

셋째, 참여적 학습자는 중간 수준의 자기주도성을 가진 학습자로 기술과 기본적인 지식을 가지고 있다. 이들은 준비가 되어 있고 좋은 안내자가 있으면 특정한 주제를 탐색할 수 있는 능력이 있다. 이 단계의 학습자에게는 촉진자 역할의 교수자가 적합하다.

넷째, 자기주도성이 가장 높은 자기주도적 학습자는 높은 수준의 자기주도성을 가지고 있기 때문에 전문가의 도움이 있거나 또는 없더라도 스스로 자신의 학습을 계획, 실행, 평가할 수 있는 의욕과 능력을 가지고 있다. 이 단계의 학습자에게는 권한위임자 역할의 교수자가 적합하다.

위에 제시된 학습자 유형과 교수자 유형이 잘 매치될 때 학습자들의 자기주도성은 점차 강화된다. 학습과정 초기에 자기주도성이 결여되어 있었던 학습자라 하더라도 각 단계별로 바람직한 학습이 이루어질 경우 결국 학습자는 자기주도성을 가진 학습자로 성장하게 된다.

Grow의 SSDL 모델은 코칭에 직접적으로 적용하기에는 무리가 있을 수 있다. Grow는 1단계의 가장 의존적인 학습자에게 가장 권위적이고 전문적인 교수자가 필요하다고 보고, 이러한 역할의 교수자를 코치라고 제시하였다. 또 이 단계의 학습자에게는 즉각적인 피드백을 통한 코칭이 필요하다고 설명하였다. Grow가 제시한 코치의 개념은 현재 우리가 논의하고 있는 코치의 개념과는 매우 상이한 개념으로 보인다. 오히려 2단계의 동기부여자, 3단계의 촉진자, 4단계의 권한위임자의 역할이 현재 우리가 논의하고 있는 코치의 역할과 유사하다고 볼 수 있다. 이렇게 본다면, 전체 4단계의 과정 중에 지시적이고 권위적인 교사의 역할을 제외하고 모든 과정에서 교수자는 코치 역할을 수행해야 할 것으로 판단된다(박윤희, 2014b).

Grow의 SSDL 모델을 코칭에 직접적으로 적용하기 어려운 두 번째 이유는 코칭과 상이하게 학습자의 자기주도성 정도에 따라 상이한 교수방법을 제시한 이론이기 때문이다. 하지만 교수자가 적절한 교수방법을 선택함으로써 학습자의 자기주도성을 점진적으로 개발시키고 궁극적으로 학습자가 자기주도적 학습자가 될 수 있도록 돕는다는 점에서는 어느 정도 코칭과 유사점을 찾을 수 있다(박윤희, 2014b).

코칭과정에서 만나게 되는 피코치의 경우도 자기주도성 정도에 개인차가 존재한다. 어떤 피코치의 경우는 상당히 수동적이고 코치에게 의존적이지만 어떤 피코치의 경우에는 매우 적극적이고 자기주도적이다. 이 경우 코치들이 피코치를 코칭하는 방식은 다를 수밖에 없다. 수동적이고 의존적인 피코치에게는 동기부여 기법이나 칭찬, 인정 등의 긍정적인 피드백을 보다 많이 사용하게 된다. 반면 적극적이고 자기주도적인 피코치에게도 여전히 동기부여 기법이나 긍정적인 피드백을 사용하기는 하지만 이 경우에는 좀 더 목표지향적이고 도전적인 실행을 할 수 있도록 코칭을 진행하게 된다(박윤희, 2014b).

즉 커리어코칭 과정 시작단계에서 코치는 피코치의 자기주도성 정도에 따라 코칭을 다르게 진행할 수 있지만 코칭이 진행되면서 코치의 다양한 코칭역량의 발휘를 통해 점진적으로 피코치의 자기주도성은 강화된다고 볼 수 있다. 이렇듯 코칭에서 코치의 역할은 Grow가 제시한 SSDL 모델에서 학습자의 자기주도성 정도에 따라 교수자가 상이한 역할을 수행해야 하는 것과 완전히 일치하는 것은 아니다. 하지만 코칭에서 피코치의 자기주도성 정도를 잘 파악하고 이에 맞는 코칭을 진행해야 한다는 점에서는 시사하는 바가 크다고 볼 수 있다(박윤희, 2014b).

03 경험학습

경험학습(experiential learning) 이론은 개인들이 경험을 통해서 가장 잘 학습할 수 있다는 전제에 근거해 작동되는 이론이다. Boud 외(1994)는 학습은 경험으로부터 나오고 경험에 기반을 둔다는 전제를 통해 학습에서 경험의 중요성을 강조하였다. 이는 경험이 학습자에게 가장 중요한 학습자원이라는 것을 의미하는 것이다.

Dewey(1938)는 경험을 통해 학습이 발생하기 위해서는 그 경험이 계속성과 상호작용이라는 두 가지 주요 원칙을 따라야 한다고 주장하였다. 경험의 계속성의 원칙은 모든 경험은 그 경험이 일어나기 전부터 무엇인가를 취해야 하고 동시에 그 경험 이후에 오는 경험의 질을 수정해야 한다는 것을 의미한다. 다시 말하면 학습을 제공하는 경험들은 시간의 관점에서 고립된 사건들이 아니라는 것이다. 오히려 학습자들은 현재의 경험을 통해 학습한 것들을 과거의 경험은 물론이고 미래에 발생할 수 있는 일에까지도 연결시킬 수 있어야 한다는 것이다. 두 번째 원칙은 상호작용의 원칙이다. 이는 경험은 항상 그 경험이 발생할 때 그 사람을 둘러싼 환경과의 상호작용 속에서 발생한다는 것을 의미하는 것이다(Merriam et al., 2009).

경험이 학습의 결과로 발생하는 지식의 출처라는 인식은 아동교육이나 학교교육에서도 강조되고 있지만 특히 경험은 성인교육의 토대이고 학습의 원리가 될 수 있다. 경험은 학습의 원천이며 지식의 생산과 획득이 경험을 통해서 이루어지므로 성인교육에서 경험은 핵심적인 역할을 한다(Merriam et al., 2009).

1) Kolb의 경험학습 모델과 코칭

Dewey(1933)와 Lewin(1951)의 연구에 기초해 Kolb(1984)는 경험을 통해 학습이 이루어지는 과정을 경험학습 모델을 통해 제시하였다. Kolb의 경험학습 모델은 구체적 경험(concrete experience), 반추적 관찰(reflective observation), 추상적 개념화(abstract conceptualizing) 그리고 적극적 실험(active experimentation)의 네 단계로 구성된 귀납적 학습사이클이다. Kolb는 학습을 지식이 경험의 전환을 통해 창조되는 과정으로 정의하고 있으며 지식은 경험의 이해와 전환의 조합으로 발생한다고 보았다. Kolb는 성공적인 학습을 위해 학습자가 능동적으로 경험학습의 네 단계를 모두 완수해야 한다고 주장하였다.

Cox(2006)에 따르면, 코칭을 하나의 학습과정으로 보고 경험학습 모델의 네 개의 단계들을 확실하게 다루는 데는 코치의 역할이 중요하다. 특히 구체적 경험 단계에서 코치는 피코치의 모든 경험을 격려하기 위해 피코치의 경험에 대해 논의해야 하는데, 여기에는 코치 자신의 경험을 공유하는 것도 포함될 수 있다. 반추적 관찰 단계에서는 피코치의 구체적 경험들에 대한 상이한 관점들의 탐구와 감정의 숙고가 요구된다. 추상적 개념화 단계는 경험을 명확히 하기 위하여 이전의 지식과 이해에 의존하여 경험을 이해하는 노력이 필요하다. 마지막으로 적극적 실험 단계는 경험으로부터 학습을 끌어내고 새로운 이해의 결과로 이전과는 상이한 실행계획을 수립하는 기회가 된다(박윤희, 2014b).

Kolb와 Kolb(2005)는 경험학습 이론의 여섯 가지 일반 명제를 다음과 같이 제시하였다(Merriam et al., 2009).

첫째, 학습은 결과가 아니라 과정으로 더 잘 파악된다.

둘째, 학습은 재학습이다. 학습자들의 생각은 추출되고, 논의되고, 정교화되어야 한다.

셋째, 학습은 세상에 적응하는 변증법적으로 대립하는 방식들의 결정을 필요로 한다. 즉 학습자들은 서로 대립하는 성찰과 행동 그리고 느낌과 사고라는 방식 사이에서 움직여야 한다.

넷째, 학습은 전체론적이다.

다섯째, 학습은 학습자와 환경의 상호작용을 필요로 한다.

여섯째, 학습은 그 성격에 있어서 구성주의 적이다.

다음 [그림 7.4]는 Kolb의 경험학습 모델을 도식화한 것이다.

(1) 구체적 경험

먼저 학습이 시작되기 위해서 학습자는 사건을 경험하게 된다. 이것은 학습자가 상황을 어떻게 경험하는지 이해하고, 세상과 관련된 도전과 문제들을 다루는 데 출발점을 제공한다(Law et al., 2007).

(2) 반추적 관찰

반추는 코칭과 심리학 및 학습이론에서 학습과 발달을 위한 설명에서 간과할 수 없는 중요한 요소이다. 사건을 경험한 후에 학습자는 경험의 본질을 이해하고 그것을 돌아볼 시간을 가져야 한

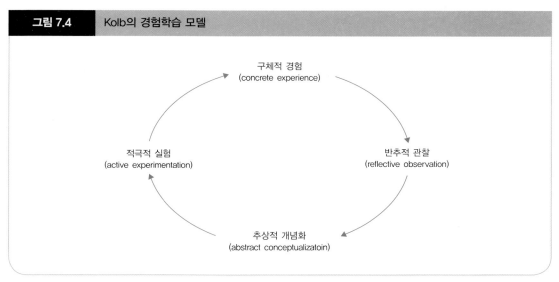

그림 7.4 | Kolb의 경험학습 모델

구체적 경험
(concrete experience)

적극적 실험
(active experimentation)

반추적 관찰
(reflective observation)

추상적 개념화
(abstract conceptualizatoin)

출처 : Kolb(1984), Experiential learning, p. 42.

다(Merriam, 1994). 경험을 통해 터득한 것을 돌아보는 것도 좋은 학습방법이 된다. 반추를 위해서 현재의 경험을 과거의 경험과 비교해 보고 미래에는 어떻게 대처할 수 있을지 생각해 보는 것도 필요하다.

Kolb의 학습사이클에서 반추는 학습과정에서 변화를 가능하게 하는 중요한 동인이다. 학습자는 반추 없이 경험으로부터 배울 수 없으며, 만약 반추가 없다면 '자기확인의 반복'(Jarvis, 1992; Brookfield, 1998) 속에서 느끼는 동일한 감정과 이해만을 계속 경험하게 된다. 그러므로 반추는 개인이 실제로 그 사건이 일어난 상황에 없더라도 발생할 수 있는 인지적 작용이라고 할 수 있다. 또한 경험을 떠올리며 반추를 할 수도 있다. 그러므로 반추는 과거 또는 현재의 경험에 수반되는 생각과 감정에 대한 인지 처리 과정을 통해 경험에 대한 새로운 이해와 통찰이 생겨나고 그 결과 새로운 의식이 형성되는 것이다.

반추란 변환적 수준의 정보 처리 과정으로 생각, 학습, 이해한 바를 해석하는 데 자신의 전제, 신념, 가치관 등을 고려하여 결론을 도출하는 행위이다. 그러므로 반추는 매우 효과적인 내적 자기평가 수단이며 코칭과정에서 언어적으로 표현되거나 에세이, 편지, 일기 등을 통해 타인과 공유될 수도 있다. 이렇게 타인에게 반추의 결과를 드러내는 것을 반추적 기술(reflective account)이라고 한다. 반추적 기술은 학습자와 코치가 학습자의 경험을 이해하고 향후 취할 수 있는 행동을 결정하는 데 도움이 된다(Law et al., 2007).

(3) 추상적 개념화

추상적 개념화란 반추를 통해 경험을 의미 있는 개념으로 전환하는 과정이다. 즉 반추는 경험을 의미 있는 개념으로 전환시키는 과정인 것이다(Law et al., 2007). 개념화한다는 것은 개념을 추출하는 것으로 학습자는 논리적으로 사고하고 합리적으로 평가하는 등의 반추 노력을 통해 적극적 실험, 즉 행동을 위해 개념을 추출하게 된다.

(4) 적극적 실험

Kolb의 학습사이클에서 행동은 적극적 실험을 하는 마지막 단계에 해당된다. 행동이란 반추와 사건에 대한 평가의 결과로 학습자가 내리는 결정을 의미할 수 있다. 그러므로 어떠한 행동을 취하지 않겠다고 결정하는 것도 이 단계에 포함된다. 학습과정에 따라 학습 바퀴가 굴러가려면 상향적 전환과 전향적 전환이 일어나야 한다. 상향적 전환이란 구체적 경험을 통해 새로운 의식, 즉 추상적 개념화를 이루는 내적 변화이며, 전향적 전환은 내적 반추가 외적 행동으로 이어지는 행동적 변화를 의미한다. 일상 경험과 이것을 추상적 개념으로 전환한 것을 조합하는 과정에서 지식이 얻어진다(Law et al., 2007).

다음 〈표 7.6〉은 Kolb의 경험학습 모델에서 단계별 학습전략 사례를 제시한 것이다.

Kolb의 학습사이클은 코칭에서 가장 일반적인 코칭대화모델인 GROW(Alexander, 2010; Whitmore, 2007)의 각 단계들과 매칭시켜 볼 수 있다. GROW 모델의 목표설정(goal setting)은 Kolb의 학습모델에서 제시된 구체적 경험 또는 실제 경험과 유사하다. 현실인식(reality) 단계는 반추적 관찰에 해당되고, 대안탐색(options) 단계는 추상적 개념화를 의미한다. 실행의지확인(will) 단계는 능동적 실험과 매치될 수 있다(Cox, 2006).

표 7.6   Kolb의 경험학습 단계별 학습전략 사례

Kolb의 경험학습 단계	학습/교수 전략 사례
구체적 경험	시뮬레이션, 사례연구, 현장견학, 실제 경험, 시연
반추적 관찰	토론, 소그룹 활동, 버즈 그룹(buzz groups) 활동, 지정 관찰자들
추상적 개념화	내용 공유
적극적 실험	실험실 경험, 현장 직무 경험, 인턴십, 실습

출처 : Knowles, Holton III, & Swanson(2005). The adult leaner(6th ed.). p. 198.

성인은 경험을 통한 학습이 필요하고 학습을 하기 위해 실수를 포함한 경험의 저장에 의지한다. 반추는 개인이 경험으로부터 최대한 효과적인 학습을 이끌어 내는 데 초점을 맞추도록 한다. 이러한 경험학습에서 코치의 역할은 학습자의 반추스킬을 개선하기 위한 구조와 동기부여를 촉진하는 것이다(Parsloe & Leedham, 2009).

2) Kolb의 학습유형

경험학습 모델을 토대로 Kolb(1984)는 네 가지 학습유형을 제시하였다. 코칭이 개인의 학습과정을 촉진하는 방법이라면, 코치가 피코치의 학습유형을 이해하는 것은 매우 중요한 일이다(Hann & Burger, 2005).

(1) 발산형

Kolb에 따르면, 발산형(diverger) 학습자는 구체적 경험과 반추적 관찰을 선호한다. 이들의 가장 큰 강점은 상상력이 풍부하다는 것이다. 이들은 브레인스토밍과 같이 아이디어를 내는 상황에서 더 큰 능력을 발휘한다. 발산형 학습자들은 열린 마음으로 개방적 사고를 하고 한 가지 상황을 여러 가지 관점으로 조망할 수 있다. 사람들에게 관심이 많고 감정적이며 문화, 예술, 인문교양 분야에 관심을 보인다. 이들은 학습과정에서 교수자나 동료 학습자와 좋은 관계를 맺을 수 있다. 학습과정에서 가치와 감정에 민감하여 새로운 방식으로 정보를 수집하는 것에 능통하다. 이 유형의 학습자는 체계적이지 못하고 이론화에 약하므로 이론적 배경을 제공하고 현상 설명을 위한 이론적 모델을 제시하거나 현실세계 맥락에 아이디어를 적용하는 등의 수업환경을 제공할 필요가 있다.

(2) 동화형

동화형(assimilator) 학습자는 추상적 개념화와 반추적 관찰을 선호한다. 이들의 가장 큰 강점은 이론적 모형을 만들어 내는 능력이다. 이들은 다양한 정보를 통합하고 그것을 간결하고 논리 정연한 형태로 조직하는 능력이 뛰어나다. 따라서 객관적이고 과학적인 사고를 중시하고 체계적, 분석적이며 추상적 개념에 대한 관심이 높다. 이러한 유형의 학습자는 응용과학보다는 기초과학이나 수학 분야의 연구개발직에 적합하다. 이들은 사람이나 사람의 감정에 대해서는 관심이 많지 않은 편이다. 동화형 학습자는 이론을 만드는 것에는 흥미가 있지만 이를 실제 적용하는 데는 관심

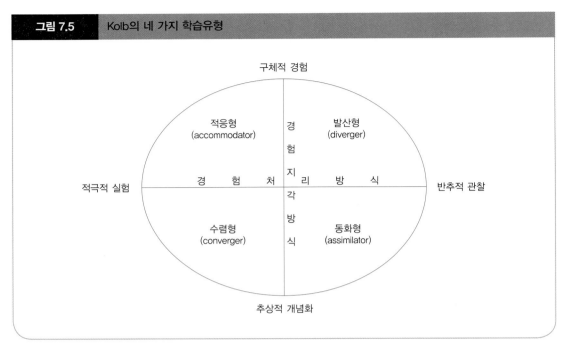

출처 : Kolb(1984). Experiential learning. p. 42 수정.

이 없다. 이들의 학습을 돕기 위해서 교수자는 실생활이나 가상현실 상황을 활용한 수업 상황이나 정교화를 촉진하기 위한 이미지 등을 제공할 필요가 있다.

(3) 수렴형

수렴형(converger) 학습자는 추상적 개념화와 능동적 실험을 선호한다. 이 유형의 가장 큰 강점은 아이디어들을 실제로 적용하는 것이다. 이 유형의 학습자는 지식과 이론의 실제적인 활용을 잘하고 새로운 사고방식과 업무추진 방식을 창출하는 데 능하며 의사결정이나 문제해결 능력이 뛰어나다. 이 유형의 학습자는 감성적이지 못하고 사람보다는 사물을 다루는 것을 선호한다. 따라서 이들은 사회나 인간의 문제보다는 기술적인 것에 더 흥미를 느끼고 자연과학 분야에서 일하는 것을 선호한다. 이들은 하나의 정답이나 해결안이 존재하는 전통적인 지능검사 같은 상황과 코칭이나 직접적인 실험을 통한 학습상황에서 가장 효과적으로 학습한다. 따라서 이들의 학습을 돕기 위해서는 확산적 예를 제시하거나 다양한 상황과 환경에서 연습을 할 수 있는 학습환경이 제공되어야 한다.

(4) 적응형

적응형(accommodator) 학습자는 학습에서 동화형 학습자와 대조되는 강점을 가지고 있다. 이 유형은 구체적 경험과 능동적 실험을 선호한다. 이들의 가장 큰 강점은 계획 실행에 뛰어나고 새로운 경험을 추구하며 새로운 상황에 적응을 잘 한다는 것이다. 이들은 직접 경험을 통해 깨달음을 얻고 구체적이고 직접적인 경험을 통한 학습을 선호한다. 또 다른 세 유형에 비해 위험을 감수하는 경향이 더 크다. 이들은 환경변화에 즉각적이고 직감적으로 적응해 가며 긴박한 상황에서 뛰어난 적응력을 발휘하기 때문에 행위지향적이거나 실질적인 분야의 마케팅이나 판매부서 등에서 높은 성과를 보인다. 이들은 사람과는 잘 사귀는 편이지만 가끔 성미가 급하고 저돌적인 것처럼 보일 때가 있다. 적응형 학습자는 다른 사람에게 영향을 주고, 사람들의 일에 개입하고 다른 사람을 돕는 과제에 뛰어나다. 이들에게는 추상적인 아이디어를 설명과 함께 제공하고, 학습자를 위한 정보 자료와 학습활동을 선택하게 하는 학습환경을 제공할 필요가 있다.

다음 〈표 7.7〉은 Kolb의 각 학습유형별 장·단점을 정리한 것이다.

코치는 이 네 가지 학습유형의 학습자들에게 다음과 같은 방법으로 적극적인 촉진자의 역할을 수행할 수 있다(Hann & Burger, 2005).

- 발산형 학습자에게 코치의 역할은 개발자 역할로 사물을 보는 다른 방식과 반추를 격려한다.
- 동화형 학습자에게 코치는 교사로 이론과 문헌을 연결시킨 독서와 조사 연구를 격려하고 다른 학습을 구조화하도록 돕는다.
- 수렴형 학습자에게 코치는 과정 관리자로 새로운 접근법들을 시도하고 준비한다.
- 적응형 학습자에게 코치는 학습 트레이너로 스킬과 학습의 실제 적용을 격려하고 실행하는 기회를 찾고, 지원을 제공한다.
- 코치는 학습자에게 자신의 학습유형이나 선호하는 학습유형보다는 다른 학습 접근법들과 균형을 이룰 수 있도록 격려한다.
- 코치는 학습자가 학습 자체의 질과 학습방법을 스스로 인식할 수 있도록 학습유형 간에 메타학습(meta-learning)을 이끌 수 있는 메타 교수자(meta-teacher)의 역할을 수행해야 한다.

따라서 코칭은 상이한 학습유형을 가진 학습자들의 학습과정을 촉진할 수 있다. 경험학습은 코칭과정의 토대와 성공에 반복적으로 연결된다. 그것은 문제기반 발견과 구체적인 실체를 제공하는 학습이 적용되고 발전되는 아레나(arena)를 형성한다. 경험학습에서 Kolb의 업적은 경험학습

표 7.7	Kolb의 학습유형별 장·단점	
학습유형	**장점**	**단점**
발산형	감정지향, 열린 마음 상상력 풍부, 직관적 다양한 관점을 보는 능력 많은 아이디어 생성 능력 타인과 관계 맺는 능력 사려 깊은 이해에 초점 폭넓게 정보를 수집하는 능력	의사결정이 늦음 사고지향적이지 못함 이론이나 일반화에 관심이 적음 과학적이거나 체계적이지 못함 아이디어를 적용하지 못함
동화형	논리적이고 꼼꼼함 이론적 모형 구축 귀납적인 추론 폭넓은 아이디어를 이해하는 능력 사려 깊은 이해에 초점 체계적, 과학적 접근 분석적, 추상적, 양적 과제에 강함 정보의 훌륭한 조직자 실험 설계에 능숙함	사람이나 감정에 무관심 타인과 관계를 맺지 못함 이론과 모형을 적용하지 못함 논리적 설명으로 통합하지 못함 행동지향적이지 못함 의사결정이 늦음 심리적이지 못함 질적 또는 구체적 과제에 약함
수렴형	문제해결 능력 의사결정 능력 가설, 연역적 추론 아이디어 실제 적용 능력 정확한 답을 선택하는 능력 체계적, 과학적 접근 분석적, 추상적, 양적 과제에 강함 타인에게 영향을 미치는 능력 기술적 과제 혹은 문제에 강함 사고하고 행동하는 새로운 방식을 창출하는 능력	좁은 흥미와 관심 사람이나 감정에 무관심 폐쇄적 자세 상상력이 풍부하지 못함 직관적이지 못하고 이해력이 낮음 심미적이지 못함 질적 혹은 구체적 과제에 약함 관찰을 잘 하지 않음 사회적, 대인적 이슈에 약함 절대적 진리에 관심이 덜함
적응형	행동, 결과 지향 계획의 실천 새로운 경험을 추구하고 즐김 위험을 감수 새로운 상황에 잘 적응 사실이나 현재의 실재에 의지 직관적, 심리적, 사람지향, 열린 마음 타인에게 영향을 주고 선도하는 능력 실용적임 타인과 관계 맺는 능력	정보를 타인에 의존 자신의 분석 능력을 신뢰하지 않음 때로는 성급함 과학적이거나 체계적이지 못함 통제에 대한 인식이 강함 이론을 경시함 시행착오를 통한 문제해결 절대적 진리에 관심이 덜함

출처 : 이명섭(2008). 기업 e-Learning 환경에서 학습성과에 영향을 미치는 요인 분석: Kolb의 학습유형 조절효과를 중심으로, pp. 42~44 수정.

에 의한 일, 교육과 개인 발달을 연결하는 코칭의 측면을 생생하게 묘사한 점이다. 경험학습과 코칭 모두에서, 개인 발달은 최고의 상태를 가정한다. 개인 발달을 촉진하고 직접적으로 이끄는 것은 교육이나 학습의 역할이다. 궁극적으로 경험학습과 코칭상황에서 개인의 일 또는 삶은 학습이 이루어지는 맥락과 스프링보드(spring board)를 제공한다(Griffiths, 2005).

04 전환학습

전환학습(transformative learning)이론은 성인학습에 중요한 영향을 미친 이론이다. 1970년대 초 Freire의 해방철학을 시초로, Mezirow의 연구를 통해 발전되었다. 전환학습이론은 코칭에서 매우 본질적인 부분에 관련되어 있다. 전환학습은 학습자의 신념, 원리 그리고 감정의 심도 있고, 근본적인 변화를 의미한다(Mezirow, 1990). 그것은 인식의 변화를 의미하는 것으로 자신과 타인 그리고 사람들의 가능성에 대한 인식을 근본적으로 변화시킨다(Cox, 2006).

1) 전환학습의 개념

Mezirow(2000)의 이론은 성인들이 자신들의 삶의 경험을 어떻게 이해하는가에 관심을 갖는다. Mezirow는 학습을 미래의 행동 방향을 결정하기 위해 과거의 해석을 사용해 자신의 경험의 의미를 새롭게 혹은 수정해서 구성하는 프로세스라고 정의하였다. 그는 준거틀, 즉 생각습관과 관점을 포함한 의미구조들의 형태를 구분하였다. Mezirow에 따르면, 준거틀은 의미 관점, 즉 우리가 지각한 것을 걸러내는 가정과 기대의 구조이다. 그것은 인지적, 정서적, 능동적인 차원을 포함한다. 이러한 준거틀은 의미를 만드는 맥락을 제공한다. 학습자는 그 맥락 안에서 지각하는 경험 중에서 어떤 것을, 어떻게 구성하고 사용할 것인지 선택한다(Marriam et al., 2009).

준거틀에는 두 가지 차원이 있다. 하나는 생각습관이고, 다른 하나는 관점이다(Mezirow, 2000). Mezirow(1997)에 따르면, 생각습관이란 가정의 묶음으로 경험의 의미를 해석하는 필터로 작용하고 넓고, 일반화되고, 방향을 설정하는 성향이다. 생각습관에는 다양한 형태가 있는데, 도덕적 또는 윤리적, 철학적, 심리적 그리고 미적으로 일반화된 경향도 포함된다. 예를 들면 민족주의, 즉 자신의 민족이 다른 민족들에 비해 우월하다는 것도 생각습관의 하나일 수 있다. 관점은 의미 체계(meaning schemes)로 이루어져 있다. 의미 체계란 즉각적이고 구체적인 신념, 감정, 태도 그리고 가치 판단의 묶음(Mezirow, 2000)이다. 관점은 생각습관보다 더 쉽게 변한다. 왜냐하면 관점에 대해서는 피드백을 받을 수 있고 자신의 생각습관에 비해서 더 잘 인식할 수 있기 때문이다(Marriam et al., 2009).

Mezirow(2000)에 따르면, 전환학습은 개인의 의미 체계 또는 생각습관의 전환이 있을 때 발생한다. 특히 개인의 생각습관의 전환은 의미 체계의 점진적인 변화로 궁극적으로는 개인의 의미 관점을 변화시킬 수 있다.

Mezirow가 설명하는 전환학습은 다음과 같은 10단계로 이루어진다.

1단계 : 방향을 못 잡는 딜레마

2단계 : 두려움, 분노, 죄의식 또는 부끄러움과 같은 감정의 자기 분석

3단계 : 가정들에 대한 비판적 평가

4단계 : 불만과 전환의 과정들이 공유된 인식

5단계 : 새로운 역할, 관계와 행위의 선택에 대한 탐구

6단계 : 행위 과정의 계획 수립

7단계 : 계획을 실행하기 위한 지식과 스킬의 습득

8단계 : 새로운 역할에 대한 시험적인 시도

9단계 : 새로운 역할과 관계에 대한 능력과 자신감 형성

10단계 : 새로운 관점에 의해 영향을 미치는 기본 조건들이 삶에 재통합

Mezirow(1981)의 전환학습에서 가장 핵심적인 구성요소는 경험, 비판적 반추, 반추적 담화와 행동이다. 전환학습은 학습자의 경험으로부터 시작된다. 경험은 경험 그 자체로 끝나는 것이 아니라 경험을 의미로 구조화하게 만든 가정과 신념을 비판적으로 검토해야 한다. 이는 자신과 사람들에게 관련된 가정들이 전환될 때까지 수정하게 된다. 그렇기 때문에 관점의 전환에 의해 형성된 의미는 주관적이고 가변적이다. 따라서 새로운 의미의 진실성과 신뢰성을 테스트할 필요가 있고 이에 대한 최선을 판단하기 위해서는 Habermas의 담론(discourse)이 필요하다.

담론이란 해석 또는 신념의 정당화를 위해 공통의 이해와 측정을 얻기 위한 대화이다(Mezirow, 2000). 이러한 담론을 통해 의미를 보다 명확하게 이해하게 되고 새로운 이해를 구축하게 된다.

이러한 이해를 바탕으로 학습자는 새롭게 형성된 의미에 기초한 관점에 부합하는 행동을 하게 된다. 이때 행동은 매우 다양하게 나타날 수 있다. 학습자의 행동은 어떤 일에 찬성하거나 반대하는 결정을 내리는 것에서부터 시위와 같이 자신의 의견을 강력하게 피력하는 것에 이르기까지 매우 다양하다. 전환학습은 바로 이러한 과정을 통해 이루어지는 것이다. 이러한 전환학습을 촉진하기 위한 방법들로는 비판적 사건분석, 역할극, 저널(신문, 잡지, 학술지)과 전기 등을 들 수 있다.

2) 코칭에서 전환학습

Mezirow(1994)에 따르면, 대부분의 반추는 문제 상황과 문제해결과정 또는 문제의 전제에 대해 반추할 때 발생한다. 반추의 결과는 하나의 이슈, 새로운 스킬의 개발 또는 문제해결의 설명이 될 수 있다. 그러나 반추의 결과가 행동으로 연결되지 못한다면 반추의 이익은 상실될 수 있다(Gray, 2006). 특히 성인학습자들은 그들의 경험으로부터 의미를 창조한다. 의미는 각기 다른 삶의 맥락에서 개인적으로 습득된 지식과 실질적 경험을 통해서 형성된다. 또 의미는 사회적 협상과 개인의 삶을 기술하는 이야기를 통해서도 형성된다(Stelter & Law, 2010).

그리고 이렇게 형성된 의미를 비판적 반추를 통해 새로운 발전에 적용하게 된다(Mezirow, 1991). 이는 코칭에서 반추를 통해 인식의 전환을 이룬 피코치가 실행계획을 수립하고 이를 실행해야 하는 필요성을 전환학습 측면에서 설명한 것이다. 피코치는 실행계획을 실행함으로써 새로운 학습에 근거한 책임을 지게 되는 것이다(박윤희, 2014b).

Kilburg(2006)는 코칭과정을 인식의 순환과정이라고 정의하였다. 코치는 피코치가 리더십상황, 현재 조직의 특성과 그 안에서 경험한 것을 이해하도록 돕기 위해 다양한 학습경험을 하게 한다. Kilburg는 피코치가 업무의 특성을 이해하도록 돕는 것에 대해 Schön(1987)의 자기반추의 세 가지 수준을 들어 설명하고 있다.

먼저, 행위학습(learning in action)은 피코치가 자신의 업무수행에 대해 자기인식 능력을 갖는 것이다. 행위학습에 대한 반추(reflection on learning in action)는 피코치가 자신의 업무를 수행하였다면, 접근방법들을 어떻게 수정할지와 업무수행을 위한 다른 방법들을 인식하는 능력을 말한다. 행위학습에 대한 반추에 대한 반추(reflection on reflection on learning in action)는 피코치가 미래에 더 좋은 성과를 낼 수 있는 방법을 모색하기 위한 학습의도를 가지고 자신의 상황에서 긍정과 부정의 대립, 역설, 복잡함을 인식하는 능력을 일컫는다. 코칭과정에서 피코치는 문제를 확인하고, 이를 해결하기 위한 목표를 수립하고, 직접 실행하는 행위학습을 함으로써 스스로를 성찰하게 되고, 이를 통해 의식의 전환은 지속적으로 이루어진다(박윤희, 2010).

Hargrove(1995)는 Argyris와 Schön(1974)의 단순순환학습(single- loop learning)과 이중순환학습(double-loop learning) 이론을 바탕으로 좀 더 진보한 삼중순환학습(triple-loop learning) 이론을 코칭에 적용하였다. 그에 따르면 유능한 코치들의 최고의 코칭 방법론은 전환학습이다. 전환학습은 사람들을 전환시키고 목표를 달성하고 실질적이고 지속적인 조직변화를 이루는 데 필수적이기 때문이다. 따라서 유능한 코치는 전환학습의 활용을 위해 세 가지 학습순환(three learning loops)을 적절히 고려하여 사용해야 한다고 주장하였다.

Hargrove(2008)는 삼중순환학습 과정을 [그림 7.6]을 통해 설명하고 있다. 삼중순환학습을 통해서 사람들은 그들의 존재 방식을 바꾸게 되고, 이중순환학습을 통해서 정신모델을 수정함으로써 생각과 행동을 수정하게 된다. 또 단일순환학습을 통해서 사람들은 새로운 조언과 방법을 얻게 된다. 코치는 피코치가 자신의 행동이나 사고방식이 계획하지 않은 결과를 만들 수 있음을 알 수 있도록 의미 있는 피드백을 제공해야 한다. 또 코치는 피코치의 눈에 씌워져 있는 눈가리개를 제거해 주는 것은 물론이고 피코치가 생각과 행동을 달리하고 새로운 가능성을 펼칠 수 있도록 돕는 능력을 갖추어야 한다.

코칭의 전환적 가치는 코칭관련 연구를 통해 확인할 수 있다(Hargrove, 1995; Hargrove, 2008;

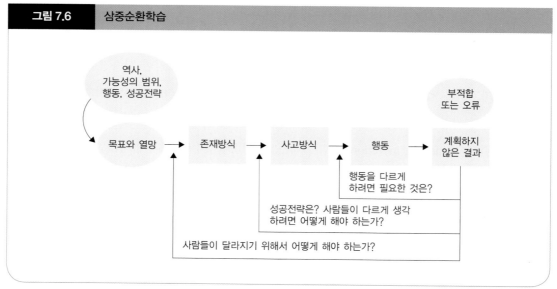

그림 7.6   삼중순환학습

자료 : Hargrove(2008). Marsterful coaching. p. 115.

Duff, 2002). 개인코칭의 고객 관점에 대한 연구에서, Duff(2002)는 코칭의 잠재가능성을 전환학습 경험의 촉진으로 설명하였다. 그리고 상호신뢰, 학습 윤리와 독창성의 집합점으로 특징지워지는 독특한 학습의 성역으로 코칭상황을 정의하였다. 결국 코칭과정은 피코치가 기존의 실행경험에 근거해 비판적 반추를 통해 의식전환을 이루게 하는 학습의 촉진과정이라고 볼 수 있다.

피코치들은 대개 그들 삶이나 일에서 관점 개선의 필요에 따라 코칭에 참여한다. 코치는 고객인 피코치를 관찰하기 시작하고 그들의 근본적인 신념을 파악한다. 다음으로 피코치는 변화에 대한 가능성을 브레인스토밍(brainstorming)한다. 그 후에 계획을 수립하고 이를 실행한다. 이러한 과정에서 피코치는 자신의 목표를 달성하는 데 필요한 지식과 스킬을 습득한다. 그리고 그들의 새로운 역할들과 전략들의 시험운전을 시작한다. 피코치의 자신감과 능력은 점차 향상된다. 궁극적으로 전환은 존재의 자연스러운 과정이 된다. 그러므로 코칭과정이 Mezirow의 전환단계들과 강한 연결성을 갖는다는 것은 자명한 사실이다(Griffiths, 2005).

05 구성주의 학습

구성주의를 철학의 한 분야로 보아야 한다는 주장도 있지만 이 책에서는 구성주의를 학습이론으로 분류하여 다루고자 한다.

1) 구성주의의 개념

구성주의(constructivism)는 개인이 지식을 구성하는 데 적극적이고 지식은 맥락적이며, 지식 구성에서 사회적 상호작용이 매우 중요하다고 가정한다(이신동 외, 2011). 구성주의에 따르면, 절대 지식이나 절대 진리라는 것은 존재하지 않는다. 구성주의에서 지식은 개인의 사회적 경험에 근거하여 형성되는 개인의 내적 인지 작용의 결과물이다. 이러한 지식은 지속적인 개인의 사회 참여 속에서 검증을 통해 구성과 재구성을 반복하게 된다.

인식론 또는 지식론은 크게 객관주의 인식론과 상대주의 인식론으로 나눌 수 있다. 먼저 객관주의 인식론은 인간의 이성적 능력을 신뢰하고 이를 통해 인간은 보편적이고 절대적인 자연의 법칙을 깨달을 수 있다고 주장하였다. 즉 인간의 이성의 힘으로 합리성, 보편성, 객관성을 추구함으로써 중세적 전통을 부정한 것이다. 대표적인 철학사조로는 근대 경험론이나 합리론, 독일 관념론 등이 있다. 이러한 객관주의 인식론은 근대 산업혁명과 시민혁명을 이끄는 토대가 되었다.

이와 상이한 관점을 갖는 상대주의 인식론은 보편적이고 절대적인 자연법칙은 존재하지 않으며 지식은 개인의 내적인 인지활동을 통해 구성되는 것이라고 주장하였다. 이에 따르면, 개인은 자기 성찰, 사회구성원들과의 의사소통과 의사교환 활동을 통해 지식을 구성하게 되는 것이다. 그렇기 때문에 상대주의 인식론에서 학습자로서 개인은 자율적이며, 자기주도적일 수밖에 없는 존재이다. 구성주의는 바로 이러한 상대주의 인식론을 기반으로 한 이론이다. 다음 〈표 7.8〉은 객관주의와 구성주의 인식론의 차이점을 비교하여 정리한 것이다.

이러한 구성주의는 지식이 구성되는 과정에 따라 인지적 구성주의와 사회적 구성주의로 나눌 수 있다. 먼저, 인지적 구성주의(cognitive constructivism)는 개인이 전적으로 지식을 구성한다고 가정하고 있기 때문에 개인적 구성주의라고도 한다. 대표적인 인지적 구성주의 학자로는 Piaget가 있다(이신동 외, 2011). Piaget는 개인의 동화와 조절을 통한 인지발달을 강조하였지만 개인 외의 사회적, 문화적 요인을 크게 강조하지는 않았다. 그는 개인의 발달에 사회적 환경이 중요하기는 하나 사회적 상호작용이 개인의 인지발달의 주요 기제라고는 생각하지 않았다.

표 7.8 객관주의와 구성주의 인식론의 비교

	객관주의	구성주의
지식	고정적이고 확인할 수 있는 대상	사회구성원으로 개인의 인지적 작용을 통해 구성
지식의 특징	초역사적, 초공간적, 범우주적인 성격	특정 사회, 문화, 역사적, 상황적인 성격
현실	규칙(rules)으로 규명 가능하며 통제와 예측이 가능함	불확실하며, 복잡하고, 독특함을 지니고, 예측이 불가능함
최종 목표	모든 상황적, 역사적, 문화적인 것을 초월해 적용할 수 있는 절대적 진리와 지식의 추구	개인에게 의미 있고 타당하고 적합한 것이면 모두 진리이며 지식
주요 용어	발견(discovery/find), 일치(correspondence)	창조(creation), 구성(construction)

출처 : 강인애(2003). 우리시대의 구성주의. p. 100.

사회적 구성주의(social constructivism)의 대표 학자로는 Vygotsky를 들 수 있다. 그의 인지발달이론에 따르면, 개인의 지식은 사회적 맥락 내에서 먼저 구성된 다음 개인에게 내면화된다(이신동 외, 2011). Vygotsky에 따르면 개인의 지식은 사회적 상호작용과 경험에 기초하여 구성된다. 이때 지식은 여러 요인들에 의해 영향을 받는데, 개인이 속한 문화나 그가 사용하는 언어, 사회 속에서 타인과의 상호작용, 교수자에 의해서도 영향을 받게 된다. 특히 Vygotsky의 근접발달영역 (ZPD, zone of proximal development) 개념은 새로운 인지발달을 이루기 위해서는 근접발달영역 안에서 정교한 교수활동이 일어나야 한다는 것으로 이는 사회적 구성주의를 잘 설명해 주는 것이다. 근접발달영역은 개인의 실제적 발달 수준과 잠재적 발달 수준 사이의 거리를 의미하며 실제적 발달 수준은 개인의 독립적 문제해결에 의해 결정되고, 잠재적 발달 수준은 교수자나 부모의 안내 또는 또래들과의 협동을 통한 문제해결에 의해 결정된다.

2) 구성주의 학습원리와 원칙

(1) 구성주의 학습원리

여러 학자들(Fonsnot, 1996; Savery & Duffy, 1996; Duffy & Cunningham, 1996)이 구성주의에서 강조하는 학습원리는 다음과 같이 정리할 수 있다(조영남, 2011).

첫째, 학습은 발달의 결과가 아니라, 학습이 곧 발달이다. 학습은 학습자 스스로의 발명과 자기조직을 요구한다. 따라서 교사는 학생들이 스스로 자신이 해결해야 할 문제를 생성하고, 이에 대한 대안으로 자신의 가설과 모형을 산출하고 이들의 적합성 여부를 검증할 수 있도록 뒷받침해 주어야 한다.

둘째, 불균형이 학습을 촉진한다. 인지적 갈등과 혼란은 학습을 위한 자극이며 이것이 학습될 내용의 조직과 본질을 결정한다. 따라서 실제적이고 유의미한 맥락에서 도전적이고 개방적인 탐구가 강조되어야 하며, 긍정과 모순이 되는 다양한 대안을 탐구 및 산출하도록 해야 한다. 특히 모순되는 점을 분명히 하고 이를 탐구 및 토의할 수 있도록 해 주어야 한다.

셋째, 반추가 학습의 원동력이다. 인간은 의미의 구성자로서, 다양한 경험을 표상적인 방식으로 조직화 및 일반화하고자 한다. 반추적 글쓰기를 통한 반추의 시간을 줌으로써 광범위한 경험을 다양한 상징적인 방식으로 표상하고, 이들 간의 관계를 논의함으로써 반추를 촉진할 수 있다.

넷째, 학습은 사회적 및 대화적 활동이다. 공동체 구성원들 간의 대화가 깊이 있는 사고를 촉진시킨다. 교실은 다양한 활동과 반추적 사고, 대화가 이루어지는 대화 공동체이다. 교사가 아니라 학습자들 스스로가 자신의 아이디어를 교실의 구성원들에게 전달하고 정당화하는 책임을 져야 한다. 지식은 개인적인 이해의 적합성에 대한 평가와 사회적 협상을 통해 진전된다. 따라서 구성원들에게 공유되는 아이디어만이 유용한 것으로 받아들여질 수 있다.

다섯째, 학습은 상황에 기초하여 일어난다. 학습이 진정한 의미를 갖기 위해서는 풍부한 맥락, 실세계 상황이 반영된 실재 상황에서 진행되어야 한다.

여섯째, 학습은 도구와 상징을 통해 촉진된다. 학습은 의미를 구성하는 것이다. 의미의 구성은 물리적 수단, 기능과 같은 도구와 언어, 수, 지도 등과 같은 기호적 수단과 같은 상징의 활용을 통해 촉진된다.

일곱째, 인간의 궁극적인 성취는 앎의 방법을 아는 것이다. 앎과 학습의 과정을 스스로 점검하고 통제할 수 있는 능력, 즉 반추적 사고야말로 인간이 지녀야 할 중요한 능력이다. 반추적 사고는 우리가 더불어 살고 있는 세상을 새롭게 이해하고 창조할 수 있는 핵심 요인이다.

(2) 구성주의 학습원칙

다음은 구성주의 학습원칙에 대해 정리한 것이다(강인애, 2011).

가. 체험학습(learning by doing)

구성주의는 학습자의 자율성과 자기주도성을 중시한다. 이는 과거의 수동적인 입장의 학습자가 아니라 학습자 스스로 학습을 주도할 수 있어야 한다는 것을 의미한다. 학습자가 학습을 주도한다는 것은 학습목표, 학습내용 전개 및 학습평가에 참여한다는 것을 말한다. 따라서 학습환경도 이러한 적극적이고 자율적인 학습자의 능력을 발휘할 수 있도록 조성되어야 한다. 이는 결국 학습자가 학습환경의 통제권을 갖는다는 것을 의미한다. 또 학습자는 이러한 학습환경을 통해 지식을 구성하는 것은 물론 학습에 함께 참여한 구성원들과 이를 공유함으로써 자신의 유능성을 개발시킬 수 있다.

나. 자아반추적 사고(thinking by reflection)

반추는 개인이 자신의 경험이나 사건에 대해 깊이 있게 사고함으로써 그것에 의미를 부여하게 하고 이를 통해 새로운 학습을 촉발시키는 것이다. 따라서 학습을 촉진하기 위해 학습자가 반추할 수 있는 학습환경을 제공할 필요가 있다. 이는 학습자가 기존에 보유한 지식과 개념을 활용할 수 있게 하는 것은 물론 깊이 있는 사고와 탐색을 필요로 하는 학습환경을 제공하는 것을 의미한다. 또 학습자들은 동료학습자들과의 토론에 참여함으로써 반추적 사고를 경험할 수 있다. 이때 동료들로부터 얻는 피드백은 학습자의 반추적 사고를 촉진하게 된다. 이러한 학습환경에서 학습자가 최종 목표로 삼아야 하는 것은 학습하는 방법을 학습하는 메타학습이다.

다. 협동학습(Learning by Collaboration)

구성주의는 학습자의 자기주도성을 강조할 뿐만 아니라 동료학습자들과 협동학습을 중시한다. 협동학습이 이루어지는 학습환경은 학습자들이 서로 지식을 구성하고 공유할 수 있는 환경이다. 협동학습을 통해 학습자들은 개념과 내용에 대한 다양한 관점을 접하고 되고 이를 내재화하게 된다. 자아반추적 사고에서 살펴본 바와 같이 학습자들 간의 토론이나 대화는 반추적 학습기회를 제공한다. 자신의 생각뿐 아니라 타인의 생각을 함께 공유하는 것은 학습자에게 인식의 확장을 가져올 뿐만 아니라 서로의 의견을 조율하는 과정에서 의사결정기술, 갈등해결기술, 협상기술 등을 자연스럽게 학습하게 된다.

라. 실제적 성격의 과제중심학습(learning by authentic task)

구성주의 학습환경은 학습자가 직면할 수 있는 실제 상황을 반영한 학습환경이어야 한다. 따라서 학습자에게 주어지는 과제는 실제적이어야 하고 그 과제를 해결하는 상황은 실제 상황을 반영한 것이어야 한다. 이는 단순히 지식만을 활용하는 차원의 과제가 아니라 통합적인 성격의 과제여야 한다는 것을 의미한다. 실제 상황을 반영한 학습과제이기 때문에 평가 또한 실제적이어야 한다. 따라서 교수자는 과제의 성격 및 해결방법을 제대로 평가할 수 있는 기준과 방법을 제시할 필요가 있다. 이러한 학습환경에서 학습자는 학습에 대한 주인의식과 함께 자신감을 얻게 된다.

마. 코치, 동료 학습자(co-learner)로서 교사의 역할

구성주의 학습환경은 이전과는 다른 새로운 교사의 역할을 요구하는 환경이다. 지시하고 통제하는 교사의 역할에서 코치와 동료학습자로서 교사역할이 요구된다. 교수자는 코치와 같이 다양한 질문을 통해 학습자의 학습을 촉진할 수 있다. 또 학습자에게 학습과정을 직접 시연(modeling)해 보임으로써 인지적 도제학습환경을 제공한다. 이러한 학습환경은 학습자의 인지적 측면뿐 아니라 정신적 측면까지도 고려되어야 하는 환경이다. 또 교수자는 학습과정에서 학습자의 실수나 오답

표 7.9	구성주의 학습원칙

구성주의 학습원칙	세부 내용
가. 체험학습	• 학습자가 주도적으로 학습목표, 내용전개 및 평가에 참여한다. • 학습자에 의한 지식구성 및 공유할 수 있는 학습환경을 제공한다. • 학습자가 전체적으로 학습환경의 통제권을 갖는다.
나. 자아반추적 사고	• 메타인지(학습하는 방법을 배우는 것)의 습득 및 활용이 가능한 환경이다. • 학습자의 기존 지식과 개념을 활용할 수 있는 학습환경이다. • 주어진 과제해결을 위해 깊이 있는 사고와 탐색을 필요로 하는 환경이다.
다. 협동학습	• 학습자들이 서로 지식을 구성하고 공유할 수 있는 학습환경이다. • 개념과 내용에 대하여 다양한 관점과 시각이 자유스럽게 제시되고 받아들여진다. • 학습자들 간의 토론/대화/상호작용을 통해 반추적 학습기회를 촉진한다.
라. 실제적 성격의 과제중심학습	• 통합교과목적인 성격의 과제를 다룬다. • 특정 상황을 기반으로 하는 과제여야 한다(situated learning). • 실제적(authentic) 평가여야 한다 : 과제 성격 및 해결안을 제대로 평가할 수 있는 기준, 방법이어야 한다.
마. 코치, 동료 학습자로서 교사의 역할	• 인지적 도제학습환경을 제공한다. • 과제중심적 평가여야 한다. • 실수/오답에 대하여 관대하고 인내가 필요하다. • 학습지도는 인지적 측면과 정서적 측면이 동시에 고려되어야 한다.

출처 : 강인애(2011). 문제중심학습 : 또 하나의 구성주의적 교수-학습모형. p. 219 수정.

에 대하여 인내할 수 있어야 하고 평가는 과제중심적이어야 한다. 이러한 학습환경은 학습자를 전적으로 신뢰할 수 있는 교수자의 태도가 요구되는 환경이다.

〈표 7.9〉는 구성주의 학습원칙에 따른 그 세부 내용을 정리한 것이다.

3) 문제중심학습

문제중심학습(PBL, problem based learning)은 20여 년 전 의과대학 교수인 Barrows(1994)의 경험을 바탕으로 교수-학습 모형의 필요성에서부터 시작되었다. Barrows는 기존의 강의식, 암기식 수업이 의과대학 수업에는 잘 맞지 않는다고 생각하였다. 따라서 자신의 경험적 틀에 근거해 인지심리이론들을 덧붙여 하나의 교수-학습 모형을 제시하였다. 이것이 나중에 구성주의라는 학습이론과 만나 좀 더 이론적 기반을 확실히 하게 되면서 현재에 이르게 되었다. 궁극적으로 PBL은 그 전개과정의 구조화된 특성에도 불구하고 구성주의 학습원칙을 매우 분명하고 철저하게 잘 실천

표 7.10	문제해결학습 단계

가설/해결안	이미 알고 있는 사실들	더 알아야 할 사항들
문제를 해결하기 위한 생각들, 가정들, 해결안에 해당하는 것을 적는다.	주어진 과제로부터 알 수 있는 사실 외에 자신이 어디선가 들은 사실(의견이 아님), 알고 있는 사실들을 중심으로 작성한다.	궁극적으로 습득해야 할 학습사항들을 포함한다.

출처 : 강인애(2011). 문제중심학습: 또 하나의 구성주의적 교수─학습모형. p. 221 수정.

할 수 있는 학습방법이다(강인애, 2011).

　PBL의 구조는 팀학습과 자기주도학습으로 나누어진다. 우선 과제가 주어지면 팀을 먼저 구성한다. 그리고 팀에서 그 과제를 통해 자신들이 학습하고자 하는 학습목표를 결정하도록 한다. 이렇게 학습목표를 스스로 결정하게 함으로써 학습자 주도적인 학습환경을 조성한다. 〈표 7.10〉은 문제해결학습의 단계를 설명한 표이다.

　학습목표를 팀별로 결정하고 나면 주어진 과제에 대해 '가설/해결안', '이미 알고 있는 사실들', 그리고 '더 알아야 할 사항들'의 순서에 따라 학습을 진행한다. 여기서 '가설/해결안'은 주어진 과제를 해결했을 때의 상태, 혹은 해결방안 등을 의미한다. '가설/해결안'을 결정하였다면 다음은 '이미 알고 있는 사실들'과 '더 알아야 할 사항들'까지 모두 작성한다. 이는 모두 팀토론을 통해 결정하도록 한다.

　작성이 모두 완료되었다면, 다음 절차는 팀 내에서 각자 개인과제, 혹은 팀 공동과제로 구분하여 적절히 배분하는 것이다. 이 또한 팀 구성원들의 협의와 의사결정을 통해서 결정한다. 모든 결정이 완료되었다면 이제 그것을 수행한다. 이를 수행하기 위해 학습자들은 교수자가 준비해 놓은 학습자료를 참고로 각 팀별, 개인별 과제해결을 위해 필요한 자료를 선택한다. 필요할 경우 학습자는 개별적으로 혹은 팀별로 추가 학습자료를 마련할 수도 있다. 이때 학습자료의 범위는 단지 문서자료뿐만 아니라 해당분야의 실제 전문가도 포함될 수 있다.

　궁극적으로 PBL은 가능한 교육환경을 실제환경과 근접하게 하려는 의도를 가지고 있고 이를 통해 교육과 현실을 연결시키고자 하는 것이다. PBL 학습을 통해 학습자는 궁극적으로 문제해결 능력이 향상되고, 학습관련 분야의 지식과 기술을 습득하게 된다. 또 팀 토론 과정을 통해 의사표현, 설명, 지지, 반박 능력과 협동학습 능력을 기르게 된다.

06   커리어코칭-학습 모델

커리어코칭-학습 모델(career coaching-learning model)은 학습이론에서 도출한 모델이 아니다. 이는 실제 커리어코칭이 진행되는 과정에서 자연스럽게 학습이 발생하는 메커니즘을 도출한 것이다. 커리어코칭-학습 모델은 커리어코칭이 성공적으로 진행된 경우, 그 과정에서 자연스럽게 피코치의 학습이 발생한다는 개념을 정리한 것이다. 이 모델은 성공적인 커리어코칭 과정에서 피코치의 자기주도학습이 어떻게 진행되는지를 잘 보여 주는 것이라고 볼 수 있다(박윤희, 2010).

커리어코칭이 성공적으로 진행된 경우, 코칭이 어떠한 과정을 통해 이루어지는가를 근거이론을 적용해 연구한 것이 박윤희(2010)의 「성공적인 커리어코칭 과정에 관한 연구」이다. 이 책의 1장에서 살펴본 바와 같이 성공적인 커리어코칭은 도움의 필요성 인식 단계, 하나되기 시작 단계, 삶의 반추를 통한 자기인식 단계, 자기주도적 커리어 정립 단계, 상호협력적 성장 단계와 커리어코칭의 일상화 단계로 진행된다. 이러한 과정을 거치면서 피코치는 삶과 커리어의 균형을 추구하고 평생학습자의 자세를 갖게 되는 것이다.

실제 성공적인 커리어코칭 과정에서 도출된 커리어코칭-학습 모델은 [그림 7.7]과 같은 과정으로 설명될 수 있다. 이러한 과정에서 피코치의 자기주도학습이 발생하며 코치는 피코치의 학습을 돕는 조력자와 촉진자의 역할을 수행하게 된다.

커리어코칭-학습 모델은 성공적인 커리어코칭 과정에서 이루어지는 피코치의 자기주도학습 과정을 보여 주는 것이다. 이 모델은 피코치가 도움이 절실한 상황에서 자신의 문제를 해결하기 위해 스스로를 코칭에 참여하도록 동기부여(motivation)하게 되고 삶의 반추를 통한 자기인식(self-awareness) 단계를 거쳐 자신의 목표를 설정(goal setting)하고, 이를 실현하기 위한 자기주도학습에 전념하면서 궁극적으로 평생학습에 이르게 되는 단계로 구성된다. 이 모든 단계에서 코치와 피코치의 하나되기는 매우 중요하다. 이러한 코치와 피코치의 하나되기는 학습과정의 진행을 촉진하고 지원하는 역할을 하게 된다. 다음은 커리어코칭-학습 모델의 각 단계에 대해 구체적으로 살펴보자.

커리어코칭-학습 모델의 첫 번째 단계는 동기부여(motivation)이다. 자신의 커리어 문제로 도움이 절실한 상황에 직면한 피코치들은 주변에 도와줄 사람이 없음을 인식하게 된다. 이로 인해

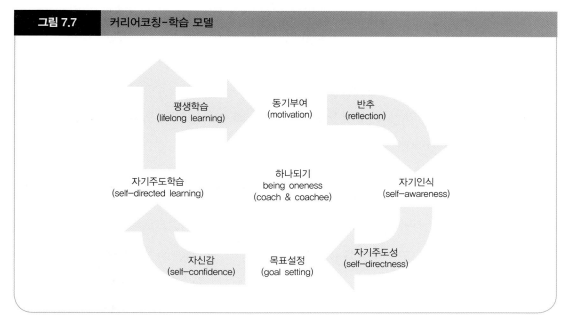

그림 7.7 커리어코칭-학습 모델

출처 : 박윤희(2010). 성공적인 커리어코칭 과정에 관한 연구. p. 219.

커리어코칭을 접하게 되고 코칭을 통해 문제가 해결될 것이라는 기대감을 가지게 된다. 또 스스로를 동기부여하면서 코칭에 참여하게 된다.

피코치들은 현재 자신에게 주어진 상황이 너무 힘들기도 하고, 또 하고 싶은 일을 찾아서 전직을 시도했지만 여러 차례 실패하면서 좌절을 경험하기도 한다. 이러한 힘든 상황을 해결하기 위해 타인의 도움이 필요하다는 것을 인식하지만 주변에 마땅히 도와줄 사람이 없음을 느끼고 외부 전문가인 커리어코치를 찾게 된다. 이렇게 커리어코칭을 접하게 되면서 피코치들은 자신이 가진 문제해결에 대한 기대감을 갖게 된다. 도움이 절실한 상황과 커리어코칭에 대한 기대감은 피코치를 커리어코칭에 몰입하게 하는 내적 동기부여 기제로 작용하게 된다. 이러한 가운데 커리어코칭 과정은 시작된다.

커리어코칭-학습 모델의 두 번째 단계는 자기인식(self-awareness) 단계이다. 이 단계에는 반추(reflection)가 수반된다. 피코치는 자신이 처한 문제 상황을 정확히 인식하기 위해 코치의 도움으로 자기 삶에 대한 반추를 시작하게 된다. 이러한 반추활동을 통해 자신에 대한 이해는 물론이고 자신의 문제에 대해 새롭게 인식하게 된다. 이는 피코치가 스스로 자신의 문제에 답을 찾는 데 밑거름이 되는 것이다. 피코치 자신이 어떤 삶을 살아왔는지, 그동안 살아온 자신의 삶에서 새롭게 인식해야 하는 것은 무엇인지를 깨닫게 하는 것이 삶에 대한 반추이다. 이는 커리어코치의 역량을 기반으로 하는 코치의 코칭활동을 통해 이루어진다. 이러한 반추를 통해 피코치는 자신을 보다 객관적인 입장에서 보게 되고 미처 자신이 인식하지 못한 것들을 발견하게 된다. 피코치는 이러한 자기인식을 통해 자신의 문제를 명확히 하고 스스로 답을 찾을 수 있는 준비를 하게 된다.

커리어코칭-학습 모델의 세 번째 단계는 목표설정(goal setting)이다. 이 단계는 피코치의 자기주도성(self-directness)이 수반된다. 피코치는 자신의 삶에서 어떻게 커리어 설계를 해 나갈지에 대해 스스로 결정하고 이에 따른 목표를 설정하게 된다. 이 과정에서 코치는 서포터로서 역할을 수행하게 되고 피코치는 커리어코칭 과정에 중심이 되어 자신이 주도적으로 커리어를 구상하고 설계하게 된다. 이는 커리어코칭이 종료된 이후에도 피코치가 지속적으로 자기주도학습을 할 수 있는 기반을 마련하는 것으로 이 단계를 통해 피코치는 자신의 삶에서 주도적 자아로 성장할 수 있는 가능성을 열게 된다.

코칭의 핵심은 피코치 스스로 답을 찾을 수 있도록 하는 것이다. 이것이 의미하는 것은 피코치가 스스로 자신의 문제를 해결하는 자기주도적 문제해결자 역할을 해야 한다는 것이다. 이는 피코치의 자기주도성 강화가 수반되어야 하는 것으로 목표설정 단계에서 가장 중요한 것은 피코치 스스로 자신의 커리어를 설계하고 목표를 설정하는 것이다. 피코치 스스로 자신만의 커리어를 그려 보는 가운데 자연스럽게 목표가 설정되고 이를 위한 실행계획도 수립된다. 커리어를 설계하고, 목표를 설정하고, 실행계획을 수립하는 것만큼이나 중요한 것이 피코치가 이를 직접 실천하고 성공 경험을 쌓는 것이다. 이를 통해 피코치는 자기주도성 강화와 함께 실행계획에 대한 실천력을 높이게 된다. 자기주도적 목표설정이 잘 마무리 되었을 때 피코치의 학습의욕은 고취되고 다음 단계로 이동이 원활하게 이루어질 수 있다.

커리어코칭-학습 모델의 네 번째 단계는 자기주도학습(self-directed learning) 단계이다. 이 단계에는 특히 피코치의 자신감(self-confidence)이 수반된다. 목표설정 단계에서 이미 강화된 자기주도성을 기반으로 자신감이 더해지면서 피코치 스스로 자신에게 필요한 학습을 설계하고 이를 실천하게 된다. 특히 이전 단계에서 이루어진 목표설정을 토대로 구체적인 학습프로그램을 선택하고 학습에 참여하게 된다. 이는 결국 피코치가 자기주도적 평생학습자의 자세를 갖게 되는 것으로 스스로 계획하고 실천하는 가운데 피코치의 평생학습은 지속적으로 이루어질 수 있다. 커리어코칭 과정이 진행되면서 특히 두드러진 점은 피코치의 내적 변화로 자신감과 자존감이 향상되는 것이다. 이는 피코치의 의식전환의 결과이다. 이러한 자신감과 자존감 향상은 이전 단계에서 이루어졌던 자기주도성 강화와 함께 피코치의 자기주도학습을 가능하게 하는 원동력이 되고 있다.

피코치들은 커리어코칭을 통해 설정된 목표와 실행계획을 단지 실천하는 데 그치지 않고 스스로 실천 가능한 목표와 구체적 실행계획을 수립하고 이를 지속적으로 실천함으로써 많은 성공경험을 쌓게 된다. 이를 통해 피코치들은 진정한 삶의 주인이 되어 간다. 특히 자신의 커리어 목표와 관련해 다양한 형태의 학습을 지속적으로 하게 된다. 성공적인 커리어코칭 과정을 경험한 피코치들은 자기주도적 평생학습상태에 이르게 된다. 이러한 학습과정은 커리어코칭의 반복과 함께 순환될 수 있다.

성공적인 커리어코칭–학습 모델에서 가장 주목해야 할 것은 코치와 피코치의 하나되기이다. 이는 피코치가 커리어코칭을 접하게 되면서부터 시작되는 것이다. 본격적으로 코칭과정이 진행되기 이전에도 코치는 피코치의 성향과 상황을 파악하기 위해 다양한 코칭활동을 전개한다. 이러한 과정들이 모두 하나되기의 시작 단계라고 볼 수 있다. 코치와 피코치의 하나되기는 어느 일방의 노력으로만 이루어지는 것은 아니다. 따라서 코치와 피코치가 성공적인 코칭을 위해 코칭에 대한 책임을 나누어지고 피코치가 가진 문제에 대해 공동의 문제해결자로서 역할을 함께 해 나갈 때 가능한 것이다. 이러한 하나되기가 커리어코칭 전 과정에서 지속적으로 유지될 때 피코치는 커리어코칭–학습 모델을 통해 성장할 수 있다.

이상에서 살펴본 커리어코칭–학습 모델은 다음과 같은 특징을 갖는다.

첫째, 커리어코칭–학습 모델은 반추를 통한 전환적 학습모델이다. 피코치는 자신의 삶에 대한 반추를 통해 자신에 대해 새롭게 인식하게 된다. 이를 통해 자신이 가진 문제를 명확히 하고 자신이 가진 문제해결에 보다 접근하게 된다. 반추활동의 결과는 결국 피코치의 의식전환으로 이어진다. 피코치가 자신의 생각을 스스로 정리하게 되고 궁극적으로 피코치는 커리어코칭을 받기 이전과 달리 자신을 사랑하게 되고 할 수 있다는 자신감을 갖게 됨으로써 완전한 의식전환을 이루게 된다. 이러한 반추활동을 통한 의식전환의 대상이 되는 것은 피코치 자신과 관련된 삶의 경험들이다. 코칭에서 피코치는 자신의 삶을 통해 형성된 구체적인 경험들을 성찰하게 되는데, 이는 코치가 코칭상황에서 다양한 코칭스킬과 대화모델의 사용을 통해서 가능한 일이다(박윤희, 2014b).

커리어코칭에서 코치는 피코치의 반추활동을 촉진하기 위해 다양한 방법들을 사용할 필요가 있다. 이는 단지 스킬의 사용만을 의미하지 않고 코치가 가져야 하는 태도까지도 포함하는 것이다. Brockbank와 Mcgill(2012)에 따르면, 코칭에서 전환학습을 위한 피코치의 반추활동은 먼저 코치의 배려로 시작할 필요가 있다. 그리고 여기서는 코치와 피코치의 학습관계와 신뢰가 중요하게 작용할 수 있다. 하나의 코칭과정을 진행하는 데 당연히 여겨지는 것들을 검토하는 것은 불편하고 불안정한 것들을 드러나게 함으로써 이를 사전에 제거할 수 있게 한다. 이를 위해 코치는 피코치를 편안하게 할 수 있는 정서적 영역의 스킬들을 개발하고 보유할 필요가 있다.

코치는 피코치의 인생에서 위기 상황이나 전환적 국면에서 새로운 역할 수행에 대한 자신감이나 자기효능감을 갖도록 심리적으로 후원해야 한다. 또 피코치가 자신의 인생관이나 세계관에 대해 반추하고 관점의 전환을 촉진할 수 있도록 코치는 코칭과정에서 피드백을 강화할 필요가 있다(김주섭, 2012).

코칭에서 피코치는 규범적 내용을 학습하기보다는 자신이 경험하는 삶 그 자체를 반추함으로써 스스로를 보다 나은 미래로 이끈다(최창호, 2009). 이때 반추는 개인이 자신의 경험으로부터 최대한 효과적인 학습에 집중하도록 돕는다. 따라서 코칭에서 코치의 역할은 학습자의 반추스킬을 촉진하기 위해 피코치를 동기부여하는 것이다(Parsloe & Leedham, 2009).

반추는 에세이, 편지, 일기 작성이나 코칭 세션에서 구두로 다른 사람들에게 그것을 밝힘으로써 명확하게 할 수 있다. 이는 내적 자기평가의 효과적인 한 형태라고 볼 수 있다. 반추적 기술(reflective account)이라고 알려진 이러한 방법들은 코치가 피코치의 경험을 이해할 수 있도록 돕는다(Law et al., 2007).

특히 개인의 사회적, 역사적 관점을 고려한 전기쓰기가 코칭과정에서 사용될 경우, 이는 관점 전환을 이끄는 하나의 계기가 될 수 있다. 또 코치가 코칭에서 질문스킬들을 사용함으로써 피코치의 관점 전환을 촉진할 수 있다(Cox, 2006). 코치가 코칭상황에서 질문을 통해 피코치의 비판적 반추활동을 촉진하는 것은 코칭에서 전환학습이 발생하는 것을 잘 설명하는 것이다.

피코치의 반추를 촉진하기 위해 코치가 갖추어야 하는 역량은 매우 다양하다. 피드백을 포함한 다양한 코칭스킬과 대화모델의 활용 능력, 피코치를 심리적으로 편안하게 해 주고 심리적 후원을 해 줄 수 있는 코치의 태도, 동기부여 능력 등이 여기에 해당된다. 따라서 코치는 피코치의 반추를 돕기 위한 코치로서의 역량을 갖추고 코칭상황에서 이를 유용하게 활용할 수 있어야 한다.

둘째, 커리어코칭-학습 모델은 자기주도적 학습모델이다. 커리어코칭 과정의 중심은 피코치이고 코치는 피코치가 자기주도성을 강화하고 자기주도적 학습자로 거듭날 수 있도록 촉진하는 역할을 해야 한다. 코치는 답을 주기보다는 피코치 스스로 답을 찾을 수 있도록 지원과 격려를 통해 서포터와 촉진자로서의 역할을 수행하게 된다. 이러한 가운데 피코치의 자기주도성은 강화되고 피코치는 자기 삶의 주인으로서 진정한 자아를 인식하게 된다. 피코치의 자기주도성은 성공적인 커리어코칭 과정에서 일시적인 생성이나 소멸로 나타나지 않고 지속적으로 유지되고 강화된다. 이를 통해 피코치는 자기주도적 문제해결자와 자기주도적 평생학습자의 역할을 수행하게 된다.

셋째, 커리어코칭-학습 모델은 순환 가능한 발전적 학습모델이다. 성공적인 커리어코칭 과정을 통해 학습은 지속적으로 이루어지고 코칭 종료 이후에도 후속 코칭을 통해 반복적으로 순환될 수 있다. 따라서 커리어코칭-학습 모델은 순환 가능한 모델이다. 그뿐만 아니라 피코치는 자기주도적 평생학습을 통해 지속적 발전을 경험하게 된다. 따라서 커리어코칭-학습 모델은 발전적 모델이기도 하다. 피코치는 성공적인 커리어코칭 과정을 통해 자기개발의 필요성을 인식하게 되고 평생학습을 통해 자신의 삶에서 지속적 성장과 발전을 이루게 된다.

넷째, 커리어코칭-학습 모델은 가변적 학습모델이다. 커리어코칭-학습 모델의 각 단계는 일정한 기간을 두고 진행되는 것은 아니다. 개인차에 따라 각 단계에 소요되는 기간의 차이가 있을 뿐 획일적으로 적용되는 기간은 없다. 또 각 단계가 완성된 후 다음 단계로 가는 것도 아니다. 하나의 단계가 끝나지 않은 상태에서도 다음 단계로의 이동이 가능하고 두 개 혹은 그 이상의 단계가 함께 진행되기도 한다. 그뿐만 아니라 상황에 따라서 이전의 단계로 다시 회귀할 수도 있다. 이는 각 단계에서 이루어져야 할 과업들이 충분히 진행된 후에 다음 단계로 이동하는 것이 바람직하다는 것을 의미한다. 이 또한 피코치의 개인차에 따라 다르게 나타날 수 있다.

다섯째, 커리어코칭-학습 모델은 상호협력적 학습모델이다. 커리어코칭-학습 모델에서 코치와 피코치의 관계는 하나되기이다. 하나되기는 커리어코칭 과정을 성공적으로 이끌 수 있는 핵심 요소로 코치가 피코치가 처한 상황을 이해하고 그와 하나되는 노력을 통해서 촉진될 수 있다. 그뿐만 아니라 피코치도 커리어코칭에 적극적으로 임하려는 자세를 보임으로써 하나되기는 완성된다. 코치와 피코치의 하나되기는 성공적인 커리어코칭을 위해 일시적으로 생성되는 것이 아니라 코칭과정 동안 형성되고 지속되어야 하는 것이다(박윤희, 2010).

커리어코칭 과정에서 코치의 역할도 중요하지만 피코치의 역할 또한 간과할 수 없는 중요한 부분이다. 코치가 코칭을 받는 피코치의 변화를 돕는 변화전문가로서 책임감과 역할을 갖는 것과 마찬가지로 코칭을 받는 피코치 역시 책임감과 주도성이 필요하다(최창호, 2011). 그렇기 때문에 코칭을 받는 피코치에게 요구되는 것은 바로 책임감(responsibility)과 주인의식(ownership)이다(Whitmore, 2007). 이는 코치와 피코치의 하나되기는 어느 일방의 노력으로 이루어지는 것이 아니라 코치와 피코치가 함께 노력해야 한다는 것을 잘 설명하는 것이다(박윤희, 2014b).

연습
문제

1. 안드라고지와 페다고지에 각각 코칭을 어떻게 적용할 수 있을지 정리해 봅니다.

2. 자기주도학습을 촉진할 수 있는 코치의 역량에 대해 생각해 봅니다.

3. Kolb의 경험학습모델과 코칭에서 GROW 대화모델의 관련성에 대해 정리해 봅니다.

4. 구성주의 학습과 코칭의 관련성에 대해 생각해 봅니다.

5. 커리어코칭-학습 모델과 피코치의 셀프코칭(self-coaching)과의 관련성에 대해 생각해 봅니다.

커리어코칭의
철학적 기초

이 장에서는 커리어코칭과 관련이 있는 주요 철학 분야에 대해 살펴본다. 사실 커리어코칭과 관련이 있는 철학 분야는 무수히 많다. 동양철학에서 서양철학에 이르기까지 그 범위도 매우 넓고 다양하다. 그러나 이 책에서는 커리어코칭과 가장 직접적인 관련이 있다고 판단되는 현상학, 실존주의 철학과 포스트모더니즘에 대한 내용을 중심으로 간략하게 살펴보고자 한다.

철학은 크게 세 영역으로 구분된다. 존재론(ontology), 인식론(epistemology)과 가치론(axiology)이 그것이다. 이들은 치밀하게 상호관련을 맺으면서 철학의 체계를 구성해 왔다. 존재론은 존재의 본질 또는 궁극적 실재에 관한 탐구활동이다. 즉 인간의 본질, 자연의 본질 그리고 이 모두를 포함하는 우주의 궁극적인 본질 등을 규명하려는 탐구로써 형이상학(metaphysics)이라고도 불린다. 인식론 또는 지식론(theory of knowledge)은 지식의 본질과 범위, 전제, 근거, 타당성 등에 관하여 연구하는 철학의 한 분야이다. 인식론은 안다는 것은 무엇이고 우리는 어떻게 지식을 얻을 수 있으며 어떤 것이 참된 지식이고 어떤 것이 거짓인가 그리고 그것을 판단하는 근거는 무엇인가 등에 관하여 탐구하는 것이다. 가치론은 가치의 문제를 다루는 철학 분야이다. 철학은 있는 그대로의 사실을 탐구하지 않고 있어야 할 당위 또는 이상을 제시하려 하므로 가치 있는 것, 바람직한 것, 진, 선, 미 등이 무엇을 의미하는지, 그것들의 근원은 무엇인지, 그것들을 평가하는 기준은 무엇인지, 어떤 것이 더 가치 있는 것인지, 그것들을 어떻게 우리의 삶과 연결시킬 수 있는지 등에 대하여 탐구하는 것이다(장찬익 외, 2007).

그렇다면 철학은 어떤 방법으로 표현되는가? 철학은 이야기를 사용하지 않고 추상 개념을 사용하며, 원리를 파악하여 사고 방식의 규칙을 정하고, 언제나 가장 근원적인 지점에서 다시 시작한다. 이런 방법으로 세계의 여러 문제에 관하여 누구나 좋은 생각을 교환할 수 있는 열린 언어 혹은 언어 공간을 만들어 내는 방법을 가지고 있다. 그리고 실제로 역사의 곳곳에서 뛰어난 철학자들은 사고방식의 규칙을 만들어 낼 만큼의 근원적인 사고의 출발점을 재건해 왔다(타케다 세이지·니시 켄, 2014).

위에서 살펴본 철학에 대한 기본 이해를 바탕으로 철학의 한 분야라고 볼 수 있는 현상학, 실존주의 철학, 포스트모더니즘에 대해 구체적으로 살펴보자.

01 현상학

학문의 객관성은 주관적인 가치 판단을 배제한 뒤에 객관적인 자료나 데이터에 근거하여 확실하게 추론하는 것을 통해 성립한다고 가정하는 실증주의적 사고방식은 심리학, 사회학, 역사학과 같은 인문, 사회과학이 진정학 과학이 되기 위해서는 자연과학을 닮아야 한다는 풍조에서 비롯된 것이다. 이러한 학문의 실증주의적 경향은 삶의 의미나 가치에 관한 물음이 학문의 대상에서 완전히 배제되는 것을 의미하는 것이다(타케다 세이지·니시 켄, 2014).

이러한 실증주의가 유행하게 된 배경에는 자연과학과 달리 정신과학의 영역에서는 서로 다른 학설들이 대립하여 결론이 내려지지 않고 결정적인 이론이 분명하게 확립되지 못한다는 이유가 자리잡고 있었다. 그렇기 때문에 실증적 데이터에 근거한 객관적 이론이라는 기준은 사변적이고 애매할 뿐만 아니라 결론이 나지 않는 정신과학의 영역을 객관적인 과학으로 만들려는 의미를 담고 있었다(타케다 세이지·니시 켄, 2014).

이렇게 인식되어야 할 대상으로 객관적 이론과 지식이 존재한다는 것은 근대 철학 전체를 관통하였던 사조이며 근대 과학의 기초가 되는 관념이다. 현상학(phenomenology)은 이러한 객관 그 자체의 존재보다는 주관적 체험, 즉 현상을 중시한다. 현상학은 인간의 체험 자체를 중시함으로써 거기에서 진, 선, 미 등의 본질을 찾으려고 시도하는 새로운 학문이다. 즉 진, 선, 미, 가치, 감정, 욕망 등의 본질은 인간이 직접 체험함으로써 더욱 잘 알 수 있게 된다는 것이다.

현상학에서 현상은 어떤 객관적인 사물을 가리키는 것이 아니라, 의식에 의한 경험의 대상이 의식 앞에 나타나는 구체적인 모습을 말한다. 즉 현상학에서 현상이란, 의식만을 가리키는 것도 아니고 의식의 물질적인 대상만을 가리키는 것도 아니다. 이는 의식의 물질적, 비물질적 대상이 의식과의 관계에서 만들어 내는 경험을 말하는 것이다(조용태, 2005).

그렇기 때문에 현상학은 개인의 지각, 개인적 의미, 주관적 경험을 강조한다. 현상학에 따르면 실재란 사건에 존재하는 것이 아니라 사건에 대한 개체의 지각에 존재한다. 즉, 현상은 감각과 직접 경험을 통해 인식되기 때문에 무엇이 실재적이고 무엇이 실재적이지 않은가는 지각이 결정한다. 현상학에 따르면 똑같은 사건이라고 할지라도 현상적 장에 따라 전혀 다르게 해석하게 된다. 그러므로 사람은 객관적인 환경에 반응하는 것이 아니라, 자기가 지각하고 이해하는 주관적인 환경에 반응하는 것이다. 즉, 사람은 현상적 장 혹은 지각 장과 일치하는 방식으로 행동하게 된다. 따라서 현상학은 개인의 행동을 정확하게 이해하려면 그의 주관적 해석체계를 고려해야 한다고 주장한다(권대훈, 2013).

현상학 분야의 대표적인 철학자들로는 Alexander Pfander, M Geiger, Ad. Reinach, Ed. Stein, D.v. Hildebrand, H. Conrad-Martius, O. Becker 등이 있다. 그러나 가장 중요한 사람은 현상학의 창시자인 Ed. Husserl과 그 완성자인 M. Scheler이다(Hirschberger, 2013).

현상학의 창시자로 불리는 Husserl은 20세기 전반에 독일에서 활약했던 유대계 철학자이다. 그는 수학과 논리학의 기초 연구에서 시작하였지만 점차 철학의 방법과 내용을 근본적으로 혁신할 필요를 통감하고 현상학을 구상하게 되었다. 현상학이 20세기 철학과 사상에 끼친 영향은 지대하다. Husserl은 철학은 참된 의미에서 엄밀한 학문이어야만 하고 현상학이야말로 그것을 가능하게 한다고 강조하였다. 나아가 현상학이 여러 학문의 기초를 다지고 그로써 학문은 전체로써 그 신뢰성을 되찾게 된다고 주장하였다.

현상학이란 '진리란, 정의란, 미란, 사랑이란 무엇인가?'와 같은 삶의 의미와 가치에 관한 물음을 계속 생각하기 위한 방법과 기초를 제시하는 것이라고 할 수 있다. 우리가 문제삼고 있는 세계는 우리가 거기에서 실제로 생활하고 있는 장소이다. 가정과 직장이 있고 가족과 친구들이 있고 보거나 접촉하고 있는 익숙한 세계이다. 이런 의미에서 Husserl은 세계를 '생활세계'라고 불렀다. 그러나 다른 한편에서 우리는 완전히 다른 세계의 개념, 즉 물리학적인 법칙이 지배하는 '객관적 세계'의 상을 가지고 있다. 확실히 과학은 나름대로의 객관성을 갖는데, 객관성이란 많은 사실을 일관되게 설명함으로써 많은 사람들을 설득할 수 있는 것을 뜻한다.

자연과학은 본래 생활세계에서 실천적인 예측의 필요로부터 생겨나고, 생활세계에서 지각된 사실에 근거한다는 이중의 의미에서 생활세계에 그 근거를 두어왔다. 그러나 이것은 잊혀지고 오로지 세계의 객관적 진실을 모사하는 것이라고 생각되어 왔다. Husserl은 이것을 '생활세계의 은폐'라고 주장하였다(타케다 세이지·니시 켄, 2014).

Husserl의 현상학적 방법은 다소 복잡하지만 일반적으로는 다음과 같이 설명할 수 있다.

첫째, 판단중지(괄호치기)이다. 이는 경험적이면서 형이상학적, 자연적 태도의 전제들을 일단 보류할 것을 제안하는 것이다. 개인의 주관 밖에 있는 객관적인 사물이나 세계의 존재 여부에 대해서는 전혀 생각하지 않는 것이다. 즉 긍정도 부정도 하지 않고 판단을 중지하는 것이다.

둘째, 현상학적 환원이다. 판단중지 후에 모든 대상 및 세계의 확신은 주관적 체험의 연속 속에서 성립한다고 생각한다. 이는 주관이라는 체험의 영역 속으로 모든 대상을 환원시키는 것을 의미한다(타케다 세이지·니시 켄, 2014).

셋째, 자유변경이다. 판단중지와 현상학적 환원과정을 거치면서 자유변경은 더 이상의 감각기관에만 주어지는 경험적 사실성으로만 제한되지 않는다. 이는 자유로운 순수 가능성의 작용으로 나타난다. 예를 들어, 감각의 대상들, 즉 탁자, 나무, 사람 등은 우리의 의식에 나타날 수 있는 모든 사물에 공통적인 불변의 구조가 재현될 때까지 자유롭게 변형시킬 수 있다. 이러한 불변의 구조를 Husserl은 형상이라고 일컬었다(양해림, 2013).

넷째, 본질직관이다. 예컨대 지각 체험이나 불안이라는 감정에는 어떤 주관에나 공통적인 것 즉 공통본질이 있다. 체험을 주시하면서 그 공통 본질을 끌어내서 서술하는 것을 본질직관이라고 한다. 이 서술은 누구나 자신의 체험을 반성함으로써 그 정확함을 확신하거나 덧붙일 수 있다(타케다 세이지·니시 켄, 2014).

다섯째, 현상학적 방법은 노에마(noema, 의식 내의 대상적 측면)와 노에시스(noesis, 순수 지성의 인식작용)의 본질적 구조를 분석하여 현상학의 궁극적 목적에 이르고자 하는 것이다. 이는 현상학적 분석을 통해 확보된 이론적 자료를 다른 사람들이 이용할 수 있도록 도와주는 것이다(양해림, 2013).

위에서 살펴본 현상학의 철학적 원리들을 다음과 같이 정리할 수 있다(조용태, 2005).

첫째, 현상학은 지식에 대한 이원론적인 관점을 부정한다. 과거에는 앎의 주체와 앎의 대상을 서로 양분하고 대립시키고 상대화시켰다. 따라서 앎의 주체로서 나와 대상과의 관계 속의 참 의미는 차단되고 무시되었다. 그러한 경우 내가 아는 대상은 나와는 무관한 대상만의 대상으로 이해될 뿐이다. 그러나 앎은 의식 밖에 있는 객관적 실체 때문만이 아니라 주체의 의식에 내재한 의미 부여 작용을 통해 이루어진다. 따라서 현상학은 앎이 주체와 대상을 분리하는 관점을 부정한다.

둘째, 현상학은 19세기까지 과거 철학에 대한 도전과 반성이 반영된 것이다. Kant나 Heggel의 철학은 사변적이고 관념론적인 것으로 체험으로 증명할 수 없는 공허한 관념에 입각한 철학이다. Comte의 실증주의 철학도 자연과학적인 객관과 보편주의에 입각한 물증중심적인 철학으로 인간과 세계의 본연에 대해 알아낸 진리보다 잃어버린 진리가 오히려 더 많다고 본다.

셋째, 현상학은 존재의 참모습이나 그 의미는 우리의 의식 위에 와서 비치는 심상(image)이라는 점을 중요시한다. 현상학자들은 존재의 참모습을 대상 그 자체가 갖고 있다고 보는 객관주의적 지식관이나, 대상의 특성을 알 수 있는 것은 '나'에게 있다고 보는 주관주의적 지식관 둘 다를 거부한다. 참다운 진리란 대상이 나의 마음에 와서 비칠 때 비로소 나타난다고 하였다. 진실은 대상과 내가 만나는 의식 속에서 떠오르며 이 의식이 앎의 원천이라는 것이다.

넷째, 현상학에서는 의식의 지향성과 구성이 중요한 개념이다. 의식은 역동적, 능동적이다. 그것은 항상 무엇인가의 대상을 지향하고 있다. 환언하면 의식은 항상 무엇인가를 향해 움직이고 있다. 의식은 반드시 무엇 무엇에 대한 의식이지 결코 정착된 채 고립시켜서, 즉 그것이 지향하고 있는 대상과 떼어서 생각될 수 없는 존재이다. 이와 같이 오직 대상과 관계함으로써 자신의 존재를 드러내는 작용 내지 활동으로써의 의식을 의식의 지향성이라고 한다. 현상학에서 실재는 의식을 떠나서 생각할 수 없고 의식에 의해서 비로소 의미적 존재가 되는 것이다. 이렇게 실재가 의식에 의해 그것이 가지고 있는 의미를 얻는 과정이 구성이다. Husserl은 참다운 세계의 모습은 의식 체험에서 떠오르는 세계의 모습이고, 그 때 세계는 절대적인 의식주체가 부여하는 각종 의미들로 구성된다고 주장하였다.

02 실존주의 철학

실존주의 철학(existentialism)은 사상적으로 18~19세기의 이상주의적 관념론과 실증주의에 대한 반동으로 태동하였다. 실존주의는 두 차례에 걸친 세계대전을 겪은 후 객관적이고 낙관주의적인 세계관에 절망하고 개인의 주관적인 삶에 눈을 돌린 철학사조이다(오희천, 2011). 실존주의 철학의 공통된 특징은 '존재는 본질에 앞선다'라는 것과 인간은 '주체성으로부터 출발해야 한다'라는 것이다.

실존을 의미하는 단어 'existence'는 라틴어 'exsistere'에서 유래하였는데, 이것은 밖을 의미하는 'ex'와 나타난다를 의미하는 'sistere'가 합성된 말이다. 이것은 인간의 본질적인 개념규정이 주체적, 구체적, 우연적 단독자로 파악되어야 하고 그러기 위해서는 관념적이며 합리적인 틀 속에서 과감히 나와 자신의 밖으로 초월해야 한다는 것이다. 인간이 원래적이며 본래적인 자신을 발견하기 위해서 자기자신으로부터 초월해야 한다는 것은 비본래적인 자신에 대한 반역이 필요하다는 것을 의미한다. 그래서 실존주의 철학을 반역의 철학이라고도 하며 초월의 철학이라고도 한다. 본래적인 자아의 회복이 실존주의 철학이라고 한다면 이는 Socrates로부터 시작되었고 볼 수 있다. 무엇인가를 알고 있다는 소피스트들에게 Socrates는 너 자신을 알라고 하였는데, 이것은 인간은 아는 것이 없는 무지한 존재라는 것을 일깨워 준 것이다. 아무것도 알지 못하는 인간이 원래의 인간이므로 그것을 알아야 한다는 것을 의미하는 것이다(이요섭, 2002).

실존주의 철학은 인간의 번민과 고통에서 비롯되었다고 볼 수 있다. 과학의 눈부신 발전 위에 인간의 삶은 풍요로워지고 윤택해졌다. 그러나 정치적 상황은 불안하고 인간은 대중과 산업화에 매몰되어 가는 위기 속에서 삶을 살아가야 하는 존재가 되었다. 이러한 삶의 현장에서 파악될 수 있는 살아있는 인간, 구체적인 인간, 바로 나 자신으로서의 인간에 대한 철학적인 이해가 관심사로 등장하였다. 이 격동의 현실 속에서 삶을 영위하기 위하여 번민과 고통으로 인해 몸부림칠 수밖에 없는 인간에 대한 철학적 관심이 결국 실존주의 철학을 낳게 한 주요 요인이다.

이러한 실존주의 철학은 제1차 세계대전의 패전으로 심각한 불안에 직면한 독일에서 Heidgger와 Jaspers 등에 의해 제창되었고, 제2차 세계대전 이후 프랑스에서 Sartre를 중심으로 활발하게 전개되었다. 실존주의 철학이라는 용어를 현대철학으로 사용하게 된 것은 독일의 문학자 Heinemann에 의해서이다(양해림, 2013). 실존주의 철학자로는 Kierkegaard, Nietzsche, Heidgger, Sartre, Jaspers, Camus, Buber 등을 들 수 있다.

실존주의 철학은 신을 인정하느냐 그렇지 않느냐에 따라 유신론적 실존주의와 무신론적 실존주의로 나눌 수 있다. 기독교와 신에 대한 믿음을 중시하는 Kierkegaard의 사상을 유신론적 실존주의라고 하는데, 그는 종교를 삶에 있어서 가장 중요한 선택의 문제로 보았다. 그에 따르면 신앙은 개인이 주관적으로 선택해야 하는 문제이며 개인의 열정적인 내적 성찰로부터 형성되는 것이다. 그는 이성을 포기하고 무비판적으로 신을 받아들이는 '신앙의 도약'을 통해서만 인간은 자신의 삶을 재구성하고 기독교 교리에 따라 참되게 살 수 있다고 주장하였다. 반면 신은 죽었다고 선언한 무신론적 실존주의자인 Nietzche는 전통적 철학의 선험적 관념뿐만 아니라 신도 부인하였다. 종교와 전통이라는 피난처를 상실한 인간은 오직 자기 자신을 의지할 수밖에 없다고 보았다. 그러므로 인간은 자신을 재발견함으로써 자기의 몸 둘 곳을 찾아야 한다고 주장하였다(장찬익 외, 2007).

실존주의 철학에서 강조하고자 하는 핵심은 본질(essence)이 아니라 실존(existence)이다. 실존은 어의만으로 보면, '실제로 존재함'을 의미한다. Kierkegaard 이후에 Heidgger, Sartre는 실존이란 용어를 '자신의 삶을 스스로 선택하고 결단함으로써 의미 있게 산다'라는 특별한 의미로 사용하였다. 예컨대 Heidgger는 '기투'함으로써, Sartre는 '앙가주망'함으로써 실존한다고 말한다. 기투란 자신의 존재 가능성을 향해 그 자신을 던진다는 의미이며 앙가주망은 역사적, 사회적 현실에 제 스스로를 잡아매는 것을 뜻한다. 또한 Sartre에 의하면, 인간은 무로부터 출발한다. 인간은 무이지만 스스로 만들어 내는 자유를 가지고 있다. 인간이 스스로 만들어 낸 것, 그것이 곧 인간의 본질이다. 이런 의미에서 실존주의 철학은 '실존이 본질에 앞선다'라고 말할 수 있는 것이다. 실존주의 철학은 인간이 존재하고 있다는 사실이 먼저 나타나며 '인간이란 무엇일까?'라는 질문을 통해 인간의 본질을 묻는 것이다(양해림, 2013).

그렇다면 '실존이 본질에 앞선다'는 것은 무엇을 의미하는가? 신이 인간을 만들었다는 사례를 들어보자. 신은 먼저 인간을 만들어야겠다고 생각한 후에 인간을 만들었다. 즉 인간을 만들기 이전에 인간이라는 존재에 대해 먼저 생각하고 그 다음에 인간을 만든 것이다. 즉 이것은 인간이라는 본질이 인간의 실존에 앞선다는 것을 의미하는 것이다.

실존주의 철학에서 또한 중요한 용어로 등장하는 것이 '자유(freedom), 선택(choice), 책임(responsibility)'이다. Sartre는 인간이란 자유롭게 선고되어 있는 존재이기 때문에, 전 세계의 무게감을 자신의 두 어깨 위에 짊어지고 있는 것이며, 존재의 방식에 관한 한 세계에 관한 책임자이자 그 자신에 관한 책임자라고 주장하였다. 이 책임은 인간이 무슨 짓을 하든 한 순간도 떼어낼 수 없다(고미숙, 2006). 더욱이 인간이 자기 자신을 만들어 가는 과정에서 '선택'에 직면할 때, 그는 그 자신을 위해서뿐만 아니라 모든 인간을 위해서 선택한다. 그러므로 Sartre에 의하면 인간은 자기 자신의 개체성에만 책임이 있는 것이 아니라 모든 인간에 대해서도 책임이 있는 것이다(Stumpf & Fieser, 2008).

실존주의 철학에서 인간의 자유는 결코 쉬운 것이 아니다. 이는 인간에게 두려움과 불안을 유발하게 하는 것이다. Sartre(1999)는 인간이 자신의 자유를 의식하게 되는 것은 불안 속에서라고 주장하였다. 불안을 통해 나타나는 자유는 자유로운 존재인 자신을 끊임없이 새롭게 만들어야 하는 의무를 대변하는 것이다. 불안은 자유에 대한 반성적인 이해이며, 불안과 같은 정서를 통해서 인간은 무한한 자유와 자신과 전체에 대한 책임을 자각하게 되는 것이다(고미숙, 2006).

실존주의 철학자들은 상이한 방법으로 그 입장을 밝히고 있지만 공통적인 견해를 찾아보면 다음과 같이 몇 가지로 정리할 수 있다(조용태, 1975; 조용태, 2005).

첫째, 인간존재에 있어서 '실존이 본질을 앞선다'는 생각이다. 인간 존재에 대해 전통철학은 인간의 본질이 존재보다 앞서 있음을 주장해 왔다. Platon에 따르면, 이 지구상에 설령 인간이 사라진다고 해도 '인간의 관념'은 여전히 존재한다. Sartre(1947)에 따르면 유신론적 실존주의자이든 무신론적 실존주의자이든 그들에게 공통되는 것은, 그들이 실존이 본질을 앞선다고 생각하는 것이다. 달리 말하면 인간의 주체성이 출발점이 되어야 한다는 것이다. 인간은 전통철학에서 주장하는 것처럼 밖으로부터 먼저 규정된 보편적, 추상적, 획일적 규정에 따라 사는 것이 아니다. 인간은 구체적인 삶 속에서, 자신을 선택하고 만들어 가는 자유에 의해 자신의 본질을 각자 형성해 가는 존재이다.

둘째, 실존주의는 존재의 두 가지 양태 곧 '즉자적 존재(being in itself)'와 '대자적 존재(being-for-itself)'(Morris, 1961)에 근거한 인식의 양태를 주장하면서, 그 어느 철학보다도 인간이해를 위한 과학적 접근방법의 한계를 비판한다. Sartre가 말하는 즉자는 대상으로서의 존재이며 대자는 의식으로서의 존재이다. 인간이 어떤 대상을 보고 있다고 했을 때, 인간의 지각 대상은 즉자적 존재이고, 그 대상을 보고 있음을 인식하는 의식을 갖는 인간은 대자적 존재이다. 창 밖에 있는 한 그루의 나무를 보는 경우, 인간은 나무만을 인식하는 것이 아니라, 나무를 인식하는 자신의 의식을 인식한다. 이러한 경우 전자는 단순한 감각적 지각에 의한 물리적, 과학적 인식이지만, 후자는 이중적, 주관적, 내면적인 인식이기 때문에 단순한 과학적 접근방법으로는 인간존재가 적절하게 인식될 수 없다는 것이다.

셋째, 실존주의는 합리주의의 허구성과 실증주의의 비인간성에 대한 반작용으로 태동하였고 모든 관념적 추상주의를 거부하고 인간의 삶과 죽음, 기쁨, 사랑, 불안, 절망, 허무와 같은 문제에 깊이 관여하는 태도를 중시한다. 인간을 비정서적, 합리적 창조물보다는 정서적, 비합리적 창조물로 간주하면서 불안, 공포, 긴장 등 인간의 어두운 면도 드러내 보이게 한다. 그러나 실존주의의 진정한 의미는 이러한 인생의 부정적인 측면을 바로 이해해서 이를 극복하는 데 있다.

넷째, 실존주의는 희랍적인 철학보다 히브리적인 철학에 기초해 내적인 것과 주체성을 강조한다. 이것은 '주체성이 진리(subjectivity is truth)'라는 실존주의자들의 말에 잘 나타나 있다. 인간 밖의 외부에 대한 것이 아니라 인간 자신에 대해서 또 인간에 대해서도 인간 일반의 문제가 아니라 구체적이고 개별적인 인간을 문제로 한다. '무'의 존재로 던져져서 자유로이 그러나 책임을 지고 자아를 형성해 가는 자아의 독자성을 강조하는 것이다.

다섯째, 실존의 방식이다. 실존주의적 관점에서 보면, 개인이 관계하는 네 가지 양식의 세계, 즉 주변세계, 공존세계, 고유세계, 영적 세계가 있다. 주변세계는 개인이 던져진 세계, 공존세계는 인간만이 갖는 대인관계의 세계, 고유세계는 자신만의 세계이며, 영적 세계는 세계에 대한 인간의 믿음의 세계를 의미한다. 이러한 실존의 방식에 따라 인간은 매 순간 주변세계인 환경 내에서, 공존세계인 대인관계를 맺으면서, 고유세계인 자기자각을 하면서, 그리고 영적 세계인 영적 가치를 믿으며 살아가는 것이다(노안영 · 강영신, 2012).

03 포스트모더니즘

포스트모더니즘(postmodernism)은 20세기 후반의 예술을 비롯하여 사회의 다양한 양상을 설명하기 위해 다의적 맥락에서 사용되는 용어이다. 포스트모더니즘은 통일된 정의는 없지만 20세기 후반의 예술, 문학, 미술, 건축 등 다양한 분야에서 전개되었다. 즉, 이 용어는 모더니티-포스트모더니티, 모더니즘-포스트모더니즘의 대칭적 개념에 대한 논점을 정의내리면서부터 시작되었다(양해림, 2013).

포스트모더니즘은 하나의 일목요연한 이론체계로 정리되지 않고 정리되기를 거부하는 철학이다. 포스트모더니즘은 모더니즘에 대한 전면적인 거부를 가리키는 흐름이라고 할 수 있다. 물론 모더니즘과 포스트모더니즘의 관계를 보는 입장이 하나만 존재하는 것은 아니다. 어떤 이들은 포스트모더니즘에서 포스트(post)의 의미를 모더니즘과의 연속성이라는 측면에서 이해하기도 하고, 또 어떤 이들은 단절이라는 측면에서 이해하기도 한다. 모더니즘이 없었더라면, 포스트모더니즘은 나오지 않았겠지만, 포스트모더니즘은 모더니즘과 근본적으로 다른 사유방식이다(고미숙, 2006).

포스트모더니즘이 처음으로 강조되어 사용된 것은 Fiedler와 Hassan 등과 같은 문학비평가들에 의해서였다. 1970년대 초·중엽에 건축 및 각 예술분야에서 포스트모더니즘이라는 용어가 보편적으로 사용되기 시작하였고, 미국에서 촉발된 포스트모더니즘은 파리와 프랑크푸르트를 통해 유럽에 전파되어 1980년대에 들어서는 서구사회의 지식인들 사이에 매우 폭넓게 수용되었다. 포스트모더니즘의 이론적 기초를 구축한 대표적 학자들로는 철학 분야의 Derrida, Lyotard, 역사 분야의 Foucault, 정신분석학 분야의 Deleuze, 정치철학 분야의 Marcuse, Baudrillard, 과학철학 분야의 Kuhn, 문학이론 분야의 Barthes 등을 들 수 있다(장찬익 외, 2007).

이러한 포스트모더니즘이 등장하게 된 배경에 대해서는 다음과 같이 정리할 수 있다.

첫째, 정치적 배경이다. 제2차 세계대전의 종전과 함께 세계는 미국을 정점으로 하는 자유민주주의 이데올로기와 소련을 정점으로 하는 사회주의 이데올로기로 나뉘어졌다. 이와 같이 두 개의 이데올로기가 격심하게 대립하던 현상은 1980년대 후반 소련을 비롯한 동구 공산권 국가의 급격한 몰락으로 새로운 국면을 맞이하게 되었다. 이와 더불어 그동안 이데올로기의 큰 틀 속에서 경시되었던 문제들, 즉 환경문제, 여성문제, 장애인문제, 인권문제, 인종문제 등이 새롭게 부각되기 시작하였다. 이데올로기에 비해 상대적으로 주변부, 지엽적인 것으로 보이던 이러한 문제들을 정당화할 새로운 이론적 근거가 필요했는데, 그 필요에 부응한 것이 바로 포스트모더니즘이다(목영해, 1995).

둘째, 경제적 배경이다. 재화의 생산을 개별국가가 소유하는 부의 차원으로 보던 시장자본주의나 독점자본주의 단계에서는 재화의 소비보다 생산이 훨씬 중요한 것으로 여겨졌다. 즉 재화의 소비는 전통사회에서와 같이 악덕은 아니었지만 그렇다고 미덕 또한 아니었다. 1960년대 이후 진행된 다국적 자본주의 단계에서는 국가 간 자본이동이 자유롭고 다국적 기업들은 우세한 자본력과 기술을 바탕으로 주변 국가에 대한 경제적 지배를 강화하였다. 이 단계에서는 다국적 자본에 의해 소비가 미덕으로 여겨지고 인간의 주체적 자아의식, 비판의식 또한 크게 훼손되었다. 이러한 다국적 자본주의 소비사회에서는 소비를 미덕으로 정당화하거나 주체적 자아 및 비판의식의 해체를 정당화하는 이론적 근거가 필요한데 이 이론적 근거로 등장한 것이 포스트모더니즘이다(목영해, 1995).

셋째, 사회적 배경이다. 정보화 사회에서는 사람과 사물이 기호로 존재하고, 그 존재의미 또한 기호로 생성된다. 우리는 은행에서는 계좌번호로, 학교에서는 학번으로, 한 나라에서는 주민등록번호로 우리의 존재가 인정되고 있다. 사람이나 사물에는 그 본래의 고유한 존재의미가 내재해 있는 것이 아니라 사람과 사람, 사람과 사물, 사물과 사물 간의 기호적인 차별성에 의해 의미를 갖게 되고, 이와 같은 인간과 사물의 기호화와 기호적 의미화를 정당화할 수 있는 이론적 근거로 포스트모더니즘이 등장하게 되었다(고미숙, 2006).

넷째, 문화적 배경이다. 현대사회는 문자시대에서 영상시대로 전환됨에 따라 다양한 가치관의 변화를 겪고 있다. 즉, 이성 중심에서 감성 중심으로, 논리적 판단에서 감각적 판단으로, 동질 지향성에서 이질 지향성으로, 자기절제에서 자기표현으로, 억제된 감성에서 해방된 감성으로, 정적 문화에서 동적 문화로 변화되고 있다는 것이다. 이와 같은 감성 중심, 이질 지향성, 자기표현의 가치관 변화를 정당화하는 근거로 포스트모더니즘이 등장하게 되었다(목영해, 1995).

다섯째, 예술적 배경이다. 모더니즘 예술에서는 독창성을 가장 강조하지만, 더 이상 새로운 차원을 찾을 수 없게 되자, 기존의 예술작품을 새롭게 다루는 예술적 기법을 시도하려는 분위기가 형성되었다. 이러한 기법에는 패러디(parody)나 패스티시(pastiche, 혼성모방) 등이 있다. 패러디는 어떤 원전텍스트를 풍자적으로 모방하는 기법이고, 패스티시는 풍자를 목적으로 하지 않으면서 여러 원전에서 모자이크 하듯이 발췌하여 모방하는 것이다. 바로 이러한 분위기로 인해 포스트모더니즘이 등장하게 되었다(목영해, 1995).

여섯째, 학문적 배경이다. 학문과 비학문의 경계가 무너지고, 학문적 다원주의 현상이 나타나게 되었는데, 이러한 현대의 학문적 현상을 정당화시켜 주는 이론적 근거가 필요하게 되었다. 학문이란 개념, 사실, 이론들이 체계적으로 가르칠 수 있게 조직된 것이기 때문에, 민담, 사주관상 등은 학문의 세계에서 제외되었고 학교에서도 추방되었다. 고전물리학은 모든 학문의 전형으로 인정되어 왔지만, 현대에는 그러한 학문의 절대적 전형이 무너지게 되었다. 우리나라에서도 학문과 비학문의 경계가 무너지는 현상들이 발생하고 있는데, 침, 뜸, 한약제조 등의 한의술은 과학적 학문으로 자리를 잡아가고 있고, 풍수지리설이나 민속, 민담 등도 학문의 영역 속에 포함되고 있다. 바로 이러한 학문의 다원주의 현상으로 인해 포스트모더니즘이 등장하게 되었다(목영해, 1995).

이러한 포스트모더니즘이 갖는 특징들을 정리하면 다음과 같다(양해림, 2013).

첫째, 문화현상이다. 포스트모더니즘은 먼저 건축학자인 Jencks가 건축분야에서 쓰기 시작하였으며 그 이후 문학, 예술, 사회학, 경제학, 정치학, 과학분야에 이르기까지 광범위하게 펴져 나갔다. 따라서 포스트모더니즘은 좁은 의미로 이해할 때, 문화와 예술의 영역에서 일어난 현상이다. 이러한 문학과 예술개념으로써 포스트모더니즘은 20세기 중반 이후 본격적으로 등장하기 시작하였다.

둘째, 반이성주의 운동이다. 포스트모더니즘은 기존의 이성 중심주의를 전면 거부하고 이성의 이름으로 간주해 왔던 이제까지 모든 지식체계를 뿌리째 흔들고 전혀 새로운 시각에서 인간의 역사를 재구성하려는 시도였다. 이러한 시도는 이성을 비판하고 이성 그 자체를 거부하려는 급진적인 반이성주의 운동이었다. 그래서 포스트모더니즘은 근대에서 주로 기초로 삼았던 인간주체, 이성, 역사의 진보와 같은 개념들을 모든 권력의 억압을 합리화한 것이라 비판하고 그것이 단지 신화에 불과한 것이라고 간주하였다. 그리고 실제로 억압적이고 질서를 정당화하였던 권력과 지식의 상호작용 관계를 극명하게 보여 주고자 하였다.

셋째, 대중문화의 확산이다. 제2차 세계대전 이후 모더니즘 세력이 점차 약화되면서 예술의 일상화, 인터미디어적인 결합은 모더니즘이 취하고 있는 고급문화-대중문화, 순수미술-상업미술, 본질-형상, 감성-이성, 정신-물질, 마음-신체 등의 형이상학적이며 이분법적인 구분을 거부하였다. 포스트모더니즘은 고급문화-저급문화, 엘리트문화-대중문화 사이에 놓여 있었던 높다란 장벽을 무너뜨리고 대화의 물꼬를 열어 놓았다. 모더니즘과 포스트모더니즘 사이에 변별적인 구별은 대중문화와 저급문화에 대한 새로운 관점을 제기하였다. 이런 점에서 최근의 포스트모더니즘 현상은 대중문화의 세속화 현상과 밀접한 관련을 맺고 있다. 엘리트주의의 그늘 밑에서 감추어진 채 제대로 빛을 발하지 못하였던 대중문화가 존재 이유를 부여받으면서 새롭게 급부상한 것이다.

넷째, 상대주의적 인식론이다. 이는 흔히 말하는 후기 구조주의에서 비롯된 인식론으로써 그 이전의 사유체계와 지식을 비판한다. 또 지식을 구하는 방법에 대해 의심하고 그 안에 숨겨 있는 편견들을 파괴하고 해체한다. 이러한 해체주의의 포스트모더니즘은 1968년 5월 전 세계로 확산되었던 사회 개혁적 학생운동과 깊은 연관을 맺고 탄생하였다. 이들 두고 Luc Ferry와 Alain Renaut는 「68사상: 현대의 반 인간중심주의」에 관한 글에서 '68 프랑스 철학'이라고 표현하였다. 포스트모더니즘을 대표하는 Lyotard, Lacan, Derrida, Althusser, Bourdieu, Deleuze 그리고 Foucault 같은 학자들은 학생운동을 직·간접적으로 지원하고 격려하면서 연대를 맺었다.

이처럼 포스트모더니즘은 특정 이론이나 원리를 가지고 모든 것을 획일적으로 규정하고 통제하는 전체적 사고방식을 비판한다. 현대문화를 지배하는 포스트모더니즘 정신이란 진리와 지식, 그리고 인간과 사회에 대한 기존의 모든 이론체제나 사고체제에 그것이 갖는 절대 객관성과 확실성을 부정하고, 그의 다원성과 상대성에 대한 인식을 바탕으로 그들이 가졌던 권위의 허구성을 드러내고 해체함을 그 일차적 특성으로 한다. 그래서 오늘날의 시대를 하나의 진리에 의해 지배되지 않는 사회, 즉 수많은 담론이 그 나름대로의 정당성을 인정받게 되는 포스트모던의 사회라고 말한다(장찬익 외, 2007).

연습
문제

1. 현상학과 코칭의 관련성에 대해 생각해 봅니다.

2. 코칭에서 실존주의가 반영된 부분은 무엇인지 정리해 봅니다.

3. 피코치가 스스로 답을 찾도록 한다는 코칭의 철학과 포스트모더니즘과의 관련성을 생각해 봅니다.

4. 코칭에 영향을 미친 다른 철학분야에 대해 생각해 봅니다.

커리어코칭의
통합적 적용

이 장은 커리어카운셀링, 셀프리더십과 커리어코칭에 이르기까지 여러 이론들과 방법론을 통합하여 커리어코칭에 적용할 수 있도록 내용이 구성되어 있다. 커리어 코치가 실제 코칭에서 활용할 수 있는 다양한 검사도구와 툴(tool)들을 제시하였다. 이 장에 제시된 검사도구들과 툴들을 잘 활용한다면 효과적인 커리어코칭을 진행할 수 있을 것이다. 단, 여기에서 커리어코치들이 주의할 점이 있다. 첫 번째는 이 장에 제시된 모든 검사도구들과 툴들을 다 활용할 필요는 없다는 것이다. 커리어코치는 제시된 것들 중에 자신이 진행하는 코칭 상황에 적합한 검사도구와 툴을 선택해서 사용해야 한다. 적합한 검사도구와 툴이란 결국 피코치의 문제해결을 돕는 데 적합한 것들을 의미하는 것이다. 커리어코치가 두 번째 주의할 점은 툴들을 그냥 툴로 보아서는 안 된다는 것이다. 여기에 제시된 대부분의 툴들은 표나 그림으로 되어 있다. 경험이 많은 코치라면 잘 알겠지만, 툴은 그저 단순한 툴 자체가 아니다. 툴 안에는 수많은 코칭 질문들이 생략되어 있다. 따라서 커리어코칭을 진행할 때 코치는 피코치에게 단순히 툴을 제시하고 작성하게 하는 것이 아니라 효과적인 코칭 질문들을 사용해 피코치가 내면의 생각을 정리하고 스스로 답을 찾을 수 있도록 격려해야 한다.

01 커리어코치의 윤리규정

다음은 커리어코치가 지켜야 할 윤리규정에 관한 것이다. 윤리규정을 읽고 커리어코치로서 윤리규정에 따르겠다는 서명을 한다. 이는 커리어코치 자신과의 약속인데, 커리어코치가 윤리규정에 서명하였다면 고객을 상대로 코칭을 진행할 때 이 약속을 반드시 지켜야 한다.

커리어코치의 윤리규정

1. 커리어코치는 커리어코칭 철학과 패러다임을 준수한다.
2. 커리어코치는 피코치의 의견을 최대한 존중한다.
3. 커리어코치는 책임감을 가지고 성실한 자세로 코칭에 임한다.
4. 커리어코치는 피코치의 코칭 내용에 대해 비밀을 준수한다.
5. 커리어코치는 함께 일하는 개인과 조직을 최대한 존중한다.
6. 커리어코치는 코칭을 위해 사회적 이익에 반하는 행위를 하지 않는다.
7. 커리어코치는 코치로서 역할에 최선을 다하기 위해 학습을 계속한다.

_____은(는) 커리어코치의 윤리규정을 준수하며 커리어코치의 역할에 최선을 다할 것을 다짐합니다.

년　　월　　일

_____ (서명)

02   Welcome Letter

Welcome Letter는 커리어코치가 코칭에 참여한 피코치를 환영하는 내용으로 구성되어 있다. 커리어코칭을 시작하는 단계에서 코치는 피코치에게 코칭매뉴얼을 교부하는데, 이 매뉴얼의 첫 번째 페이지에 위치하는 것이 바로 Welcome Letter이다. Welcome Letter에는 커리어코치가 피코치를 환영하는 마음과 함께 전문성을 지닌 성실한 파트너로서 피코치의 문제해결과 발전을 지원하겠다는 내용이 포함된다. 커리어코치는 피코치와 동일한 커리어코칭 매뉴얼을 가지고 코칭이 진행되는 동안 피코치와 함께한다.

Welcome Letter

환영합니다.

본 커리어코칭 프로그램에 참여하신 (   ) 님 반갑습니다.

저는 커리어코치 (   ) 입니다.

저는 커리어코치로서

　고객님이 고민하고 있는 문제해결을 적극 지원할 것입니다.

　고객님이 본 커리어코칭을 통해 보다 성장하고 발전하실 수 있도록 지원할 것입니다.

　고객님의 삶이 행복해질 수 있도록 지원할 것입니다.

　문제해결자가 아닌 코칭의 파트너로서 고객님과 함께할 것입니다.

고객님께서는

　자신의 능력과 가능성을 믿으시기 바랍니다.

　자신이 가지고 있는 문제를 해결할 수 있다는 자신감을 가지시기 바랍니다.

　스스로 성장하고 발전하려는 의지를 가지시기 바랍니다.

　본 과정의 주인은 코치가 아니라 고객님 자신이라는 생각을 가지시기 바랍니다.

저는 커리어코치로서 본 커리어코칭 과정이 성공적으로 종료될 수 있도록 최선을 다할 것입니다. 고객님께서도 성공적인 커리어코칭을 위해 고객으로서 역할에 충실히 임해 주실 것을 부탁드립니다.

다시 한 번 환영합니다. 그리고 감사합니다.

03 커리어코칭 계약서

다음은 커리어코칭을 진행할 때 코치가 피코치와 함께 작성하는 계약서 양식이다. 커리어코칭 계약서는 구두합의보다 심리적 구속력이 강하고 특히 피코치가 책임감을 가지고 코칭에 임할 수 있게 한다.

커리어코칭 계약서

본 계약서는 코치와 고객 간에 성공적인 커리어코칭을 위한 약속을 정하는 것입니다. 코치와 고객은 본 계약서에 명시된 내용을 준수함으로써 커리어코칭의 효과성을 높일 수 있습니다.

〈코치〉

1. 코치는 코칭과정에서 고객과 나눈 대화의 내용에 대해 비밀을 유지한다.
2. 코치는 고객이 스스로 자신의 문제를 해결할 수 있도록 돕는 코치로서 역할에 최선을 다해 성실한 자세로 임한다.

〈고객〉

1. 고객은 커리어코칭을 통해 자신이 성장한다는 생각과 태도로 코칭에 임한다.
2. 고객은 코칭과정에서 코치와 약속한 내용을 성실히 실행할 수 있도록 최선을 다한다.

```
코칭 기간 :

코칭 횟수 :

코칭 비용 :
```

→ 이 부분은 코치와 피코치가 사전에 합의한 내용을 기재한다. 합의된 내용을 계약서에 명시함으로써 분쟁의 소지를 없앨 수 있다는 이점 이외에 피코치를 코칭에 더 몰입할 수 있게 한다.

고객이 사전 통보 없이 2회 이상 코칭 세션의 약속을 지키지 못했을 경우 코치는 임의로 코칭을 종료할 수 있다.

고객이 약속된 코칭 기간 전에 코칭을 종료해야 하는 사유가 발생할 경우 코치와의 사전 협의를 통해 코칭을 중단할 수 있다.

위의 사항을 성실히 지킬 것을 약속합니다.

                                                    년   월   일

고객   코치

_____ (서명)   _____ (서명)

04 인생시계 Ⅰ

이 툴은 피코치가 자신의 인생을 시계에 비유하여 현재 자신의 시간을 확인하게 하는 것을 주 목적으로 사용한다. 24시는 자신의 기대수명을 의미하기 때문에 개인에 따라 다르게 표시된다. 두 개의 시계 바늘을 이용하여 현재 자신의 시간을 표시한다. 큰 바늘은 24시를 가리키고 작은 바늘은 현재 자신의 인생 시간을 가리키도록 그린다. 시계를 그린 후 느낌을 이야기하게 한다.

05   인생시계 Ⅱ

인생시계 Ⅰ에서 그린 시간을 시계가 아닌 평면 그래프로 표시한 것이다. 화살표를 이용하여 현재 자신의 시간을 표시하게 한다. 그리고 윗부분에는 현재까지 살아오면서 경험했던 주요 사건들을 기재하게 한다. 또 화살표로 표시되지 않은 미래의 시간에는 미래에 자신이 이루고 싶은 꿈들을 적게 할 수 있다.

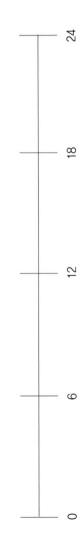

06 행복사이클

피코치에게 자신이 행복했던 때와 불행했던 때를 떠올려 보게 하고, 행복했다면 행복했던 이유는 무엇이었는지 또 불행했다면 불행했던 이유는 무엇이었는지 생각해 보게 한다. 이러한 행복에 대한 자기성찰을 통해 피코치는 자신만의 행복에 대한 정의를 내릴 수 있다.

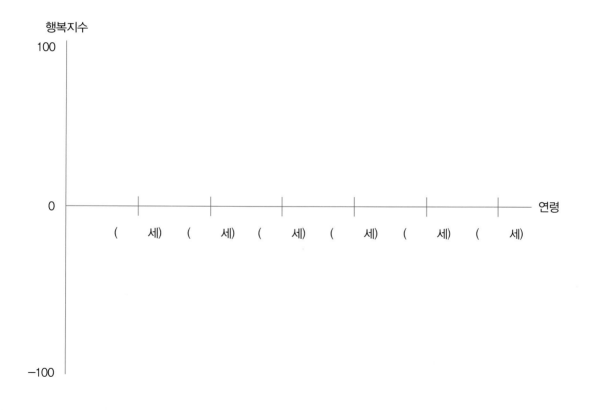

출처 : 박윤희(2012). 커리어코칭 입문. p. 169.

07 생애경력무지개

Super의 생애경력무지개 이론을 활용하여 피코치가 자신의 생애경력을 설계해 볼 수 있도록 한다. 이 툴에서 각 호는 피코치가 삶에서 맡게 되는 다양한 역할들을 의미한다. 피코치는 그림을 그리면서 자신이 삶에서 수행해야 하는 다양한 역할들과 그 시기들에 대해 생각해 본다.

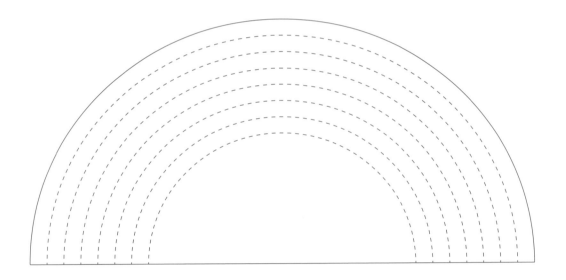

08 삶에서 역할 생각해 보기

생애경력무지개 그림을 글로 적어 본다. 피코치가 삶에서 맡고 있거나 맡게 될 역할들을 적어 보고 각 역할에서 반드시 해야 할 일과 자신이 하고 싶은 일들을 적는다.

삶에서 역할	해야 할 일	하고 싶은 일

09 삶의 가치 찾기 Ⅰ

피코치에게 다음 각 질문에 대해 답하게 한다. 가급적 문장이 아닌 단어나 구로 답을 적게 한다. 답을 적은 후 답들을 모두 연결하여 문장으로 표현하게 한다. 처음에는 네 개의 문장을 만들게 하고 그 다음은 두 개 그리고 마지막에는 한 개의 문장으로 간단히 작성하게 한다. 문장을 줄여 가면서 자신의 삶에서 가장 중요한 가치를 찾을 수 있게 한다.

내가 행복하다고 느낄 때는 언제인가?

내가 삶에서 항상 관심을 유지하고 있는 것은 무엇인가?

나를 생각하면 가장 먼저 떠오르는 것은 무엇인가?

내가 미래에 꼭 되고 싶은 것이 있다면 무엇인가?

내가 살면서 꼭 이루고 싶은 것이 있다면 무엇인가?

나는 다른 사람들에게 어떤 사람으로 기억되고 싶은가?

내가 가장 소중하게 생각하는 것은 무엇인가?

(4개의 문장)

_____

_____

_____

(2개의 문장)

_____

_____

(1개의 문장)

_____

10   삶의 가치 찾기 II

일상의 삶에서 피코치가 중요하게 생각하는 삶의 가치를 찾을 수 있도록 한다. 피코치에게 자신이 규칙적으로 하는 행위를 적게 한다. 그리고 그 행위를 하게 하는 자신의 개인적 가치가 무엇인지 생각해 보도록 한다.

일상에서 규칙적으로 하는 행위	이 행위를 하게 하는 개인적 가치

피코치가 규칙적으로 하는 행위와 활동들을 적었다면 그런 행위와 활동들을 하게 하는 가치들을 찾아내는 것이 중요하다. 가치를 찾았다면 그 가치가 어떤 의미인지 자신만의 언어로 정의를 내려 본다.

가치
정의

가치
정의

가치
정의

가치
정의

출처 : Rima(2006), Leading from the inside out: The art of self-leadership, pp, 52~54 수정.

11 내가 꿈꾸는 나의 미래는

피코치에게 자신이 꿈꾸는 이상적인 미래에 대해 생각해 보게 한다. 피코치에게 다음에 제시된 질문에 답하게 함으로써 자신의 이상적인 미래의 모습을 구체적으로 그릴 수 있게 한다.

1. 미래에 자신이 살게 될 곳을 자세하게 적어본다.

_____

_____

_____

2. 주거환경과 생활환경에서 자신이 갖추고 싶은 것은 무엇인가?

_____

_____

_____

3. 자신이 상상하는 직장 생활, 즉 통근 방식, 사무실, 지위, 맡게 될 업무 유형을 적어본다.

_____

_____

_____

4. 이상적인 미래의 업무에서 자신이 성취하고 싶은 중요한 것은 무엇인가?

_____

_____

_____

출처 : Diener(2011). Practicing positive psychology coaching. pp. 97~98 수정.

12 인생지도 그리기

이 툴은 크게 두 가지 용도로 사용 가능하다. 첫 번째 용도는 아동이나 청소년 등의 피코치를 대상으로 자신의 미래의 삶을 생각해 보고 삶의 목표를 마치 보물섬을 찾아가는 지도를 그리듯이 그려보게 하는 것이다. 이때 너무 세부적인 목표보다는 인생의 큰 목표들을 중심으로 적게 하는 것이 중요하다. 또 그 목표를 달성할 시점에 대해서도 생각해 보도록 한다. 두 번째 용도는 성인기와 노년기 피코치들을 대상으로 자신의 삶 속에서 일어난 경험과 사건들을 적어 보게 하는 것이다. 자신의 과거 기억을 바탕으로 성찰하고 미래의 성공적인 노후 설계를 할 수 있게 한다. 특히 지금까지 자신의 삶에서 이루어진 학습, 현재까지 성취한 부분들 그리고 아직 남아있는 잠재능력과 성장가능성에 대해 생각해 보게 한다.

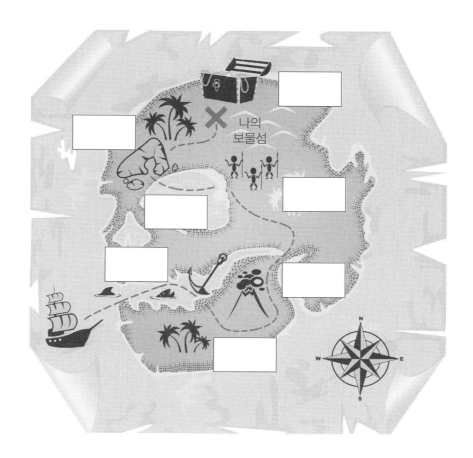

13 | 결정하기

결정하기의 다른 명칭은 '만약 그 일을 한다면…'이다. 피코치가 '어떤 일을 해야 하는가?' 혹은 '하지 말아야 하는가?' 하는 문제로 결정이 필요한 순간에 사용 가능한 툴이다.

만약 그 일을 한다면 좋은 점	만약 그 일을 하지 않는다면 좋은 점

14 흔들 의자 테스트

이 툴은 피코치에게 먼 미래의 상황을 상상해 보도록 하는데, 여기에는 두 가지 가정이 있다. 첫 번째 가정은 '만일 자신이 ~을 했다면'이고 두 번째 가정은 '만일 자신이 ~을 하지 않았다면'이다.

피코치는 자신이 이제 활동하기에 늦은 황혼기를 맞은 89세라고 상상한다. 만일 자신이 젊은 시절 계획했던 일들을 하지 않았다면 어떤 일들이 일어나겠는가를 상상해 본다.

"삐걱거리는 부부 관계를 개선하는 일이나 늘 생각하던 책 쓰는 일, 또는 새로운 분야의 리더가 되는 일을 시도조차 하지 않았다면 인생의 말년에 그것을 회고하면서 어떻게 생각하겠는가? 건강을 관리하는 일을 하지 않았기 때문에 건강 문제로 세월을 허비한 것을 알게 되면 어떻게 될 것 같은가? 금전 관리에 필요한 행동을 하지 않았기 때문에 노년을 국가나 가까운 사람에게 의지해야 한다면 어떻게 하겠는가?"

인생의 목표	만일… 한다면… 만일 내가 이 목표를 달성하기 위한 노력을 한다면 그 결과는 어떻게 될까?	만일… 하지 않는다면… 만일 내가 이 목표를 이루기 위한 노력을 하지 않는다면 그 결과는 어떻게 될까?

출처 : Rima(2006). Leading from the inside out: The art of self-leadership. p. 128 수정.

15   생애 목표설정

피코치에게 자신의 비전을 작성하게 하고 10년 단위로 삶의 목표를 적게 한다. 피코치는 자신이
작성한 비전에 충실할 수 있도록 목표를 적어야 한다.

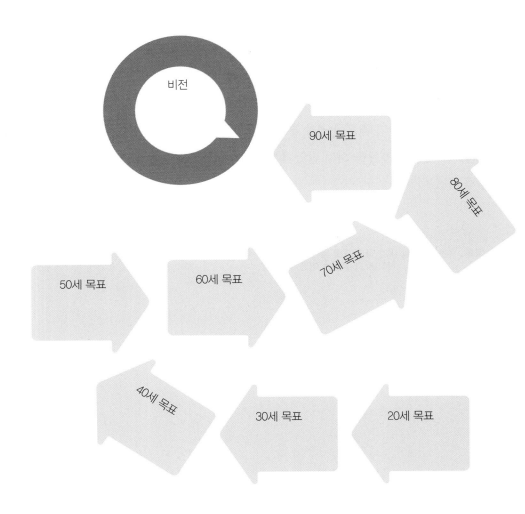

출처 : 박윤희(2012). 커리어코칭 입문. p. 151.

16 삶의 영역별 목표설정

피코치가 10년 단위로 삶의 목표를 작성했다면, 각각의 목표에 맞게 삶의 영역별로 세부목표를 적게 한다. 삶의 영역은 이 책의 5장에 제시된 삶의 균형 원의 영역별로(정신적 영역, 신체적 영역, 가족관계 영역, 직업적 영역, 경제적 영역, 자기개발 영역, 사회적 영역) 작성하도록 한다.

연령	삶의 영역						
90세							
80세							
70세							
60세							
50세							
40세							
30세							
20세							

출처 : 박윤희(2012). 커리어코칭 입문. p. 152 수정.

17   실행계획 수립을 위한 우선순위 정하기

피코치에게 세부 목표달성을 위해 해야 할 일들의 우선순위를 정하게 한다. 목표달성을 위해 필요한 여러 일들을 열거한 후 각 일들의 필요자원, 실행가능성 등에 대해 검토하고 이를 종합하여 일의 우선순위를 정하게 한다.

목표달성을 위해 해야 할 중요한 일들	필요자원	실행가능성	순위

출처 : 박윤희(2012). 커리어코칭 입문. p. 157.

18 실행계획 수립

피코치에게 목표달성을 위해 먼저 실행에 옮겨야 할 일들을 선정하도록 하고 각각의 일들에 대한 구체적인 실행계획을 수립하게 한다. 우선순위 정하기에서 결정된 3순위까지의 일들을 적은 후 2W3H 원칙에 따라 구체적 실행계획을 작성하게 한다. 2W3H 원칙은 이 책의 5장 "실행계획 수립" 부분을 참고한다.

목표	해야 할 일들	실행계획 수립을 위한 2W3H 원칙
	1순위:	W
		W
		H
		H
		H
	2순위:	W
		W
		H
		H
		H
	3순위:	W
		W
		H
		H
		H

출처 : 박윤희(2012). 커리어코칭 입문. p. 158.

19 삶의 만족도 검사

이 검사는 피코치 개인의 삶의 만족도를 알아보기 위한 것이다.

아래에는 귀하가 동의할 수도 있고 그렇지 않을 수도 있는 다섯 문항이 제시되어 있습니다. 각 문항에 동의 또는 반대하는 정도에 따라 1~7 사이의 숫자를 적어 주시기 바랍니다. 자유롭고 솔직하게 응답해 주시기 바랍니다(Diener et al., 1985).

7 = 매우 그렇다

6 = 그렇다

5 = 약간 그렇다

4 = 중간이다

3 = 약간 아니다

2 = 아니다

1 = 전혀 아니다

1. 전반적으로 나의 인생은 내가 이상적으로 여기는 모습에 가깝다. ＿＿＿＿＿＿＿

2. 내 인생의 여건은 아주 좋은 편이다. ＿＿＿＿＿＿＿

3. 나는 나의 삶에 만족한다. ＿＿＿＿＿＿＿

4. 지금까지 나는 내 인생에서 원하는 중요한 것들을 이루어냈다. ＿＿＿＿＿＿＿

5. 다시 태어난다 해도, 나는 지금처럼 살아갈 것이다. ＿＿＿＿＿＿＿

20점 미만은 삶에 대해 만족하지 않는다는 것을 의미한다.

　　5~9점은 극히 불만족한 상태를 의미한다.

　　10~14점은 매우 불만족한 상태를 의미한다.

　　15~20점은 약간 불만족한 상태를 의미한다.

20점은 중간점수로 특별히 만족하는 것도 아니고 그렇다고 불만족하는 것도 아닌 점수이다.

20점 이상은 삶에 대해 만족하고 있다는 것을 의미한다.

21~25점은 어느 정도 만족한 상태를 의미한다.

26~30점은 매우 만족한 상태를 의미한다.

31~35점은 극히 만족한 상태를 의미한다.

출처 : 권석만(2014). 긍정심리학. p. 52.

20 행복도 검사

이 검사는 피코치 개인의 행복도를 알아보기 위한 것이다. 다음은 Sonja Lyubomirsky 교수가 고안한 행복에 관한 검사지이다.

1. 대체적으로 나는

1	2	3	4	5	6	7
매우 행복하지 않다						매우 행복하다

2. 주변 사람들과 비교해서 나는

1	2	3	4	5	6	7
덜 행복하다						더 행복하다

3. 대체로 어떤 사람들은 매우 행복하다. 그들은 어떤 역경이 와도 자신의 삶을 사랑하고 그 상황에서 가장 좋은 면만을 보려고 노력한다. 당신은 어떤가?

1	2	3	4	5	6	7
전혀 그렇지 않다						매우 그렇다

4. 대체로 어떤 사람들은 매우 행복하지 않다. 우울한 상태가 아님에도 그들은 전혀 행복해 보이지 않는다. 당신은 어떤가?

1	2	3	4	5	6	7
매우 그렇다						전혀 그렇지 않다

이제 선택한 숫자를 모두 더한다. 이것이 오늘의 총 행복점수이다. 참고로 자신의 점수와 비교해 볼 수 있도록 아래의 표에 학생과 노동자 3,000명으로 구성된 미국인 표본집단의 평균점수와 Quoidbach가 리에주대학교에서 실행한 연구에 참여했던 직장인 400명의 평균점수를 제시하였다.

미국		벨기에	
대학생	노동자	남자	여자
19.6	22.5	19.2	20.2

출처 : Quoidbach(2014). Pourquoi les gens heureux vivent-ils plus longtemps?. pp. 48~49.

21 삶의 균형 원

삶의 균형 원은 피코치가 삶의 여러 영역에서 만족한 삶을 살고 있는지 알아보기 위한 것이다. 피코치에게 다음에 제시된 각 영역별 문항들에 답을 한 후 점수를 합산하여 삶의 균형 원을 완성하게 한다.

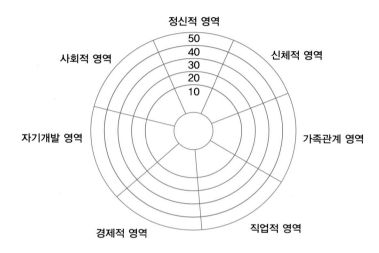

(1) 정신적 영역

1	나는 신앙생활을 하고 있다.	1 2 3 4 5
2	나는 좋은 영감을 얻기 위해 독서, 음악감상 등 다양한 노력을 한다.	1 2 3 4 5
3	나는 심적인 안정을 잘 유지하고 있다.	1 2 3 4 5
4	나는 정기적인 사색, 묵상시간을 갖고 있다.	1 2 3 4 5
5	나는 건전한 취미생활을 하고 있다.	1 2 3 4 5
6	나는 항상 긍정적인 사고를 한다.	1 2 3 4 5
7	나는 자신감과 열정이 있다.	1 2 3 4 5
8	나는 쉽게 화를 내지 않는다.	1 2 3 4 5
9	나는 늘 감사하는 마음을 가지고 있다.	1 2 3 4 5
10	나는 행복하다고 생각한다.	1 2 3 4 5
	합 계	

(2) 신체적 영역

1	하루가 3쾌(쾌식, 쾌변, 쾌침)하다.	1 2 3 4 5
2	나는 식생활에서 과식, 폭식, 편식, 달고 짜고 탄 음식은 가급적 피한다.	1 2 3 4 5
3	운동은 주 3일, 1회 20~30분씩 규칙적으로 한다.	1 2 3 4 5
4	나는 체중과 혈압을 적정하게 유지한다.	1 2 3 4 5
5	나는 적당한 휴식과 하루 6~8시간 정도의 수면을 취한다.	1 2 3 4 5
6	나는 흡연과 과음을 하지 않는다.	1 2 3 4 5
7	나는 매일 2L 정도의 충분한 물과 비타민을 섭취한다.	1 2 3 4 5
8	나는 스트레스를 잘 관리한다.	1 2 3 4 5
9	나는 잘 웃는 편이다.	1 2 3 4 5
10	나는 주기적으로 건강검진을 받는다.	1 2 3 4 5
	합 계	

(3) 가족관계 영역

1	우리 가족은 서로 신뢰하고 있다.	1 2 3 4 5
2	취미활동과 기타 다른 활동을 통해 가족이 함께 하는 시간을 가지고 있다.	1 2 3 4 5
3	우리 가족은 여러 가지 일을 결정하는 데 함께 참여한다.	1 2 3 4 5
4	우리 가족은 긍정적인 대화를 많이 한다.	1 2 3 4 5
5	나는 부모, 형제, 친지간의 관계가 원만하다.	1 2 3 4 5
6	우리 가족은 서로에 대한 관심을 잘 표현하고 협력한다.	1 2 3 4 5
7	우리 가족은 공동의 목표를 가지고 함께 실행한다.	1 2 3 4 5
8	우리 가족은 의견에 차이가 있더라도 서로를 이해하며 잘 해결한다.	1 2 3 4 5
9	우리 가족은 어려울 때 서로 도와준다.	1 2 3 4 5
10	우리 가족은 서로간에 친근함을 느낀다.	1 2 3 4 5
	합 계	

(4) 직업적 영역

1	나는 내 삶의 비전과 관련된 일을 하고 있다.	1 2 3 4 5
2	나는 강점을 살릴 수 있는 일을 하고 있다.	1 2 3 4 5
3	나는 지금 하는 일을 즐기면서 하고 있다.	1 2 3 4 5
4	나는 지금 하는 일에서 안정된 수입이 보장된다.	1 2 3 4 5
5	나는 현재 하는 일에서 불만을 크게 느끼지 않는다.	1 2 3 4 5
6	나는 내 분야에서 전문가로 인정을 받고 있다.	1 2 3 4 5
7	나는 최고가 될 수 있는 핵심역량을 가지고 있다.	1 2 3 4 5
8	나는 미래의 직업과 위치에 대한 뚜렷한 목표가 있다.	1 2 3 4 5
9	내 삶의 목표달성을 위해 경력 관리를 꾸준히 하고 있다.	1 2 3 4 5
10	나는 상사, 동료, 부하직원과의 관계가 원만하다.	1 2 3 4 5
	합 계	

(5) 경제적 영역

1	나는 부동산, 주식, 금리 등 재테크에 관심을 가지고 있다.	1 2 3 4 5
2	나는 지출보다 수입이 많다.	1 2 3 4 5
3	나는 돈을 버는 것과 관련된 지식 수준이 높은 편이다.	1 2 3 4 5
4	나는 노후대책과 같은 미래의 재무 목표를 가지고 있다.	1 2 3 4 5
5	나는 현재 재정적으로 안정된 수준이다.	1 2 3 4 5
6	나의 지출 및 구매습관은 만족할 만하다.	1 2 3 4 5
7	나는 돈을 잘 쓰는 지혜를 가지고 있다.	1 2 3 4 5
8	나는 경제관련 정보에 관심이 많다.	1 2 3 4 5
9	내 주변에는 재테크에 밝은 사람들이 있다.	1 2 3 4 5
10	나는 수입, 지출에 대한 관리를 체계적으로 하고 있다.	1 2 3 4 5
	합 계	

(6) 자기개발 영역

1	나는 뚜렷한 비전을 가지고 있다.	1 2 3 4 5
2	나는 비전달성을 위한 체계적인 목표와 실행계획이 수립되어 있다.	1 2 3 4 5
3	나는 목표달성을 위해 시간관리를 잘하고 있다.	1 2 3 4 5
4	나는 자기개발을 위해 돈과 시간 등을 꾸준히 투자하고 있다.	1 2 3 4 5
5	나는 새로운 것을 받아들이고 활용하는 것에 유연하다.	1 2 3 4 5
6	나는 전문지식 외에도 다양한 지식을 가지고 있다.	1 2 3 4 5
7	나는 정보를 빨리 감지하고 변화대응 속도도 빠르다.	1 2 3 4 5
8	나는 창의력이 풍부한 편이다.	1 2 3 4 5
9	나는 스포츠, 악기 등의 재능을 가지고 있고, 꾸준히 연마한다.	1 2 3 4 5
10	나는 책을 다독하는 편이다.	1 2 3 4 5
	합 계	

(7) 사회적 영역

1	나는 미소, 인사, 외모, 복장 등 이미지관리를 잘 한다.	1 2 3 4 5
2	나는 커뮤니케이션 능력이 있다고 생각한다.	1 2 3 4 5
3	나는 상대방의 입장에서 생각한다.	1 2 3 4 5
4	나는 뒷담화를 하거나 남을 비방, 비판, 불평하지 않는다.	1 2 3 4 5
5	타인이 느끼는 나의 신뢰수준(약속, 정직, 성실, 배려, 친절)은 높은 편이다.	1 2 3 4 5
6	내 주변에는 나와 뜻을 함께할 수 있는 사람들이 많다.	1 2 3 4 5
7	나는 체계적·주기적으로 인맥을 관리하고 있다.	1 2 3 4 5
8	나는 동호회 등 각종 단체에 소속되어 있고, 주도적으로 참여한다.	1 2 3 4 5
9	나는 봉사와 나눔 활동에 적극적으로 참여한다.	1 2 3 4 5
10	나는 금전이나 재능 기부를 하고 있다.	1 2 3 4 5
	합 계	

출처 : 김광수·김영진·이점수·전정수(2011). 인간관계론. pp. 316~318 수정.

22 삶의 영역 점검하기

피코치에게 삶의 균형 원을 작성하게 한 후 가장 점수가 높은 두 개의 영역과 가장 점수가 낮은 두 개의 영역에 대해 각각 살펴보게 한다.

최상위 점수		최하위 점수		
영역	만족 이유	영역	불만족 이유	보완하고 싶은 점

출처 : 박윤희(2012). 커리어코칭 입문. p. 174.

23   삶의 균형을 이루기 위한 에너지원

삶 속에서 피코치 자신에게 힘이 되는 것들, 즉 긍정적 에너지원에 대해 생각해 보게 한다. 또 자신을 힘들게 하는 것들, 즉 부정적 에너지원이 무엇인지 생각해 보고 이에 대한 바람직한 대처방안에 대해 살펴보게 한다.

긍정적 에너지원(나에게 힘이 되는 것들)	부정적 에너지원(나를 힘들게 하는 것들)

바람직한
대처방안

출처 : 박윤희(2012). 커리어코칭 입문. p. 175.

24 성격이해(DISC)

피코치에게 DISC 이론에 대한 이해를 통해 성격의 장점과 단점을 파악하고 개선점에 대해 생각해 보게 한다. 궁극적으로 성격은 직업과 밀접한 관련성이 있으므로 자신의 성격 유형에 맞는 직업분야에 대해 생각해 보게 한다.

자신의 DISC 유형	DISC 유형 특성과 자신의 성격	
( ) 형	유사점	
	차이점	
내 성격의 장점		
내 성격의 개선하고 싶은 점		
내 성격 유형에 적합한 직업		

출처 : 박윤희(2013). 진로탐색 및 직업선택. p. 40.

25   성격이해(MBTI)

피코치에게 MBTI 이론에 대한 이해를 통해 성격의 장점과 단점을 파악하고 개선점에 대해 생각해 보게 한다. 궁극적으로 성격은 직업과 밀접한 관련성이 있으므로 자신의 성격 유형에 맞는 직업분야에 대해 생각해 보도록 한다.

자신의 MBTI 유형	MBTI 유형 특성과 자신의 성격	
( ) 형	유사점	
	차이점	
내 성격의 장점		
내 성격의 개선하고 싶은 점		
내 성격 유형에 적합한 직업		

출처 : 박윤희(2013). 진로탐색 및 직업선택. p. 60.

26 강점 찾기

강점은 피코치 자신이 가진 여러 능력 중에서 다른 능력에 비해 비교적 뛰어난 능력을 의미한다. 중요한 것은 타인과 비교하지 말고 자신이 가진 여러 능력들과 비교하는 것이다. 이러한 내적 비교를 통해 뛰어나다고 생각되는 능력을 찾아보는 것이 강점 찾기이다.

강점의 예로는 책임감, 의사소통, 공감, 신중함, 긍정성, 자기신뢰, 도전성, 진취성, 실행력, 분석력, 적응력, 관계능력, 포용력, 기획력, 글쓰기, 프레젠테이션, 컴퓨터활용, 영어 말하기 등이 있다. 이 외에도 개인이 가진 강점들은 많다. 피코치에게 자신의 강점에 대해 생각해 보게 하고 이를 찾아볼 수 있도록 한다.

자신의 강점	강점이 발휘될 때/강점이 발휘되었던 경험

출처 : 박윤희(2012). 커리어코칭 입문. p. 122.

27 강점 찾기 그룹코칭

이 툴은 코치와 피코치 두 명이 진행하기보다는 여러 명의 피코치를 대상으로 하는 그룹코칭에 적합하다. 아래 제시된 다양한 질문들에 답하면서 자신이 직접 자신의 강점을 발견하기도 하고 또 때로는 다른 피코치들이 자신의 강점을 찾아주기도 한다. 하나의 질문이 하나의 activity가 될 수 있는데, 하나의 질문에 대해 답을 한 후 포도알갱이 하나에 한 가지씩 강점을 적어 넣는다. 스티커를 이용해 붙일 수도 있다.

- 자신을 잘 표현하는 긍정적 정서 세 가지를 말한다.
- 자신을 잘 나타내는 상징물(symbol)을 소개한다. 다른 조원들은 이야기를 듣고 그것을 통해 발견할 수 있는 강점을 3개씩 말한다.
- 조원들과 함께하면서 느꼈던 각 조원의 강점을 3개씩 해당 조원에게 말한다.
- 자신이 존경하는 역할모델에 대해 소개한다. 다른 조원들은 그 역할모델을 통해 발견할 수 있는 조원의 강점을 3개씩 말한다.

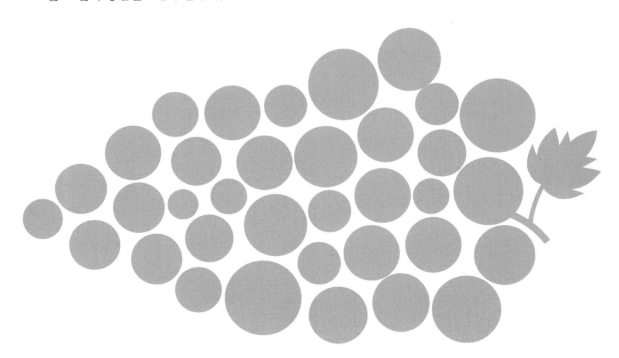

- 조원이 자신이 가장 자랑스러웠던 경험을 이야기하고 다른 조원들은 이야기를 듣고 발견할 수 있는 조원의 강점을 3개씩 말한다.
- 조원이 가장 행복했던 경험을 이야기하고 다른 조원들은 이야기를 듣고 발견할 수 있는 조원의 강점을 3개씩 말한다.

28 지식과 기술의 강·약점 찾기

지식과 기술의 강·약점은 주로 취업을 준비하는 피코치를 코칭할 때 활용 가능하다. 이 툴은 피코치 자신이 지원해야 하는 직무 선택이 어려운 경우와 직무를 선택했다 하더라도 자신이 가진 지식과 기술이 선택한 직무와 적합한지에 대해 점검해 보는 경우에 사용 가능하다.

피코치가 현재 보유하고 있는 지식과 기술의 강점과 약점에 대해 적어 보도록 한다. 피코치의 보유지식과 기술은 직업과 직무선택에 기초가 될 수 있는 부분이다. 피코치는 이에 대한 점검을 통해 부족한 지식과 기술에 대해 보완할 필요성을 인식하게 된다.

	보유/강점	보완/약점
지식		
기술		
개발이 필요한 지식과 기술		

출처 : 박윤희(2012). 커리어코칭 입문. p. 123.

29   학창시절 경험 나누기

피코치가 학창시절 자신이 잘했던 것에 대해 생각해 볼 수 있게 한다. 이를 통해 피코치는 자신이 미처 깨닫지 못했던 강점에 대해 새롭게 인식하게 된다.

발달단계	잘했던 것
초등학교	
중학교	
고등학교	
대학교	
현재	
자신이 새롭게 인식한 강점은…	

30 역할모델

피코치가 자신의 삶에서 본보기가 될 만한 사람이 있는지 생각해 보게 한다. 특히 삶의 비전을 달성하는 데 모델이 될 만한 사람을 역할모델로 선정하는 것은 비전달성에 도움을 줄 수 있다.

역할모델	선정 이유	특별히 배우고 싶은 점

출처 : 박윤희(2012). 커리어코칭 입문. p. 161.

31　멘토

피코치가 자신의 삶에서 멘토가 될 만한 사람이 있는지 생각해 보게 한다. 삶의 비전을 달성하는데 멘토는 중요한 역할을 한다. 역할모델과 멘토는 피코치 자신이 본받고 배울 만한 점이 있다는 부분에서는 공통점이 있다. 하지만 역할모델과 멘토는 상호작용 측면에서 차이가 있다. 멘토는 직접적인 상호작용이 가능한 사람이어야 하고 이를 고려해서 선정해야 한다.

멘토	선정 이유	배우고 싶은 것/기대하는 것

출처 : 박윤희(2012). 커리어코칭 입문. p. 165.

32   자서전 쓰기

자서전 쓰기는 성인후기나 노년기 피코치들을 대상으로 하는 커리어코칭에서 활용가능성이 높다. 피코치가 자신의 삶을 성찰할 수 있을 뿐 아니라 이를 통해 미처 자신이 발견하지 못한 자신에 대해 인식할 수 있는 기회를 제공한다. 자서전 쓰기는 반추적 기술(reflective account) 중 하나로 내적 자기평가의 수단이 된다. 이를 통해 커리어코치는 피코치가 자신의 삶의 경험들을 새롭게 인식할 수 있도록 돕는다. 자서전 쓰기는 단회 코칭만으로는 어렵고 다회 코칭으로 진행되는 경우가 대부분이다. 피코치의 개인차에 따라 코칭의 횟수는 달라질 수 있다.

시기	주요 내용
유년기	
청소년기	
성인전기	
성인후기	
노년기	
나의 미래	

33   감사지수 검사

이 검사는 피코치가 자신의 삶에서 어느 정도의 감사함을 느끼고 있는지 살펴보는 것이다.

각 문항을 읽고 자신이 느끼고 있는 정도를 점수로 기재합니다.

1 = 전혀 아니다

2 = 아니다

3 = 그렇지 않은 편이다

4 = 보통이다

5 = 그런 편이다

6 = 그렇다

7 = 정말 그렇다

1. _____ 나는 감사해야 할 것이 아주 많다.

2. _____ 만일 내가 고맙게 여기는 것들을 모두 작성하면 아주 긴 목록이 될 것이다.

3. _____ 세상을 둘러볼 때, 내가 고마워할 것이 별로 없다.

4. _____ 나는 각계각층의 많은 사람들에게 고마움을 느낀다.

5. _____ 나이가 들수록 내 삶의 일부가 되어온 사람, 사건, 상황들에 감사하는 마음이 더 커지는 것을 느낀다.

6. _____ 오랜 시간이 흐른 뒤에야 비로소 나는 사람이나 일에 고마움을 느낀다.

점수 계산법

1. 항목 1, 2, 4와 5의 점수를 모두 더한다.

2. 항목 3과 6의 점수를 역산한다. 만일 검사지에 7이라고 썼다면 점수는 1이 되고, 6이라고 썼다면 점수는 2가 된다.

3. 항목 3과 6을 역산한 점수를 1번의 합계와 더한다. 이것이 바로 감사도 점수, 즉 감사지수이다. 최종 점수는 6점에서 42점 사이가 되어야 한다.

출처 : Seligman(2014). Authentic happiness. p. 149.

34 역할 바꾸기

역할 바꾸기는 피코치가 타인과의 문제로 어려움을 겪는 경우 활용 가능하다. 피코치가 타인의 입장이 되어 그를 대변하게 함으로써 문제의 본질에 대해 인식할 수 있게 한다. 이 방법은 피코치에게 역지사지(易地思之)해 볼 수 있는 기회를 제공한다.

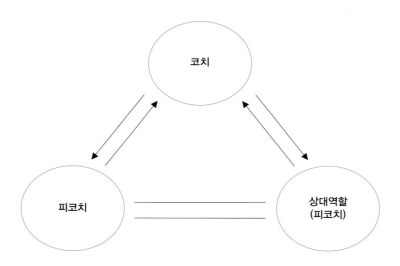

코치는 피코치에게 자신과 힘든 관계에 있는 상대방에 대해 질문하고 그 상대방의 입장이 되어 그가 하고 싶은 이야기를 하게 한다. 피코치는 상대방의 입장이 되어 그의 말을 하면서 자신의 입장과 그의 입장을 비교하게 되고, 이를 통해 근본적인 관계의 문제에 접근하게 된다. 이 방법은 피코치의 인식 전환을 도움으로써 관계의 어려움을 새롭게 인식하게 한다.

35   자아존중감 검사

이 검사는 피코치의 자아존중감을 알아보기 위한 것이다.

Rosenberg 자아존중감 척도(이훈진 · 원호택, 1995; Rosenberg, 1965)

아래에 귀하가 동의할 수도 있고 그렇지 않을 수도 있는 문항들이 제시되어 있습니다. 각 문항에 동의 또는 반대하는 정도에 따라서 1~7 사이의 숫자에 ∨표 해주시기 바랍니다. 자유롭고 솔직하게 응답해 주시기 바랍니다.

전혀 아니다	아니다	약간 아니다	보통이다	약간 그렇다	그렇다	매우 그렇다
1	2	3	4	5	6	7

1. 나는 내가 적어도 다른 사람들만큼은 가치 있는 사람이라고 느낀다.   1 2 3 4 5 6 7

2. 나는 좋은 자질들을 많이 가지고 있는 것 같다.   1 2 3 4 5 6 7

3. 대체로 나는 내가 실패자라고 생각하는 경향이 있다.   1 2 3 4 5 6 7

4. 나는 대부분의 다른 사람만큼 일을 잘할 수 있다.   1 2 3 4 5 6 7

5. 나는 자랑할 만한 것이 별로 없다.   1 2 3 4 5 6 7

6. 나는 내 자신에 대해 긍정적인 태도를 가지고 있다.   1 2 3 4 5 6 7

7. 대체로 나 자신에 대해 만족하고 있다.   1 2 3 4 5 6 7

8. 나 자신을 좀 더 존중할 수 있었으면 좋겠다.   1 2 3 4 5 6 7

9. 나는 때때로 내가 정말 쓸모 없는 사람이라고 느낀다.   1 2 3 4 5 6 7

10. 나는 때때로 나에게 좋은 점이라곤 전혀 없다는 생각이 든다.   1 2 3 4 5 6 7

* 3, 5, 8, 9, 10번은 역채점 문항임.

출처 : 권석만(2014). 긍정심리학. p. 114(이훈진 · 원호택(1995). 편집증적 경향, 자기개념, 자의식 간의 관계에 대한 탐색적 연구. pp. 277~290).

36 자아효능감 검사

이 검사는 피코치의 자아효능감을 알아보기 위한 것이다.

각 문항을 읽고 자신에 대해 설명하는 정도를 적어 주십시오. 정답은 없습니다. 본인의 모습을 있는 그대로 솔직하게 답하시기 바랍니다.

〈보기〉   1 = 매우 그렇지 않다

2 = 대체로 그렇지 않다

3 = 그저 그렇다

4 = 대체로 그렇다

5 = 매우 그렇다

_____ 1. 나는 집에서 식물을 가꾸는 것을 좋아한다.

_____ 2. 나는 계획을 세울 때, 그 계획을 완수할 수 있다고 믿는다.

_____ 3. 나는 해야 할 일이 있을 때 바로 그 일을 착수할 수 없다.

_____ 4. 나는 처음에 일을 잘 못하더라도, 그 일을 잘할 수 있을 때까지 계속한다.

_____ 5. 내 성격은 타고났다.

_____ 6. 나는 새로운 친구를 사귀는 것이 어렵다.

_____ 7. 나는 나에게 중요한 목표를 설정해도 그것을 거의 달성하지 못한다.

_____ 8. 나는 어떤 일들을 완수하기 전에 포기한다.

_____ 9. 나는 요리하는 것을 좋아한다.

_____ 10. 나는 내가 만나고 싶은 사람이 있으면, 그 사람이 나에게 오기를 기다리기보다는 내가 그 사람에게 먼저 간다.

_____ 11. 나는 어려운 일에 직면하는 것을 피한다.

_____ 12. 나는 어떤 일이 너무 복잡하다고 생각되면, 그 일을 시도조차 하지 않는다.

_____ 13. 나는 모든 사람에게 좋은 면이 있다고 생각한다.

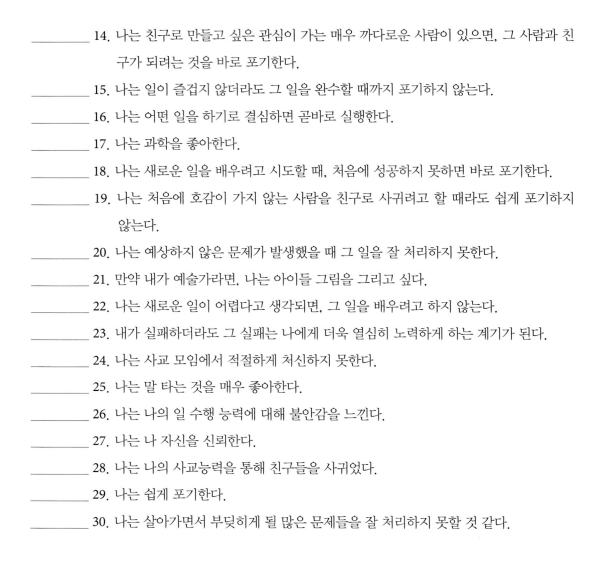

_____ 14. 나는 친구로 만들고 싶은 관심이 가는 매우 까다로운 사람이 있으면, 그 사람과 친구가 되려는 것을 바로 포기한다.

_____ 15. 나는 일이 즐겁지 않더라도 그 일을 완수할 때까지 포기하지 않는다.

_____ 16. 나는 어떤 일을 하기로 결심하면 곧바로 실행한다.

_____ 17. 나는 과학을 좋아한다.

_____ 18. 나는 새로운 일을 배우려고 시도할 때, 처음에 성공하지 못하면 바로 포기한다.

_____ 19. 나는 처음에 호감이 가지 않는 사람을 친구로 사귀려고 할 때라도 쉽게 포기하지 않는다.

_____ 20. 나는 예상하지 않은 문제가 발생했을 때 그 일을 잘 처리하지 못한다.

_____ 21. 만약 내가 예술가라면, 나는 아이들 그림을 그리고 싶다.

_____ 22. 나는 새로운 일이 어렵다고 생각되면, 그 일을 배우려고 하지 않는다.

_____ 23. 내가 실패하더라도 그 실패는 나에게 더욱 열심히 노력하게 하는 계기가 된다.

_____ 24. 나는 사교 모임에서 적절하게 처신하지 못한다.

_____ 25. 나는 말 타는 것을 매우 좋아한다.

_____ 26. 나는 나의 일 수행 능력에 대해 불안감을 느낀다.

_____ 27. 나는 나 자신을 신뢰한다.

_____ 28. 나는 나의 사교능력을 통해 친구들을 사귀었다.

_____ 29. 나는 쉽게 포기한다.

_____ 30. 나는 살아가면서 부딪히게 될 많은 문제들을 잘 처리하지 못할 것 같다.

채점 방식 : 일곱 문항(1, 5, 9, 13, 17, 21, 25)은 채점에 포함되지 않습니다. 다음 문항들(3, 6, 7, 8, 11, 14, 18, 20, 22, 24, 26, 29, 30)은 역산문항이므로 역채점해야 합니다.

해석 방식 : 일반적 자아효능감을 측정하는 문항(2, 3, ,4, 7, 8, 11, 12, 15, 16, 18, 20, 22, 23, 26, 27, 29, 30)과 사회적 자아효능감을 측정하는 문항(6, 10, 14, 19, 24, 28)들로 구성되어 있습니다. 각 효능감 영역에서 점수가 높으면 높을수록 자아효능감이 높다는 것을 의미합니다.

출처 : Corcoran, K., & Fisher, J.(2000). Measures for clinical practice: A sourcebook(3rd ed.). NY: The Free Press(Sherer, M., Maddux, J. E., Mercandante, B., Prentice-Dunn, S., Jacobs, B., & Rogers, W.(1982). The self-efficacy scale: Construction and validation. Psychological Reports, 51, pp. 663~671).

37 직업에 대한 이해

직업에 대한 이해는 주로 청소년들을 대상으로 하는 커리어코칭에서 활용가능성이 높은 툴이다. 이 툴을 잘 활용한다면 직업에 대한 이해가 부족한 피코치에게 직업에 대한 이해의 폭을 넓힐 수 있다.

기준	직업명
육체적 힘이 필요한 직업	
정신적 스트레스가 많은 직업	
다른 사람을 도울 수 있는 직업	
보수가 높은 직업	
창의력이 많이 필요한 직업	
부모님 세대에 있었지만 지금은 사라진 직업	
미래에 등장할 직업	
내가 알고 있는 독특한 직업	
드라마나 영화 속 기억에 남는 직업	

38   직업가계도

직업가계도는 주로 상담에서 가족치료를 목적으로 할 때 사용하는 방법이다. 커리어코칭에서 직업가계도는 피코치가 자신에게 적합한 직업을 탐색하거나 직업에 대한 이해를 살펴보기 위해 활용 가능하다. 코치는 직업가계도 작성을 통해 피코치에게 직업을 선택하거나 진로를 명확히 하는 등의 요구를 해서는 안 된다. 피코치를 둘러싼 주변 상황이 피코치에게 어떤 직업적 영향력을 주었는지에 대해 피코치 스스로 인식할 수 있게 하는 정도로 툴로 활용해야 한다. 따라서 직업가계도를 작성할 때 출생일, 결혼일자 등의 상세한 기술은 필요로 하지 않고 그들이 가진 직업과 그 직업을 얼마나 오랫동안 유지하고 있는지에 대한 대략적인 내용이면 충분하다.

통상적으로 아동이나 청소년들의 경우, 자신의 주변에서 쉽게 접하거나 관심이 있는 직업에 대한 정보만을 가지고 있는 경우가 많다. 성장하면서 직업에 대한 이해의 폭이 넓어지면 자연스럽게 관심이 있는 직업 영역이 확장되기도 하지만 경우에 따라서는 별다른 이유 없이 부모의 직업을 미래 자신의 직업으로 선택하려는 경우도 있다. 따라서 직업가계도는 피코치의 진로탐색과 직업선택에 많은 영향을 미칠 수 있는 주변 상황을 살펴보는 유용한 도구가 될 수 있다.

다음은 직업가계도의 예시이다.

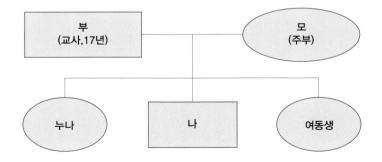

직업가계도를 완성한 후 코치는 다음과 같은 질문들을 할 수 있다.

- 가족들 간에 공통된 직업분야가 있는가?
- 가족들 중 직업적으로 닮고 싶은 사람이 있는가? 있다면 그 이유는 무엇인가?
- 다른 가족들은 구체적으로 어떤 직업을 희망하는가?
- 가족들의 직업이 본인의 직업이나 진로에 미치는 영향력은 어느 정도라고 생각하는가?

39   진로수레바퀴

진로수레바퀴는 피코치의 직업선택을 도울 수 있는 유용한 도구이다. 피코치가 고려하고 있는 하나의 직업을 진로수레바퀴 중심에 적고, 바퀴를 부채꼴로 나누어 직업 또는 여가경험, 교육배경, 중요한 타인, 개인적 스타일, 가치, 흥미, 기술, 노동시장 등 직업선택에 필요한 여러 요소들을 측면에 배치한다. 여기에서 개인적 스타일은 개인의 성격이나 강점 등의 특징에 관한 것을 기술한다. 이러한 과정을 반복하면서 여러 직업들 중 가장 적합한 직업을 최종 선택하게 된다.

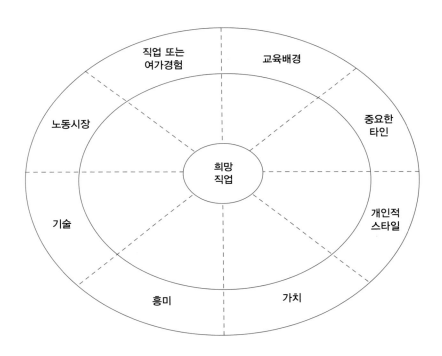

출처 : Amundson, Bowlsbey & Niles(2013). Essential elements of career counseling: Processes and techniques. p. 111(Amundson & Poehnell(1966). Career pathways).

40   진로 대차대조표

대차대조표 접근법은 피코치가 불확실한 상황에서 결정을 내리는 것을 돕기 위해 고안되었다. 대차대조표를 활용하는 방법은 먼저 직업대안을 평가할 특성들을 선정하고, 고려하고 있는 직업별로 각 특성에 대해 −5~+5점까지 점수를 부여한다. 이 점수를 계산하여 가장 높은 점수를 기록한 직업을 최종 선택하게 된다.

	선택직업 1		선택직업 2		선택직업 3	
	+	−	+	−	+	−
A. 자신을 위한 실질적인 이익 혹은 손실						
1. 개인수입						
2. 일의 흥미 가치						
3. 선호하는 도시에서 살 기회						
4. 교육기회						
5. 여가기회						
6. 기타						
B. 중요한 타인을 위한 실질적인 이익 혹은 손실						
1. 개인수입						
2. 일의 흥미 가치						
3. 선호하는 도시에서 살 기회						
4. 사회적 지위						
5. 교육기회						
6. 여가기회						
7. 기타						
C. 자기 승인 혹은 불승인						
1. 도덕적 혹은 합법적 고려사항						
2. 타인을 위한 봉사						
3. 자아상						
4. 기타						
D. 사회적 승인 혹은 불승인						
1. 남편/아내로부터						
2. 가까운 친구로부터						
3. 동료로부터						
4. 기타						

출처 : Brown & Brooks(2009). Career counseling techniques. p. 338.

41   직업흥미 찾기

이 검사는 피코치의 직업흥미를 알아보기 위한 것이다. A, B, C 각 항목의 지시사항을 읽고 검사를 실시한 후 D 검사결과의 육각형 그림을 완성한다.

A. 성격

다음 각 유형별 성격을 설명하는 단어들을 읽고 자신에게 해당된다고 생각하는 단어의 개수를 점수 집계표란에 기재한다.

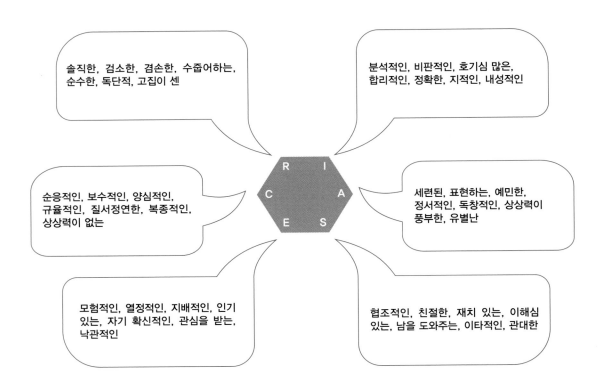

B. 특성

다음 각 유형별 특성을 설명하는 단어들을 읽고 자신에게 해당된다고 생각하는 단어의 개수를 점수 집계표란에 기재한다.

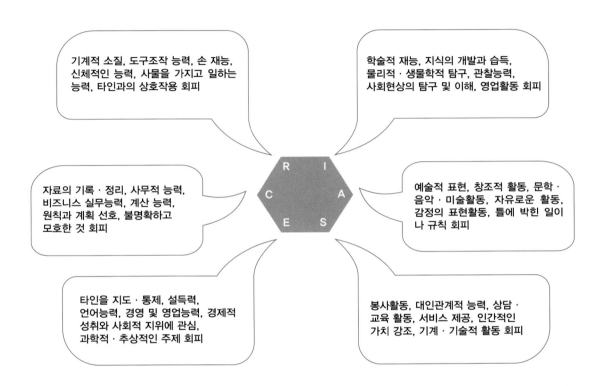

C. 직업

다음에 각 유형별로 제시된 직업들을 읽고 관심이 있다고 생각하는 직업들의 개수를 점수집계표 란에 기재한다.

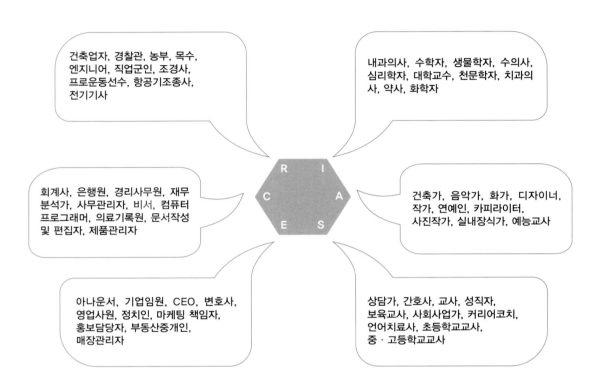

점수집계표

항목	R	I	A	S	E	C
A(7개 단어)						
B(6개 단어)						
C(10개 단어)						
합계						

D. 검사결과

합계란에 점수들 중 동점이 나올 경우 앞의 항목에 표시된 단어들을 다시 읽어 보고 점수가 동점이 나오지 않도록 합계란의 점수를 조정한다. 점수들을 비교해서 점수가 높은 두 개의 유형을 결정한다. 점수집계표 합계란의 점수를 근거로 다음 그림을 완성한다.

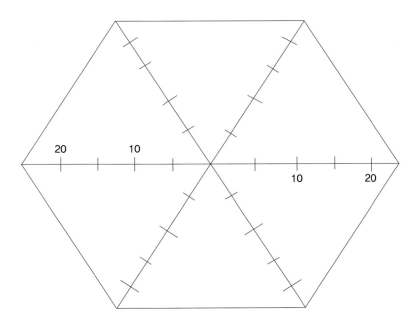

출처 : 박윤희(2013). 진로탐색 및 직업선택. pp. 71~74.

42   직업가치 찾기 Ⅰ

이 검사는 피코치가 직업선택에서 가장 중요하게 생각하는 직업가치를 알아보기 위한 것이다. 워크넷(www.work.go.kr)의 직업가치관 검사 항목들을 참고하여 내용을 구성하였다.

다음 상자 안의 내용들을 읽고 직업가치 찾기 표를 완성합니다. 특히 최종적으로 선정한 3개의 가치를 선택한 이유에 대해 적어 봅니다.

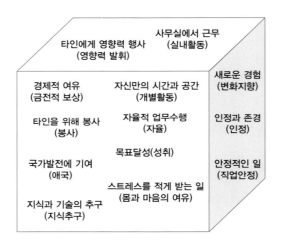

1단계		2단계		3단계	
상자 안에 들어 있는 13개의 가치들 중 중요하다고 생각되는 8개의 가치를 적는다.	1.	8개의 가치들 중 중요하다고 생각되는 5개의 가치를 적는다.	1.	5개의 가치들 중 중요하다고 생각되는 3개의 가치를 중요한 순서대로 적는다.	1.
	2.		2.		2.
	3.		3.		3.
	4.		4.		
	5.		5.		
	6.				
	7.				
	8.				
3개의 가치를 선택한 이유					

출처 : 박윤희(2013). 진로탐색 및 직업선택. p. 85.

43 직업가치 찾기 Ⅱ

아래에 제시된 문장의 빈칸을 완성하면서 피코치 자신이 중요하게 생각하는 직업가치에 대해 생각해 보게 한다. 피코치가 문장을 완성하고 나면 코치는 함께 검토하면서 피코치가 직업을 선택하는 데 중요하게 생각하는 가치가 무엇인지 함께 생각해 본다.

다음 문장을 읽고 자신이 생각하는 대로 문장을 완성합니다. 정확한 답은 없으므로 자신이 기재하고 싶은 대로 기재하기 바랍니다.

---

1. 내가 백만장자라면 _____ 를 할 것이다.

2. 내가 ○○○를 좋아하는 이유는 _____ 때문이다.

3. 내가 ○○○를 싫어하는 이유는 _____ 때문이다.

4. 내가 그 일을 하기 좋아하는 이유는 _____ 때문이다.

5. 내가 그 일을 하기 싫어하는 이유는 _____ 때문이다.

6. 내가 꼭 해 보고 싶은 일은 _____ 이다.

7. 내가 정말 하고 싶지 않은 일은 _____ 이다.

8. 내가 인생에서 가장 원하는 것은 _____ 이다.

9. 여러 사람들과 같이 있을 때 나는 _____ 한다.

10. 혼자 있을 때 나는 _____ 한다.

출처 : 최명선 · 문은미(2012). 청소년 진로 상담하기. p. 93.

44 직업 선택하기 Ⅰ

다양한 직업을 두고 고민하고 있는 피코치에게 활용 가능한 툴이다. 구체적인 직업들을 기입한 후 피코치 자신이 직업선택에서 중요하게 고려하는 것들을 적어 본다. 각 항목별로 점수를 부여하고 이를 더해 가장 점수가 높은 직업을 선택할 수 있다. 고려해야 할 각 항목의 점수는 10점 만점으로 한다. 피코치의 개인차에 따라 고려해야 할 항목의 수는 늘리거나 줄일 수 있다.

희망 직업목록	안정성	급여수준	○○○	○○○	○○○	실현 가능성	점수 합계

45 직업 선택하기 Ⅱ

다음은 피코치에게 다양한 검사결과들을 기초로 적합한 직업을 선택할 수 있도록 도움을 줄 수 있는 툴이다. 툴을 이용하되 모든 내용을 다 기재할 필요는 없다. 피코치가 검사한 내용을 중심으로 기재하고 각 검사에서 추천한 직업들과 자신의 희망직업을 비교하면서 직업선택의 폭을 좁힐 수 있다. 직업선택 시 가장 중요한 것은 피코치 자신의 의견이다. 이 책의 3장에 제시된 "박윤희의 커리어 의사결정이론"을 참고하여 작성한다.

검사종류	추천직업	희망직업
성격검사		1. 2. 3.
다중지능검사		4. 5.
직업적성검사		
직업흥미검사		
직업가치관검사		
경력 닻 검사		
자신의 선택직업		
직업선택 이유		

46 직업 체험하기(job shadowing)

직업 체험하기는 피코치의 직업체험을 돕기 위한 내용으로 구성되었다. 특히 여기 제시된 항목들은 직업체험을 통해 확인할 필요가 있는 것들이다. 실제 인턴십과 같은 직업체험 활동을 할 수 있다면 가장 바람직하겠지만 만약 그렇지 못할 경우 아래 툴에 제시된 항목의 내용들을 상세히 알아보는 것도 피코치에게 도움이 될 수 있다.

항목	직업체험 전 내 의견	직업체험 내용
희망직업(직무)		
하루일과		
주로 만나는 사람들		
주요 업무		
스트레스 정도		
처우 및 급여수준		
본인의 적성, 흥미, 가치관 등 일치 여부		
느낀 점		

출처 : 박윤희(2013). 진로탐색 및 직업선택. pp. 95~96.

47   직업정체성 검사

이 검사는 피코치의 직업정체성을 알아보기 위한 것이다.

다음에 제시된 A, B, C 세 명의 사례를 읽고 물음에 답하시기 바랍니다.

A씨가 직장에 다니는 주된 목적은 생활비를 벌기 위해서이다. 만일 경제적으로 안정되어 있다면 지금 하고 있는 일을 그만두고 다른 일을 선택했을 것이다. 그에게 직업이란 숨쉬기나 잠자기와 같은 생존활동이다. 그는 직장에서 근무할 때면 퇴근 시간이 빨리 오기만을 기다릴 때도 적지 않다. 게다가 주말이나 휴일을 손꼽아 기다린다. 다시 태어난다면 그는 현재 직업을 택하지 않을 것이고, 친구들이나 자녀들이 그 일을 하겠다고 하면 말릴 것이다. 그는 하루 빨리 이 직업을 그만두고 싶어 한다.

B씨는 기본적으로 현재의 일을 좋아하지만 5년 후까지 계속 머물러 있지는 않을 생각이다. 대신 더 품위 있고 높은 지위로 올라갈 계획이다. 그가 최종 목표로 삼고 있는 직위는 서너 개쯤 있다. 때로는 지금 자신이 시간을 낭비하고 있다는 생각도 들지만 더 나은 지위를 얻기 위해서는 현재 위치에서 최선을 다해야 한다는 사실도 잘 알고 있다. 그는 빨리 승진하고 싶다. 승진한다는 것은 곧 자신의 업무능력을 인정받는 것이며 동료 직원들과의 경쟁에서 승리했다는 증거이다.

C씨는 현재 자신의 삶에서 가장 중요한 일을 하고 있다. 그런 만큼 자신의 직업이 아주 마음에 든다. 직업은 곧 현재의 자신을 규정하는 중요한 요소이고 자기 자신을 다른 사람들에게 알릴 수 있는 첫 번째 조건이기 때문이다. 그는 일거리를 집으로 가져와 공휴일에도 일을 하는 게 좋다. 직장 동료들과도 친구처럼 친밀한 인간관계를 유지하고 직업과 관련된 단체나 동아리 활동도 활발하게 하는 편이다. 그는 자신의 일을 사랑하고 그 일을 함으로써 사회에 기여하고 있다고 생각한다. 친구들이나 자녀들에게도 이 일을 하도록 권할 생각이다. 또한 본의 아니게 그만두어야 하는 불행한 사태가 벌어지지 않는다면 이 일에 평생을 바치고 싶어 한다.

당신은 A씨와 얼마나 비슷한가?

매우 _____   조금 _____   별로 _____   전혀 _____

당신은 B씨와 얼마나 비슷한가?

매우 _____   조금 _____   별로 _____   전혀 _____

당신은 C씨와 얼마나 비슷한가?

매우 _____   조금 _____   별로 _____   전혀 _____

A, B, C 세 사례 중에 하나를 선택했다면, 이제 직업만족도를 생각해 봅니다.

(1 = 아주 불만족, 2 = 불만족, 3 = 조금 불만족, 4 = 보통, 5 = 조금 만족, 6 = 만족, 7 = 아주 만족)

당신의 만족도는 몇 점입니까?

C씨와 조금 혹은 매우 많이 비슷하고 직업만족도가 5 이상이라면, 당신은 C씨처럼 자신의 직업을 천직으로 여기며 현재의 직업에 아주 만족하는 사람입니다. 여기에 속하지 않는 사람이라면 재교육을 받는 것이 좋습니다. 청소부 중에도 자기 직업을 생업으로 여기는 사람과 천직으로 여기는 사람이 있는 것처럼 비서, 기술자, 간호사, 요리사, 미용사 등 모든 직업에서도 동일할 수 있습니다. 중요한 것은 자신이 바라는 직업을 찾는 게 아니라 자신이 바라는 직업이 되도록 열심히 노력하는 자세입니다.

출처 : Seligman(2014). Authentic happiness. pp. 293~294.

48 직업에 대한 열정 검사

이 검사는 피코치가 얼마나 자신의 직업에 대해 열정을 가지고 있는지를 생각해 보는 것이다.

각 문항을 읽고 자신이 어느 정도 일치하는지 생각해 보고 점수를 적어 봅니다.

5 = 그렇다

4 = 약간 그렇다

3 = 보통이다

2 = 약간 그렇지 않다

1 = 그렇지 않다

1. _____ 나는 내 직업에 만족한다.

2. _____ 나는 직장에서 정기적으로 새로운 것을 배운다.

3. _____ 내가 하는 일은 어떤 면에서는 사회나 세상에 기여한다.

4. _____ 나는 동료들을 좋아한다.

5. _____ 직장에는 나를 지지하거나 격려해 주는 사람이 있다.

6. _____ 직장에서 내가 최고로 잘하는 것을 할 기회가 자주 있다.

7. _____ 나는 출근하는 것이 기다려진다.

8. _____ 나는 친구에게 내 직업을 추천할 것이다.

9. _____ 나는 지금 하는 일을 계속 하고 싶다.

10. _____ 나의 직업은 내가 개인적으로 중시하는 가치들을 일부 충족시킨다.

각 문항에 답한 점수를 모두 더해서 총점을 구합니다. 다음 설명을 읽으면서 자신의 직업에 어느 정도의 열정을 느끼고 몰입하고 있는지 생각해 보시기 바랍니다.

10~20점 : 평균 이하의 범위로 이 점수를 얻은 사람들은 자신의 일에 만족하지 않는다. 그들은 주말을 고대하거나 사무실을 벗어날 시간을 기다리고 더욱 보람 있는 직업을 찾을 수 있기를 희망한다.

21~39점 : 평균 범위이다. 여기에 속하는 사람은 대체로 자신의 직업에 못마땅한 점이 몇 가지 있다. 때때로 자신의 일에 실망하거나 그 일에 더 많은 의미를 부여할 수 있기를 희망한다.

40~50점 : 이 범위의 점수를 얻은 사람은 자신의 일을 무척 좋아하고 즐기며 그 일이 의미 있다고 생각한다.

출처 : Diener(2011). Practicing positive psychology coaching. pp. 264~265.

49 업무스타일 검사

이 검사는 피코치의 업무 스타일에 대해 알아보는 것이다.

각 문항이 자신과 일치하는 정도를 판단한 후, 점수를 적어 봅니다. 자신이 높은 점수를 받은 문항을 확인하고, 자신의 업무 스타일이 다음 중 어느 유형에 해당되는지 확인합니다.

4 = 항상 그렇다

3 = 조금 그렇다

2 = 조금 그렇지 않다

1 = 결코 그렇지 않다

1. _____ 나는 언제나 제시간에 일을 완수한다.
2. _____ 내가 해낸 일은 질적으로 우수하다.
3. _____ 데드라인이 임박할 때 의욕이 생긴다.
4. _____ 나는 스트레스 하에서 최고로 열심히 일한다.
5. _____ 나는 프로젝트에 즉시 착수하는 것을 좋아한다.

계획하는 사람 : 프로젝트를 완수할 전략을 강구하고 장기 프로젝트도 즉시 시작해야 할 것 같은 강박감을 느낀다. 이들은 스스로를 동기부여하는 경향이 있다. 계획하는 사람은 대체로 1, 2, 5번 문항에서 점수가 높다.

인큐베이터 : 해야 할 일을 막판까지 미루는 사람이다. 이들은 동기를 제공할 데드라인이 필요할 때가 많지만 언제나 프로젝트를 완수하고 또 언제나 질적으로 우수한 결과물을 내놓는다. 인큐베이터는 대체로 1, 2, 3, 4번 문항에서 점수가 높다.

빈둥거리는 사람 : 프로젝트에 일찍 착수하지만 다른 일에 신경을 쓰고 지겨워하거나 쉽게 흥미를 잃는다. 빈둥거리는 사람은 대체로 5번 문항의 점수가 높고, 1, 2번 문항 점수가 낮다.

미루는 사람 : 막판까지 미루다가 데드라인 직전에 서둘러서 프로젝트를 완수한다. 이들은 주로 질적으로 미흡하고 보통 수준의 결과물을 내놓는다. 미루는 사람은 대체로 3, 4번 문항 점수가 높고 1, 2번 문항 점수가 낮다.

출처 : Diener(2011). Practicing positive psychology coaching. pp. 229~230(Biswas-Diener(2009). Work style scale. Unpublished pilot data).

50　삶의 역사 지도(history map)

이 툴은 노인들을 대상으로 하는 자서전 쓰기에 활용해도 좋지만, 그보다는 취업서류 작성을 준비 중인 취업 준비생들을 대상으로 사용하는 것이 보다 효과적이다. 마인드 맵(mind map) 방식을 사용해 피코치에게 이제까지 자신이 삶에서 경험했던 에피소드들을 모두 적어 보게 한다. 큰 가지는 피코치의 삶에서 출생에서부터 현재에 이르기까지 시점들을 구분하는 틀이 된다. 큰 가지의 수는 피코치에 따라 상이할 수 있다. 피코치는 각 시기에 자신이 경험했던 사건들을 중심으로 핵심 단어만을 기록한다. 아주 작은 사건에서부터 자신의 삶에 중요한 영향을 미친 사건에 이르기까지 빼놓지 않고 모두 기록해야 한다.

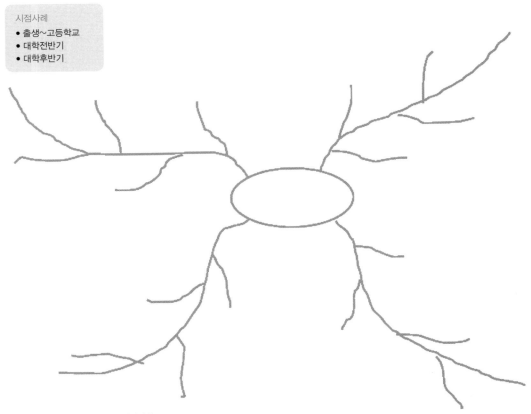

시점사례
● 출생~고등학교
● 대학전반기
● 대학후반기

출처 : 박윤희(2013). 진로탐색 및 직업선택. p. 173.

51   내 삶의 10대 사건

이 툴은 노인들을 대상으로 하는 자서전 쓰기에 활용해도 좋지만, 그보다는 취업서류 작성을 준비 중인 피코치들을 대상으로 사용하는 것이 보다 효과적이다. 피코치에게 이제까지 자신의 삶에서 가장 중요하다고 생각되는 10개의 사건들을 적어 보게 하고 이를 활용해 취업서류를 작성할 수 있게 한다.

순위	사건 개요	발생시점	강점 및 역량

52   스토리 보드(story board)

이 툴은 삶의 역사지도 그리기나 내 삶의 10대 사건을 통해 발견한 자신의 에피소드를 중심으로 스토리 보드를 작성하는 것이다. 보통 스토리 보드의 항목들은 기업에서 공통적으로 요구하는 자기소개서의 질문을 중심으로 작성하는 것이 바람직하다. 자기소개서 질문들은 기업들이 매년 새롭게 제시하고 있다. 스토리 보드는 문장형태로 작성하기보다는 자기소개서 문장을 작성하기 위한 초안 혹은 그림을 그리기 위한 밑그림 정도로 이해해야 한다. 따라서 피코치는 자기소개서 각 항목에 적당한 자신의 사례를 선정하고 이에 대해 간략하게 내용을 작성한다. 이렇게 작성한 스토리 보드를 토대로 자기소개서를 작성하게 된다.

항목	
내용	

항목	
내용	

출처 : 박윤희(2013). 진로탐색 및 직업선택. p. 175.

53 NCS 역량중심 스토리 보드

피코치에게 자신이 선택한 직무관련 NCS 역량에 대해 검토하게 하고, 이에 해당하는 자신의 지식, 기술, 태도에 관한 스토리 보드를 작성하게 한다.

	선택 직무	
	NCS 역량	
	세부역량	지식, 기술, 태도
1		
2		
3		
4		
5		
6		
7		
8		
9		
10		
11		
12		
13		
14		
15		

54   스트레스 검사

이 검사는 피코치의 스트레스 정도를 알아보기 위한 것이다.

다음 문항을 읽고 자신에게 해당되는 점수에 ∨ 표시를 하십시오.

	문항	없다(0)	가끔 있다(1)	자주 있다(2)
1	감기에 잘 걸리고 잘 낫지 않는다.			
2	손발이 차다.			
3	손바닥이나 겨드랑이 밑에 땀이 많이 난다.			
4	갑자기 숨을 쉬기가 힘들어진다.			
5	가슴이 두근두근 거려서 신경이 쓰인다.			
6	가슴이 아플 때가 있다.			
7	머리가 맑지 못하다(머리가 무겁다).			
8	눈이 쉽게 피로하다.			
9	코가 막힐 때가 있다.			
10	현기증을 느낄 때가 있다.			
11	일어설 때 현기증을 느낀다.			
12	환청이 들릴 때가 있다.			
13	입안이 헐거나 진무를 때가 있다.			
14	목이 아플 때가 있다.			
15	혀가 하얗게 될 때가 있다.			
16	좋아하는 음식이 있어도 식욕이 생기지 않는다.			
17	항상 음식물이 위에 걸려 있는 것 같은 기분이 든다.			
18	배가 빵빵하거나 설사나 변비를 할 때가 있다.			
19	어깨가 결리거나 목이 뻐근할 때가 있다.			
20	등이나 허리가 아플 때가 있다.			
21	몸이 나른하고 피곤함이 좀처럼 가시지 않는다.			

22	체중이 줄고 마른다.			
23	뭘 하든 금방 피로해진다.			
24	아침에 기분 좋게 일어나지 못한다.			
25	일할 의욕이 생기지 않는다.			
26	쉽게 잠들지 못한다.			
27	수면 중에 몇 번씩이나 꿈을 꿀 때가 있다.			
28	심야에 잠이 깨고 나면 좀처럼 잠들지 못한다.			
29	사람을 만난다는 것이 귀찮게 여겨진다.			
30	대수롭지 않은 일에도 화가 나거나 초조해질 때가 있다.			
31	우울해서 기분이 가라앉을 때가 있다.			
32	즐겁지만 그것을 느끼지 못할 때가 있다.			
33	불안정하다고 느낄 때가 있다.			
34	불안을 느낄 때가 있다.			
35	기분이 나빠질 때가 있다.			
36	일할 때 자신감을 가질 수 없다.			
37	뭔가를 할 때 잘 안 되면 어쩌나 하고 불안해한다.			
38	남을 믿지 못할 때가 있다.			
39	장래에 대해 희망을 가질 수 없다.			
40	이것저것 쓸데없는 일만 생각하게 될 때가 있다.			
41	뭔가를 정할 때 우물쭈물하여 좀처럼 결정을 내리지 못한다.			
42	어떤 일을 적극적으로 해내지 못한다.			
43	주위 사람들이 자신에게 거는 기대가 짐으로 느껴질 때가 있다.			
44	직책에 부담을 느낀다.			
45	어디서나 마음이 안 맞는 사람이 있어서 곤란할 때가 있다.			
46	여러 가지 규칙이나 관습이 매우 귀찮게 여겨진다.			
47	환경을 극복하고 일을 진행해 나갈 수 있을까 불안해진다.			
48	힘들 때 언제든지 상담할 수 있는 친구가 없다고 생각한다.			
49	내 노력을 정당하게 평가해 주는 사람이 있었으면 좋겠다고 생각한다.			

| 50 | 모든 것을 다 내팽개치고 싶어질 때가 있다. | | | | |
| | 총점 | | | | |

다음은 자신의 연령대에 기재되어 있는 점수를 자신의 총점과 비교한 후 1~5단계까지 있는 평가
단계를 확인합니다.

종합점수 5단계 평가

단계	19세 이하	20대	30대	40대	50대	60대
5	54~100	54~100	54~100	53~100	49~100	42~100
4	40~53	38~53	38~53	37~52	34~48	27~41
3	27~39	23~37	22~37	21~36	19~33	12~26
2	14~26	8~22	6~21	5~20	4~18	0~11
1	0~13	0~7	0~5	0~4	0~3	–

자신의 스트레스 단계를 확인한 후 아래에 제시되어 있는 각 단계에 따른 증상들을 살펴봅니다.

스트레스 5단계 평가 내용

5단계	중증(만성) 스트레스 단계	일상생활에 지장을 초래할 정도의 스트레스 상태에 빠져 있을 우려가 있다. 심신증이나 우울증에 빠져 있을 가능성도 있으므로 전문가의 조언을 받을 필요가 있다.
4단계	스트레스 심화 단계	본격적인 스트레스 상태에 빠지고 있는 중이다. 신체증상 중에서도 만성 스트레스 증상(1, 4, 13, 15, 16, 18, 21, 22, 23, 25, 28, 29, 30)에 1점이나 2점이 10개 이상이라면 심료내과에서 상담을 받아보는 것이 좋다.
3단계	평균적인 스트레스 단계	다양한 스트레스에 시달리면서도 어떻게든 잘 처리할 수 있는 단계이다(초기 스트레스 상태). 더 이상 스트레스가 쌓이지 않도록 주의할 필요가 있다.
2단계	거의 스트레스를 느끼지 않는 단계	가벼운 스트레스가 있지만 거의 영향을 받지 않는 단계이다. 평소의 식사, 휴식, 수면 등에 신경을 쓸 필요가 있다.
1단계	스트레스가 없는 단계	스트레스가 거의 없는 상태이다. 몸도 마음도 건강하고 가볍다. 단, 너무 일하기 좋아하는 사람은 몸에 이상이 있어도 스스로 잘 느끼지 못하는 경우가 있으므로 주위 사람들을 통해 체크를 받아보자.

출처 : 무라카미 마사토 · 노리오카 다카코(2002). 더 이상 스트레스는 없다. pp.16~19 수정.

55   시간관리 능력 검사

이 검사는 피코치의 시간관리 능력을 알아보기 위한 것이다.

다음 문항을 읽고 자신에게 해당되는 조건에 ∨ 표시를 합니다.

번호	문항	예	아니오
1	삶은 계획하는 것보다 내 기분대로 살고 즐기는 것이다.		
2	나에게는 뚜렷한 인생의 비전과 목표가 있다.		
3	나는 내 직장 혹은 내 사업의 주요 목표를 인식하며 일하고 있다.		
4	매일 계획할 시간과 반성할 시간을 따로 마련한다.		
5	매일, 매주, 매월 계획표에 따라 일을 진행해 나간다.		
6	해야 할 일이 모두 중요하기 때문에 어떤 것을 먼저 해야 할지 모를 경우가 많다.		
7	중요한 것들을 해낼 수 있는 시간은 항상 있다고 믿는다.		
8	일을 하는 데 일관성이 없다. 이것을 했다, 저것을 했다 하며 우선순위가 자주 바뀐다.		
9	일이 즐겁고 보람 있다.		
10	열심히 일하는 데 비례해 일의 성과도 올라간다고 생각한다.		
11	과거에 대한 후회나 미래에 대한 염려를 잊고 지금 주어진 일에 최선을 다한다.		
12	나는 모든 일을 완벽하게 처리하지 않으면 마음이 놓이지 않는다.		
13	나는 매우 건강해서 쉽게 피곤해하지 않는다.		
14	나는 가장 좋은 시간에 가장 중요한 과제를 하려고 한다.		
15	나는 모든 활동에 필요한 시간 배분을 잘 한다.		
16	나는 자투리 시간을 잘 활용하지 못한다(출퇴근 시간, 이동시간 등).		
17	나는 기상시간, 식사시간, 잠자는 시간이 불규칙하다.		
18	나는 닥치는 대로 책을 읽는다.		
19	나는 필요하고 중요한 정보보다는 많은 정보를 모으는 것에 관심을 갖는다.		
20	나는 내 스스로 모든 일을 처리하지 않으면 기분이 내키지 않는다.		
21	나는 새로운 상황이 닥치면 당황한다. 즉 변화관리를 잘 하지 못한다.		

| 22 | 나는 항상 새로운 방식으로 일을 수행하려고 노력한다. | | |
| 23 | 나는 내 스스로 시간표를 짜고 내 삶을 융통성 있게 관리한다. | | |

모범답안

1. 아니오	2. 예	3. 예	4. 예	5. 예	6. 아니오
7. 예	8. 아니오	9. 예	10. 아니오	11. 예	12. 아니오
13. 예	14. 예	15. 예	16. 아니오	17. 아니오	18. 아니오
19. 아니오	20. 아니오	21. 아니요	22. 예	23. 예	

위의 답과 일치한 문항이

19~23개라면 시간관리 능력이 매우 탁월한 사람이다.

14~18개라면 상당히 훌륭한 편이다.

9~13개라면 보통이다.

8개 이하라면 시간관리를 보다 철저히 해야 할 필요가 있다.

출처 : 유성은(2006). 시간관리와 자아실현. pp. 383~385 수정.

56 시간관리를 위한 일 분류하기

피코치가 일상적으로 하는 일들을 그 중요도와 긴급도에 따라 분류해 보게 한다. 이를 통해 피코치는 자신의 시간관리 상태를 점검할 수 있다.

자신이 해야 하거나 하고 있는 일들

중요한 일	가장 중요한 일

중요하지 않은 일

출처 : 박윤희(2013). 진로탐색 및 직업선택. p. 152.

57   시간관리 문제점 분석

피코치가 작성한 시간관리를 위한 일 분류하기 결과를 바탕으로 피코치가 자신의 시간관리 문제점을 스스로 분석해 볼 수 있게 한다. 단순히 문제점 분석에 그치지 않고 이에 대한 해결방안을 모색할 수 있게 한다. 코치는 피코치가 효율적인 시간관리를 할 수 있도록 시간관리 방법에 대해 코칭할 수 있다.

시간관리를 잘 하고 있는 점	
시간관리 문제점	
개선방안	

출처 : 박윤희(2013). 진로탐색 및 직업선택. p. 153.

58 미리 작성해 보는 금전출납부

이 툴은 청소년이나 대학생 등 아직 경제관념이 부족한 피코치들을 대상으로 사용하는 것이 바람직하다. 미래 특정시점에 희망소득과 지출규모 등을 미리 생각해 봄으로써 경제적 자기관리에 대한 중요성을 스스로 깨닫게 할 수 있다.

일자	적요	수입	지출	잔액	비고

연습
문제

1. 커리어코치 윤리규정 중 추가하고 싶은 내용이 있다면 적어 봅니다.

2. 이 장에 제시된 툴들 중 한 가지를 선택하고, 커리어코칭에 활용할 경우 코치가 할 수 있는 질문들을 적어 봅니다.

3. 이 장에 제시되어 있는 툴들을 살펴보고 커리어코칭에 활용 가능한 새로운 툴을 만들어 봅니다.

Chapter
10

커리어코치의
역량과
커리어코칭의
영향요인

이 장은 박윤희(2010)의 「성공적인 커리어코칭 과정에 관한 연구」와 박윤희·기영화(2010)의 「커리어코치의 역량 도출 및 분류에 관한 연구」의 내용을 중심으로 구성되어 있다. 이 장에서는 커리어코치가 갖추어야 하는 다양한 역량들과 커리어코칭에 영향을 미치는 여러 요인들에 대해 살펴본다. 특히 미래에 유능한 커리어코치를 꿈꾸는 사람들이라면 관심을 가지고 내용을 살펴보아야 할 것이다. 커리어코치의 역량에 관해서는 향후에 커리어코치의 핵심역량을 도출하는 후속 연구가 이어지길 기대하는 바이다.

▶ 01 커리어코치의 역량
▶ 02 커리어코칭의 영향요인

01 커리어코치의 역량

커리어코칭을 잘 진행하기 위해 코치는 필요한 역량을 갖추어야 한다. 커리어코치의 역량에 대해서는 저자의 박사학위논문인 「성공적인 커리어코칭 과정에 관한 연구」의 내용을 중심으로 구성하였다.

1) 역량의 개념

역량의 개념은 하버드대학교의 심리학자인 McClelland(1973)에 의해 처음으로 제시되었다. 그는 그의 연구 「Testing for competence rather than intelligence」에서 전통적인 의미의 지능검사보다는 개인이 수행하는 직무에서 실제 성과로 나타나는 역량평가가 더 의미 있다는 입장을 밝히고 있다. 학업적성검사나 성취도검사들이 업무성과나 직업에서 성공을 예측하지만, 상당 부분 개선될 여지가 있다는 것을 강조하였다. 또 성공적인 업무수행자와 평균적인 업무수행자의 비교를 통해 성공과 관련된 특성을 규명하는 데 초점을 맞추었다. 이를 시발점으로 하여 다양한 분야의 업무에 대한 역량 연구가 이어지고 있다. 특히 조직의 리더나 전문직 종사자에게 요구되는 역량은 성과와 연결되는 중요한 지표이자 자격을 유지하게 하는 필수요건이다.

역량에 대한 정의를 살펴보면, 개인이 역할이나 활동을 수행하는 데 필요한 내재적 특성이나 개인의 능력 특성 등으로 정의하고 있다. 중요한 것은 역량이 역할이나 활동을 수행함에 있어 보편타당한 것이 아니라, 그 수행이 뛰어나고 우수하며 성공적이어야 하고 그것이 추상적이지 않고 실제 측정 가능해야 한다는 것이다.

Boyatzis(1982)는 어떤 개인이 특정 역할을 수행함에 있어 성공적인 결과를 가져오는, 그 개인이 가지고 있는 내재적 특성으로, Spencer와 Spencer(2000)는 직무나 상황에서 뛰어난 수행이나 준거 관련 효과와 연관된 개인의 특성에 기초하는 것으로 역량을 정의하였다. 또 Green(1999)은 역량을 직무 목표달성에 사용되는 측정 가능한 업무습관 및 개인적 기술에 대한 증거 자료로 정의하였다. 이러한 정의들을 통해 역량이란 개인이 역할이나 활동을 수행함에 있어서 뛰어나고 성공적인 결과를 가져오는 객관적으로 측정 가능한 개인의 특성이라고 볼 수 있다.

Spencer와 Spencer는 역량에 해당되는 개인의 내재적 특성을 다음과 같이 다섯 가지로 분류하고 있다.

첫 번째 특성은 개인의 동기(motives)로, 개인이 일관되게 마음에 품고 있거나 원하는 어떤 것으로 행동의 원인이 된다. 동기는 특정한 행위나 목표를 향해 행동을 유발시키고 방향을 지시하며 선택하도록 작용한다.

두 번째 특성은 개인의 특질(traits)로, 신체적 특성, 상황 또는 정보에 대한 일관적 반응성을 의미한다. 이때 감정적인 자기통제와 주도성은 다소 복잡한 형태의 일관적 반응성이라고 할 수 있다.

세 번째 특성은 자기개념(self-concept)으로, 태도, 가치관 또는 자기상(self-image)을 의미한다. 특히 가치관은 주어진 상황에서 단기적으로 나타나는 반응적 행동에 영향을 주는 요소이다.

네 번째 특성은 지식(knowledge)으로, 특정분야에 대해 가지고 있는 정보를 말한다. 지식은 그 사람이 무엇을 할 수 있다는 것을 말해 줄 수 있을 뿐이며, 실제로 무엇을 할 것인지는 예측하지 못한다.

다섯 번째 특성은 기술(skill)이다. 이는 특정한 신체적 또는 정신적 과제를 수행할 수 있는 능력을 말하는 것으로, 정신적 또는 인지적 기술은 분석적 사고와 개념적 사고를 포함한다.

이와 같은 개인의 역량은 [그림 10.1]과 같은 구조를 가진다.

역량구조에서 알 수 있듯이 개인에게 기술과 지식은 비교적 잘 드러나는 부분이라고 볼 수 있는 반면, 자기개념, 특질과 동기는 잘 드러나지 않는 부분이다. 기술과 지식은 개인에게 개발이 보다

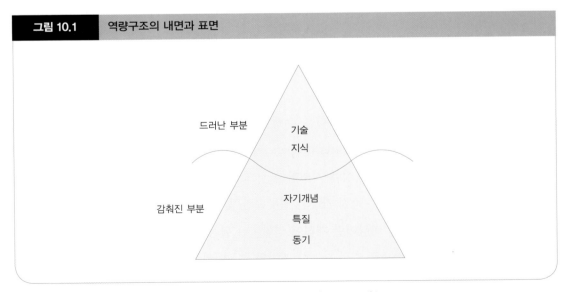

그림 10.1   역량구조의 내면과 표면

드러난 부분

기술
지식

감춰진 부분

자기개념
특질
동기

출처 : Spencer & Spencer(2000). Competence at work: Models for superior performance. p. 21.

용이하기 때문에 다양한 교육훈련 방법을 통해 개발할 수 있다. 이와 달리 자기개념, 특질과 동기는 상대적으로 개인에게 개발이 어려운 부분으로 특히 조직에서는 이를 개발시키는 데 주력하기보다는 이러한 역량을 이미 갖춘 사람을 선발하는 것이 보다 바람직할 것이다.

2) 커리어코치의 역량

연구를 통해 총 25개의 커리어코치 역량을 추출하였고 역량들 간의 유사성에 따라 지식관련 전문성, 코칭진행관련 전문성, 코치의 경험, 관계형성, 코치의 사명감 역량군으로 분류하였다.

다음은 각각의 역량군에 대한 설명이다.

첫 번째 역량군은 지식관련 전문성이다. 지식관련 전문성 역량군에는 업무관련 지식과 전문지식 역량이 포함된다. 커리어코칭을 잘 수행하기 위해 코치는 기본적으로 코칭에 대한 지식 그리고 커리어에 대한 지식을 갖추어야 한다. 그뿐만 아니라 코칭과 관련된 분야에 대한 지식을 갖추는 것도 필요한데 구체적으로 심리학, 철학, 역사, 문학과 경영학 등 관련 지식을 갖추는 것이 필요하다. 이를 잘 설명하는 것이 업무관련 지식 역량이다. 전문지식 역량은 코치가 커리어코칭에 관련된 지식뿐만 아니라 IT 분야, 고객서비스 분야 등 특정분야의 전문가로서 높은 수준의 지식을 갖추어야 함을 의미하는 것으로 이를 통해 코치는 피코치가 요구하는 특정분야의 전문지식을 제공할 수 있다.

두 번째 역량군은 코칭진행관련 전문성이다. 코칭진행관련 전문성은 피코치의 사고능력은 물론, 스킬, 코칭 방법의 적용과 도구활용 등 코칭진행과 직접적으로 관련된 모든 코치의 역량을 포함한다. 코칭진행관련 전문성 역량군에는 분석적 사고, 개념적 사고, 경청, 질문, 피드백, 도구활용, 적용성, 정보제공, 촉진, 영향력, 컨설팅과 지원 역량이 해당된다.

분석적 사고 역량은 코치가 피코치의 문제를 정확히 분석하는 것을 의미하고 개념적 사고 역량은 코치가 직관과 통찰력으로 피코치의 내면을 끌어내는 것을 말한다. 경청 역량은 코치가 경청을 통해 피코치의 마음을 여는 것을 의미하고 질문 역량은 피코치가 내면을 인식할 수 있도록 코치가 적절한 질문을 하는 것이다. 피드백 역량은 피코치가 자신감을 얻을 수 있도록 코치가 동기부여하는 것을 의미한다. 도구활용 역량은 코치가 코칭의 효과성을 높이기 위해 검사도구를 활용하는 것이다. 적용성 역량은 코치가 코칭을 위한 사전준비를 하고 코칭절차에 대해 피코치에게 안내하며 피코치가 커리어 맵을 작성하고 목표설정과 실행계획을 수립할 수 있도록 돕는 것을 말한다. 정보제공 역량은 코치가 피코치에게 필요한 자료를 제공하는 것이고 촉진 역량은 피코치가 자신에게 맞는 커리어 대안을 찾고 실행계획을 직접 실천할 수 있도록 코치가 돕는 것을 의미한다. 영향력 역량은 피코치가 자신의 삶을 돌아보게 하고 코치가 자신의 이야기를 통해 피코치를 격려하는 것이다. 컨설팅 역량은 코치가 컨설턴트와 멘토 역할을 하고 코치가 컨설팅과 코칭 방법을 함께 사용하는 것을 말하고 지원 역량은 코치가 피코치의 부족한 부분을 채우고 피코치가 원하는 일을 찾도록 도움을 주는 것이다. 취업을 하는 데 직접적인 도움을 줄 뿐 아니라 행복한 삶을 영위할 수 있도록 돕는 것을 의미한다.

코치는 커리어코칭을 성공적으로 진행하기 위해서 특히 코칭에 필요한 다양한 스킬, 진행과 관련된 역량들을 갖추어야 한다. 피코치의 코칭주제나 문제들을 파악하는 데 분석력은 매우 중요하게 작용한다. 또 코치로서 코칭을 진행하는 능력은 코칭절차를 이해하고 숙지하며 이를 코칭에 적용하는 것을 포함한다. 그 외에 코치는 효과적인 검사를 위한 표준화된 검사도구 사용능력, 피코치에게 필요한 정보를 제공하는 능력 등을 모두 갖추는 것이 필요하다.

세 번째 역량군은 코치의 경험이다. 코치의 경험 역량군에는 경험적 사고, 경험적 업무수행 능력과 자기조절 역량이 포함된다. 경험적 사고 역량은 코치의 다양한 삶의 경험이 중요하고 코치가 다양한 사람들을 접한 경험이 필요하다는 것을 의미한다. 경험적 업무수행 역량은 코치에게 많은 커리어코칭 경험이 필요하고 코치의 커리어경험 또한 중요하며 조직생활 경험이 필요하다는 것을 말한다. 자기조절 역량은 코치의 경험이 코칭에 방해가 될 수 있으므로 코치가 개인적인 주장을 자제해야 한다는 것이다.

성공도 해 보고 실패도 해 본 코치의 다양한 삶의 경험은 피코치가 처한 어려움을 이해하는 데 중요하게 작용한다. 또한 이 부분에서 주목해야 할 것은 코치가 이러한 경험을 믿고 자신의 생각을 피코치에게 강요하거나 주장하는 것을 자제해야 한다는 것이다. 코치의 경험이 중요하기는 하나 이에 대한 바람직한 활용과 코치의 중립적인 태도가 중요하다.

네 번째 역량군은 관계형성이다. 관계형성 역량은 고객지향성, 대인이해, 친밀성과 신뢰성이다.

고객지향성 역량은 피코치 자신이 원하는 일을 찾고 삶의 변화가 일어날 수 있도록 코칭에서 중심이 되어야 함을 의미한다. 대인이해 역량은 코치가 피코치의 상황을 파악하고 입장을 이해하는 것이 중요하며 코치와 피코치가 서로 마음이 통하게 되는 것을 의미한다. 친밀성 역량은 코치가 따뜻한 마음으로 피코치를 배려하고 코치가 피코치를 존중해 주는 것을 말한다. 또 신뢰성 역량은 코치가 피코치와 신뢰관계를 형성할 수 있는 능력을 의미한다.

커리어코칭에서 바람직한 관계형성은 코치와 피코치가 하나되는 과정이고 이는 신뢰를 기반으로 할 때 가능하다. 이 과정에서 코치는 피코치와 하나되기 위한 노력을 기울이고 피코치가 편안하게 코칭에 임할 수 있도록 배려한다. 결국 중요한 것은 서로 마음이 통하고 신뢰관계가 형성되는 것이다. 이러한 능력은 코치에게 커리어코칭을 성공으로 이끌어 가게 하는 힘이 된다.

마지막 역량군은 코치의 사명감이다. 코치의 사명감 역량군에는 직업지향성, 책무성, 자기관리와 반성/자기성찰 역량이 포함된다. 직업지향성 역량은 코치가 자신의 직업에 열정과 애정을 가지는 것을 말한다. 책무성 역량은 코치가 피코치의 삶에 등불 역할을 하고 삶의 모델이 되며 코치가 다른 사람을 돕고자 하는 삶의 자세를 가지는 것을 의미한다. 자기관리 역량은 코치가 끊임없이 자기개발을 하고 학습을 계속하는 것이다. 반성/자기성찰 역량은 코치의 내면 성찰이 필요하고 사회봉사 활동을 하며 가치추구적인 삶을 살아간다는 것을 말한다.

코칭은 피코치를 변화시키고 성장을 지원하는 과정이다. 따라서 다른 일과 달리 코치의 역할이 많이 강조된다. 코치는 코치로서 자신의 일을 사랑하고 긍지와 자부심을 갖는 것이 필요하고 자신의 역할을 바로 인식하고 열정을 가지고 임해야 한다. 이를 위해 끊임없는 자신의 내적 성찰과 수련을 해야 하고 무엇보다 다른 사람을 발전시키고 성장시키는 일을 하고 있다는 가치추구적인 삶의 자세를 가져야 한다. 이는 자연스럽게 자기개발로 이어질 수 있다. 이러한 커리어코치의 역량과 역량군의 관계는 [그림 10.2]에서 보는 바와 같이 수평적이다.

커리어코치에게 요구되는 역량들 간의 구조는 역량의 중요도에 있어서 계층적이지 않고 수평적이다. 역량들은 중요도에 있어 서로 차이가 난다고 볼 수 없으며 상호간에 균형을 유지해야 한다. 어떤 역량은 더 필요하고 어떤 역량은 덜 필요하고의 개념이 아니다. 만약 어떤 한 역량이 부족하다면 전체적인 역량이 균형을 유지하기 어렵고 이렇게 될 경우 커리어코칭을 성공적으로 진행하기 어렵다. 따라서 커리어코치의 역량들은 서로 균형을 유지해야 하며 중요도에 있어서도 순위를 정하기 어렵다.

3) Spencer와 Spencer의 기준에 따른 역량 분류

Spencer와 Spencer가 제시한 역량의 다섯 가지 내재적 특성, 즉 기술, 지식, 자기개념, 특질과 동기에 따라 역량을 분류하면 다음과 같다.

먼저, 기술에 해당되는 역량 분류이다. Spencer와 Spencer에 따르면 기술은 눈에 보이는 신체적 과제 수행뿐 아니라 눈에 보이지 않는 정신적 과제 수행에 대한 능력을 모두 포함하는 것이다. 따라서 가시적으로 쉽게 구분할 수 있는 외적 능력뿐 아니라 정신적인 능력까지를 모두 포함해서 분

그림 10.2	커리어코치의 역량 모형

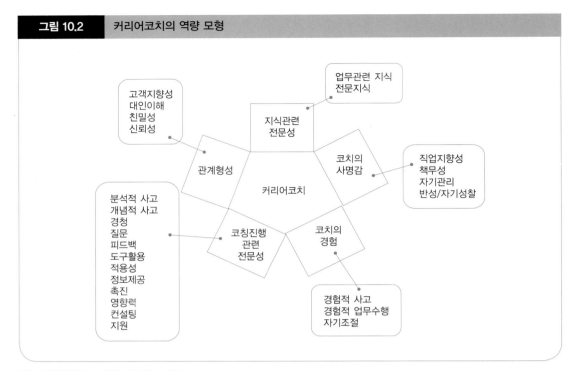

출처 : 박윤희(2012). 커리어코칭 입문. p. 230.

류해야 할 것이다. 이를 근거로 분류하면, 기술에 해당되는 커리어코치의 역량은 분석적 사고, 개념적 사고, 경청, 질문, 피드백, 도구활용, 정보제공, 컨설팅, 적용성, 경험적 사고와 경험적 업무수행이 될 수 있다. 이 중에서 특히 분석적 사고, 개념적 사고와 경험적 사고 역량은 정신적 과제수행 능력에 해당되는 역량들로 볼 수 있다.

두 번째, 지식에 해당되는 역량 분류이다. 지식에 해당되는 커리어코치의 역량은 업무관련 지식과 전문지식이 될 수 있다. Spencer와 Spencer에 따르면 지식은 특정분야에 대해 가지고 있는 정보로 이는 그 사람이 무엇을 할 수 있다는 것을 말해 줄 수 있을 뿐 실제로 무엇을 할 것인지는 예측하지 못한다. 따라서 중요한 것은 커리어코치로서 업무관련 지식과 전문지식을 습득하고 이를 코칭장면에서 적절하게 활용하는 것이다.

세 번째, 자기개념에 해당되는 역량 분류이다. 자기개념에 해당되는 커리어코치의 역량은 촉진, 지원, 고객지향성, 대인이해, 친밀성과 책무성 역량이 될 수 있다. Spencer와 Spencer에 따르면 자기개념은 태도, 가치관 또는 자기상(self-image)을 의미하는 것이다. 특히 가치관은 단기적으로 나타나는 반응적 행동에 영향을 주는 요소이다(McClelland et al., 1989). 자기개념에 해당되는 역량들은 고객과 함께하는 코칭상황에서 코치로서 고객에게 단기적으로 반응해야 하는 역량으로 이는 단기적으로 나타나는 반응적 행동에 영향을 주는 요소로 볼 수 있다. 따라서 촉진, 지원, 고객지향성, 대인이해, 친밀성과 책무성 역량을 자기개념으로 분류하는 것이 타당하다.

네 번째, 특질에 해당되는 역량 분류이다. 특질에 해당되는 역량은 자기조절, 자기관리, 영향력, 신뢰성과 반성/자기성찰 역량이 될 수 있다. Spencer와 Spencer에 따르면 동기와 특질은 어느 정도 타고난 요소로 능동적이고 자발적인 '마스터 특질'이며 개인의 장기적 직무 행동을 예측할 수 있는 역량이다. 특히 특질은 신체적인 특성, 상황 또는 정보에 대한 일관적 반응성을 의미한다. 특질에 해당되는 역량들은 코치의 코칭진행을 예측할 수 있게 하는 역량으로 코치로서 역할과 직무 수행을 예측할 수 있고 흔들림 없이 자신의 직무에 일관된 반응을 보이는 역량이라고 볼 수 있다. 따라서 자기조절, 자기관리, 영향력, 신뢰성과 반성/자기성찰 역량을 특질로 분류할 수 있다.

다섯 번째, 동기에 해당되는 역량 분류이다. 동기에 해당되는 역량은 직업지향성 역량이 될 수 있다. Spencer와 Spencer에 따르면 동기는 개인이 일관되게 품고 있거나 원하는 어떤 것으로 행동의 원인이 된다. 코치의 직업지향성은 자신의 역할에 대한 인식과 몰입의 표현이며 코치로서 자신의 일을 수행하는 데 원동력이 되는 역량이다. 따라서 이를 동기로 분류하는 것이 바람직할 것이다.

위의 역량 분류를 Spencer와 Spencer의 기준에 따라 나타낸 것이 [그림 10.3]이다.

Spencer와 Spencer의 기준에 따라 커리어코치의 역량을 분류하는 것은 다소 모호해 보일 수 있다. 그 이유는 분류기준의 모호성 때문이다. 하지만 이러한 분류를 시도함으로써 얻을 수 있는 이점은 역량의 개념을 보다 명확히 하고 그 개발 가능성에 대해 생각해 볼 수 있는 기회를 가질 수 있다는 것이다.

4) 커리어코치의 역량 정의

다음은 커리어코치의 역량에 대한 정의들을 각 역량군별로 정리한 것이다.

(1) 지식관련 전문성
① 업무관련 지식

코치로서 역할수행을 위해 코칭, 커리어 및 커리어코칭 관련분야에 대한 지식을 보유하고 관련 최신 정보를 수집하고 이를 코칭에 활용하는 능력이다.

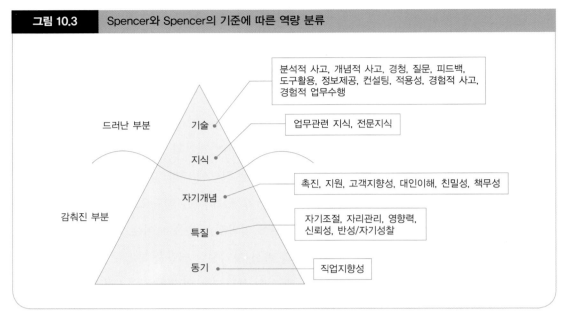

그림 10.3 Spencer와 Spencer의 기준에 따른 역량 분류

분석적 사고, 개념적 사고, 경청, 질문, 피드백, 도구활용, 정보제공, 컨설팅, 적용성, 경험적 사고, 경험적 업무수행

업무관련 지식, 전문지식

촉진, 지원, 고객지향성, 대인이해, 친밀성, 책무성

자기조절, 자리관리, 영향력, 신뢰성, 반성/자기성찰

직업지향성

드러난 부분

감춰진 부분

기술

지식

자기개념

특질

동기

출처 : 박윤희 · 기영화(2010). 커리어코치의 역량 도출 및 분류에 관한 연구. p. 162.

② 전문지식

코칭을 진행하는 데 필요한 지식 이외에 특정분야에 대한 전문가 수준의 지식을 보유하고 지속적으로 학습하며 이를 코칭에 활용하는 능력이다.

(2) 코칭진행관련 전문성

① 분석적 사고

정확하게 피코치의 상황이나 문제점을 파악하기 위해 대화내용, 관련자료 등을 활용하여 판단하고 복잡한 내용을 명확하게 정리 및 분석하는 능력이다.

② 개념적 사고

복잡한 상황에서 핵심사항을 직접적으로 파악하고, 가시적으로 드러나지 않는 것을 밝혀내고 이를 단순화시키는 능력이다.

③ 경청

코칭 대화에서 피코치가 전달하고자 하는 사실, 감정, 의도, 상황 등에 대해 코치 자신의 견해를 배제한 상태에서 듣고, 공감하고, 반응하는 능력이다.

④ 질문

개방형 질문, 미래형 질문, 긍정형 질문 등을 사용하여 피코치가 미처 깨닫지 못했던 새로운 것을 인식할 수 있도록 효과적인 질문을 사용하는 능력이다.

⑤ 피드백

코칭 대화나 관련 자료들의 검토를 통해 피코치에게 칭찬과 인정 또는 개선과 교정을 위한 반응을 하는 능력이다.

⑥ 도구활용

코칭에 사용되는 다양한 검사도구관련 이론을 습득하고 검사결과를 이해하며 이를 해석하여 효과적으로 코칭장면에 활용할 수 있는 능력이다.

⑦ 적용성

코칭절차를 완전히 숙지하고 이를 다양한 피코치의 상황에 맞게 구상하여 실제 코칭과정에 활용하는 능력이다.

⑧ 정보제공

코칭진행 과정에서 피코치에게 전달해야 하는 정보나 자료를 신속하게 수집하고 문서로 명확하고 간결하게 기술하여 전달하는 능력이다.

⑨ 촉진

피코치 스스로 자신의 문제에 대해 인식하고 이를 해결하기 위한 대안들을 탐색해서 직접 실천할 수 있도록 일깨워 주고 격려하는 능력이다.

⑩ 영향력

설득이나 강요보다는 피코치의 상황과 문제에 집중하고 피코치가 반추활동을 통해 의식전환을 이룰 수 있도록 코치로서 긍정적인 힘을 발휘하는 능력이다.

⑪ 컨설팅

피코치가 자신이 처한 커리어문제에 대해 스스로 답을 찾기 어렵거나 코칭을 받아들이는 수용성이 낮을 경우 솔루션 제공뿐 아니라 컨설턴트 역할을 직접 수행하는 능력이다.

⑫ **지원**

코치가 피코치에게 협조적이며 배려하는 자세를 가지고 피코치의 커리어문제에 대해 전문가로서 정신적, 심리적, 물질적 도움을 직접 제공하는 능력이다.

(3) 코치의 경험

① 경험적 사고

피코치의 상황과 문제를 정확히 이해하고 성공적인 코칭을 진행하기 위해 코치의 다양한 삶의 경험을 기반으로 사고하는 능력이다.

② 경험적 업무수행

코칭을 원활하게 진행하고 성공가능성을 높이며 코칭과정에서 발생할 수 있는 어려움에 대처하기 위해 코치가 자신의 커리어경험과 코칭경험을 코칭에 활용하는 능력이다.

③ 자기조절

코칭상황에서 코치가 자신의 주장이나 강요를 인내하고 감정을 조절하며 피코치에게 중립적이고 객관적인 태도를 유지하는 능력이다.

(4) 관계형성

① 고객지향성

피코치가 코칭 성과를 경험하고 코칭에서 원하는 것을 얻을 수 있도록 피코치에 대해 지속적으로 관심을 유지하는 능력이다.

② 대인이해

코치의 주관적 개입 없이 피코치가 처한 다양한 상황에 대해 파악하고 피코치의 입장에서 감정과 상황 자체를 있는 그대로 인정하고 이해하는 능력이다.

③ 친밀성

기본적으로 인간의 가능성에 대한 믿음과 존중을 전제로 긍정적 우호관계를 유지하고 피코치를 배려하는 능력이다.

④ 신뢰성

정직하고 성실하며 코치로서 일관성을 가지고 코칭장면에 임하는 것으로 코치로서 할 수 있는 것과 할 수 없는 것을 분명히 구분하는 능력이다.

(5) 코치의 사명감

① 직업지향성

자신의 일을 사랑하고 그것을 명예롭게 여김으로써 자신의 일에 대해 강한 몰입의 자세를 유지하는 능력이다.

② 책무성

코치로서 임무 완성을 위해 자신에게 부여된 역할을 정확히 인식하고 이를 적극적으로 수행하여 완수하려는 노력과 인내를 말하며 그 결과에 대해서도 책임을 지는 능력이다.

③ 자기관리

코치로서 자신의 역할에 충실하기 위해 지속적으로 학습기회를 갖고 자신만의 전문분야를 구축할 뿐만 아니라 스스로 평가하고 발전을 격려함으로써 자신을 관리하는 능력이다.

④ 반성/자기성찰

코치로서 자신의 한계를 인식하고 업무수행에 대해 돌아보고 이를 발전의 밑거름으로 삼는 것으로 자신의 실수를 인정하고 성장과 발전을 위해 자기 수련을 하는 능력이다.

지금까지 25개의 커리어코치 역량에 대해 다섯 개의 역량군별 분류와 Spencer와 Spencer의 기준에 따른 분류에 대해 살펴보았다. 다섯 개의 역량군은 지식관련 전문성, 관계형성, 코칭진행관련 전문성, 코치의 경험, 코치의 사명감이다. 이는 커리어코치의 역할을 성공적으로 수행하기 위해 개발이 필요한 분야를 잘 보여 주는 것으로 커리어코칭 진행과 직접적으로 관련 있는 역량군으로는 코칭진행관련 전문성과 관계형성을 들 수 있다. 이에 덧붙여 지식관련 전문성이나 코치의 경험 또한 커리어코칭을 성공적으로 이끌기 위해 코치에게 필요한 역량이다. 특히 사명감은 코치가 직업인으로서 올바른 직업의식을 갖는 것을 의미하는 것으로 자신의 역할을 인식하고 이에 대한 애착을 갖는 것을 나타내는 것이다.

　Spencer와 Spencer의 기준에 따라 커리어코치의 역량을 겉으로 드러나는 특성인 기술과 지식 그리고 감춰진 특성인 자기개념, 특질과 동기로 분류하였다. Spencer와 Spencer는 겉으로 잘 드러나는 특성인 기술과 지식은 교육, 훈련 등을 통해서 쉽게 개발될 수 있으나 자기개념, 특질과 동기는 감추어진 내적 역량들로 개발이 용이하지 않기 때문에 이러한 특성을 갖춘 사람을 선발하는 것이 바람직하다는 의견을 제시하였다. 하지만 감추어진 내적 역량들 또한 코칭 상황에서 코칭의 성공을 이끄는 데 중요하게 작용하는 코치의 역량이다. 비록 코치라는 사람을 놓고 볼 때는 이러한 역량들이 겉으로 쉽게 드러나 보이지 않을 수 있지만 실제 코칭 상황에서는 이러한 역량들 또한 밖으로 표출될 수 있다. 따라서 이렇게 감추어진 내적 역량에 대해서도 코치 스스로 개발에 대한 책임을 지는 것은 물론 개발을 도울 수 있는 외부의 지원 활동이 필요할 것이다.

따라서 커리어코치를 양성하는 훈련기관에서는 커리어코치에게 필요한 역량들을 고려한 교육 프로그램을 개설하고 교육을 진행해야 한다. 겉으로 드러나는 역량뿐 아니라 내적 역량에 대해서도 관심을 가지고 교육생들이 이를 개발할 수 있도록 동기부여하는 등의 지원 활동을 해야 한다. 또 커리어코치가 되고자 하는 개인들은 이러한 역량 개발에 대한 필요성을 인식하고 교육이나 훈련을 통해 개발할 수 있는 역량뿐 아니라 내적 역량 개발을 위해서도 많은 노력을 기울여야 한다. 이렇듯 뛰어난 역량을 갖춘 코치들이 코칭에 참여할 때 커리어코칭의 성공가능성은 더욱 높아질 수 있다.

02 커리어코칭의 영향요인

커리어코칭의 영향요인은 커리어코치의 역량 이외에 커리어코칭의 성공에 영향을 미치는 요인으로 정의하였다. 커리어코칭 영향요인에 대해서는 저자의 박사학위논문인 「성공적인 커리어코칭 과정에 관한 연구」의 내용을 중심으로 구성하였다.

1) 코칭의 영향요인

코칭의 영향요인은 코칭의 성공과 실패에 영향을 미칠 수 있는 요인을 의미한다. 몇몇 연구의 검토를 통해 코칭의 영향요인에 대해 살펴보면 다음과 같다.

Nowack과 Heller(2001)는 임원코칭의 성공을 극대화하기 위해 임원(피코치) 개인의 변화노력을 성공적으로 유지하고 촉진하기 위한 세 가지 필수요소로 인식, 동기 그리고 감성지능에 대해 언급하였다. 자기 자신에 대해 잘 인식하고 변화를 준비하며 자신의 감성지능 개발을 계속하는 임원들은 일과 커리어에서 성공을 이룰 수 있다고 본 것이다.

Cobb(2006)는 성공적인 코칭을 위해서는 코치의 역할뿐만 아니라 코칭을 받는 피코치의 역할 또한 중요하다고 보고, 피코치는 개인의 학습과 성장에 대해 열린 마음을 지녀야 하고, 코칭과정에 몰입하고 전념하는 자세와 신뢰하는 마음가짐을 가져야 한다고 주장하였다.

Kilburg(2006)는 임원코칭의 결과에 부정적인 영향을 미치는 요인을 코치와 피코치의 입장으로 나누어 설명하고 있다. 코치 입장에서 코칭에 부정적인 영향을 미치는 요인으로 고객에 대한 공감 부족, 고객의 이슈에 대해 관심이나 전문지식 부족, 고객의 문제를 과소평가하거나 피코치에게 영향을 미치는 코치의 능력을 과대평가하는 것, 중요하거나 장기에 걸친 부정적인 역전이를 언급하고 있다. 역전이는 코치가 피코치에게 감정을 전이하는 것을 의미한다. 코치의 빈약한 기술도 코칭에 부정적인 영향을 미칠 수 있는데, 그 예로는 부정확한 검사, 코칭계약에 대한 명확성 부족, 서투른 방법 선택이나 실행 등이다. 마지막은 코칭진행에 대해 피코치와 심각한 또는 장기간에 걸친 의견 불일치이다. 피코치 입장에서 코칭에 부정적인 영향을 미치는 요인으로 치료를 요하는 정신장애, 심각한 대인관계 문제, 동기결핍, 코칭에 대한 비현실적인 기대, 코칭과제에 대한 완수 노력의 결여를 언급하고 있다.

Marshall(2006)은 성공적인 코칭결과를 얻기 위한 코칭의 중요 요인에 대한 연구에서 코칭의 성공요인과 실패요인을 다음과 같이 정리하고 있다. 코칭의 성공요인으로는 코치 선택과 관계, 고객의 즐거움, 동기, 개방성, 고객의 책임성을 언급하였고, 코칭의 실패요인으로는 코칭이 아닌 치료를 요하는 이슈, 다른 코치에게 추천(주어진 코칭이슈에 대해 코치가 코칭을 원하지 않는 경우), 코치와 피코치 간의 미스매치(mismatch), 코칭과정에 몰입하지 못함, 행동과 동기의 부족, 부정적인 태도, 비현실적인 기대를 지적하였다. 그의 연구는 성공적인 코칭에 영향을 미치는 요인들을 분석했다는 점에서는 그 의의를 찾을 수 있겠으나 연구가 코치의 입장에서만 진행된 점에 대해서는 아쉬움이 있다. 이로 인해 코치로 인한 영향요인보다는 대부분 피코치와의 관계나 피코치의 태도, 문제점 등을 그 요인으로 지적하고 있다.

Gyllensten과 Palmer(2007)는 코치와 피코치의 코칭관계에 대한 연구에서 조직의 코칭경험 속에서 코치와 피코치의 코칭관계를 규명하고자 하였다. 이 연구를 통해 코칭관계는 코치와 피코치의 유익한 코칭관계, 신뢰 그리고 투명성으로 구성된다고 보았다. 하지만 연구 참여자들은 코치와 피코치의 코칭관계가 코칭을 성공으로 이끄는 유일한 요인은 아니며 수립된 목표를 달성하기 위한 노력과 성과를 개선하고자 하는 노력들 또한 코칭에 있어 가치 있는 요인들로 보았다. 이 연구를 통해 유익한 코칭관계, 신뢰, 투명성뿐만 아니라 수립된 목표를 달성하기 위한 노력과 성과개선을 위한 노력들이 코칭의 성공에 영향을 미치는 요인이라는 것을 알 수 있다. 이는 단순히 코치와 피코치 간의 관계형성뿐만 아니라 조직 내 코치와 피코치가 함께 목표를 수립하고 달성하기 위한 노력을 기울이는 것이 코칭의 성공에 영향을 미친다는 것을 보여 주는 것이다.

이상에서 코칭에 영향을 미치는 긍정적인 요인과 부정적인 요인들에 대해 살펴보았다. 이를 통해 코치의 역량, 피코치의 태도, 코칭 방법론에 이르기까지 다양한 요인들이 코칭의 성공과 실패에 영향을 미칠 수 있다는 것을 알 수 있다.

2) 커리어코칭의 영향요인

연구를 통해 총 17개의 커리어코칭 과정에 영향을 미치는 영향요인을 추출하였고 영향요인들 간의 유사성에 따라 피코치의 상황, 코칭 가능성, 코칭 방법론적 요인, 코칭관련 간접적 요인과 정서적 특수성 영향요인군으로 분류하였다.

다음은 각각의 영향요인군에 대한 내용이다.

첫 번째 영향요인군은 피코치의 상황이다. 피코치의 상황에는 피코치의 힘든 상황과 후속 코칭 필요성 인식 영향요인이 포함된다.

피코치의 힘든 상황은 피코치가 자신에게 맞는 일을 모르고 직장문제로 혼란스럽거나 때로는 다른 일을 하고 싶다는 것을 느끼지만 주변에 도와줄 사람이 없다는 것을 인식하고 힘든 상황에 직면한다는 것을 의미한다. 피코치들은 개인이 자발적으로 커리어코칭을 신청하느냐, 자신이 근무하는 조직을 통해 커리어코칭을 신청하느냐에 따라서 또는 힘든 정도에 따라서 차이는 있을 수 있으나 대개 도움을 필요로 하는 상황에 직면해 있고 이로 인해 코칭의 필요성을 인식하게 된다. '후속 코칭 필요성 인식'은 향후 피코치가 후속 코칭을 원하는 것을 말한다. 성공적인 커리어코칭을 경험한 피코치일수록 후속 코칭의 가능성은 높아진다.

커리어코칭은 피코치의 힘든 상황에서부터 시작된다고 볼 수 있다. 피코치는 이러한 힘든 상황을 극복하기 위해 외부 전문가의 도움을 필요로 한다. 이때 찾게 되는 것이 커리어코치이다. 피코치가 처한 상황이 심각하고 후속 코칭의 필요성을 절실하게 느끼게 될 때 커리어코칭은 시작되고 그 성공에 긍정적 영향을 미칠 수 있다.

　두 번째 영향요인군은 코칭 가능성이다. 코칭 가능성에는 피코치의 자존감, 피코치의 코칭에 대한 이해, 피코치의 능력과 경험, 피코치의 자발성과 코칭에 대한 기대감 영향요인이 포함된다.

　성공적인 커리어코칭 과정에는 코치의 역할뿐만 아니라 피코치의 역할도 중요하다. 피코치의 자존감은 내적 요인으로 피코치 스스로 자신을 존중하고 자신의 잠재가능성을 신뢰하는 것을 의미한다. 특히 자존감이 높은 피코치의 경우 코칭에 자발적으로 참여할 수 있다. 또 피코치가 코칭이 코치가 답을 주는 것이 아니고 피코치 스스로 답을 찾아야 한다는 것을 이해하고 있을 경우 커리어코칭의 성공가능성은 높아진다. 피코치가 학습과 삶의 경험이 풍부하다면 이 역시 코칭에 긍정적으로 작용하게 된다.

　피코치의 자발성은 코칭 신청 단계뿐 아니라 코칭이 진행되는 전 과정에서 중요한 요인으로 작용한다. 피코치가 수동적인 자세가 아닌 적극적인 자세로 코칭에 참여할 때 코칭의 성공가능성은 높아진다. 피코치의 코칭에 대한 기대감은 코칭이 시작되는 단계에서 긍정적인 요인으로 작용한다. 하지만 이때 피코치가 갖는 코칭에 대한 기대감이 지나치게 높다거나 비현실적일 경우 코칭이 시작된 이후 피코치의 코칭몰입을 방해할 수 있다. 따라서 피코치의 코칭에 대한 기대감은 코칭 시작 단계에 적절한 동기부여 기제로 작용할 정도의 현실적인 수준의 기대감이 바람직하다고 볼 수 있다. 피코치의 코칭 가능성이 높을수록 커리어코칭의 진행은 가속화되고 그 성공에도 긍정적인 영향을 미치게 된다.

　세 번째 영향요인군은 코칭 방법론적 요인으로 여기에는 코치와 피코치의 적절한 매치, 검사도구의 유연한 사용, 다회 코칭과 면대면 코칭의 영향요인이 포함된다.

　커리어코칭의 성공에서 코치와 피코치의 매치는 중요하다. 코치와 피코치가 서로 잘 맞으면 코칭이 원활하게 잘 진행될 수 있다. 또 피코치의 문제가 코치의 전문분야가 아닐 경우 코치는 피코치에게 다른 코치를 소개할 수도 있다. 검사는 모든 피코치에게 획일적으로 사용되기보다는 피코치의 상황에 따라 유연하게 사용되는 것이 바람직하다. 또 커리어코칭이 단회로 실시될 경우 그 효과성을 신뢰하기 어렵고 장기간에 걸쳐 다회 코칭이 진행될 때 커리어코칭의 효과성을 기대할 수 있다. 최근에는 인터넷 등 통신의 발달로 인해 전화코칭이나 인터넷코칭이 확산되고 있는 추세이다. 하지만 코칭의 효과성 측면에서 보면 전화코칭이 갖는 상호작용의 어려움 때문에 코치들이 면대면 코칭을 더 선호할 수 있다.

　네 번째 영향요인군은 코칭관련 간접적 요인이다. 여기에는 코칭장소와 분위기 그리고 코칭비용의 영향요인이 포함된다.

코칭장소와 분위기는 피코치를 코칭에 몰입할 수 있게 하는 중요한 요인이다. 코칭장소에 대해서는 코치들이 밀폐되거나 독립된 공간을 더 선호할 수 있는데, 이는 코칭장면에서 피코치에게 몰입해야 하는 코치들의 업무특성 때문이다. 피코치가 직접 코칭비용을 지불하는 것에 대해서는 피코치가 코칭비용을 직접 지불하고 코칭을 받는 것이 코칭 몰입에 더 긍정적인 영향을 미칠 수 있다. 또 코치들의 경우도 코칭비용이 코칭에 임하는 자세와 코칭 프로젝트에 영향요인으로 작용할 수 있다.

다섯 번째 영향요인군은 정서적 특수성이다. 여기에는 사적 관계, 성별이나 연령에 대한 인식, 무형의 서비스에 대한 대가 지불에 인색함과 자신을 드러내는 것을 꺼림의 영향요인이 포함된다.

사적 관계에 대해서는 피코치의 경우 잘 아는 사람에게 코치를 소개받을 경우 더 믿음이 갈 수 있지만 코치는 지인을 통해 피코치를 소개받았을 때 차후에 코칭 결과에 대한 피드백 등이 염려되어 부담감을 느낄 수 있다. 성별이나 연령에 대한 인식은 성이나 연령에 대한 사회적·개인적 인식을 의미하는 것으로 이러한 인식이 커리어코칭 과정에 때로는 긍정적으로 작용하기도 하지만 성숙하지 못한 인식들은 코칭에 부정적인 요인으로 작용할 수 있다. 예를 들면, 여성 피코치가 여성 코치를 선호하거나 혹은 남성 피코치가 친절하게 잘 이끌어 줄 것 같아서 여성 코치를 선호하는 경우 그리고 자신보다 나이 많은 코치를 선호하는 경우 또 코치가 피코치보다 어리거나 여성일 경우 거부하는 경우가 있을 수 있다. 이는 사회적·개인적 인식이 코칭 상황에 반영되는 것으로 이러한 인식들이 코칭의 성공에 부정적 영향을 미치지 않도록 해야 한다.

무형의 서비스에 대한 대가 지불에 인색함을 보인다거나 다른 사람에게 쉽게 자신의 문제를 털어놓지 못하는 특성은 한국인의 정서와 관련된 것이라고 볼 수 있다. 말 몇 마디 해 주고 돈을 받는 것이 말이 되느냐는 생각들, 잘 모르는 사람에게 내 이야기를 하고 싶지 않다는 정서들이 반영된 것이다. 이러한 요인은 커리어코칭의 성공에 방해요인으로 작용할 수 있다.

위에서 언급한 커리어코칭의 영향요인들을 그림으로 나타낸 것이 [그림 10.4] 커리어코칭의 영향요인 모형이다.

커리어코칭의 영향요인들의 구조는 역량의 경우와 동일하게 계층적이지 않고 수평적이다. 영향요인들은 중요도에 있어 서로 차이가 난다고 볼 수 없으며 모두 중요하기 때문에 상호간에 균형을 유지해야 한다. 만약 어떤 한 영향요인이 문제가 된다면 커리어코칭을 성공적으로 진행하기 어렵다. 따라서 커리어코칭의 영향요인들은 커리어코칭에서 모두 중요하다.

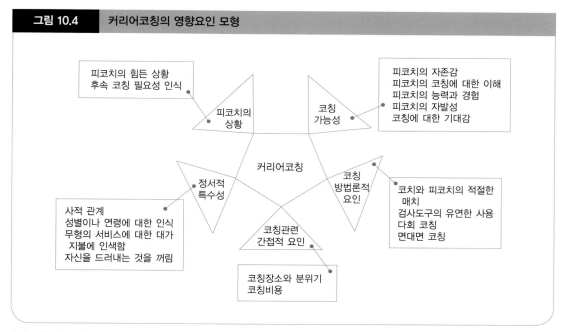

그림 10.4 커리어코칭의 영향요인 모형

출처 : 박윤희(2012), 커리어코칭 입문. p. 248.

3) 커리어코칭의 영향요인 정의

다음은 커리어코칭의 영향요인들에 대한 정의를 영향요인군별로 정리한 것이다.

(1) 피코치의 상황

① 피코치의 힘든 상황

피코치가 자신의 커리어와 관련해 직면한 문제 상황으로 자신의 힘으로 해결하기 어려워 외부 전문가의 도움을 필요로 하는 상황을 의미한다.

② 후속 코칭 필요성 인식

코칭을 경험한 피코치들은 커리어 목표와 실행계획을 갖게 된다. 첫 번째 커리어코칭 경험 이후 자신이 결정한 커리어 분야에 대해 보다 전문성을 가진 코치에게 다시 코칭받기를 희망하고 이에 코칭의 필요성을 인식하는 것을 의미한다.

(2) 코칭 가능성

① 피코치의 자존감

피코치 스스로 자신을 존중하고 가능성을 신뢰하며, 자신감을 가지고 대처할 수 있는 내적인 힘을 의미한다.

② 피코치의 코칭에 대한 이해

피코치가 코칭 시작 전에 코치가 답을 주는 것이 아니라 답이 자신에게 있다는 코칭의 기본 철학을 이해하는 것을 의미한다.

③ 피코치의 능력과 경험

피코치가 코칭을 수용하기에 적합한 다양한 지식과 삶의 경험을 갖추는 것을 의미한다. 피코치의 능력과 경험은 피코치의 코칭 수용성에 긍정적인 영향을 미치게 된다.

④ 피코치의 자발성

피코치가 코칭에 참여하는 명확한 목표를 가지고 코칭 신청에서부터 종료에 이르기까지 적극적이고 자발적인 태도로 코칭에 참여하는 것을 의미한다.

⑤ 코칭에 대한 기대감

피코치가 코칭을 통해 원하는 것을 얻을 수 있을 것이라는 긍정적인 생각을 갖는 것으로 현실적으로 실현 가능한 기대감을 의미한다.

(3) 코칭 방법론적 요인

① 코치와 피코치의 적절한 매치

기본적으로 코치와 피코치 상호간에 맞는 경우와 맞지 않는 경우가 있다는 것을 전제로 하는 것으로 코치와 피코치의 관계가 코칭에 긍정적인 영향을 미칠 수 있도록 서로 잘 맞는 성향끼리 매치되는 것을 의미한다.

② 검사도구의 유연한 사용

모든 피코치들에게 동일하게 사용되는 검사는 그 효과성이 떨어질 수 있다고 보고 피코치의 상황을 고려하여 피코치에게 적합한 검사도구를 사용하는 것을 의미한다.

③ 다회 코칭

코칭은 단회로 진행되기 어렵다고 보고 코칭결과가 피코치의 몸에 체화될 수 있도록 코칭이 장기간에 걸쳐 여러 회차로 진행되는 것이 바람직하다는 의미이다.

④ 면대면 코칭

코치와 피코치가 직접 만나서 코칭을 진행하는 것을 의미하며 전화나 인터넷코칭에 비해 상대적으로 상호작용에 이점을 가지고 있다.

(4) 코칭관련 간접적 요인

① 코칭장소와 분위기

코칭장소와 분위기는 코치와 피코치의 코칭 몰입에 영향을 미치는 물적 요인이다. 코치와 피코치가 편안한 상태에서 코칭에 몰입할 수 있는 공간이 코칭에 효과적이라는 의미이다.

② 코칭비용

코칭비용이 코치가 코칭에 임하는 자세나 코칭 프로젝트에 영향을 미칠 수 있으며 특히 피코치의 코칭 몰입에 적절한 동기부여 기제로 작용한다는 의미이다.

(5) 정서적 특수성

① 사적 관계

코칭관계에 사적 관계가 개입되는 것으로 코치가 피코치를 지인을 통해 소개받게 되는 경우를 의미하는 것이다. 이러한 사적 관계가 개입된 코칭의 결과는 코치와 피코치에 따라 상반되게 나타날 수 있다.

② 성별이나 연령에 대한 인식

코치의 성별이나 연령에 대해 피코치가 갖는 사회적·개인적 인식을 의미한다. 코치의 성별이나 연령이 피코치의 인식기준에 부합할 경우와 부합하지 못할 경우 커리어코칭의 결과는 상반되게 나타날 수 있다.

③ 무형의 서비스에 대한 대가 지불에 인색함

코칭이라는 무형의 서비스에 대한 노력과 대가의 가치를 인정하지 않고 평가절하하려는 사회적·

개인적 인식을 의미한다.

④ 자신을 드러내는 것을 꺼림

한국인의 정서적 특성 중 자신의 사적인 문제나 심리상태에 대해 다른 사람에게 공개하는 것을 꺼리는 특성을 의미한다.

4) 커리어코치의 역량과 커리어코칭의 영향요인 관계 모형

커리어코칭이 성공적으로 이루어지기 위해서는 커리어코치의 역량과 커리어코칭의 영향요인이 조화롭게 상호작용해야 한다. 이러한 관계를 나타낸 것이 [그림 10.5] 커리어코치의 역량과 커리어코칭의 영향요인 관계 모형이다.

커리어코칭이 성공적으로 진행되기 위해서는 25가지 커리어코치 역량과 17가지 커리어코칭 영향요인들이 어느 한 가지도 부족함 없이 조화롭게 상호작용해야 한다. 이것은 코치 한 사람만의 노력으로 가능한 것은 아니다. 피코치도 코치와 함께 그 책임을 나누어지려는 노력이 필요하다는 것을 보여 주는 것이다.

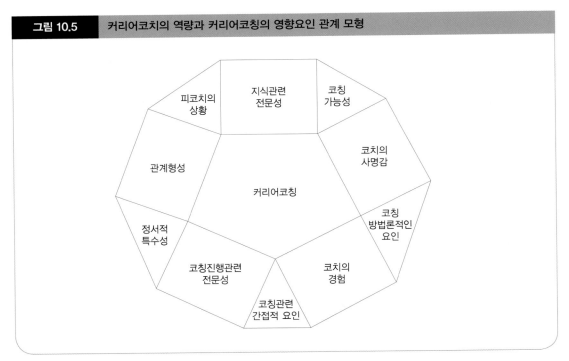

그림 10.5 커리어코치의 역량과 커리어코칭의 영향요인 관계 모형

출처 : 박윤희(2010). 성공적인 커리어코칭 과정에 관한 연구. p. 198.

따라서 커리어코치로서 역량을 모두 갖춘 유능한 커리어코치와 코칭에 책임을 느끼며 적극적으로 임하는 피코치 그리고 그 밖에 물리적, 방법적, 사회적 환경 등이 조화롭게 조성될 때 커리어코칭의 성공가능성은 높아질 것이다.

연습 ●
문제

1. 커리어코치의 역량에 대해 살펴보고 추가로 필요한 역량이 있는지 생각해 봅니다.

2. 커리어코칭의 영향요인에 대해 살펴보고 추가로 필요한 영향요인이 있는지 생각해 봅니다.

3. 커리어코치의 핵심역량을 도출하기 위한 후속 연구에 대해 생각해 봅니다.

참고문헌
Reference

강인애(2003). 우리시대의 구성주의. 서울: 문음사.

강인애(2011). 문제중심학습: 또 하나의 구성주의적 교수-학습 모형(김종문 · 강인애 · 권성기 · 남승인 · 송언근 · 이 명숙 · 이원희 · 이종원 · 이종일 · 조영남 · 조영기 · 최신일 · 최창우 · 홍기칠 공저. 구성주의 교육학. 서울: 교육과 학사).

고미숙(2006). 교육철학. 서울: 문음사.

고향자(1993). 한국대학생의 의사결정유형과 진로결정수준의 분석 및 진로결정 상담의 효과. 숙명여자대학교 박사학 위논문.

구해모(2001). 코칭론. Ⅰ: 2급 경기지도자 연수교재. 체육과학연구원 경기지도연수원.

권대훈(2013). 교육심리학의 이론과 실제. 서울: 학지사.

권석만(2014). 긍정 심리학. 서울: 학지사.

김광수 · 김영진 · 이점수 · 전정수(2011). 인간관계론. 서울: 청람.

김구주(2008). 효과적인 라이프 코칭 연구: 사회적 지지를 중심으로. 숙명여자대학교 석사학위논문.

김기홍 · 임언 · 이정표(2008). 중고령자 진로전환 지원체제 연구. 한국직업능력개발원 연구보고서.

김동위(1996). 성인교육학. 서울: 교육과학사.

김명철(2006). 체조선수들이 인식한 코칭행동범주에 관한 연구. 한국체육사학회, 45(4), 293-305.

김병숙(2007). 직업정보론. 서울: 시그마프레스.

김승용(1995). 경력개발에서의 경력 닻과 조직유효성에 관한 연구. 동국대학교 석사학위논문.

김신일(1994). 학습주의 관점에서 본 현대 교육제도의 문제(이성진 편. 한국교육학의 맥. 서울: 나남).

김연희 · 박경자(2001). 아동이 지각한 사회적 지지 및 귀인성향과 아동의 자아존중감의 관계. 아동학회지, 22(2), 49-64.

김원형 · 남승규 · 이재창(2006). 신산업 및 조직심리학. 서울: 학지사.

김정규(2006). 성경적 코칭의 개념과 방향에 관한 연구. 고신대학교 석사학위논문.

김정희 · 김현주 · 손은경 · 송연숙 · 정인숙(2006). 아동발달심리. 서울: 동문사.

김종서 · 김신일 · 한승희 · 강대중(2009). 평생교육개론. 경기: 교육과학사.

김주섭(2012). 멘토링과 코칭 과정에서 Andragogy의 원리와 주요 성인학습이론과의 연계. Andragogy Today, 15(4), 55-91.

김지혁 · 안지용(2007). 스트레스와 몸 · 숨 · 맘 수련법. 서울: 조은.

김현수 · 유동수 · 한상진(2008). 한국형 코칭. 서울: 학지사.

김혜연 · 김성희 · 이경희 · 곽인숙(2008). 가족자원경영의 관점에서 본 코칭의 적용가능성에 관한 연구. 한국가정관리학회지, 26(1), 137-147.

노안영 · 강영신(2012). 성격심리학. 서울: 학지사.

목영해(1995). 후 현대주의 교육학. 서울: 교육과학사.

무라카미 마사토 · 노리오카 다카코(2002). 더 이상 스트레스는 없다(배정숙 역). 경기: 다리미디어.

미야기 마리꼬(2008). 커리어 카운슬링(오영훈 역). 서울: 라이프커리어전략연구소.

박영애(1995). 부모의 양육행동, 형제관계와 아동의 자존감과의 관계. 고려대학교 박사학위논문.

박윤희(2010). 성공적인 커리어코칭 과정에 관한 연구. 숭실대학교 박사학위논문.

박윤희 · 기영화(2010). 커리어코치의 역량 도출 및 분류에 관한 연구. 직업교육연구, 29(1), 139-167.

박윤희(2012). 커리어코칭 입문. 서울: 시그마북스.

박윤희(2013). 진로탐색 및 직업선택. 서울: 시그마프레스.

박윤희(2014a). 코칭과정에서 Knowles의 성인학습 원리들의 적용 가능성에 대한 이론적 고찰. 한국코칭능력개발지, 16(1), 75-86.

박윤희(2014b). 학습이론에 근거한 커리어코칭-학습 모델 분석. 한국코칭능력개발지, 16(3), 191-203.

배영주(2005). 자기주도학습과 구성주의. 서울: 원미사.

배정훈(2012). 동기부여론. 서울: 형설출판사.

선우미란(2008). 코칭 역량의 구성요인 탐색 및 진단도구 개발. 호서대학교. 석사학위논문.

신영균(2007). 뉴스위크가 선정한 스트레스 이기는 방법 100. 서울: 행복을 만드는 세상.

신웅(2009). 스트레스 해소방법. 서울: 하나플러스.

양해림(2013). 대학생을 위한 서양철학사. 서울: 집문당.

어주경 · 정문자(1999). 저소득층 가족의 경제적 어려움이 아동의 자존감에 미치는 영향. 아동학회지, 20(2), 21-40.

오희천(2011). 한 권으로 읽은 서양철학. 서울: 종문화사.

우수명(2010). 청소년 꿈찾기 코칭. 서울: 아시아코치센터.

워크넷(www.work.go.kr). 선호도검사(S형) 길잡이.

워크넷(www.work.go.kr). 성인용 직업적성검사 결과표.

워크넷(www.work.go.kr). 직업가치관 검사 결과표.

워크넷(www.work.go.kr). 직업선호도검사(L형) 선호도검사 길잡이.

워크넷(www.work.go.kr). 직업선호도검사(S형) 선호도검사 길잡이.

워크넷(www.work.go.kr). 직업심리검사가이드e북(대학생 및 성인의 자기이해/직업탐색을 위한 검사 종류).

워크넷(www.work.go.kr). 직업심리검사가이드e북(청소년의 자기이해 및 진로탐색을 위한 검사).

유성은(2006). 시간관리와 자아실현. 서울: 중앙경제평론사.

이명섭(2008). 기업 e-Learning 환경에서 학습성과에 영향을 미치는 요인 분석: Kolb의 학습유형 조절효과를 중심으로. 충북대학교 박사학위논문.

이상진 · 이희수(2009). 개인의 경력 닻이 경력몰입에 미치는 영향. 평생교육 · HRD연구, 5(4). 1-27.

이선희(2008). 저소득 가정 아동 · 청소년의 자아존중감과 학업성취도 및 학교생활 만족도간의 상관관계에 관한 연구. 명지대학교 석사학위논문.

이신동·최병연·고영남(2011). 최신교육심리학. 서울: 학지사.

이요섭(2002). 서양철학. 서울: 예빛서원

이위환·김용주(2007). 교육심리학. 서울: 청목출판사.

이현림(1991). A critique of Super's career development theory. 교육학논총, 10, 9-25.

이현림·김영숙(1997). 진로선택에 있어서 Holland의 성격이론에 대한 고찰. The Journal of Korean Education, 23(1), 59-85.

이현림(2009). 진로상담. 경기: 양서원.

임은경(1997). 진로상담을 위한 Super와 Holland 이론의 통합. 한국진로상담학회지, 2(1), 87-107.

장찬익·노진호·이주한(2007). 교육의 역사와 철학의 이해. 서울: 백산출판사.

전도근(2009). 자기주도적 공부습관을 길러주는 학습코칭. 서울: 학지사.

정옥분(2014). 아동발달의 이해. 서울: 학지사.

정진우·우수명 (2007). 부모코칭. 서울: 아시아코치센터.

조영남(2011). 구성주의 교수−학습(김종문·강인애·권성기·남승인·송언근·이명숙·이원희·이종원·이종일·조영남·조영기·최신일·최창우·홍기칠 공저. 구성주의 교육학. 서울: 교육과학사).

조용태(1975). 실존주의에 있어서 자유개념과 그 교육학적 시사. 경북대학교 석사학위논문.

조용태(2005). 교육철학의 탐구. 서울: 문음사.

지용근·김옥희·양종국(2005). 진로상담의 이해. 서울: 동문사.

직업가치관 검사 개발 보고서(2001). 한국직업능력개발원.

최명선·문은미(2012). 청소년 진로 상담하기. 경기: 이담북스.

최창호 (2009). 기독교성인교육 방법으로써 리더십코칭의 개념적 연구. 백석대학교 석사학위논문.

최창호 (2011). 대학생 진로 취업 지원에 있어서 코칭의 대안성 탐색. 취업진로연구, 1(1), 79−99.

타케다 세이지·니시 켄(2014). 한눈에 들어오는 서양철학사(홍성태 역). 서울: 중원문화.

허창범(2012). 교육심리학. 서울: 태영출판사.

홍광수(2010). 관계. 서울: 아시아코치센터.

황매향·김연진·이승구·전방연 (2014). 진로탐색과 생애설계. 서울: 학지사.

Alexander, G., & Renshaw, B.(2005). Supercoaching. London: Random House Business Books.

Alexander, G.(2010). Behavioural coaching-the GROW model. In Passmore, J.(2nd ed.). Excellence in coaching, the industry guide. London: Kogan Page.

Allen, L. A.(1957). Does management development develop managers?. Personnel, 34, 18-25.

Amundson, N., & Poehnell, G.(1966). Career pathways. Richmond: Ergon Communications.

Amundson, N. E., Bowlsbey, J. H., & Niles, S. G.(2013). Essential elements of career counseling: Processes and techniques[진로상담 과정과 기법](이동혁·황매향·임은미 역). 서울: 학지사.

Argyris, C., & Schön, D. A.(1974). Theory in practice: Increasing professional effectiveness. CA: Jossey-Bass.

Armstrong, H. B., Matthews, J., & McFarlane, C.(2006). Integral coaching: The coaching crucible. Paper presented at the 2nd evidence-based coaching conference, Sydney University.

Armstrong, T.(1997). Multiple intelligences: Discovering the giftedness in all[복합지능과 교육](전윤식·강영심 역). 서울: 중앙적성출판사.

Arthur, M. B.(1994). The boundaryless career: a new perspective for organizational Inquiry. Journal of Organizational

Behavior, 15, 295-306.

Banaka, W. H.(1967). Invention: A key to effective coaching. Training and Development Journal, November, 44-52.

Bandura, A.(1986). Social foundations of thought and action: A social cognitive theory. NJ: Prentice-Hall.

Bandura, A.(1993). Perceived self-efficacy in cognitive development and functioning. Educational Psychologist, 28, 117-148.

Bandura, A., Underwood, B., & Fromson, M. E.(1975). Disinhibition of aggression through diffusion of responsibility and dehumanization of victims. Journal of Research in Personality, 9, 253-269.

Barrows, H.(1994). Practice-based learning: Problem-based learning applied to medical education. IL: Southern Illinois School of Medicine.

Baruch, Y., & Rosenstein, E.(1992). Career planning and managing in high techorganizations. International Journal of Human Resource Management, 3(3), 477- 496.

Baumgardner, S. R., & Crothers, M. K.(2009). Positive psychology[긍정심리학](안신호 · 이진환 · 신현정 · 홍창희 · 정영숙 · 이재식 · 서수균 · 김비아 역). 서울: 시그마프레스.

Bell, P.(1996). Business coaches: The consultant of the '90s. Lasvegas Sun, Mar 18.

Bench, M.(2001). Career coaching: The new methodology for maximizing personal fulfillment and human capital. OR: Career Coach Institute.

Bench, M.(2003). Career coaching. CA: Davies-Black Publishing.

Bennett, B.(2003). Developmental coaching. Training Strategies for Tomorrow, 17(4), 16-19.

Bigelow, B.(1938). Building an effective training program for field salesmen. Personnel, 14, 142-150.

Bishop, S. M., & Ingersoll, G. M.(1989). Effects of marital conflict and family structure on the self-concepts of pre and early adolescents. Journal of Youth and Adolescence, 18, 25-38.

Blanchard, K. H.(1985). SL II : A situational approach to managing people. CA: Blanchard Training and Development.

Blanchard, K. H., Zigarmi, P., & Zigarmi, D.(1885). Leadership and the one minute manager: Increasing effectiveness through situational leadership. NY: William Morrow.

Boud, D., Cohen, R., & Walekr, D.(1994). Using experience for learning. Buckingham: SRHE and Open University Press.

Boyatzis, R. E.(1982). The competent manager: A model for effective performance. NY: Wiley.

Bresser, F., & Wilson, C.(2010). What is coaching?. In Passmore, J.(2nd ed.). Excellence in coaching, the industry guide. London: Kogan Page.

Brickman, P., & Campbell, D. T.(1971). Hedonic relativism and planning the good society. In Appley, M. H.(ed.). Adaptation level theory: A symposium. NY: Academic Press.

Bridgman, C. S., M. Spaethe, et al.(1958). Salesmen helped by bringing out jobs' critical incidents. Personnel Journal, 36, 411-414.

Brock, G. V.(2008). Grounded theory of the roots and emergence of coaching. Unpublished Doctorate Dissertation, International University of Professional Studies.

Brockbank, A., & Mcgill, I.(2012). Facilitating reflective learning: Coaching, mentoring & supervision(2nd ed.). London: Kogan Page.

Brookfield, S. D.(1985). Self-directed learning: From theory to practice. CA: Jossey-Bass.

Brookfield, S. D.(1986). Understanding and facilitating adult learning. CA: Jossey-Bass.

Brookfield, S. D.(1998). Developing critical thinking: Challenging adult to explore alternative ways of thinking and action. CA: Jossey-Bass.

Brotman, L. E., Liberi, W. P., & Wasylyshyn, K. M.(1998). Executive coaching: The need for standards of competence. Consulting Psychology Journal: Practice and Research, 50(1), 40-46.

Brounstein, M.(2000). Coaching & mentoring for dummies. NY: Wiley.

Brown, D. & Brooks, L.(2009). Career counseling techniques[진로상담의 기술](김충기 · 김희수 역). 서울: 시그마프레스.

Buzzotta, V. R., Lefton, R. E., & Sherberg, M.(1977). Coaching and counseling: How you can improve the way it's done. Training and Development Journal, 31(11), 50-60.

Caffarella, R.(1993). Self-directed learning. In Merriam, S.(ed.). An update on adult learning theory. CA: Jossey-Bass.

Candy, P.(1991). Self-direction for lifelong learning: A comprehensive guide to theory and practice. London: MacMillan Education Ltd.

Canfield, J., & Hansen, M. V.(2006). Chicken soup for soul(2nd ed.)[영혼을 위한 닭고기 수프 2](류시화 역). 서울: 푸른숲.

Carroll, A. B.(1975). The joining-up process: Issues in effective human resource development. Training & Development Journal, 29(8), 3-7.

Carver, C. S., & Scheier, M. F.(2011). Perspectives on personality[성격심리학: 성격에 대한 관점들](김교헌 · 심미영 · 원두리 역). 서울: 학지사.

CCU(Corporate Coach University). What is coaching. http://www.coachinc.com/CoachInc/This%20is%20my%20First%20Visit/What%20is%20Coaching/default.asp?s=1(2015. 4. 17. 인용).

Chung, Y., & Gfroerer, M.(2003). Career coaching: Practice, training, professional and ethical issues. Career Development Quarterly, 52(2), 141−152.

Cobb, B.(2006). Coaching. Paper presented at Andrews Leadership Roundtable Conference. July. Berrien Springs, MI.

Cohen, S. L., & Jaffee, C. L.(1982). Managing human performance for productivity. Training & Development Journal, 36(12), 94-100.

Cole, W.(2000). The (Un)therapists. Time, 156(16), 95.

Colombo, J. J., & Werther, W. B. Jr.(2003). Strategic career coaching for an uncertain world. Business Horizons, July-August, 33-38.

Collins, G. R.(2001). Christian coaching. CO: Navpress Publishing Group.

Collins, R.(1975). Conflict society. NY: Academic Press.

Confessore, G. J., & Confessore, S. J.(1995). Guideposts to self-directed learning[자기주도학습의 길잡이](정지웅 · 김지자 역). 서울: 교육과학사.

Conger, R. D., Ge, X., Elder, G. H. Jr., Lorenz, F. O., & Simons, R. L.(1994). Economic stress, coercive family process, and developmental problems of adolescents. Child Development, 65, 541-561.

Coopersmith, S.(1967). The antecedents of self-esteem. CA: Freeman.

Corcoran, K., & Fisher, J.(2000). Measures for clinical practice: A sourcebook(3rd ed.). NY: The Free Press.

Cox, E.(2006). An adult learning approach to coaching. In Stober, D., & Grant, A. M.(ed.). Evidence-based coaching handbook. NJ: John Wiley & Sons.

Czikszentmihalyi, M.(1975). Beyond boredom and anxiety. CA: Jossey-Bass.

Csikszentmihalyi, M., & Graef, R.(1980). The experience of freedom in daily life. American Journal of Community

Psychology, 8, 401-414.

Csikszentmihalyi, M., & LeFevre, J.(1989). Optimal experience in work and leisure. Journal of Personality and Social Psychology, 56(5), 815-822.

Czikszentmihalyi, M.(1990). Flow: The psychology of optimal experience. NY: Harper & Row.

Csikszentmihalyi, M.(2013a). Flow: The psychology of optimal experience[몰입, 미치도록 행복한 나를 만나다](최인수 역). 서울: 한울림.

Csikszentmihalyi, M.(2013b). Finding flow[몰입의 즐거움](이희재 역). 서울: 해냄.

Dagley, G.(2006). Human resources professionals' perceptions of executive coaching: Efficacy, benefits and return on investment. The British Psychological Society, 1(2), 34-45.

Davis, R.(2004). Coaching as a leadership; development strategy in schools. NSW Department of Education and Training. Leadership Fellowship 2003 Report, 1-29.

DAUM 온라인 사전(http://www.daum.net).

Dean, M. L. & Meyer, A. A.(2002). Executive coaching: A search of a model. Journal of Leadership Education, 1(2), 3-17.

Deci, E. L.(1980). The psychology of self-determination. MA: Heath(Lexington Press).

Deci, E. L., & Ryan, R. M.(1991). A motivational approach to self: integration in personality. In Nebraska Symposium on Motivation, 237–288.

Deci, E. L., & Ryan, R. M.(2000). Self-determination theory and the facilitation of intrinsic motivation, social development, and well-being. American Psychologist, 55(1), 68-78.

Deci, E. L., & Flaste, R.(2011). Why we do what we do[마음의 작동법](이상원 역). 서울: 에코의 서재.

Deegan Ⅱ, A. X.(1979). Coaching: A management skill for improving individual performance. MA: Addison-Wesley Publishing company.

Dennis, T. A., Cole, P. M., Zahn-Waxler, C., & Mizuta, I.(2002). Self in context: Autonomy and relatedness in Japanese and U. S. mother-preschooler dyads. Child Development, 73, 1803-1817.

Dewey, J.(1938). Experience and education. NY: Collier Books.

Diener, R. B.(2011). Practicing positive psychology coaching[긍정심리학 코칭 기술] (우문식·윤상운 역). 경기: 물푸레.

Dowd, K. O., & Taguchi, S. G.(2009). Getting the career you want[커리어비전](최종옥 역). 서울: 시아.

Downey, M.(2003). Effective coaching. NY: Texere Publishing.

Driver, R. S.(1955). Training supervisors in remote company units. Personnel Journal, 34, 9-12.

Duff, P. J.(2002). The role of personal coaching in enhancing leadership confidence and learning capability. Unpublished master's thesis, Royal Roads University.

Duffy, T. M., & Cunningham, D. J.(1996). Constructivism: Implication for the design and delivery of instruction. In Jonassen, D. H.(ed.). Handbook of research for educational communications and technology. NY: Macmillan.

Eggen, P., & Kauchak, D.(2012). Educational psychology(8th ed.)[교육심리학, 8판](신종호·김동민·김정섭·김종백·도승이·김지현·서영석 역). 서울: PEARSON.

Edwards, L.(2003). Coaching-the latest buzzword or a truly effective management tool?. Industrial and Commercial Training, 35(7), 298-300.

Elias, J. L., & Merriam, S.(2002). Philosophical foundations of adult education[성인교육의 철학적 기초](기영화 역). 서울: 학지사.

Erickson, E. H.(1963). Childhood and society(2nd ed.). NY: Norton.

Erickson, E. H.(2014). Childhood and Society[유년기와 사회](송제훈 역). 경기: 연암서가.

Evered, R. D. & Selman, J. C.(1989). Coaching and the art of management. Organizational Dynamics, 18(2), 16-32.

Fairley, S.(2004). Decisions, decisions… personal coaching or business coaching?. In Fairley, S. G., & Stout, C. E.(ed.). Getting started in personal and executive coaching: How to create a thriving coaching practice. NJ: John Wiley & Sons.

Fisher, J.(1999). Model of personal change – the transition curve. Original present tenth international personal construct congress, Berlin. http//:www.businessballs.com/ freepdfmaterials/processoftransitonJF2012.pdf (2014. 10. 18. 인용).

Flaherty, J.(2005). Coaching-evoking excellence in others. MA: Elsevier Butterworth-Heinemann.

Flippo, E. B.(1981). Personnel management(5th ed.). NY: McGraw-Hill.

Fonsnot, C. T.(1996). Constructivism: a psychological theory of learning. In Fosnot, C. T.(ed.). Constructivism: theory, perspectives, and practice. NY: Teachers College University.

Frankl, V.(1963). Man's search for meaning. MA: Beacon.

Frankl, V.(1969). The will to meaning: Foundations and applications of logotherapy. NY: New American Library.

Frankl, V. E.(2005a). The will to meaning: foundations and applications of logotherapy[빅터 프랭클의 삶의 의미를 찾아서](이시형 역). 경기: 청아출판사.

Frankl, V. E.(2005b). The unheard cry for meaning[의미를 향한 소리 없는 절규](오승훈 역). 경기: 청아출판사.

Frankl, V. E.(2006). Man's search for meaning: An introduction to logotherapy[죽음의 수용소에서](이시형 역). 경기: 청아출판사.

Frankl, V. E.(2008). Victor E. Frankl, Psychotherapie fur den alltag[빅터 프랭클의 심리의 발견](강윤영 역). 경기: 청아출판사.

Fulmer, I. S., Barber, A. E., Derue, D. S., & Morgeson, F. P.(2006). The person and the situation: Job seekers personality in the choice of and outcomes of career coaching. MI: Michigan State University.

Gallwey, W. T. (1974). The inner game of tennis. NY: Random House.

Gallwey, W. T. (2000). The inner game of work. NY: Random House.

Gardner, H.(2011). Multiple intelligences: New horizons[하워드 가드너의 다중 지능](문용린 · 유경재 역). 서울: 웅진지식하우스.

Gershman, L.(1967). The effects of specific factors of the superviser-subordinate coaching climate upon improvement of attitude and performance of the subordinate. Dissertation Abstracts International, 28(5-B), 21-22.

Giley, J. W. & Boughton, N.(1996). Stop managing, start coaching! How performance coaching can enhance commitment and improve productivity. IA: Times Mirror High Education Group.

Goldsmith, M.(2000). Coaching change. Executive Excellence, 17(6), 4.

Gorby, C. B.(1937). Everyone gets a share of the profits. Factory Management & Maintenance, 95, 82-83.

Grant, A. M.(2001). Towards a psychology of coaching. Coaching Psychology Unit, School of Psychology, University of Sydney, Australia.

Grant, A. M.(2002). Towards a psychology of coaching: The impact of coaching on metacognition, mental health and goal attainment. Dissertation Abstracts International 63/12, 60-94.

Grant, A. M.(2003a). Keeping up with the cheese again! Research as a foundation for professional coaching of the future. Keynote presentation: International Coach Federation Conference Symposium on Research and Coaching, Denver,

Colorado, USA.

Grant, A. M.(2003b). What is evidence-based executive, workplace, and life coaching? Keynote address presented at the First Evidence-Based Coaching Conference, University of Sydney, Australia, July.

Grant, A. M.(2005). What is evidence-based executive, workplace and life coaching? In Cavanah, M., Grant, A. M., & Kemp, T.(ed.). Evidence-based coaching: Vol. 1, Theory, research and practice from the behavioral sciences. QLD, Australian Academic Press.

Grant, A. M.(2008). Workplace, executive and life coaching: An annotated bibliography from the behavioural science literature(July 2008). Coaching Psychology Unit, University of Sydney, Australia.

Grant, A. M.(2010). Solution-focused coaching. In Passmore, J.(2nd ed.). Excellence in coaching - the industry guide. PA: Kogan Page.

Gray, D. E.(2006). Executive coaching: Towards a dynamic alliance of psychotherapy and transformative learning processes. Management Learning, 37(4), 475-497.

Greene, J., & Grant, A. M.(2003). Solution-focused coaching: A manager's guide to getting the best from people. London: Pearson Educational Limited.

Green P. C.(1999). Building robust competencies: Linking human resource system to organizational strategic. CA: Jossey-Bass.

Griffiths, K.(2005). Personal coaching: A model for effective learning. Journal of Learning Design, 1(2), 55-65.

Grow, G. O.(1991). Teaching learners to be self-directed. Adult Education Quarterly, 41(3), 125-149.

Gyllensten, K. & Palmer, S.(2007). The coaching relationship: An interpretative phenomenological analysis. International Coaching Psychology Review, 2(2), 168-176.

Haberleither, E., Deistler, E., & Ungvari, R.(2001). Coaching leadership[코칭리더십](이영희 역). 서울: 국일증권연구소.

Hague, H.(1978). The organic organization and how to manage it. NY: John Wiley & Sons.

Hall, D. T.(1976). Careers in organizations. IL: Scott Foresman.

Hann, E., & Burger, Y.(2005). Coaching with colleagues-An action guide for one-to-one learning. Basingstoke: Palgrave Macmillan.

Hansen, L. S.(1997). Intergrative live planning. CA: Jossey-Bass.

Hargrove, R.(1995). Masterful coaching. CA: Jossey-Bass.

Hargrove, R.(2008). Masterful coaching(3rd ed.). CA: Jossey-Bass.

Hayden, S. J.(1955). Getting better results from post-appraisal interviews. Personnel, 31, 541-550.

Herr, E. L., & Cramer, S. H.(1996). Career guidance and counseling through the lifespan: Systemic approaches. NY: Harper Collins.

Hersey, P., & Blanchard, K. H.(1969). Life-cycle theory of leadership. Training and Development Journal, 23, 26-34.

Hicks, R., & McCracken, J.(2012). A coaching blueprint. PEJ January, February, Coach's Corner.

Hiemstra, R., & Sisco, B.(1990). Individualizing instruction: Making learning personal, empowering and successful. CA: Jossey-Bass.

Hill, C. E. & O'Brien, K. M.(2006). Helping skills: facilitating exploration, insight, and action[상담의 기술](주은선 역). 서울: 학지사.

Hirschberger, J.(2013). Geschichte der philosophie[서양철학사](강성위 역). 서울: 이문출판사.

Hoffman, E.(1988). The right to be human: A biography of Abraham Maslow. CA: Jeremy P. Tarcher.

Hoffman, A., & Field, S.(2013). Steps to self-determination(2nd ed.)[자기결정성 증진 프로그램](김동일 역). 서울: 학지사.

Holiday, M.(2001). Coaching, mentoring and managing. NJ: The Career Press.

Holland, J. L.(1985). Making vocational choice: A theory of vocational personalities and work environments. NJ: Prentice-Hall.

Holoviak, S. J.(1982). The impact of training on company productivity levels. Performance & Instruction, 21(5), 6-8.

Hopson, B., & Adams, J.(1977). Towards an understanding of transitions: Defining some boundaries of transition. In Adams, J., Hayes, J., & Hopson, B.(ed.). Transition: Understanding and managing personal change. NJ: Allenheld & Osmun.

Horn, J. L., & Cattell, R. B.(1967). Age differences in fluid and crystallized intelligence. Acta Psychologica, 26, 107-129.

Hoyt, K. B.(1974). An introduction to career education. U. S. Office of Education Policy Paper. Washington, DC: The Office.

Hube, K.(1996). A coach may be the guardian angel you need to rev up your career. Money, December.

Hudson, F. M.(1999). Career coaching. Career Planning and Adult Development Journal, 15(2), 69-80.

Hudson, F. M.(1999). The handbook of coaching: A comprehensive resource guide for managers, executives, consultants, and human resource professionals. CA: Jossey-Bass.

Hurd, J. L.(2002). Learning for life: A phenomenological investigation into the effect of organizational coaching on individual lives. Unpublished doctoral dissertation, Union Institute and University Graduate College.

ICF(1998). Client survey results and press release. http://coachfederation.org/about/article.cfm?ItemNumber=2263&_ga =1.81854102.1817595456.1372853698&RDtoken=17678&userID=(2014(2015. 4. 15. 인용).

ICF(2006). ACC minimum skill requirements. http://coachfederation.org/credential/landing.cfm?ItemNumber =2154(2015. 4. 15. 인용).

ICF(www.coachfederation.org). What is professional coaching?. http://www.coachfederation.org/need/landing.cfm?ItemNumber=978&navItemNumber=567(2015. 4. 15. 인용).

ICF(www.coachfederation.org). Core competencies. http://coachfederation.org/credential/landing.cfm?ItemNumber =2206&_ga=1.78579740.986017405.1430623033&RDtoken =5985&userID=(2015. 4. 15. 인용).

International Journal of evidence based coaching and mentoring(2003). http://ijebcm.brookes.ac.uk /(2014. 10. 27. 인용).

I-Sight 행동유형검사(2011). 서울: 한국교육컨설팅연구소.

Isaacs, W.(1999). Dialogue and the art of thinking together: A pioneering approach to communicating in business and in life. NY: Random House.

James, W.(1890). The principles of psychology(Vol. 1). NY: Holt.

Jarvis, P., Holdford, J., & Griffin, C.(1998). The theory and practice of learning. London: Kogan Page.

Jarvis J.(2004). Coaching and buying coaching service. London: Chartered Institute of Personnel and Development.

Jarvis, P.(1992). Paradox of learning: On becoming and individual in society. CA: Jossey-Bass.

Jarvis, P.(2012). Adult learning in the social context. London: Routledge.

Jay, M.(2001). Distinguishing coaching practice area. B/Coach Systems, www.b-coach.com.

Jumghahn, H.(2003). Executive coaching: A study of the rise of a new form of executive development. Unpublished master's thesis, Massachusetts Institute of Technology(MIT).

Kass, R. A.(1980). An investigation of the construct validity of the assessment of career decision making inventory.

Unpublished doctoral dissertation. Southern Illinois University at Carbondale.

Kastens, M. L.(1971). A management coaching concept for management development. Training and Development Journal, August, 25(8), 8-11.

KCA(한국코치협회). 코칭의 정의. http://www.kcoach.or.kr/02guide/guide01.html(2015. 4. 15. 인용).

Kelly, C. M.(1984). Reasonable performance appraisals. Training & Development Journal, 38(1), 79-82.

Kennon, M., Sheldon, K. M., & King, L.(2001). Why positive psychology is necessary. American Psychologist, 56(3), 216-217.

Kessel, L.(2007). Coaching, a field for professional supervisors?. Ljetopis Socijalnog Rada, 14(2), 387-432.

Kilburg, R. R.(1996). Toward a conceptual understanding and definition of executive coaching. Consulting Psychology Journal: Practice and Research, 48(2), 134-144.

Kilburg, R. R.(2006). Executive coaching. MD: United Books Press.

Kirby, S., & McKenna, K.(1994). Experience, research, social change: Methods from the margins. Ontario: Garamond Press.

Knowles, M. S.(1975). Self-directed learning: a guide for learner and teachers. NY: Associated Press.

Knowles, M. S.(1978). The adult learner: A neglected species(2nd ed.). TX: Gulf.

Knowles, M. S.(1980). The modern practice of adult education: From pedagogy and andragogy. NJ: Prentice Hall/ Cambridge.

Knowles, M. S.(1984). The adult learner: A neglected species(3rd ed.). TX: Gulf.

Knowles, M. S.(1989). The making of an adult educator. CA: Jossey-Bass.

Knowles, M. S.(1990). The adult learner: A neglected species(4th ed.). TX: Gulf.

Knowles, M. S.(1995). Designs for adult learning. VA: American Society for Training and Development.

Knowles, M. S., Holton III, E. F., & Swanson, R. A.(1998). The adult learner(5th ed.). CA: Elsevier Science and Technology Books.

Knowles, M. S., Holton III, E. F., & Swanson, R. A.(2005). The adult learner(6th ed.). CA: Elsevier Science and Technology Books.

Knowles, M. S., & Holton III, E. F., & Swanson, R. A.(2010). The adult learner(6th ed.)[성인학습자](최은수 역). 서울: 아카데미프레스.

Kondrasuk, J. N.(1974). Conceptual foundations of job enrichment. Public Personnel Management, 3(1), 35-38.

Kolb, D. A.(1984). Experiential learning: Experience as the source of learning and development. NJ: Prentice Hall.

Kolb, A. Y., & Kolb, D. A.(2005). Learning styles and learning spaces: Enhancing experiential learning in higher education. Academy of Management Leaning and Education, 42(2), 193-212.

Krazmien, M., & Berger, F.(1997). The coaching paradox. International Journal of Hospitality Management, 16(1), 3-10.

Kroger, J.(2002). Identity processes and contents through the years of late adulthood. Identity: An International Journal of Theory and Research, 10, 317-337.

Kubey, R., & Csikszentmihalyi, M.(1990). Television and the quality of life. NJ: Lawrence Erlbaum.

Kuhn, T. S.(1970). The structure of scientific revolutions. IL: The University of Chicago.

Kuhn, T. S.(2014). The structure of scientific revolutions[과학혁명의 구조](김명자·홍성욱 역). 서울: 까치.

Kroth, M., & Boverie, P.(2000). Life mission and adult learning. Adult Education Quarterly, 50(2), 134-149.

Lancau, M. J., & Scandura, T. A.(2002). An investigation of personal learning in mentoring relationships: Content.

antecedents, and consequences. Academy of Management Journal, 43(4), 779-790.

Larson, R., & Richards, M. H.(1994). Divergent realities: The emotional lives of mothers, fathers, and adolescents. NY: Basic Books.

Latack & Dozier(1986). After the ax falls: Ob loss as a career transition. Academy of Management Review, 1, 375-392.

Law, H., Ireland, S., & Hussain, Z.(2007). The psychology of coaching, mentoring and leanring. Singapore: John Wiley & Sons.

Lawson, K.(1997). Improving on-the-job training and coaching. VA: ASTD.

Levinson, H.(1996). Executive coaching. Consulting Psychology Journal: Practice and Research, 43(2), 115-123.

Lewin, K.(1951). Field theory in social science: Selected theoretical papers. NY: Harper & Row.

Lewis, P. B.(1947). Supervisory training methods. Personnel Journal, 25, 316-322.

Loranger, P.(2001). Awakening the will to learn: a three dimensional look at a two dimensional curriculum-a paradigm shift. Alberta: SYNLOGIC Publications.

Lovin, B. C., & Casstevens, E. R.(1971). Coaching, learning and action. NY: American Management Association.

Luecke, R.(2004). Harvard business essentials: Coaching and mentoring. MA: Harvard Business School Press.

Mace, M. L.(1950). The growth and development of executives. MA: Division of research, Harvard Business School.

Maher, S., & Pomerantz, S.(2003). The future of executive coaching: Analysis from a market life cycle approach. International Journal of Coaching in Organization, 1(2), 3-11.

Mahler, W. R.(1964). Improving coaching skills. Personnel Administration, 27(1), 28-33.

Marshall, M. K.(2006). The critical factors of coaching practice leading to successful coaching outcomes. Unpublished doctoral dissertation, Antioch University.

Martine, C.(2009). Looking at type and careers[성격유형과 진로탐색](김현숙, 박정희, 신영규, 심혜숙, 이정희 역). 서울: 어세스타.

Maslow, A. H.(1943). A theory of human motivation. Psychological Review, 50, 370-396.

Maslow, A. H.(1954). Motivation and personality. NY: Harper and Row.

Maslow, A. H.(1965). A theory of human motivation. In Hamachek, D. E.(ed.). The self in growth, teaching, and learning. NJ: Prentice-Hall.

Maslow, A. H.(1967). A Theory of metamotivation: The biological rooting of the value Life. Journal of Humanistic Psychology, 7, 93-127.

Maslow, A. H.(1970). Motivation and personality(2nd ed.). NY: Harper & Row.

Maslow, A. H. (1979). The journals of A. H. Maslow(Vol. 2). In Lowry, R. J.(ed.). CA: Brooks/Cole.

Massimini, F., & Carli, M.(1988). The systematic assessment of flow in daily experience. In Csikszentmihalyi, M., & Csikszentimihalyi, I. S.(ed.). Optimal experience: Psychological studies of low in consciousness. NY: Cambridge University Press.

McClelland, D.(1973). Testing for competence rather than intelligence. American Psychologist, January, 1-14.

McClelland, D., Koester, C., & Weinberger, J.(1989). How do self-attributed and implicit motives differ?. Psychological Review, 96, 690-702.

McComb, C., Lewer, J., & Burgess, J.(2007). The workplace coach as a facilitator. Paper presented at the 15th International Employment Relations Association Conference: Working Lives, Working Choices. Conference Program, Canterbury, England.

McDaniels, C.(1989). The changing workplace. CA: Jossey-Bass.

McGregor, D. M.(1960). The human side of enterprise. NY: McGraw-Hill.

McGuinness, M.(2008). Creative management for creative teams. London: Wishful Thinking.

Mcloyd, V. C., Jayaratne, T. E., Ceballo, R., & Borques, J.(1994). Unemployment and work interruption among African American single mothers: Effects on parenting and socioemotional functioning. Child Development, 65, 562-589.

Merriam, S. B.(1994). Learning and life experience: The connection in adulthood. In Sinnott, J.(ed.). Interdisciplinary handbook of adult learning. CT: Greenwood Press.

Merriam, S. B.(2001). The new update on adult learning theory(ed.). CA: Jossey-Bass.

Merriam, S. B., Caffarella, R. S., & Baumgartner, L. M.(2009). Learning in adulthood: A comprehensive guide(3rd ed.)[성인학습론, 3판](기영화·홍성화·조윤정·김선주 역). 서울: 아카데미프레스.

Merrill, H. F., & Marting, E.(1952). Developing executive skills. NY: American Management Association Inc.

Mezirow, J.(1981). A critical theory of adult learning and education. Adult Education Quarterly, 32(1), 3-24.

Mezirow, J.(1990). Fostering critical reflection in adulthood: a guide to transformative and emancipatory learning. CA: Jossey-Bass.

Mezirow, J.(1991). Transformative dimensions of adult learning. CA: Jossey-Bass.

Mezirow, J.(1994). Understanding transformation theory. adult education quarterly, 44(4), 222-223.

Mezirow, J.(1997). Transformative learning: Theory to practice. In Cranton, P.(ed.). Transformative learning in action: Insights from practice. New directions for adult and continuing education. CA: Jossey-Bass.

Mezirow, J.(2000). Learning to think like an adult: Core concepts of transformation theory. In Mezirow, J., & Associates(ed.). Learning as transformation: Critical perspectives on a theory in progress. CA: Jossey-Bass.

Mischel, W., Shoda, Y., & Rodriguez, M. L.(1989). Delay of gratification in children. Science, New Series, 244(4907), 933-938.

Mitchell, L. K., & Krumboltz, J. D.(1990). Social learning approach to career decision making: Krumboltz's theory. In Brown, D., & Brooks. L.(2nd ed.). Career choice and development. CA: Jossey-Bass.

Mitchell, L. K., & Krumboltz, J. D.(1996). Krumboltz's learning theory of career choice and counseling. In Brown, D., & Brooks. L.(3rd ed.). Career choice and development. CA: Jossey-Bass.

Mitchell, K. E., Levin, A. S., & Krumboltz, J. D.(1999). Planned happenstance: Constructing unexpected career opportunities. Journal of counseling & development, 77, 115-124.

Mold, H. P.(1951). Developing top leaders-executive training. Proceedings of the Annual Industrial Relations Conference, 47-53.

Moran, L.(2003). A case study of informal learning among production workers. Unpublished doctoral dissertation, Columbia University Teachers College.

Morris, V. C.(1961). Philosophy and the American school. MA: Houghton Mifflin Company.

NAVER 온라인 사전(http:www.naver.com).

Northouse, P. G.(2007). Leadership: Theory and practice(3rd ed.)[리더십, 3판](김남현 역). 서울: 경문사.

Nowack, K. M. & Heller, B.(2001). Making executive coaching work: The importance of emotional intelligence. WA: Envisia Learning.

Oxford 온라인 사전(http://www.oed.com).

Parkes, R. C.(1955). We use seven guides to help executives develop. Personnel Journal, 33, 326-328.

Parsloe, E.(1992). Coaching, mentoring and assessing: A practical guide to developing competence. London: Kogan Page.

Parsloe, E.(1999). The manager as coach and mentor. London: Institute of Personnel and Development.

Parsloe, E., & Leedham, M.(2009). Coaching and mentoring: Practical conversations to improve learning(2nd ed.). London: Kogan Page.

Passmore, J., & Gibbes, C.(2007). The state of executive coaching research: What does the current literature tell us and what's next for coaching research?. The British Psychological Society, 2(2), 116-128.

Passmore, J.(2010). Coaching and driver development. International coaching and driver development conference, University of East London, July, 30.

Pennington, R. C.(2004). Developing leaders for today and the future. Sheffield: Higher Education Staff Development Agency(HESDA).

Perley, J. D.(1957). How the personnel staff can serve line management. Personnel, 33, 546-549.

Peterson, C., & Seligman, M. E. P.(2009). Character strengths and virtues: A handbook and classification[긍정심리학의 입장에서 본 성격 강점과 덕목의 분류](문용린 · 김인자 · 원현주·백수현 · 안선영 역). 서울: 한국심리상담연구소.

Peterson, D. B. & Hicks, M. D.(1998). Professional coaching: State of the art, state of the practice. Paper presented at the 1998 leadership conference: The art & practice of coaching leaders. 37-46.

Ponzo, Z.(1980). Management development roles: Coach, sponsor and mentor. Personnel Journal, 59(11), 918-921.

Quoidbach, J.(2014). Pourquoi les gens heureux vivent-ils plus longtemps?[행복한 사람들은 무엇이 다른가](박효은 역). 서울: 북로드.

Rifkin, J.(2011). The empathic civilization: The race to global consciousness in a world in crisis[공감의 시대](이경남 역). 서울: 민음사.

Rima, S. D.(2006). Leading from the inside out: The art of self-leadership[셀프리더십](황을호 역). 서울: 생명의 말씀사.

Rogers, C.(1972). Becoming partner: Marriage and its alternatives. NY: Delacorte Press.

Rogers, C.(1983). Freedom to learn for the 80s. OH: Merrill.

Rogers, C.(2013). On becoming a person: A therapist's view of psychotherapy[칼 로저스 상담의 원리와 실제 진정한 사람되기](주은선 역). 서울: 학지사.

Rogers, C.(2014). A way of being(revised ed.)[칼 로저스의 사람중심 상담](오제은 역). 서울: 학지사.

Rogers, J.(2008). Coaching skills: A handbook. Glasgow: Bell and Bain Ltd.

Rohm, R. A.(2009). Positive personality profiles: Discover personality insights to understand yourself and others![성격으로 알아보는 속 시원한 대화법](박옥 역). 서울: 나라.

Rosenberg, M. J.(1965). When dissonance fails: On eliminating evaluation apprehension from attitude measurement. Journal of Personality and Community Psychology, 1, 28-42.

Ryff, C. D., & Singer, B.(1998). The contours of positive human health. Psychological Inquiry, 9, 1-28.

Sartre, J. P.(1947). Existentialism. NY: Philosophical Library.

Sartre, J. P.(1999). Letre et le neant[존재와 무 I](손우성 역). 서울: 삼성출판사.

Savery, J. R., & Duffy, T. M(1996). Problem based learning: An instructional model and its constructivist framework. In Wilson, B.(ed.). Constructivist learning environments: Case studies in instructional design. NJ: Educational Technology Publications.

Savickas, M. L.(1997). Career adaptability: An integrative construct for life-span, life-space theory. The career development quarterly, 45, 247-259.

Schein, E. H.(1978). Career dynamics: Matching individual and organization needs. MA: Addison-Wesley.

Schein, E. H.(1990). Career Anchors(discovering your real values). CA: Jossey-Bass Pfeiffer.

Schön, D. A.(1987). Educating the reflective practitioner. CA: Jossey-Bass.

Sears, S.(1982). A definition of career guidance terms. A national vocational guidance association perspective. Vocational Guidance Quarterly, 31, 137-143.

Seligman, M. E. P.(2002). Authentic happiness. NY: Atria Paperback.

Seligman, M. E. P.(2007). Authentic happiness[긍정심리학](김인자 역). 경기: 물푸레.

Seligman, M. E. P.(2014). Authentic happiness[긍정심리학](김인자 · 우문식 역). 경기: 물푸레

Sharf, R. S.(2010). Applying career development theory to counseling(4th ed.)[진로발달 이론을 적용한 진로상담, 4판] (이재창 · 조봉환 · 안희정 · 황미구 · 임경희 · 박미진 · 김진희 · 최정인 · 김수리 역). 서울: 아카데미프레스.

Skiffington, S., & Zeus, P.(2003). Behavior coaching. Sydney: McGraw Hill.

Sloboda, J.(1986). Acquiring skill. In Gellatly, A.(ed.). Skillful mind: Introduction to cognitive psychology. Milton Keynes: Open University Press.

Spencer, L. M. & Spencer, S. M.(2000). Competence at work: Models for superior performance[핵심역량의 개발과 활용] (민병모 · 박동건 · 박종구 · 정재창 역). 서울: PSI 컨설팅.

Sprey, J.(1999). Family dynamics: An essay on conflict and power. In Sussman, M. B., Steinmetz, S. K., & Peterson, G. W.(2nd ed.). Handbook of marriage and the family. NY: Plenum Press.

Stelter, R., & Law, H.(2010). Coaching-narrative-collaborative practice. International Coaching Psychology Review, 5(2), 152-164.

Stern, L. R.(2004). Executive coaching: A working definition. Consulting Psychology Journal: Practice and Research, 56(3), 154-162.

Stevens, P.(1998). Gaining commitment to change through career coaching. Paper presented at Centre for Worklife Counseling, 1-6, Sydney.

Stinnett, N., Stinnett, N., Beam, J., & Beam, A.(1999). Fantastic families: 6 proven steps to building a strong family[환상적인 가족 만들기: 가족을 튼튼하고 건강하게 만들 심리학적으로 입증된 여섯 가지 비결](제석봉·박경 역). 서울: 학지사.

Stober, D. R.(2006). Coaching from the humanistic perspective. In Stober, D. R., & Grant, A. M.(ed.). Evidence based coaching handbook. NJ: John Wiley & Sons.

Stober, D. R., & Grant, A. M.(2006). Evidence based coaching handbook. NJ: John Wiley & Sons.

Stowell, S. J.(1987). Leadership and the coaching process in organizations. Dissertation Abstracts International, 48(2-B), 589.

Strayer, J., & Rossett, A.(1994). Coaching sales performance: A case study. Performance Improvement Quarterly, 7(4), 39-53.

Stumpf, S. E., & Fieser, J.(2008). Socrates to sartre and beyond[소크라테스에서 포스트모더니즘까지](이광래 역). 경기: 열린책들.

Sullivan, S. E.(1999). The changing nature of careers: A review and research agenda. Journal of Management, 25, 457-484.

Super, D. E.(1953). A theory of vocational development. American psychologist, 8, 185-190.

Super, D. E., & Bachrach, P. B.(1957). Scientific careers and vocational development theory. NY: Bureau of Publications, Teachers College, Columbia University.

Super, D. E.(1969). Vocational development theory: Persons, positions, and processes, The counseling psychologist, 1, 2-9.

Super, D. E.(1976). Career education and the meaning of work. Washington, DC: U. S. Government Printing Office.

Super D. E.(1980). A life-span, life-space approach to career development. Journal of Vocational Behavior, 16, 282-298.

Super, D. E., & Knasel, E. G.(1981). Career development in adulthood: Some theoretical problems and a possible solution. British Journal of Guidance and Counseling, 9, 194-201.

Super, D. E.(1990). A life-span, life-space approach to career development. In Brown, D., & Brooks, L.(ed.). Career choice and development: Applying contemporary approaches to practice. CA: Jossey-Bass.

The Executive Coaching Forum(2004). The executive coaching handbook.(www. executivecoachingforum.com).

Thorne, B.(2007). Carl Rogers[인간중심 치료의 창시자 칼 로저스](이영희 · 박외숙 · 고향자 역). 서울: 학지사.

Thurstone, T. G.(1941). Primary mental abilities of children. Educational and Psychological Measurement, 1, 105-116.

Tiedeman, D. V., & O'Hara, R. P.(1963). Career development: Choice and adjustment. NY: College Entrance Examination Board.

Tieger. P. D., & Barron-Tieger, B.(2006). The art of speed reading people[사람의 성격을 읽는 법](강주헌 역). 서울: 더난.

Tobias, L. L.(1996). Coaching executives. Consulting Psychology Journal: Practice and Research, 48(2), 87-95.

Tough, A. M.(1971). The adult's learning projects: A fresh approach to theory and practice in adult learning. Toronto: Ontario Institute of Studies in Education.

Tyson, L., & Birnbrauer, H.(1983). Coaching: A tool for success. Training & Development Journal, 37(9), 30-34.

Utgaard, S. B. & Dawis, R. V.(1970). The most frequently-used training techniques. Training and Development Journal, 24(2), 40-43.

Wasylyshyn, K. M.(2003). Executive coaching: An outcome study. Consulting Psychology Journal: Practice and Research, 55(2), 94-106.

Watkins, C., Carnell, E., Lodge, C., Wagner, P., & Whalley, C.(2002). Effective learning. Research Matters, NSIN, 17.

Watt, L.(2004). Mentoring and coaching in the workplace. Canadian Manager, 29(3), 14–17.

Webster 온라인 사전(http://www.merrian-webster.com/dictionary/career).

Whitmore, J.(1992). Coaching for performance. London: Nicholas Brealey.

Whitmore, J.(2007). Coaching for performance. MA: Nicholas Brealey Publishing.

White, R. W.(1959). Motivation reconsidered: The concept of competence. Psychological Review, 66, 297–333.

Whitworth, L., Kinsey-House, H., & Sandahl, P.(1998). Co-active coaching. CA: Davies-Black Publishing.

Wilkins, B. M.(2000). A grounded theory study of personal coaching. Unpublished doctoral dissertation, University of Montana, San Diego State.

Williams, P.(2005). The profession of coaching: It's emergence and intersection with ethics and law. In Williams, P.,& Anderson, S. K.(ed.). Law and ethics in coaching: How to solve and avoid difficult problems in your practice. NJ: John Wiley & Sons.

Zeus, P., & Skiffington, S.(2007). Coaching at work. Sydney: The McGraw-Hill.

Zunker, V. G.(1980). Career counseling: Applied concepts of life planning. CA: Brooks Cole Publishing Company.

찾아보기
index

기타